U0472539

"十三五"国家重点出版物出版规划项目

南水北调中线一期工程文物保护项目
湖北省考古发掘报告
第12号

丹江口莲花池墓地

湖北省文物局 编著

内 容 简 介

本书是南水北调中线一期工程湖北丹江口库区文物保护项目——丹江口市莲花池墓地的考古发掘报告。本书系统地介绍了莲花池墓地发掘的142座墓葬，其中战国晚期晚段至西汉末年墓葬125座，明清墓葬10座，近代墓葬1座，年代不明墓葬6座。在详细介绍发掘资料的基础上，本书也对出土最丰富的秦汉时期墓葬进行了随葬品类型学、墓葬分期与年代、埋葬制度等方面的分析，并探讨了秦汉时期丹江口库区秦、楚、巴文化的接触、共存、融合与汉文化的形成过程。

本书可供从事考古学、历史学的研究者和爱好者阅读、参考。

图书在版编目（CIP）数据

丹江口莲花池墓地/湖北省文物局编著. —北京：科学出版社，2023.11
（南水北调中线一期工程文物保护项目. 湖北省考古发掘报告；第12号）
"十三五"国家重点出版物出版规划项目
ISBN 978-7-03-077274-9

Ⅰ.①丹… Ⅱ.①湖… Ⅲ.①墓群-考古-发掘报告-丹江口 Ⅳ.①K878.85

中国国家版本馆CIP数据核字（2023）第251973号

责任编辑：王光明　王　蕾/责任校对：邹慧卿
责任印制：肖　兴/封面设计：陈　敬

科学出版社 出版
北京东黄城根北街16号
邮政编码：100717
http://www.sciencep.com

北京中科印刷有限公司 印刷
科学出版社发行　各地新华书店经销

*

2023年11月第 一 版　开本：889×1194　1/16
2023年11月第一次印刷　印张：21 3/4　插页：71
字数：880 000
定价：358.00元
（如有印装质量问题，我社负责调换）

"13th Five-Year Plan" National Key Publications Publishing and Planning Project

Reports on the Cultural Relics Conservation
in the South-to-North Water Diversion Project
Hubei Vol.12

The Lianhuachi Cemetery in Danjiangkou City, Hubei Province

Cultural Heritage Bureau of Hubei Province

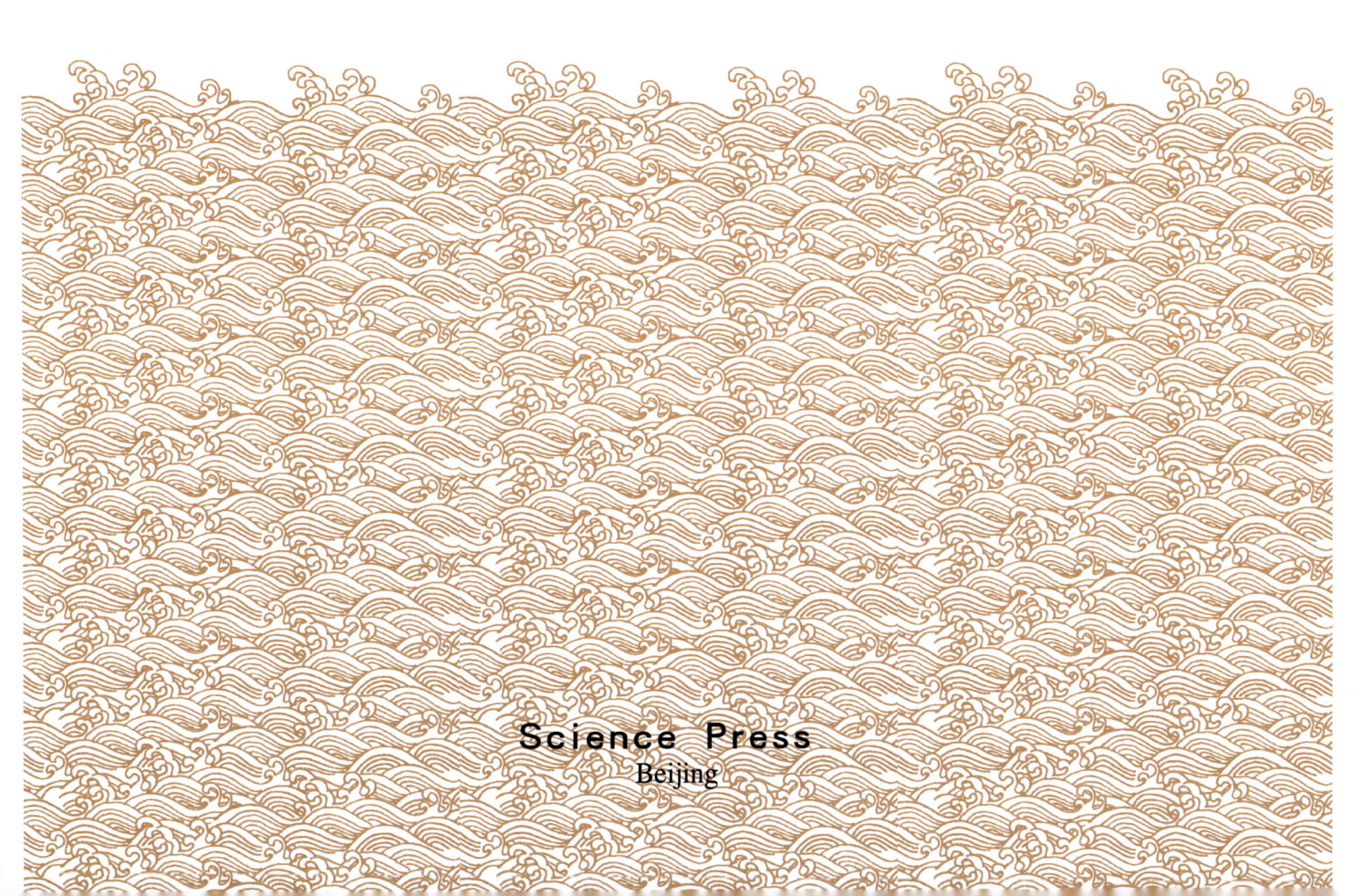

Science Press
Beijing

南水北调中线一期工程文物保护项目

湖北省文物局编辑委员会

主　任　李述永

副主任　余　萍

编　委　王风竹　官　信　陈　飞　何　凌
　　　　　刘　杰　董　益　张　君

总　编　余　萍

副总编　王风竹

南水北调中线一期工程文物保护项目

湖北省考古发掘报告第12号

《丹江口莲花池墓地》

主　编

袁飞勇　郝晓晓　张治强　余西云

项目承担单位

武汉大学历史学院

北京市考古研究所

目 录

第一章 绪论 ·········· 1

第一节 地理环境与历史沿革 ·········· 1
一、地理环境 ·········· 1
二、历史沿革 ·········· 3

第二节 墓地概况 ·········· 6

第三节 发现与发掘经过 ·········· 6

第四节 报告编写说明 ·········· 11

第二章 秦汉墓葬概述 ·········· 13

第一节 Ⅰ区秦汉墓葬 ·········· 13
一、ⅠM1 ·········· 13
二、ⅠM2 ·········· 15
三、ⅠM3 ·········· 16
四、ⅠM4 ·········· 18
五、ⅠM5 ·········· 19
六、ⅠM6 ·········· 22
七、ⅠM7 ·········· 23
八、ⅠM8 ·········· 26
九、ⅠM9 ·········· 31
十、ⅠM10 ·········· 33
十一、ⅠM12 ·········· 35
十二、ⅠM13 ·········· 39
十三、ⅠM14 ·········· 40
十四、ⅠM15 ·········· 45

十五、ⅠM16	46
十六、ⅠM17	48
十七、ⅠM18	50
十八、ⅠM19	51
十九、ⅠM20	53
二十、ⅠM21	54
二十一、ⅠM22	55
二十二、ⅠM23	56
二十三、ⅠM24	59
二十四、ⅠM25	61
二十五、ⅠM26	63
二十六、ⅠM27	64
二十七、ⅠM28	66
二十八、ⅠM29	66
二十九、ⅠM30	68
三十、ⅠM31	71
三十一、ⅠM32	71
三十二、ⅠM33	74
三十三、ⅠM34	74
三十四、ⅠM35	76
三十五、ⅠM37	77
三十六、ⅠM39	80
三十七、ⅠM40	80
三十八、ⅠM41	82
三十九、ⅠM42	83
四十、ⅠM43	86
四十一、ⅠM44	87
四十二、ⅠM45	88
四十三、ⅠM46	90
四十四、ⅠM47	90
四十五、ⅠM49	92
四十六、ⅠM53	94
四十七、ⅠM54	95
四十八、ⅠM55	98

四十九、ⅠM56 ········· 100
五十、ⅠM57 ········· 101
五十一、ⅠM58 ········· 101
五十二、ⅠM59 ········· 103
五十三、ⅠM60 ········· 106
五十四、ⅠM61 ········· 107
五十五、ⅠM62 ········· 109
五十六、ⅠM63 ········· 112
五十七、ⅠM65 ········· 112
五十八、ⅠM66 ········· 115

第二节 Ⅱ区秦汉墓葬 ········· 117
 一、ⅡM1 ········· 117
 二、ⅡM2 ········· 119
 三、ⅡM3 ········· 122
 四、ⅡM4 ········· 122
 五、ⅡM5 ········· 123
 六、ⅡM6 ········· 124
 七、ⅡM7 ········· 125
 八、ⅡM8 ········· 126
 九、ⅡM9 ········· 129
 十、ⅡM10 ········· 132
 十一、ⅡM11 ········· 134
 十二、ⅡM12 ········· 136
 十三、ⅡM13 ········· 136
 十四、ⅡM14 ········· 139
 十五、ⅡM15 ········· 142
 十六、ⅡM17 ········· 143
 十七、ⅡM18 ········· 145
 十八、ⅡM19 ········· 146
 十九、ⅡM22 ········· 149
 二十、ⅡM23 ········· 152
 二十一、ⅡM24 ········· 155
 二十二、ⅡM25 ········· 156
 二十三、ⅡM26 ········· 157

二十四、ⅡM27 ·· 159

二十五、ⅡM28 ·· 160

二十六、ⅡM29 ·· 163

二十七、ⅡM30 ·· 164

二十八、ⅡM31 ·· 166

二十九、ⅡM32 ·· 167

三十、ⅡM35 ·· 170

三十一、ⅡM36 ·· 171

三十二、ⅡM38 ·· 172

三十三、ⅡM39 ·· 174

三十四、ⅡM40 ·· 175

三十五、ⅡM41 ·· 178

三十六、ⅡM42 ·· 180

三十七、ⅡM43 ·· 181

三十八、ⅡM44 ·· 183

三十九、ⅡM45 ·· 184

四十、ⅡM47 ·· 186

四十一、ⅡM48 ·· 188

四十二、ⅡM49 ·· 189

四十三、ⅡM50 ·· 191

四十四、ⅡM52 ·· 192

四十五、ⅡM53 ·· 195

四十六、ⅡM54 ·· 196

四十七、ⅡM55 ·· 198

第三节 Ⅲ区秦汉墓葬 ·· 199

一、ⅢM2 ··· 199

二、ⅢM3 ··· 202

三、ⅢM4 ··· 204

四、ⅢM5 ··· 205

五、ⅢM6 ··· 207

六、ⅢM7 ··· 208

七、ⅢM8 ··· 211

八、ⅢM9 ··· 214

九、ⅢM10 ·· 216

- 十、ⅢM11 ··· 220
- 十一、ⅢM12 ··· 221
- 十二、ⅢM13 ··· 223
- 十三、ⅢM14 ··· 224
- 十四、ⅢM15 ··· 225
- 十五、ⅢM16 ··· 225
- 十六、ⅢM17 ··· 227
- 十七、ⅢM18 ··· 229
- 十八、ⅢM19 ··· 232
- 十九、ⅢM20 ··· 233
- 二十、ⅢM21 ··· 236

第三章 明清墓葬概述 ··· 239

第一节 Ⅰ区明清墓葬 ··· 239
- 一、ⅠM36 ··· 239
- 二、ⅠM38 ··· 240
- 三、ⅠM50 ··· 240
- 四、ⅠM51 ··· 241
- 五、ⅠM52 ··· 243
- 六、ⅠM64 ··· 244

第二节 Ⅱ区明清墓葬 ··· 246
- 一、ⅡM16 ··· 246
- 二、ⅡM34 ··· 247
- 三、ⅡM37 ··· 247
- 四、ⅡM51 ··· 248

第四章 时代不明墓葬概述 ··· 249

第一节 Ⅰ区时代不明墓葬 ··· 249
- 一、ⅠM11 ··· 249
- 二、ⅠM48 ··· 250

第二节 Ⅱ区时代不明墓葬 ··· 250
- 一、ⅡM20 ··· 250

二、ⅡM21 ... 251
　　三、ⅡM46 ... 252

　第三节　Ⅲ区时代不明墓葬 ... 252
　　ⅢM1 ... 252

第五章　秦汉墓葬的分期与年代 ... 253

　第一节　随葬陶器的类型学研究 ... 253
　　一、仿铜陶礼器 ... 253
　　二、日用器 ... 268
　　三、模型明器 ... 285

　第二节　墓葬的分类、分组与年代 ... 286
　　一、第一类墓葬 ... 286
　　二、第二类墓葬 ... 287
　　三、第三类墓葬 ... 288
　　四、第四类墓葬 ... 291
　　五、第五类墓葬 ... 292
　　六、第六类墓葬 ... 295

　第三节　墓地的分期与年代 ... 297

第六章　秦汉墓葬相关问题研究 ... 300

　第一节　埋葬制度 ... 300
　　一、墓葬方向与人骨头向 ... 300
　　二、人骨葬式 ... 300
　　三、墓葬形制与结构 ... 301
　　四、葬具 ... 301

　第二节　随葬器物 ... 302

　第三节　墓主身份 ... 302

　第四节　陶文与符号 ... 303

　第五节　墓地的形成与布局 ... 304

　第六节　文化变迁 ... 304

附表 ·· 308

　附表一　秦汉墓葬登记表 ·· 308

　附表二　明清墓葬登记表 ·· 318

　附表三　时代不明墓葬登记表 ·· 319

后记 ·· 321

插图目录

图一　丹江口市地图 ··· 2
图二　莲花池墓地位置示意图 ··· 7
图三　墓区分布图 ··· 8
图四　Ⅰ区墓葬分布图 ··· 9
图五　Ⅱ区墓葬分布图 ·· 10
图六　Ⅲ区墓葬分布图 ·· 11
图七　ⅠM1平、剖面图 ··· 14
图八　ⅠM1出土器物 ·· 15
图九　ⅠM2平、剖面图 ··· 16
图一〇　ⅠM2出土陶器 ··· 17
图一一　ⅠM3平、剖面图 ·· 17
图一二　ⅠM3出土陶器 ··· 18
图一三　ⅠM4平、剖面图 ·· 19
图一四　ⅠM4出土陶器 ··· 20
图一五　ⅠM5平、剖面图 ·· 20
图一六　ⅠM5出土陶器 ··· 21
图一七　ⅠM6平、剖面图 ·· 22
图一八　ⅠM6出土陶器 ··· 23
图一九　ⅠM7平、剖面图 ·· 24
图二〇　ⅠM7出土陶器 ··· 25
图二一　ⅠM7出土铜器 ··· 26
图二二　ⅠM8平、剖面图 ·· 27
图二三　ⅠM8出土陶器 ··· 28
图二四　ⅠM8出土铜、铁、骨器 ·· 29
图二五　ⅠM8出土器物 ··· 30
图二六　ⅠM9平、剖面图 ·· 32
图二七　ⅠM9出土陶器 ··· 33

图二八	ⅠM9出土陶器	34
图二九	ⅠM9出土铜器	34
图三〇	ⅠM10平、剖面图	35
图三一	ⅠM10出土陶器	36
图三二	ⅠM12平、剖面图	37
图三三	ⅠM12出土陶器	38
图三四	ⅠM12出土铜器	39
图三五	ⅠM13平、剖面图	39
图三六	ⅠM13出土陶器	40
图三七	ⅠM14平、剖面图	41
图三八	ⅠM14出土陶器	42
图三九	ⅠM14出土陶器	43
图四〇	ⅠM14出土铜器	44
图四一	ⅠM15平、剖面图	45
图四二	ⅠM15出土器物	46
图四三	ⅠM16平、剖面图	47
图四四	ⅠM16出土陶器	47
图四五	ⅠM17平、剖面图	48
图四六	ⅠM17出土陶器	49
图四七	ⅠM18平、剖面图	50
图四八	ⅠM18出土器物	51
图四九	ⅠM19平、剖面图	52
图五〇	ⅠM19出土陶器	52
图五一	ⅠM20平、剖面图	53
图五二	ⅠM20出土陶器	54
图五三	ⅠM21平、剖面图	55
图五四	ⅠM21出土器物	56
图五五	ⅠM22平、剖面图	57
图五六	ⅠM22出土陶器	57
图五七	ⅠM23平、剖面图	58
图五八	ⅠM23出土陶器	59
图五九	ⅠM24平、剖面图	60
图六〇	ⅠM24出土陶器	60
图六一	ⅠM25平、剖面图	61
图六二	ⅠM25出土器物	62

图六三	ⅠM26平、剖面图	63
图六四	ⅠM26出土陶器	64
图六五	ⅠM27平、剖面图	65
图六六	ⅠM27出土器物	65
图六七	ⅠM28平、剖面图	67
图六八	ⅠM28出土器物	68
图六九	ⅠM29平、剖面图	69
图七〇	ⅠM29出土陶器	69
图七一	ⅠM30平、剖面图	70
图七二	ⅠM30出土器物	70
图七三	ⅠM31平、剖面图	72
图七四	ⅠM31出土陶器	73
图七五	ⅠM32平、剖面图	73
图七六	ⅠM32出土陶器	74
图七七	ⅠM33平、剖面图	75
图七八	ⅠM33出土器物	76
图七九	ⅠM34平、剖面图	77
图八〇	ⅠM34出土陶器	77
图八一	ⅠM35平、剖面图	78
图八二	ⅠM35出土陶器	78
图八三	ⅠM37平、剖面图	79
图八四	ⅠM37出土陶器	80
图八五	ⅠM39平、剖面图	81
图八六	ⅠM39出土器物	81
图八七	ⅠM40平、剖面图	82
图八八	ⅠM40出土陶器	83
图八九	ⅠM41平、剖面图	84
图九〇	ⅠM41出土陶器	84
图九一	ⅠM42平、剖面图	85
图九二	ⅠM42出土陶器	86
图九三	ⅠM43平、剖面图	87
图九四	ⅠM43出土陶器	87
图九五	ⅠM44平、剖面图	88
图九六	ⅠM44出土陶器	88
图九七	ⅠM45平、剖面图	89

图九八	ⅠM45出土陶器	90
图九九	ⅠM46平、剖面图	91
图一〇〇	ⅠM46出土陶器	91
图一〇一	ⅠM47平、剖面图	92
图一〇二	ⅠM47出土陶器	93
图一〇三	ⅠM49平、剖面图	93
图一〇四	ⅠM49出土器物	94
图一〇五	ⅠM53平、剖面图	95
图一〇六	ⅠM53出土陶器	96
图一〇七	ⅠM54平、剖面图	97
图一〇八	ⅠM54出土陶器	97
图一〇九	ⅠM55平、剖面图	98
图一一〇	ⅠM55出土陶器	99
图一一一	ⅠM56平、剖面图	100
图一一二	ⅠM56出土陶器	101
图一一三	ⅠM57平、剖面图	102
图一一四	ⅠM57出土陶器	102
图一一五	ⅠM58平、剖面图	103
图一一六	ⅠM58出土器物	104
图一一七	ⅠM59平、剖面图	105
图一一八	ⅠM59出土器物	106
图一一九	ⅠM60平、剖面图	107
图一二〇	ⅠM60出土陶器	108
图一二一	ⅠM61平、剖面图	108
图一二二	ⅠM61出土陶器	109
图一二三	ⅠM62平、剖面图	110
图一二四	ⅠM62出土陶器	111
图一二五	ⅠM63平、剖面图	113
图一二六	ⅠM63出土器物	113
图一二七	ⅠM65平、剖面图	114
图一二八	ⅠM65出土陶器	115
图一二九	ⅠM66平、剖面图	116
图一三〇	ⅠM66出土陶器	116
图一三一	ⅡM1平、剖面图	118
图一三二	ⅡM1出土器物	119

图一三三	ⅡM2平、剖面图	120
图一三四	ⅡM2出土陶器	121
图一三五	ⅡM3平、剖面图	122
图一三六	ⅡM4平、剖面图	123
图一三七	ⅡM5平、剖面图	124
图一三八	ⅡM5出土陶器	125
图一三九	ⅡM6平、剖面图	126
图一四〇	ⅡM7平、剖面图	127
图一四一	ⅡM7出土陶器	127
图一四二	ⅡM8平、剖面图	128
图一四三	ⅡM8出土陶器	129
图一四四	ⅡM9平、剖面图	130
图一四五	ⅡM9出土陶器	131
图一四六	ⅡM9出土器物	132
图一四七	ⅡM10平、剖面图	133
图一四八	ⅡM10出土陶器	134
图一四九	ⅡM11平、剖面图	135
图一五〇	ⅡM11出土器物	136
图一五一	ⅡM12平、剖面图	137
图一五二	ⅡM12出土陶器	137
图一五三	ⅡM13平、剖面图	138
图一五四	ⅡM13出土器物	139
图一五五	ⅡM14平、剖面图	140
图一五六	ⅡM14出土器物	141
图一五七	ⅡM15平、剖面图	143
图一五八	ⅡM15出土陶器	144
图一五九	ⅡM17平、剖面图	145
图一六〇	ⅡM17出土陶器	146
图一六一	ⅡM18出土陶器	146
图一六二	ⅡM19平、剖面图	147
图一六三	ⅡM19出土陶器	148
图一六四	ⅡM22平、剖面图	150
图一六五	ⅡM22出土器物	151
图一六六	ⅡM23平、剖面图	153
图一六七	ⅡM23出土器物	154

图一六八	ⅡM24平、剖面图	155
图一六九	ⅡM24出土陶器	156
图一七〇	ⅡM25平、剖面图	157
图一七一	ⅡM25出土陶器	157
图一七二	ⅡM26平、剖面图	158
图一七三	ⅡM26出土陶双耳罐	158
图一七四	ⅡM27平、剖面图	159
图一七五	ⅡM27出土陶器	160
图一七六	ⅡM28平、剖面图	161
图一七七	ⅡM28出土陶器	162
图一七八	ⅡM28出土器物	162
图一七九	ⅡM29平、剖面图	163
图一八〇	ⅡM29出土陶器	164
图一八一	ⅡM29出土器物	165
图一八二	ⅡM30平、剖面图	166
图一八三	ⅡM30出土陶器	167
图一八四	ⅡM31平、剖面图	168
图一八五	ⅡM31出土陶器	168
图一八六	ⅡM32平、剖面图	169
图一八七	ⅡM32出土陶器	169
图一八八	ⅡM35平、剖面图	170
图一八九	ⅡM35出土陶双耳罐	170
图一九〇	ⅡM36平、剖面图	171
图一九一	ⅡM36出土铜器	172
图一九二	ⅡM38平、剖面图	173
图一九三	ⅡM38出土陶器	173
图一九四	ⅡM39平、剖面图	175
图一九五	ⅡM39出土陶器	176
图一九六	ⅡM40平、剖面图	177
图一九七	ⅡM40出土陶器	178
图一九八	ⅡM41平、剖面图	179
图一九九	ⅡM41出土器物	180
图二〇〇	ⅡM42平、剖面图	181
图二〇一	ⅡM42出土陶壶	181
图二〇二	ⅡM43平、剖面图	182

图二〇三	ⅡM43出土器物	183
图二〇四	ⅡM44平、剖面图	184
图二〇五	ⅡM45平、剖面图	185
图二〇六	ⅡM45出土器物	186
图二〇七	ⅡM47平、剖面图	187
图二〇八	ⅡM47出土陶器	187
图二〇九	ⅡM48平、剖面图	188
图二一〇	ⅡM49平、剖面图	189
图二一一	ⅡM49出土器物	190
图二一二	ⅡM50平、剖面图	191
图二一三	ⅡM50出土陶器	192
图二一四	ⅡM52平、剖面图	193
图二一五	ⅡM52出土器物	194
图二一六	ⅡM53平、剖面图	195
图二一七	ⅡM53出土陶器	196
图二一八	ⅡM54平、剖面图	197
图二一九	ⅡM54出土陶器	197
图二二〇	ⅡM55平、剖面图	198
图二二一	ⅡM55出土陶器	199
图二二二	ⅢM2平、剖面图	200
图二二三	ⅢM2出土器物	201
图二二四	ⅢM3平、剖面图	202
图二二五	ⅢM3出土陶器	203
图二二六	ⅢM4平、剖面图	205
图二二七	ⅢM4出土陶器	205
图二二八	ⅢM5平、剖面图	206
图二二九	ⅢM5出土陶器	207
图二三〇	ⅢM6平、剖面图	208
图二三一	ⅢM6出土陶器	209
图二三二	ⅢM7平、剖面图	210
图二三三	ⅢM7出土陶器	211
图二三四	ⅢM8平、剖面图	212
图二三五	ⅢM8出土陶器	213
图二三六	ⅢM9平、剖面图	215
图二三七	ⅢM9出土陶器	216

图二三八	ⅢM10平、剖面图	217
图二三九	ⅢM10出土陶器	219
图二四〇	ⅢM11平、剖面图	220
图二四一	ⅢM11出土陶器	221
图二四二	ⅢM12平、剖面图	222
图二四三	ⅢM12出土陶器	223
图二四四	ⅢM13平、剖面图	224
图二四五	ⅢM13出土陶盒	224
图二四六	ⅢM14平、剖面图	224
图二四七	ⅢM14出土器物	225
图二四八	ⅢM15平、剖面图	226
图二四九	ⅢM15出土陶器	226
图二五〇	ⅢM16平、剖面图	227
图二五一	ⅢM16出土器物	228
图二五二	ⅢM17平、剖面图	229
图二五三	ⅢM17出土陶器	229
图二五四	ⅢM18平、剖面图	230
图二五五	ⅢM18出土陶器	231
图二五六	ⅢM19平、剖面图	232
图二五七	ⅢM19出土陶器	233
图二五八	ⅢM20平、剖面图	234
图二五九	ⅢM20出土陶器	235
图二六〇	ⅢM21平、剖面图	237
图二六一	ⅢM21出土陶器	238
图二六二	ⅠM36平、剖面图	239
图二六三	ⅠM38平、剖面图	240
图二六四	ⅠM50平、剖面图	241
图二六五	ⅠM50出土器物	241
图二六六	ⅠM51平、剖面图	242
图二六七	ⅠM51出土器物	243
图二六八	ⅠM52平、剖面图	243
图二六九	ⅠM52出土器物	244
图二七〇	ⅠM64平、剖面图	245
图二七一	ⅠM64出土器物	246
图二七二	ⅡM16平、剖面图	246

图二七三	ⅡM34平、剖面图	247
图二七四	ⅡM34出土骨器	247
图二七五	ⅡM37平、剖面图	248
图二七六	ⅡM51平、剖面图	248
图二七七	ⅡM51出土石环	248
图二七八	ⅠM11平、剖面图	249
图二七九	ⅠM48平、剖面图	250
图二八〇	ⅡM20平、剖面图	251
图二八一	ⅡM21平、剖面图	251
图二八二	ⅢM1平、剖面图	252
图二八三	A型陶鼎	254
图二八四	Ba型陶鼎	255
图二八五	Bb型陶鼎	256
图二八六	Bc型陶鼎	257
图二八七	甲类A型陶盒	258
图二八八	甲类B、C、D型陶盒	259
图二八九	乙类陶盒	259
图二九〇	甲类A型陶壶	260
图二九一	甲类Ba型陶壶	261
图二九二	甲类Bb型陶壶	262
图二九三	甲类C型陶壶	263
图二九四	甲类D型陶壶	264
图二九五	乙类陶壶	264
图二九六	陶小壶	265
图二九七	陶豆	266
图二九八	陶杯	267
图二九九	陶敦、钫	267
图三〇〇	陶匜	268
图三〇一	陶勺	268
图三〇二	Aa型陶双耳罐	269
图三〇三	Ab型陶双耳罐	270
图三〇四	B型陶双耳罐	271
图三〇五	甲类陶釜	272
图三〇六	乙类陶釜	273
图三〇七	A型陶鍪	274

图三〇八	B型陶鍪	275
图三〇九	甲类A型陶瓷	276
图三一〇	甲类B型陶瓷	277
图三一一	甲类C型陶瓷	278
图三一二	乙类A型陶瓷	279
图三一三	乙类B、C型陶瓷	279
图三一四	陶盆	280
图三一五	陶甑	281
图三一六	A型陶瓿	282
图三一七	Ba型陶瓿	283
图三一八	Bb型陶瓿	283
图三一九	陶钵	284
图三二〇	陶长颈罐、蒜头壶、器盖、奁	285
图三二一	陶灶	285
图三二二	陶仓、井	286
图三二三	秦汉墓仿铜陶礼器分期图	插图
图三二四	秦汉墓日用陶器分期图	插图

插表目录

表一　第一类墓葬陶器型式组合表⋯⋯⋯⋯⋯⋯⋯⋯⋯⋯⋯⋯⋯⋯⋯⋯⋯⋯⋯⋯⋯⋯⋯⋯⋯⋯⋯287

表二　第二类墓葬陶器型式组合表⋯⋯⋯⋯⋯⋯⋯⋯⋯⋯⋯⋯⋯⋯⋯⋯⋯⋯⋯⋯⋯⋯⋯⋯⋯⋯⋯287

表三　第三类墓葬陶器型式组合表⋯⋯⋯⋯⋯⋯⋯⋯⋯⋯⋯⋯⋯⋯⋯⋯⋯⋯⋯⋯⋯⋯⋯⋯⋯⋯⋯289

表四　第四类墓葬陶器型式组合表⋯⋯⋯⋯⋯⋯⋯⋯⋯⋯⋯⋯⋯⋯⋯⋯⋯⋯⋯⋯⋯⋯⋯⋯⋯⋯⋯292

表五　第五类墓葬陶器型式组合表⋯⋯⋯⋯⋯⋯⋯⋯⋯⋯⋯⋯⋯⋯⋯⋯⋯⋯⋯⋯⋯⋯⋯⋯⋯⋯⋯293

表六　第六类墓葬陶器型式组合表⋯⋯⋯⋯⋯⋯⋯⋯⋯⋯⋯⋯⋯⋯⋯⋯⋯⋯⋯⋯⋯⋯⋯⋯⋯⋯⋯296

表七　墓地分期、年代对应表⋯⋯⋯⋯⋯⋯⋯⋯⋯⋯⋯⋯⋯⋯⋯⋯⋯⋯⋯⋯⋯⋯⋯⋯⋯⋯⋯⋯⋯297

彩 版 目 录

彩版一　　莲花池墓地全貌鸟瞰
彩版二　　莲花池墓地Ⅱ区鸟瞰
彩版三　　莲花池墓地Ⅲ区鸟瞰
彩版四　　Ⅰ区秦汉墓葬形制结构
彩版五　　Ⅰ区秦汉墓葬形制结构
彩版六　　Ⅰ区秦汉墓葬随葬品状况
彩版七　　Ⅰ区秦汉墓葬形制结构
彩版八　　Ⅰ区秦汉墓葬形制结构
彩版九　　Ⅱ区秦汉墓葬形制结构
彩版一〇　Ⅱ区秦汉墓葬形制结构
彩版一一　Ⅱ区秦汉墓葬形制结构
彩版一二　Ⅱ区秦汉墓葬形制结构
彩版一三　Ⅱ区秦汉墓葬形制结构
彩版一四　Ⅲ区秦汉墓葬形制结构
彩版一五　秦汉墓葬出土铜、铁器
彩版一六　秦汉墓葬出土铜、石器
彩版一七　秦汉墓葬出土铜器
彩版一八　秦汉墓葬出土铜、石器
彩版一九　秦汉墓葬出土陶器组合
彩版二〇　秦汉墓葬出土陶器组合
彩版二一　秦汉墓葬出土陶鼎
彩版二二　秦汉墓葬出土陶鼎
彩版二三　秦汉墓葬出土陶盒
彩版二四　秦汉墓葬出土陶壶、钫
彩版二五　秦汉墓葬出土陶壶
彩版二六　秦汉墓葬出土陶器
彩版二七　秦汉墓葬出土陶器

彩版二八　秦汉墓葬出土陶器
彩版二九　秦汉墓葬出土陶瓮
彩版三〇　秦汉墓葬出土陶器
彩版三一　明代墓葬形制结构
彩版三二　明墓出土釉陶、陶、瓷器

图版目录

图版一　　Ⅰ区秦汉墓葬形制结构
图版二　　Ⅰ区秦汉墓葬形制结构
图版三　　Ⅰ区秦汉墓葬形制结构
图版四　　Ⅰ区秦汉墓葬形制结构
图版五　　Ⅰ区秦汉墓葬形制结构
图版六　　Ⅰ区秦汉墓葬形制结构
图版七　　Ⅰ区秦汉墓葬形制结构
图版八　　Ⅰ区秦汉墓葬形制结构
图版九　　Ⅰ区秦汉墓葬形制结构
图版一〇　Ⅰ区秦汉墓葬形制结构
图版一一　Ⅰ区秦汉墓葬形制结构
图版一二　Ⅰ区秦汉墓葬形制结构
图版一三　Ⅰ区秦汉墓葬形制结构
图版一四　Ⅰ区秦汉墓葬形制结构
图版一五　Ⅰ区秦汉墓葬形制结构
图版一六　Ⅱ区秦汉墓葬形制结构
图版一七　Ⅱ区秦汉墓葬形制结构
图版一八　Ⅱ区秦汉墓葬形制结构
图版一九　Ⅱ区秦汉墓葬形制结构
图版二〇　Ⅱ区秦汉墓葬形制结构
图版二一　Ⅱ区秦汉墓葬形制结构
图版二二　Ⅱ区秦汉墓葬形制结构
图版二三　Ⅱ区秦汉墓葬形制结构
图版二四　Ⅲ区秦汉墓葬形制结构
图版二五　Ⅲ区秦汉墓葬形制结构
图版二六　Ⅲ区秦汉墓葬形制结构
图版二七　Ⅲ区秦汉墓葬形制结构

图版二八　Ⅲ区秦汉墓葬形制结构
图版二九　ⅠM1、ⅠM2随葬器物
图版三〇　ⅠM3、ⅠM4、ⅠM6随葬器物
图版三一　ⅠM5随葬器物
图版三二　ⅠM7、ⅠM8随葬器物
图版三三　ⅠM8随葬器物
图版三四　ⅠM10、ⅠM13随葬器物
图版三五　ⅠM12、ⅠM14随葬器物
图版三六　ⅠM14随葬器物
图版三七　ⅠM14、ⅠM15、ⅠM16随葬器物
图版三八　ⅠM17、ⅠM18随葬器物
图版三九　ⅠM19、ⅠM20、ⅠM21随葬器物
图版四〇　ⅠM21、ⅠM22、ⅠM23随葬器物
图版四一　ⅠM23、ⅠM25、ⅠM26随葬器物
图版四二　ⅠM28、ⅠM29、ⅠM30随葬器物
图版四三　ⅠM31、ⅠM32、ⅠM33随葬器物
图版四四　ⅠM33、ⅠM34、ⅠM37、ⅠM39随葬器物
图版四五　ⅠM40、ⅠM41、ⅠM42随葬器物
图版四六　ⅠM43、ⅠM45、ⅠM46、ⅠM49随葬器物
图版四七　ⅠM49、ⅠM53、ⅠM54随葬器物
图版四八　ⅠM54、ⅠM55随葬器物
图版四九　ⅠM56、ⅠM58、ⅠM59随葬器物
图版五〇　ⅠM59随葬器物
图版五一　ⅠM60、ⅠM61、ⅠM62随葬器物
图版五二　ⅠM62、ⅠM63随葬器物
图版五三　ⅠM65、ⅠM66、ⅡM1随葬器物
图版五四　ⅡM1、ⅡM7随葬器物
图版五五　ⅡM2、ⅡM5随葬器物
图版五六　ⅡM7、ⅡM8随葬器物
图版五七　ⅡM8、ⅡM9随葬器物
图版五八　ⅡM9、ⅡM10随葬器物
图版五九　ⅡM10、ⅡM12随葬器物
图版六〇　ⅡM13、ⅡM14随葬器物
图版六一　ⅡM14随葬器物
图版六二　ⅡM15、ⅡM17随葬器物

图版六三	ⅡM17、ⅡM18、ⅡM19随葬器物
图版六四	ⅡM19、ⅢM19随葬器物
图版六五	ⅡM19、ⅡM22随葬器物
图版六六	ⅡM22随葬器物
图版六七	ⅡM23、ⅡM28随葬器物
图版六八	ⅡM24、ⅡM25随葬器物
图版六九	ⅡM25、ⅡM26、ⅡM27、ⅡM28随葬器物
图版七〇	ⅡM29、ⅡM30随葬器物
图版七一	ⅡM30、ⅡM31随葬器物
图版七二	ⅡM32、ⅡM35、ⅡM38随葬器物
图版七三	ⅡM38、ⅡM39、ⅡM40随葬器物
图版七四	ⅡM39、ⅡM41、ⅡM43随葬器物
图版七五	ⅡM40、ⅡM41随葬器物
图版七六	ⅡM41、ⅡM43随葬器物
图版七七	ⅡM45、ⅡM47随葬器物
图版七八	ⅡM47、ⅡM49、ⅡM50、ⅡM52随葬器物
图版七九	ⅡM49随葬器物
图版八〇	ⅡM49、ⅡM52随葬器物
图版八一	ⅡM42、ⅡM54随葬器物
图版八二	ⅡM55、ⅢM3随葬器物
图版八三	ⅢM2随葬器物
图版八四	ⅢM2、ⅢM3、ⅢM4、ⅢM5随葬器物
图版八五	ⅢM5、ⅢM6随葬器物
图版八六	ⅢM6、ⅢM7随葬器物
图版八七	ⅢM7随葬器物
图版八八	ⅢM8随葬器物
图版八九	ⅢM8、ⅢM9随葬器物
图版九〇	ⅢM9、ⅢM10、ⅢM12随葬器物
图版九一	ⅢM10随葬器物
图版九二	ⅢM10随葬器物
图版九三	ⅢM11、ⅢM12随葬器物
图版九四	ⅢM13、ⅢM14、ⅢM15、ⅢM16随葬器物
图版九五	ⅢM16、ⅢM17、ⅢM18随葬器物
图版九六	ⅢM18随葬器物
图版九七	ⅢM19、ⅢM20随葬器物

图版九八　ⅢM20、ⅢM21随葬器物
图版九九　ⅢM20、ⅢM21随葬器物
图版一〇〇　明清墓葬出土铜钱、骨器、石器

第一章　绪　　论

第一节　地理环境与历史沿革

一、地理环境

丹江口市，位于湖北省西北部偏东位置、十堰市东南部，地处汉水中上游，是鄂西北地区汉江冲积平原与秦巴山区的结合部，境内有丹江口水库。其地理位置优越，东临老河口市和鄂北重镇襄阳市，西连郧县[①]和十堰市，南接谷城和房县，北部与河南省淅川县毗邻。境内交通网络发达，主要水系汉江为南北文化交流的"孔道"，东南连接江汉平原并可直达武汉，北部通过淅水可连接南阳盆地，西北通过丹水可连接陕东南商洛地区进而到达关中平原，往西则可连通陕南汉中盆地。公路、铁路四通八达，襄渝铁路、汉十高速、316国道贯穿全境，汉丹铁路直达武汉，丹江口市至河南省西峡县电气化铁路列入国家"十二五"规划。丹江口市成为沟通川渝陕、中原和我国中东部地区的重要通道，有"鄂西北东大门"之称（图一）。

丹江口市平面呈心脏形，整体地势南北高，中间低，略向东倾斜，平均海拔为400米。汉江自郧县鸟池入境，自西向东穿境而过，至潘家岩出境，境内流长105千米，将该市分为"江北"和"江南"两个区域。全市面积3121平方千米。江北横亘着秦岭山系伏牛山脉东端的余脉大横山，江南有秦岭山系大巴山脉东延的武当山。丹江自河南省淅川县挡子口入境，在市区北与汉江汇合，境内流长约21千米，为丹江口水库的重要组成部分。此外，江南区还有官山河和浪河等汉江支流。全市地貌多样，可分为三个部分，北部为大横山中低山、丘陵区，中部为丘陵岗地、山间盆地和丹江口水库区，南部为武当山中低山区。最高点为武当山主峰，海拔1612.3米[②]。

丹江口市在早元古代（距今18亿年）至古生代（距今5亿年）寒武纪时期为海洋，寒武纪之后为陆地。发生于早古生代末的加里东期造山运动，形成横贯我国东西的秦岭山系，该地也因之初具现代地貌格局的雏形。中生代晚期和新生代早期，该地的山前盆地堆积了白垩—古近—新近纪红色沙砾岩层，在这一较长的剥蚀、堆积阶段，该地经历了三个地文期、两次侵蚀，形成了南北山区700米和500米以上两个侵蚀基准面。进入早更新世以后，受新构造运动的影响，地壳活动频繁，该地区经历了三个上升期和三个相对稳定期。上升期，河流强烈下切形

---

① 郧县，即现十堰市郧阳区。
② 张二江主编：《丹江口市志》，新华出版社，1993年，第52~58页。

图一　丹江口市地图

成狭长地形；稳定期，河流侧蚀产生堆积作用。上升与稳定两种营力交替，造成中部地貌较低，沿汉江两岸呈多级阶梯状的地貌特征①。

丹江口市属于我国东部季风区北亚热带秦巴山地气候区。高大的秦岭山脉阻挡了北方寒冷空气的南下，使得库区冬季温暖，冬季各月平均气温在1℃以上。由于这里地势三面高，中间低，向东南敞开，东南季风可以沿汉江河谷长驱直入，因而夏季炎热多雨，平均气温在23～30℃。随着海拔的不同，山地气温发生垂直变化。一般而言，当河谷平原1月平均气温为2℃时，1000米左右的中山气温在-2～-1℃，2000米以上的高山则降至-5℃。丹江口库区年降水量在700～1000毫米，各季降水分配颇不均匀，主要集中在5～9月，占总降水量的70%以上。由于受地形地势的影响，山地的南坡降水要多于北坡，库区的东部要多于西部，山腰要多于山谷②。本地的树种有马尾松、水青桐、锐齿栎、栓皮栎、化香、金竹等。植被随地貌变化而有所变化，江北500米以下的丘陵地区基本没有原始森林，仅零星分布有红果、山枣等小群落和柏树等次生林木，江南500米以下的丘陵地区有松柏、栎等原有混交林、次生林木和经济林等。该地区还有上百万亩的草场，也是金钱豹、金猫、猕猴等珍稀动物和其他一般动物的栖息地③。

二、历史沿革

夏、商、西周三代时期，丹江口市的历史地理情况史籍缺载，但当属于《尚书·禹贡》九州中的豫州范畴，与雍州相邻。

春秋时期当属麇。《左传·文公十年》（公元前617年）："厥貉之会，麇子逃归。"杨伯峻注："麇，国名，按《地理考实》，今湖北省郧县即古麇国。"《左传·文公十一年》（公元前616年）："楚子伐麇。成大心败麇师于防渚。潘崇复伐麇，至于锡穴。"杨伯峻注："防渚，麇地，即今湖北省房县……锡穴当是麇国都城，《清一统志》谓在今陕西省白河县东，《方舆纪要》谓在郧县西北百八十里，皆据《水经·汉水注》，地望盖同。"④由传文和注可知，公元前616年，楚师两次伐麇，先伐于今房县，复伐至于今郧县西北，那么在此之前，位于同是麇地的郧县与房县之间的丹江口市，也应属于麇国。在这之后，即春秋中期晚段以后，丹江口市归楚。

楚怀王十七年（公元前312年），秦在丹阳击败楚军"遂取汉中之郡"（《史记·楚世家》）后，丹江口市的归属则不甚明晰。至今，历史地理学界对于楚国是否设有汉中郡以及汉中郡的地域范围，还有着不同的意见⑤。加之一年后（公元前311年），"秦使使约复与楚亲，分汉中之半以和楚"（《史记·楚世家》），汉中尚有意见分歧，汉中之半则更加不明晰，这

---

① 张二江主编：《丹江口市志》，新华出版社，1993年，第51、52页。
② 晏昌贵：《丹江口水库区域历史地理研究》，科学出版社，2007年，第2、3页。
③ 张二江主编：《丹江口市志》，新华出版社，1993年，第74～77页。
④ 杨伯峻：《春秋左传注》（二），中华书局，2009年，第578～580页。
⑤ 晏昌贵：《丹江口水库区域历史地理研究》，科学出版社，2007年，第10页，注②。

一地区的行政归属也就更加复杂了。因此，晏昌贵先生在其专著《丹江口水库区域历史地理研究》中也只是笼统地说："战国时代，今库区一带属于楚的汉中、商於及巫、黔中之地。"[1] 对于库区各不同县市战国中期晚段时的具体形势并未详论。然而到了楚顷襄王十九年（公元前280年），秦楚关系再次恶化，"秦伐楚，楚军败，割上庸、汉北地予秦"（《史记·楚世家》）。徐少华先生指出："云梦秦简《编年记》则曰此年（公元前280年）'攻邓'，邓即今湖北襄阳樊城北之故邓城。"[2] 一年后（公元前279年），形势则已经是"秦拔鄢、西陵"（《史记·六国年表·楚表》），兵锋直指楚之江汉腹地了。由此可见，公元前280年"攻邓"前，位于襄阳之西的丹江口市就当属于被割的"上庸、汉北地"，此后无疑已经属秦了。

秦灭六国后，推行郡县制。今丹江口市属南阳郡[3]。西汉始置武当县，隶属于南阳郡，从此武当作为县名，一直延续到明洪武二年省入均州才消失[4]，而均州、均县之名则一直沿用到1983年改为丹江口市为止[5]。东汉献帝建安十三年（公元208年），曹操得荆州，割南阳郡右址为南乡郡，郡治所酂城（今老河口市），下设武当等八县，武当县隶属于南乡郡[6]。

西晋时，武当县隶属于顺阳郡。《水经注·丹水篇》："逮晋封宣帝孙畅为顺阳王，因立为顺阳郡，而南乡为县。"晏昌贵"另据《晋书·武帝纪》，畅之受封在太康十年（公元289年），则顺阳郡之改设不得迟于此年"，并参考《宋书》等相关记载，定改称之年即为太康十年[7]。

永嘉之乱（公元310年）后，武当县隶侨立之始平郡[8]。《宋书·州郡志三》雍州"始平太守"条："晋武帝泰始二年，分京兆、扶风立。后分京兆、扶风侨立，治襄阳。今治武当。"可知始平郡在东晋时寄治襄阳。而后移治武当，按《宋书·孝武帝纪》，当发生在刘宋大明元年（公元457年）土断。东晋与刘宋时，始平郡皆属侨立之雍州。

南齐时，《太平寰宇记》卷143《均州总序》称"齐永明七年（公元489年）于今郧乡置（齐）兴郡"，武当县应隶属之，而郧乡地望据《水经注·沔水篇》可知即在今郧县城关附近。梁武帝太清元年（公元547年），南朝梁政权革齐兴郡为兴州郡，武当县隶之。后魏废帝元年（公元552年）改兴州为丰州。据《周书》卷36《令狐整传》，北周明帝武成元年（公元559年），令狐整请旨将丰州治所从郧乡移治武当延岑城，辖武当、齐兴、广福三郡[9]。

隋开皇初，丰州三郡并废。隋开皇五年（公元585年），以境内均水为名，改丰州为均州，领武当、均阳两县。"均州"之名始于此。大业初年，均州废入淅阳郡。隋末义宁二年

---

[1] 晏昌贵：《丹江口水库区域历史地理研究》，科学出版社，2007年，第11页。
[2] 徐少华：《周代南土历史地理与文化》，武汉大学出版社，1994年，第355页。
[3] 谭其骧：《秦郡界址考》，《长水集》，人民出版社，1987年，第13～21页。
[4] 晏昌贵：《丹江口水库区域历史地理研究》，科学出版社，2007年，第31页。
[5] 张在普：《中国近现代政区沿革表》，福建省地图出版社，1987年，第131页。
[6] 张华鹏：《武当县考》，《武当学刊》（社会科学版）1993年第3期。
[7] 晏昌贵：《丹江口水库区域历史地理研究》，科学出版社，2007年，第13、14页。
[8] 晏昌贵：《丹江口水库区域历史地理研究》，科学出版社，2007年，第19页。
[9] 晏昌贵：《丹江口水库区域历史地理研究》，科学出版社，2007年，第20～22页。

（公元618年），割淅阳郡之武当、均阳二县置武当郡[①]。

唐武德元年（公元618年），复郡为州，武当郡改称均州。太宗贞观元年（公元627年），废均州，以武当、郧乡二县隶于淅州。贞观八年（公元634年），废淅州，又复均州，辖武当、郧乡及在西部原属西城郡的丰利县（治今白河县南）。贞观初年，分天下为十道，包括均州在内的今丹江库区皆属山南道。开元二十一年（公元733年），分天下为十五道，均州属山南东道。天宝元年（公元742年），改州为郡，均州改为武当郡。肃宗乾元元年（公元758年），又复州称，改武当郡为均州，辖境无变。另外，自肃宗"至德（公元756~757年）以来，天下多难，诸道聚兵，增节度使"，一直至于五代，均州先后归兴平、武关、襄州、山南东道、武定、宣化等节度使管辖[②]。

宋太祖建隆元年（公元960年），罢天下节镇，令诸州皆直隶朝廷。均州不再隶属于节镇。乾德六年（公元968年），省均州丰利县，辖武当、郧乡两县。与唐代相比，均州略有缩小。太宗太平兴国三年（公元978年），分京西为南、北二路，均州隶于京西南路。徽宗宣和元年（公元1119年），均州升为武当军节度[③]。

两宋之际，高宗建炎二年（公元1128年），金军攻陷邓、均、房三州。此后双方在库区一带屡有争夺，至绍兴十一年（公元1141年）宋金议和后，均州属南宋，仍隶京西南路[④]。

元世祖忽必烈至元十二年（公元1275年），南伐，设司置县，省武当军节度为均州，直隶湖北道宣慰司，更郧乡为郧县，州辖武当县和郧县。至元十九年（公元1282年），罢宣慰司，均州改隶河南江北行中书省襄阳路[⑤]。

明太祖洪武二年（公元1369年），废武当县入均州，州领郧县、上津，隶湖广布政司，武当县名自此无存。宪宗成化十二年（公元1476年），郧县、上津割入新立之郧阳府。均州不再领县，由直隶州降为散州，隶襄阳府，直至清末。

1911年辛亥革命成功，中华民国军政府裁府、州、厅，一律改县。均州改为均县，直隶湖北省，驻今丹江口市西北关门岩附近。

1948年3月21日，均县解放。1959年，因修建丹江口水库，均县移治沙陀营村，即今丹江口市区的沙陀营街，仍名均县。1967年，丹江口库区开始蓄水，千年均州古城沉睡于水库之下，周围地区只有一些小山丘露出水面，肖川区所在地的关门岩即是其中一条位置较高的山冈，由于有不少老均州城迁出的移民就近投靠而来，逐渐形成新的集镇。1983年8月19日，撤销均县，设立丹江口市，属省辖市，由郧阳地区代管。1991年，原均州古城旧址旁的肖川区，更名为均县镇，以纪念沉于水底的古城，均县从此成为镇名。1994年，郧阳地区与十堰市合并改称十堰市（地级），丹江口市由十堰市代管，并至于今。2012年，因南水北调中线工程的影响，均县镇由驻关门岩村移治核桃园村，建成新的集镇。

---

① 晏昌贵：《丹江口水库区域历史地理研究》，科学出版社，2007年，第22页。
② 晏昌贵：《丹江口水库区域历史地理研究》，科学出版社，2007年，第22~25页。
③ 晏昌贵：《丹江口水库区域历史地理研究》，科学出版社，2007年，第25、26页。
④ 晏昌贵：《丹江口水库区域历史地理研究》，科学出版社，2007年，第26、27页。
⑤ 张华鹏：《武当县考》，《武当学刊（社会科学版）》1993年第3期。

第二节 墓地概况

莲花池墓地位于湖北省丹江口市均县镇莲花池村南约2.5千米处，当地俗称"打儿窝"，南距武当山约15千米，北距均县镇约13千米，东距丹江口市约35千米。中心地理坐标为北纬32°33′13″、东经111°09′16″，海拔164米（图二）。整个地貌为一条西北—东南走向的山梁，呈中间高两边低的鱼脊形，梁顶较开阔。顺山梁向西北走约2.5千米即为莲花池村。该山梁的西部向外分岔，再伸出一条同是西北—东南走向的山梁，与原山梁走向几呈平行之势。新伸出之山梁西北和东南均较高，中部较低，如马鞍状。当水库水位较高时，这条山梁的中部即被淹没于水库中，整条山梁则呈两个互不连属的小岛状，且因山梁东北部与原山梁的交接地带地势也较低，两条山梁明显呈现为三片区域（图三；彩版一）。

第三节 发现与发掘经过

1994年，该墓地在中国社会科学院考古研究所和丹江口市博物馆的调查中被发现，并被列入丹江口水库淹没区重点文物保护工程项目。1996年，该墓地所在地区归属均县镇管辖，现为均县镇良果场。2002年复查时再次确认该墓地。

2006年10月～2007年1月，受湖北省文物局的委托，北京市文物研究所（北京市考古研究院）对该墓地进行了考古勘探和抢救性发掘。

在此次考古工作中，北京市文物研究所首先对莲花池村周边的多处地方进行了勘探。勘探工作从2006年10月4日开始，至11月9日结束，勘探面积34000平方米，勘探中采用了GPS等定位系统记录了墓葬位置。在莲花池村南的打儿窝地点，探明墓葬66座，主要分布在东段山梁，其三面环水，西北以大面积栽植的橘树林为界。

从2006年11月10日始，北京市文物研究所对打儿窝地点（后编为莲花池墓地I区）进行了抢救性发掘，至2007年1月18日结束。因墓葬分布相对较为集中，发掘前进行了全面布方，将整个墓葬区布于10米×10米的探方之内，确定了墓葬区位于探方和整个发掘区的位置后再进行发掘。实际发掘面积按探明墓口的大小和深度，向外扩1～2米。共布10米×10米探方184个，实际发掘面积4600平方米。本次发掘的墓葬66座，年代为秦汉时期至明末清初，其中有秦汉墓葬58座，明清墓葬6座，无出土器物、形制特殊而年代不明的墓葬2座（图四）。墓葬全部开口于耕土层下，直接打破生土，墓口距地表0.2～0.3米。墓葬形制结构分为竖穴土坑墓和竖穴墓道土洞墓两种。

本次勘探、发掘的领队为北京市文物研究所研究员张治强。参加此次勘探和发掘工作的有北京市文物研究所张治强、韩宜林、赵博安、杨瑞、石雅天等。

2007年3月17日至5月26日，北京市文物研究所对2006年第一次发掘资料进行了系统整理，整理工作由张治强研究员全面负责。器物修复由赵博安、韩宜林等完成。此次共修复秦汉时期陶器245件（套）（此处作盖用的陶钵与主体器物按2件计），铜器36件（套）（单墓内铜钱

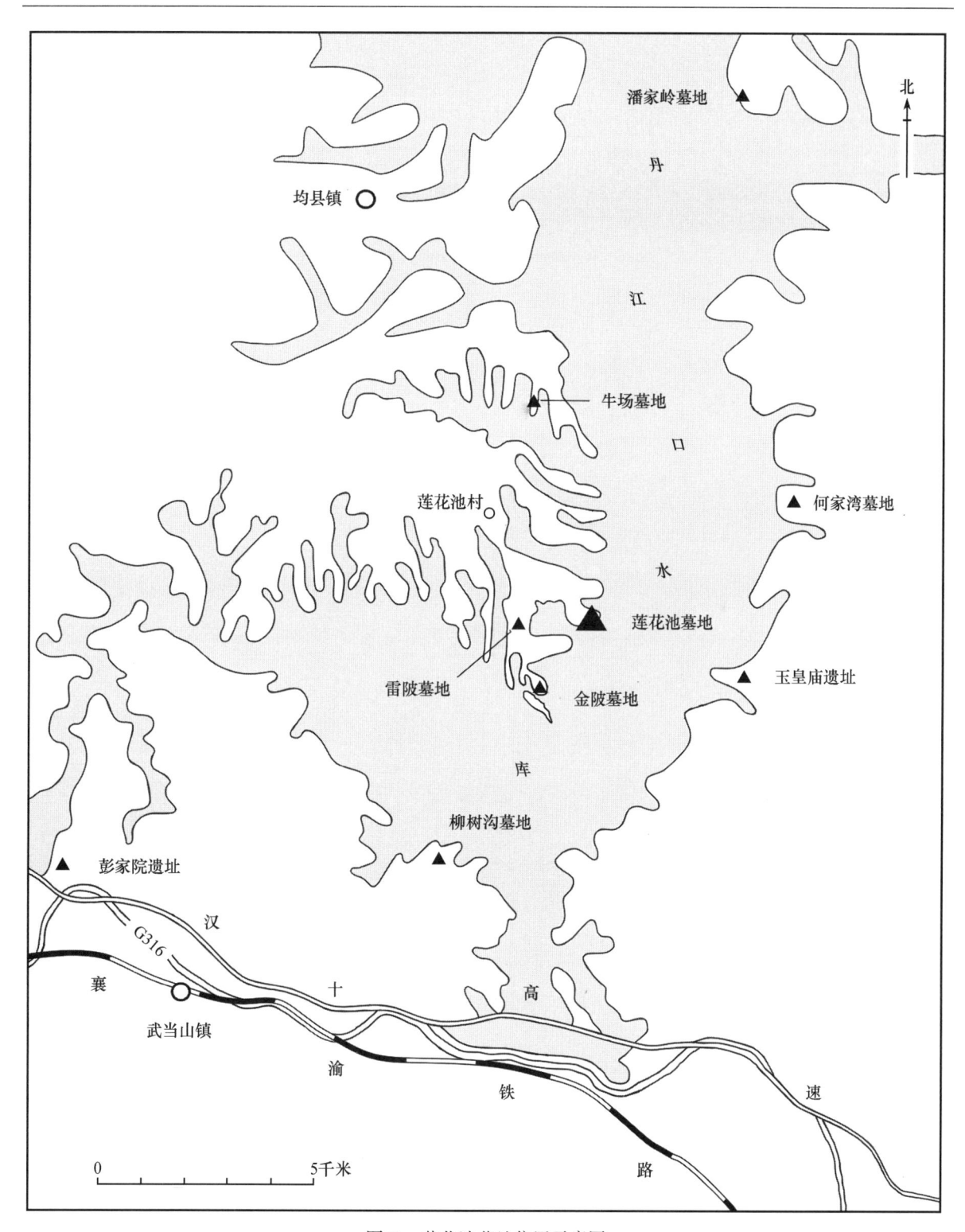

图二 莲花池墓地位置示意图

按1件计），铁器9件（套），石器1件（套），骨器1件（套），总计秦汉时期各类器物292件（套）。修复明清时期陶瓷器12件（套），铜器3件（套）（单墓内铜钱按1件计），共计明清时期各类器物15件（套）。此后，北京市文物研究所对全部出土器物进行了绘图、照相，器物

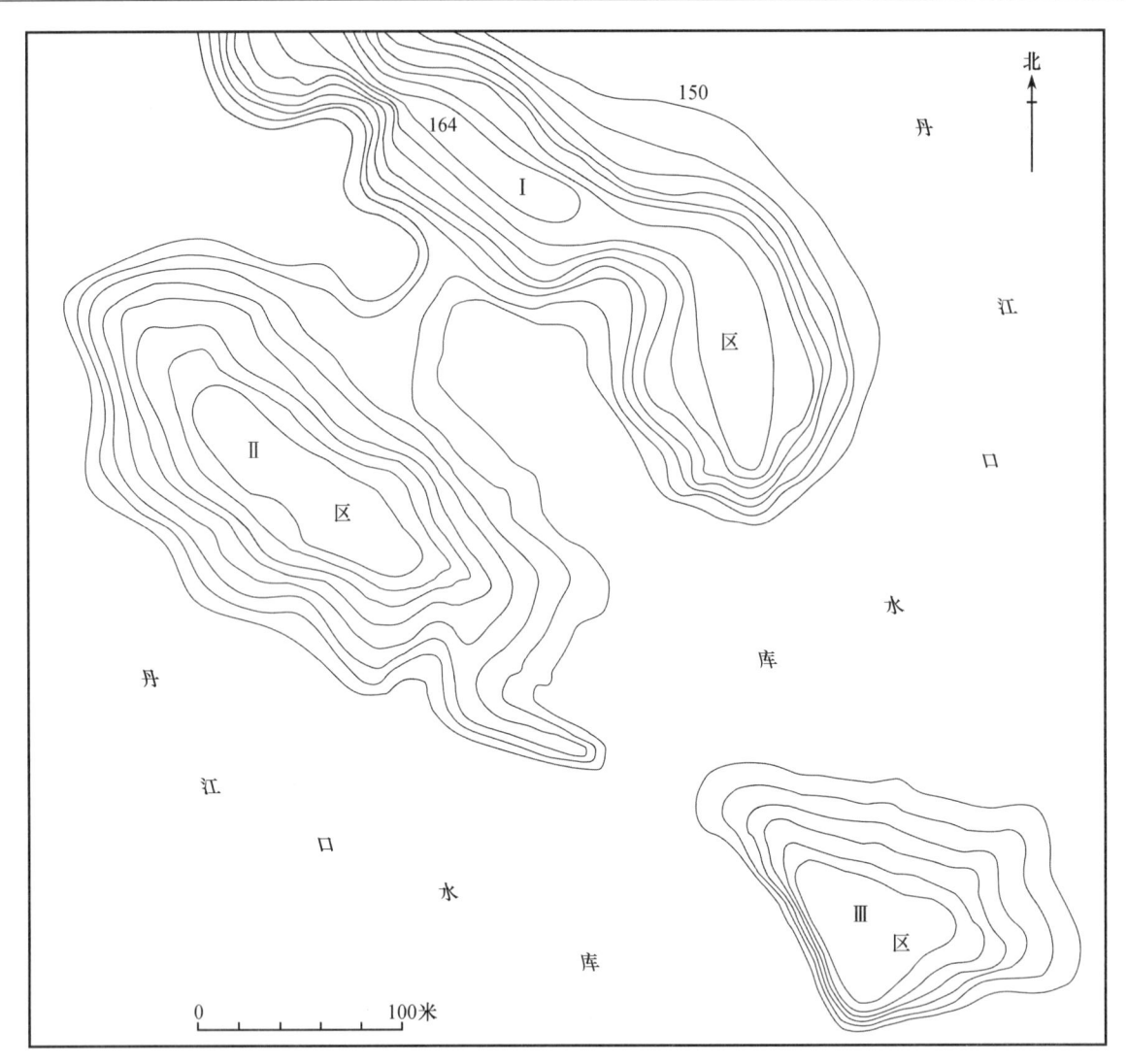

图三　墓区分布图

线图由韩宜林、刘缀生绘制，摄影由韩宜林完成，随后制作了卡片，并登记造册，向丹江口市文物局和湖北省文物局移交了文字、照片和实物资料。2011年，北京市文物研究所发表了这批墓葬资料的初步整理和研究成果[①]。

2009年4月15日至6月24日，北京市文物研究所第二次对打儿窝地点进行勘探和发掘。此次工作的主要区域位于2006年发掘区西部的山梁（后编为莲花池墓地Ⅱ区）和南部的小山包（后编为莲花池墓地Ⅲ区），勘探总面积约51000平方米，探明墓葬76座，分别分布在Ⅱ区和Ⅲ区，尤以前者分布较多。

7~9月因为天气等原因，暂停发掘，10月中下旬才再次组织人员进行全面发掘。第二次发掘工作于2009年10月20日开始，至当年12月12日结束。本次发掘是在墓葬密集区采用探方法进行，在墓葬较分散区，将墓葬布于探方内后对墓葬进行单独发掘，发掘面积共2500平方米。本

---

① 北京市文物研究所、湖北省文物局南水北调办公室：《湖北丹江口市莲花池墓地战国秦汉墓》，《考古》2011年第4期。

图四　Ⅰ区墓葬分布图

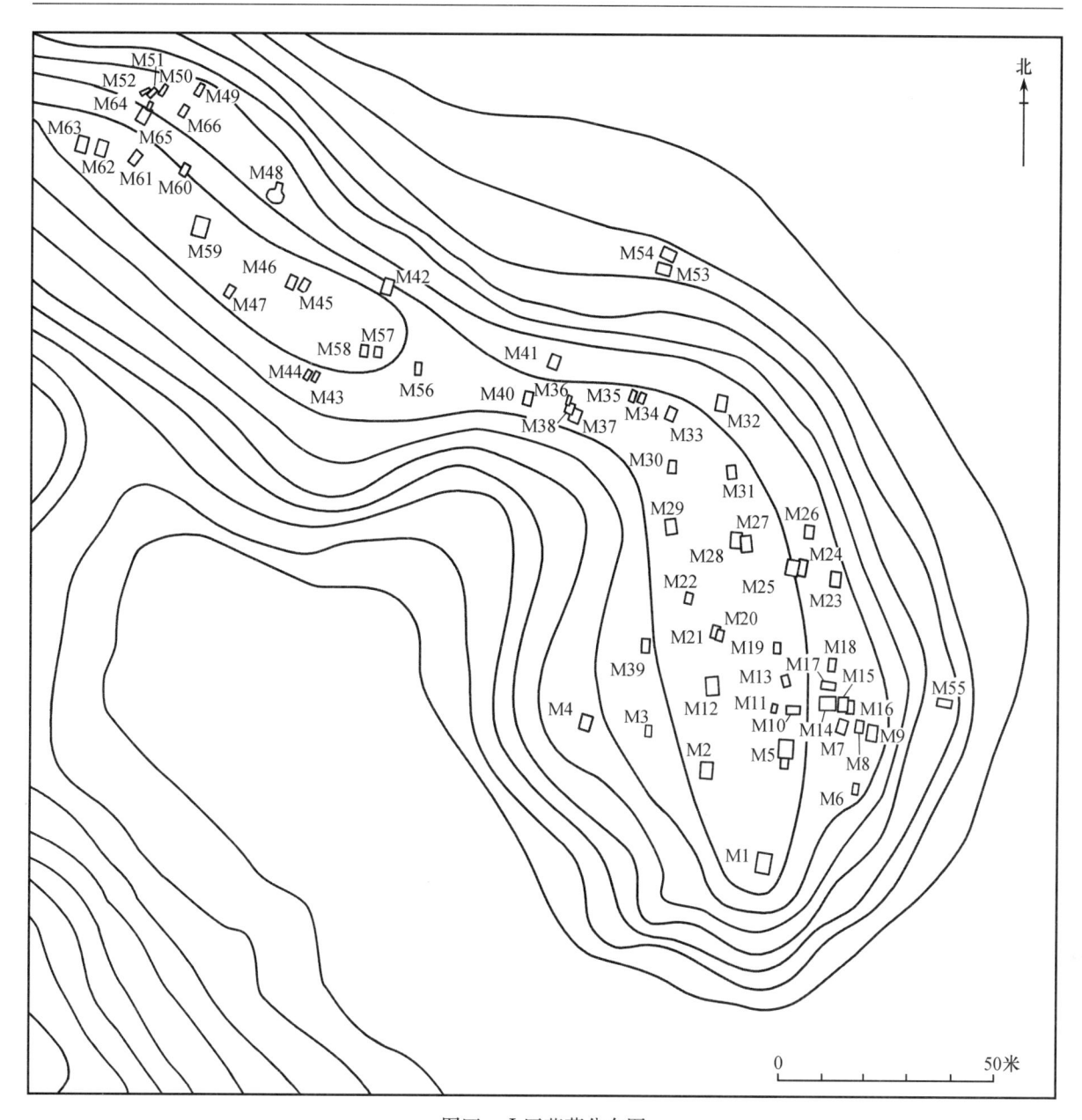

次共发掘墓葬76座，Ⅱ区分布有55座（图五；彩版二），Ⅲ区21座（图六；彩版三），年代为秦汉时期至近代。其中，秦汉墓葬总计67座，分别是Ⅱ区47座和Ⅲ区20座；明清墓葬4座，都位于Ⅱ区；近代墓1座，位于Ⅱ区；年代不明墓葬4座，分别是Ⅱ区3座和Ⅲ区1座。墓葬全部开口于耕土层下，直接打破生土，墓口距地表0.2～0.35米。墓葬形制分为竖穴土坑墓和竖穴墓道土洞墓两种。

第二次发掘的领队依然为北京市文物研究所研究员张治强。参加此次勘探和发掘工作的有北京市文物研究所张治强、韩宜林、赵博安、杨瑞、刘乃涛、刘缀生、朱文龙、孙峰、孙更更、韩召展、张文会等。

2009年11月至2012年12月，北京市文物研究所先后多次对第二次发掘资料进行了整理，由

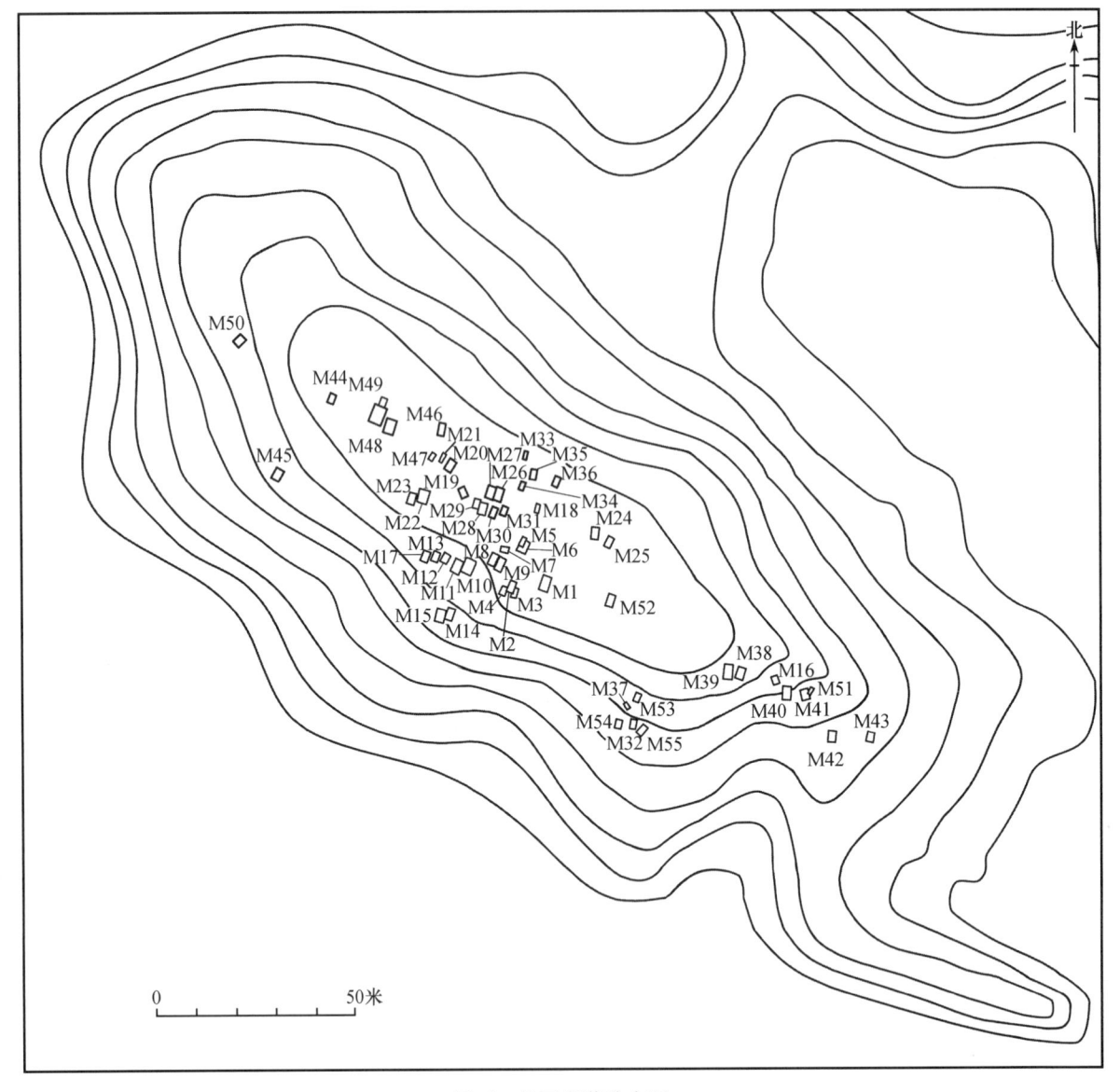

图五　Ⅱ区墓葬分布图

张治强研究员全面负责，赵博安、韩宜林、杨瑞等完成了器物修复和照相工作。此次整理，Ⅱ区共修复秦汉时期陶器227件（套）（此处作盖用的陶钵与主体器物按2件计），铜器15件（套）（单墓内铜钱按1件计），铁器12件（套），石器1件（套），鹿角1件，Ⅱ区秦汉时期各类器物总计256件（套）。Ⅲ区共修复秦汉时期陶器127件（套），铜器4件（套），铁器3件（套），Ⅲ区秦汉时期各类器物总计134件（套）。另外，此次整理Ⅱ区还修复明清时期骨器1件，石器1件，铜器1件（套）（单墓内铜钱按1件计），明清时期各类器物共计3件（套）。Ⅲ区无明清时期墓葬，故无明清时期器物。

经过2006年和2009年的前后两次发掘，莲花池墓地发掘面积共计7100平方米，清理墓葬共142座，分别是Ⅰ区66座、Ⅱ区55座和Ⅲ区21座。其中，秦汉墓葬125座，分别是Ⅰ区58座、Ⅱ区47座和Ⅲ区20座；明清墓葬10座，分别是Ⅰ区6座和Ⅱ区4座；近代墓1座，是ⅡM33；

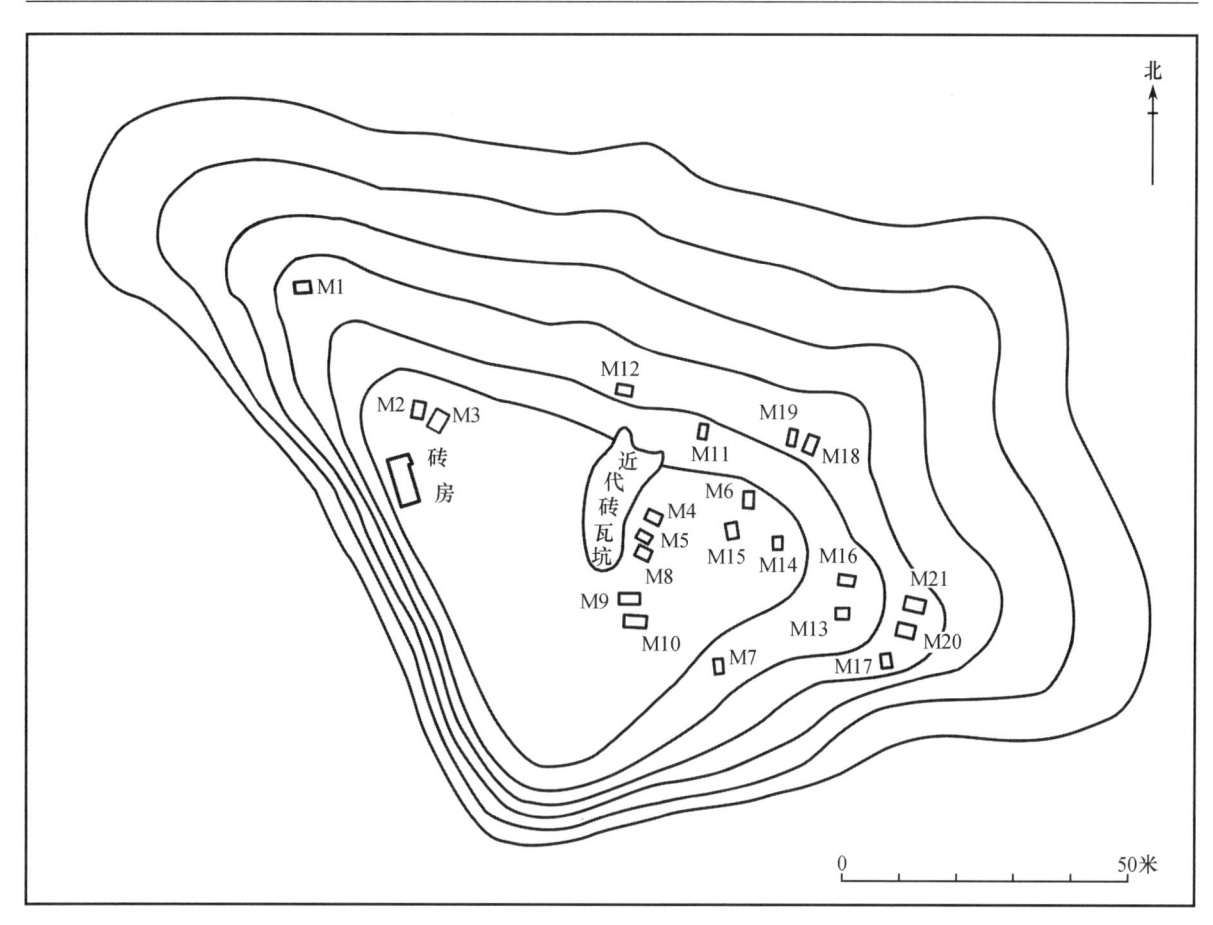

图六　Ⅲ区墓葬分布图

年代不明墓葬6座，分别是Ⅰ区2座、Ⅱ区3座和Ⅲ区1座。总计出土秦汉时期各类文物682件（套），包括陶器599件（套）（此处作盖用的陶钵与主体器物按2件计），铜器55件（套）（单墓内铜钱按1件计），铁器24件（套），石器2件（套），骨器1件（套），鹿角1件。总计出土明清时期各类器物共18件（套），包括陶瓷器12件（套），骨器1件，石器1件，铜器4件（套）（单墓内铜钱按1件计）。

第四节　报告编写说明

由于北京市文物研究所张治强研究员个人工作调动，2012年12月，莲花池墓地的发掘资料由湖北省文物局委托给武汉大学历史学院继续进行整理，并编写发掘报告。2013年2～5月，武汉大学历史学院聘请考古技工刘缀生完成了Ⅱ区和Ⅲ区全部墓葬平、剖面图的清描和出土器物的线图描绘工作。此后，在武汉大学历史学院余西云教授的主持下，2013年7～8月，完成了Ⅱ区和Ⅲ区全部器物的卡片制作，后与发掘照片、器物照片一起登记造册，并于2014年4月向丹江口市文物局和湖北省文物局移交了所有的文字、照片和实物资料。同时，也开始了报告的全面编写工作。

本报告详细介绍了2006年和2009年两个年度发掘的125座秦汉时期墓葬、10座明清时期墓葬和6座时代不明墓葬，只有1座近代墓葬未予介绍。在发掘过程中，各区都是独自编号，没有进行统一编号。因此，行文中为叙述方便，墓葬编号用分区和号数来表示，即"ⅠM""ⅡM""ⅢM"。在随葬品中，铜钱和少量陶器形制相同者先按类别统一编号，再对各个标本用亚号区别，Ⅱ区少量作器盖用的陶钵与其主体器物只计一个编号，再用亚号区别，其余的陶瓷器、铜器、石器、铁器、鹿角和骨器等皆采用统一编号，均一器一号。

第二章 秦汉墓葬概述

莲花池墓地经2006年和2009年两次发掘，共发掘秦代前后至西汉末期墓葬125座（附表一）。其中，Ⅰ区分布有58座，Ⅱ区分布有47座，Ⅲ区分布有20座。

秦汉墓葬之间的打破关系较少，主要有ⅠM15→ⅠM16、ⅠM20→ⅠM21、ⅠM25→ⅠM24、ⅠM27→ⅠM28，Ⅱ区有ⅡM2→ⅡM3、ⅡM2→ⅡM4、ⅡM5→ⅡM6、ⅡM14→ⅡM15、ⅡM28→ⅡM29，Ⅲ区无。

第一节 Ⅰ区秦汉墓葬

Ⅰ区总共有不同时期墓葬66座。除ⅠM11、ⅠM48两座墓因无出土器物、形制特殊而时代不明，以及ⅠM36、ⅠM38、ⅠM50、ⅠM51、ⅠM52、ⅠM64等6座可明确为明清墓葬外，Ⅰ区共有秦汉墓葬58座，且都有陶器随葬。

一、ⅠM1

位于Ⅰ区东南部偏南，也是本区位置最南的一座墓。方向8°。长方形竖穴土坑墓，口大底小，南、北壁斜直内收，东、西壁留有生土二层台。开口距地表0.2~0.25米，墓口长4.5、宽3.4米，墓底长2.95、宽1.7米，深3.8米。墓口向下深2.9米处，东、西两壁留有生土二层台，长3.28、宽0.2、高0.9米。墓坑的东北角有错开的脚窝7个，宽0.14、高0.1、进深0.1米。填土为黄褐色五花土，土质较硬。葬具为木质单棺单椁，仅存朽痕。椁室位于墓室中部，平面呈"Ⅱ"形，四端顶木外昂，向外伸出约0.32米，椁痕长2.65、宽0.82米。椁室底部南、北两端皆有横向垫木凹槽，长1.26、宽0.16、深0.1米，两者间距1.76米。棺位于椁室内，棺痕具体范围已难辨认。棺内有人骨一具，保存稍好，头向东北，仰身直肢，性别、年龄不详。出土随葬品6件，其中陶器5件，置于椁内墓主头端，铁器1件，置于墓主右股处（图七；彩版四，1）。

陶双耳罐　1件。ⅠM1：3，泥质灰陶。侈口，内口部有一道凹槽，方唇，束颈，溜肩，肩部有对称牛鼻形双耳，弧腹，底内凹。颈部饰数道凹弦纹，上腹部饰左斜绳纹，间有两道抹痕，以下饰交错绳纹。口径13.8、腹径20、底径8、高24.2厘米（图八，1；图版二九，1）。

陶壶　1件。ⅠM1：2，泥质灰陶。浅碟形器盖，平顶，子口，盖顶均匀分布三个蝶须形纽。器身为侈口，方唇，束颈，溜肩，鼓腹，平底，喇叭状圈足。器身口部、颈部和腹部皆饰

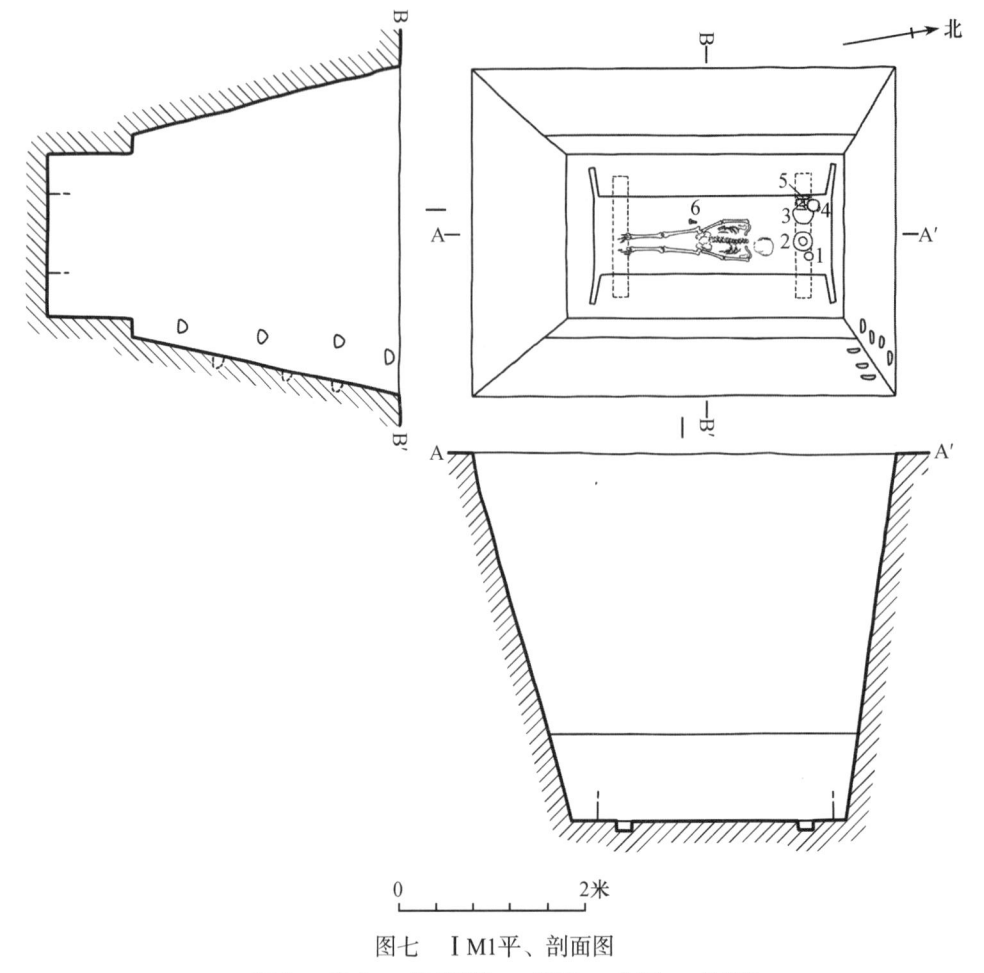

图七　ⅠM1平、剖面图
1. 陶杯　2. 陶壶　3. 陶双耳罐　4. 陶豆　5. 陶匜　6. 铁带钩

数道凹弦纹，圈足外壁饰一道折棱。器身口径12.9、腹径20.6、圈足径14、高33.6厘米，器盖口径13.6、高4.8厘米，通高36.8厘米（图八，2；彩版二四，1）。

陶匜　1件。ⅠM1∶5，泥质灰陶。椭圆形，口微敛，方唇，弧腹，平底略内凹，一端带半圆形流，流口上仰。腹部饰一道凹弦纹。流口长3、宽3厘米，器身口径13.2、底径7、深3.8厘米，通高4.6厘米（图八，4；图版二九，4）。

陶杯　1件。ⅠM1∶1，泥质灰陶。敞口，尖圆唇，斜直腹，矮圈足。上腹部饰一道凹弦纹。口径9.3、圈足径6.5、高11厘米（图八，5；图版二九，3）。

陶豆　1件。ⅠM1∶4，泥质灰陶。直口，方唇，匮底近平，细高柄上端实心下端中空，喇叭状圈足。腹部饰一道凹弦纹，柄中部饰多道凹弦纹。口径13.9、圈足径8.4、高14.9厘米（图八，3；图版二九，2）。

铁带钩　1件。ⅠM1∶6，灰绿色，通体锈蚀严重。琵琶形，钩首、纽均残。残长7.5、最大宽4.9厘米（图八，6）。

图八　ⅠM1出土器物
1. 陶双耳罐（ⅠM1：3）　2. 陶壶（ⅠM1：2）　3. 陶豆（ⅠM1：4）　4. 陶匜（ⅠM1：5）
5. 陶杯（ⅠM1：1）　6. 铁带钩（ⅠM1：6）

二、ⅠM2

位于Ⅰ区东南部偏南。方向7°。长方形竖穴土坑墓，口大底小，斜直壁内收。开口距地表约0.2米，墓口长4、宽2.9米，墓底长2.7、宽1.4~1.5米，深3.3米。墓坑的东北角有错开的脚窝8个。填土为黄褐色五花土，土质较硬。葬具为木质单棺单椁，仅存朽痕。椁室位于墓室中部，平面呈"Ⅱ"形，四端顶木外昂，向外伸出约0.16米，椁痕长2.37、宽1.1、残高0.34米。棺位于椁室内东部，平面呈长方形，棺痕长1.74、宽0.65米。棺内有人骨一具，保存极差，仅于靠南位置残存两段下肢骨，推测头向东北，葬式不明，性别、年龄皆不详。出土随葬品3件，均为陶器，位于椁内棺外西北角（图九；图版一，1）。

陶双耳罐　1件。ⅠM2：1，泥质灰陶。侈口，内口部有道凹槽，圆唇，束颈，溜肩，肩部有对称牛鼻形双耳，弧腹，底内凹。腹部饰交错绳纹，上腹部绳纹局部有被抹平的痕迹。口径14.2、腹径21.3、底径6.8、高22.4厘米（图一〇，1；图版二九，5）。

陶釜　1件。ⅠM2：2，夹砂灰陶。侈口，卷沿，圆唇，束颈，溜肩，扁鼓腹，圜底。肩部饰一道凹弦纹，以下饰交错绳纹并有烟熏的痕迹。口径13、腹径18、高13.5厘米（图一〇，3；图版二九，6）。

陶钵　1件。ⅠM2：3，泥质灰陶。微敛口，尖唇，弧腹，平底。素面。口径14.2、腹径14.5、底径6.4、高7厘米（图一〇，2）。

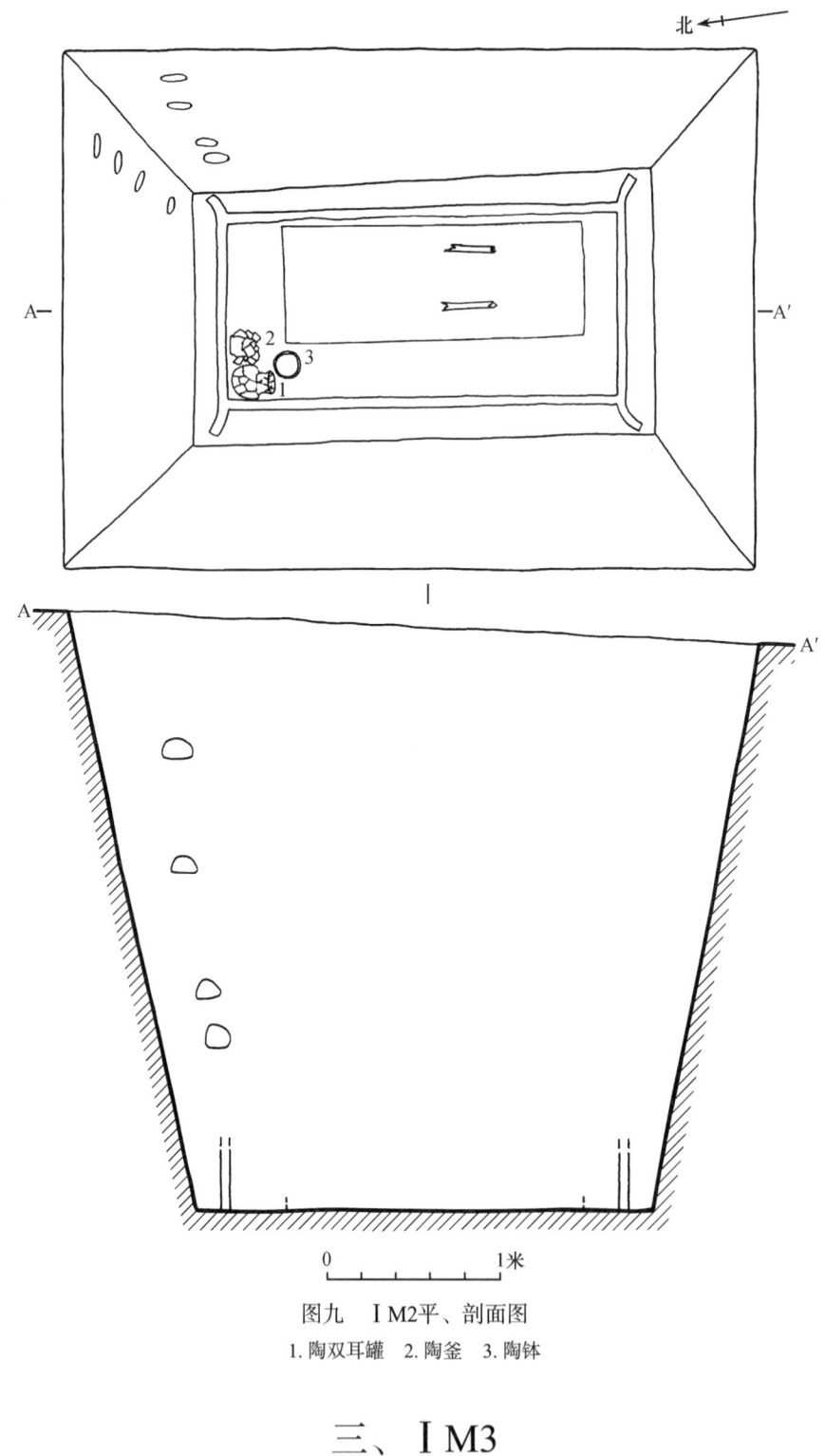

图九　ⅠM2平、剖面图
1. 陶双耳罐　2. 陶釜　3. 陶钵

三、ⅠM3

位于Ⅰ区东南部偏西南。方向4°。长方形竖穴土坑墓，口大底小，斜直壁内收。开口距地表约0.25米，墓口长2.6、宽1.55米，墓底长2.5、宽1.3米，深1.2米。填土为红褐色五花土，土质较硬。葬具为木质单棺，无椁，棺木仅存朽痕。棺位于墓室中部，平面呈长方形，棺痕长

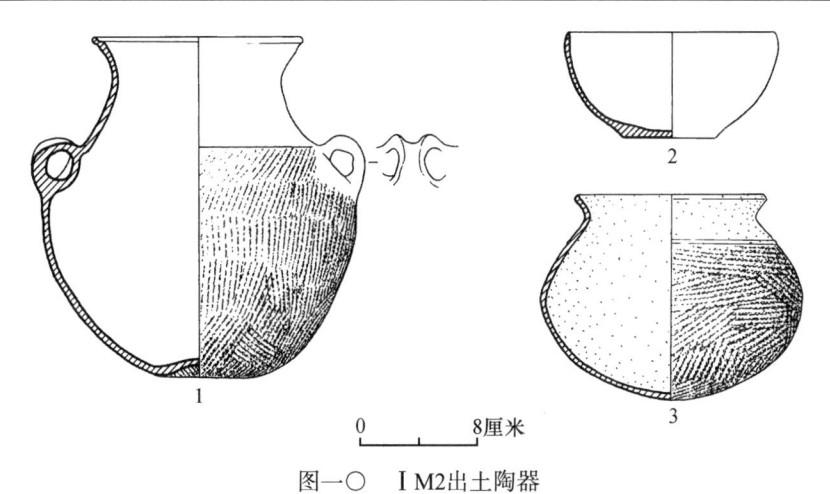

图一〇　ⅠM2出土陶器
1. 陶双耳罐（ⅠM2∶1）　2. 陶钵（ⅠM2∶3）　3. 陶釜（ⅠM2∶2）

2.4、宽0.7~0.9米。棺内有人骨一具，保存稍好，头向东北，仰身直肢，性别、年龄不详。出土随葬品3件，均为陶器，置于棺内墓主头前（图一一；图版一，2）。

陶双耳罐　1件。ⅠM3∶1，泥质灰陶。侈口，圆唇，束颈，溜肩，肩部有对称牛鼻形双耳，弧腹，底内凹。下腹至底部通饰交错绳纹。口径13.4、腹径19.6、底径6.6、高21.3厘米（图一二，1；图版三〇，1）。

陶釜　1件。ⅠM3∶2，夹砂灰陶。侈口，卷沿，方唇，束颈，溜肩，扁鼓腹，圜底。下腹至底部通饰交错绳纹。口径12.6、腹径18.4、高11.1厘米（图一二，3；图版三〇，2）。

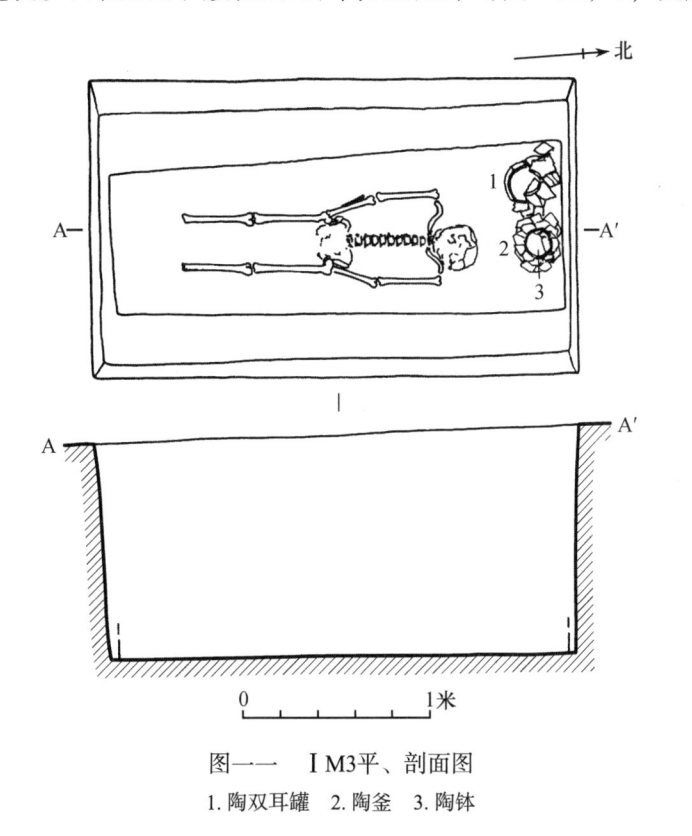

图一一　ⅠM3平、剖面图
1. 陶双耳罐　2. 陶釜　3. 陶钵

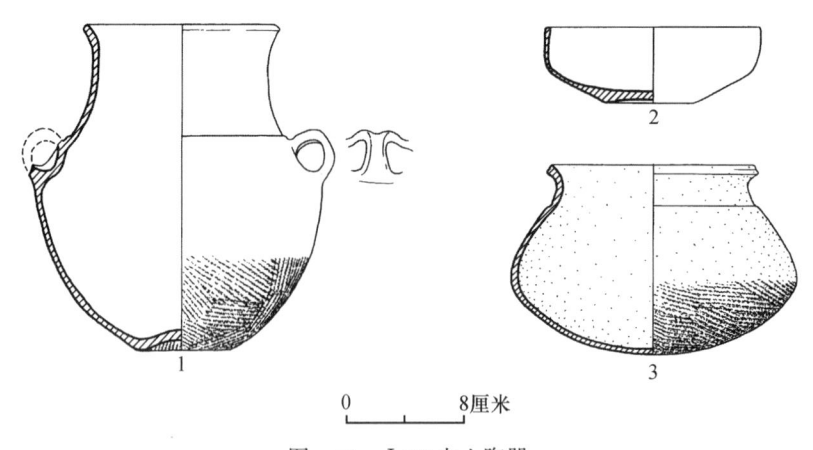

图一二　ⅠM3出土陶器
1.陶双耳罐（ⅠM3∶1）　2.陶钵（ⅠM3∶3）　3.陶釜（ⅠM3∶2）

陶钵　1件。ⅠM3∶3，泥质灰陶。微敛口，方唇，上腹较直，下腹弧收，平底微内凹。素面。口径14.4、腹径14.8、底径6.2、高5.5厘米（图一二，2）。

四、ⅠM4

位于Ⅰ区东南部偏西南。方向14°。长方竖穴土坑墓，口大底小，斜直壁内收。开口距地表约0.25米，墓口长3.2、宽2.2米，墓底长2.6、宽1.2~1.37米，深1.75米。填土为红褐色五花土，土质较硬。葬具为木质单棺，无椁，棺木仅存朽痕。棺位于墓室中部，平面呈长方形，棺痕长2.17、宽0.85~0.9米。棺内不见人骨，头向、葬式、性别与年龄皆不明。出土随葬品6件，均为陶器，置于棺内西部，南北排列（图一三）。

陶双耳罐　2件。泥质灰陶。束颈，溜肩，肩部有对称牛鼻形双耳，弧腹，底内凹。上腹部饰竖绳纹，间有数道抹痕，以下饰交错绳纹。ⅠM4∶2，侈口，圆唇。口径17.8、腹径27、底径11.2、高27厘米（图一四，1；图版三〇，3）。ⅠM4∶4，口部已残。颈部有轮制留下的旋纹痕迹。腹径19.7、底径9、残高20.4厘米（图一四，3）。

陶釜　1件。ⅠM4∶6，夹砂红陶。侈口，仰折沿，方唇，束颈，溜肩，扁鼓腹，圜底。下腹至底部通饰交错绳纹，并有烟熏的痕迹。口径12.6、腹径18.4、高11.1厘米（图一四，2；图版三〇，4）。

陶钵　3件。弧腹，平底微内凹。素面。ⅠM4∶1，泥质灰陶。直口，圆唇。口径15、底径6、高6.3厘米（图一四，4）。ⅠM4∶3，泥质红陶。直口，圆唇。口径14.4、底径6.7、高5.1厘米（图一四，5）。ⅠM4∶5，泥质灰陶。微敛口，圆唇。口径14.9、底径6.2、高4.7厘米（图一四，6）。

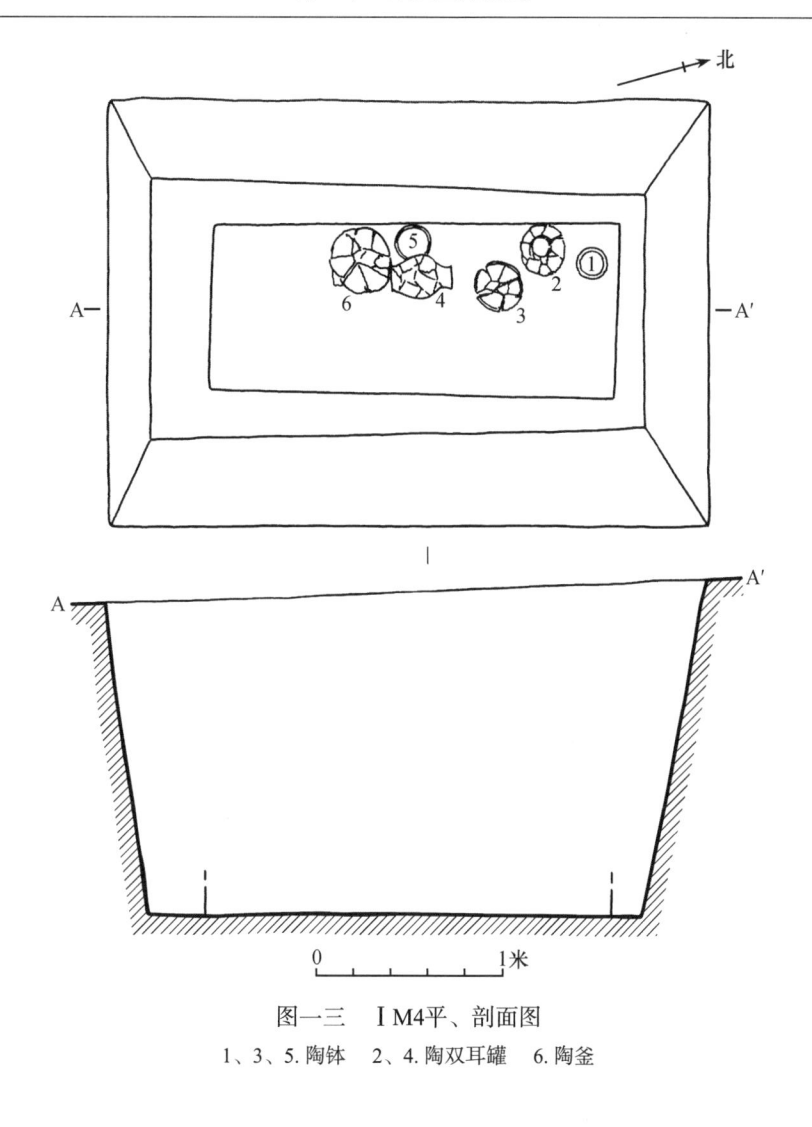

图一三　ⅠM4平、剖面图
1、3、5. 陶钵　2、4. 陶双耳罐　6. 陶釜

五、ⅠM5

位于Ⅰ区东南部偏南。方向4°。直线形土洞墓，由墓道、封门、墓室三部分组成。墓道位于墓室北端，为竖穴式，平面呈长方形，口大底小，斜直壁，平底。墓道东壁留有两个脚窝。开口距地表约0.2米，墓道口长4.1、宽3.28米，底长2.88、宽1.9米，深3.12米。墓道填土为黄褐色五花土，土质较硬较黏。墓道与墓室之间发现有封门木朽痕。墓室为拱顶式土洞，平面呈长方形，顶已坍塌，长2.88、宽1.4~1.48、残高1.6~2.4米。葬具为木质单棺单椁，仅存朽痕。椁室位于墓室中部，平面呈长方形，椁痕长2.42、宽1.1米。棺位于椁室内中部，平面呈长方形，棺痕长1.7、宽0.6米。棺内有人骨一具，保存较差，骨骼已成粉末状，头向东北，仰身直肢，性别、年龄不详。出土随葬品6件，均为陶器，置于椁内棺外北部（图一五；彩版四，2）。

陶鼎　1件。ⅠM5：5，泥质黑皮红褐陶。浅弧盘状器盖，平顶，盖顶均匀分布三个蝶须形纽。器身为子口，方唇，长方形附耳外弧撇，长方形耳孔对穿，斜直腹，平底，三蹄形足。

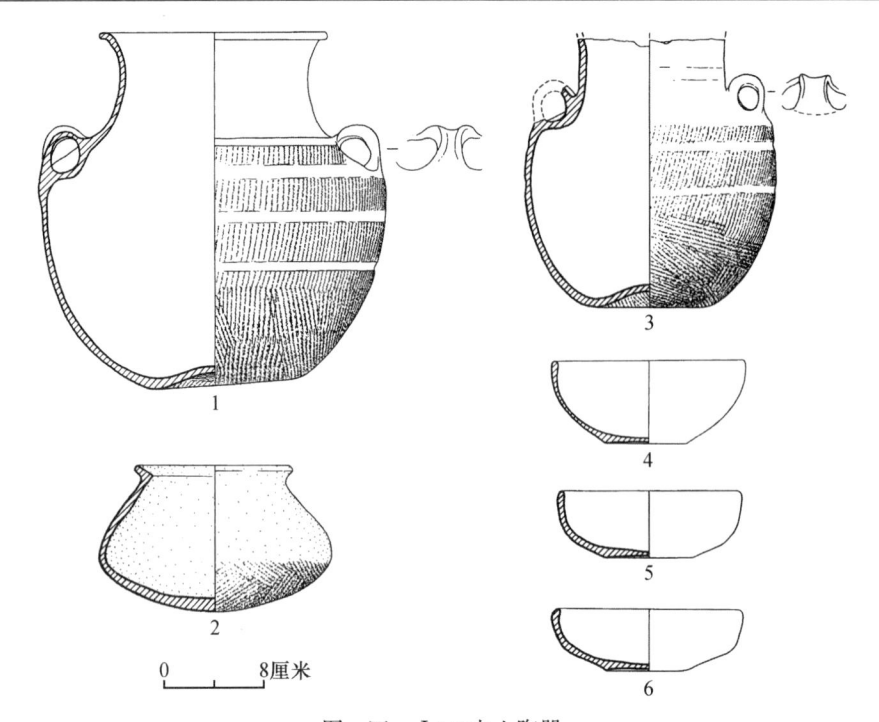

图一四　ⅠM4出土陶器
1、3.陶双耳罐（ⅠM4∶2、ⅠM4∶4）　2.陶釜（ⅠM4∶6）　4~6.陶钵（ⅠM4∶1、ⅠM4∶3、ⅠM4∶5）

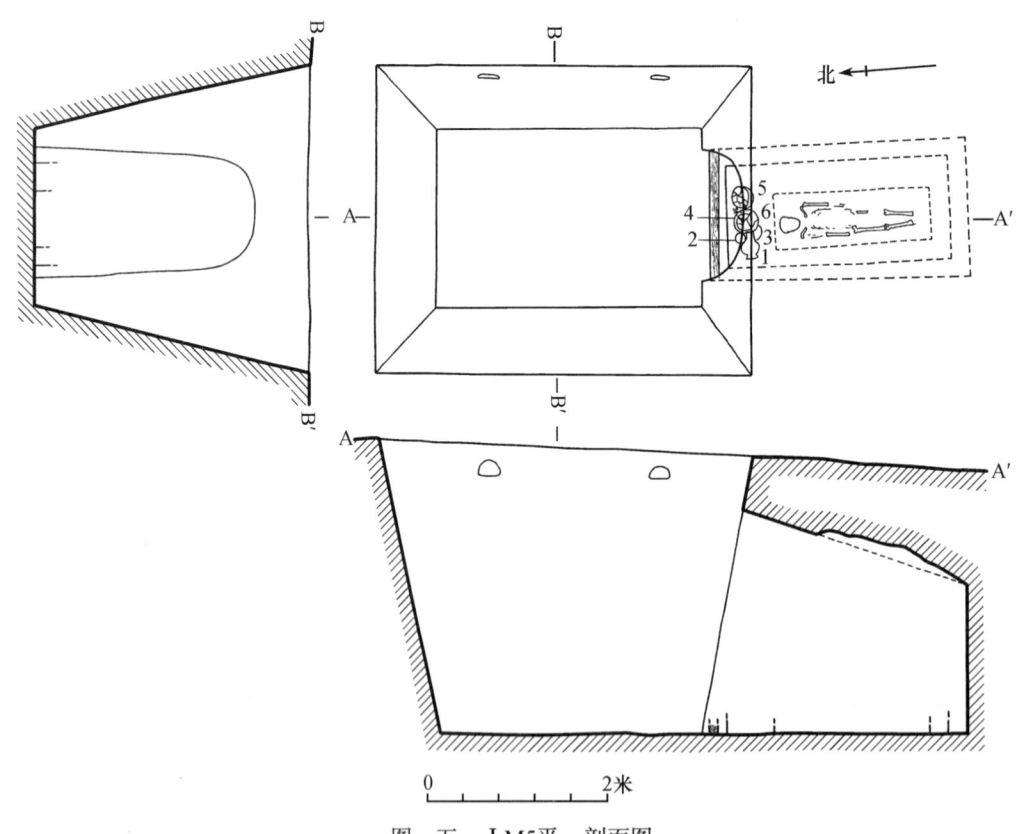

图一五　ⅠM5平、剖面图
1.陶壶　2.陶杯　3.陶豆　4.陶敦　5.陶鼎　6.陶匜

器身腹部饰一道折棱，足外侧有刮削痕迹。器身口径16、腹径20.2、高16.2厘米，器盖口径19.2、高5.6厘米，通高20.6厘米（图一六，1；图版三一，2）。

陶敦　1件。ⅠM5：4，泥质红褐胎黑皮陶。两个半球上下扣合而成。直口，方唇，弧腹，圜底，蝶须形纽与足。器盖及器身中腹部分别饰一道凹弦纹。口径20.2、通高28.2厘米（图一六，4；图版三一，5）。

陶壶　1件。ⅠM5：1，泥质红陶。浅弧盘状器盖，子口，盖顶均匀分布三个蝶须形纽，均残。器身为侈口，方唇，束颈，溜肩，鼓腹，平底，喇叭状圈足。器身口部、颈部和腹部皆饰数道凹弦纹，圈足外壁饰一道折棱。器身口径13.1、腹径20.8、圈足径14、高37.2厘米，器盖口径13.1、复原高5.2厘米，通体复原高41.2厘米（图一六，2；图版三一，1）。

陶匜　1件。ⅠM5：6，泥质灰陶。椭圆形，直口微敛，方唇，弧腹，平底微内凹，一端带半圆形流，流口上仰。腹部饰一道凹弦纹。流口长3、宽2.8厘米，器身径13.5、底径7、深3.6厘米，通高4.3厘米（图一六，6；图版三一，3）。

陶杯　1件。ⅠM5：2，泥质灰陶。敞口，方唇，上腹斜直，下腹弧收，喇叭状矮圈足。腹部饰两道凹弦纹。口径9.5、圈足径6.6、高11.5厘米（图一六，3；图版三一，4）。

陶豆　1件。ⅠM5：3，泥质灰陶。直口，圆唇，圜底近平，细高柄上端实心下端中空，喇叭状圈足。腹部饰一道凹弦纹，柄中部饰多道凹弦纹。口径14.2、圈足径9.8、高13.6厘米（图一六，5；图版三一，6）。

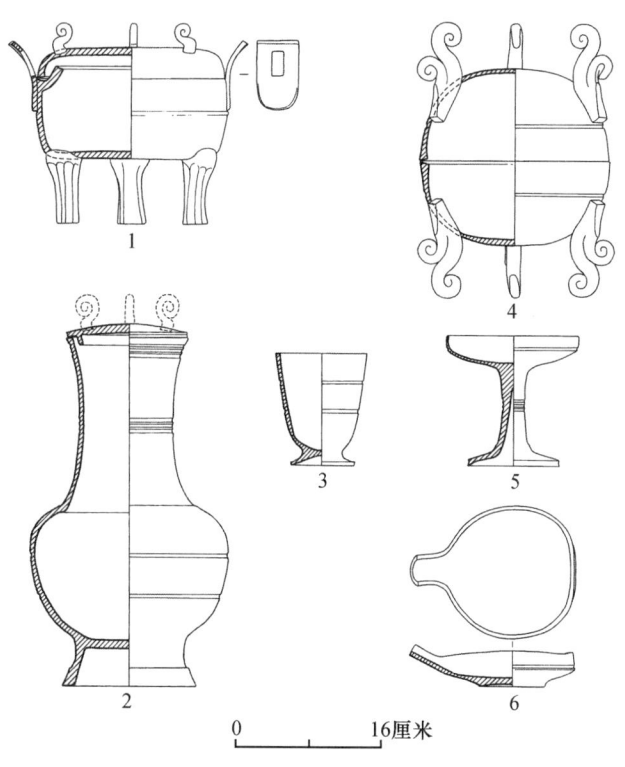

图一六　ⅠM5出土陶器

1.陶鼎（ⅠM5：5）　2.陶壶（ⅠM5：1）　3.陶杯（ⅠM5：2）　4.陶敦（ⅠM5：4）
5.陶豆（ⅠM5：3）　6.陶匜（ⅠM5：6）

六、ⅠM6

位于Ⅰ区东南部偏东南。方向8°。长方形竖穴土坑墓，口底等大，直壁。开口距地表约0.25米，墓长2.8、宽1.8、深1.55～1.7米。填土为黄褐色五花土，土质较硬。葬具为木质单棺，无椁，仅存朽痕，棺位于墓室中部，平面呈长方形，棺痕长2.35、宽1米。棺内有人骨一具，保存极差，仅见少量骨屑，据现场一些残存迹象判断墓主头向东北，葬式不明，性别、年龄不详。出土随葬品5件，置于棺内西部（图一七；图版二，1）。

陶盒 1件。ⅠM6:3，泥质灰陶。覆钵状器盖，盖顶微内凹。器身为微敛口，圆唇，弧腹内收，平底微内凹。素面。器身口径20.3、腹径21、底径6.4、高8.1厘米，器盖口径20.3、腹径21、底径6.4、高8.1厘米，通高16.2厘米（图一八，5；彩版二三，1）。

陶双耳罐 1件。ⅠM6:1，泥质灰陶。侈口，内口部有一道凹槽，圆唇，束颈，溜肩，肩部有对称牛鼻形双耳，弧腹，底内凹。颈部饰数道凹弦纹，上腹部饰竖绳纹间有一道抹痕，以下饰交错绳纹。口径13.7、腹径22、底径7、高21.4厘米（图一八，2；图版三〇，5）。

陶釜 1件。ⅠM6:2，夹砂灰陶。侈口，卷沿，方唇，束颈，溜肩，扁鼓腹，圜底。下腹至底部饰交错绳纹，并有烟熏痕迹。口径13.2、腹径18.4、高12厘米（图一八，1；图版三〇，6）。

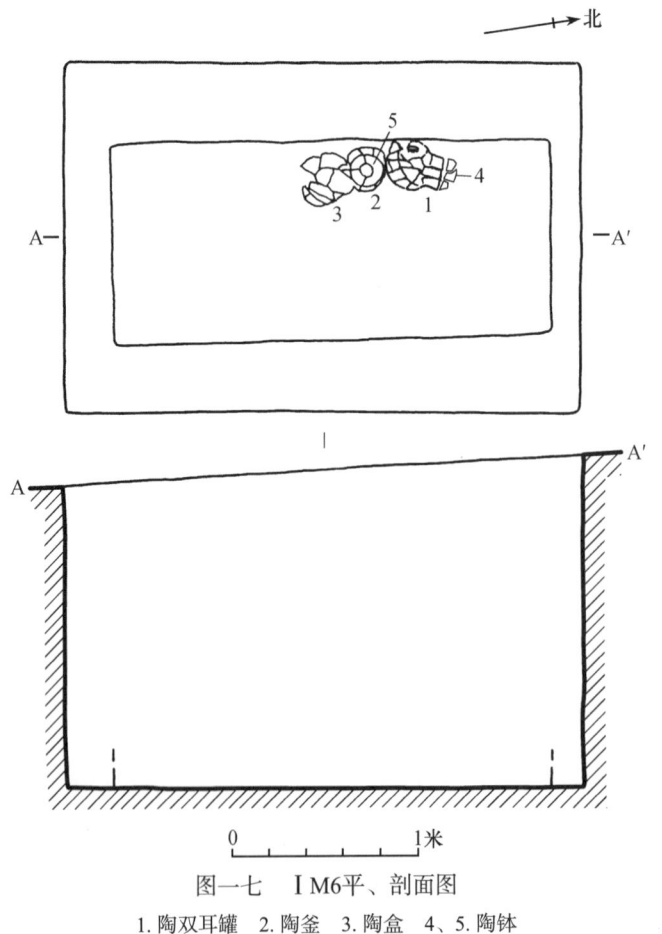

图一七 ⅠM6平、剖面图
1.陶双耳罐 2.陶釜 3.陶盒 4、5.陶钵

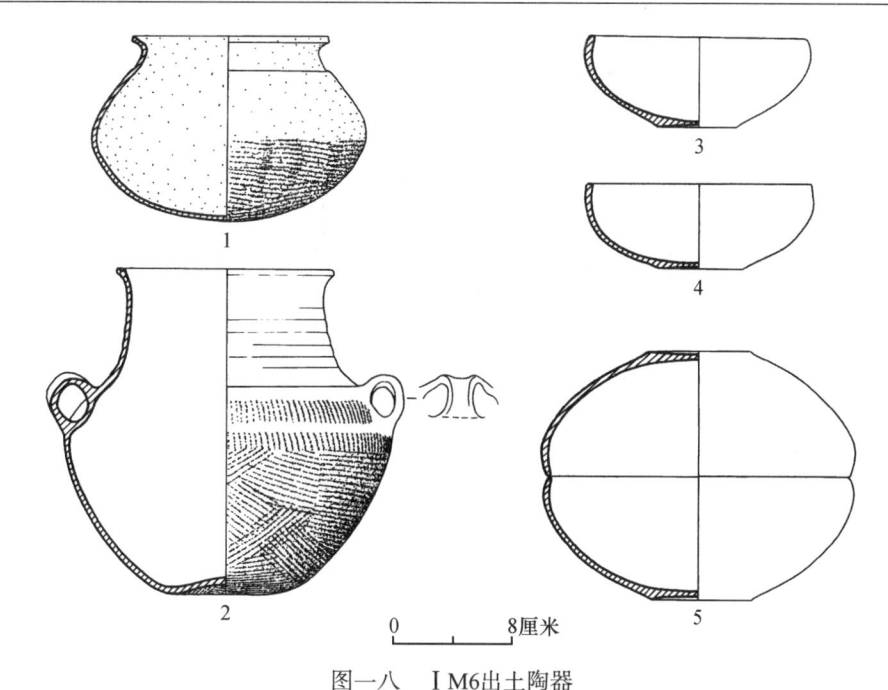

图一八　ⅠM6出土陶器
1. 陶釜（ⅠM6∶2）　2. 陶双耳罐（ⅠM6∶1）　3、4. 陶钵（ⅠM6∶4、ⅠM6∶5）　5. 陶盒（ⅠM6∶3）

陶钵　2件。泥质灰陶。圆唇，弧腹，平底微内凹。素面。ⅠM6∶4，微敛口，腹较深。口径14.4、底径5.6、高6厘米（图一八，3）。ⅠM6∶5，直口，腹较浅。口径15.2、底径5.8、高5.6厘米（图一八，4）。

七、ⅠM7

位于Ⅰ区东南部偏东南。方向15°。长方形竖穴土坑墓，口底等大，直壁。开口距地表约0.25米，墓长3.5、宽2.2～2.4、深0.8～1.1米。填土为黄褐色五花土，土质较硬。葬具为木质单棺单椁，仅存朽痕。椁室位于墓室偏西部，平面呈"Ⅱ"形，四端顶木外昂，向外伸出约0.14米，椁痕长3.1、宽1.83米。椁室底部东西两端有纵向垫木凹槽，凹槽内发现有木质朽痕，凹槽长3、宽0.14、深0.1米，两者间距1米。棺位于椁室内偏东南部，平面呈长方形，尚存四块木板棺盖，棺底灰痕长2.15、宽0.65～0.82米。棺内不见人骨，头向、葬式、性别与年龄皆不明。出土随葬品11件（套），其中陶器6件（套），铜器4件，铁器1件，皆置于椁内棺外北部（图一九；彩版五，1；彩版六，1）。

陶鼎　1件。ⅠM7∶7，夹砂灰陶。浅弧盘状器盖，盖顶均匀分布三个亚腰形纽。器身为子口，圆唇，长方形附耳外折撇，无耳孔，上腹较直，下腹弧收，平底微内凹，三蹄形足外撇。器盖与器身腹部外壁皆有红色彩绘痕迹，已严重脱落。器身口径16、腹径22.7、高16.8厘米，器盖口径19.2、高6.4厘米，通高21.7厘米（图二〇，1；图版三二，1）。

陶盒　1件。ⅠM7∶1，夹砂灰陶。浅碟状器盖。器身为子口，圆唇，微鼓肩，弧腹，平底略内凹。器盖与器身外壁残留红色彩绘痕迹，已严重剥落。器身口径12.8、腹径16.7、底径

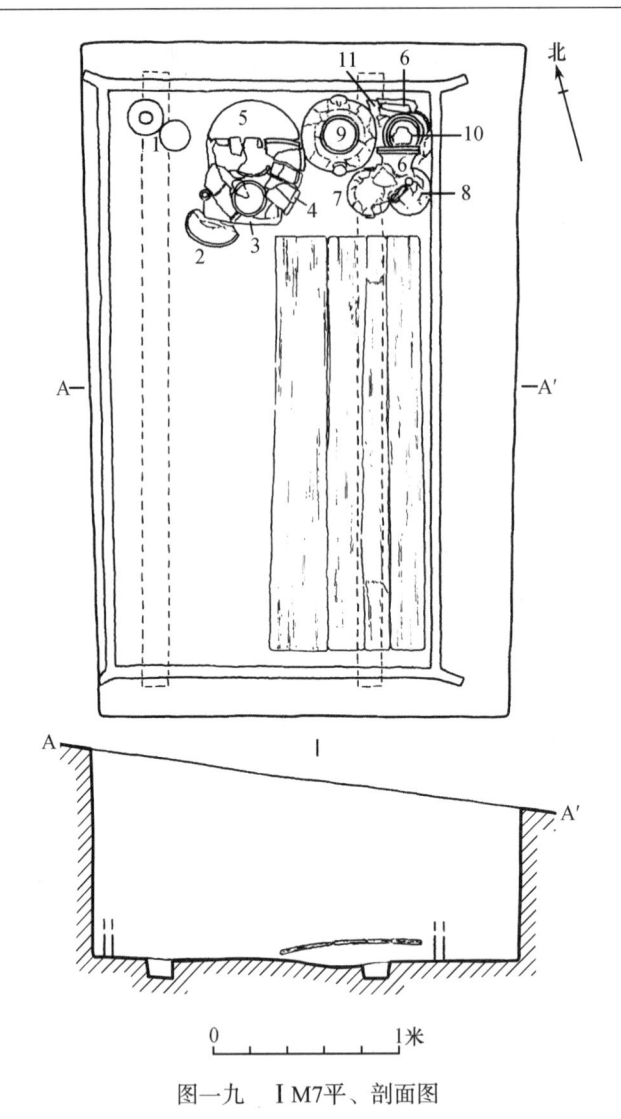

图一九　ⅠM7平、剖面图
1.陶盒　2.铜盆　3.陶灶　4.陶甑　5.铁釜　6、9.陶壶　7.陶鼎　8.铜蒜头壶　10.铜盉　11.铜勺

6.2、高8.8厘米，器盖口径15.2、高4厘米，通高12.5厘米（图二〇，4；彩版二三，6）。

陶壶　2件。泥质灰陶。器身为浅盘口，方唇，束颈，溜肩，肩部有对称双系人面铺首衔环，鼓腹，圜底，圈足外撇。颈部饰竖绳纹，有被抹平的痕迹，圈足外壁饰一周凸棱。ⅠM7∶6，浅弧盘状器盖，盖顶有一半圆形纽。器身口径19.1、腹径32.4、圈足径24.4、高39.2厘米，器盖口径19.3、高6.4厘米，通高45.6厘米（图二〇，5；图版三二，3）。ⅠM7∶9，失盖。腹部饰一道凹弦纹。器身口径20.8、腹径39.2、圈足径25.2、高43.2厘米（图二〇，2；图版三二，4）。

陶甑　1件。ⅠM7∶4，泥质灰陶。直口，折沿下垂，沿面有一道凹槽，方唇，微束颈，弧腹，底内凹，底部有五个圆形镂孔。腹部饰左斜绳纹，有被抹平的痕迹，底部饰交错绳纹。底部粘有铁锈痕迹，原应置于铁釜上。口径44.2、底径15、高23.4厘米（图二〇，6；图版三二，2）。

陶灶　1套3件。ⅠM7∶3，夹砂灰陶。由灶身、釜和甑组成。通高23.2厘米（图二〇，3；

图二〇　ⅠM7出土陶器
1.陶鼎（ⅠM7∶7）　2、5.陶壶（ⅠM7∶9、ⅠM7∶6）　3.陶灶（ⅠM7∶3）　4.陶盒（ⅠM7∶1）　6.陶甑（ⅠM7∶4）

彩版三〇，5）。

灶身，ⅠM7∶3-1，平面呈抹角长方形，灶面微凹，前端有一圆形灶眼，上置一罐形釜，釜上置甑，后端中部斜立一圆筒形烟囱，顶部开两个小圆孔，近顶部一周有七个小圆孔，封底式灶门，呈圆角横长方形。灶身四壁饰竖绳纹。灶身长43.3、宽23.5、高15.2厘米。

釜，ⅠM7∶3-2，直口，方唇，矮领，鼓肩，弧腹，平底。素面。口径8.4、底径5.6、高8.1厘米。

甑，ⅠM7∶3-3，敞口，平折沿，方唇，弧腹，平底，底部有五个圆形镂孔。素面。口径

17.6、底径5.8、高8.8厘米。

铜勺　1件。ⅠM7∶11，残，无法复原（图二一，4）。

铜盂　1件。ⅠM7∶10，下腹及底残。侈口，卷沿，圆唇，弧腹。口径18.2、残高6.6厘米（图二一，3）。

铜蒜头壶　1件。ⅠM7∶8，灰绿色。直口微敛，圆唇，蒜头状，细长颈微束，溜肩，扁鼓腹，平底，矮圈足。素面。口径3.6、腹径22.6、足径13.6、通高39.6厘米（图二一，1；彩版一五，5）。

铜盆　1件。ⅠM7∶2，灰绿色。敞口，平折沿，圆唇，斜直腹，平底微内凹。器表有烟熏痕迹。口径25.6、沿宽0.7、底径12.4、高9.3厘米（图二一，2；彩版一五，3）。

铁釜　1件。ⅠM7∶5，残毁严重，无法复原。

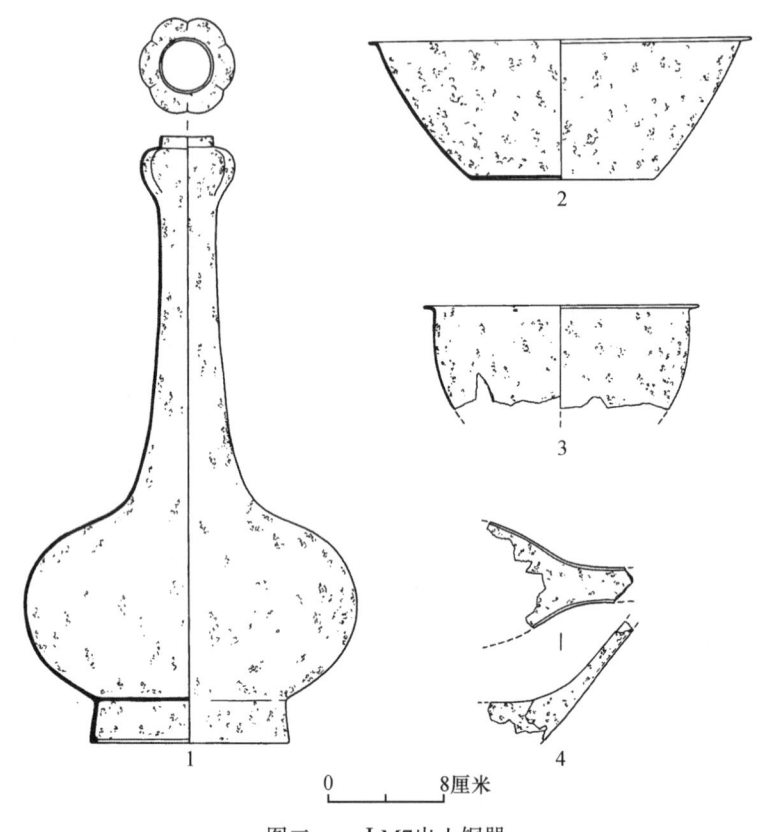

图二一　ⅠM7出土铜器
1.铜蒜头壶（ⅠM7∶8）　2.铜盆（ⅠM7∶2）　3.铜盂（ⅠM7∶10）　4.铜勺（ⅠM7∶11）

八、ⅠM8

位于Ⅰ区东南部偏东南。方向9°。长方形竖穴土坑墓，口底等大，直壁。开口距地表约0.25米，墓长3.5、宽2.2、深3.45～3.55米。填土为黄褐色五花土，土质较硬。葬具为木质一椁两棺，皆仅存朽痕。椁室位于墓室中部，平面呈"Ⅱ"形，四端顶木外昂，向外伸出约0.16米，椁痕长2.95、宽1.6～1.7米。椁室底部南、北两端有横向垫木凹槽，凹槽内发现有木质朽痕，凹槽长2.1、宽0.14、深0.1米，两者间距2.08米。双棺位于椁室内中部，东西并列，大小相若，平面均呈长方形，东棺棺痕长1.94、宽0.7米，西棺棺痕长2.02、宽0.62～0.68米。东棺内有人骨一具，头向东北，仰身直肢，性别、年龄不详。西棺内不见人骨。出土随葬品19件（套）。其中，陶器7件（套），有1件陶盒置于西棺内北部，其他6件（套）置于椁内棺外北部；铜器7件，有1件铜印与铜带钩置于东棺内墓主腹部与胯部，1件铜勺置于西棺内中西部，其他4件置于椁内棺外北部；铁器3件，1件铁削刀置于东棺内墓主右股边，其他2件置于椁内棺外北部；石器1件（套），置于椁内棺外北部；骨器1件（套），置于椁内棺外东北部（图二二；彩版七，1）。

陶鼎　1件。ⅠM8：12，泥质灰陶。浅弧盘状器盖，敛口，顶部有杯状捉手。器身为子口，圆唇，长方形附耳较直，椭圆形耳孔对穿，弧腹，平底，三蹄形足外撇。器盖外壁饰数道凹弦纹，器身腹部饰一道凸棱与凹弦纹。器身口径15、腹径20.8、高16.6厘米，器盖口径18、腹径19.2、高6.6厘米，通高20.2厘米（图二三，1；图版三二，5）。

陶盒　1件。ⅠM8：9，泥质灰陶。覆碗状器盖，浅宽圈足状捉手。器身为子口，方唇，弧腹，平底内凹。器盖外壁与器身腹部皆饰数道凹弦纹。器身口径15、腹径18.6、底径7、高8厘米，器盖口径18.6、顶径8、高7.8厘米，通高15.2厘米（图二三，4；图版三二，6）。

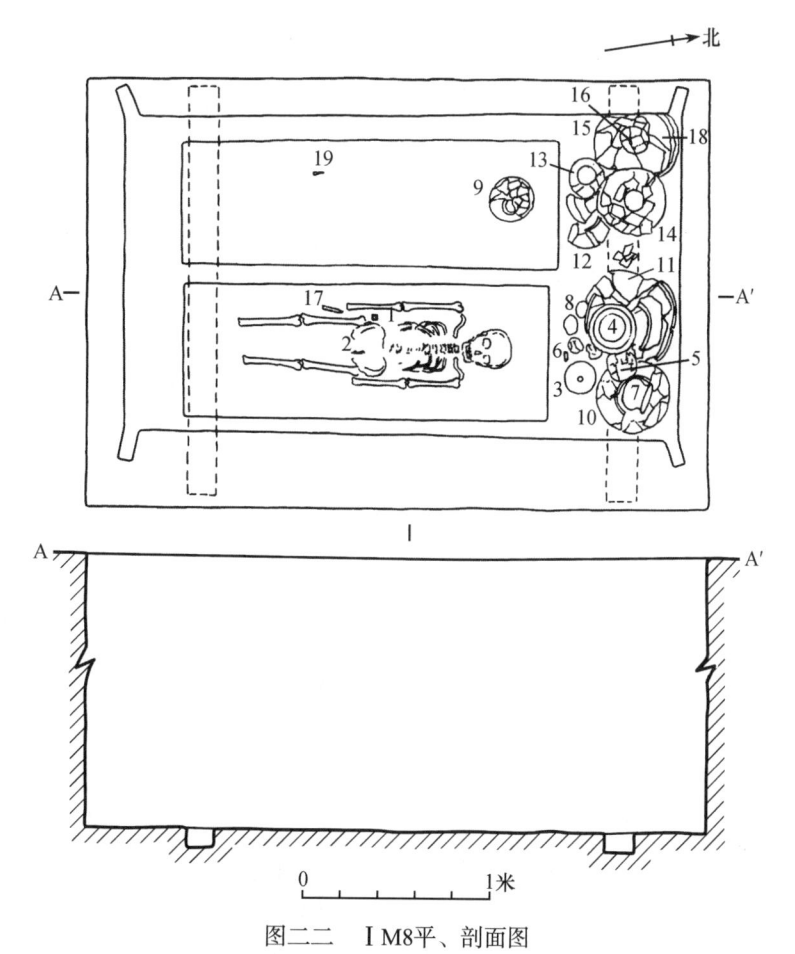

图二二　ⅠM8平、剖面图

1. 铜印　2. 铜带钩　3. 铜镜　4、16. 铜盆　5. 铜盂　6. 骨器　7. 铁鍪　8. 石镇尺　9. 陶盒　10、11. 陶瓮
12. 陶鼎　13. 陶甗　14. 陶壶　15. 陶盆　17. 铁削刀　18. 铁釜　19. 铜勺

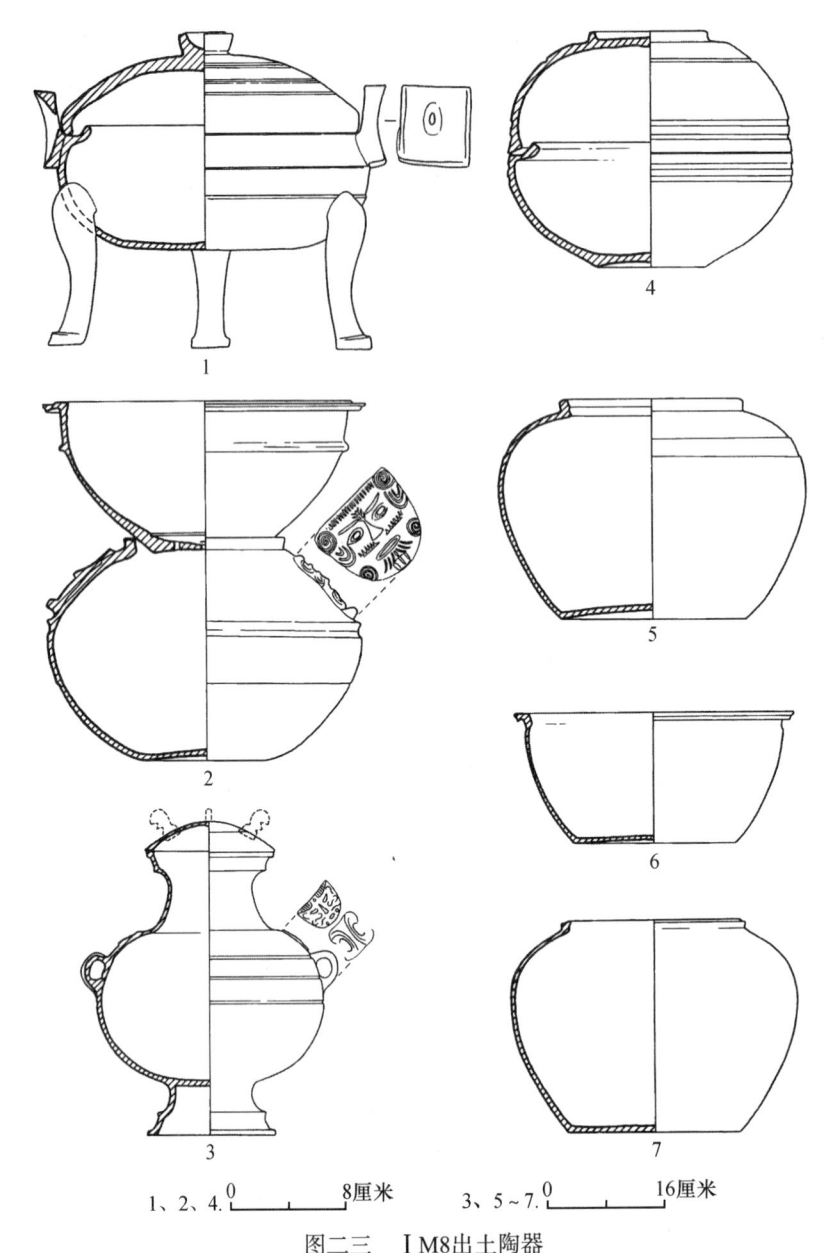

图二三 ⅠM8出土陶器
1. 陶鼎（ⅠM8：12） 2. 陶甗（ⅠM8：13） 3. 陶壶（ⅠM8：14） 4. 陶盒（ⅠM8：9）
5、7. 陶瓮（ⅠM8：10、ⅠM8：11） 6. 陶盆（ⅠM8：15）

陶壶 1件。ⅠM8：14，泥质灰陶。浅弧盘状器盖，盖顶均匀分布有三个简化立鸟形纽，已残。器身为浅盘口，方唇，束颈，鼓肩，肩部有对称双系兽面铺首，圆鼓腹，圜底近平，盘状高圈足。器身腹部饰三道凹弦纹。器身口径17.2、腹径30.2、圈足径17.2、高36厘米，器盖口径17.4、复原高5.6厘米，复原通高41.6厘米（图二三，3；图版三三，1）。

陶甗 1件（套）。ⅠM8：13，泥质灰陶。上甑下釜扣合而成。甑，直口，折沿下垂，沿面微凹，斜方唇，上腹较直，下腹弧收，平底，底部有五个圆形镂孔。釜，直口，方唇，矮领，溜肩，肩部有对称人面铺首，鼓腹，底内凹。甑上腹部与釜中腹部分别饰一道较宽凸棱，釜下腹部饰一道折棱。甑口径20.8、底径7.2、高9.6厘米，釜口径11.5、腹径21、底径8.8、高

14.1厘米，通高23厘米（图二三，2；图版三三，4、5）。

陶盆　1件。ⅠM8∶15，泥质灰陶。侈口，平折沿，斜方唇，唇面内凹，微束颈，弧腹，平底略内凹。素面。口径36.4、底径21.2、高16.5厘米（图二三，6；图版三三，7）。

陶瓮　2件。方唇，矮领，鼓肩，上腹较鼓，下腹弧收。ⅠM8∶10，泥质灰褐胎黑皮陶。微敞口，底内凹。内口部饰一道凸棱，肩部饰两道凸弦纹。口径24、腹径40、底径24、高28厘米（图二三，5；彩版二九，6）。ⅠM8∶11，泥质灰陶。微敛口，平底。素面。口径24、腹径37.4、底径22.4、高27厘米（图二三，7；图版三三，6）。

铜镜　1件。ⅠM8∶3，灰绿色，锈蚀严重。圆形，镜面较平。连峰纽，四个乳钉间饰星云纹，边缘饰一周内向十六连弧纹。直径13.9、高1.4、厚0.4厘米（图二四，5；彩版一七，1）。

铜盆　2件。锈蚀严重。敞口，平折沿，方唇，斜直腹，平底微内凹。ⅠM8∶4，灰绿色。腹较浅。上腹部饰一道凸弦纹。口径26.2、沿宽1.6、底径13.6、高9.4厘米（图二四，6；彩版一六，4）。ⅠM8∶16，蓝绿色。腹较深。素面。口径33、沿宽1.48、底径15.8、高12.6厘

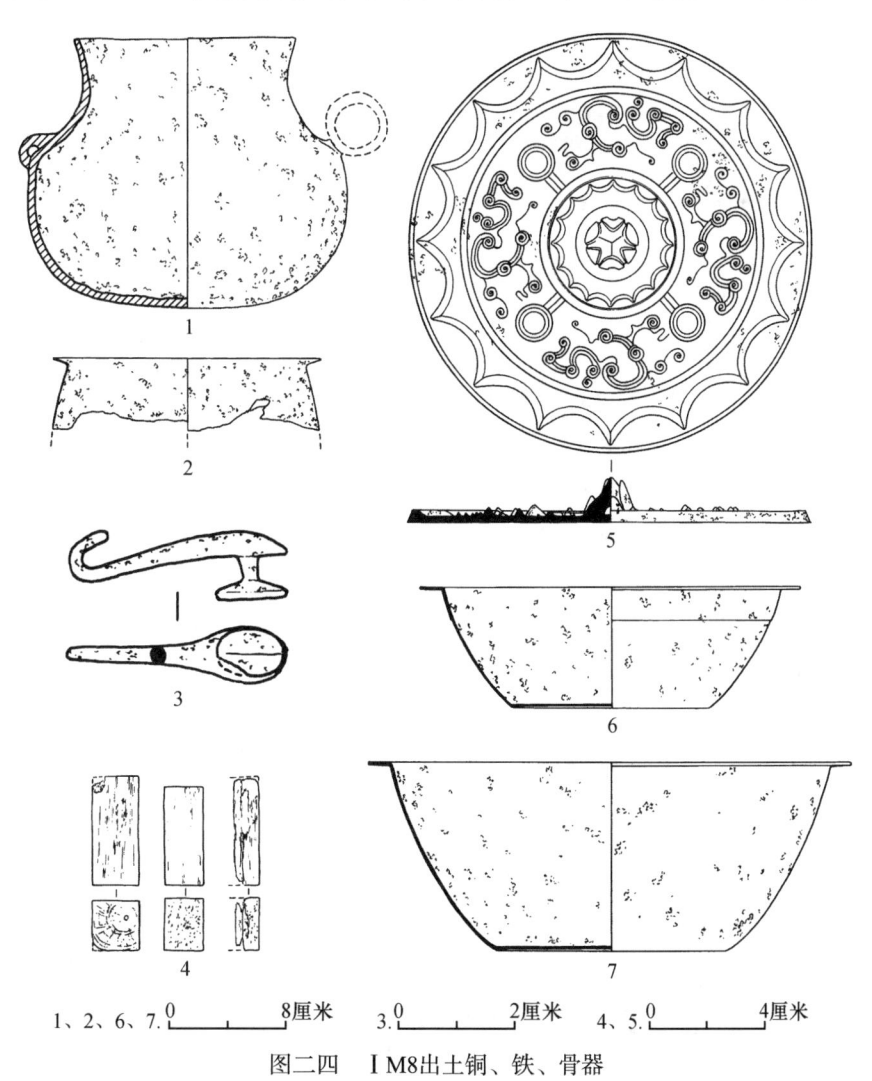

图二四　ⅠM8出土铜、铁、骨器
1.铁鍪（ⅠM8∶7）　2.铜盂（ⅠM8∶5）　3.铜带钩（ⅠM8∶2）
4.骨器（ⅠM8∶6-1，ⅠM8∶6-2，ⅠM8∶6-3）　5.铜镜（ⅠM8∶3）　6、7.铜盆（ⅠM8∶4，ⅠM8∶16）

米（图二四，7；彩版一六，5）。

铜盂　1件。ⅠM8∶5，灰绿色，锈蚀严重。侈口，仰折沿，方唇，溜肩，鼓腹，下腹及底残。素面。口径18、残高4.8厘米（图二四，2）。

铜勺　1件。ⅠM8∶19，灰绿色。勺体呈杯形，直口，方唇，斜壁，平底，一端接长条状柄，截面呈四棱形，顶端为环首。口径1.9、深1.2、通体长8.8厘米（图二五，6；图版三三，3）。

铜印　1件。ⅠM8∶1，绿色。方形，中间有长方形穿孔，正、背面皆有阴刻印纹，正面印文为"袁不禁"，背面为"袁长公"。边长1.5、厚0.6厘米（图二五，7；彩版一六，2、3）。

铜带钩　1件。ⅠM8∶2，琵琶形，钩首较细，尾部略宽，呈椭圆形，正面微隆，背面有一椭圆形纽。素面。长3.75、宽0.2～0.9厘米（图二四，3；图版三三，2）。

铁削刀　1件。ⅠM8∶17，锈蚀严重。刀尖、柄部皆残，体呈长条形，单面刃，刀鞘已朽，留有丝布印痕。残长13.5、宽1.8厘米（图二五，5）。

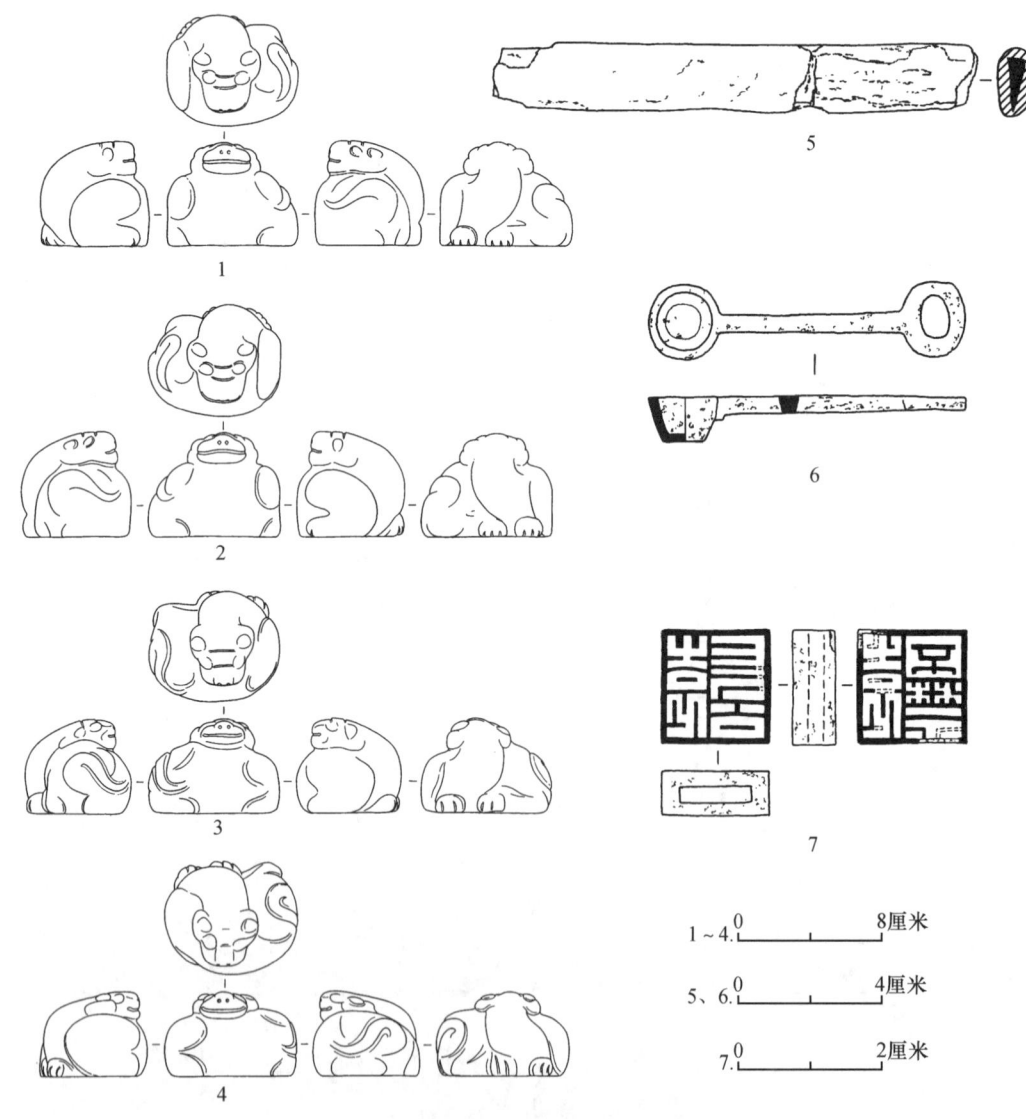

图二五　ⅠM8出土器物
1～4.石镇尺（ⅠM8∶8-1、ⅠM8∶8-2、ⅠM8∶8-3、ⅠM8∶8-4）　5.铁削刀（ⅠM8∶17）
6.铜勺（ⅠM8∶19）　7.铜印（ⅠM8∶1）

铁鍪　1件。ⅠM8:7，锈蚀严重。侈口，尖圆唇，束颈，折肩，肩部有双系，其中一个残，上腹较直，下腹弧收，圜底近平。素面。口径15、腹径21.8、高18厘米（图二四，1；彩版一五，4）。

铁釜　1件。ⅠM8:18，残朽严重，无法修复。

骨器　1套3件。ⅠM8:6-1、ⅠM8:6-2、ⅠM8:6-3，兽骨磨制成，体呈长方形，表面光滑。长3.3~3.6、宽1.3~1.65厘米（图二四，4）。

石镇尺　1套4件。ⅠM8:8-1、ⅠM8:8-2、ⅠM8:8-3、ⅠM8:8-4，花岗岩质。大小基本相同，造型一致，蛇首兽身，呈盘卧姿，双目圆睁，嘴微张，眼、鼻、嘴皆用红色点绘。圆雕手法。高5.11~5.58、宽7.28~7.42、厚5.93~6.16厘米（图二五，1~4；彩版一六，1）。

九、ⅠM9

位于Ⅰ区东南部偏东南。方向13°。长方形竖穴土坑墓，口底等大，直壁。开口距地表0.15~0.25米，墓长3.2、宽2.12、深2.95~3.1米。墓坑东南角留有三角形对称脚窝。填土为灰褐色五花土，土质较黏。葬具为木质一椁两棺，皆仅存朽痕。椁室位于墓室中部，平面呈"Ⅱ"形，四端顶木外昂，向外伸出约0.16米，椁痕长2.7、宽1.68米。椁室底部南、北两端有横向垫木凹槽，长2.03、宽0.15、深0.15米，两者间距2.04米。双棺位于椁室内中部，东西并列，大小相若，平面均呈长方形，东棺棺痕长2、宽0.65~0.68米，西棺棺痕长1.94、宽0.62米。东棺内有人骨一具，保存较差，头向东北，仰身直肢，性别、年龄不详。西棺内不见人骨。出土随葬品13件（套），其中陶器8件，铜器4件（套），铁器1件，皆置于椁内棺外北部，棺椁朽烂后部分铜环散落入棺内（图二六；彩版七，2）。

陶鼎　1件。ⅠM9:7，泥质灰陶。浅弧盘状器盖，盖顶均匀分布三个"十"字形纽。器身为子口，方唇，长方形附耳外折撇，长方形耳孔对穿，弧腹，平底，三蹄形足微外撇。器盖素面，器身腹部饰一道折棱，足根部饰人面纹。器身口径20.2、腹径21.8、高18.4厘米，器盖口径21.6、高6.8厘米，通高21.2厘米（图二七，1；彩版二二，4）。

陶盒　1件。ⅠM9:12，泥质灰陶。覆碗状器盖，浅宽圈足状捉手。器身为子口，圆唇，弧腹，底内凹。器盖外壁与器身腹部皆饰数道凹弦纹。器身口径16、腹径18.4、底径7.4、高6.2厘米，器盖口径18.8、顶径9.2、高7.8厘米，通高13.1厘米（图二七，2；彩版一九，1，前排右一）。

陶壶　1件。ⅠM9:9，泥质灰胎黑皮陶。浅弧盘状器盖，盖顶均匀分布三个"十"字形纽。器身为浅盘口，方唇，束颈，溜肩，肩部有对称双系人面铺首，鼓腹，圜底，喇叭状圈足。器盖素面，器身肩部及上腹部分别饰一周宽带纹，下腹部饰交错绳纹，圈足外壁饰一道凸棱。器身口径18、腹径31.4、圈足径19、高38厘米，器盖口径20.8、高4.8厘米，通高42.8厘米（图二七，3；彩版二五，3）。

陶瓮　1件。ⅠM9:8，泥质灰胎黑皮陶。直口，圆唇，矮领，鼓肩，上腹较鼓，下腹斜收，平底。内口部饰一道凸棱，肩部饰两道凹弦纹。口径22.6、腹径38.4、底径24.7、高27厘

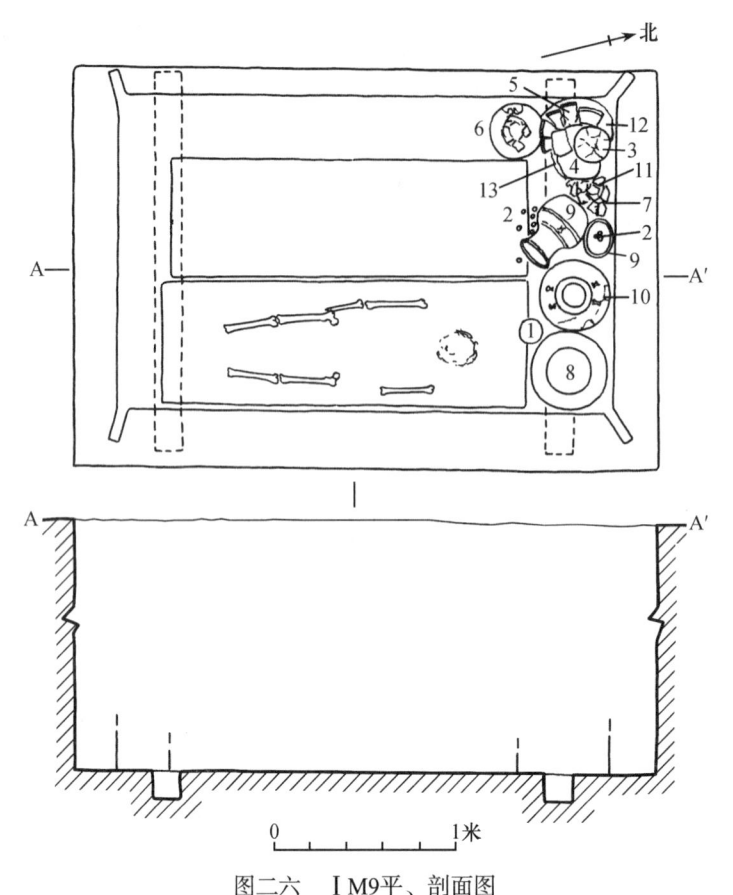

图二六　ⅠM9平、剖面图
1.铜镜　2.铜环　3、4.铜盆　5.陶甑　6.陶双耳罐　7.陶鼎　8.陶瓮　9.陶壶
10.陶四耳罐　11.陶鍪　12.陶盒　13.铁釜

米（图二七，4；彩版一九，1，后排左二）。

陶双耳罐　1件。ⅠM9：6，泥质灰陶。侈口，方唇，唇面有道凹槽，束颈，溜肩，肩部有对称牛鼻形双耳，鼓腹，底内凹。肩至中腹部饰竖绳纹，间有数道抹痕，以下饰交错绳纹。口径15、腹径25.3、底径8、高26厘米（图二八，1；彩版二七，5）。

陶四耳罐　1件。ⅠM9：10，泥质褐陶。侈口，圆唇，束颈，溜肩，肩部有对称牛鼻形四耳，圆鼓腹，底内凹。颈部饰细绳纹，有被抹平的痕迹，肩至中腹部饰竖绳纹间有数道抹痕，以下饰交错绳纹。口径19.4、腹径38.3、底径16、高36.8厘米（图二八，4；彩版二七，6）。

陶鍪　1件。ⅠM9：11，夹砂灰陶。侈口，卷沿，沿面上端略内凹，圆唇，唇外缘有道凹槽，束颈，折肩，肩部有对称弓形双耳，上腹较直，下腹弧收，圜底。下腹至底部饰交错绳纹。口径14.4、腹径20.4、高15.6厘米（图二八，2；彩版二八，6）。

陶甑　1件。ⅠM9：5，夹砂灰陶。平折沿，方唇，唇面微凹，微束颈，弧腹，底内凹，底部有五个圆形镂孔。下腹至底部饰交错绳纹。器表粘有铁锈痕迹，出土时位于铁釜之上。口径36.6、底径14.4、高17.8厘米（图二八，3；彩版一九，1，后排右一）。

铜盆　2件。锈蚀较严重。敞口，平折沿，方唇，斜直腹。ⅠM9：3，灰绿色。体型较大。口径34.4、沿宽1.4、底径19、通高9.6厘米（图二九，1；彩版一六，6）。ⅠM9：4，蓝

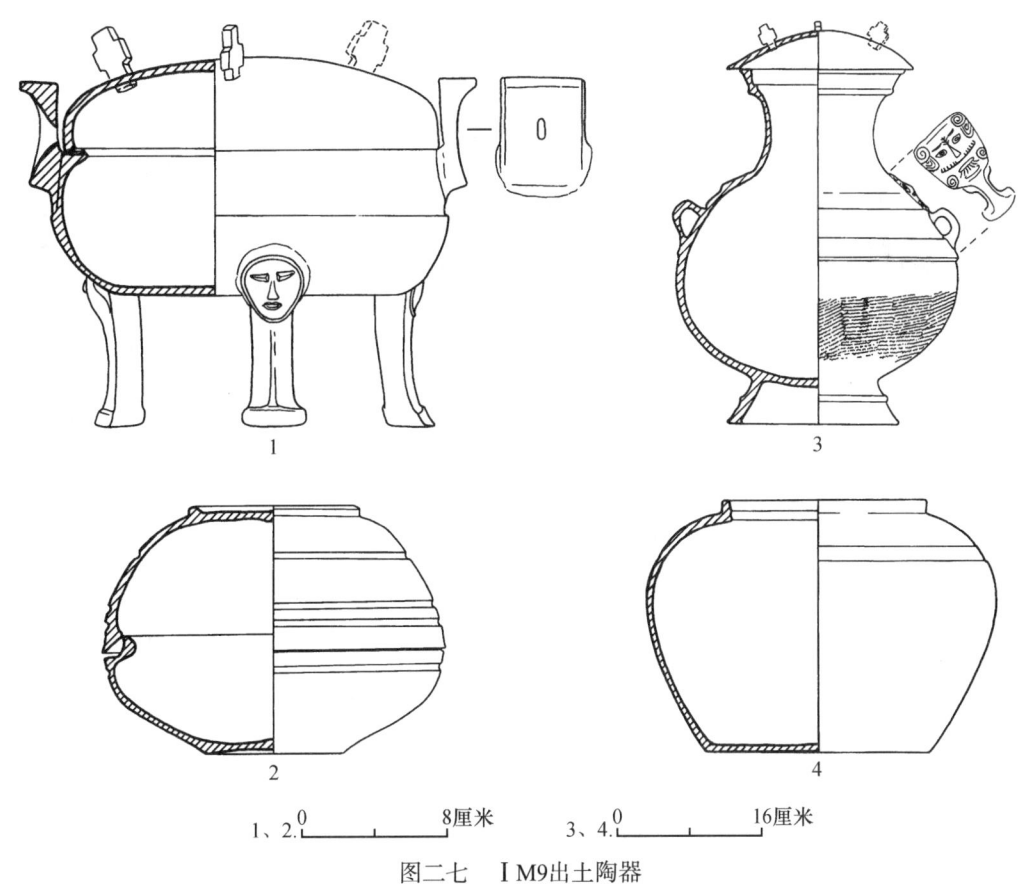

图二七　ⅠM9出土陶器
1. 陶鼎（ⅠM9∶7）　2. 陶盒（ⅠM9∶12）　3. 陶壶（ⅠM9∶9）　4. 陶瓮（ⅠM9∶8）

绿色，锈痕斑驳。体型稍小。口径26.6、沿宽1.5、底径13.6、通高7.7厘米（图二九，3；彩版一六，7）。

铜镜　1件。ⅠM9∶1，灰绿色。圆形，镜面微弧。连峰纽，四个乳钉间饰星云纹，边缘为一周内向十六连弧纹。直径10.4、高1.5、厚0.3厘米（图二九，2；彩版一七，2）。

铜环　1套15件。ⅠM9∶2，有一件已残。圆环形，大小相若。直径约1.9厘米（图二九，4；彩版一七，3）。

铁釜　1件。ⅠM9∶13，腐蚀严重，无法修复。

十、ⅠM10

位于Ⅰ区东南部偏南。方向90°。长方形竖穴土坑墓，口大底小，斜壁微曲。开口距地表约0.25米，墓口长3.2、宽1.9，墓底长2.4、宽1.6米，深1.8米。填土为红褐色五花土，土质较硬。葬具为木质单棺单椁，仅存朽痕。椁室紧贴墓室四壁，墓坑四角底部有嵌纳椁木的凹槽，槽宽0.12~0.2、进深0.1米。椁室平面呈"Ⅱ"形，四端顶木外昂，椁痕长2.4、宽1.6米。棺位于椁室内中部，平面呈长方形，棺痕长2.2、宽0.7~0.8米。棺内未见人骨，头向、葬式、性别与年龄均不明。出土随葬品4件，均为陶器，置于棺内东南角（图三〇；图版二，2）。

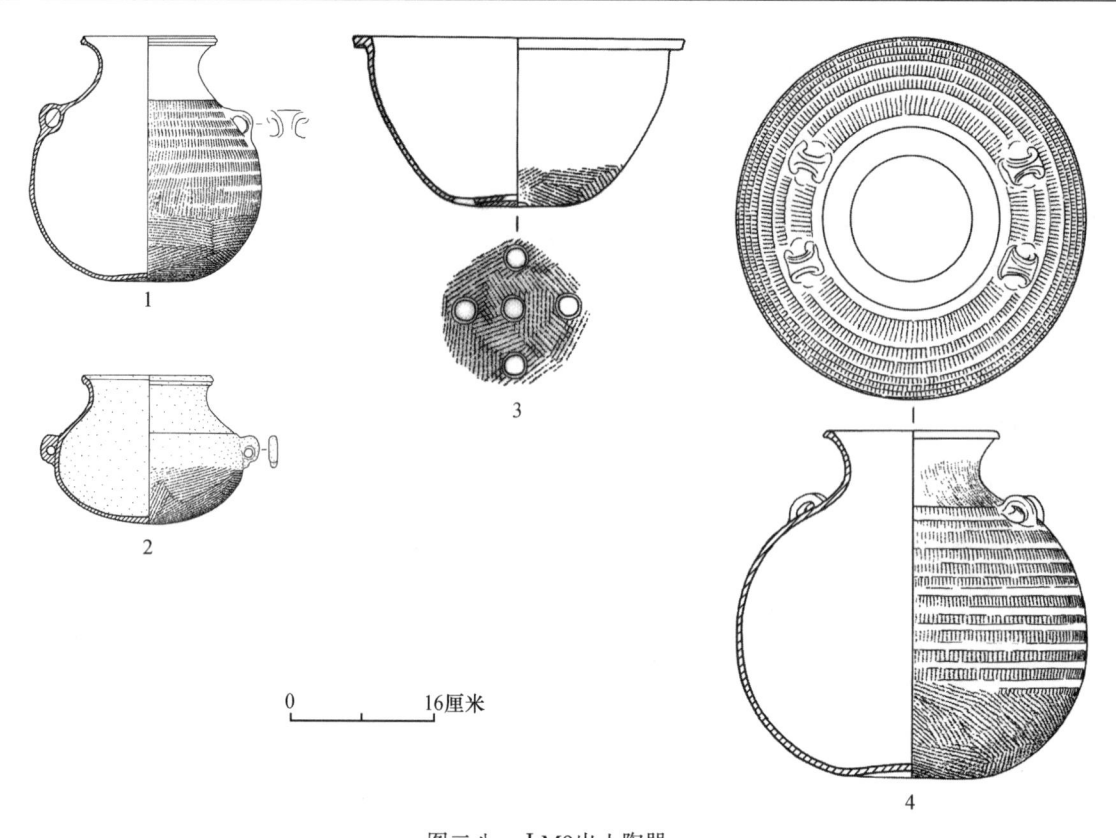

图二八 ⅠM9出土陶器
1. 陶双耳罐（ⅠM9∶6） 2. 陶鍪（ⅠM9∶11） 3. 陶甑（ⅠM9∶5） 4. 陶四耳罐（ⅠM9∶10）

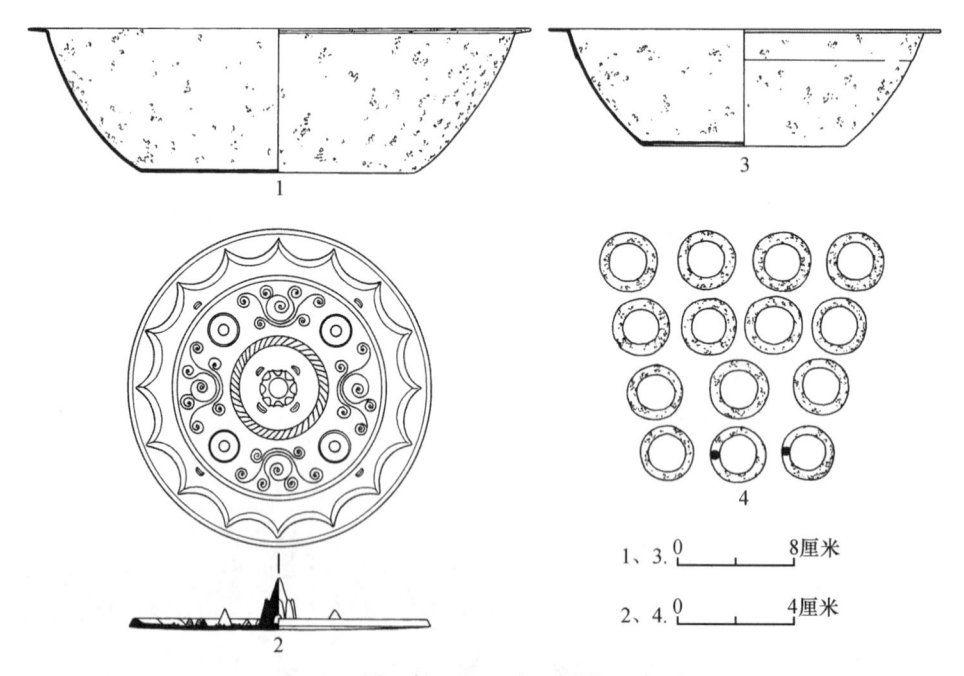

图二九 ⅠM9出土铜器
1、3. 铜盆（ⅠM9∶3、ⅠM9∶4） 2. 铜镜（ⅠM9∶1） 4. 铜环（ⅠM9∶2）

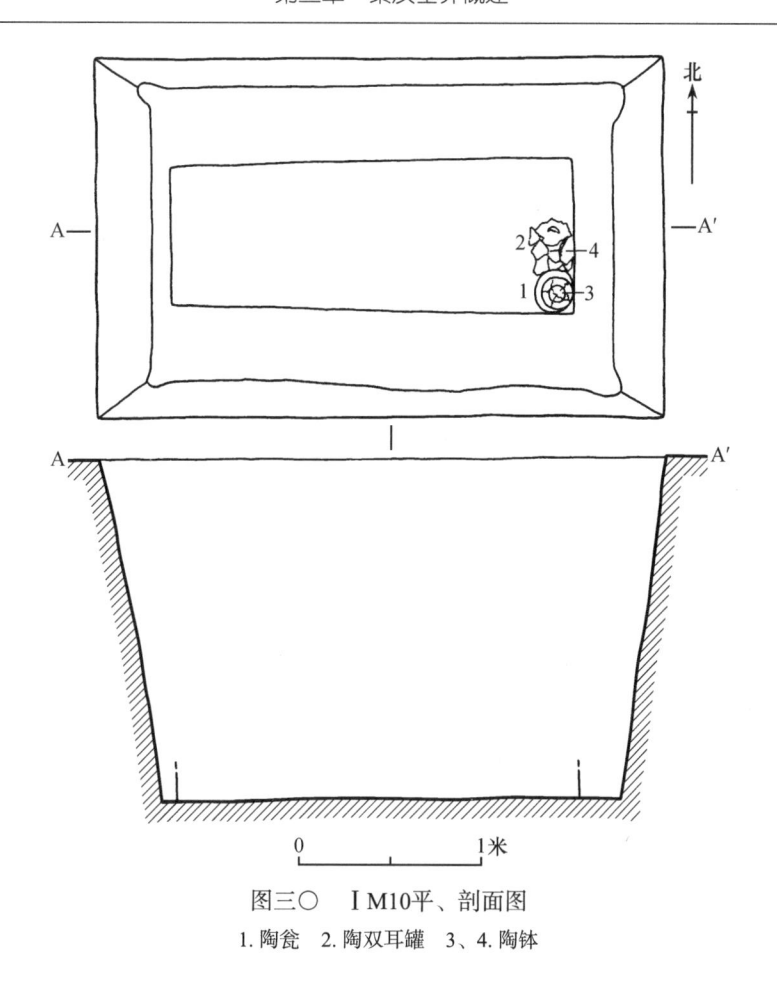

图三〇　ⅠM10平、剖面图
1.陶瓮　2.陶双耳罐　3、4.陶钵

陶双耳罐　1件。ⅠM10：2，泥质红陶。侈口，卷沿，沿面有道凹槽，圆唇，束颈，溜肩，肩部有对称牛鼻形双耳，弧腹，底内凹。颈部饰多道凹弦纹，肩部饰一周竖绳纹，以下饰交错绳纹。口径15.3、腹径21、底径7.2、高21.6厘米（图三一，2；图版三四，1）。

陶瓮　1件。ⅠM10：1，泥质红陶。直口，方唇，矮领，斜肩，上腹较鼓，下腹斜收，平底。素面。口径13.2、腹径20.2、底径10.4、高14厘米（图三一，4；图版三四，2）。

陶钵　2件。泥质灰陶。直口，圆唇，弧腹，平底微内凹。内底戳印有阳文小篆"昌里"二字，器表素面。ⅠM10：3，口径15.5、底径7.8、高5.8厘米（图三一，1；图版三四，3）。ⅠM10：4，口径15.3、底径7.3、高6厘米（图三一，3；图版三四，4）。

十一、ⅠM12

位于Ⅰ区东南部偏南。方向354°。长方形竖穴土坑墓，口大底小，曲壁内收。开口距地表约0.2米，墓口长4、宽2.92米，墓底长2.86、宽1.68～1.8米，深3.2～3.4米。填土为黄褐色五花土，土质较硬较黏，包含少量的石英石块。葬具为木质单棺单椁，仅存朽痕。椁室位于墓室中部，平面呈"Ⅱ"形，四端顶木平直，向外伸出约0.2米，椁痕长2.56、宽1米。椁室底部东、西两端有纵向垫木凹槽，凹槽中发现有木质朽痕，凹槽长2.94、宽0.2、深0.12米，两者间距0.6

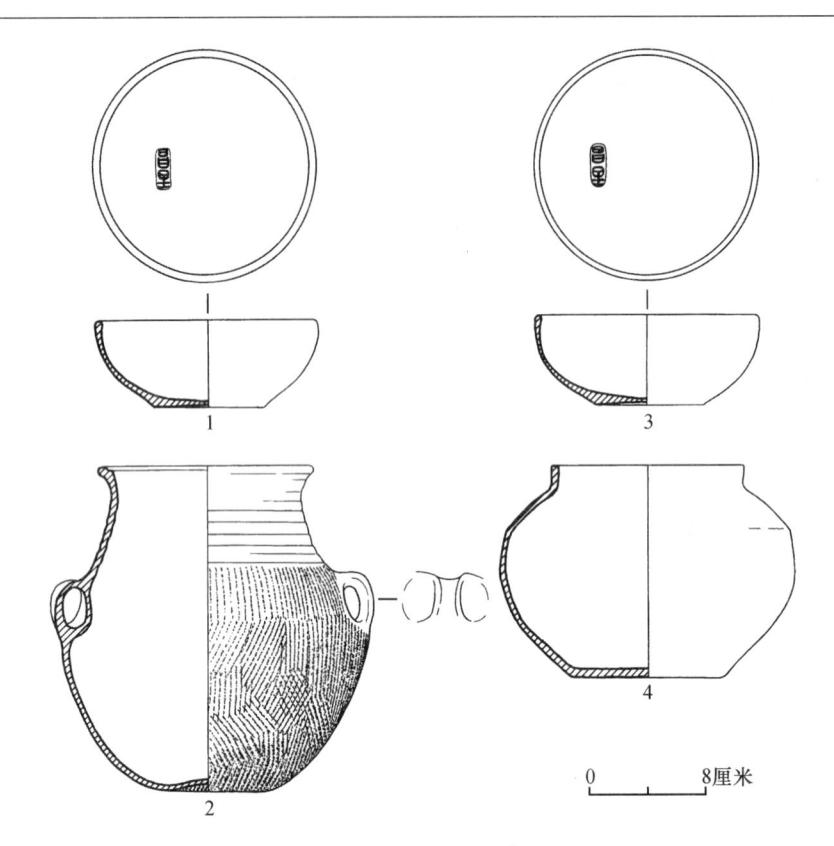

图三一　ⅠM10出土陶器
1、3.陶钵（ⅠM10：3、ⅠM10：4）　2.陶双耳罐（ⅠM10：2）　4.陶瓮（ⅠM10：1）

米。棺位于椁室内偏东部，平面呈长方形，棺痕长1.92、宽0.48～0.56米。棺内有人骨一具，保存较差，头向西北，仰身直肢，性别、年龄不详。椁内东北角有漆器残痕1处，仅存少量红色漆皮。出土随葬品8件（套），其中陶器6件，置于椁内棺外北部，铜器2件（套），置于棺内墓主头部周边（图三二；图版三，1）。

陶鼎　1件。ⅠM12：4，泥质黑皮红褐陶。浅弧盘状器盖，平顶，盖顶均匀分布三个蝶须形纽。器身为子口，方唇，长方形附耳外弧撇，长方形耳孔对穿，近直腹，平底，三蹄形足较矮直。器盖素面，器身腹部饰一道折棱，足面有刮削痕迹。器身口径15.2、腹径20、高18厘米，器盖口径19.2、高5.6厘米，通高20.6厘米（图三三，1；图版三五，1，前排右一）。

陶敦　1件。ⅠM12：7，泥质灰陶。两个半球上下扣合而成。直口，方唇，弧腹，圜底，蝶须形纽与足。器盖及器身中腹部分别饰一道凹弦纹。口径20.4、通高27.7厘米（图三三，4；图版三五，1，前排中）。

陶壶　1件。ⅠM12：3，泥质灰陶。浅弧盘状器盖，子口，盖顶均匀分布三个蝶须形纽，已残。器身为侈口，方唇，束颈，溜肩，鼓腹，平底，喇叭状圈足。器身口部、颈部和腹部皆饰数道凹弦纹，圈足外壁饰一道折棱。器身口径13.1、腹径21.6、圈足径13.4、高34.2厘米，器盖口径12.8、复原高4.8厘米，复原通高38.8厘米（图三三，2；图版三五，1，前排左一）。

陶匜　1件。ⅠM12：8，泥质灰陶。椭圆形，直口微敛，方唇，弧腹，平底微内凹，一端带半圆形流，流口上仰。腹部饰一道凹弦纹。流口长3、宽2.8厘米，器身口径13、底径6.2、深

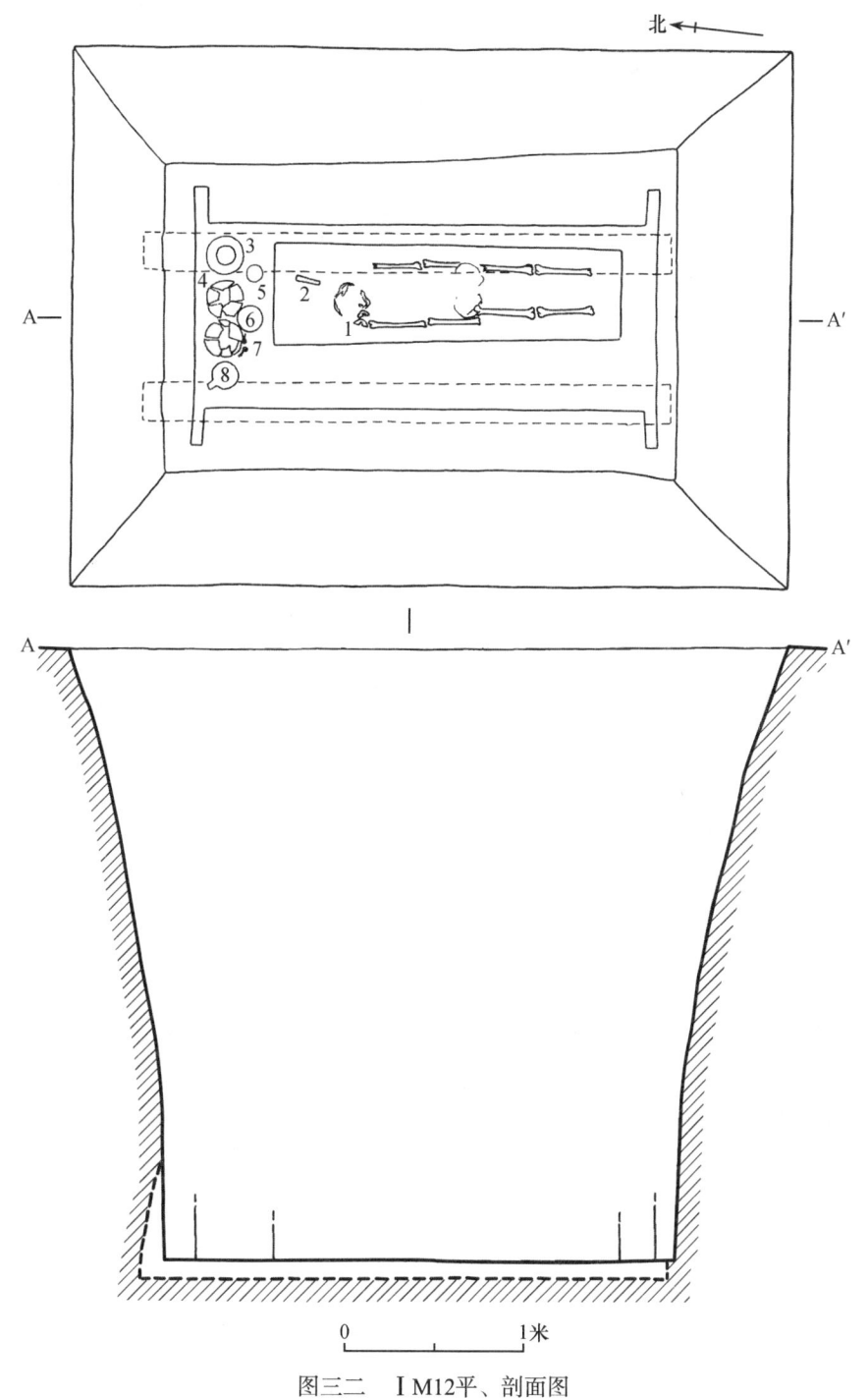

图三二　ⅠM12平、剖面图
1.铜璜　2.铜带钩　3.陶壶　4.陶鼎　5.陶杯　6.陶豆　7.陶敦　8.陶匜

3.6厘米，通高4.8厘米（图三三，6；图版三五，1，后排右一）。

　　陶杯　1件。ⅠM12：5，泥质灰陶。敞口，方唇，上腹斜直，下腹弧收，喇叭状矮圈足。素面。口径9.3、圈足径6.7、高10.7厘米（图三三，3；图版三五，1，后排中）。

　　陶豆　1件。ⅠM12：6，泥质灰陶。直口，方唇，浅弧盘，平底，细直柄，上端实心，下端渐中空，喇叭状圈足。腹部饰一道凹弦纹，柄中部饰多道凹弦纹，圈足外壁饰一道折棱。口

图三三　ⅠM12出土陶器

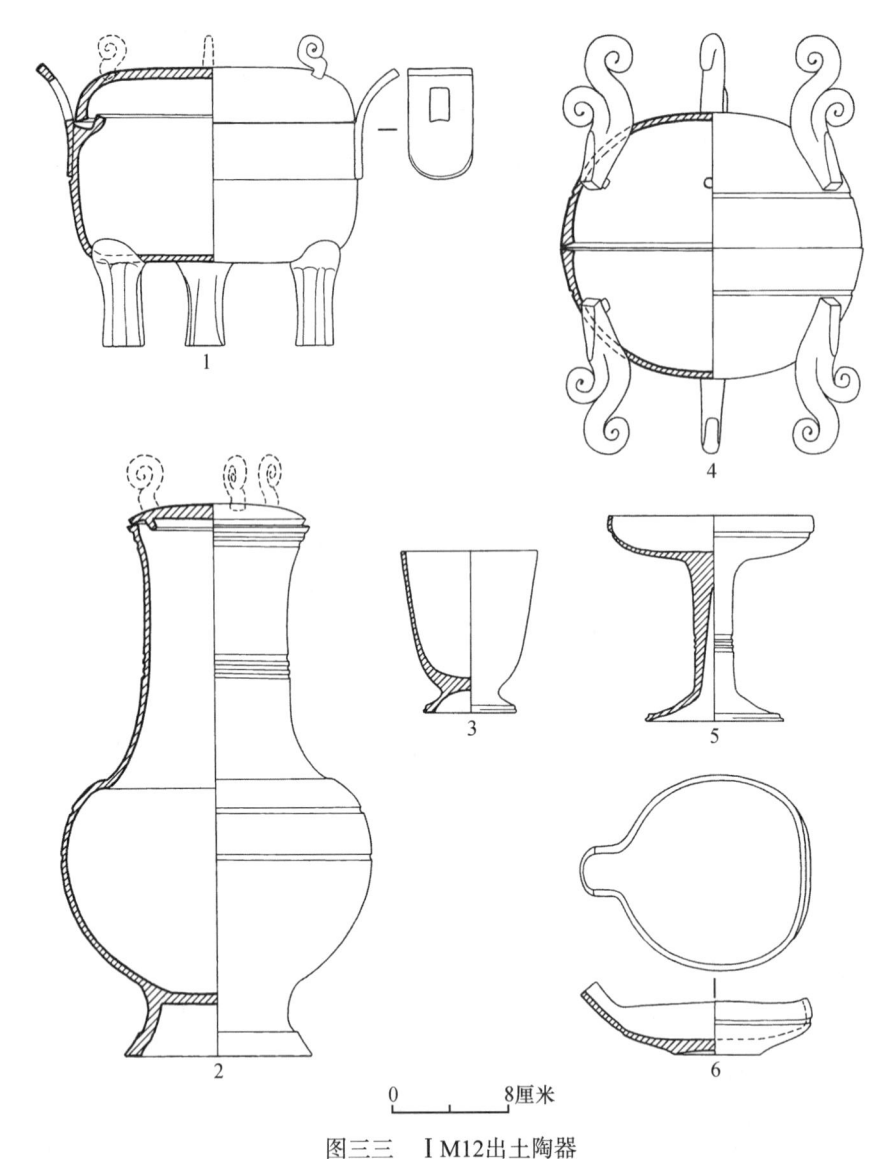

1. 陶鼎（ⅠM12∶4）　2. 陶壶（ⅠM12∶3）　3. 陶杯（ⅠM12∶5）　4. 陶敦（ⅠM12∶7）
5. 陶豆（ⅠM12∶6）　6. 陶匜（ⅠM12∶8）

径14、足径9.2、高13.6厘米（图三三，5；图版三五，1，后排左一）。

铜璜　1套2件。ⅠM12∶1，灰绿色。呈三角形，上缘中间拱起，有一不规则形穿孔，两边斜直，下缘两头略上翘，中部呈半圆形。正面周边有郭棱，背平。高4.1、宽8.6厘米（图三四，1；彩版一七，4）。

铜带钩　1件。ⅠM12∶2，灰绿色。琵琶形，钩首已残，钩体宽扁且较长，尾部呈椭圆形，正面隆起，背面有一圆形纽。尾部正面饰凸弦纹，并残留红色彩绘痕迹。长14.7、宽1.3~3.5厘米（图三四，2；彩版一八，1）。

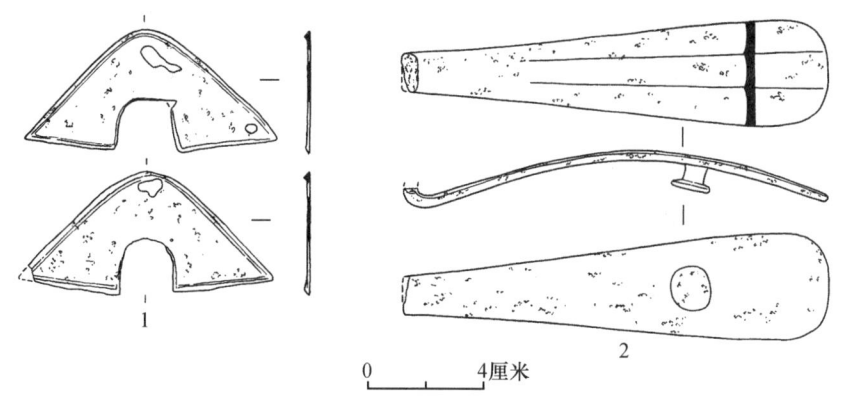

图三四　ⅠM12出土铜器
1. 铜璜（ⅠM12：1）　2. 铜带钩（ⅠM12：2）

十二、ⅠM13

位于Ⅰ区东南部偏南。方向345°。长方形竖穴土坑墓，口底等大，直壁。开口距地表约0.25米，墓长2.85、宽1.6、深1.35米。填土为浅黄色五花土，土质较硬。葬具为木质单棺，无椁，仅存朽痕。棺位于墓室中部偏西，平面呈长方形，棺痕长2.08、宽0.88米。棺内发现人骨一具，保存较差，已朽成粉末状，头向西北，仰身直肢，两腿呈交叉状，性别、年龄不详。出土随葬品2件，均为陶器，置于棺内西北角（图三五）。

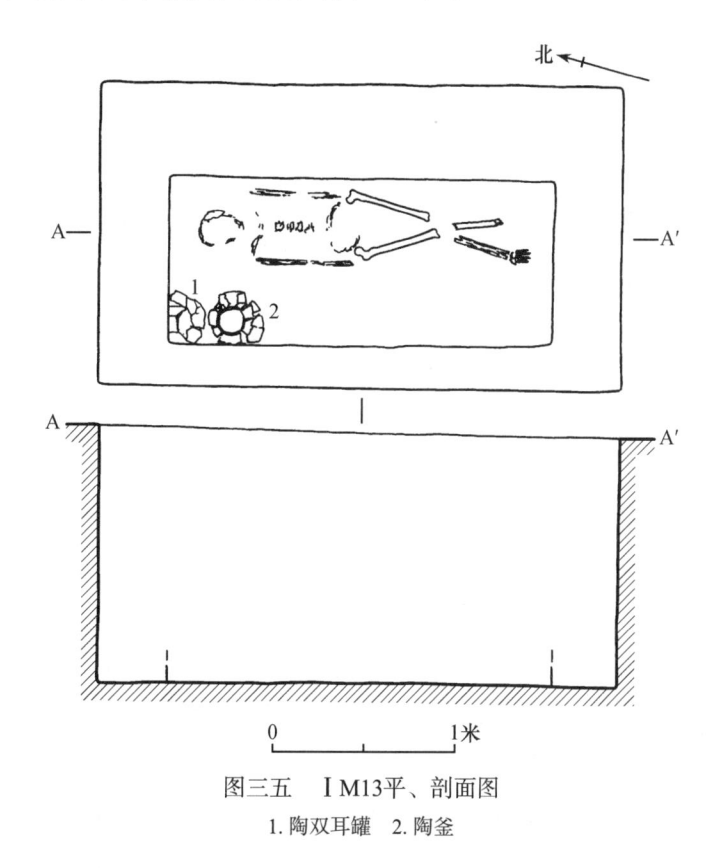

图三五　ⅠM13平、剖面图
1. 陶双耳罐　2. 陶釜

陶双耳罐　1件。ⅠM13：1，泥质红陶。侈口，圆唇，束颈，溜肩，肩部有对称牛鼻形双耳，弧腹，底内凹。颈部饰数道凹弦纹，肩至上腹部饰竖绳纹，间有一道抹痕，以下饰交错绳纹。口径14、腹径21.3、底径6、高23.3厘米（图三六，1；图版三四，5）。

陶釜　1件。ⅠM13：2，夹砂灰陶。侈口，仰折沿，方唇，束颈，溜肩，扁鼓腹，圜底。下腹至底部饰交错绳纹。口径13.2、腹径18.4、高12厘米（图三六，2；图版三四，6）。

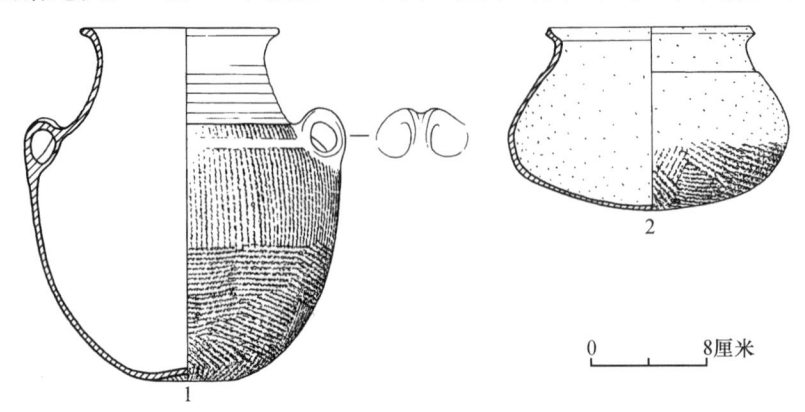

图三六　ⅠM13出土陶器
1.陶双耳罐（ⅠM13：1）　2.陶釜（ⅠM13：2）

十三、ⅠM14

位于Ⅰ区东南部偏南。方向270°。长方形竖穴土坑墓，口底等大，直壁。开口距地表0.2～0.25米，墓长3.7、宽3、深2.8～3.1米。填土为灰褐色五花土，土质较黏较硬。墓坑西南角有三角形脚窝，上下错开，间距约0.8米，脚窝高0.08、宽0.15、进深0.1米。葬具为木质一椁两棺，皆仅存朽痕。椁室位于墓室中部，平面呈"Ⅱ"形，四端顶木外昂，伸出椁外0.2～0.25米，椁痕长3.45、宽2.35米。椁室底部东西两端有横向垫木凹槽，宽0.18、深0.12米，两者间距2.46米。双棺位于椁室内偏东南部，南北并列，大小相若，平面呈长方形，棺痕长2.23、宽0.85米。南棺内有人骨一具，仅存骨屑，从残存迹象判断墓主头向正西，葬式不明，性别、年龄不详。北棺内不见人骨。椁内棺外西部和北部分别见1处红色漆皮痕迹，可能为漆器遗痕。出土随葬品18件（套），其中陶器12件（套），铜器5件，铁器1件，除1件铜印与铜带钩置于南棺内，1件铜锥形器置于椁内棺外北部，其余器物皆置于椁内棺外西部（图三七；彩版五，2；彩版六，2）。

陶鼎　2件。泥质灰陶。浅弧盘状器盖，盖顶均匀分布三个简化立鸟形纽。器身为子口，方唇，长方形附耳外折撇，长方形耳孔对穿，上腹较直，下腹弧收，圜底，三蹄形足，足根部隆起较甚。器盖外壁与器身腹部皆有轮制留下的旋纹痕迹，器身中腹部饰一道凹弦纹。ⅠM14：10，器盖直口。器身口径19.2、腹径26.4、高24.2厘米，器盖口径24、高8.2厘米，通高27厘米（图三八，1；彩版二二，5）。ⅠM14：12，器盖敞口。器身口径18.8、腹径24.7、高24厘米，器盖口径22.8、高7.4厘米，通高25.8厘米（图三八，2；彩版一九，2，前排中；图版三六，1）。

图三七　ⅠM14 平、剖面图

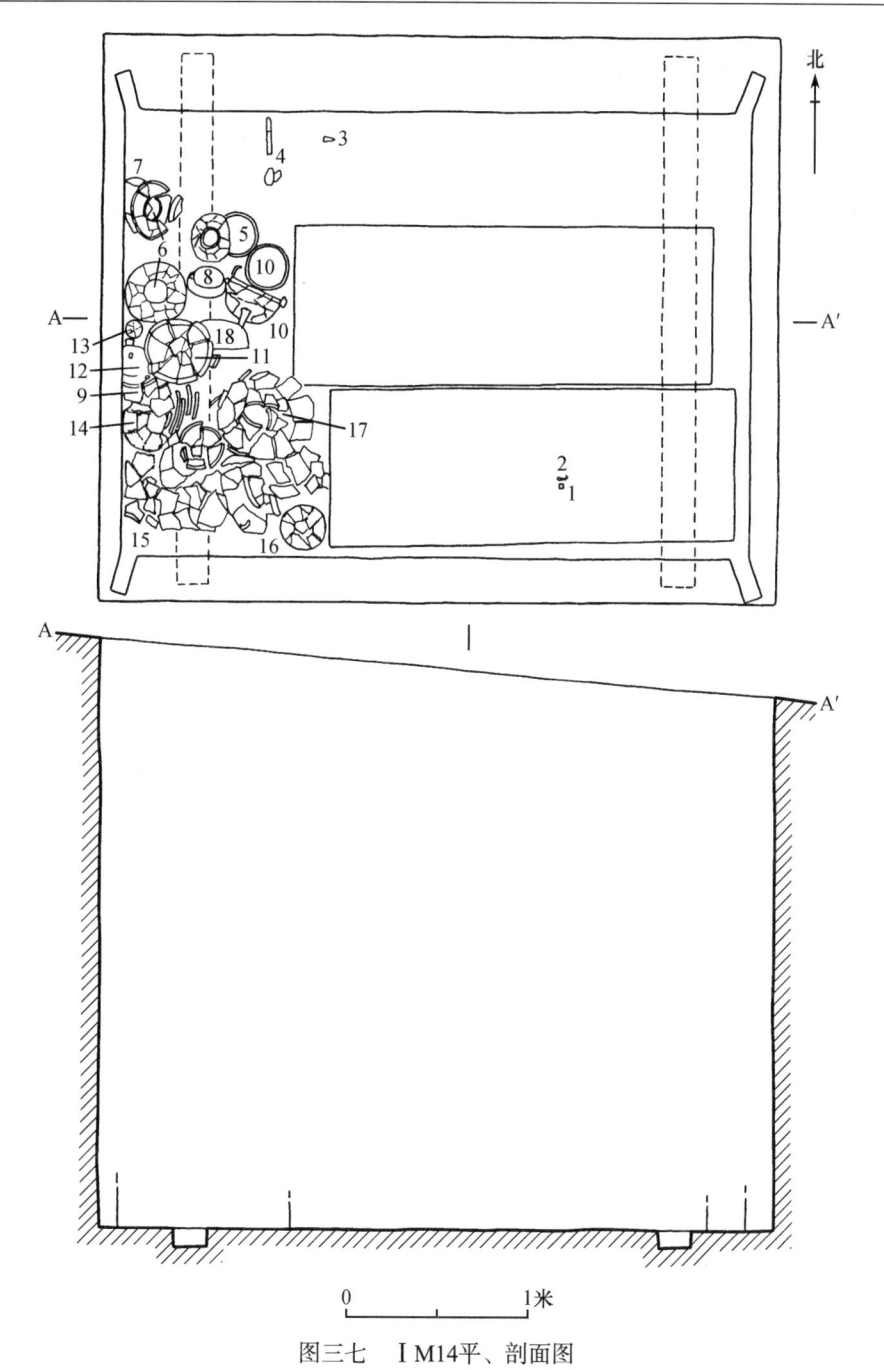

1. 铜印　2. 铜带钩　3. 铜锥形器　4. 铜勺　5. 陶盒　6. 陶甑　7. 陶盆　8. 铜鍪　9、13. 陶小壶
10、12. 陶鼎　11. 陶甗　14、17. 陶瓮　15、16. 陶壶　18. 铁釜

陶盒　1件。ⅠM14∶5，泥质灰陶。覆碗状器盖，微敞口，折壁，浅宽圈足状捉手。器身为子口，上腹斜直，下腹曲收，平底微内凹。通体素面。器身口径17.2、腹径21.7、底径9.3、高8厘米，器盖口径20.8、顶径9.4、高9.2厘米，通高16.3厘米（图三八，6；彩版一九，2，前排左一；图版三六，2）。

陶壶　2件。泥质灰陶。浅弧盘状器盖，盖顶均匀分布三个简化立鸟形纽。器身为浅盘口，方唇，束颈，溜肩，肩部有对称双系人面铺首，鼓腹，平底，盘状圈足。器盖素面，器身

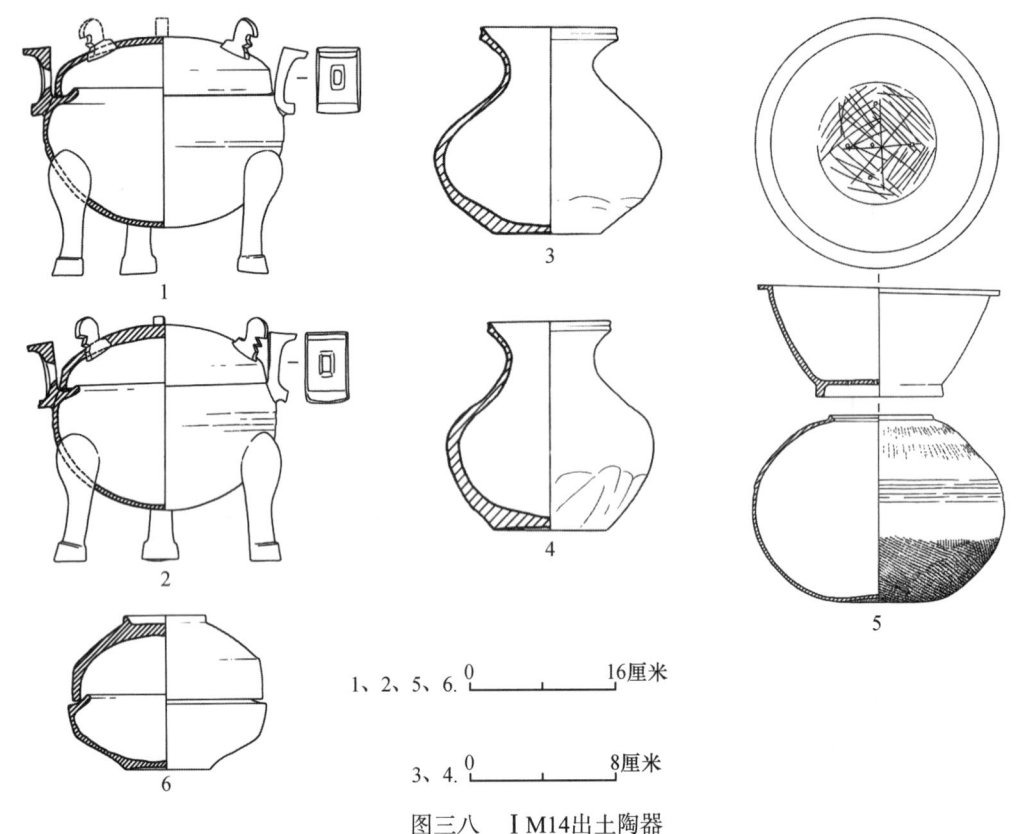

图三八　ⅠM14出土陶器
1、2.陶鼎（ⅠM14：10、ⅠM14：12）　3、4.陶小壶（ⅠM14：13、ⅠM14：9）
5.陶甗（ⅠM14：6）　6.陶盒（ⅠM14：5）

肩部及腹部分别饰一周宽带纹。ⅠM14：15，中腹部饰一道折棱。器身口径20.8、腹径35.2、圈足径20.7、高41.6厘米，器盖口径21.2、高7.6厘米，通高49.2厘米（图三九，2；彩版一九，2，后排右一；图版三五，2）。ⅠM14：16，器身口径21、腹径36.3、圈足径20.8、高40.8厘米，器盖口径21.6、高6.8厘米，通高47.6厘米（图三九，1；彩版一九，2，后排右二；图版三五，3）。

陶小壶　2件。泥质灰陶。侈口，方唇，唇面有道凹槽，束颈，溜肩。下腹部有刮削痕迹。ⅠM14：13，扁鼓腹，平底。口径7.7、腹径12.3、底径5.6、高10.9厘米（图三八，3；彩版一九，2，前排左二；图版三六，3）。ⅠM14：9，鼓腹，平底微内凹。口径6.7、腹径11.3、底径6.4、高11.1厘米（图三八，4；彩版一九，2，前排右二；图版三六，4）。

陶甗　1件（套）。ⅠM14：6，泥质灰陶。上甑下釜扣合而成。甑，敞口，平折沿，方唇，斜直腹，平底，底部有五个极小的圆形镂孔，矮圈足。釜，敛口，斜方唇，唇面微凹，鼓肩，胖鼓腹，底内凹。甑内底部有划痕，纵横交错，釜肩部饰模糊竖绳纹间有一道抹痕，有被抹平的痕迹，中腹部饰数道凹弦纹，下腹至底部饰交错绳纹。甑口径26.5、圈足径13.8、高12厘米，釜口径11.5、腹径27.5、底径9.6、高20厘米，通高31.6厘米（图三八，5；彩版一九，2，前排右一、三；图版三六，5）。

陶瓮　2件。泥质灰陶。ⅠM14：14，直口，方唇，矮领，圆肩，胖鼓腹，圜底。上腹部饰竖绳纹间有多道抹痕，下腹至底部饰交错绳纹。口径28、腹径40.5、底径35.2、高34厘米（图三九，4；彩版一九，2，后排左一；图版三六，6）。ⅠM14：17，敛口，斜方唇，唇面微凹，矮领，圆肩，上腹较鼓，下腹斜收，平底微内凹。上腹部饰竖绳纹间有多道抹痕，下腹部素面。口径20.9、腹径36.8、底径19.5、高27.6厘米（图三九，5；彩版二九，5）。

陶甑　1件。ⅠM14：11，微敛口，折沿下垂，方唇，束颈，弧腹，底内凹，底部有五个圆形镂孔。上腹部饰两道较宽的凹弦纹，下腹至底部饰交错绳纹。器表粘有铁锈痕迹，出土时置于铁釜之上。口径40.4、底径14.4、高19.6厘米（图三九，6；图版三七，2）。

陶盆　1件。ⅠM14：7，泥质灰陶。直口，折沿下垂，方唇，直颈，肩部微凸，弧腹内收，底内凹。下腹至底部饰交错绳纹。口径36、腹径32、底径14.4、高14.2厘米（图三九，3；图版三七，1）。

铜鍪　1件。ⅠM14：8，灰绿色。侈口，仰折沿，方唇，束颈，鼓肩，肩部有一大一小环形双系，上腹较直，下腹弧收，圜底近平。肩部饰一道凸弦纹。出土时器表有一层较厚的烟熏痕迹。口径13.2、腹径19.2、高16厘米（图四〇，3；彩版一五，6）。

铜勺　1件。ⅠM14：4，灰绿色。残，复原后勺体呈椭圆形。直口，方唇，弧腹，圜底，半圆形勺柄上翘，顶部下端有一弓形系。复原长32.8厘米（图四〇，4）。

铜带钩　1件。ⅠM14：2，灰绿色。残。钩较细，尾部变宽，背面有一圆形纽。残长4.5厘

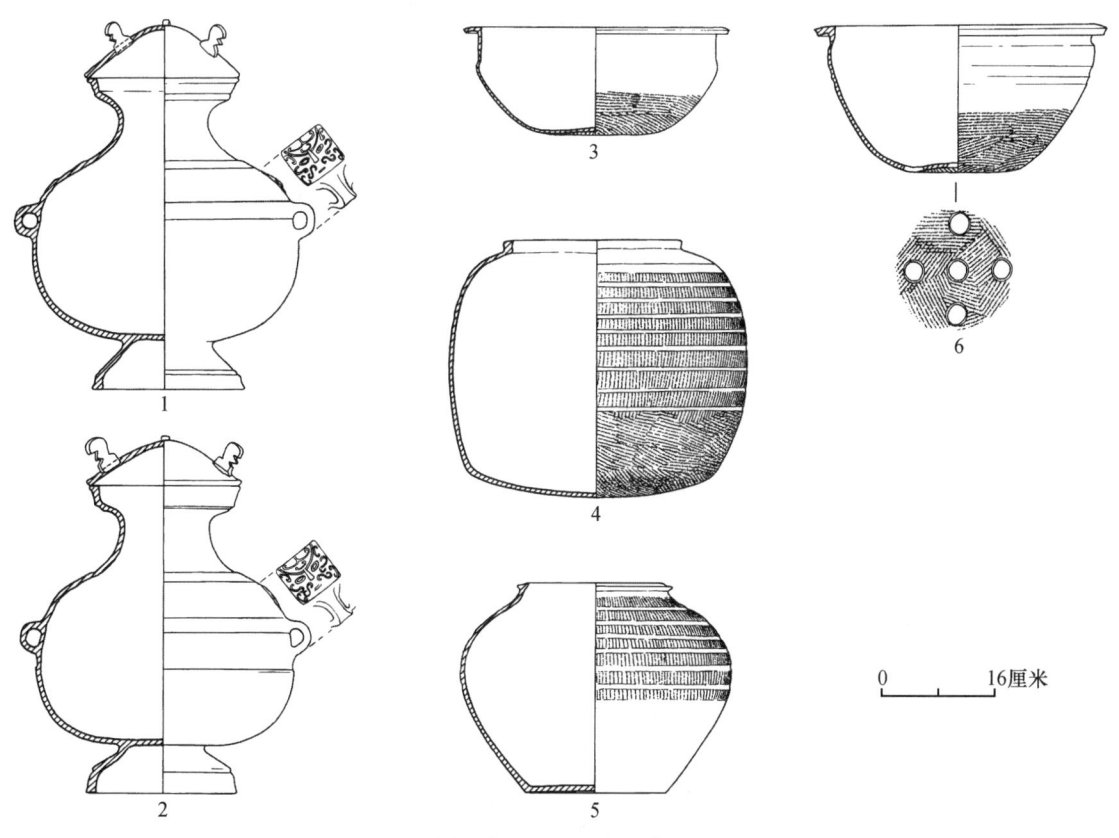

图三九　ⅠM14出土陶器
1、2. 陶壶（ⅠM14：16、ⅠM14：15）　3. 陶盆（ⅠM14：7）
4、5. 陶瓮（ⅠM14：14、ⅠM14：17）　6. 陶甑（ⅠM14：11）

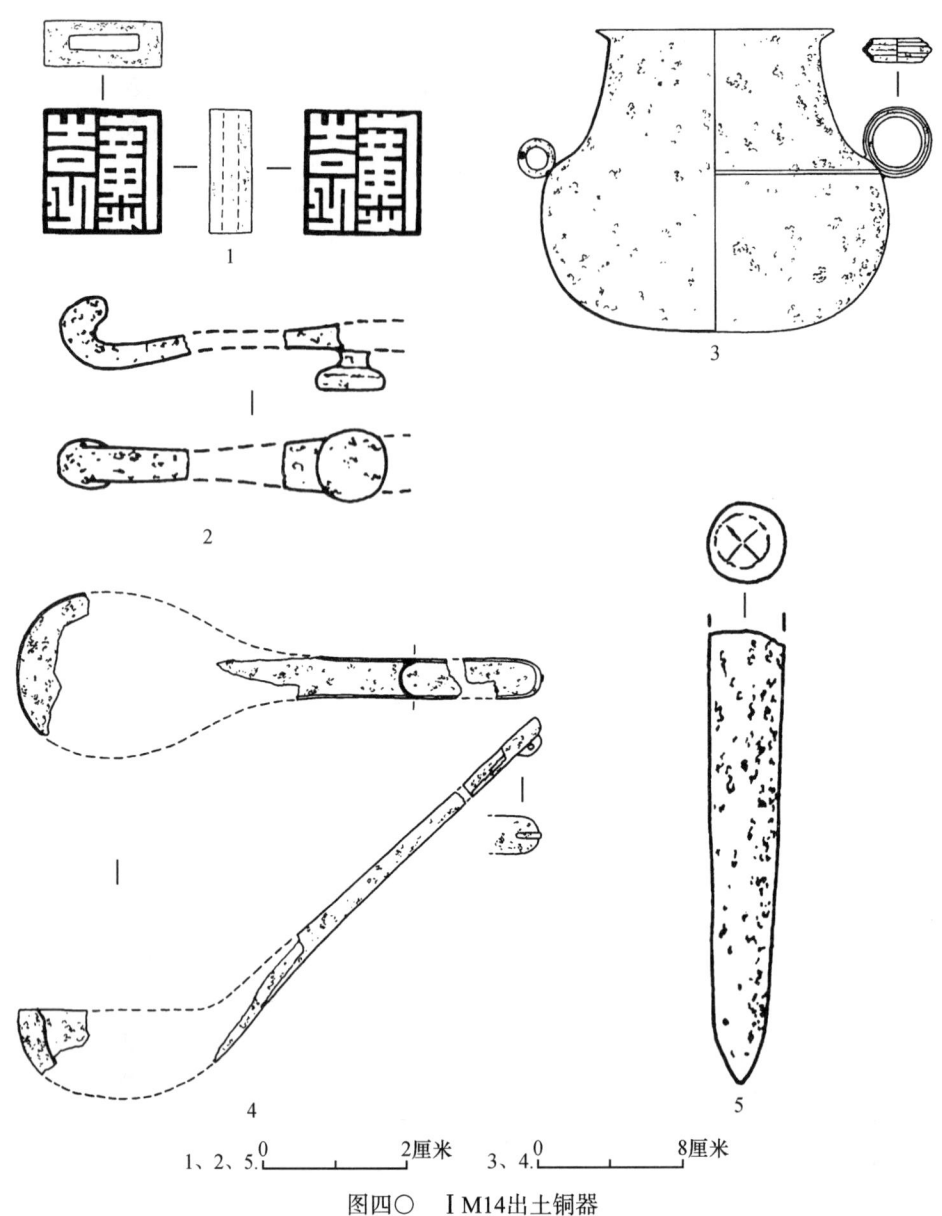

图四〇　ⅠM14出土铜器
1. 铜印（ⅠM14∶1）　2. 铜带钩（ⅠM14∶2）　3. 铜鍪（ⅠM14∶8）
4. 铜勺（ⅠM14∶4）　5. 铜锥形器（ⅠM14∶3）

米（图四〇，2）。

铜锥形器　1件。ⅠM14∶3，灰绿色，通体锈蚀严重。体呈圆锥形。长6、最大径1厘米（图四〇，5）。

铜印　1件。ⅠM14∶1，灰绿色。方形，中间有长方形穿孔，正背面皆有阴刻印纹，印文均为"袁廌"。长宽1.6、厚0.6厘米（图四〇，1；彩版一七，5、6）。

铁釜　1件。ⅠM14∶18，腐蚀严重，不能修复。

十四、ⅠM15

位于Ⅰ区东南部偏南。东部打破M16。方向2°。长方形竖穴土坑墓，口大底小，斜直壁内收。开口距地表约0.2米，墓口长3.08、宽2.12～2.2米，墓底长2.83、宽1.95～2.1米，深0.85米。填土为黄褐色五花土，土质较硬。葬具为木质单棺单椁，仅存朽痕。椁室位于墓室中部，平面呈"Ⅱ"形，四端顶木平直，东部两端向外伸出较短，约0.08米，西部两端伸出较长，约0.64米，椁痕长2.18、宽1.23米。棺位于椁室内偏东部，平面呈长方形，棺痕长1.84、宽0.75～0.8米。棺内有人骨一具，已朽成粉末状，头向东北，仰身直肢，性别、年龄不详。出土随葬品4件，其中陶器3件，位于椁内棺外西北角，铜器1件，位于棺内墓主右肩部（图四一；图版三，2）。

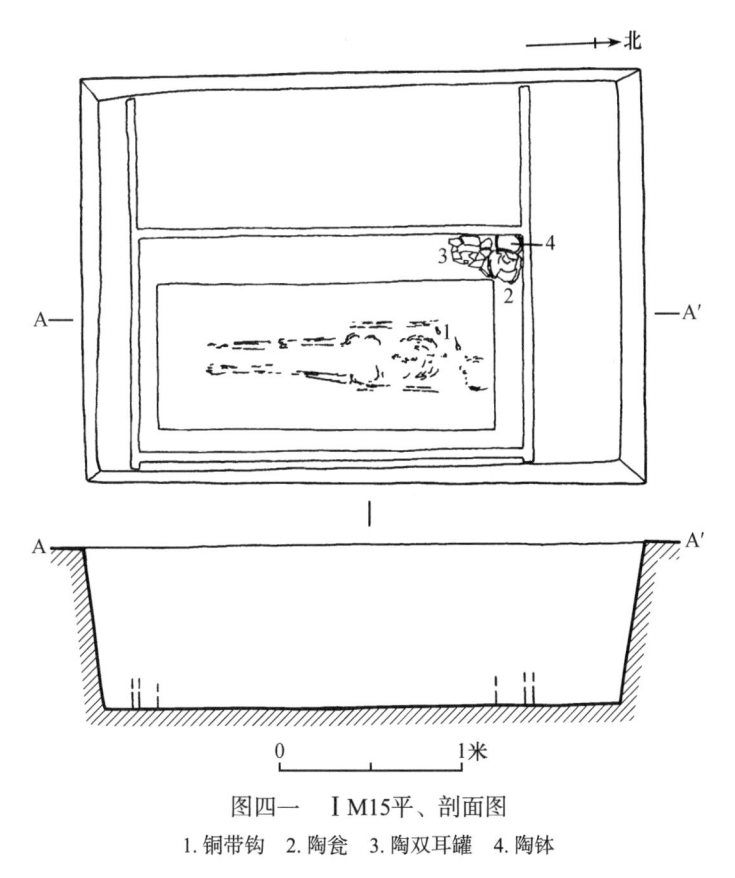

图四一　ⅠM15平、剖面图
1.铜带钩　2.陶瓮　3.陶双耳罐　4.陶钵

陶双耳罐　1件。ⅠM15：3，泥质灰陶。侈口，方唇，唇面内凹，束颈，溜肩，肩部有对称牛鼻形双耳，弧腹，底内凹。肩至上腹部饰竖绳纹，间有一道抹痕，下腹至底部饰交错绳纹。口径15.2、腹径23、底径5.6、高23.6厘米（图四二，2；图版三七，3）。

陶瓮　1件。ⅠM15：2，泥质灰陶。直口，方唇，矮领，鼓肩，鼓腹，平底微内凹。素面。口径12.2、腹径17.5、底径8.4、高12厘米（图四二，3；图版三七，4）。

陶钵　1件。ⅠM15：4，泥质灰陶。微敛口，方唇，弧腹，平底微凹。素面。口径13.2、底径6、高5.2厘米（图四二，1）。

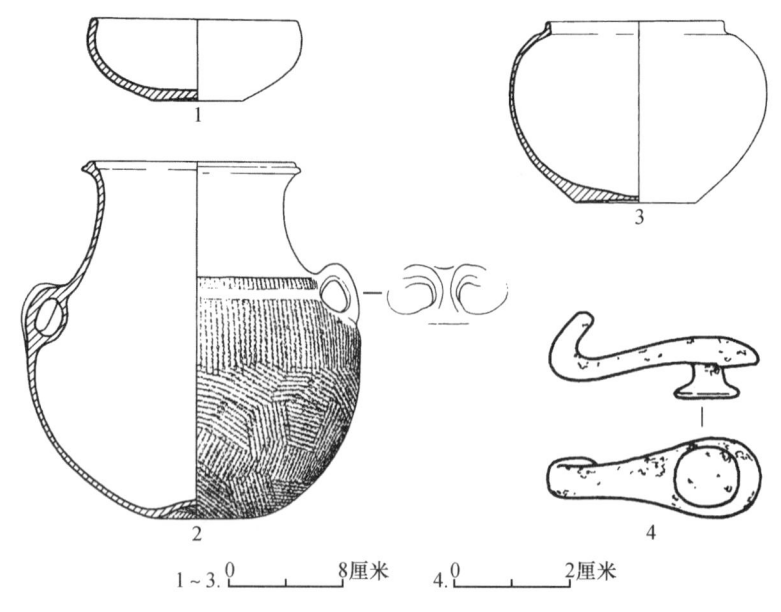

图四二　ⅠM15出土器物
1.陶钵（ⅠM15:4）　2.陶双耳罐（ⅠM15:3）　3.陶瓮（ⅠM15:2）　4.铜带钩（ⅠM15:1）

铜带钩　1件。ⅠM15:1，灰绿色。琵琶形，钩首较细，尾部为椭圆形，背面有一圆形纽。素面。长3.6、宽1.3厘米（图四二，4）。

十五、ⅠM16

位于Ⅰ区东南部偏南。西部被M15打破。方向2°。长方形竖穴土坑墓，口大底小，斜直壁内收。开口距地表约0.2米，墓口长2.76、宽1.9米，墓底长2.6、宽1.35～1.42米，深1.7米。填土为黄褐色五花土，土质较硬。葬具为木质单棺单椁，仅存朽痕。椁室位于墓室中部，平面呈"Ⅱ"形，四端顶木外昂，向外伸出约0.32米，椁痕长2.18、宽1.23米。棺位于椁室内中部，平面呈长方形，棺痕长2、宽0.4～0.52米。棺内有人骨一具，已朽成粉末状，头向东北，仰身屈下肢，性别、年龄不详。出土随葬品4件，均为陶器，置于椁内棺外西北部（图四三；图版四，1）。

陶双耳罐　1件。ⅠM16:1，泥质灰陶。侈口，口内侧有一道凹槽，圆唇，束颈，溜肩，肩部有对称牛鼻形双耳，弧腹，底内凹。颈部饰模糊竖绳纹，有被抹平的痕迹，上腹部饰竖绳纹间有两道抹痕，下腹至底部饰交错绳纹。口径13.7、腹径22、底径7、高21.4厘米（图四四，2；图版三七，5）。

陶釜　1件。ⅠM16:2，夹砂灰陶。侈口，卷沿，方唇，唇面有一道凹槽，短束颈，鼓肩，扁鼓腹，圜底。腹至底部饰戳印方格纹，并有烟熏痕迹。口径15.2、腹径20.4、高12.8厘米（图四四，4；图版三七，6）。

陶钵　2件。泥质灰陶。微敛口，圆唇，弧腹，平底微内凹。素面。ⅠM16:3，口径14.4、底径7.2、高6厘米（图四四，1）。ⅠM16:4，口径14.1、底径6.8、高5.6厘米（图四四，3）。

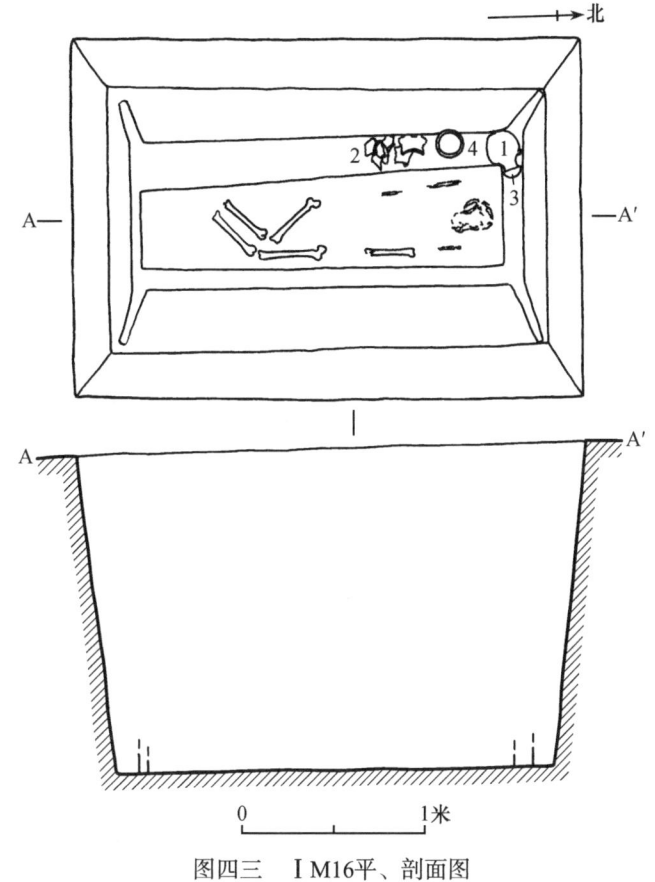

图四三　ⅠM16平、剖面图
1.陶双耳罐　2.陶釜　3、4.陶钵

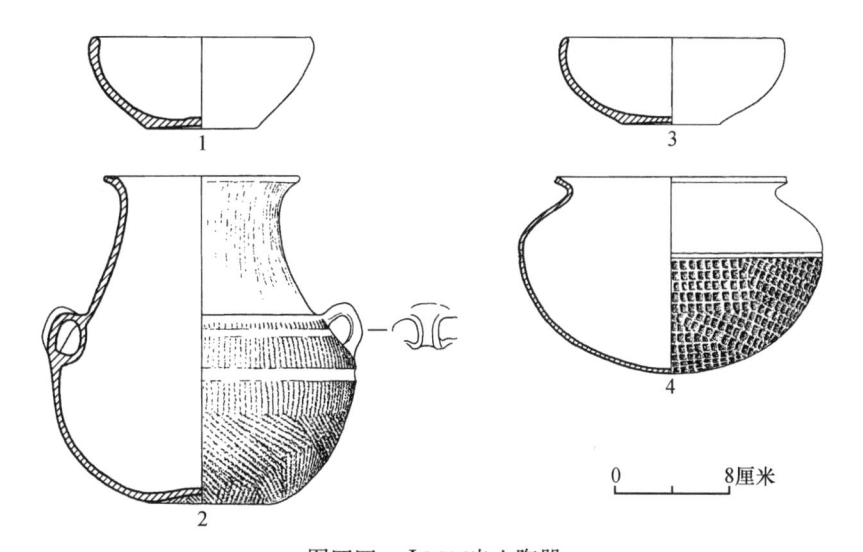

图四四　ⅠM16出土陶器
1、3.陶钵（ⅠM16：3、ⅠM16：4）　2.陶双耳罐（ⅠM16：1）　4.陶釜（ⅠM16：2）

十六、ⅠM17

位于Ⅰ区东南部偏南。方向95°。长方形竖穴土坑墓，口大底小，斜直壁内收。开口距地表约0.2米，墓口长3.1、宽1.78米，墓底长2.8、宽1.62米，深2.94～3.04米。填土为黄褐色五花土，土质较黏较硬。葬具为木质单棺单椁，仅存朽痕。椁室位于墓室中部，平面呈"Ⅱ"形，四端顶木外昂，向外伸出约0.12米，椁痕长2.6、宽1.3米。椁室底部东西两端有横向垫木凹槽，长1.5、宽0.16、深0.06米，两者间距1.92米。棺位于椁室内北部，平面呈长方形，棺痕长2.12、宽0.6米。棺内不见人骨，头向、葬式、性别与年龄皆不明。出土随葬品5件（套），其中陶器4件（套），置于椁内棺外西北角，铜钱按1件计，共3枚，散置于棺内（图四五；彩版八，1）。

图四五　ⅠM17平、剖面图
1. 陶瓮　2. 陶鼎　3. 陶瓿　4. 陶盒　5. 铜钱

陶鼎　1件。ⅠM17∶2，泥质褐胎黑皮陶。浅弧盘状器盖，盖顶微凹。器身为子口，方唇，长方形附耳外折撇，长方形耳孔对穿，微鼓腹，平底微内凹，三蹄形足。器盖外壁饰一道折棱，器身中腹部饰一道较宽凸棱。器身口径16.8、腹径22.6、高17.2厘米，器盖口径19、高4厘米，通高17.4厘米（图四六，3；图版三八，2）。

陶盒　1件。ⅠM17∶4，泥质灰陶。覆碗状器盖，盖较高，盖顶有浅宽圈足状捉手。器身为子口，圆唇，弧腹，底内凹。器盖外壁与器身腹部皆饰数道凹弦纹。器身口径16、腹径18.6、底径8.8、高6厘米，器盖口径18.8、顶径7.6、高8.6厘米，通高14厘米（图四六，1；图版三八，4）。

陶甗　1件（套）。ⅠM17∶3，泥质灰陶。上甑下釜扣合而成。甑，直口，平折沿，方唇，上腹较直，下腹弧收，平底，底部有五个圆形镂孔。釜，直口，斜方唇，矮领，圆肩，肩部有对称人面纹铺首，鼓腹，底内凹。甑上腹部饰一道凹弦纹，釜肩部饰一道折棱，中腹部饰一道较宽凸棱，下腹至底部饰交错绳纹。甑口径21.2、底径7.3、高7.8厘米，釜口径12、腹径21.4、底径6.4、高14厘米，通高21.2厘米（图四六，2；图版三八，1）。

陶瓮　1件。ⅠM17∶1，泥质灰陶。直口，方唇，矮领，圆肩，上腹较鼓，下腹斜收，底内凹。肩至中腹部饰四道凹弦纹。口径21.2、腹径33.2、底径21.3、高24厘米（图四六，4；图版三八，3）。

铜钱　1件计，3枚。ⅠM17∶5，半两钱。形制、大小相同，圆形，方孔，无郭。正面篆体钱文自右向左对读，"半"字的两点呈折角式，上横方折向上，下横平直，"两"字的上横较短，"两"字中的"人"字出头亦较长。光背。钱径2.4、穿边长0.9、厚0.15厘米（彩版一八，7）。

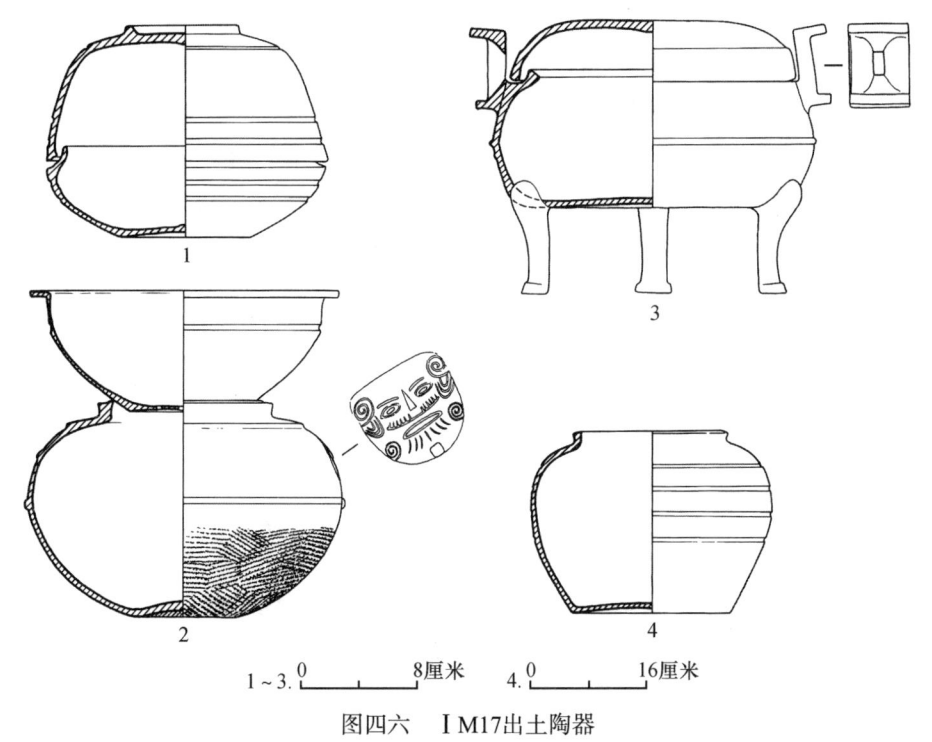

图四六　ⅠM17出土陶器
1. 陶盒（ⅠM17∶4）　2. 陶甗（ⅠM17∶3）　3. 陶鼎（ⅠM17∶2）　4. 陶瓮（ⅠM17∶1）

十七、ⅠM18

位于Ⅰ区东南部偏南。方向8°。长方形竖穴土坑墓，口底等大，直壁。开口距地表约0.25米，墓坑长2.8、宽1.64、深1~1.2米。填土为黄褐色五花土，土质较硬较黏。葬具为木质单棺单椁，仅存朽痕。椁室位于墓室中部，平面呈"Ⅱ"形，南端顶木外昂，北端顶木平直，向外伸出0.1~0.18米，椁痕长2.34、宽1.04、残高0.2米。棺位于椁室内中部，平面呈长方形，棺痕长2.16、宽0.76~0.84、残高0.18米。棺内不见人骨，头向、葬式、性别与年龄皆不明。出土随葬品5件，其中陶器4件，铜器1件，皆位于棺内北部（图四七；图版四，2）。

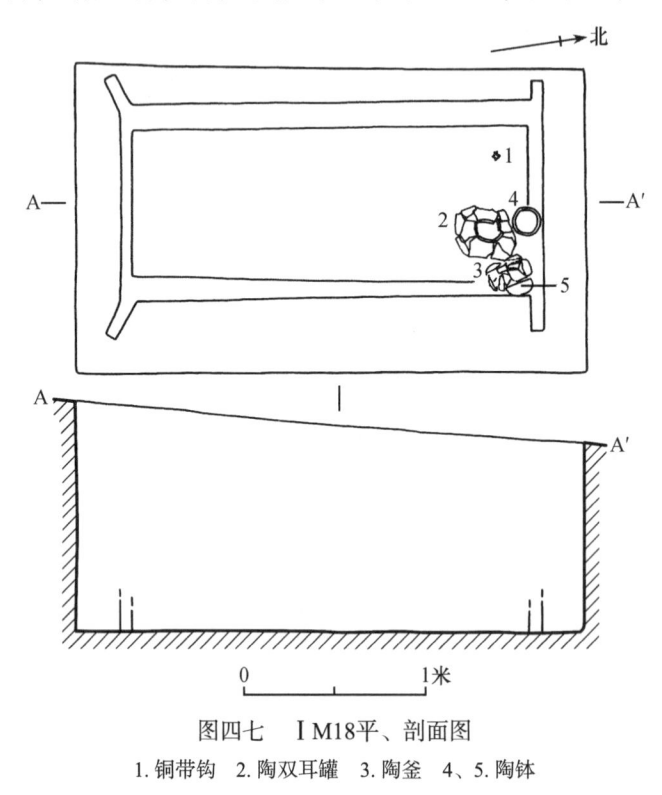

图四七　ⅠM18平、剖面图
1.铜带钩　2.陶双耳罐　3.陶釜　4、5.陶钵

陶双耳罐　1件。ⅠM18：2，泥质灰陶。侈口，口内侧有一道凹槽，方唇，束颈，溜肩，肩部有对称牛鼻形双耳，弧腹，底内凹。下腹至底部饰交错绳纹。口径14.4、腹径21.8、底径5.6、高21.2厘米（图四八，3；图版三八，5）。

陶釜　1件。ⅠM18：3，夹砂灰陶。敛口，卷沿，方唇，微束颈，溜肩，鼓腹，圜底。下腹至底部饰交错绳纹，并有烟熏痕迹。口径13.7、腹径20、高13.8厘米（图四八，4；图版三八，6）。

陶钵　2件。圆唇，弧腹，底内凹。素面。ⅠM18：4，泥质红陶。敛口。口径14.8、底径7.6、高5.8厘米（图四八，1）。ⅠM18：5，泥质灰陶。口微侈。口径16.3、底径8、高6厘米（图四八，2）。

铜带钩　1件。ⅠM18：1，灰绿色。钩首残缺，截面呈三角形，尾部宽扁，呈蝴蝶形，尾部背面有一长方形纽。残长3、宽0.4~2.3厘米（图四八，5）。

图四八　ⅠM18出土器物

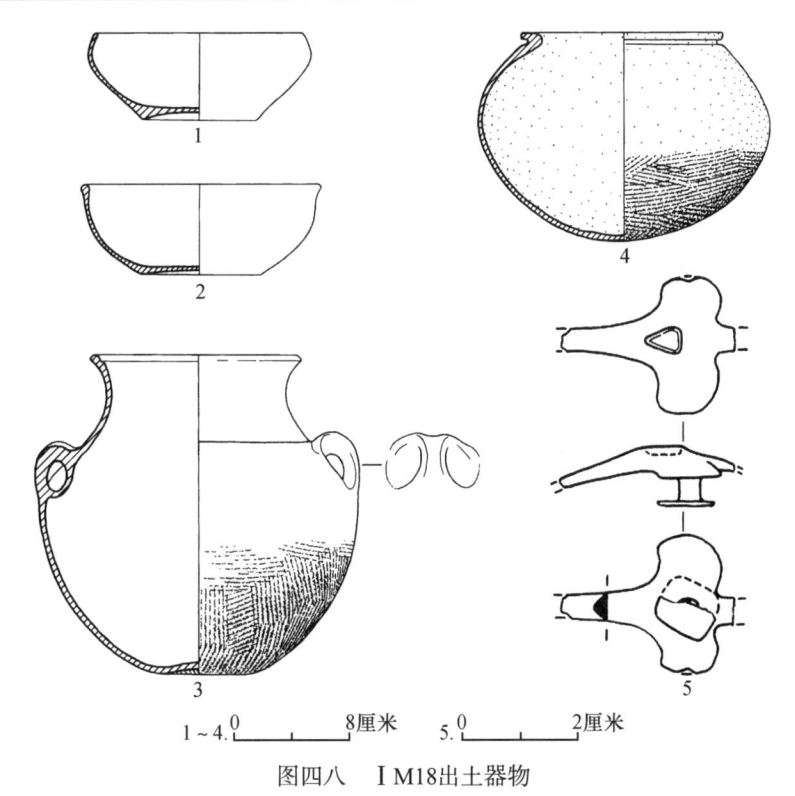

1、2.陶钵（ⅠM18∶4、ⅠM18∶5）　3.陶双耳罐（ⅠM18∶2）　4.陶釜（ⅠM18∶3）　5.铜带钩（ⅠM18∶1）

十八、ⅠM19

位于Ⅰ区东南部偏中。方向3°。长方形竖穴土坑墓，略口大底小，斜直壁内收。开口距地表约0.25米，墓口长2.48、宽1.67米，墓底长2.16、宽1.5米，深2.2米。填土为黄褐色五花土，土质较硬。葬具为木质单棺单椁，仅存朽痕。椁室位于墓室中部，平面呈长方形，椁痕长2.08、宽1.35米。棺位于椁室内中部，平面呈长方形，棺痕长1.9、宽0.82米。棺内有人骨一具，已朽蚀严重，从现场残存迹象观察，墓主头向东北，葬式、性别、年龄均不明。出土随葬品4件，均为陶器，置于椁内棺外西部，南北排列（图四九；图版五，1）。

陶双耳罐　1件。ⅠM19∶2，泥质灰陶。侈口，圆唇，束颈，溜肩，肩部有对称牛鼻形双耳，弧腹，底内凹。下腹至底部饰交错绳纹。口径14.2、腹径21.5、底径5.6、高22.3厘米（图五〇，2；图版三九，1）。

陶釜　1件。ⅠM19∶1，夹砂灰陶。侈口，仰折沿，内沿面微凹，方唇，唇面微凹，束颈，溜肩，扁鼓腹，圜底。下腹至底部饰交错绳纹，并有烟熏痕迹。口径13.8、腹径17.4、高12.2厘米（图五〇，4；图版三九，3）。

陶钵　2件。泥质灰陶。微敛口，圆唇，弧腹。素面。ⅠM19∶3，底微内凹。口径15、底径7.5、高5.2厘米（图五〇，1）。ⅠM19∶4，平底。口径15.7、底径5.9、高5.6厘米（图五〇，3）。

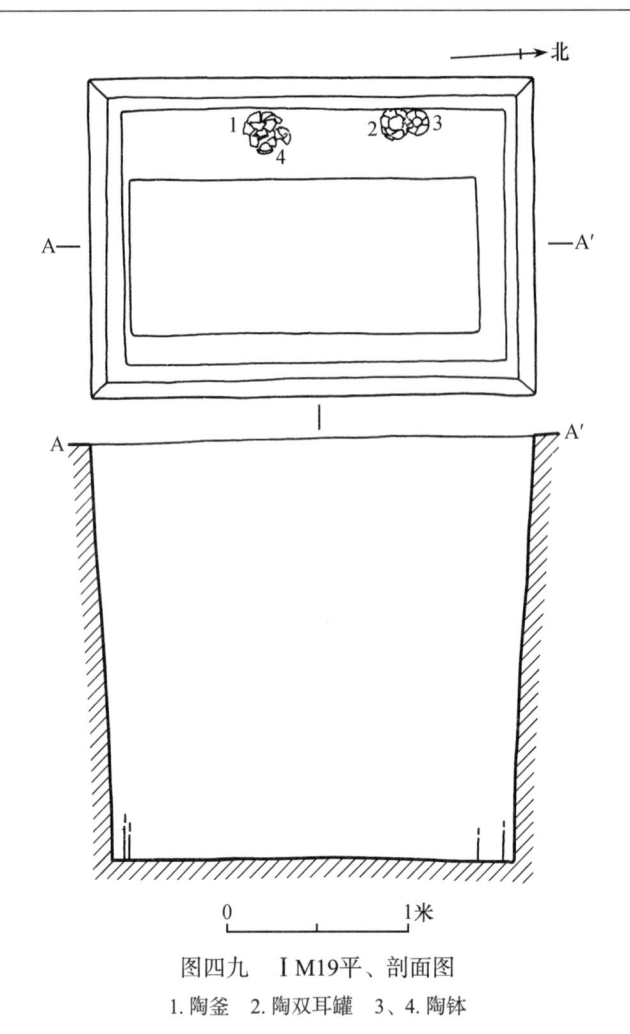

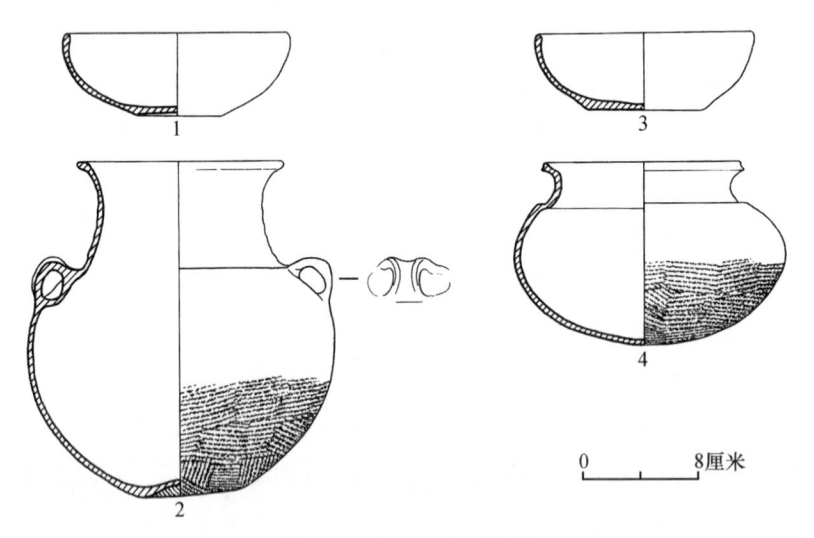

图四九　ⅠM19平、剖面图
1.陶釜　2.陶双耳罐　3、4.陶钵

图五〇　ⅠM19出土陶器
1、3.陶钵（ⅠM19∶3、ⅠM19∶4）　2.陶双耳罐（ⅠM19∶2）　4.陶釜（ⅠM19∶1）

十九、ⅠM20

位于Ⅰ区东南部偏中。西部打破M21。方向13°。长方形竖穴土坑墓，略口大底小，斜直壁内收。开口距地表约0.2米，墓口长2.5、宽1.8米，墓底长2.1、宽1.68米，深1.2米。填土为灰褐色五花土，土质较黏较硬。葬具为木质单棺单椁，仅存朽痕。椁室位于墓室中部，平面呈"Ⅱ"形，四端顶木外昂，向外伸出约0.26米，椁痕长2、宽1.02米。棺位于椁室内偏东部，平面呈长方形，棺痕长1.82、宽0.52~0.6米。棺内不见人骨，头向、葬式、性别与年龄皆不明。出土随葬品3件，均为陶器，置于椁内棺外西部（图五一）。

陶双耳罐 1件。ⅠM20:2，泥质灰陶。侈口，圆唇，束颈，溜肩，肩部有对称牛鼻形双耳，弧腹，底内凹。颈部有轮制留下的旋纹痕迹，肩至中腹部饰竖绳纹间有三道抹痕，下腹至底部饰交错绳纹。口径14.4、腹径21、底径6.4、高22.4厘米（图五二，1；图版三九，2）。

陶鍪 1件。ⅠM20:1，夹砂灰陶。侈口，口内侧有一道凹槽，方唇，束颈较长，溜肩，肩部弓形双耳已残，扁腹，圜底。下腹至底部饰交错绳纹。口径12、腹径15.6、高12.3厘米（图五二，3；图版三九，4）。

图五一 ⅠM20平、剖面图
1.陶鍪 2.陶双耳罐 3.陶钵

陶钵　1件。ⅠM20:3，泥质红陶。直口，圆唇，弧腹，底内凹。素面。口径15.2、底径7.5、高5.8厘米（图五二，2）。

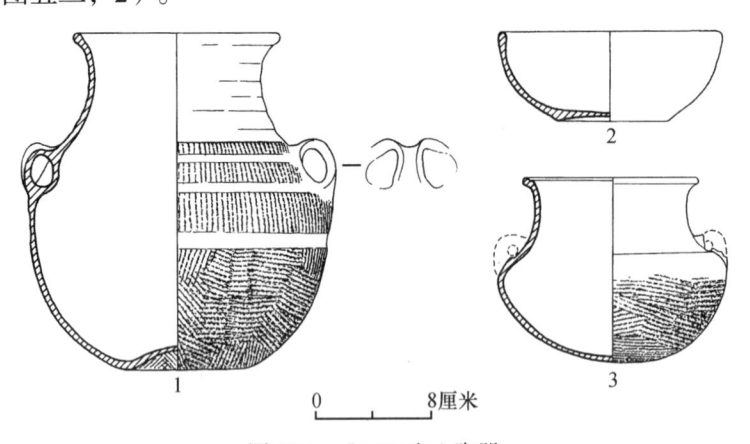

图五二　ⅠM20出土陶器
1.陶双耳罐（ⅠM20:2）　2.陶钵（ⅠM20:3）　3.陶鍪（ⅠM20:1）

二十、ⅠM21

位于Ⅰ区东南部偏中。东部被M20打破。方向13°。长方形竖穴土坑墓，口大底小，斜直壁内收。开口距地表约0.2米，墓口长3、宽2.04米，墓底长2.85、宽1.7米，深1.5米。填土为灰褐色五花土，含少量石英石块，土质较硬。葬具为木质单棺单椁，仅存朽痕。椁室位于墓室中部，平面呈"Ⅱ"形，四端顶木外昂，向外伸出约0.16米，椁痕长2.38、宽0.96米。棺位于椁室内中部偏南，平面呈长方形，棺痕长1.88、宽0.54米。棺内不见人骨，头向、葬式、性别与年龄皆不明。出土随葬品5件，其中陶器4件，铜器1件，皆置于椁内棺外北部（图五三）。

陶双耳罐　1件。ⅠM21:3，泥质灰陶。侈口，口内侧有一道凹槽，方唇，束颈，溜肩，肩部有对称牛鼻形双耳，弧腹，底内凹。颈部有轮制留下的旋纹痕迹，肩至中腹部饰竖绳纹间有两道抹痕，下腹至底部饰交错绳纹。口径14.8、腹径23.2、底径8、高22.2厘米（图五四，1；图版四〇，1）。

陶釜　1件。ⅠM21:2，夹砂灰陶。侈口，卷沿，方唇，束颈，溜肩，扁鼓腹，圜底。素面，下腹至底部有烟熏痕迹。口径10.8、腹径16.4、高10.8厘米（图五四，3；图版三九，6）。

陶钵　2件。素面。ⅠM21:4，泥质红陶。直口，尖圆唇，弧腹，平底微内凹。口径14.8、底径6.25、高5厘米（图五四，2）。ⅠM21:5，泥质灰陶。敛口，方唇，斜直腹，平底。内底部戳印有阳文小篆"昌里"二字，器表素面。口径16.7、底径7.7、高6厘米（图五四，4；图版三九，5）。

铜带钩　1件。ⅠM21:1，灰绿色。钩首残，尾部正面作兔子形，呈卧姿状，面部不清，两耳上耸，四肢屈于腹下，尾部背面有一圆形纽。长4.13、宽0.37～1.57厘米（图五四，5；彩版一八，3）。

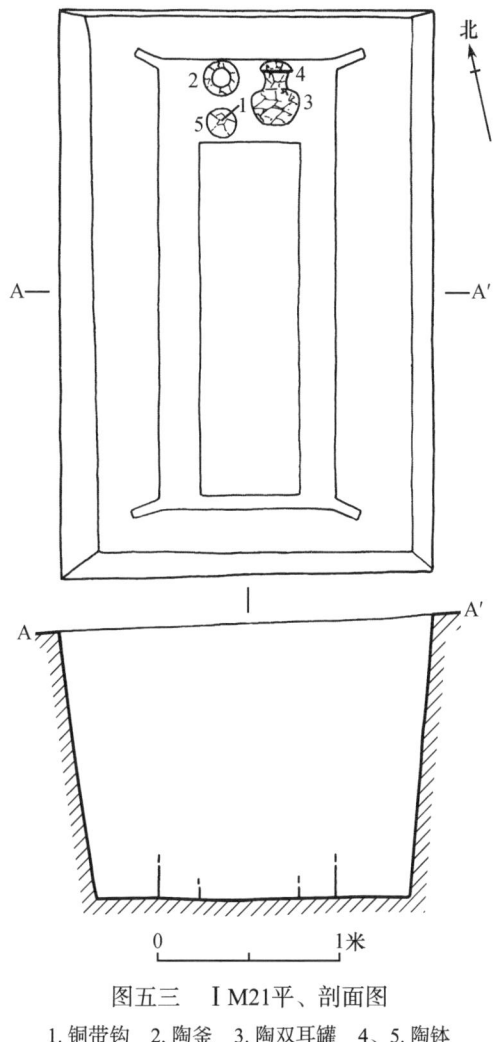

图五三　ⅠM21平、剖面图
1.铜带钩　2.陶釜　3.陶双耳罐　4、5.陶钵

二十一、ⅠM22

位于Ⅰ区东南部偏中。方向10°。长方形竖穴土坑墓，口大底小，斜壁，四周有生土二层台。开口距地表约0.25米，墓口长2.8、宽1.9米，墓底长2.1、宽0.75米，深1.22米。墓口向下0.85～0.95米处，四周留有生土二层台，南壁台面较窄，宽约0.06米，东、西、北壁台面稍宽，宽约0.12米，东西长2.4、南北长1.24、高0.32米。填土为黄褐色五花土，土质较硬。葬具为木质单棺，无椁，仅存朽痕，棺痕紧贴墓底四壁，平面呈长方形，棺痕长2.1、宽0.75米。棺内不见人骨，头向、葬式、性别与年龄皆不明。出土随葬品4件，均为陶器，置于棺内北部（图五五）。

陶双耳罐　1件。ⅠM22：1，泥质红褐胎黑皮陶。侈口，方唇，唇面微凹，束颈，溜肩，肩部有对称牛鼻形双耳，弧腹，底内凹。颈部饰多道凹弦纹，肩至中腹部饰竖绳纹间有五道抹痕，下腹至底部饰交错绳纹。口径14.3、腹径21.4、底径6.4、高22.8厘米（图五六，2；图版四〇，2）。

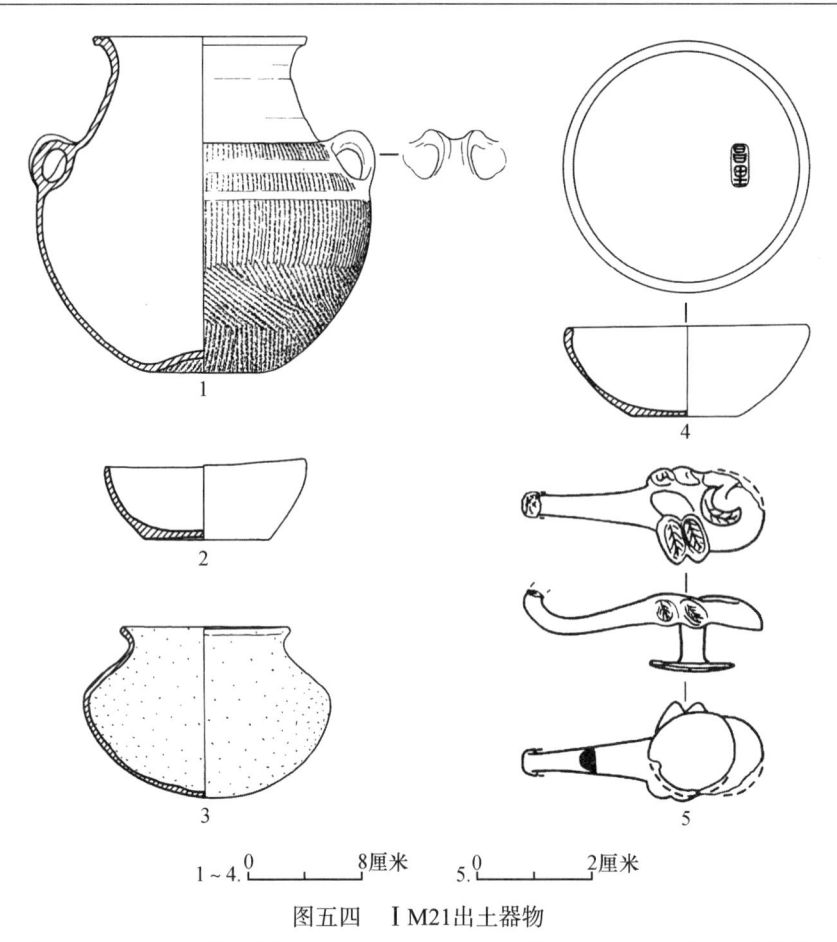

图五四　ⅠM21出土器物
1. 陶双耳罐（ⅠM21∶3）　2、4. 陶钵（ⅠM21∶4、ⅠM21∶5）　3. 陶釜（ⅠM21∶2）　5. 铜带钩（ⅠM21∶1）

陶釜　1件。ⅠM22∶2，夹砂灰陶。侈口，卷沿，内沿面微凹，方唇，唇面有道凹槽，束颈，溜肩，扁鼓腹，圜底。下腹至底部饰交错绳纹，并有烟熏痕迹。口径14.1、腹径19、高13.3厘米（图五六，4；图版四〇，3）。

陶钵　2件。直口，圆唇，弧腹，平底。素面。ⅠM22∶3，泥质红陶。口径14.8、底径5.5、高5厘米（图五六，1）。ⅠM22∶4，泥质灰陶。口径15.2、底径7、高5.3厘米（图五六，3）。

二十二、ⅠM23

位于Ⅰ区东南部偏中。方向6°。长方形竖穴土坑墓，口大底小，斜直壁内收。开口距地表约0.25米，墓口长3.4、宽2.42米，墓底长2.88、宽1.9、深1.92～2.1米。填土为黄褐色五花土，土质较黏较坚硬。葬具为木质单棺单椁，仅存朽痕。椁室位于墓室中部，平面呈"Ⅱ"形，四端顶木外昂，向外伸出约0.15米，椁痕长2.35、宽1.38米。棺位于椁室东部，平面呈长方形，棺痕长2、宽0.6～0.64米。棺内有人骨一具，保存较差，已朽蚀成粉末状，头向东北，仰身直肢，性别、年龄不详。出土随葬品4件，均为陶器，置于椁内棺外北部（图五七；图版五，2）。

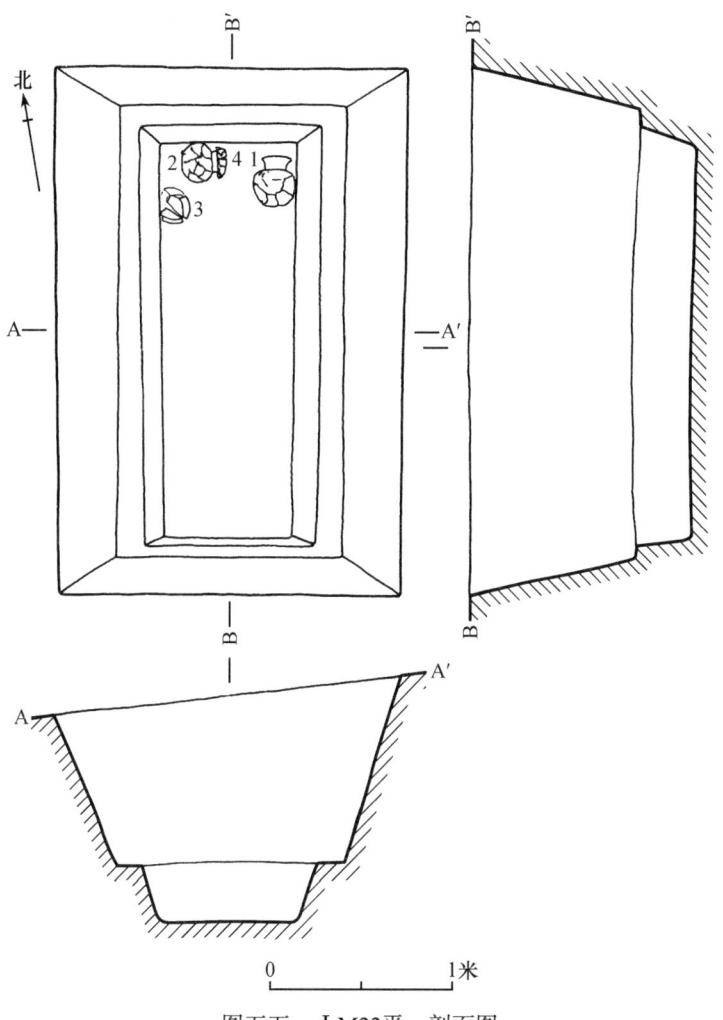

图五五　ⅠM22平、剖面图
1.陶双耳罐　2.陶釜　3、4.陶钵

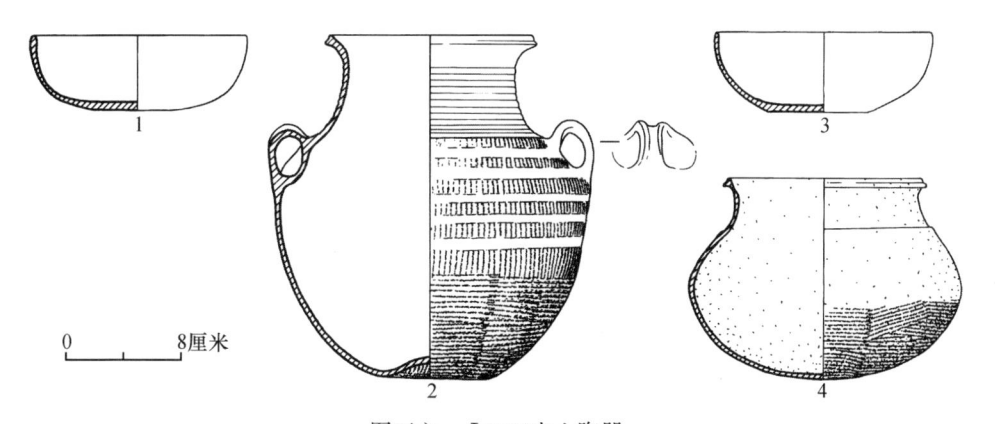

图五六　ⅠM22出土陶器
1、3.陶钵（ⅠM22：3、ⅠM22：4）　2.陶双耳罐（ⅠM22：1）　4.陶釜（ⅠM22：2）

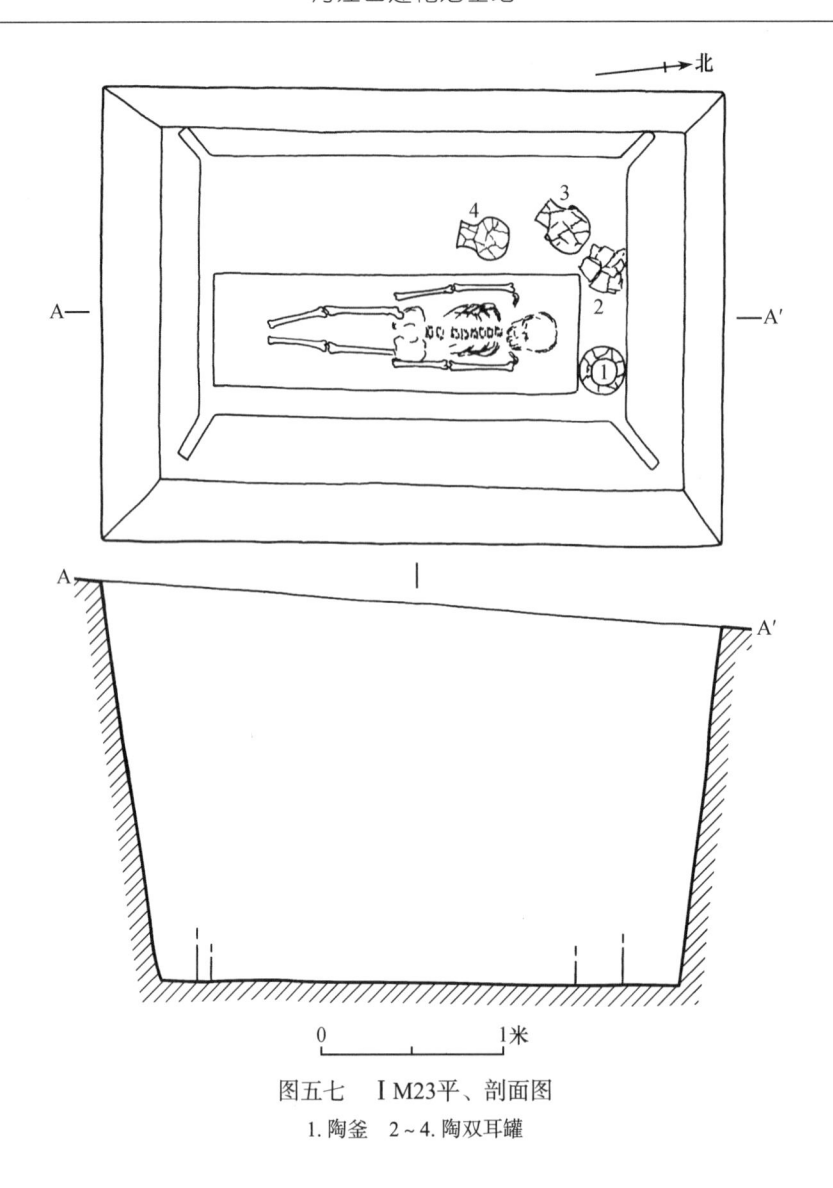

图五七　ⅠM23平、剖面图
1.陶釜　2~4.陶双耳罐

陶双耳罐　3件。泥质灰陶。侈口，束颈，溜肩，肩部有对称牛鼻形双耳，弧腹，底内凹。下腹至底部饰交错绳纹。ⅠM23:2，方唇。颈部饰模糊竖绳纹，有被抹平的痕迹，肩至中腹部饰竖绳纹间有两道抹痕。口径14.5、腹径23、底径7.2、高23厘米（图五八，3；图版四〇，5）。ⅠM23:3，方唇，唇面有一道凹槽。颈部饰多道凹弦纹，肩至上腹部饰竖绳纹间有四道抹痕。口径15.3、腹径24、底径6.4、高24.8厘米（图五八，2；图版四〇，6）。ⅠM23:4，尖圆唇。颈部饰模糊竖绳纹，有被抹平的痕迹。口径15.4、腹径20、底径4、高21.2厘米（图五八，4；图版四一，1）。

陶釜　1件。ⅠM23:1，夹砂灰陶。敛口，卷沿外翻微下垂，方唇，微束颈，溜肩，鼓腹，圜底。上腹部饰三道凹弦纹，中腹部饰一周横绳纹，下腹至底部饰竖绳纹，并有烟熏痕迹。口径16.6、腹径22.8、高14.8厘米（图五八，1；图版四〇，4）。

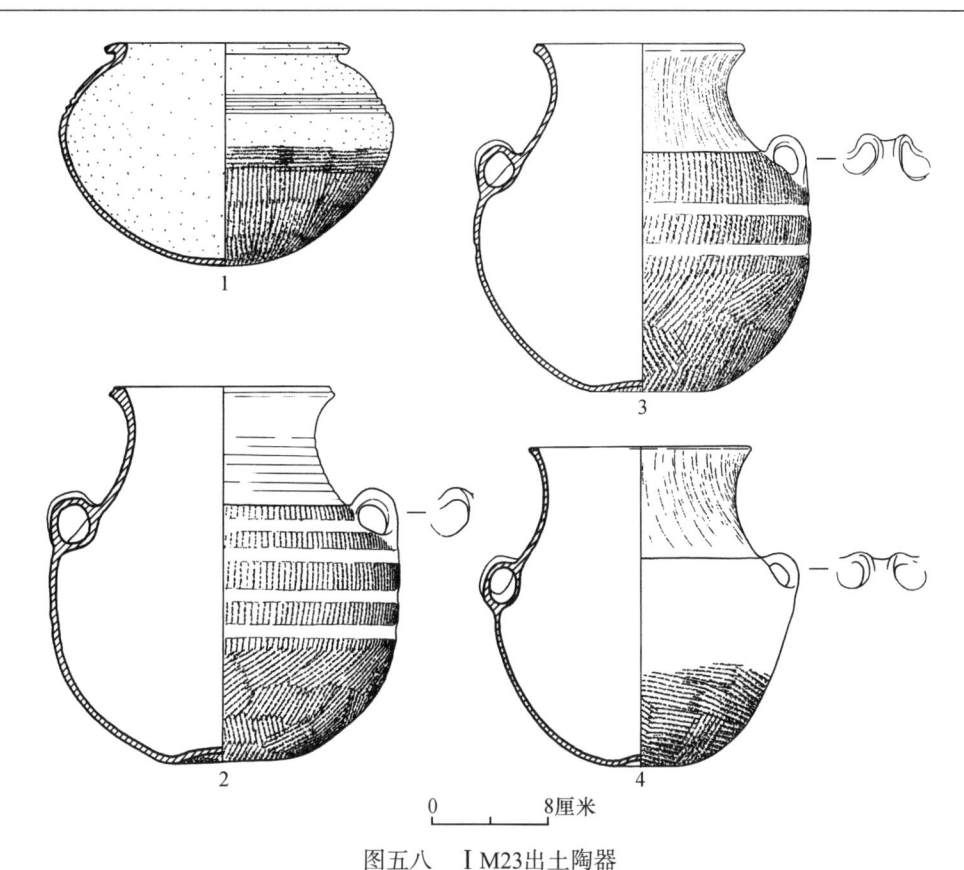

图五八　ⅠM23出土陶器
1. 陶釜（ⅠM23：1）　2~4.陶双耳罐（ⅠM23：3、ⅠM23：2、ⅠM23：4）

二十三、ⅠM24

位于Ⅰ区东南部偏中。西部被M25打破。方向10°。长方形竖穴土坑墓，口大底小，斜直壁内收。开口距地表约0.3米，墓口长2.92、宽2.3米，墓底长2.38、宽1.1米，深1.8~2.14米。填土为灰褐色五花土，土质较硬。葬具为木质单棺，无椁，仅存朽痕。棺位于墓室中部，平面呈"Ⅱ"形，四端顶木外昂，向外伸出约0.16米，棺痕长1.98、宽0.62米。棺内有人骨一具，保存较差，仅残存两段下肢骨于棺内南部，推测头向东北，葬式、年龄与性别皆不明。出土随葬品4件，均为陶器，置于棺外西北部（图五九）。

陶双耳罐　1件。ⅠM24：1，泥质灰陶。口部残，束颈，溜肩，肩部有对称牛鼻形双耳，弧腹，底内凹。颈部饰多道凹弦纹，肩至上腹部饰竖绳纹间有三道抹痕，下腹至底部饰交错绳纹。腹径21.5、底径7.4、残高21.4厘米（图六〇，4）。

陶釜　1件。ⅠM24：2，夹砂灰陶。侈口，卷沿，方唇，束颈，溜肩，扁鼓腹，圜底。下腹至底部饰交错绳纹，并有烟熏痕迹。口径13.7、腹径19、高13厘米（图六〇，3；彩版二八，3）。

陶钵　2件。弧腹，平底微内凹。器表素面。ⅠM24：3，泥质灰陶。微敛口，方唇。内底部戳印有阳文小篆"昌里"二字。口径14.8、底径6.9、高5.5厘米（图六〇，1；彩版二七，1）。ⅠM24：4，泥质红陶。直口，尖圆唇。口径16、底径6.8、高5.2厘米（图六〇，2）。

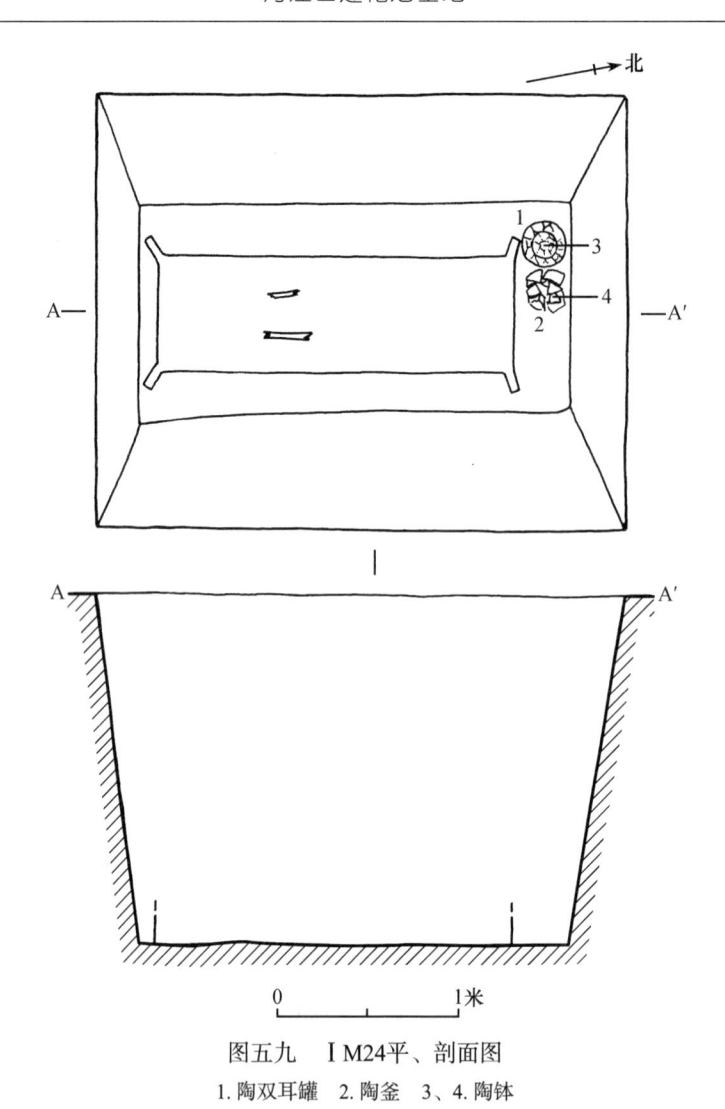

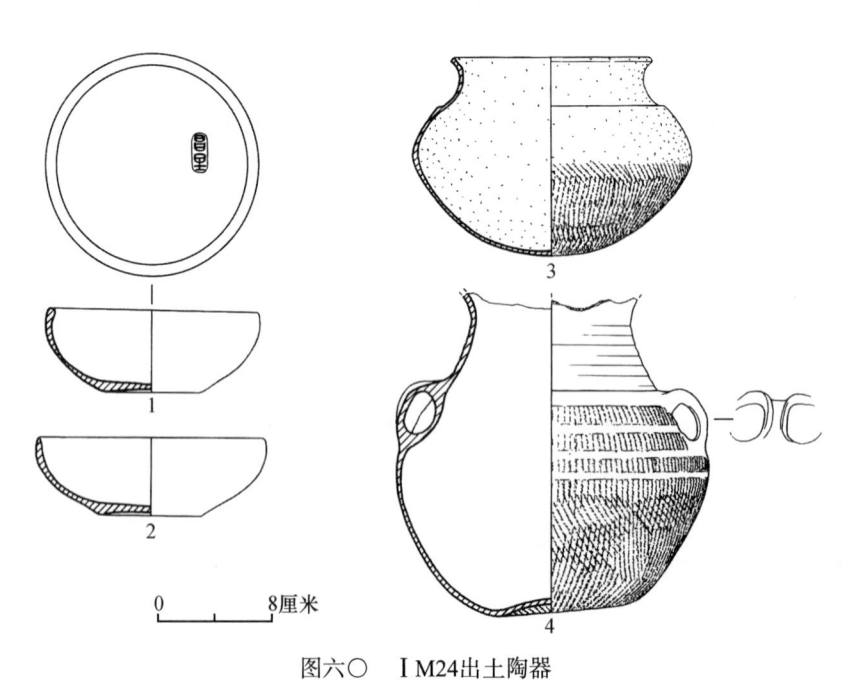

图五九　ⅠM24平、剖面图
1. 陶双耳罐　2. 陶釜　3、4. 陶钵

图六〇　ⅠM24出土陶器
1、2. 陶钵（ⅠM24：3、ⅠM24：4）　3. 陶釜（ⅠM24：2）　4. 陶双耳罐（ⅠM24：1）

二十四、ⅠM25

位于Ⅰ区东南部偏中。东部打破M24。方向10°。长方形竖穴土坑墓，口大底小，斜直壁内收。开口距地表约0.15米，墓口长3.3、宽2.4~2.7米，墓底长2.72、宽1.8~2.1米，深2.18~2.58米。填土为黄褐色五花土，土质较硬较黏，含有小石块。葬具为木质单棺单椁，仅存朽痕。椁室位于墓室中部，平面呈长方形，椁痕长2.38、宽1.22~1.38米。棺位于椁室内偏东部，平面呈长方形，长2.12、宽0.6~0.7米。棺内有人骨一具，保存较差，已朽蚀成粉末状，头向东北，仰身直肢，性别、年龄不详。出土随葬品7件，其中陶器6件，置于椁内棺外西部，铜器1件，置于棺内墓主右股处（图六一；图版六，1）。

陶双耳罐　1件。ⅠM25:3，泥质灰陶。侈口，口内侧有一道凹槽，方唇，束颈，溜肩，肩

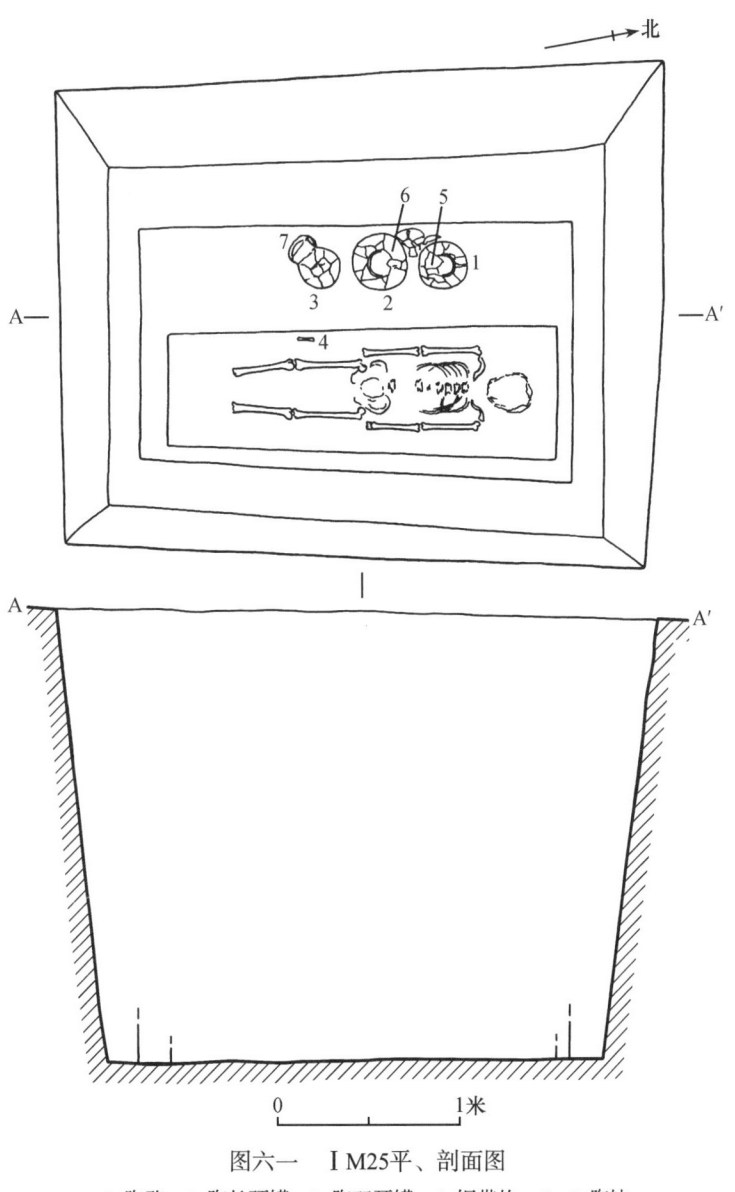

图六一　ⅠM25平、剖面图
1.陶鍪　2.陶长颈罐　3.陶双耳罐　4.铜带钩　5~7.陶钵

部有对称牛鼻形双耳，上腹较直，下腹弧收，底内凹。肩至上腹部饰竖绳纹间有三道抹痕，下腹至底部饰交错绳纹。口径12.4、腹径19.8、底径4、高18.5厘米（图六二，6；图版四一，2）。

陶长颈罐　1件。ⅠM25：2，泥质灰陶。侈口，卷沿，内沿面微凹，方唇，束颈较长，溜肩，鼓腹，底内凹。肩部饰一道折棱，下腹至底部饰交错绳纹。口径15、腹径27.2、底径10.8、高31厘米（图六二，3；图版四一，3）。

陶鍪　1件。ⅠM25：1，夹砂红陶。口微侈，圆唇，束颈，溜肩，肩部有对称弓形双耳，扁圆腹，圜底。颈部饰多道凹弦纹，下腹至底部饰交错绳纹，并有经火焙烧留下的烟熏痕迹。口径15.3、腹径23.2、高19.1厘米（图六二，2；彩版二八，4）。

陶钵　3件。泥质灰陶。直口，弧腹，底内凹。素面。ⅠM25：5，圆唇。口径14.2、底径6.7、高5厘米（图六二，1）。ⅠM25：6，圆唇。口径15.6、底径7.5、高5.8厘米（图六二，4）。ⅠM25：7，方唇。口径14.8、底径7.1、高5.3厘米（图六二，5）。

铜带钩　1件。ⅠM25：4，灰绿色。琵琶形，钩首似蛇头，尾部渐宽，呈椭圆形，正面微隆起，背面有一大圆形纽。长3.24、宽0.73~1.07厘米（图六二，7）。

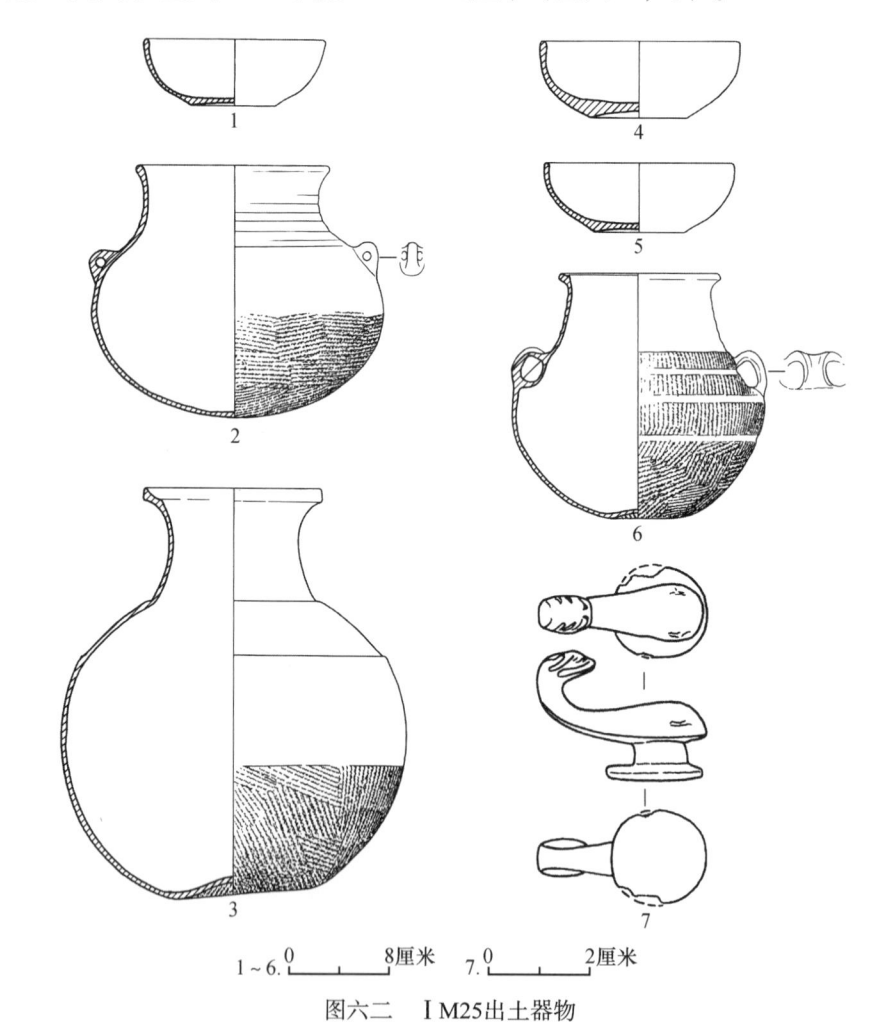

图六二　ⅠM25出土器物
1、4、5.陶钵（ⅠM25：5、ⅠM25：6、ⅠM25：7）　2.陶鍪（ⅠM25：1）　3.陶长颈罐（ⅠM25：2）
6.陶双耳罐（ⅠM25：3）　7.铜带钩（ⅠM25：4）

二十五、ⅠM26

位于Ⅰ区东南部偏中。方向3°。长方形竖穴土坑墓，口大底小，斜直壁内收。开口距地表约0.3米，墓口长2.7、宽1.6米，墓底长2.5、宽1.28米，深1.2米。填土为黄褐色五花土，土质坚硬。葬具为木质单棺单椁，仅存朽痕。椁室位于墓室中部，平面呈长方形，椁痕长2.15、宽1米。棺位于椁室内偏东部，平面呈长方形，棺痕长1.84、宽0.6米。棺内不见人骨，头向、葬式、性别与年龄皆不明。椁内棺外有两处漆器痕迹，只剩少量红色漆皮。出土随葬品4件，均为陶器，位于椁内棺外西部（图六三；图版六，2）。

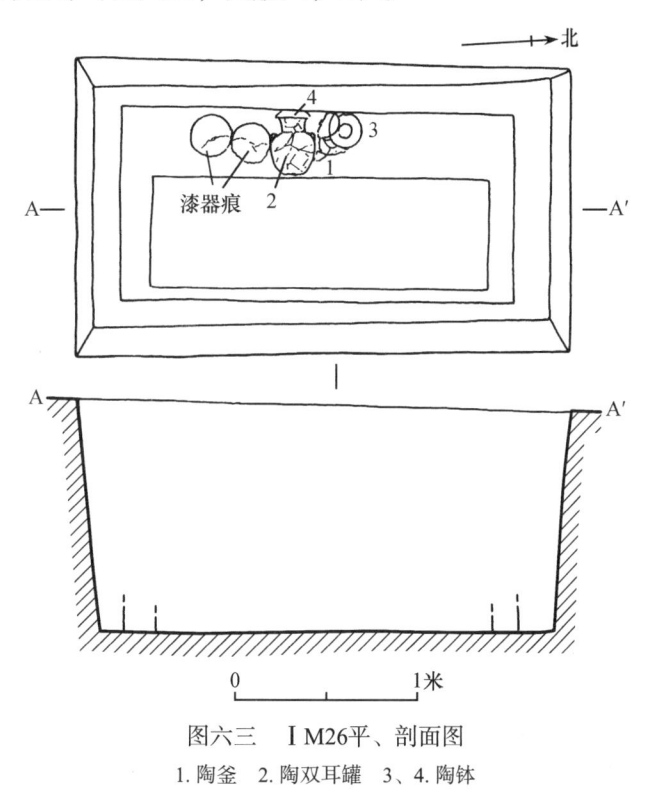

图六三　ⅠM26平、剖面图
1. 陶釜　2. 陶双耳罐　3、4. 陶钵

陶双耳罐　1件。ⅠM26:2，泥质灰陶。侈口，口内侧有一道凹槽，圆唇，束颈，溜肩，肩部有对称牛鼻形双耳，上腹较直，下腹弧收，底内凹。颈部饰多道凹弦纹，肩至中腹部饰竖绳纹间有四道抹痕，下腹至底部饰交错绳纹。口径14、腹径20.6、底径5.6、高23.3厘米（图六四，2；图版四一，5）。

陶釜　1件。ⅠM26:1，夹砂红陶。侈口，仰折沿，斜方唇，束颈，溜肩，扁鼓腹，圜底。下腹至底部饰交错绳纹，并有烟熏痕迹。口径14.2、腹径17.8、高13.1厘米（图六四，4；图版四一，6）。

陶钵　2件。泥质灰陶。圆唇，弧腹，平底。素面。ⅠM26:3，微敛口。内底部刻有"十"字路口形图案。口径14、腹径15.5、高6厘米（图六四，3；图版四一，4）。ⅠM26:4，直口。内底部戳印阳文"十"字。口径15.9、底径6.2、高5.5厘米（图六四，1）。

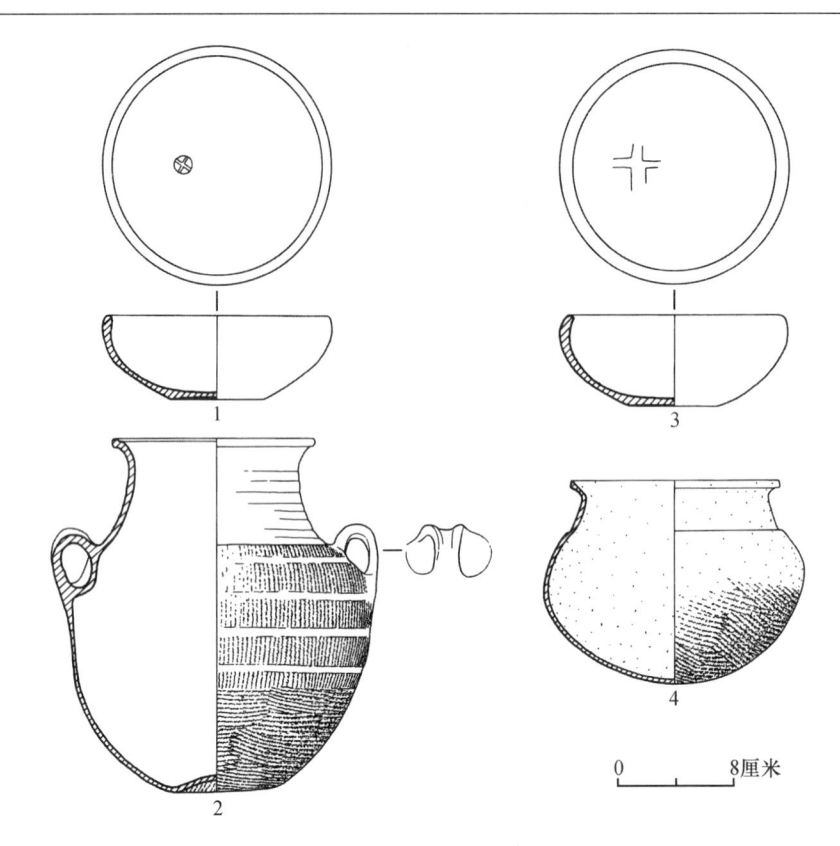

图六四　ⅠM26出土陶器
1、3. 陶钵（ⅠM26：4、ⅠM26：3）　2. 陶双耳罐（ⅠM26：2）　4. 陶釜（ⅠM26：1）

二十六、ⅠM27

位于Ⅰ区东南部偏中。西部打破M28。方向357°。长方形竖穴土坑墓，口大底小，斜直壁内收。开口距地表约0.15米，墓口长3.6、宽2.54米，墓底长2.85、宽1.6米，深2.6米。墓坑的西北部有一椭圆形盗洞，长约0.8、宽约0.72米，其西部亦将M28东部打破。填土为黄褐色五花土，土质较硬。葬具为木质单棺单椁，仅存朽痕。椁室位于墓室中部，平面呈长方形，椁痕长2.3、宽1.2米。棺位于椁室内，仅见少部分棺痕，具体范围已难辨认。棺内发现人骨一具，保存极差，只于棺内东南部残存下肢骨，推测墓主头向西北，直肢葬，躺卧形式、性别与年龄不详。出土随葬品3件，其中陶器2件，铁器1件，均置于椁内墓主西部（图六五；图版七，1）。

陶双耳罐　1件。ⅠM27：2，泥质灰陶。侈口，口内侧有一道凹槽，方唇，束颈，溜肩，肩部有对称牛鼻形双耳，上腹较直，下腹弧收，底内凹。肩至底部通饰交错绳纹，有被抹平的痕迹。口径13.5、腹径21、底径5.2、高22厘米（图六六，3）。

陶钵　1件。ⅠM27：3，泥质灰陶。直口，圆唇，弧腹，平底微内凹。素面。口径15、底径6.4、高5.3厘米（图六六，2）。

铁鼎　1件。ⅠM27：1，腐蚀严重，锈痕斑驳。浅弧盘状器盖，盖顶有桥形纽。器身为子口，圆唇，长方形附耳较直，长方形耳孔对穿，上腹较直，下腹弧收，圜底近平，三瘦高蹄形足，截面呈梯形。器盖外壁饰两道凸弦纹，器身素面。器身口径21.2、腹径26.5、腹深12、高27.8厘米，器盖口径25.6、通高29.8厘米（图六六，1；彩版一五，1）。

第二章 秦汉墓葬概述

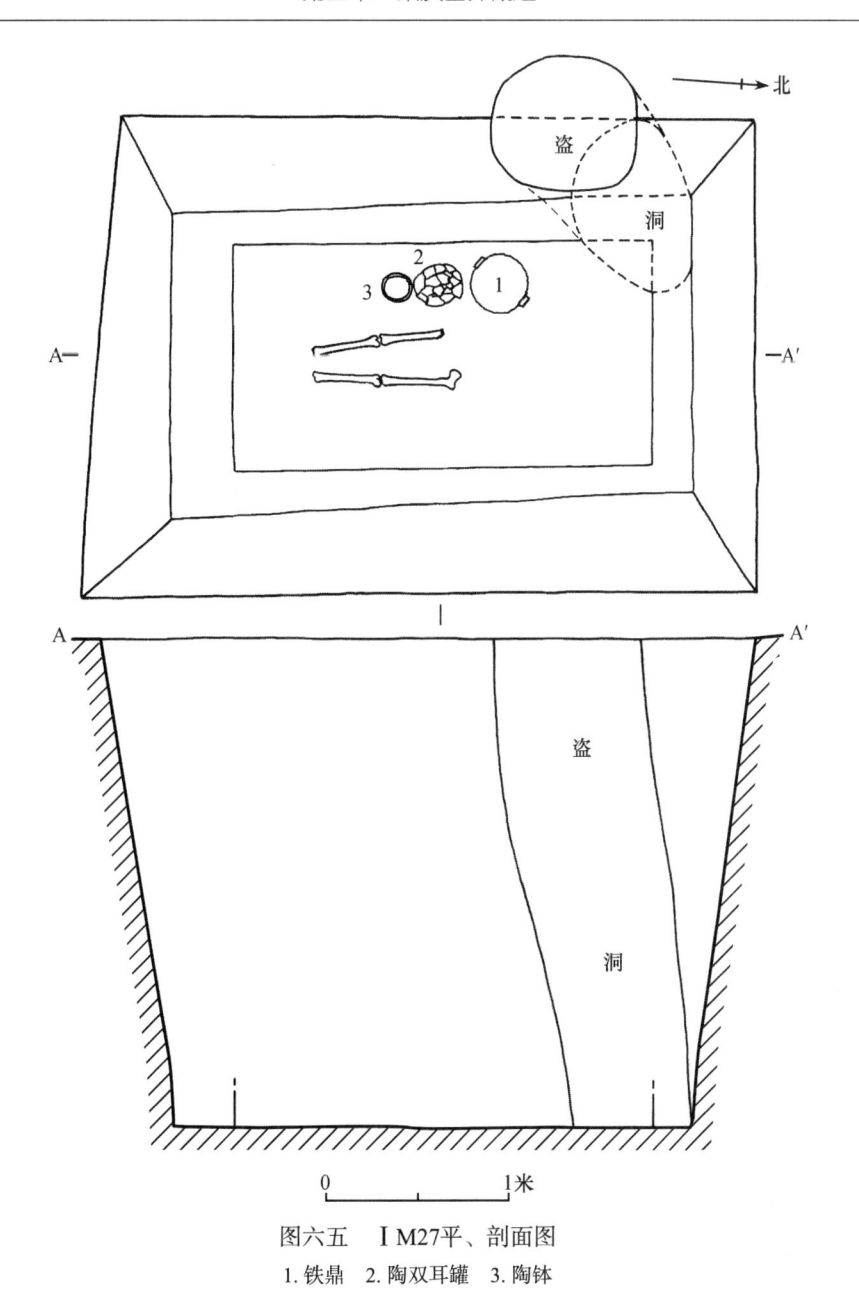

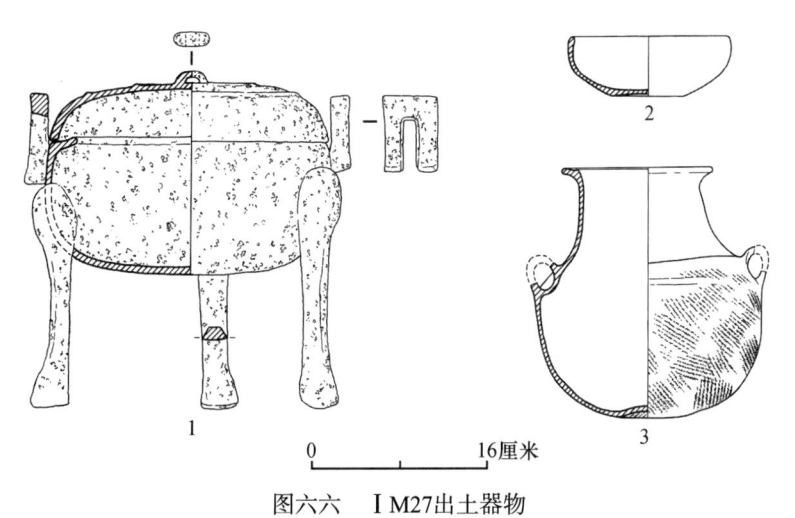

图六五 ⅠM27平、剖面图
1.铁鼎 2.陶双耳罐 3.陶钵

图六六 ⅠM27出土器物
1.铁鼎（ⅠM27:1） 2.陶钵（ⅠM27:3） 3.陶双耳罐（ⅠM27:2）

二十七、ⅠM28

位于Ⅰ区东南部偏中。东部被M27打破。方向4°。长方形竖穴土坑墓，口大底小，斜壁微曲。开口距地表约0.15米，墓口长3.66~3.82、宽2.7~2.9米，墓底长3.02、宽2.82~2.95米，深3.5米。填土为黄褐色五花土，土质较硬。葬具为木质单棺单椁，仅存朽痕。椁室位于墓室中部，平面呈"Ⅱ"形，四端顶木外昂，向外伸出约0.15米，椁痕长2.6、宽1.2米。椁室底部东西两端有纵向垫木凹槽，长3、宽0.15、深0.1米，两者间距约0.55米，清理凹槽时发现其中有木质朽痕。棺位于椁室内中部，平面呈长方形，长2.1、宽0.56~0.66米。棺内有人骨一具，已朽蚀为粉末状，头向东北，仰身直肢，性别、年龄不详。出土随葬品8件，其中陶器6件，置于椁内棺外西部，铜器2件，分别置于棺内墓主左胸部与左腹部（图六七；图版七，2）。

陶壶　1件。ⅠM28：4，泥质灰陶。盘口，外口部加厚，平方唇，束颈，鼓肩，上腹较鼓，下腹曲收，假圈足底。肩部饰一道折棱。口径12.9、腹径20.8、底径10.4、高26.3厘米（图六八，1；图版四二，1，前排右一）。

陶豆　2件。泥质灰陶。敞口，圆唇，浅盘，平底，细高柄上端实心下端中空，喇叭状圈足。素面。ⅠM28：5，斜直腹。口径12.7、圈足径7.1、高10.8厘米（图六八，6；图版四二，1，后排左一）。ⅠM28：6，折腹。口径12.1、圈足径6.9、高10.2厘米（图六八，5；图版四二，1，前排左一）。

陶釜　1件。ⅠM28：3，夹砂灰陶。侈口，卷沿，方唇，唇面微凹，束颈，溜肩，扁鼓腹，圜底。下腹至底部饰交错绳纹，并有经火焙烧留下的烟熏痕迹。口径15.5、腹径22、高14.9厘米（图六八，2；图版四二，1，后排中）。

陶钵　2件。泥质灰陶。圆唇，弧腹。器表素面。ⅠM28：7，直口，平底。口径16、底径6.2、高6.1厘米（图六八，4；图版四二，1，前排右二）。ⅠM28：8，微敛口，平底微内凹。内底部戳印一阳文"米"字形图案。口径15.2、底径5、高6.2厘米（图六八，3；图版四二，2）。

铜锥形器　1件。ⅠM28：2，锈蚀严重。体呈圆锥形，一端残断。长2.3厘米（图六八，7）。

铜带钩　1件。ⅠM28：1，琵琶形，钩首残，颈部截面呈三角形，尾部渐宽，呈椭圆形，正面隆起，背面有一圆形纽。残长2.9厘米（图六八，8）。

二十八、ⅠM29

位于Ⅰ区东南部偏中。方向356°。长方形竖穴土坑墓，口大底小，斜壁微曲。开口距地表约0.2米，墓口长3.5、宽2.6米，墓底长2.96、宽1.6米，深1.75~2.15米。填土为灰褐色五花土，土质较黏较密实。葬具为木质单棺单椁，仅存朽痕。椁室位于墓室中部，平面呈"Ⅱ"形，四端顶木外昂，向外伸出约0.14米，椁痕长2.35、宽1.08米。棺位于椁室内偏东部，平面呈长方形，长1.92、宽0.46~0.6米。棺内有人骨一具，保存较差，头向西北，仰身直肢，性

图六七　ⅠM28平、剖面图

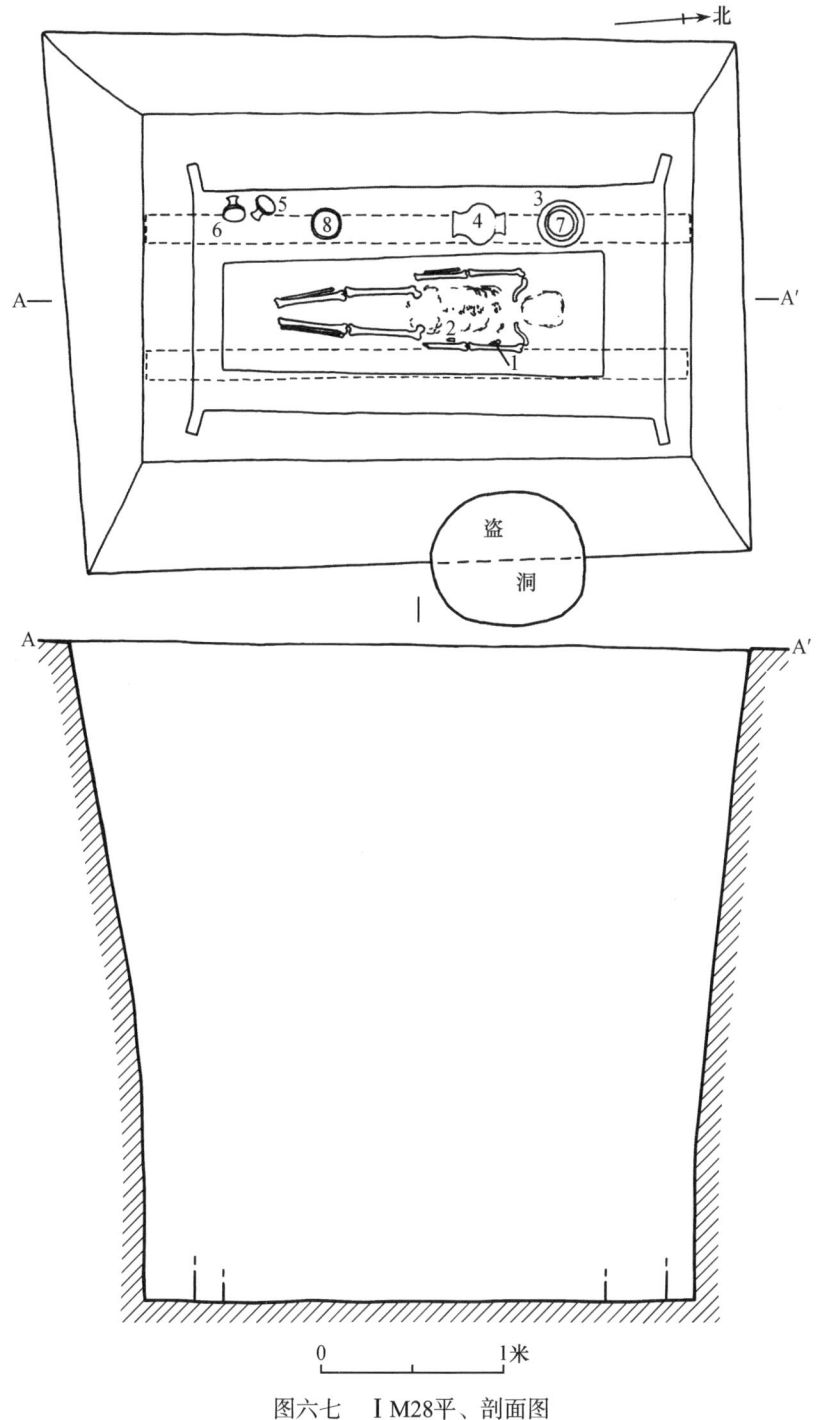

1.铜带钩　2.铜锥形器　3.陶釜　4.陶壶　5、6.陶豆　7、8.陶钵

别、年龄不详。出土随葬品4件，均为陶器，置于椁内棺外北部（图六九；图版八，1）。

陶双耳罐　1件。ⅠM29:2，泥质灰陶。侈口，方唇，束颈，溜肩，肩部有对称牛鼻形双耳，弧腹，底内凹。肩部饰左斜绳纹间有三道抹痕，腹至底部饰交错绳纹。口径14.5、腹径21.5、底径8.8、高24.1厘米（图七〇，2；图版四二，4）。

陶釜　1件。ⅠM29:1，夹砂灰陶。侈口，卷沿，圆唇，束颈，溜肩，鼓腹，圜底。

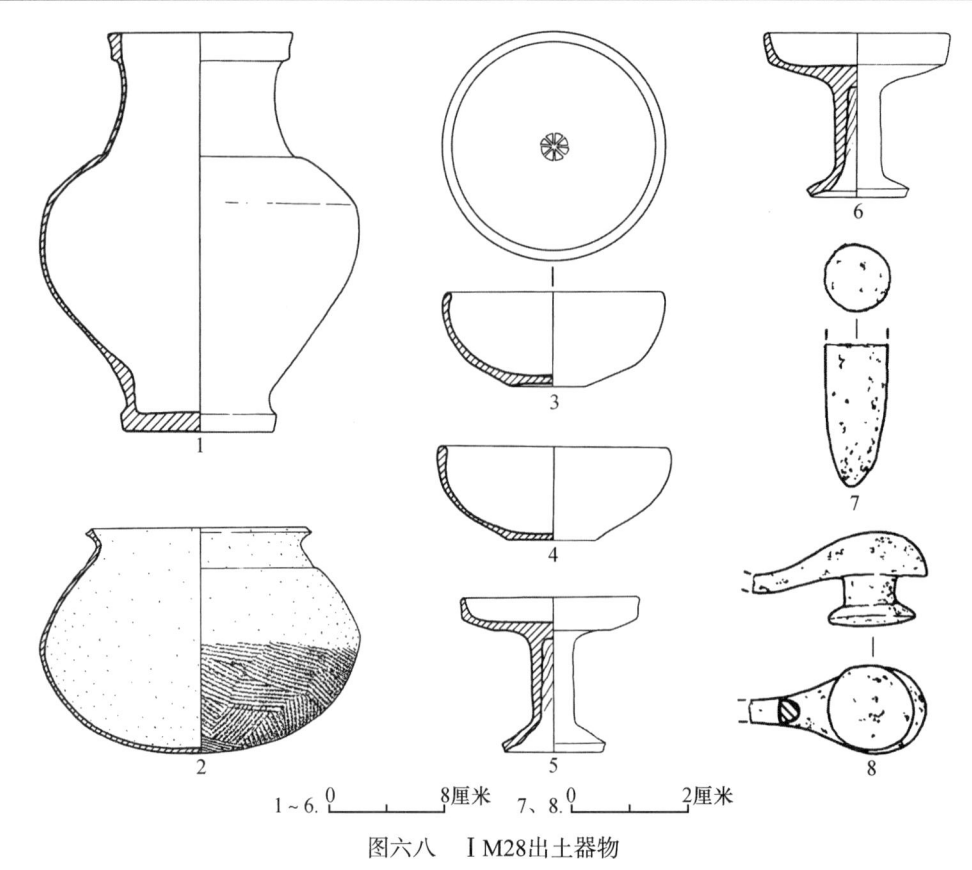

图六八 ⅠM28出土器物
1.陶壶（ⅠM28：4） 2.陶釜（ⅠM28：3） 3、4.陶钵（ⅠM28：8、ⅠM28：7）
5、6.陶豆（ⅠM28：6、ⅠM28：5） 7.铜锥形器（ⅠM28：2） 8.铜带钩（ⅠM28：1）

下腹至底部饰交错绳纹，并有经火焙烧留下的烟熏痕迹。口径13.2、腹径19、高14.2厘米（图七〇，4；图版四二，3）。

陶钵 2件。泥质灰陶。直口，圆唇，弧腹，平底。素面。ⅠM29：3，下腹部薄胎，底部胎较厚。口径15.4、底径4.7、高5.5厘米（图七〇，3）。ⅠM29：4，底部薄胎。口径15.1、底径6.3、高5.9厘米（图七〇，1）。

二十九、ⅠM30

位于Ⅰ区东南部偏中。方向5°。长方形竖穴土坑墓，口大底小，斜壁近直。开口距地表约0.2米，墓口长2.9、宽1.92米，墓底长2.83、宽1.64米，深0.8～1米。填土为灰褐色五花土，土质较硬。葬具为木质单棺单椁，仅存朽痕。椁室位于墓室中部，平面呈长方形，长2.42、宽1.12米。棺位于椁室内中部，平面呈长方形，棺痕长1.92、宽0.6米。棺内有人骨一具，头向东北，侧身微屈肢，四肢皆微屈，面向右，性别、年龄不详。出土随葬品4件，其中陶器3件，置于椁内棺外北部，铜器1件，置于棺内墓主盆骨右侧（图七一；图版八，2）。

陶双耳罐 1件。ⅠM30：3，泥质灰陶。侈口，口内侧有一道凹槽，方唇，束颈，溜肩，肩部有对称牛鼻形双耳，弧腹，底内凹。颈部有轮制留下的旋纹痕迹，肩至上腹部饰竖绳纹

第二章　秦汉墓葬概述

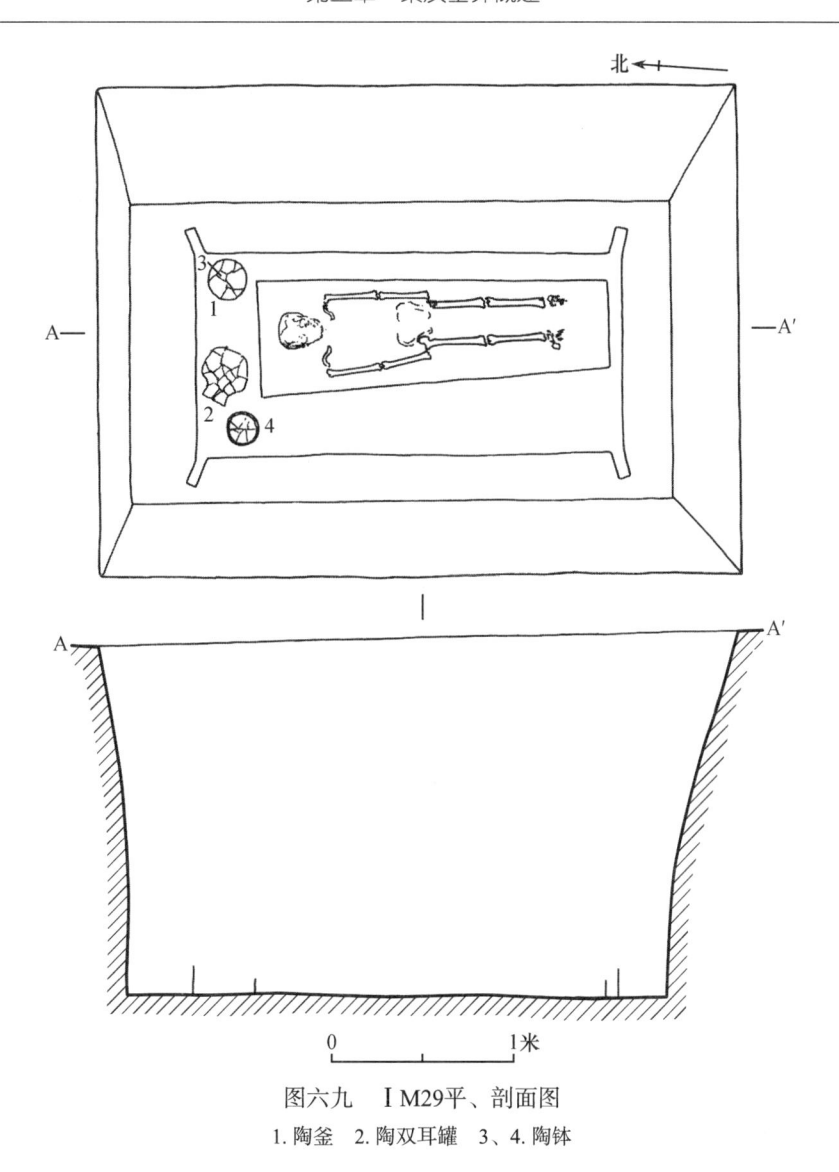

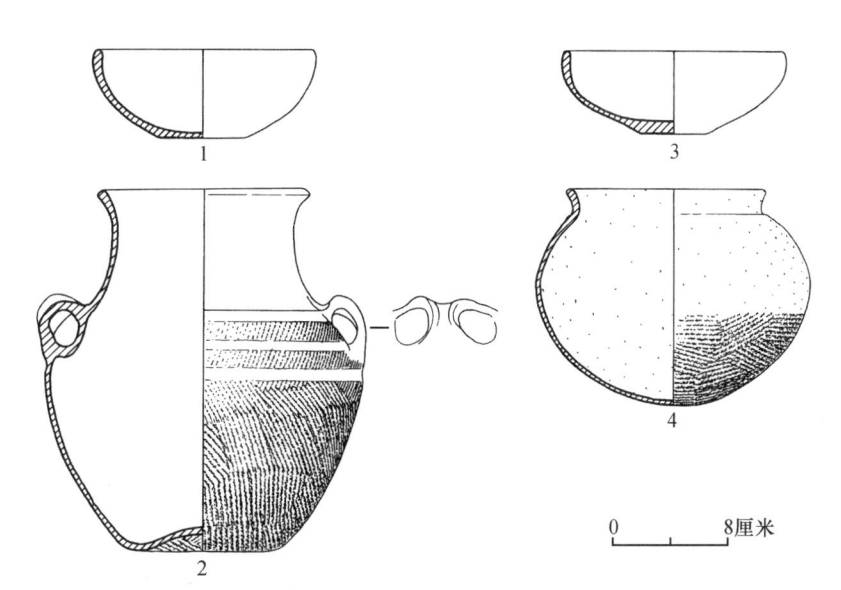

图六九　ⅠM29平、剖面图
1. 陶釜　2. 陶双耳罐　3、4. 陶钵

图七〇　ⅠM29出土陶器
1、3. 陶钵（ⅠM29：4、ⅠM29：3）　2. 陶双耳罐（ⅠM29：2）　4. 陶釜（ⅠM29：1）

间有三道抹痕，下腹至底部饰交错绳纹。口径14.4、腹径21.8、底径7.6、高22厘米（图七二，2；图版四二，5）。

陶瓮　1件。ⅠM30：2，夹砂灰陶。口微侈，圆唇，矮领，圆肩，上腹较鼓，下腹弧收，底内凹。颈至上腹部饰模糊竖绳纹，有被抹平的痕迹，中腹部饰竖绳纹间有三道抹痕与左斜绳纹。口径14、腹径24.3、底径7.4、高20.2厘米（图七二，4；彩版二九，1）。

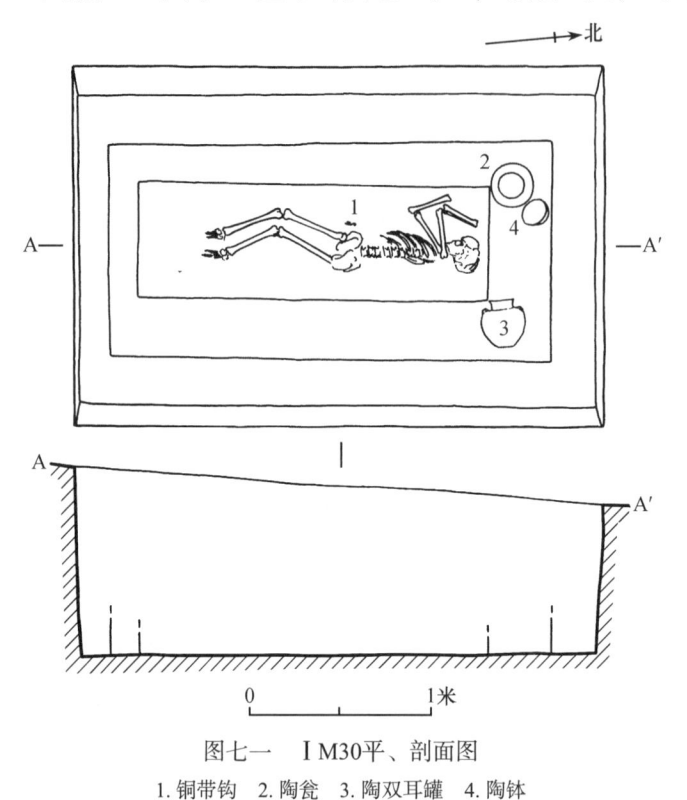

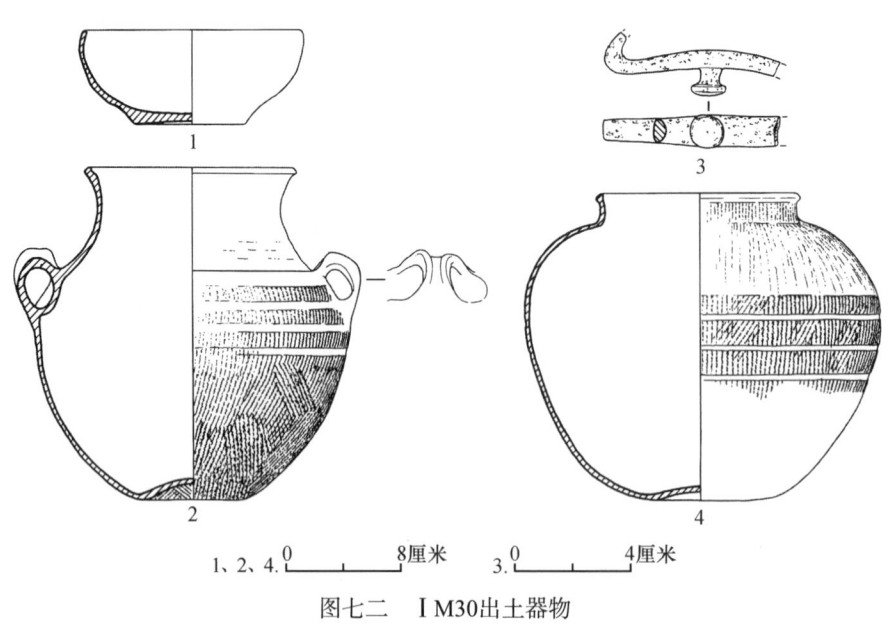

图七一　ⅠM30平、剖面图
1. 铜带钩　2. 陶瓮　3. 陶双耳罐　4. 陶钵

图七二　ⅠM30出土器物
1. 陶钵（ⅠM30：4）　2. 陶双耳罐（ⅠM30：3）　3. 铜带钩（ⅠM30：1）　4. 陶瓮（ⅠM30：2）

陶钵　1件。ⅠM30∶4，泥质灰陶。微敛口，方唇，上腹微鼓，下腹略曲收，平底微内凹。素面。口径14.8、底径7.6、高6.2厘米（图七二，1）。

铜带钩　1件。ⅠM30∶1，灰绿色。钩首和尾端均残，颈部截面呈椭圆形，尾部正面微隆起，背面附一圆形纽。残长6.1厘米（图七二，3）。

三十、ⅠM31

位于Ⅰ区东南部偏中。方向356°。长方形竖穴土坑墓，口大底小，斜直壁内收。开口距地表约0.2米，墓口长2.9、宽2.08米，墓底长2.48、宽1.56米，深3.1米。填土为黄褐色五花土，土质较硬。葬具为木质单棺单椁，仅存朽痕。椁室位于墓室中部，平面呈"Ⅱ"形，四端顶木外昂，向外伸出约0.16米，椁痕长2.26、宽1.24米。棺位于椁室内，只见少量棺痕，具体范围已难辨认。棺内发现人骨一具，保存较差，头向西北，仰身直肢，性别、年龄不详。出土随葬品4件，均为陶器，置于椁内墓主西部（图七三；图版九，1）。

陶双耳罐　1件。ⅠM31∶1，泥质灰陶。侈口，方唇，唇面有一道凹槽，束颈，溜肩，肩部有对称牛鼻形双耳，弧腹，底内凹。颈部下端饰多道凹弦纹，肩至上腹部饰左斜绳纹间有两道抹痕，下腹至底部饰交错绳纹。口径13.2、腹径20.3、底径7.2、高22厘米（图七四，2；图版四三，3）。

陶釜　1件。ⅠM31∶2，夹砂灰陶。侈口，仰折沿，方唇，唇面有道凹槽，束颈，溜肩，扁鼓腹，下腹弧收，圜底。下腹至底部饰交错绳纹，并有经火焙烧留下的烟熏痕迹。口径14、腹径19.3、高13.7厘米（图七四，3；图版四三，2）。

陶盒　1件。ⅠM31∶3，泥质灰陶。覆钵形器盖，敛口，圆唇，弧壁，平顶。器身为直口，圆唇，弧腹，底内凹。通体素面。器身口径23.3、底径9.3、高10厘米，盖口径22.5、顶径9.8、高9.4厘米，通高19.4厘米（图七四，4；图版四三，1）。

陶钵　1件。ⅠM31∶4，泥质灰陶。直口，圆唇，折腹，平底微内凹。素面。口径15.7、底径5.9、高6厘米（图七四，1）。

三十一、ⅠM32

位于Ⅰ区东南部偏北。方向10°。长方形竖穴土坑墓，口大底小，斜直壁内收。开口距地表约0.2米，墓口长3.4、宽2.32米，墓底长2.78、宽1.58米，深1.32～1.9米。填土为黄褐色五花土，土质较硬。葬具为木质单棺单椁，仅存朽痕。椁室位于墓室中部，平面呈"Ⅱ"形，四端顶木外昂，向外伸出约0.1米，椁痕长1.32米，宽1.24～1.32米。棺位于椁室内，只见少量棺痕，具体范围已难辨认。棺内人骨一具，保存较差，头向东北，仰身直肢，性别、年龄不详。出土随葬品3件，均为陶器，位于椁内墓主头前（图七五；图版九，2）。

陶双耳罐　1件。ⅠM32∶2，泥质灰陶。侈口，口内侧有一道凹槽，方唇，束颈，溜肩，

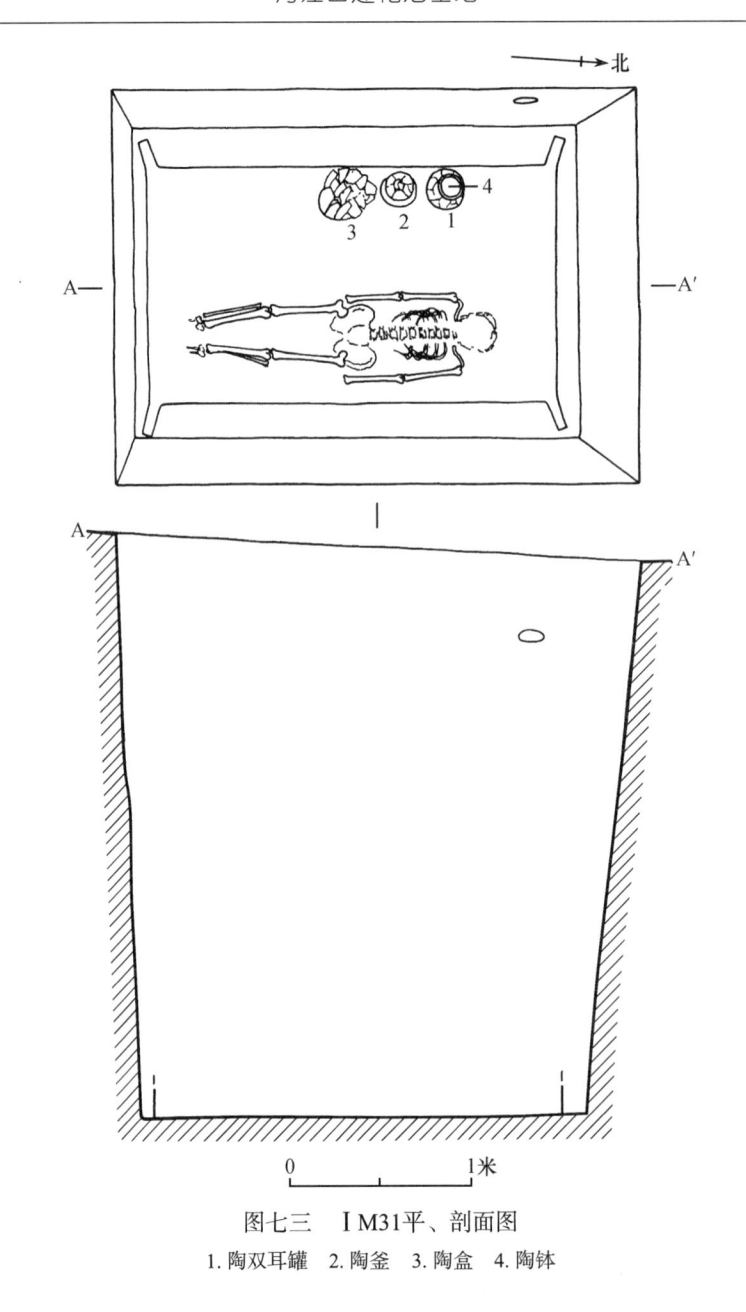

图七三　ⅠM31平、剖面图
1. 陶双耳罐　2. 陶釜　3. 陶盒　4. 陶钵

肩部有对称牛鼻形双耳，弧腹，底内凹。颈部饰多道凹弦纹，肩至上腹部饰竖绳纹间有两道抹痕，下腹至底部饰交错绳纹。口径13.7、腹径20.5、底径5.6、高22.4厘米（图七六，1；图版四三，4）。

陶釜　1件。ⅠM32：1，夹砂灰陶。侈口，卷沿，圆唇，束颈，溜肩，扁鼓腹，下腹弧收，圜底。中腹部饰多道凹弦纹，下腹至底部饰交错绳纹，并有经火焙烧留下的烟熏痕迹。口径13.9、腹径19、高13.8厘米（图七六，3；图版四三，5）。

陶钵　1件。ⅠM32：3，泥质灰陶。直口，圆唇，弧腹，平底。素面。口径14、底径6.3、高5.5厘米（图七六，2）。

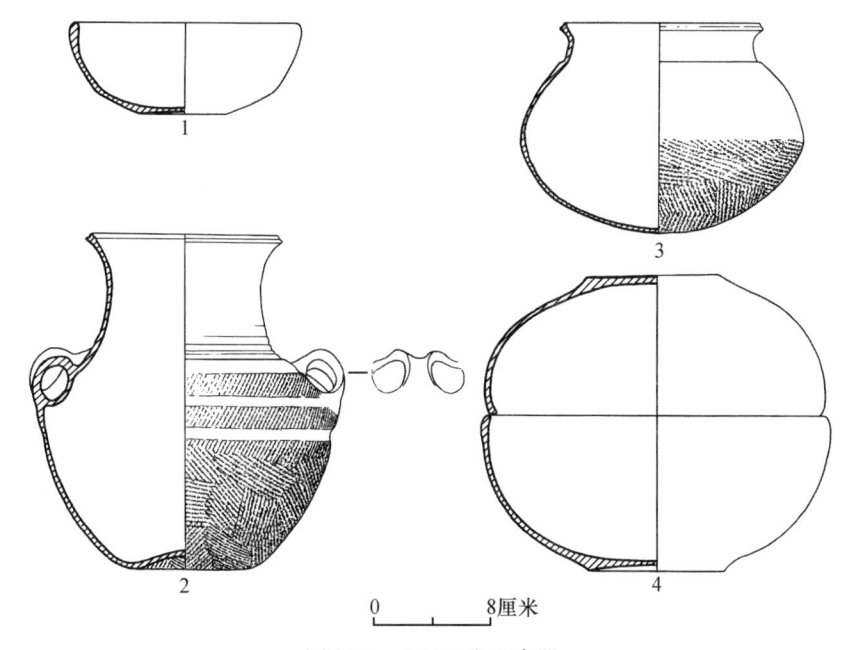

图七四　ⅠM31出土陶器
1. 陶钵（ⅠM31:4）　2. 陶双耳罐（ⅠM31:1）　3. 陶釜（ⅠM31:2）　4. 陶盒（ⅠM31:3）

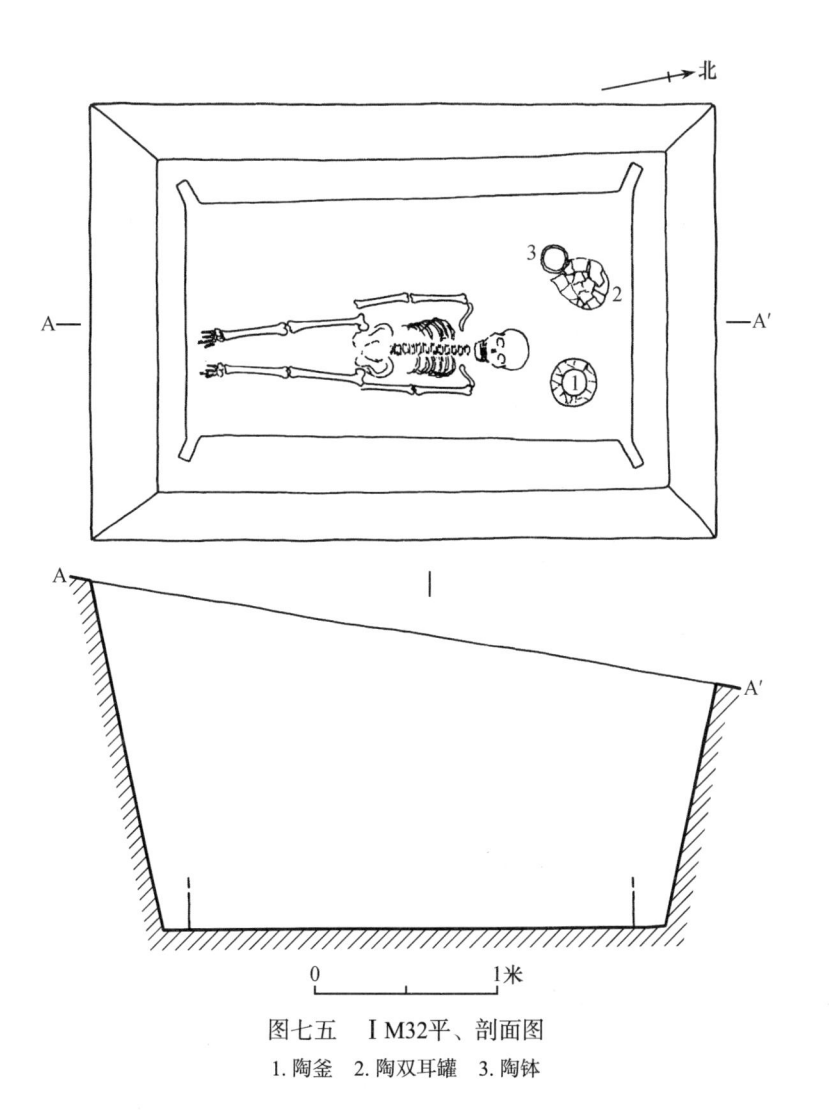

图七五　ⅠM32平、剖面图
1. 陶釜　2. 陶双耳罐　3. 陶钵

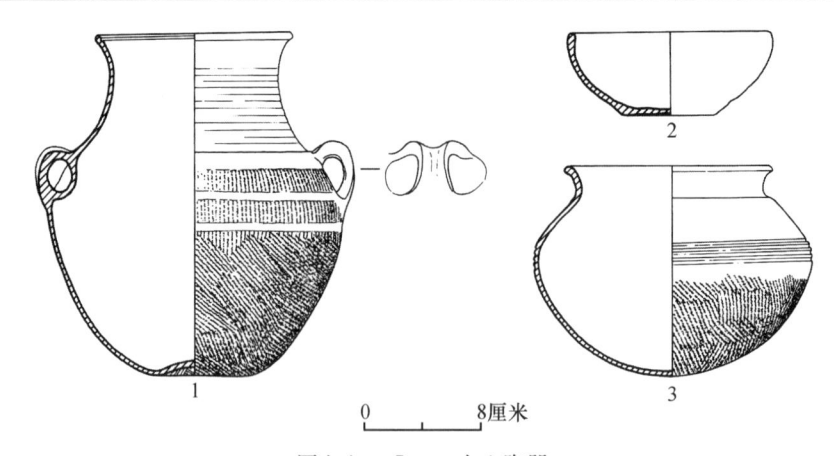

图七六　ⅠM32出土陶器
1. 陶双耳罐（ⅠM32∶2）　2. 陶钵（ⅠM32∶3）　3. 陶釜（ⅠM32∶1）

三十二、ⅠM33

位于Ⅰ区东南部偏北。方向16°。长方形竖穴土坑墓，口大底小，斜直壁内收。开口距地表约0.15米，墓口长3、宽2.2米，墓底长2.44、宽1.4米，深1.6米。填土为灰褐色五花土，土质较硬较黏。葬具为木质单棺，无椁，仅存朽痕。棺位于墓室中部，平面呈长方形，长1.93、宽0.65~0.75米。棺内有人骨一具，保存较差，头向东北，仰身直肢，性别、年龄不详。出土随葬品5件，其中陶器4件，置于墓内棺外西北角，铜器1件，置于棺内墓主胯部（图七七；图版一〇，1）。

陶双耳罐　1件。ⅠM33∶2，泥质灰陶。侈口，方唇，唇面有一道凹槽，束颈，溜肩，肩部有对称牛鼻形双耳，弧腹，底内凹。颈部饰多道凹弦纹，肩至上腹部饰竖绳纹间有三道抹痕，下腹至底部饰交错绳纹。口径14.6、腹径21、底径8、高22.4厘米（图七八，2；图版四四，1）。

陶釜　1件。ⅠM33∶3，夹砂灰陶。侈口，仰折沿，方唇，唇面微凹，束颈，溜肩，扁鼓腹，下腹弧收，圜底。颈部饰一道折棱，下腹至底部饰交错绳纹，并有经火焙烧留下的烟熏痕迹。口径12.4、腹径18、高13.6厘米（图七八，4；图版四三，6）。

陶钵　2件。泥质灰陶。直口，圆唇，弧腹，平底微内凹。内底部戳印一阳文"十"字形图案，器表素面。ⅠM33∶4，口径16.1、底径5.6、高6厘米（图七八，1）。ⅠM33∶5，口径16.1、底径5.8、高6.2厘米（图七八，3）。

铜带钩　1件。ⅠM33∶1，灰绿色。琵琶形，钩首残，尾部稍宽，正面微隆，背面附一圆形纽。残长3.2厘米（图七八，5）。

三十三、ⅠM34

位于Ⅰ区东南部偏北。其西紧邻ⅠM35，两墓似为异穴合葬。方向16°。长方形竖穴土坑墓，口底等大，直壁。开口距地表约0.15米，墓坑长2.7、宽1.58、深0.85~1米。填土为灰褐色

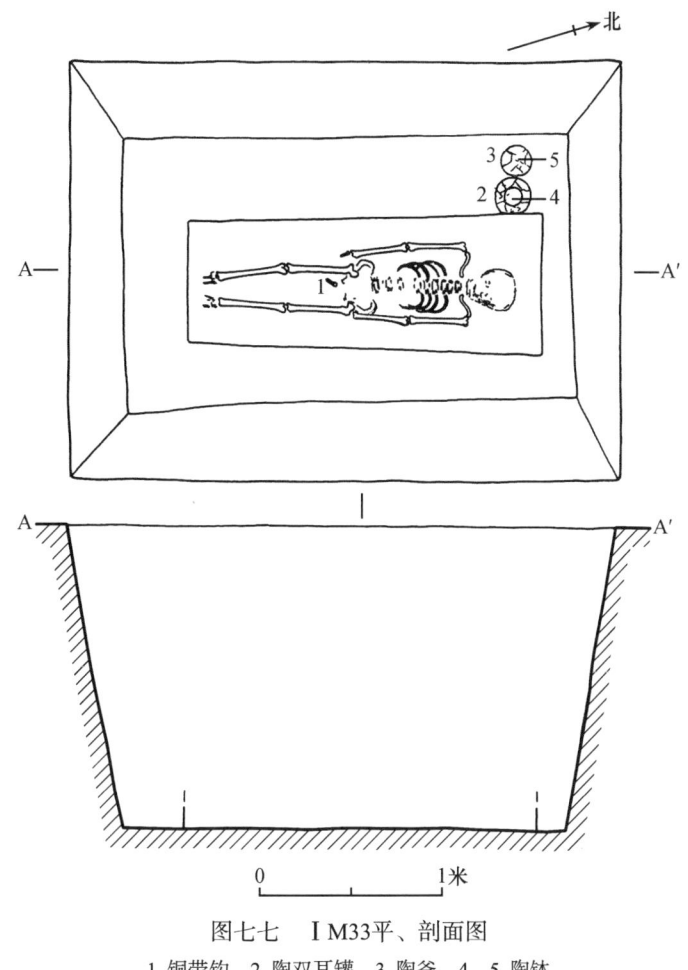

图七七　ⅠM33平、剖面图
1.铜带钩　2.陶双耳罐　3.陶釜　4、5.陶钵

五花土，土质较硬。葬具为木质单棺，无椁，仅存朽痕。棺位于墓室中部，平面呈长方形，棺痕长2、宽0.75～0.85米。棺内有人骨一具，已朽蚀成粉末状，据现场残存迹象判断墓主头向东北，葬式、性别与年龄不详。出土随葬品4件，均为陶器，置于墓内棺外北部（图七九）。

陶双耳罐　1件。ⅠM34：1，泥质灰陶。侈口，口内侧有一道凹槽，方唇，束颈，溜肩，肩部有对称牛鼻形双耳，弧腹，底内凹。颈部有轮制留下的旋纹痕迹，肩至上腹部饰竖绳纹间有两道抹痕，下腹至底部饰交错绳纹。口径14.4、腹径21.8、底径8、高20.5厘米（图八〇，2；图版四四，3）。

陶壶　1件。ⅠM34：2，泥质灰陶。浅盘口，平方唇，束颈，鼓肩，斜直腹内收，平底，底缘微外突。素面。口径11.6、腹径16.4、底径11.7、高17.1厘米（图八〇，4；图版四四，4）。

陶钵　2件。泥质灰陶。直口，弧腹。素面。ⅠM34：3，圆唇，平底微内凹。口径15.6、底径8、高5.2厘米（图八〇，1）。ⅠM34：4，尖唇，假圈足底微内凹。口径14.2、底径7.2、高5厘米（图八〇，3）。

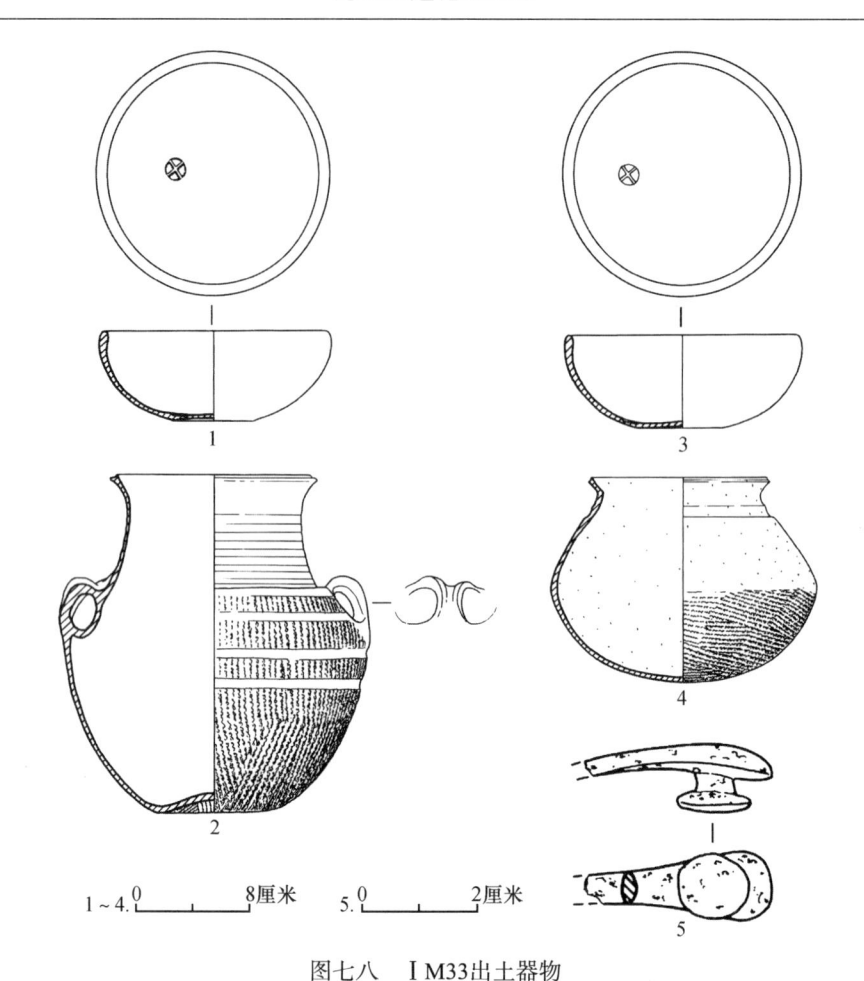

图七八　ⅠM33出土器物
1、3. 陶钵（ⅠM33∶4、ⅠM33∶5）　2. 陶双耳罐（ⅠM33∶2）　4. 陶釜（ⅠM33∶3）　5. 铜带钩（ⅠM33∶1）

三十四、ⅠM35

位于Ⅰ区东南部偏北。其东紧邻ⅠM34，两墓似为异穴合葬。方向16°。长方形竖穴土坑墓，口大底小，斜直壁内收。开口距地表约0.15米，墓口长2.7、宽1.6米，墓底长2.4、宽1～1.08米，深1.94～2.1米。填土为灰褐色五花土，土质较硬。葬具为木质单棺，无椁，仅存朽痕。棺位于墓室中部偏南，平面呈长方形，棺痕长1.9、宽0.56～0.68米。棺内有人骨一具，保存较差，头向东北，仰身直肢，性别、年龄不详。出土随葬品2件，均为陶器，置于墓内棺外北部（图八一）。

陶双耳罐　1件。ⅠM35∶1，泥质灰陶。侈口，口内侧有一道凹槽，方唇，束颈，溜肩，肩部有对称牛鼻形双耳，弧腹，底内凹。颈部饰多道凹弦纹，肩至上腹部饰竖绳纹间有三道抹痕，下腹至底部饰交错绳纹。口径14.4、腹径21、底径8、高22.8厘米（图八二，2）。

陶钵　1件。ⅠM35∶2，泥质灰陶。直口，圆唇，弧腹，平底。素面。口径15.8、底径6.3、高6厘米（图八二，1）。

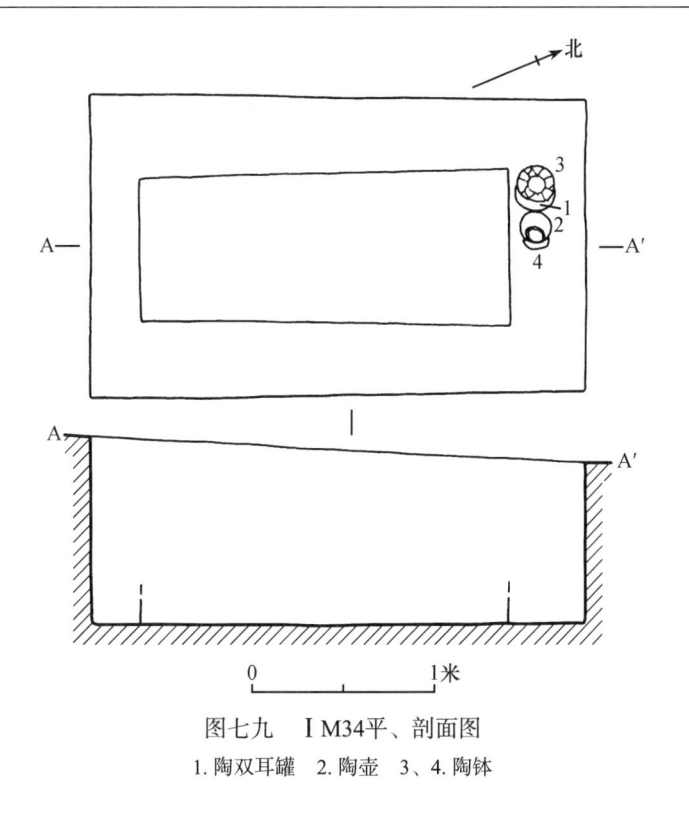

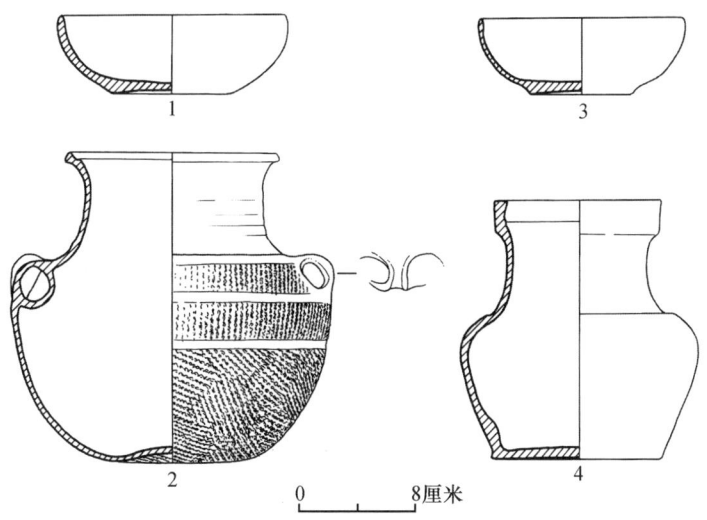

图七九　ⅠM34平、剖面图
1. 陶双耳罐　2. 陶壶　3、4. 陶钵

图八〇　ⅠM34出土陶器
1、3. 陶钵（ⅠM34：3、ⅠM34：4）　2. 陶双耳罐（ⅠM34：1）　4. 陶壶（ⅠM34：2）

三十五、ⅠM37

位于Ⅰ区东南部偏北。西部被ⅠM38打破。方向14°。长方形竖穴土坑墓，口大底小，南壁微曲，其余斜直壁。开口距地表约0.2米，墓口长3.2、宽2.2米，墓底长2.7、宽1.65米，深1.88~2.6米。填土为黄褐色五花土，土质较硬较黏。葬具为木质单棺单椁，仅存朽痕。椁室位于墓室中部，平面呈"Ⅱ"形，四端顶木外昂，向外伸出约0.16米，椁痕长2.35、宽1.05米。

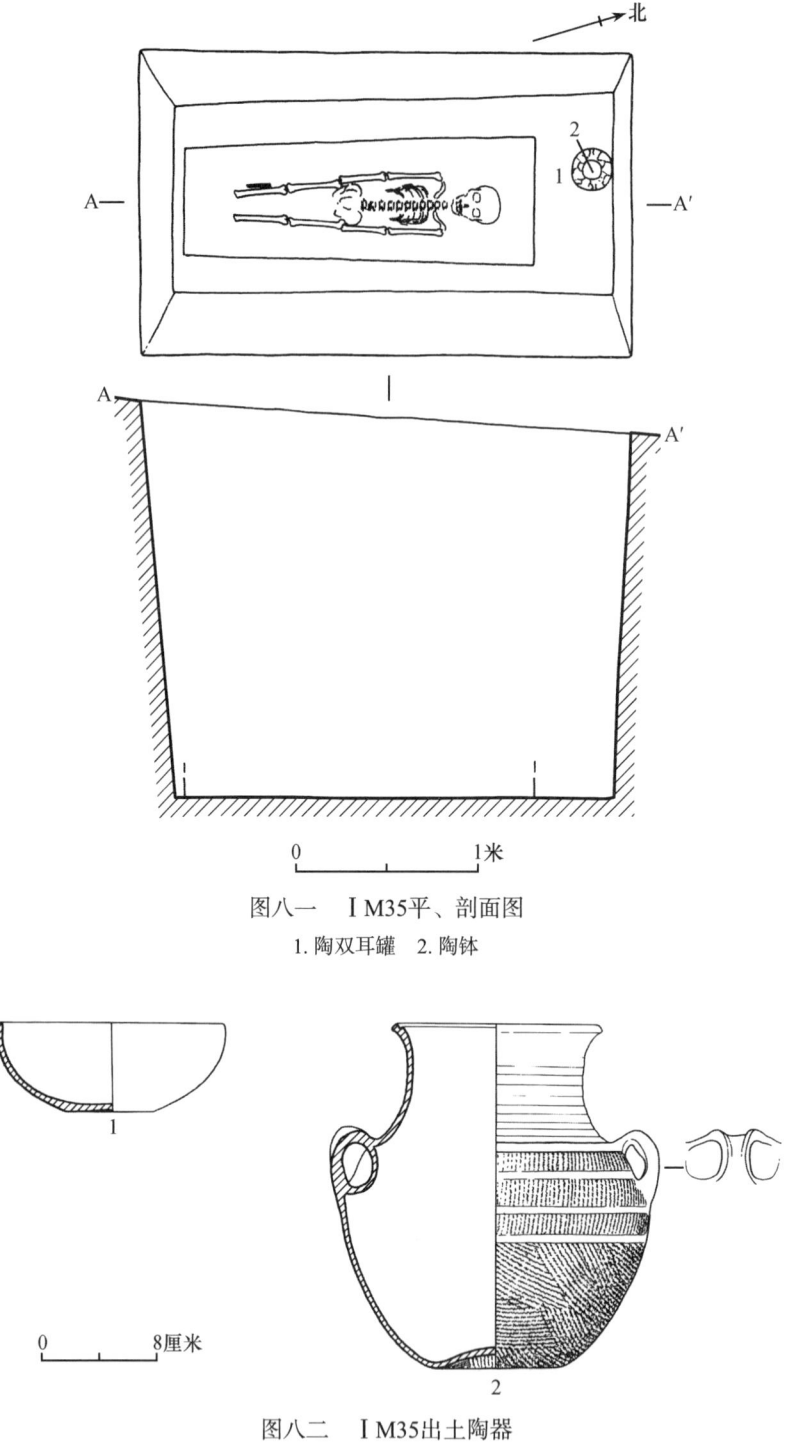

图八一　ⅠM35平、剖面图
1. 陶双耳罐　2. 陶钵

图八二　ⅠM35出土陶器
1. 陶钵（ⅠM35：2）　2. 陶双耳罐（ⅠM35：1）

棺位于椁室内偏西部，平面呈长方形，棺痕长2.05、宽0.55～0.63米。棺内有人骨一具，保存一般，头向东北，仰身直肢，性别、年龄不详。出土随葬品4件，均为陶器，置于椁内棺外东北角（图八三；图版一〇，2）。

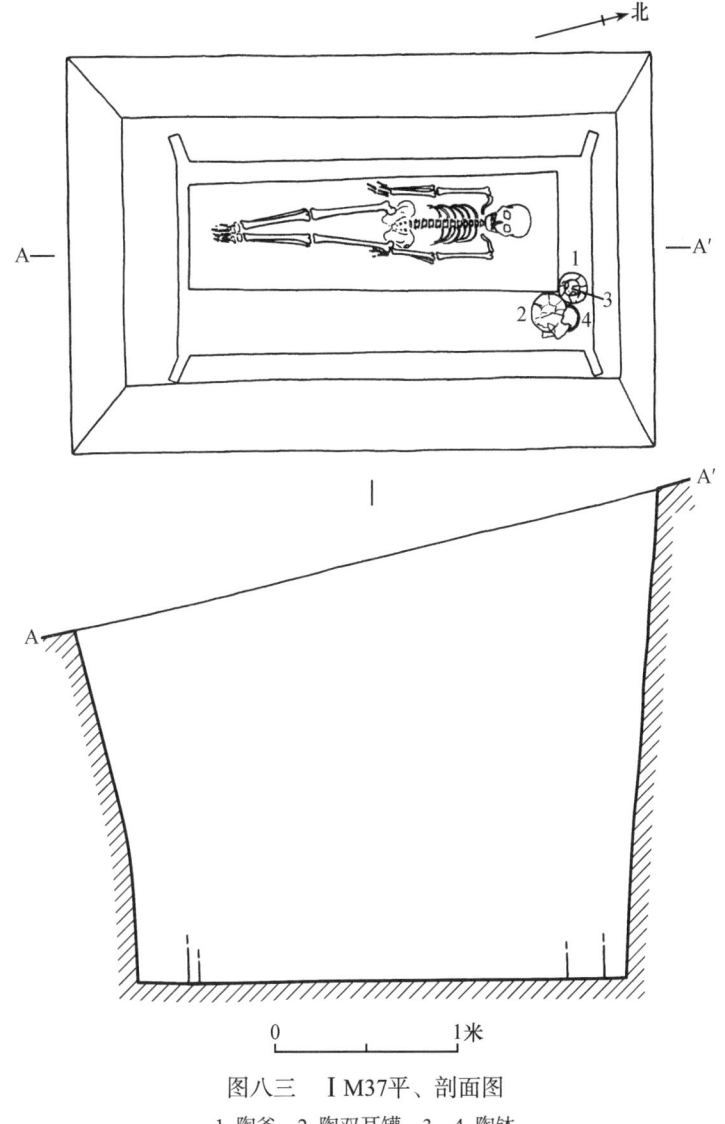

图八三　ⅠM37平、剖面图
1.陶釜　2.陶双耳罐　3、4.陶钵

陶双耳罐　1件。ⅠM37：2，泥质灰陶。侈口，口内侧有一道凹槽，方唇，束颈，溜肩，肩部有对称牛鼻形双耳，上腹较直，下腹弧收，底内凹。颈部饰多道凹弦纹与右斜细绳纹，绳纹有被抹平的痕迹，肩至上腹部饰竖绳纹间有三道抹痕，下腹至底部饰交错绳纹。口径13.5、腹径21、底径5.6、高22.1厘米（图八四，2；图版四四，2）。

陶釜　1件。ⅠM37：1，夹砂灰陶。直口，方唇，矮领，溜肩，扁折腹，下腹弧收，圜底。肩部饰一道凸棱，下腹至底部饰交错绳纹，并有烟熏痕迹。口径11.2、腹径17.4、高12.6厘米（图八四，4；图版四四，5）。

陶钵　2件。泥质灰陶。圆唇，弧腹。素面。ⅠM37：3，直口，平底微内凹。口径15、底径4.8、高5.6厘米（图八四，3）。ⅠM37：4，微敛口，平底。口径15、底径6、高5.7厘米（图八四，1）。

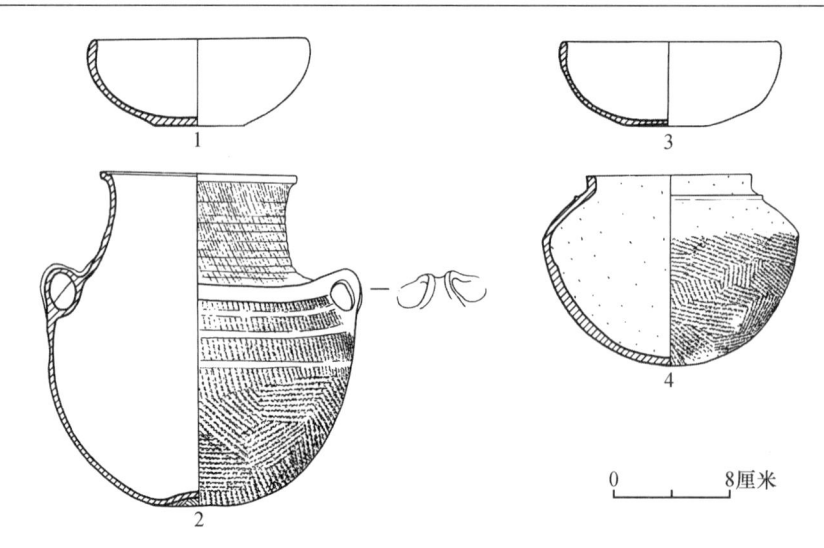

图八四　ⅠM37出土陶器
1、3. 陶钵（ⅠM37：4、ⅠM37：3）　2. 陶双耳罐（ⅠM37：2）　4. 陶釜（ⅠM37：1）

三十六、ⅠM39

位于Ⅰ区东南部偏西。方向3°。长方形竖穴土坑墓，口大底小，斜直壁内收。开口距地表0.2～0.25米，墓口长3、宽1.82米，墓底长2.78、宽1.45米，深1.2～1.48米。填土为黄褐色五花土，土质较黏较密实。葬具为木质单棺单椁，仅存朽痕。椁室位于墓室中部，平面呈"Ⅱ"形，北部两端顶木平直，南部两端顶木外昂，四端伸出椁外约0.16米，椁痕长2.35、宽1.05米。棺位于椁室内偏东部，平面呈长方形，棺痕长2.02、宽0.7～0.76米。棺内有人骨一具，保存较差，头向东北，仰身直肢，性别、年龄不详。出土随葬品4件，其中陶器2件，置于椁内棺外东北部，铜器2件，置于棺内墓主右肩部附近（图八五；图版一一，1）。

陶壶　1件。ⅠM39：3，泥质灰陶。侈口，卷沿，内沿面上端起一小台面，尖唇，束颈，鼓肩，上腹圆鼓，下腹曲收，假圈足底。颈部上端饰一道凹弦纹。口径11.7、腹径21.3、底径10.4、高29.7厘米（图八六，4；图版四四，6，右）。

陶钵　1件。ⅠM39：4，泥质灰陶。直口，圆唇，弧腹，平底。素面。口径15.7、底径6.3、高5.7厘米（图八六，1；图版四四，6，左）。

铜环　1件。ⅠM39：2，灰绿色。圆环状，截面为圆形，上有丝线缠绕的遗痕。直径5.8厘米（图八六，2）。

铜带钩　1件。ⅠM39：1，灰绿色。琵琶形，钩首残，尾部稍宽于钩首，背面附一圆形纽。正面以银丝镶嵌漩涡状卷云纹。长7.2、宽0.6～1.3厘米（图八六，3；彩版一八，2）。

三十七、ⅠM40

位于Ⅰ区东南部偏北。方向17°。长方形竖穴土坑墓，口大底小，斜直壁内收。开口距地

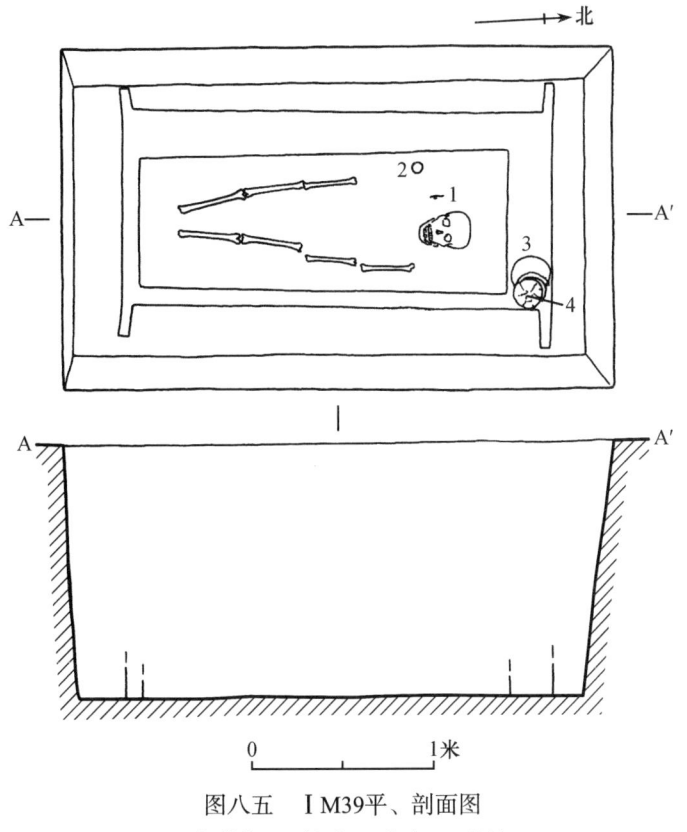

图八五　ⅠM39平、剖面图
1. 铜带钩　2. 铜环　3. 陶壶　4. 陶钵

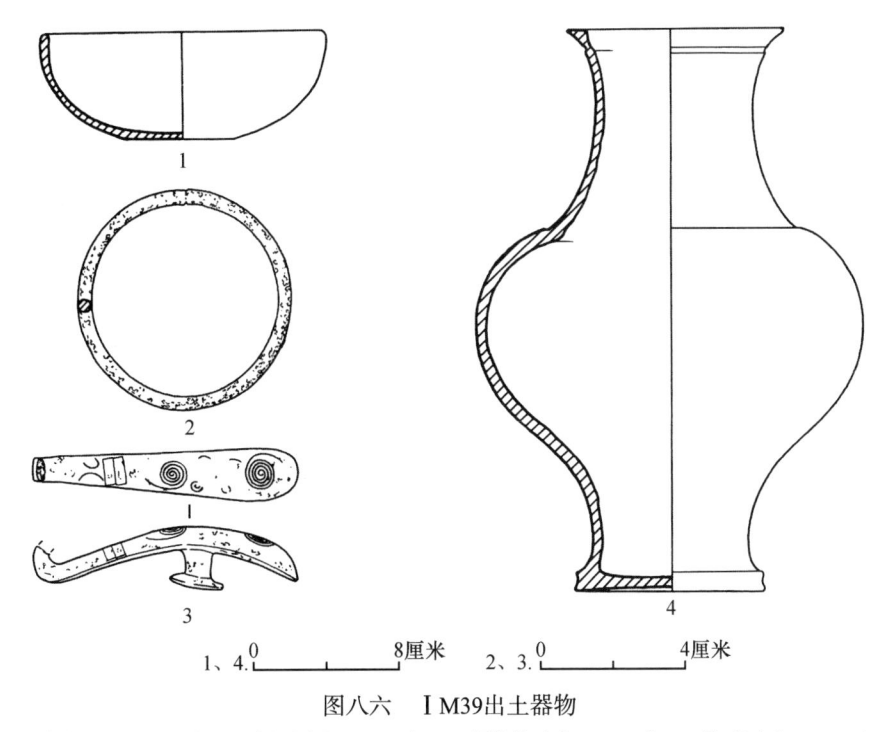

图八六　ⅠM39出土器物
1. 陶钵（ⅠM39：4）　2. 铜环（ⅠM39：2）　3. 铜带钩（ⅠM39：1）　4. 陶壶（ⅠM39：3）

表约0.25米，墓口长3.02、宽1.6米，墓底长2.48、宽1.4米，深0.74~1.14米。填土为黄褐色五花土，土质较硬。葬具为木质单棺单椁，仅存朽痕。椁室位于墓室偏东部，平面呈"Ⅱ"形，四端顶木外昂，向外伸出约0.16米，椁痕长2.3、宽0.92米。棺位于椁室内偏东部，平面呈长方形，长2、宽0.44~0.54米。棺内有人骨一具，保存较差，头向东北，仰身直肢，性别、年龄不详。出土随葬品4件，均为陶器，置于椁内棺外西北角（图八七）。

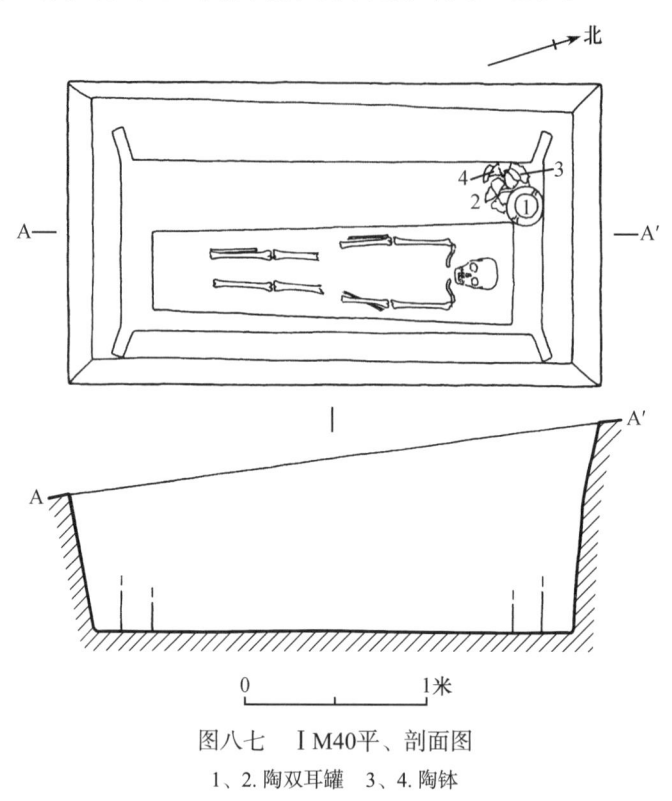

图八七　ⅠM40平、剖面图
1、2.陶双耳罐　3、4.陶钵

陶双耳罐　2件。泥质灰陶。束颈，溜肩，肩部有对称牛鼻形双耳，弧腹，底内凹。ⅠM40：1，侈口，仰折沿，沿面较窄，方唇，唇面微凹。颈部饰细绳纹，有被抹平的痕迹，肩至上腹部饰竖绳纹，下腹至底部饰交错绳纹。口径15.2、腹径23.2、底径7.2、高22.1厘米（图八八，2；图版四五，1）。ⅠM40：2，侈口，平折沿，方唇。颈部饰多道凹弦纹，肩至上腹部饰竖绳纹间有三道抹痕，下腹至底部饰交错绳纹。口径15、腹径21.4、底径6.4、高21.7厘米（图八八，4；图版四五，2）。

陶钵　2件。泥质灰陶。素面。ⅠM40：3，微敛口，圆唇，弧腹，平底。口径14.6、底径6.3、高6厘米（图八八，1）。ⅠM40：4，直口，方唇，弧腹，底内凹。口径15.4、底径7、高6.6厘米（图八八，3）。

三十八、ⅠM41

位于Ⅰ区东南部偏北。方向19°。长方形竖穴土坑墓，口大底小，斜直壁内收。开口距地

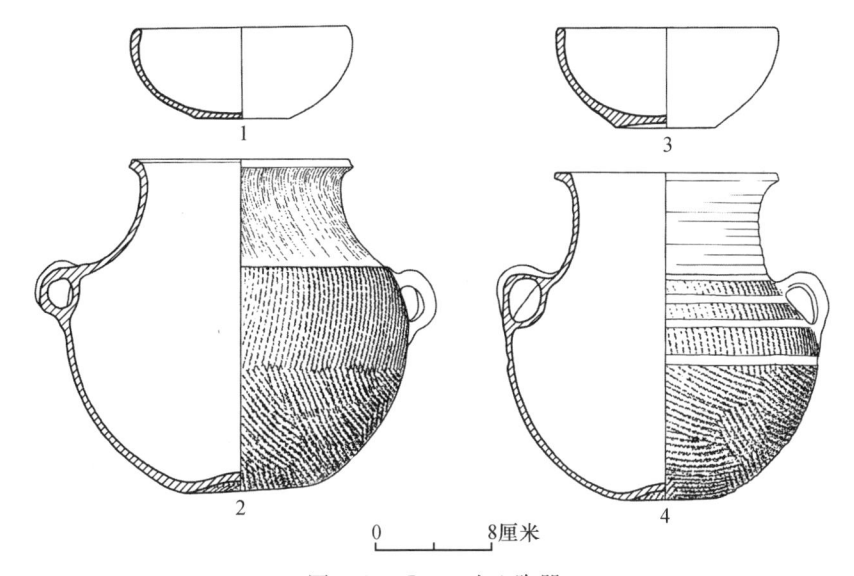

图八八　ⅠM40出土陶器
1、3. 陶钵（ⅠM40∶3、ⅠM40∶4）　2、4. 陶双耳罐（ⅠM40∶1、ⅠM40∶2）

表约0.2米，墓口长3.22、宽2.12米，墓底长2.9、宽1.6~1.8米，深1.72~1.8米。填土为黄褐色五花土，土质较硬较黏。葬具为木质单棺单椁，仅存朽痕。椁室位于墓室中部，平面呈"Ⅱ"形，四端顶木外昂，向外伸出约0.2米，椁痕长2.42、宽1.1米。棺位于椁室内偏东部，平面呈长方形，棺痕长2.02、宽0.64米。棺内人骨一具，保存较差，仅下肢骨保存稍好，位于棺内南部，屈肢葬，推测头向东北，墓主躺卧形式、性别与年龄不详。出土随葬品4件，均为陶器，置于椁内棺外西北角（图八九；图版一一，2）。

陶双耳罐　1件。ⅠM41∶1，泥质灰陶。侈口，平折沿，沿面较窄，圆唇，束颈，溜肩，肩部有对称牛鼻形双耳，弧腹，底内凹。颈部饰多道凹弦纹，肩至上腹部饰竖绳纹间有三道抹痕，下腹至底部饰交错绳纹。口径13.2、腹径20.6、底径4.8、高21.4厘米（图九〇，2；图版四五，3）。

陶釜　1件。ⅠM41∶2，夹砂灰陶。侈口，卷沿，圆唇，束颈，鼓肩，鼓腹，下腹弧收，圜底。肩部饰一道凹弦纹，下腹至底部饰交错绳纹，并有烟熏痕迹。口径14.6、腹径20.6、高15.3厘米（图九〇，4；图版四五，4）。

陶钵　2件。泥质灰陶。微敛口，圆唇，弧腹，平底微内凹。素面。ⅠM41∶3，口径16.2、底径6.5、高6.2厘米（图九〇，1）。ⅠM41∶4，口径15、底径7.1、高6厘米（图九〇，3）。

三十九、ⅠM42

位于Ⅰ区西北部偏南。方向25°。长方形竖穴土坑墓，口大底小，曲壁内收。开口距地表约0.15米，墓口长3.56、宽2.44~2.7米，墓底长2.7、宽1.5~1.7米，深2~2.52米。填土为黄褐色五花土，土质较黏较硬。葬具为木质单棺单椁，仅存朽痕。椁室位于墓室中部，平面呈"Ⅱ"形，四端顶木外昂，向外伸出约0.16米，椁痕长2.5、宽1.18米。棺位于椁室内偏东南

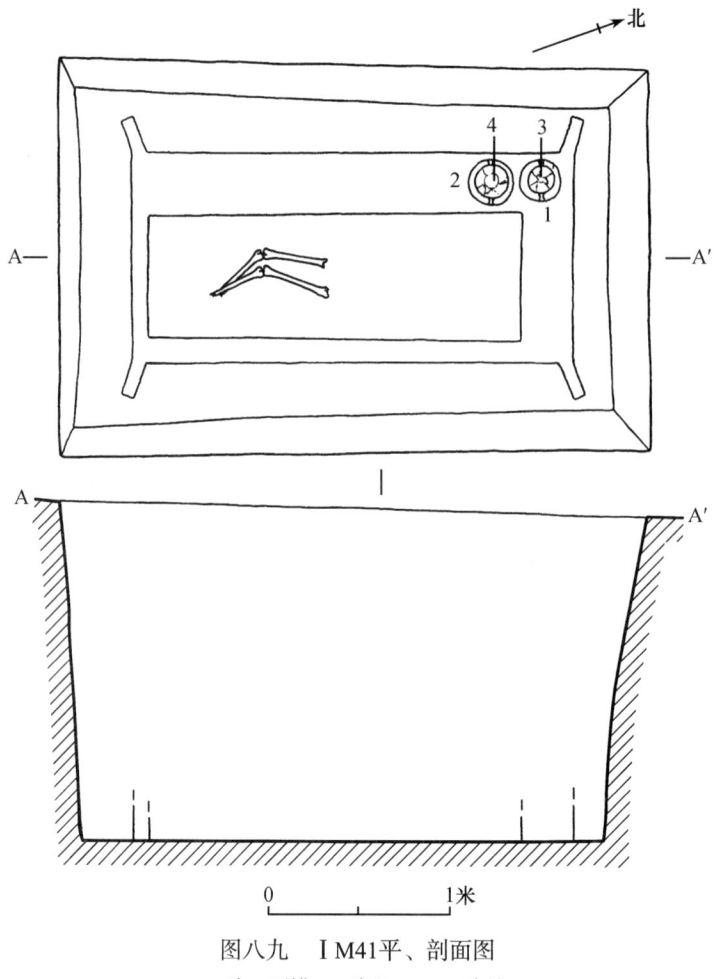

图八九　ⅠM41平、剖面图
1. 陶双耳罐　2. 陶釜　3、4. 陶钵

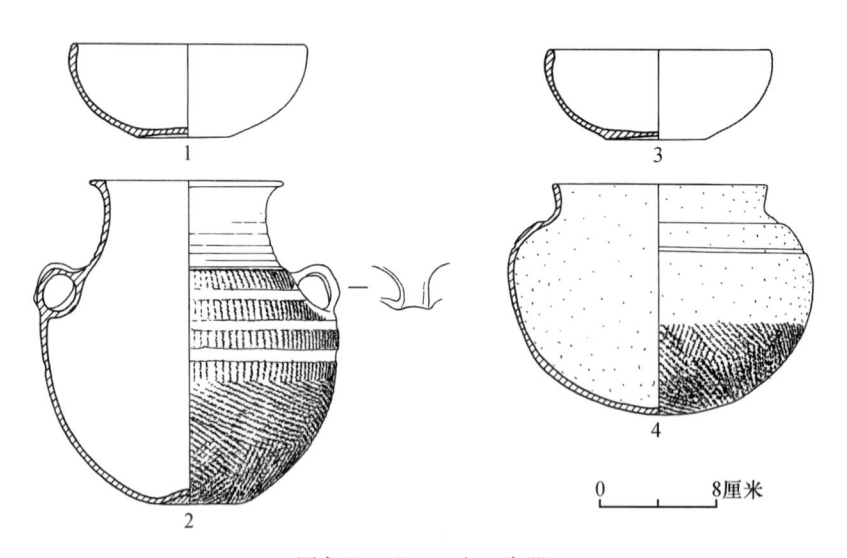

图九〇　ⅠM41出土陶器
1、3. 陶钵（ⅠM41：3、ⅠM41：4）　2. 陶双耳罐（ⅠM41：1）　4. 陶釜（ⅠM41：2）

部，平面呈长方形，棺痕长1.98、宽0.56~0.64米。棺内有人骨一具，保存较差，头向东北，仰身直肢，性别、年龄不详。出土随葬品4件，均为陶器，其中3件位于椁内棺外北部，1件陶钵位于棺内墓主头部右侧（图九一；图版一二，1）。

陶壶　1件。ⅠM42∶1，泥质红褐胎黑皮陶。微盘口，方唇，外唇面微凹，微束颈，鼓肩，鼓腹，下腹曲收，平底。颈部上端饰一道折棱，颈中部饰两道凹弦纹，肩部饰一道凹弦纹。口径11.5、腹径18.5、底径10.8、高26.7厘米（图九二，1；图版四五，5）。

陶釜　1件。ⅠM42∶2，夹砂灰陶。侈口，仰折沿，方唇，唇面微凹，束颈，溜肩，扁鼓腹，圜底。下腹至底部饰交错绳纹，并有烟熏痕迹。口径12.3、腹径19、高14.1厘米（图九二，4；图版四五，6）。

陶钵　2件。泥质灰陶。圆唇，弧腹。素面。ⅠM42∶3，直口，平底。口径14.2、底径

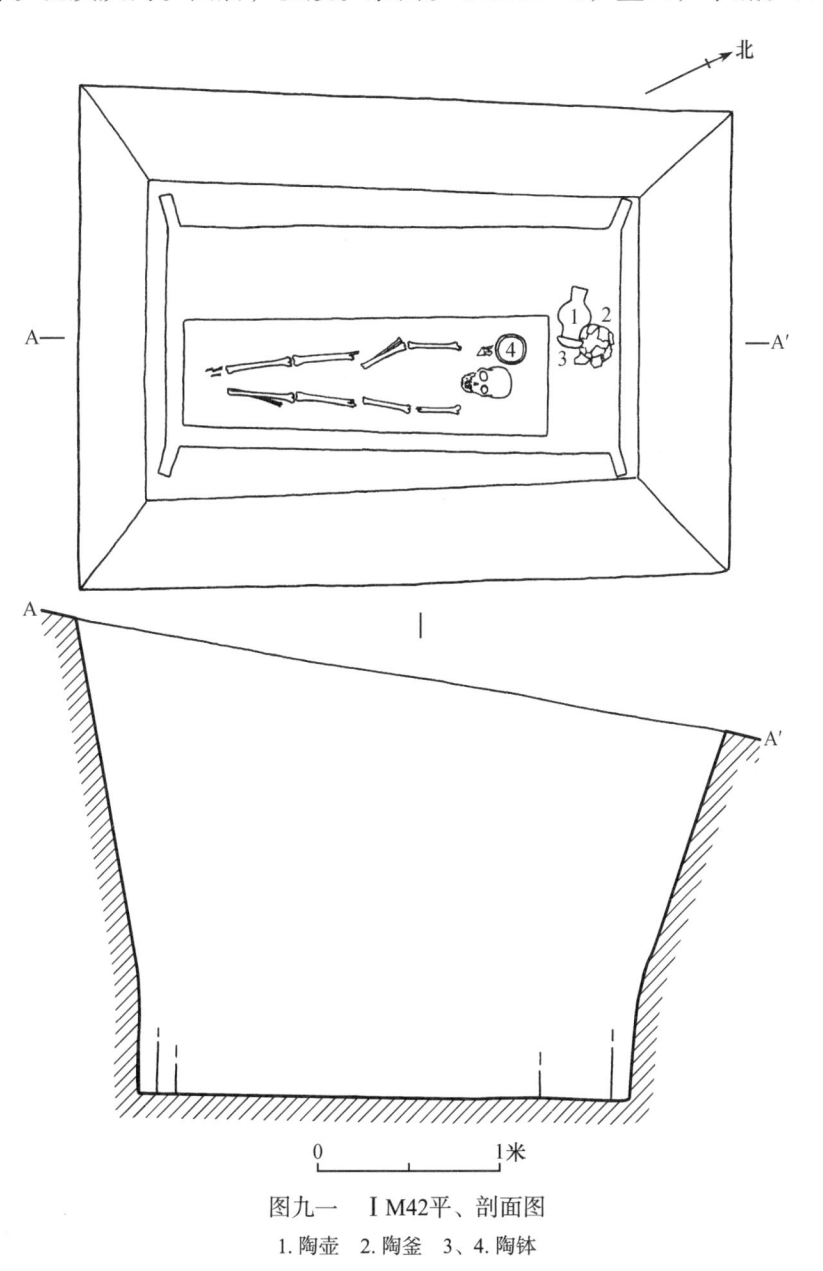

图九一　ⅠM42平、剖面图
1.陶壶　2.陶釜　3、4.陶钵

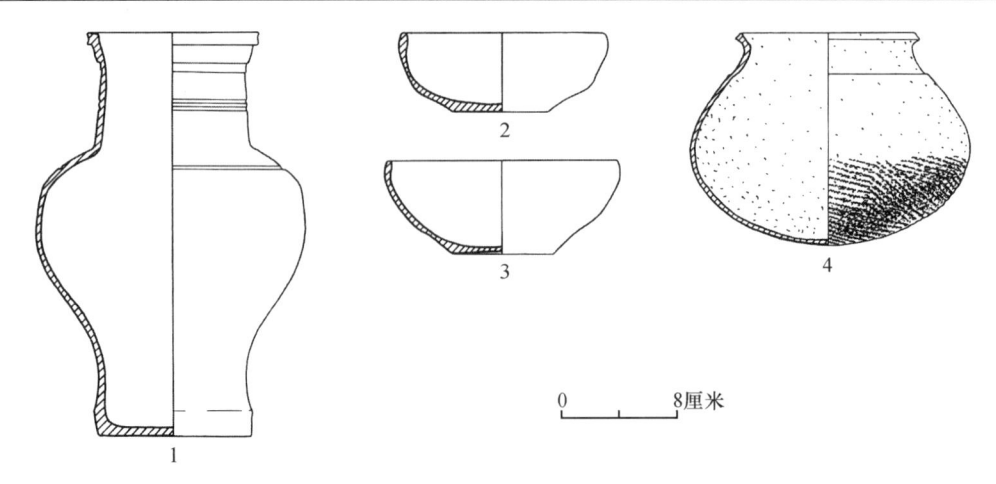

图九二　ⅠM42出土陶器
1.陶壶（ⅠM42：1）　2、3.陶钵（ⅠM42：3、ⅠM42：4）　4.陶釜（ⅠM42：2）

6.5、高5.3厘米（图九二，2）。ⅠM42：4，微敛口，平底微内凹。口径16、底径6.9、高6.2厘米（图九二，3）。

四十、ⅠM43

位于Ⅰ区西北部偏南。其西紧邻ⅠM44，两墓似为异穴合葬。方向30°。长方形竖穴土坑墓，口大于底，斜直壁内收。墓坑南部被扰，几乎接近墓底。开口距地表约0.3米，墓口长2.3、宽0.9~1.16米，墓底长2.2、宽0.84米，深0.18~0.6米。填土为黄褐色五花土，土质较硬。葬具为木质单棺，无椁，仅存朽痕。棺位于墓室中部，平面呈长方形，棺痕长1.6、宽0.34~0.42米。棺内有人骨一具，保存较差，头向东北，仰身直肢，右手弯曲叠放于盆骨处，右腿压于左腿之上呈两腿笔直相交状，面向右，性别为女性，年龄不详。出土随葬品4件，均为陶器，置于墓内棺外西北角（图九三）。

陶双耳罐　1件。ⅠM43：1，泥质灰陶。侈口，口内侧有一道凹槽，方唇，束颈，溜肩，肩部有对称牛鼻形双耳，弧腹，底内凹。颈部饰多道凹弦纹，肩至中腹部饰竖绳纹间有四道抹痕，下腹至底部饰交错绳纹。口径14.2、腹径20.8、底径5.6、高23.1厘米（图九四，2；图版四六，1）。

陶釜　1件。ⅠM43：2，夹砂灰陶。侈口，仰折沿，沿面内凹，方唇，束颈，溜肩，扁鼓腹，下腹弧收，圜底。下腹至底部饰交错绳纹，并有经火焙烧留下的烟熏痕迹。口径14.3、腹径18.5、高13.6厘米（图九四，4；图版四六，3）。

陶钵　2件。直口，圆唇，弧腹，平底微内凹。素面。ⅠM43：3，泥质灰胎黑皮陶。口径16.8、底径6.6、高6.1厘米（图九四，1）。ⅠM43：4，泥质灰陶。口径16.9、底径6.4、高5.4厘米（图九四，3）。

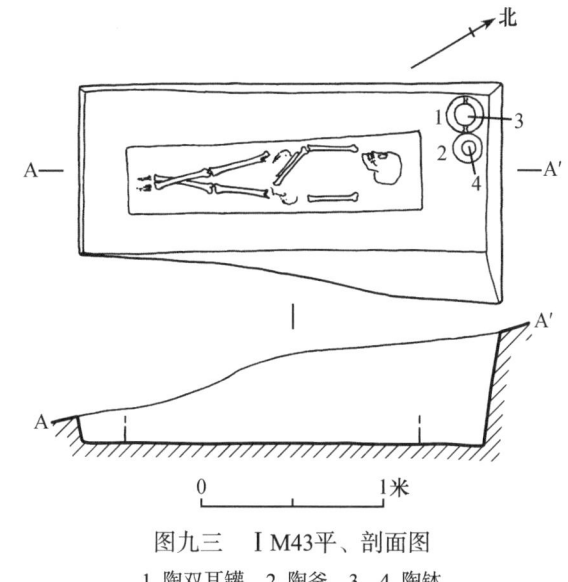

图九三　ⅠM43平、剖面图
1.陶双耳罐　2.陶釜　3、4.陶钵

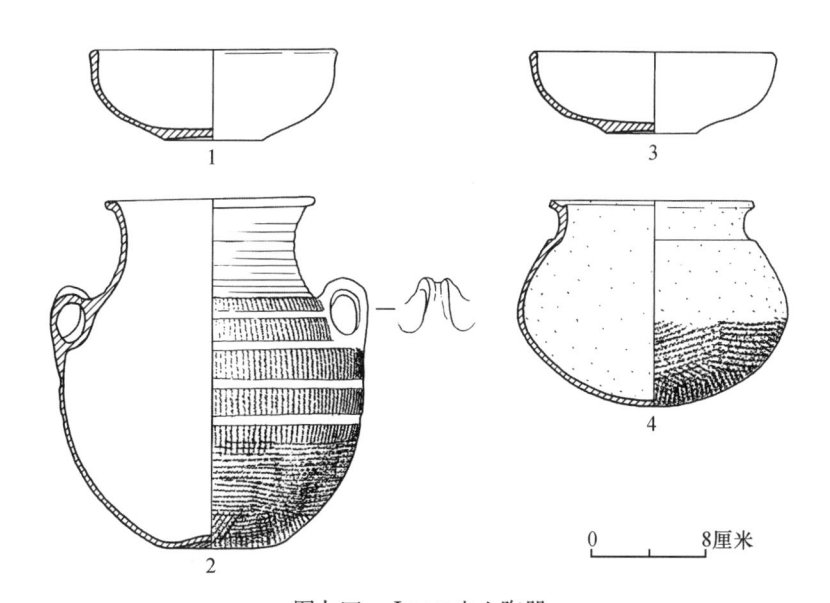

图九四　ⅠM43出土陶器
1、3.陶钵（ⅠM43∶3、ⅠM43∶4）　2.陶双耳罐（ⅠM43∶1）　4.陶釜（ⅠM43∶2）

四十一、ⅠM44

位于Ⅰ区西北部偏南。其东紧邻ⅠM43，两墓似为异穴合葬。方向32°。长方形竖穴土坑墓，口大底小，斜直壁内收。墓坑南部被扰，几乎接近底部。开口距地表约0.3米，墓口长2.4、宽1～1.2米，墓底长2.06、宽0.8～0.84米，深0.24～0.8米。填土为黄褐色五花土，土质较黏较硬。葬具为木质单棺，无椁，仅存朽痕。棺位于墓室中部，平面呈长方形，棺痕长1.96、宽0.36～0.42米。棺内有人骨一具，保存较好，头向东北，仰身直肢，性别为男性，年龄不详。出土随葬品2件，均为陶器，置于墓内棺外西北部（图九五）。

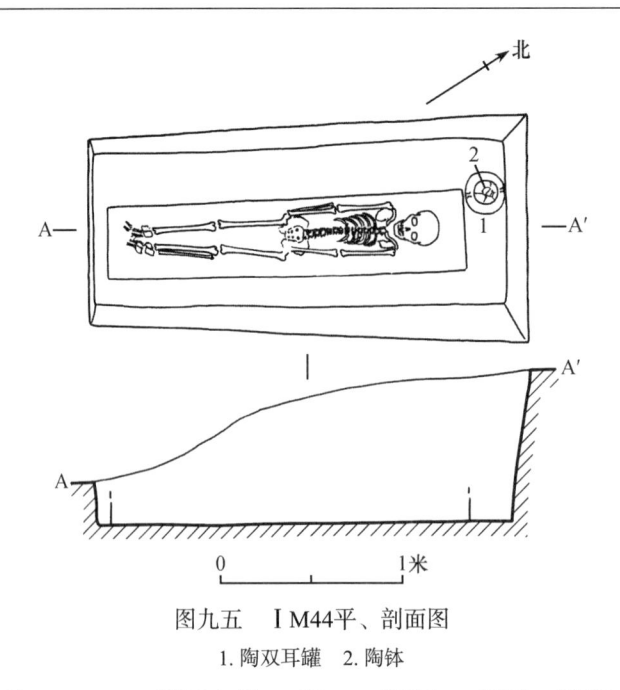

图九五　ⅠM44平、剖面图
1.陶双耳罐　2.陶钵

陶双耳罐　1件。ⅠM44：1，泥质灰陶。侈口，圆唇，束颈，溜肩，肩部有对称牛鼻形双耳，弧腹，底内凹。颈部饰细绳纹，有被抹平的痕迹，肩至上腹部饰竖绳纹，下腹至底部饰交错绳纹。口径14.8、腹径21.2、底径5.6、高22厘米（图九六，2）。

陶钵　1件。ⅠM44：2，泥质灰陶。微敛口，圆唇，弧腹，下腹微曲收，平底内凹。素面。口径15、底径8、高5.8厘米（图九六，1）。

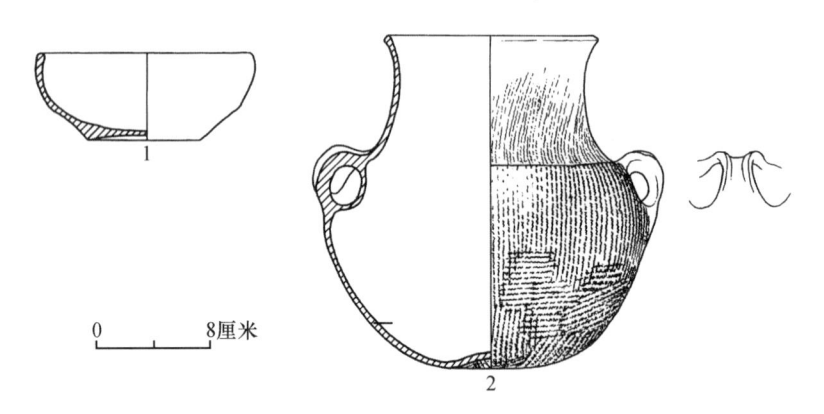

图九六　ⅠM44出土陶器
1.陶钵（ⅠM44：2）　2.陶双耳罐（ⅠM44：1）

四十二、ⅠM45

位于Ⅰ区西北部偏南。其西紧邻ⅠM46，两墓似为异穴合葬。方向24°。长方形竖穴土坑墓，口大底小，斜直壁内收。开口距地表约0.15米，墓口长3.1、宽2米，墓底长2.6、宽1.3米，深2.04～2.12米。填土为黄褐色五花土，土质较硬较黏，包含少量的石英石块。葬具为木质单棺单椁，仅存朽痕。椁室位于墓室中部，平面呈"Ⅱ"形，四端顶木外昂，向外伸出约0.14

米，椁痕长2.36、宽1.1米。棺位于椁室内中部，平面呈长方形，棺痕长1.94、宽0.64米。棺内有人骨一具，已朽蚀成粉末状，头向东北，仰身直肢，性别、年龄不详。出土随葬品3件，均为陶器，置于椁内棺外西北部（图九七）。

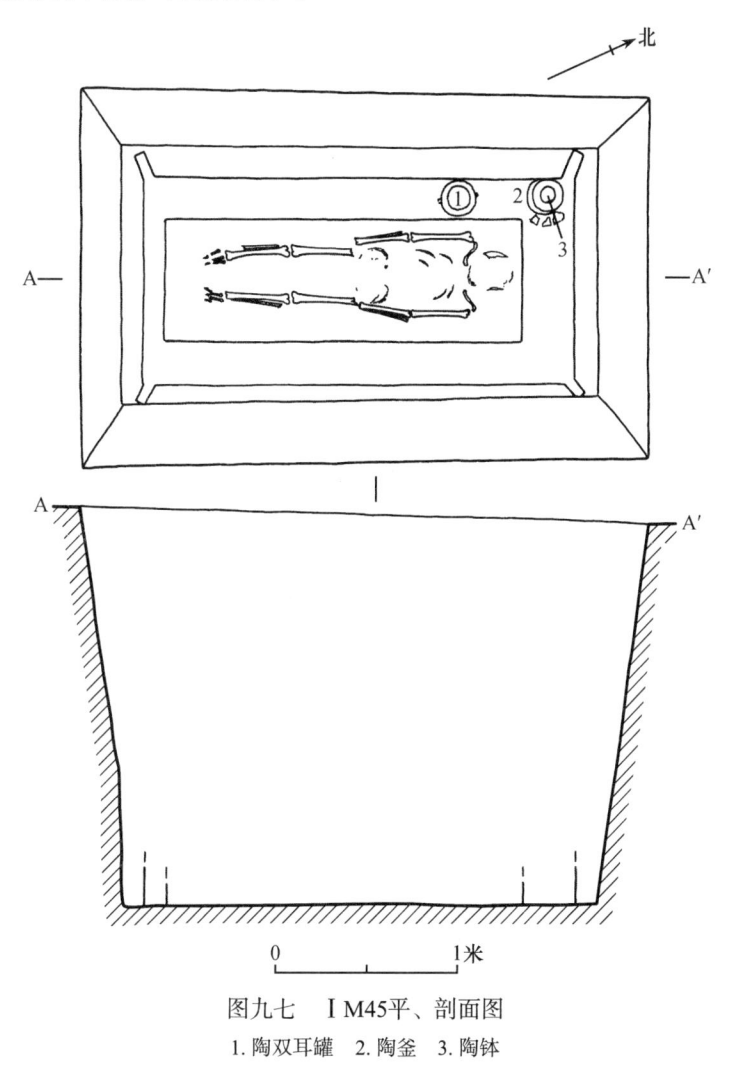

图九七　ⅠM45平、剖面图
1.陶双耳罐　2.陶釜　3.陶钵

陶双耳罐　1件。ⅠM45：1，泥质灰陶。侈口，方唇，唇面微凹，束颈，溜肩，肩部有对称牛鼻形双耳，弧腹，底内凹。颈部饰多道凹弦纹与右斜细绳纹，绳纹有被抹平的痕迹，肩至上腹部饰竖绳纹间有四道抹痕，下腹至底部饰交错绳纹。口径13.8、腹径20.3、底径5.4、高21厘米（图九八，1；图版四六，2）。

陶釜　1件。ⅠM45：2，夹砂灰陶。侈口，仰折沿，方唇，鼓肩，肩部较宽，上腹较鼓，下腹弧收，底内凹。肩至上腹部饰右斜细绳纹，有被抹平的痕迹，下腹至底部饰交错绳纹，器表有经火焙烧留下的黑色烟熏痕迹。口径13.6、腹径19、高14.6厘米（图九八，3；彩版二八，1）。

陶钵　1件。ⅠM45：3，泥质灰陶。微敛口，圆唇，弧腹，平底内凹。素面。口径15.2、底径8.4、高5.6厘米（图九八，2）。

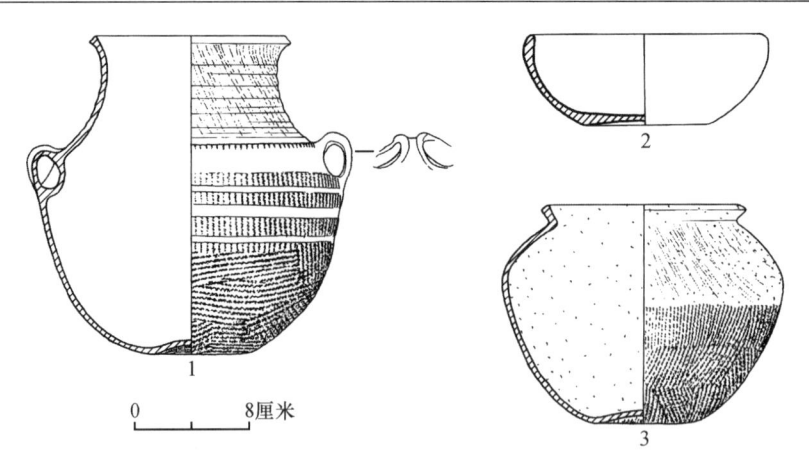

图九八　ⅠM45出土陶器
1. 陶双耳罐（ⅠM45：1）　2. 陶钵（ⅠM45：3）　3. 陶釜（ⅠM45：2）

四十三、ⅠM46

位于Ⅰ区西北部偏南。其东紧邻ⅠM45，两墓似为异穴合葬。方向24°。长方形竖穴土坑墓，口大底小，斜直壁内收。开口距地表约0.2米，墓口长3.3、宽3.26米，墓底长2.86、宽1.52米，深1.82米。填土为黄褐色五花土，土质较硬较黏。葬具为木质单棺单椁，仅存朽痕。椁室位于墓室中部，平面呈"Ⅱ"形，四端顶木外昂，向外伸出约0.18米，椁痕长2.52、宽0.96米。棺位于椁室内偏西部，平面呈长方形，长2、宽0.5米。棺内有人骨一具，保存较差，头向东北，仰身微屈下肢，性别、年龄不详。出土随葬品4件，均为陶器，置于椁内棺外东北部（图九九）。

陶双耳罐　2件。泥质灰陶。侈口，口内侧有一道凹槽，方唇，束颈，溜肩，肩部有对称牛鼻形双耳，弧腹，底内凹。肩至上腹部饰竖绳纹，间有两或三道抹痕，下腹至底部饰交错绳纹。ⅠM46：1，颈部饰凹弦纹。口径15.6、腹径22、底径6.4、高23.6厘米（图一〇〇，2；图版四六，5）。ⅠM46：2，颈部素面。口径14.5、腹径23、底径8.6、高23.6厘米（图一〇〇，4；图版四六，6）。

陶钵　2件。泥质灰陶。圆唇，弧腹，平底微内凹。素面。ⅠM46：3，微敛口。口径15.6、底径5.5、高5.8厘米（图一〇〇，1）。ⅠM46：4，直口。口径15.8、底径6.4、高5.9厘米（图一〇〇，3）。

四十四、ⅠM47

位于Ⅰ区西北部偏南。方向30°。长方形竖穴土坑墓，口大底小，南北壁为直壁，东西壁有生土二层台。开口距地表约0.2米，墓口长2.6、宽1.6米，墓底长2.6、宽1.08米，深1.86米。墓口向下1.04米处，东西两壁留有生土二层台，东壁台面宽0.3米，西壁台面宽0.2米，长2.6、高0.82米。填土为黑褐色五花土，土质较硬。葬具为木质单棺，无椁，仅存朽痕。棺位于墓室

第二章 秦汉墓葬概述

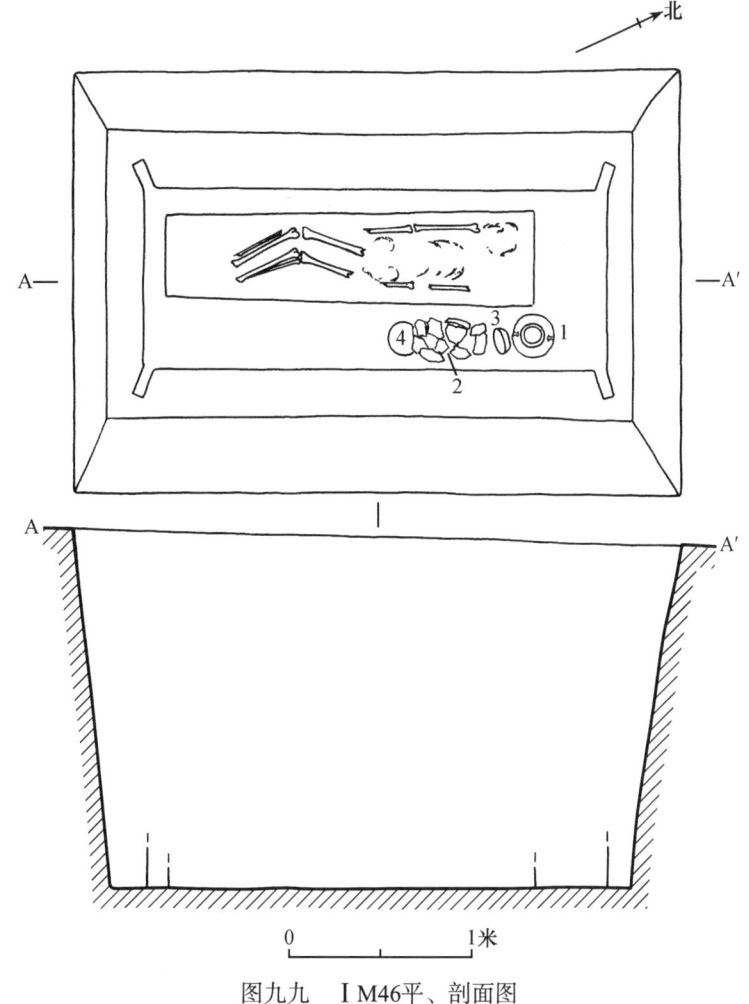

图九九 ⅠM46平、剖面图
1、2.陶双耳罐 3、4.陶钵

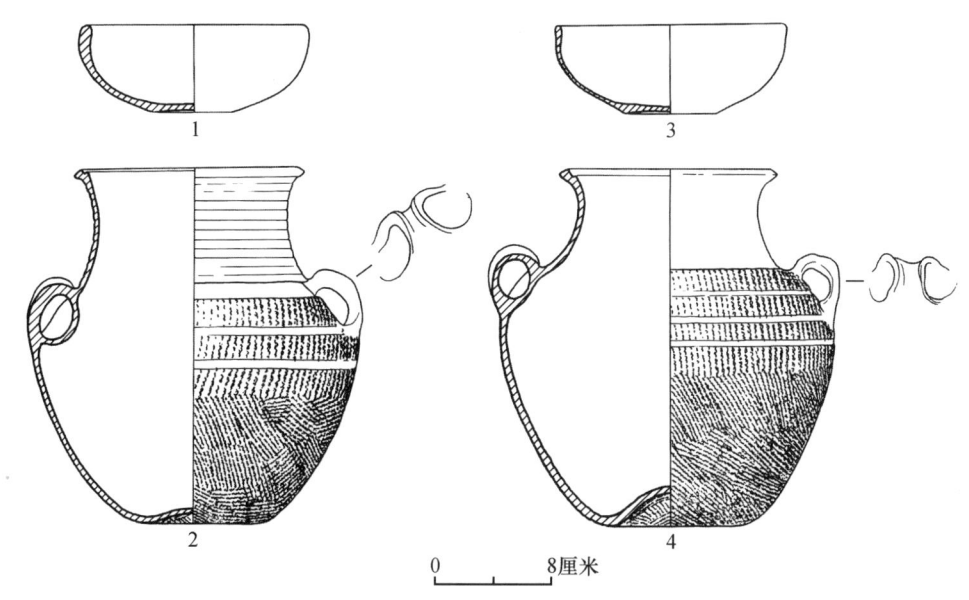

图一〇〇 ⅠM46出土陶器
1、3.陶钵（ⅠM46:3、ⅠM46:4） 2、4.陶双耳罐（ⅠM46:1、ⅠM46:2）

中部，平面呈长方形，棺痕长2.24、宽0.56米。棺内有人骨一具，保存较差，头向东北，仰身直肢，性别、年龄不详。出土随葬品2件，均为陶器，置于棺内墓主头前（图一〇一）。

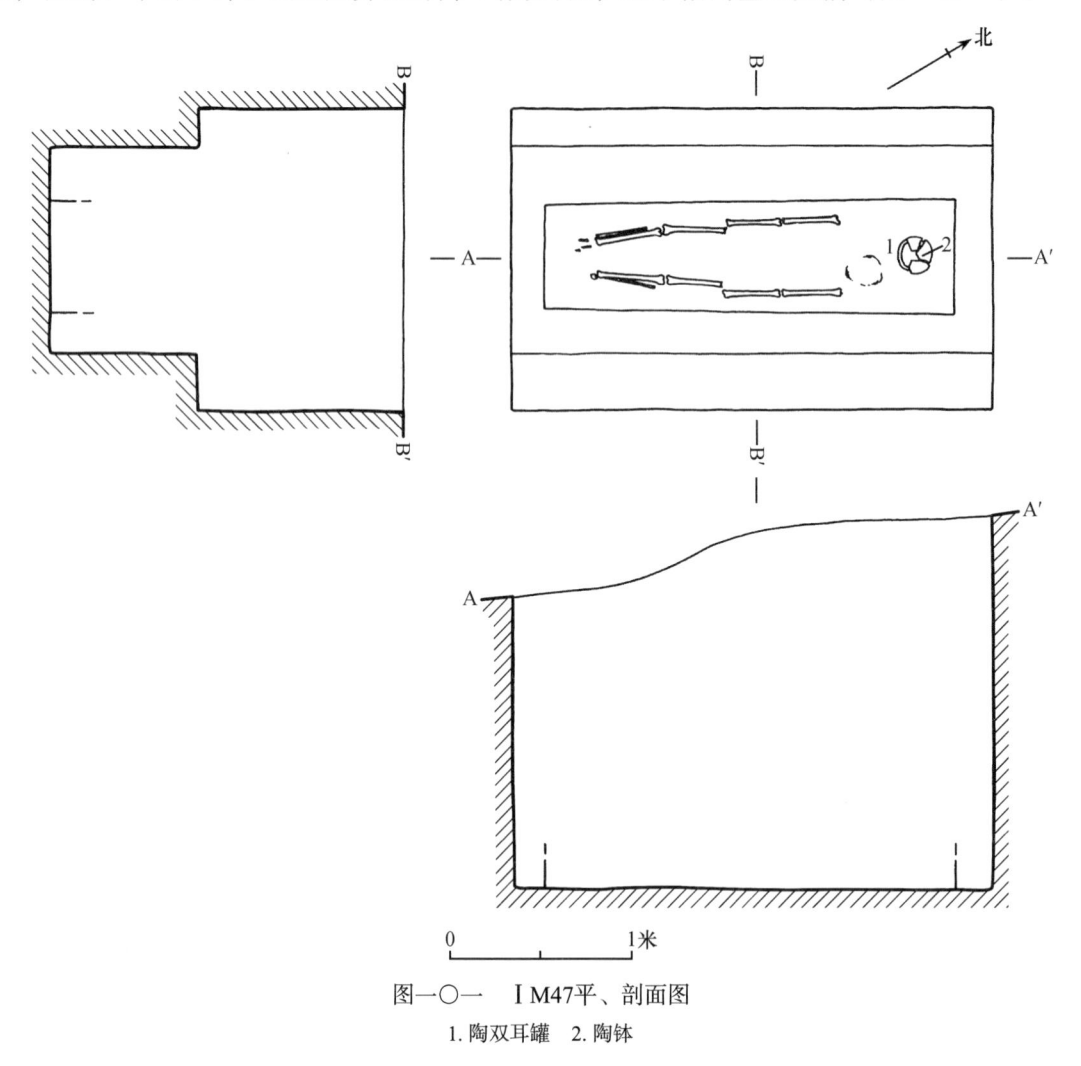

图一〇一　ⅠM47平、剖面图
1. 陶双耳罐　2. 陶钵

陶双耳罐　1件。ⅠM47:1，泥质红褐胎黑皮陶。侈口，口内侧有一道凹槽，口部变形，圆唇，束颈，溜肩，肩部有对称牛鼻形双耳，弧腹，底内凹。颈部饰多道凹弦纹，肩至上腹部饰竖绳纹间有两道抹痕，下腹至底部饰交错绳纹。口径13.3、腹径21、底径7.6、高22厘米（图一〇二，2）。

陶钵　1件。ⅠM47:2，泥质灰陶。直口，圆唇，斜直腹，平底。素面。口径15.6、底径6.8、高6厘米（图一〇二，1）。

四十五、ⅠM49

位于Ⅰ区西北部偏北。方向24°。长方形竖穴土坑墓，略口大底小，斜直壁内收。开口距地表约0.25米，墓口长2.72、宽1.5~1.6米，墓底长2.6、宽1.3米，深0.4~1.06米。填土为灰褐

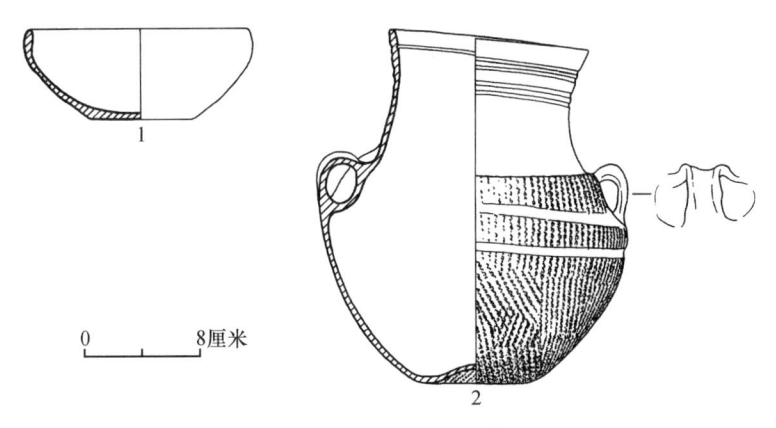

图一〇二　ⅠM47出土陶器
1.陶钵（ⅠM47∶2）　2.陶双耳罐（ⅠM47∶1）

色五花土，土质较硬。葬具为木质单棺，无椁，仅存朽痕。棺位于墓室中部，平面呈长方形，棺痕长2.18、宽0.64～0.76米。棺内有人骨一具，保存极差，已朽蚀成粉末状，头向东北，葬式、性别与年龄不详。出土随葬品5件，其中陶器4件，置于墓内棺外西北部，铜器1件，置于棺内墓主头部（图一〇三）。

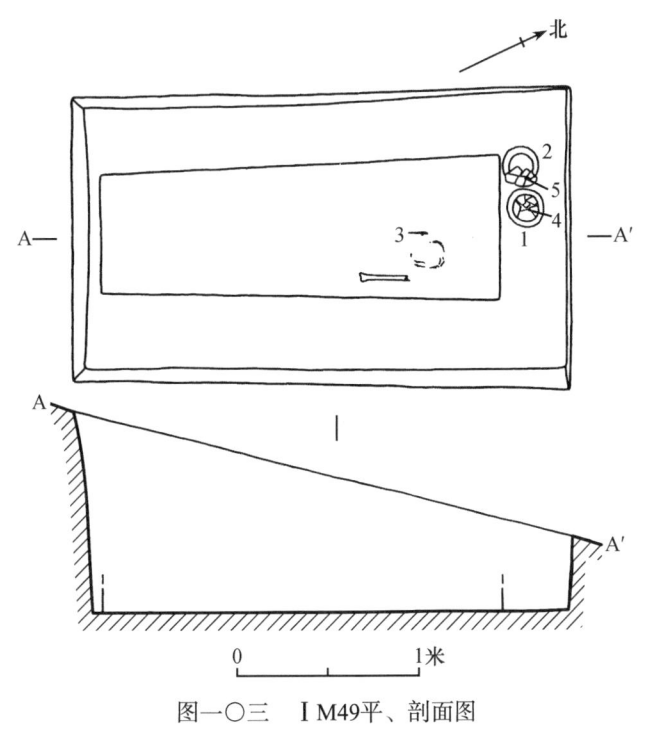

图一〇三　ⅠM49平、剖面图
1.陶鍪　2.陶双耳罐　3.铜带钩　4、5.陶钵

陶双耳罐　1件。ⅠM49∶2，泥质灰陶。侈口，仰折沿，方唇，束颈，溜肩，肩部有对称牛鼻形双耳，弧腹，底内凹。颈部饰三道凹弦纹，肩部饰竖绳纹间有一道抹痕，腹至底部饰交错绳纹。口径12.4、腹径20、底径8、高16.8厘米（图一〇四，4；图版四七，2）。

陶鍪　1件。ⅠM49∶1，泥质灰陶。侈口，尖圆唇，束颈，鼓肩，肩部有对称牛鼻形双

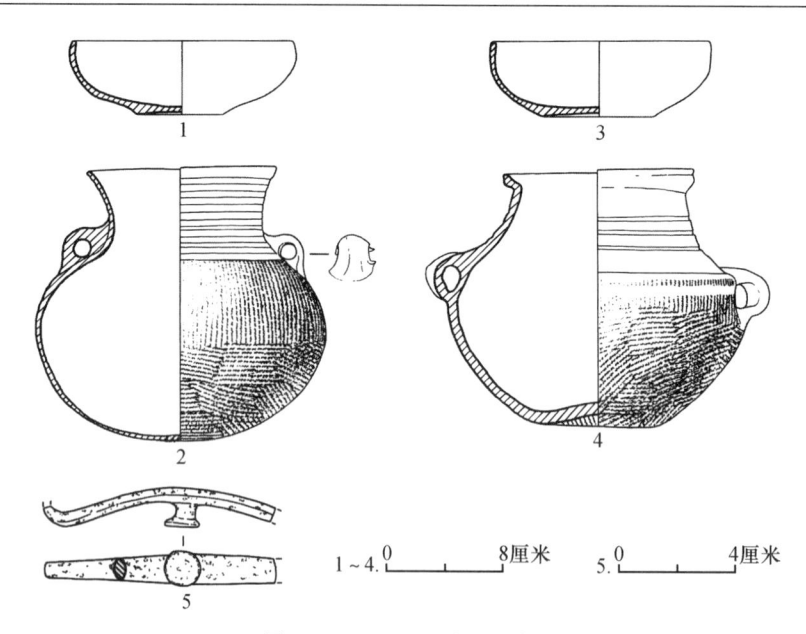

图一〇四　ⅠM49出土器物
1、3.陶钵（ⅠM49：4、ⅠM49：5）　2.陶鍪（ⅠM49：1）　4.陶双耳罐（ⅠM49：2）　5.铜带钩（ⅠM49：3）

耳，扁圆腹，圜底。颈部饰多道凹弦纹，肩至上腹部饰竖绳纹，下腹至底部饰交错绳纹。口径12.8、腹径20、高18.2厘米（图一〇四，2；图版四七，1）。

陶钵　2件。泥质灰陶。直口，圆唇，浅腹，平底微凹。素面。ⅠM49：4，弧腹，下腹微曲收。口径15.6、底径6.4、高4.9厘米（图一〇四，1）。ⅠM49：5，上腹较直，下腹弧收。口径15、底径7.5、高5厘米（图一〇四，3）。

铜带钩　1件。ⅠM49：3，锈蚀严重。曲棒形，钩首和尾部均残缺，尾部宽于钩首，正面隆起，背面附一圆形纽。素面。残长8、宽0.6～1厘米（图一〇四，5；图版四六，4）。

四十六、ⅠM53

位于Ⅰ区东南部偏北。其北紧邻ⅠM54，两墓似为异穴合葬。方向115°。长方形竖穴土坑墓，口底等大，直壁。开口距地表约0.2米，墓口长2.5、宽1.7～2、深0.3米。填土为黄褐色五花土，土质较硬。葬具为木质单棺单椁，仅存朽痕。椁室位于墓室中部，平面呈长方形，椁痕长2.55、宽1.9～2米。棺位于椁室中部，平面呈长方形，棺痕长1.7、宽0.56米。棺内有人骨一具，已朽蚀成粉末状，头向东南，仰身直肢，性别、年龄不详。出土随葬品6件，均为陶器，置于椁内棺外东北部（图一〇五）。

陶双耳罐　1件。ⅠM53：1，泥质灰陶。侈口，口内侧有道凹槽，方唇，束颈，溜肩，肩部有对称牛鼻形双耳，上腹较直，下腹弧收，底内凹。颈部饰凹弦纹，肩至中腹部饰竖绳纹间有四道抹痕，下腹至底部饰交错绳纹。口径14.8、腹径20.6、底径5.6、高23.8厘米（图一〇六，6；图版四七，3）。

陶釜　1件。ⅠM53：3，夹砂灰陶。侈口，仰折沿，方唇，唇面微凹，束颈，溜肩，扁

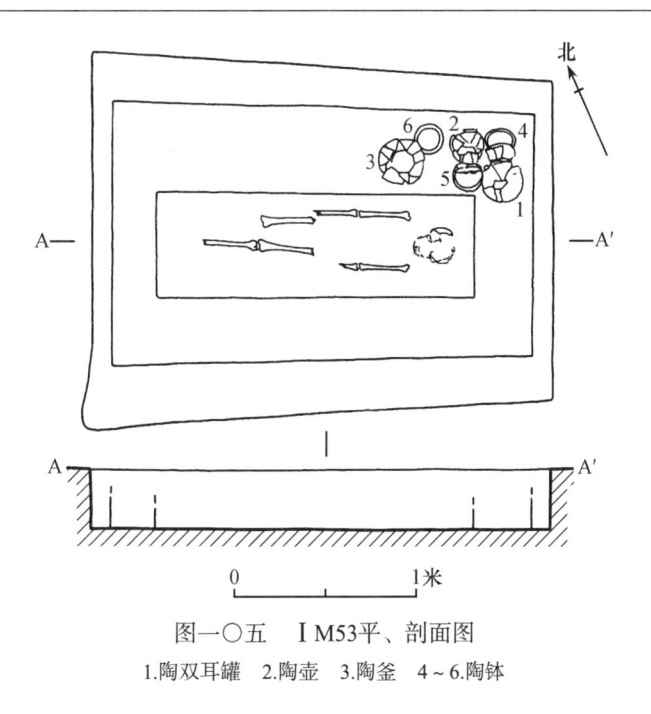

图一〇五　ⅠM53平、剖面图
1.陶双耳罐　2.陶壶　3.陶釜　4～6.陶钵

垂腹，圜底。下腹至底部饰交错绳纹。口径14、腹径18.4、高11.6厘米（图一〇六，3；图版四七，5）。

陶壶　1件。ⅠM53：2，泥质灰陶。浅盘口，外口部有道凹槽，平沿，尖唇，束颈，折肩，上腹较鼓，下腹曲收，假圈足底。素面。口径12.5、腹径19、底径8.8、高23.2厘米（图一〇六，5；图版四七，4）。

陶钵　3件。泥质灰陶。素面。ⅠM53：4，微敛口，圆唇，弧腹，平底微凹。口径15.8、底径7.5、高5.9厘米（图一〇六，4）。ⅠM53：5，直口，圆唇，弧腹，小平底微凹。内底部戳印一横笔作拱形的"T"形阳文图案。口径14.5、底径5.1、高5.2厘米（图一〇六，1）。ⅠM53：6，直口，圆唇，弧腹，假圈足底。外底部阴刻一"壬"字。口径15.8、底径7.3、高6.2厘米（图一〇六，2）。

四十七、ⅠM54

位于Ⅰ区东南部偏北。其南紧邻ⅠM53，两墓似为异穴合葬。方向124°。长方形竖穴土坑墓，略口大底小，斜直壁内收。开口距地表约0.2米，墓口长2.82、宽1.8米，墓底长2.72、宽1.7米，深0.9米。填土为黄褐色五花土，土质较硬。葬具为木质单棺单椁，仅存朽痕。椁室位于墓室中部，平面呈长方形，椁痕长2.28、宽1.02～1.2米。棺斜置于椁室中部，平面呈长方形，棺痕长2.02、宽0.48米。棺内有人骨一具，保存极差，仅于棺内西部发现有下肢骨，直肢葬，推测墓主头向东南，墓主躺卧形式、性别与年龄不详。出土随葬品3件，均为陶器，置于椁内棺外东北部（图一〇七）。

陶壶　1件。ⅠM54：1，泥质灰陶。侈口，方唇，外口部有道凹槽，束颈，鼓肩，扁圆

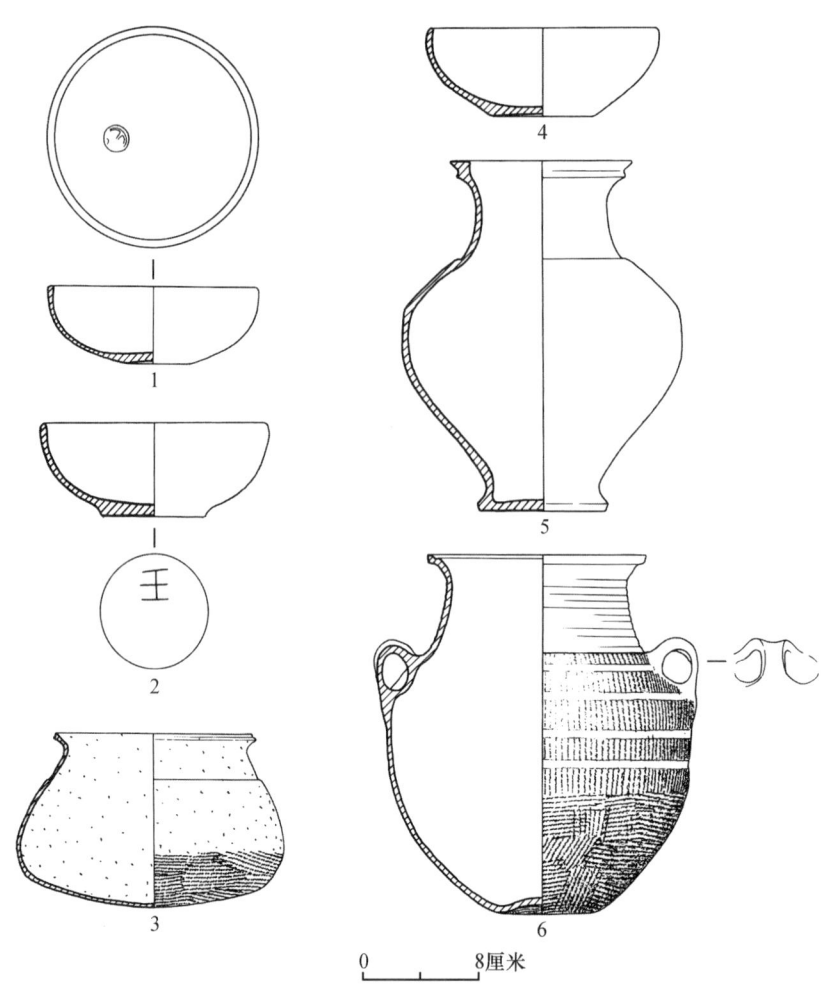

图一〇六　ⅠM53出土陶器
1、2、4. 陶钵（ⅠM53∶5、ⅠM53∶6、ⅠM53∶4）　3. 陶釜（ⅠM53∶3）
5. 陶壶（ⅠM53∶2）　6. 陶双耳罐（ⅠM53∶1）

腹，平底，喇叭状高圈足。肩部饰一道凹弦纹。口径11.7、腹径18.3、圈足径11.5、高23厘米（图一〇八，2；图版四八，3）。

陶双耳罐　1件。ⅠM54∶2，泥质灰陶。侈口，口部不平整，圆唇，束颈，溜肩，肩部有对称牛鼻形双耳，上腹较直，下腹弧收，底内凹。颈部有轮制留下的旋纹痕迹，肩至中腹部饰竖绳纹间有五道抹痕，下腹至底部饰交错绳纹。口径16、腹径23.3、底径8、高26.2~26.7厘米（图一〇八，1；图版四八，1）。

陶釜　1件。ⅠM54∶3，夹砂灰陶。侈口，仰折沿，方唇，束颈，溜肩，扁鼓腹，圜底。肩部饰一道折棱，下腹至底部饰交错绳纹，并有经火焙烧后留下的烟熏痕迹。口径14.1、腹径19.5、高13.7厘米（图一〇八，3；图版四七，6）。

第二章　秦汉墓葬概述

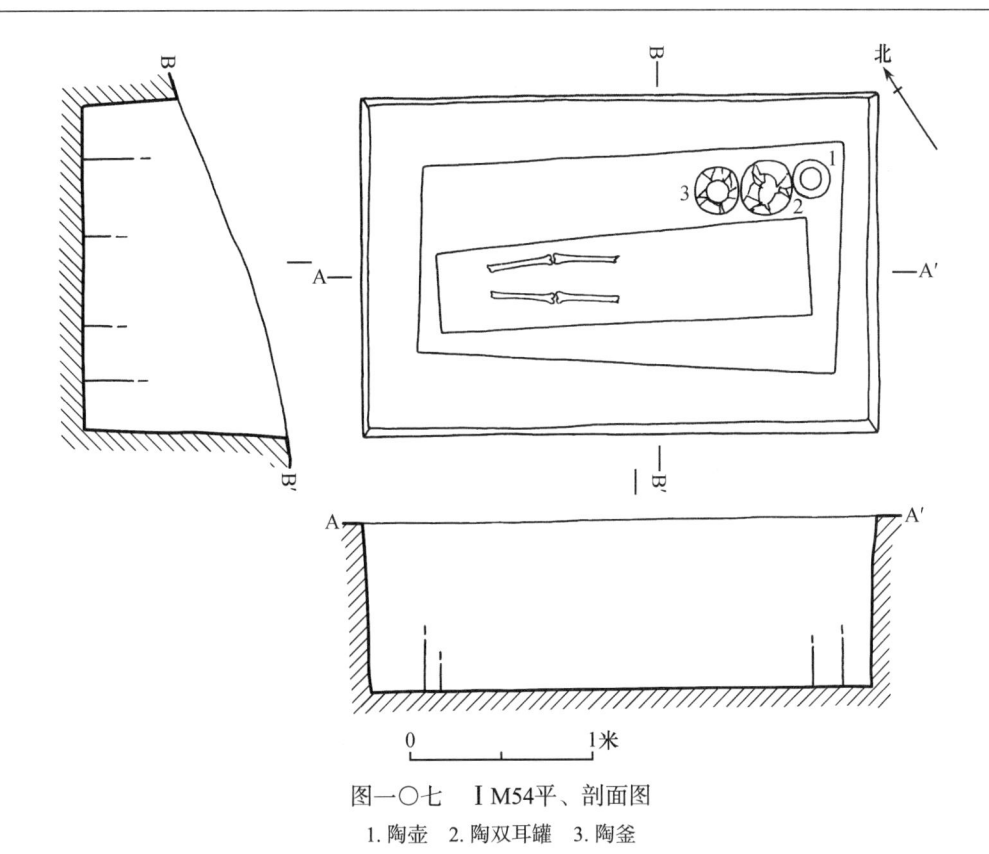

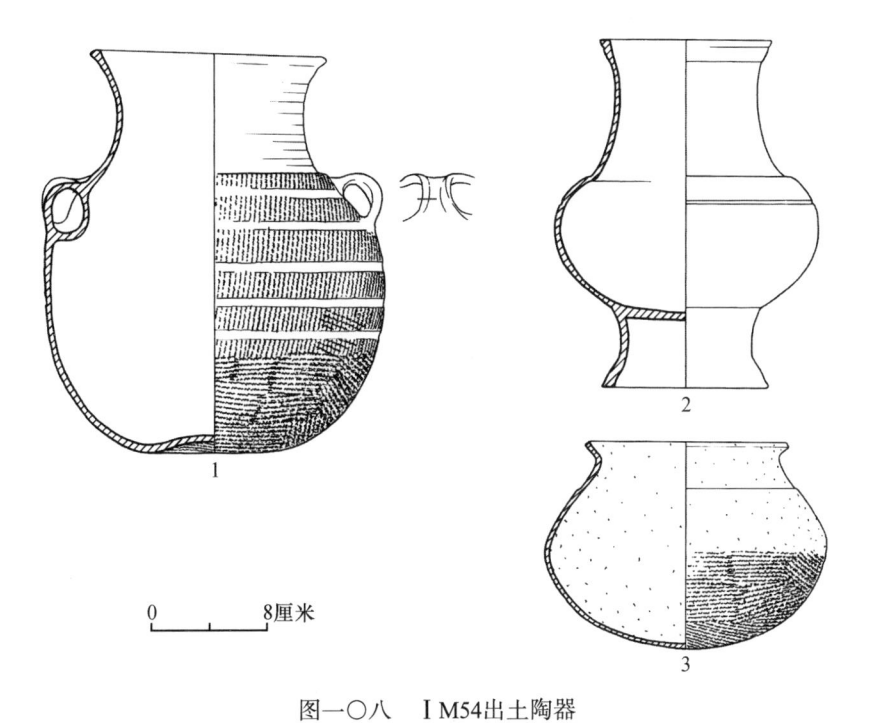

图一〇七　ⅠM54平、剖面图
1.陶壶　2.陶双耳罐　3.陶釜

图一〇八　ⅠM54出土陶器
1.陶双耳罐（ⅠM54：2）　2.陶壶（ⅠM54：1）　3.陶釜（ⅠM54：3）

四十八、ⅠM55

位于Ⅰ区东南部最东端。方向101°。长方形竖穴土坑墓，口底等大，直壁。开口距地表约0.25米，墓口长2.42、宽1.8、深1.1~1.8米。填土为黄褐色五花土，土质较硬。墓坑四壁均留有工具加工后的长条状印痕，南、北壁壁面各有12条，东、西壁壁面各有9条，每条印痕约宽0.18、深0.02米。葬具为木质单棺单椁，仅存朽痕。椁室位于墓室中部，平面呈长方形，椁痕长2.15、宽1.3米。棺位于椁室内偏北部，平面呈长方形，棺痕长2.02、宽0.56米。棺内不见人骨，头向、葬式、性别与年龄皆不明。出土随葬品7件（套），均为陶器，置于椁内棺外东南部（图一〇九；图版一二，2）。

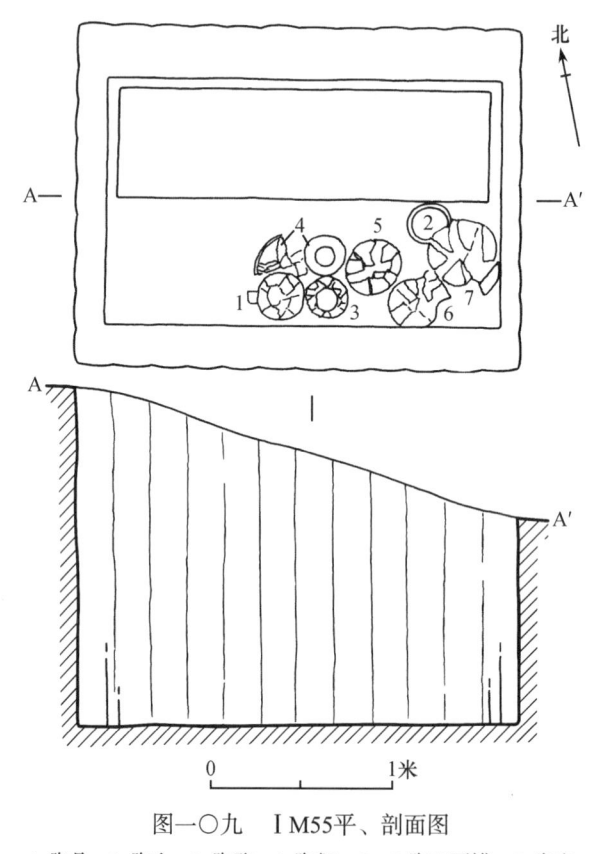

图一〇九　ⅠM55平、剖面图
1.陶鼎　2.陶盒　3.陶鍪　4.陶瓿　5、6.陶双耳罐　7.陶壶

陶鼎　1件。ⅠM55:1，泥质灰陶。浅弧盘状器盖，盖顶均匀分布有三个亚腰形纽。器身为子口，方唇，长方形附耳外折撇，长方形耳孔对穿，上腹较直，下腹弧收，圜底，三蹄形足外撇。器盖素面，器身中腹部饰一道折棱。器身口径17.6、腹径23.2、高22.4厘米，器盖口径22.4、高8厘米，通高25厘米（图一一〇，1；图版四八，6）。

陶盒　1件。ⅠM55:2，泥质灰陶。覆碗状器盖，浅宽圈足状捉手。器身为子口，圆唇，上腹较直，下腹弧收，平底。通体素面。器身口径15.4、腹径19.8、高9厘米，器盖口径19.6、顶径9.6、高7厘米，通高15.6厘米（图一一〇，3）。

图一一〇　ⅠM55出土陶器

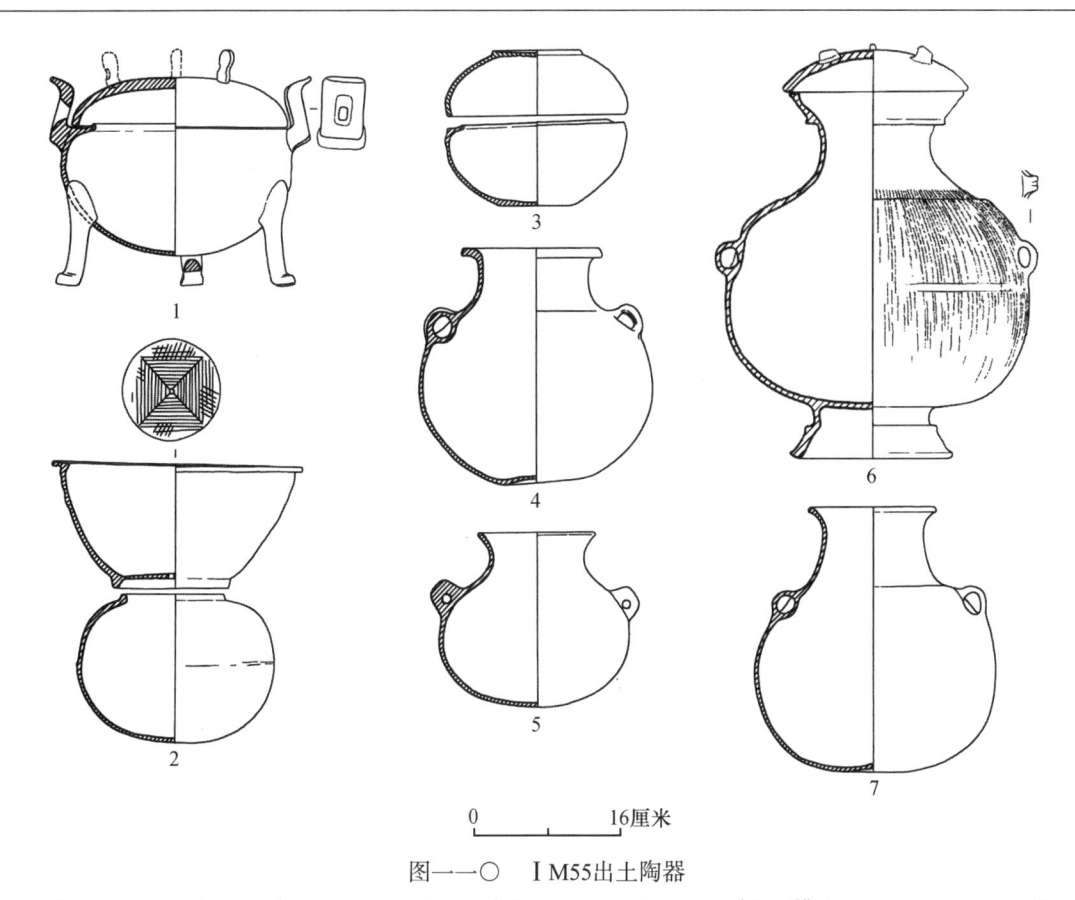

1.陶鼎（ⅠM55∶1）　2.陶甗（ⅠM55∶4）　3.陶盒（ⅠM55∶2）　4、7.陶双耳罐（ⅠM55∶5、ⅠM55∶6）
5.陶鍪（ⅠM55∶3）　6.陶壶（ⅠM55∶7）

陶壶　1件。ⅠM55∶7，泥质红陶。浅弧盘状器盖，盖顶均匀分布三个泥凸纽。器身为盘口，方唇，束颈，鼓肩，肩部有对称牛鼻形双耳，扁鼓腹，平底，盘状圈足。外口部下端有一道凸棱，肩部和腹部饰模糊细绳纹，有被抹平的痕迹，圈足外壁饰一道折棱。器身口径19.2、腹径33.6、圈足径18、高38.8厘米，器盖口径20.4、高4.8厘米，通高43.6厘米（图一一〇，6；图版四八，4）。

陶甗　1件（套）。ⅠM55∶4，泥质灰陶。上甑下釜扣合而成。甑，微仰折沿，方唇，弧腹，平底，内底心有一个圆形小镂孔，矮圈足。釜，直口，圆唇，矮领，鼓肩，鼓腹，圜底。甑内底部刻"回"形纹，釜中腹部饰一道凸棱。甑口径27.2、圈足径12.9、高12.8厘米，釜口径11.4、腹径21.4、高15.8厘米，通高28.2厘米（图一一〇，2）。

陶双耳罐　2件。侈口，束颈，溜肩，肩部有对称牛鼻形双耳，鼓腹，下腹弧收，底内凹。素面。ⅠM55∶5，泥质灰陶。卷沿微外翻，方唇，颈部粗短。口径15.4、腹径25.4、底径6.4、高25.1厘米（图一一〇，4）。ⅠM55∶6，泥质红陶。卷沿，圆唇，颈部细长。口径14.1、腹径26.7、底径7.2、高28厘米（图一一〇，7；图版四八，2）。

陶鍪　1件。ⅠM55∶3，泥质灰陶。侈口，圆唇，束颈，溜肩，肩部有对称弓形双系，扁圆腹，圜底。素面。口径12.8、腹径20.8、高18.5厘米（图一一〇，5；图版四八，5）。

四十九、ⅠM56

位于Ⅰ区西北部偏南。方向4°。长方形竖穴土坑墓，口大底小，南北两壁为直壁，东西两壁留有生土二层台。开口距地表约0.15米，墓口长2.3、宽1.3米，墓底长2.3、宽0.9米，深1.1~1.2米。墓口向下0.3~0.4米处的东西两壁留有生土二层台，有部分已坍塌，长2.3、宽0.4、高0.8米。填土为灰褐色五花土，土质较硬。葬具为木质单棺，无椁，仅存朽痕。棺位于墓室中部偏南，平面呈长方形，棺痕长1.78、宽0.45米。棺内有人骨一具，保存极差，只于棺内北部发现几颗牙齿，推测墓主头向东北，葬式、性别与年龄皆不详。出土随葬品4件，均为陶器，置于墓内棺外北部（图一一一；图版一三，1）。

陶双耳罐　1件。ⅠM56：1，泥质灰陶。侈口，方唇，束颈，溜肩，肩部有对称牛鼻形双耳，弧腹，底内凹。肩至中腹部饰竖绳纹间有两道抹痕，下腹至底部饰交错绳纹。口径15.1、腹径21.6、底径8、高22厘米（图一一二，2；图版四九，1）。

陶瓮　1件。ⅠM56：2，泥质灰陶。侈口，仰折沿，沿面微凹，方唇，束颈，斜肩，鼓腹，平底微内凹。颈部钻有两个对称小圆孔，肩部饰三道浅宽凹弦纹。口径13.7、腹径19.8、底径9.5、高12.8厘米（图一一二，4；图版四九，2）。

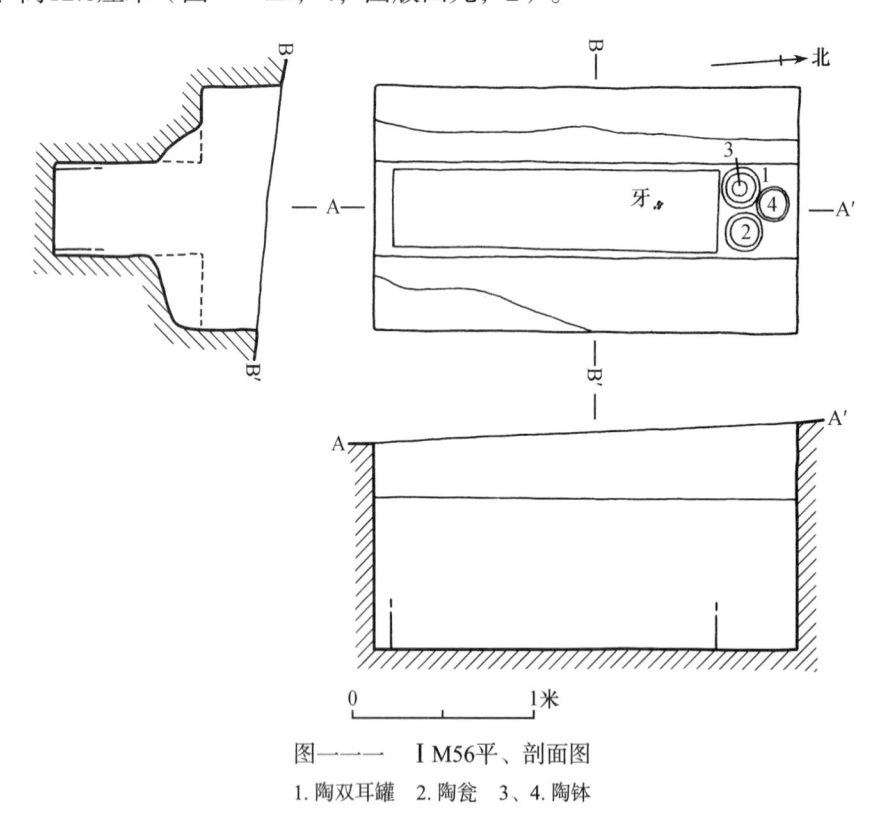

图一一一　ⅠM56平、剖面图
1. 陶双耳罐　2. 陶瓮　3、4. 陶钵

陶钵　2件。泥质灰陶。圆唇，弧腹，平底微内凹。素面。ⅠM56：3，直口，口部不平。口径14.3、底径8.4、高4.9~5.2厘米（图一一二，1）。ⅠM56：4，微敛口。口径13.7、底径7、高6厘米（图一一二，3）。

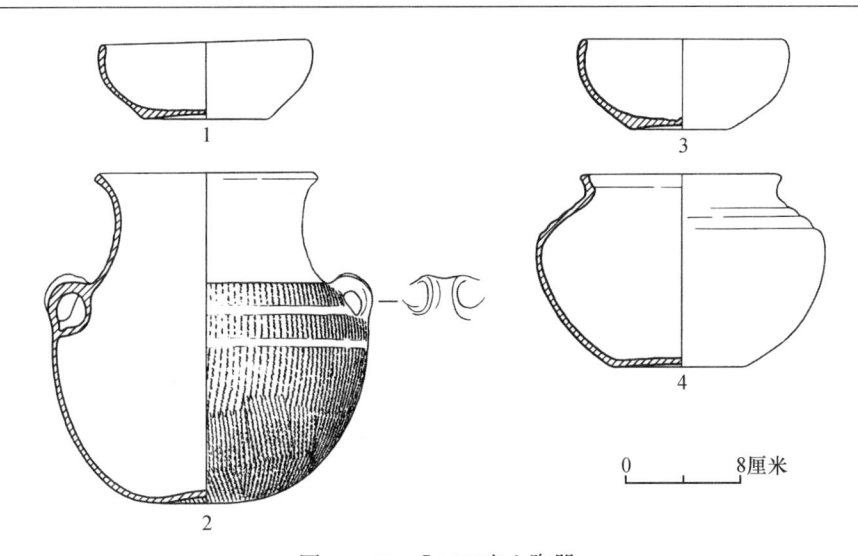

图一一二　ⅠM56出土陶器
1、3. 陶钵（ⅠM56:3、ⅠM56:4）　2. 陶双耳罐（ⅠM56:1）　4. 陶瓮（ⅠM56:2）

五十、ⅠM57

位于Ⅰ区西北部偏南。其西紧邻ⅠM58，两墓似为异穴合葬。方向10°。长方形竖穴土坑墓，口大底小，南北壁微曲内收，东西壁有生土二层台。开口距地表约0.15米，墓口长2.5、宽1.6~1.7米，墓底长2.3、宽1.4米，深1.5米。墓口向下约0.7米处的东西两壁留有生土二层台，台边沿有部分已坍塌，长2.3、宽0.35、高0.8米。二层台上发现有木板灰痕，可能是填埋土之前在铺好的板面上举行过简单的祭祀。填土为灰褐色五花土，土质较硬。葬具为木质单棺，无椁，仅存朽痕。棺位于墓室中部，平面呈长方形，棺痕长1.9、宽0.6米。棺内有人骨一具，保存较差，仅存部分四肢骨和颅骨，头向东北，仰身直肢，性别、年龄不详。出土随葬品2件，均为陶器，分别置于墓内棺外西北部和南部（图一一三；图版一三，2）。

陶釜　1件。ⅠM57:1，夹砂灰陶。侈口，仰折沿，方唇，束颈，溜肩，扁鼓腹，圜底。下腹至底部饰交错绳纹，并有经火焙烧后留下的烟熏痕迹。口径12.2、腹径17.7、高13厘米（图一一四，2）。

陶钵　1件。ⅠM57:2，泥质灰陶。直口，圆唇，弧腹，平底微内凹。素面。口径15.8、底径5.5、高6厘米（图一一四，1）。

五十一、ⅠM58

位于Ⅰ区西北部偏南。其东紧邻ⅠM57，两墓似为异穴合葬。方向8°。长方形竖穴土坑墓，口大底小，南、北壁为直壁，东、西壁有生土二层台。开口距地表约0.15米，墓口长2.9、宽1.8米，墓底长2.9、宽1.38米，深1.6~1.7米。墓口向下约1.2米处，东西两壁留有生土二层台，台边沿有部分已坍塌，长2.9、宽0.42、高0.8米。在二层台上发现木板灰痕和兽骨，可能

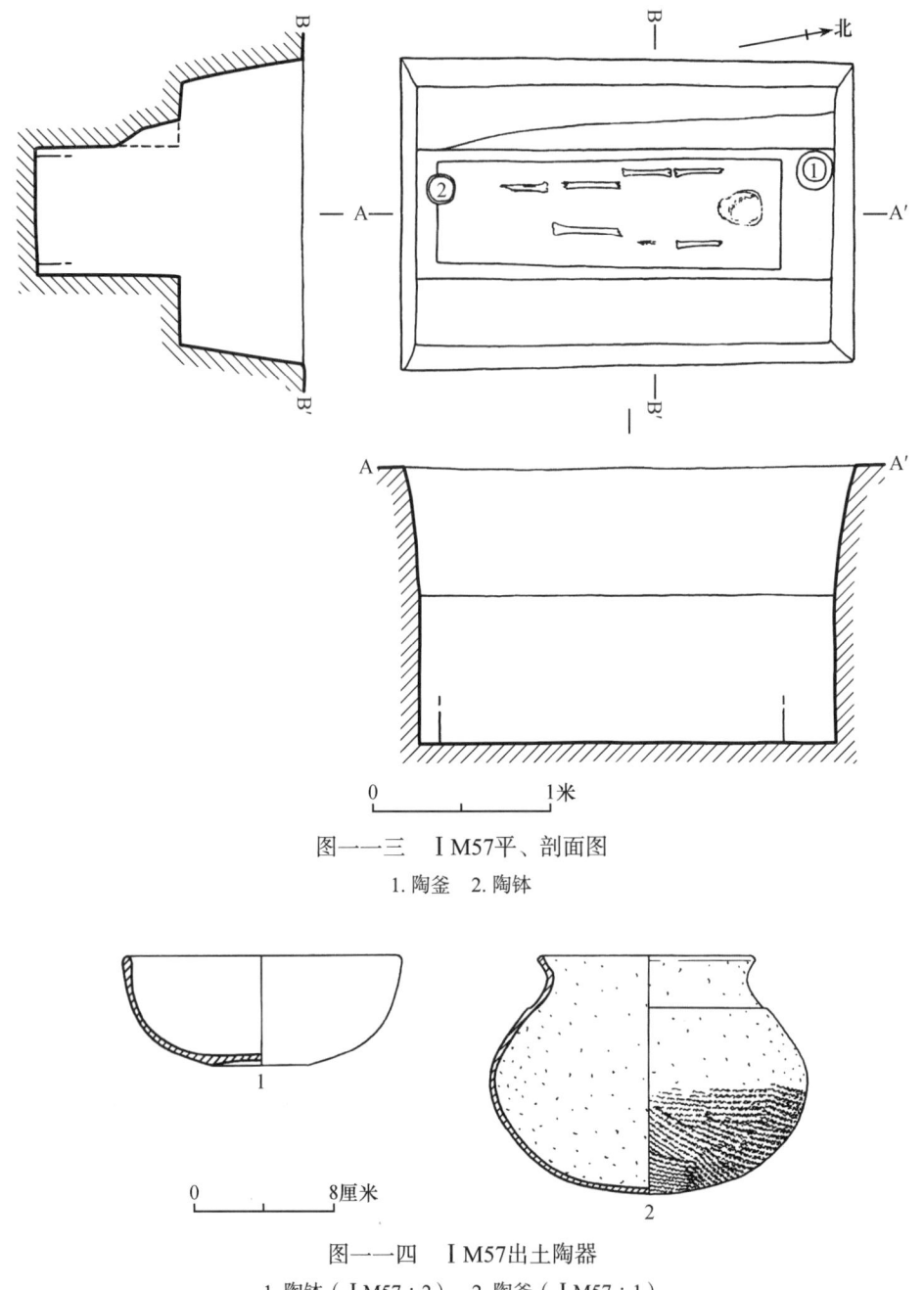

图一一三　ⅠM57平、剖面图
1. 陶釜　2. 陶钵

图一一四　ⅠM57出土陶器
1. 陶钵（ⅠM57：2）　2. 陶釜（ⅠM57：1）

填埋土之前在铺好的木板上举行过简单的祭祀。填土为灰褐色五花土，土质较硬。葬具为木质单棺，无椁，仅存朽痕。棺位于墓室偏东南部，平面呈长方形，长1.94、宽0.45～0.55米。棺内有人骨一具，保存较差，头向东北，仰身直肢，性别、年龄不详。出土随葬品3件，其中陶器2件，置于墓内棺外北部，铁器1件，置于棺内墓主头部左侧（图一一五；图版一四，1）。

陶双耳罐　1件。ⅠM58：1，泥质灰陶。侈口，卷沿微翻，方唇，束颈，溜肩，肩部有对称牛鼻形双耳，弧腹，底内凹。肩至上腹部饰一周竖绳纹，下腹至底部饰交错绳纹。口径15.3、腹径20.4、底径6.4、高21.6厘米（图一一六，1；图版四九，3）。

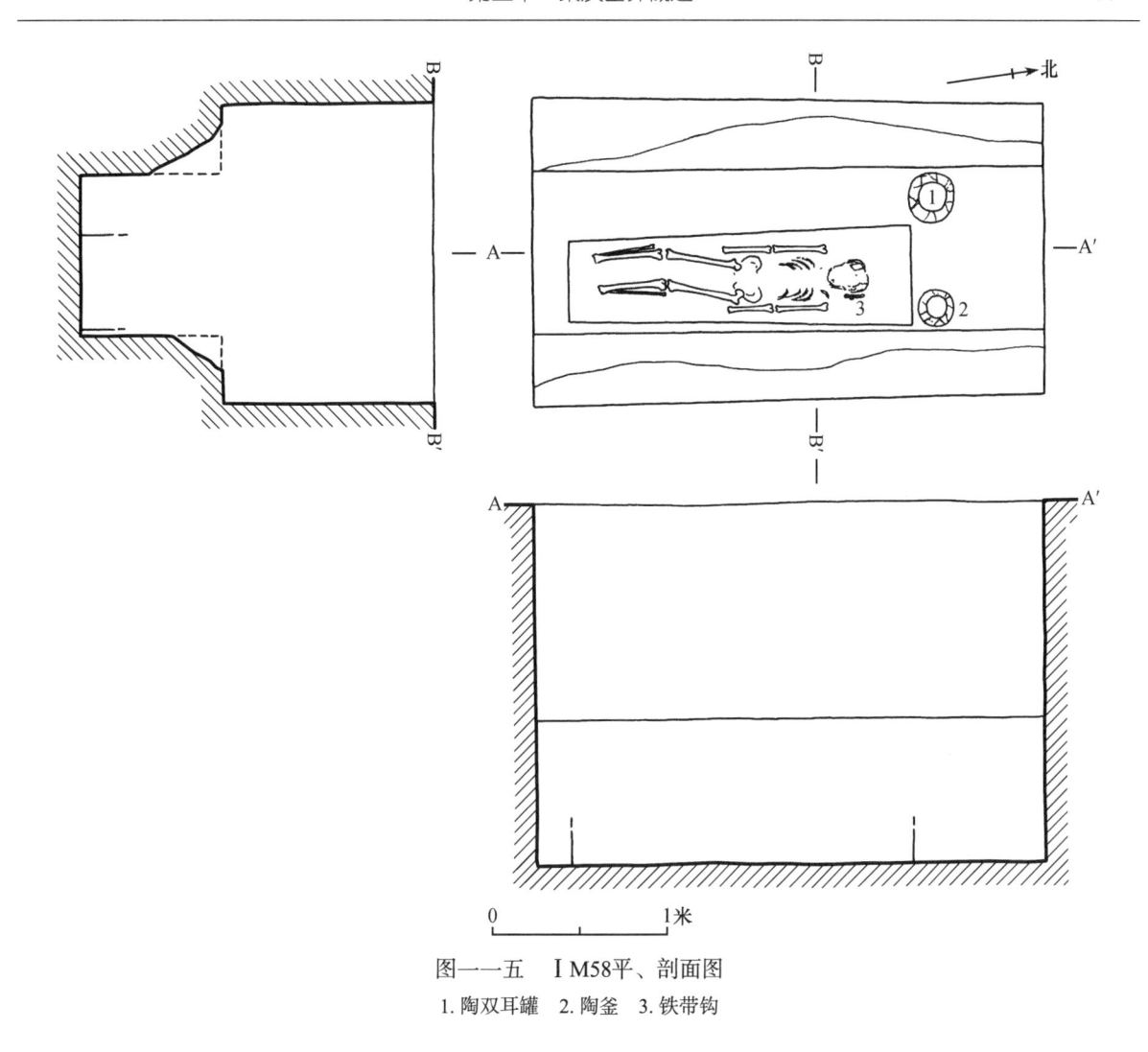

图——五　ⅠM58平、剖面图
1.陶双耳罐　2.陶釜　3.铁带钩

陶釜　1件。ⅠM58：2，夹砂灰陶。侈口，卷沿，方唇，束颈，溜肩，扁圆腹，圜底近平。下腹至底部饰交错绳纹，并有经火焙烧后留下的烟熏痕迹。口径13.2、腹径18.3、高12.8厘米（图一一六，2；图版四九，4）。

铁带钩　1件。ⅠM58：3，锈蚀严重。曲棒形，钩首和尾部均残缺，钩体截面呈椭圆形，一圆形纽偏于尾部背面。残长5.2、宽约0.6厘米（图一一六，3）。

五十二、ⅠM59

位于Ⅰ区西北部偏中。方向11°。长方形竖穴土坑墓，口大底小，曲壁内收。开口距地表约0.2米，墓口长4.2、宽3.4米，墓底长2.92、宽1.9米，深3.4米。填土为黄褐色五花土，土质较硬较黏，包含少量的石英石块。葬具为木质单棺单椁，仅存朽痕。椁室位于墓室中部，平面呈"Π"形，四端顶木外昂，向外伸出约0.17米，椁痕长2.48、宽1.22米。棺位于椁室内偏东南部，平面呈长方形，棺痕长2、宽0.59～0.66米。棺内有人骨一具，保存较差，头向东北，仰身

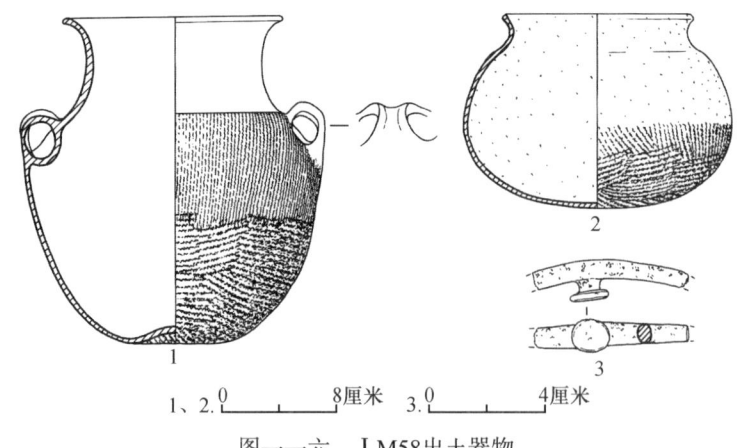

图一一六　ⅠM58出土器物
1.陶双耳罐（ⅠM58：1）　2.陶釜（ⅠM58：2）　3.铁带钩（ⅠM58：3）

直肢，双手置于盆骨处，性别、年龄不详。出土随葬品8件，其中陶器7件，置于椁内棺外西南部，铜器1件，置于棺内墓主左小腿处（图一一七；彩版八，2）。

陶鼎　1件。ⅠM59：3，泥质灰陶。浅弧盘状器盖，平顶，顶部均匀分布三个蝶须形纽。器身为子口，方唇，长方形附耳外弧撇，长方形耳孔对穿，直腹，平底微内凹，三个粗矮蹄形足。器盖素面，器身中腹部饰一道折棱，上腹部饰一周间断竖向"M"形纹白彩图案，下腹部饰一周间断草叶形纹白彩图案，足根部上端饰一个卷云纹白彩图案，足面有刮削棱痕。器身口径16.4、腹径20.4、高18.4厘米，器盖口径20、高6厘米，通高20.9厘米（图一一八，1；彩版二一，1；图版五〇，4）。

陶敦　1件。ⅠM59：4，泥质灰陶。两个半球上、下扣合而成，直口，方唇，弧腹，圜底，蝶须形纽与足。器盖及器身中腹部分别饰一道凹弦纹。口径20、通高27.6厘米（图一一八，7；彩版二六，3；图版五〇，5）。

陶壶　1件。ⅠM59：2，泥质灰陶。浅弧盘状器盖，盖顶均匀分布三个蝶须形纽。器身为侈口，方唇，束颈，鼓肩，鼓腹，平底，喇叭状圈足。器身口部、颈部和腹部皆饰数道凹弦纹，圈足外壁饰一道折棱。器身口径12.6、腹径21、圈足径14、高35.6厘米，器盖口径13、高4厘米，通高39.6厘米（图一一八，2；彩版二〇，1，后排左一；图版五〇，1）。

陶匜　1件。ⅠM59：5，泥质灰陶。椭圆形，直口微敛，方唇，弧腹，平底微内凹，一端带半圆形流，流口上仰。腹部饰一道凹弦纹。流口长3.3、宽3厘米，器身口径13.6、底径6.3、深3.8厘米，通高5.4厘米（图一一八，4；彩版二〇，1，前排右一；图版五〇，3）。

陶杯　1件。ⅠM59：8，泥质灰陶。直口，方唇，上腹斜直，下腹弧收，喇叭状矮圈足。素面。口径8.7、圈足径5.6、高10.8厘米（图一一八，5；彩版二〇，1，前排左二；图版五〇，2）。

陶豆　1件。ⅠM59：6，泥质灰陶。敞口，尖唇，浅盘，平底，细直柄，上端实心，下端渐中空，喇叭状圈足。腹部饰一道凹弦纹，柄中部饰多道凹弦纹。口径14.4、圈足径9.9、高13厘米（图一一八，6；彩版二〇，1，前排右二；图版四九，5）。

陶釜　1件。ⅠM59：7，夹砂灰陶。侈口，卷沿，圆唇，束颈，溜肩，鼓腹，圜底。颈部饰

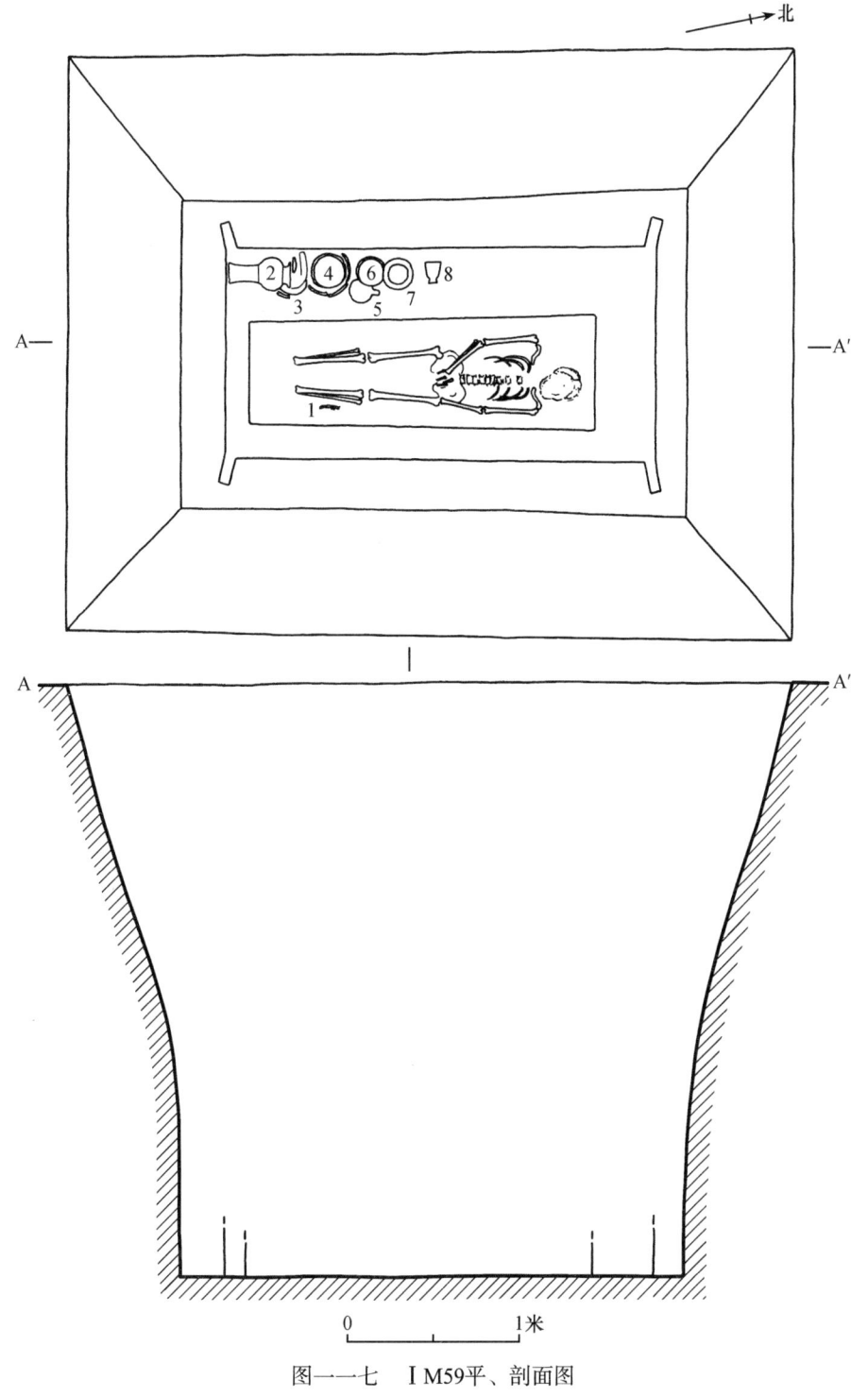

图一一七　ⅠM59平、剖面图
1.铜带钩　2.陶壶　3.陶鼎　4.陶敦　5.陶匜　6.陶豆　7.陶釜　8.陶杯

一道折棱，中腹部饰三道凹弦纹，下腹至底部饰交错绳纹，并有经火焙烧后留下的烟熏痕迹。口径13.2、腹径17.9、高13.5厘米（图一一八，3；彩版二〇，1，前排左一；图版四九，6）。

铜带钩　1件。ⅠM59：1，灰绿色，锈蚀严重。曲棒形，截面呈椭圆形，钩首和尾部均残缺，椭圆形纽靠近中部。长10.8、直径0.9厘米（图一一八，8）。

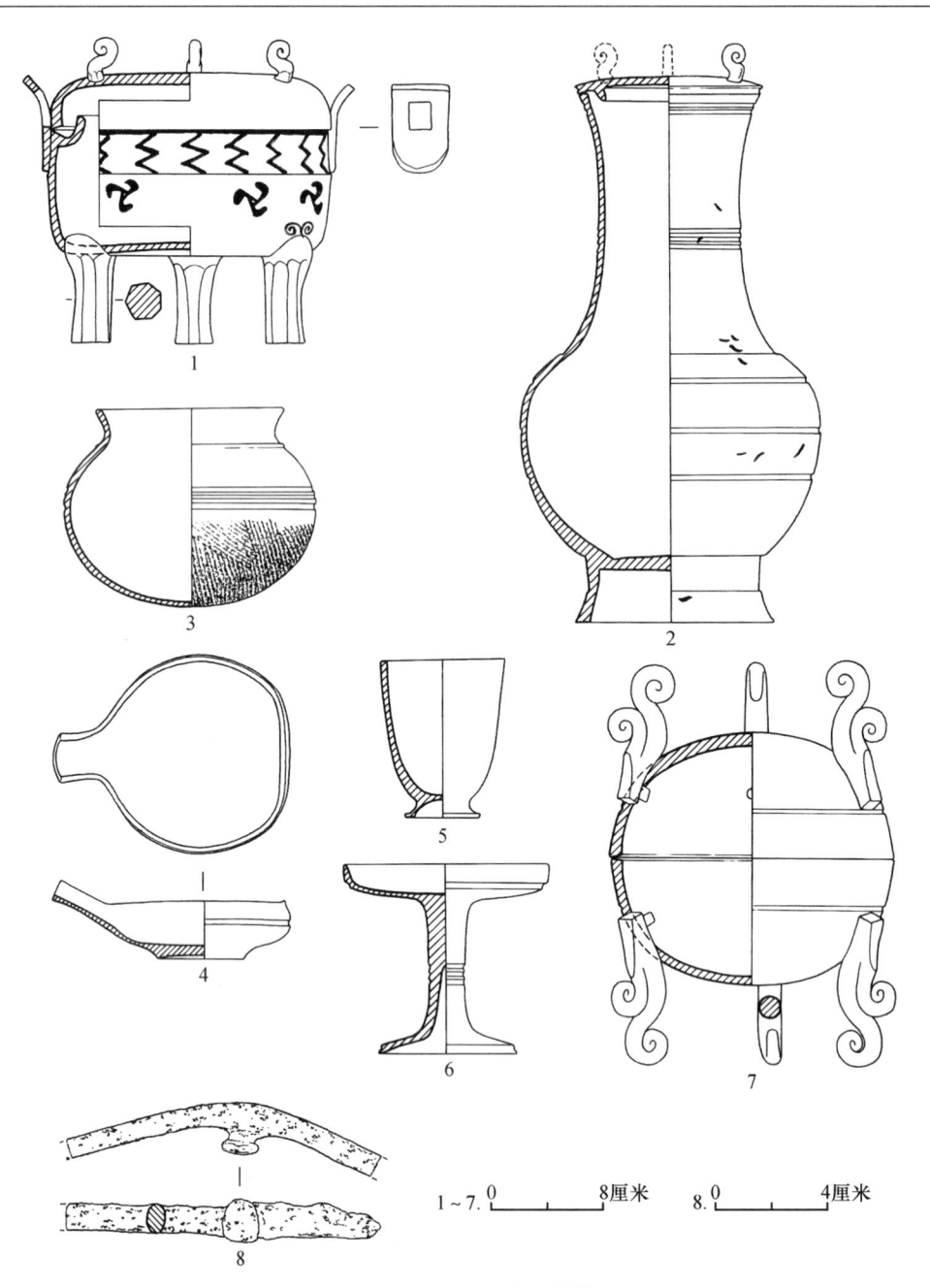

图一一八　ⅠM59出土器物
1.陶鼎（ⅠM59∶3）　2.陶壶（ⅠM59∶2）　3.陶釜（ⅠM59∶7）　4.陶匜（ⅠM59∶5）　5.陶杯（ⅠM59∶8）
6.陶豆（ⅠM59∶6）　7.陶敦（ⅠM59∶4）　8.铜带钩（ⅠM59∶1）

五十三、ⅠM60

位于Ⅰ区西北部偏北。方向215°。长方形竖穴土坑墓，口底等大，直壁。开口距地表约0.15米，墓坑长2.9、宽1.8～1.9、深0.75～0.9米。填土为灰褐色五花土，土质较硬。葬具为木质单棺单椁，仅存朽痕。椁室位于墓室偏西北部，平面呈长方形，椁痕长2.3、宽0.95、残高0.58米。棺位于椁室中部，平面呈长方形，棺痕长1.8、宽0.62米。棺内有人骨一具，保存较差，头向西南，侧身直肢，面向右，性别、年龄不详。出土随葬品3件，均为陶器，置于椁内棺外南部（图一一九）。

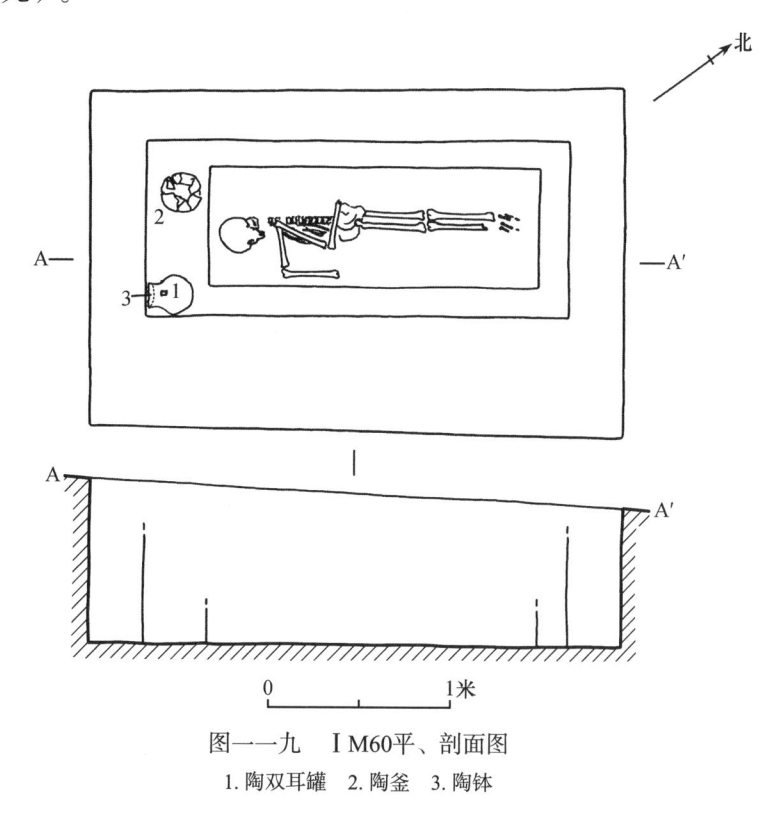

图一一九　ⅠM60平、剖面图
1.陶双耳罐　2.陶釜　3.陶钵

陶双耳罐　1件。ⅠM60∶1，泥质灰陶。侈口，方唇，束颈，溜肩，肩部有对称牛鼻形双耳，弧腹，底内凹。颈部有轮制留下的旋纹痕迹，肩至上腹部饰竖绳纹间有两道抹痕，下腹至底部饰交错绳纹。口径15.7、腹径22、底径7.6、高23厘米（图一二〇，1；图版五一，1）。

陶釜　1件。ⅠM60∶2，夹砂灰陶。侈口，仰折沿，沿面微内凹，方唇，束颈，溜肩，扁鼓腹，圜底。下腹至底部饰交错绳纹，并有经火焙烧后留下的烟熏痕迹。口径13.2、腹径18.6、高14.2厘米（图一二〇，3；图版五一，2）。

陶钵　1件。ⅠM60∶3，泥质灰陶。直口，圆唇，弧腹，平底。素面。口径17、底径6.5、高6.1厘米（图一二〇，2）。

五十四、ⅠM61

位于Ⅰ区西北部偏北。方向35°。长方形竖穴土坑墓，口大底小，斜壁微曲。开口距地表约0.25米，墓口长3、宽2.2～2.6米，墓底长2.5、宽1.25～1.3米，深2.45～2.6米。填土为黄褐色五花土，土质较硬。葬具为木质单棺单椁，仅存朽痕。平面呈"Ⅱ"形，四端顶木外昂，向外伸出约0.14米，椁痕长2.3、宽1米。棺位于椁室中部，平面呈长方形，棺痕长1.6、宽0.62米。棺内有人骨一具，保存极差，仅于棺内偏西南部残存两段腿骨，推测墓主头向东北，葬式、性别与年龄不详。出土随葬品4件，均为陶器，置于椁内棺外北部（图一二一；图版一四，2）。

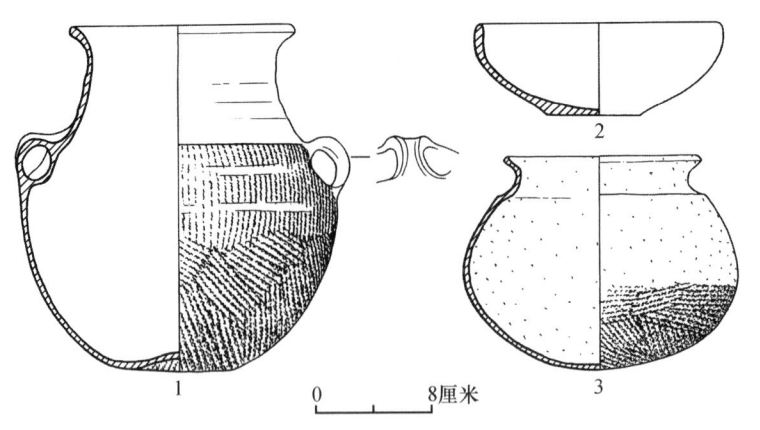

图一二〇　ⅠM60出土陶器
1. 陶双耳罐（ⅠM60∶1）　2. 陶钵（ⅠM60∶3）　3. 陶釜（ⅠM60∶2）

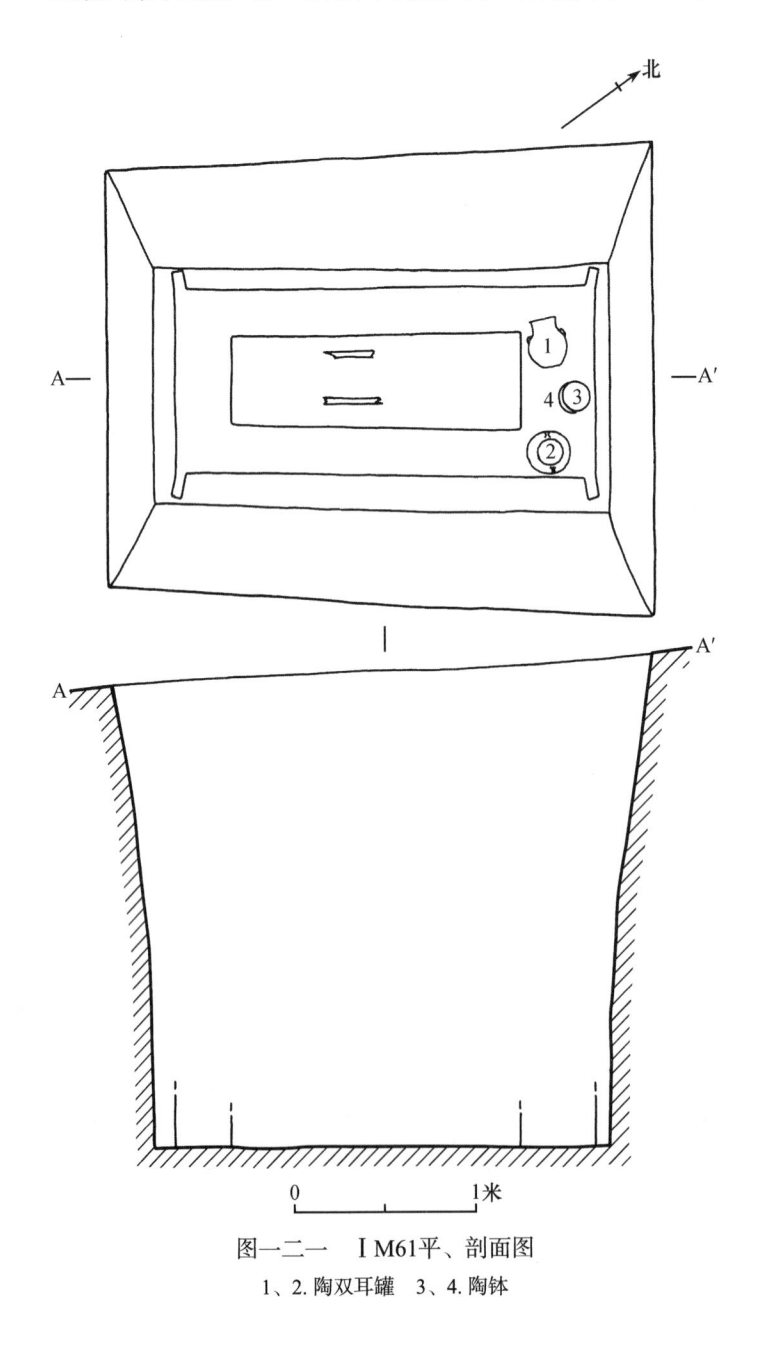

图一二一　ⅠM61平、剖面图
1、2. 陶双耳罐　3、4. 陶钵

陶双耳罐　2件。泥质灰陶。侈口，束颈，溜肩，肩部有对称牛鼻形双耳，弧腹，底内凹。ⅠM61：1，仰折沿，沿面微内凹，方唇。肩至上腹部饰左斜绳纹间有两道抹痕，下腹至底部饰交错绳纹。口径13.8、腹径20.7、底径8、高23.4厘米（图一二二，2；图版五一，3）。ⅠM61：2，卷沿，方唇。肩至中腹部饰左斜绳纹间有三道抹痕，下腹至底部饰交错绳纹。口径13.3、腹径20.2、底径6.8、高22厘米（图一二二，4；图版五一，4）。

陶钵　2件。泥质灰陶。弧腹，平底微内凹。内底部戳印一阳文"十"字图案，器表素面。ⅠM61：3，微敛口，圆唇。口径15、腹径15.4、底径5.4、高5.5厘米（图一二二，1；图版五一，5）。ⅠM61：4，直口，方唇。口径15.6、底径6.3、高5.2厘米（图一二二，3）。

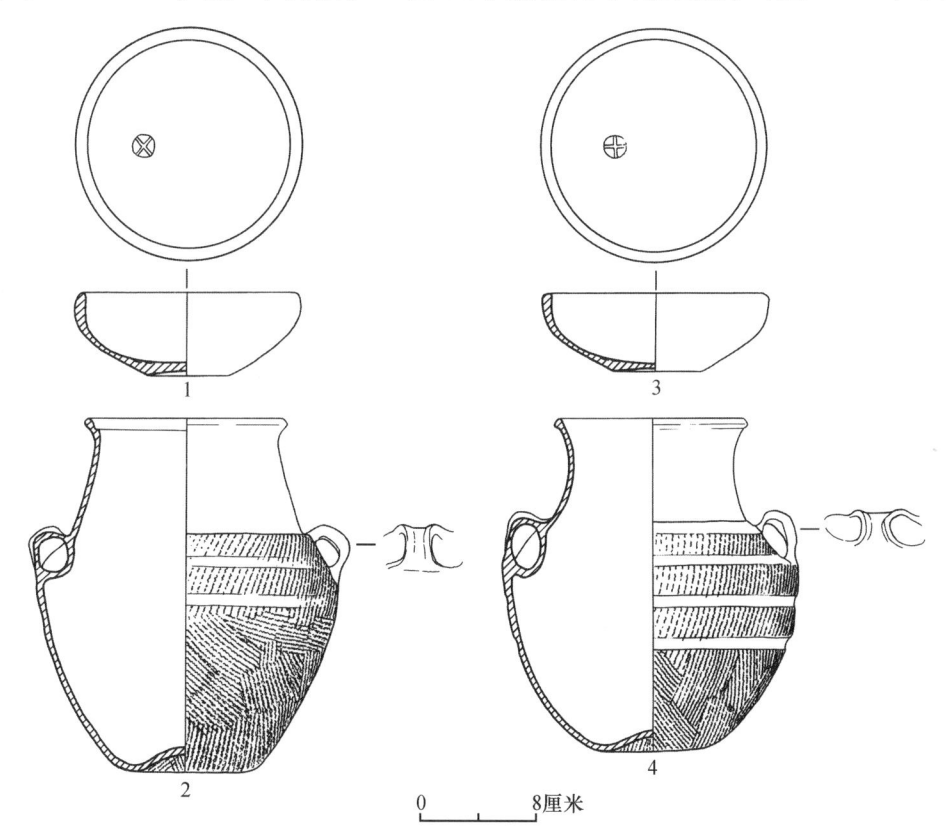

图一二二　ⅠM61出土陶器
1、3.陶钵（ⅠM61：3、ⅠM61：4）　2、4.陶双耳罐（ⅠM61：1、ⅠM61：2）

五十五、ⅠM62

位于Ⅰ区西北部偏北。其西紧邻ⅠM63，两墓似为异穴合葬。方向18°。长方形竖穴土坑墓，口底等大，直壁。开口距地表约0.25米，墓坑长3.36、宽2.55米，深2.3米。填土为黄褐色五花土，土质坚硬。葬具为木质单棺单椁，只存朽痕。椁室位于墓室中部，平面呈"Ⅱ"形，四端顶木外昂，向外伸出约0.12米，椁痕长2.4、宽1.2米。棺位于椁室内偏西部，平面呈长方形，棺痕长2、宽0.56～0.66米。棺内有人骨一具，保存一般，头向东北，仰身直肢，面向左，性别、年龄不详。出土随葬品6件，均为陶器，置于椁内棺外东北角（图一二三；图版一五，1）。

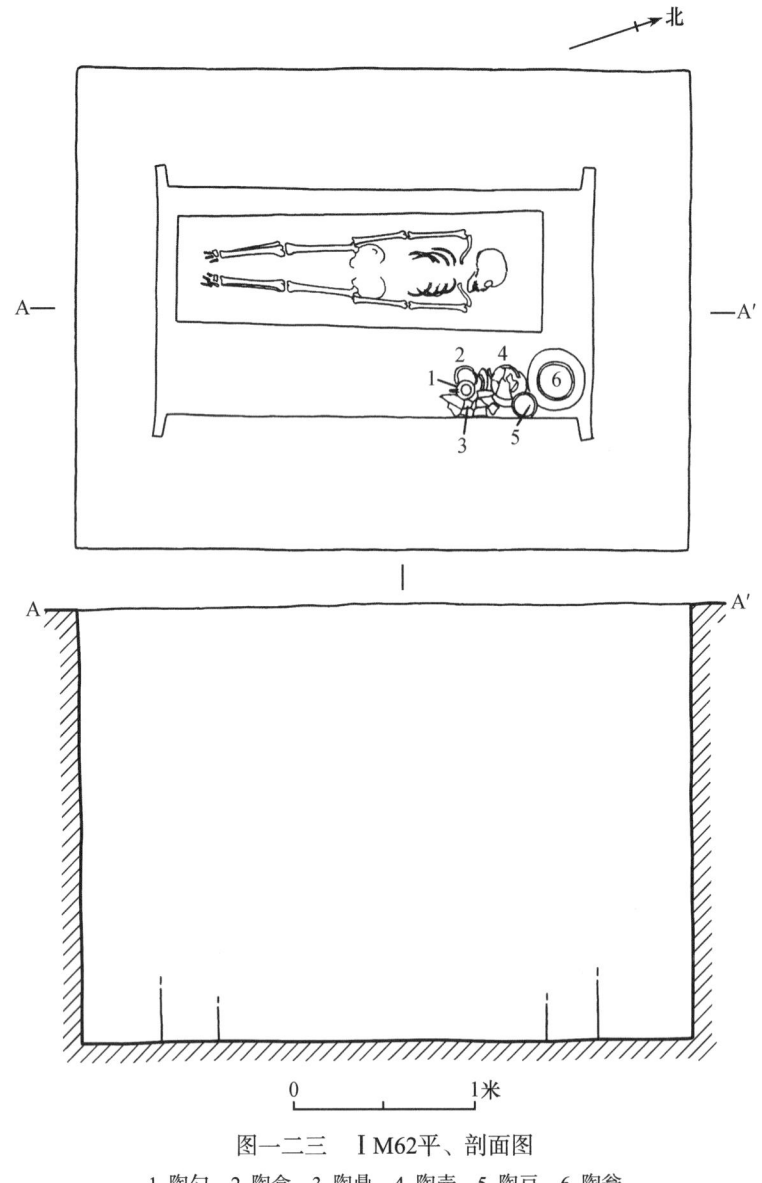

图一二三　ⅠM62平、剖面图
1.陶勺　2.陶盒　3.陶鼎　4.陶壶　5.陶豆　6.陶瓮

陶鼎　1件。ⅠM62∶3，泥质灰陶。浅弧盘状器盖。器身为子口，圆唇，长方形附耳外侈，长方形耳孔对穿，斜直腹，平底内凹，三蹄形足外撇，截面呈长方形。器盖顶部饰三道红彩圈线纹，外围点缀有较多红彩点纹，口部饰红彩菱形纹，外围填以红彩点纹，器耳饰红彩短线纹与点纹，器身腹部红彩纹饰严重剥落，仅余两道红彩平行直线纹，足根饰人面纹，足面有两道竖向凹槽。器身口径14.4、腹径18.7、高18.2厘米，器盖口径19、高5.8厘米，通高19.6厘米（图一二四，1；彩版二一，3）。

陶盒　1件。ⅠM62∶2，泥质灰陶。覆碗状器盖，浅宽圈足状捉手。器身为子口，圆唇，上腹较直，下腹弧收，平底。器盖顶部中心饰四道红彩圈线纹，外围饰红彩祥云纹，并点缀有红彩点纹，器盖与器身腹部皆饰红彩平行直线纹与祥云纹，均已严重剥落。器身口径16、底径10.4、高10.4厘米，器盖口径19.9、顶径13.6、高8.4厘米，通高17.5厘米（图一二四，2；彩版

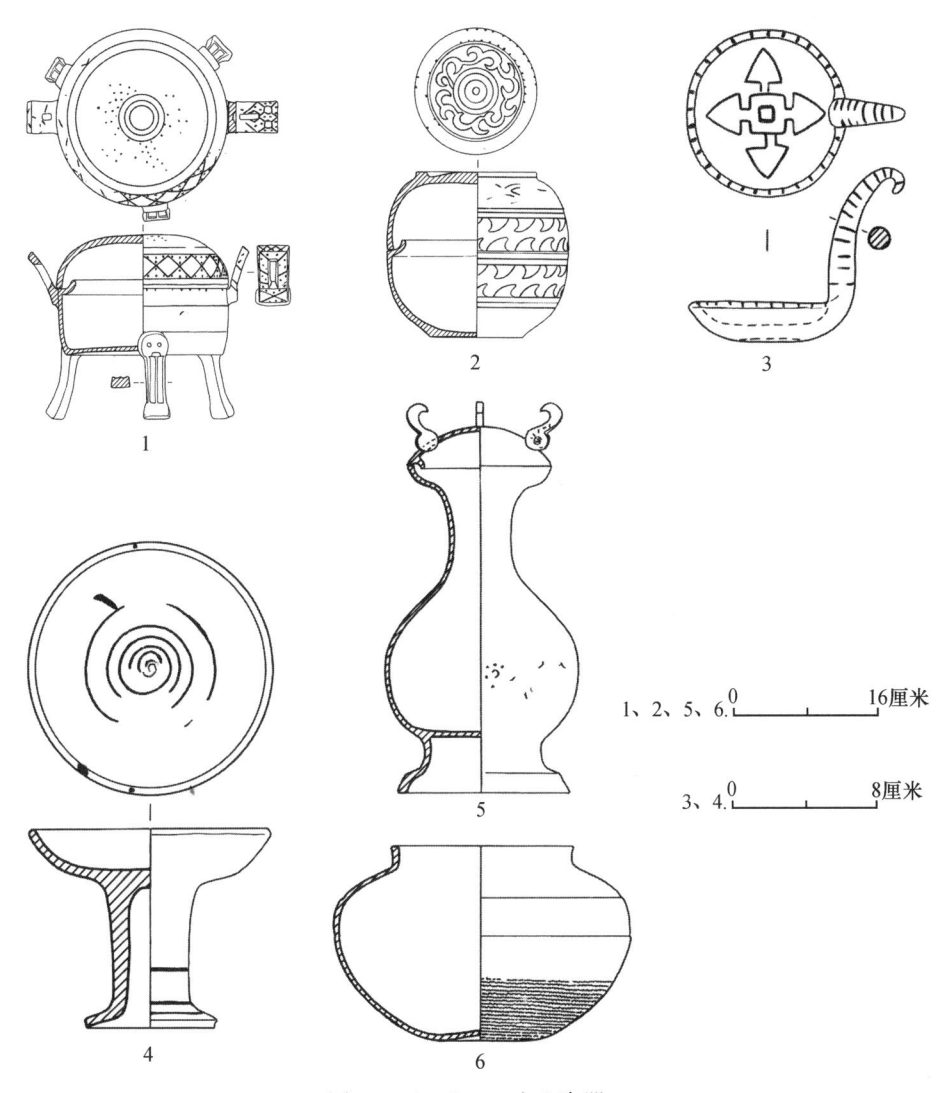

图一二四　ⅠM62出土陶器
1. 陶鼎（ⅠM62:3）　2. 陶盒（ⅠM62:2）　3. 陶勺（ⅠM62:1）　4. 陶豆（ⅠM62:5）
5. 陶壶（ⅠM62:4）　6. 陶瓮（ⅠM62:6）

二三，2）。

陶壶　1件。ⅠM62:4，泥质灰陶。浅弧盘状器盖，盖顶均匀分布三个简化立鸟形纽。器身为浅盘口，方唇，束颈较细长，溜肩，圆鼓腹，平底，盘状圈足。器身腹部红彩纹饰已严重剥落，仅余少量红彩点纹。器身口径15.6、腹径20.8、圈足径18.8、高34.8厘米，器盖口径15.6、高6.4厘米，通高41.2厘米（图一二四，5；彩版二〇，2，后排左一；图版五二，1）。

陶豆　1件。ⅠM62:5，泥质灰陶。敞口，圆唇，浅弧腹，平底，粗柄中空至盘底，喇叭状圈足。盘内底部饰红彩漩涡纹。口径13.1、圈足径7.1、高10.6厘米（图一二四，4；彩版二〇，2，前排中；图版五二，3）。

陶勺　1件。ⅠM62:1，泥质灰陶。圆形盘，敞口，圆唇，弧腹，平底微凹，一端有卷尾形勺柄。盘沿饰一周红彩短线纹，内底部饰红彩四叶蒂纹，勺柄饰红彩平行线纹。口径8.9、底径3.4、腹深2、通高9.1厘米（图一二四，3；彩版二六，5；图版五二，2）。

陶瓮　1件。ⅠM62∶6，泥质灰陶。直口，方唇，矮领，圆肩，上腹较鼓，下腹弧收，底内凹。肩至上腹部饰两道折棱，下腹至底部饰横绳纹。口径19.8、腹径32.3、高20.6厘米（图一二四，6；彩版二〇，2，后排中；图版五一，6）。

五十六、ⅠM63

位于Ⅰ区的西北部。其东紧邻ⅠM62，两墓似为异穴合葬。方向25°。长方形竖穴土坑墓，口大底小，曲壁内收。开口距地表约0.25米，墓口长3.4、宽2.22~2.35米，墓底长2.56、宽1.48~1.56米，深2.15米。填土为黄褐色五花土，土质较硬。葬具为木质单棺单椁，只存朽痕。椁室位于墓室中部，平面呈"Ⅱ"形，四端顶木微外昂，向外伸出约0.15米，椁痕长2.18、宽1米。棺位于椁室内偏东部，平面呈长方形，棺痕长1.85、宽0.6米。棺内有人骨一具，保存较好，头向东北，仰身直肢，面向左，双手置于盆骨处，性别为男性，年龄不详。出土随葬品4件，其中陶器3件，置于椁内棺外西北角，铜器1件，置于棺内墓主左膝外侧（图一二五）。

陶双耳罐　1件。ⅠM63∶2，泥质灰陶。侈口，口内侧有一道凹槽，圆唇，束颈，溜肩，肩部有对称牛鼻形双耳，弧腹，底内凹。肩至上腹部饰竖绳纹间有两道抹痕，下腹至底部饰交错绳纹。口径13.2、腹径20、底径7.2、高22.7厘米（图一二六，1；图版五二，4）。

陶釜　1件。ⅠM63∶1，夹砂灰陶。侈口，仰折沿，方唇，束颈，溜肩，扁鼓腹，圜底。口沿下饰一周细绳纹，有被抹平的痕迹，下腹至底部饰交错绳纹，并有经火焙烧后留下的烟熏痕迹。口径13、腹径18.6、高14厘米（图一二六，2；彩版二八，2；图版五二，5）。

陶钵　1件。ⅠM63∶4，泥质灰陶。微敛口，圆唇，弧腹，平底。内底部戳印一阳文"山"字形图案，器表素面。口径15、腹径15.6、高5.9厘米（图一二六，3）。

铜带钩　1件。ⅠM63∶3，锈蚀严重。曲棒形，钩首和尾部均残，偏于尾部背面附一圆形纽。残长5.2、宽0.8~1.4厘米（图一二六，4）。

五十七、ⅠM65

位于Ⅰ区西北部偏北。方向35°。长方形竖穴土坑墓，口大底小，曲壁内收。开口距地表约0.2米，墓口长3.4、宽2~2.15米，墓底长2.56、宽1.3米，深2~2.65米。填土为灰褐色五花土，土质较硬。葬具为木质单棺单椁，仅存朽痕。椁室位于墓室中部，平面呈"Ⅱ"形，四端顶木微外昂，向外伸出约0.15米，椁痕长2.3、宽1米。棺位于椁室内偏东部，平面呈长方形，长1.9、宽0.5~0.6米。棺内有人骨一具，几乎腐朽殆尽，据现场一些残存迹象判断墓主头向东北，仰身直肢，性别、年龄不详。出土随葬品4件，均为陶器，置于椁内棺外西北角（图一二七；图版一五，2）。

陶双耳罐　1件。ⅠM65∶2，泥质灰陶。侈口，口内侧有一道凹槽，方唇，束颈，溜肩，

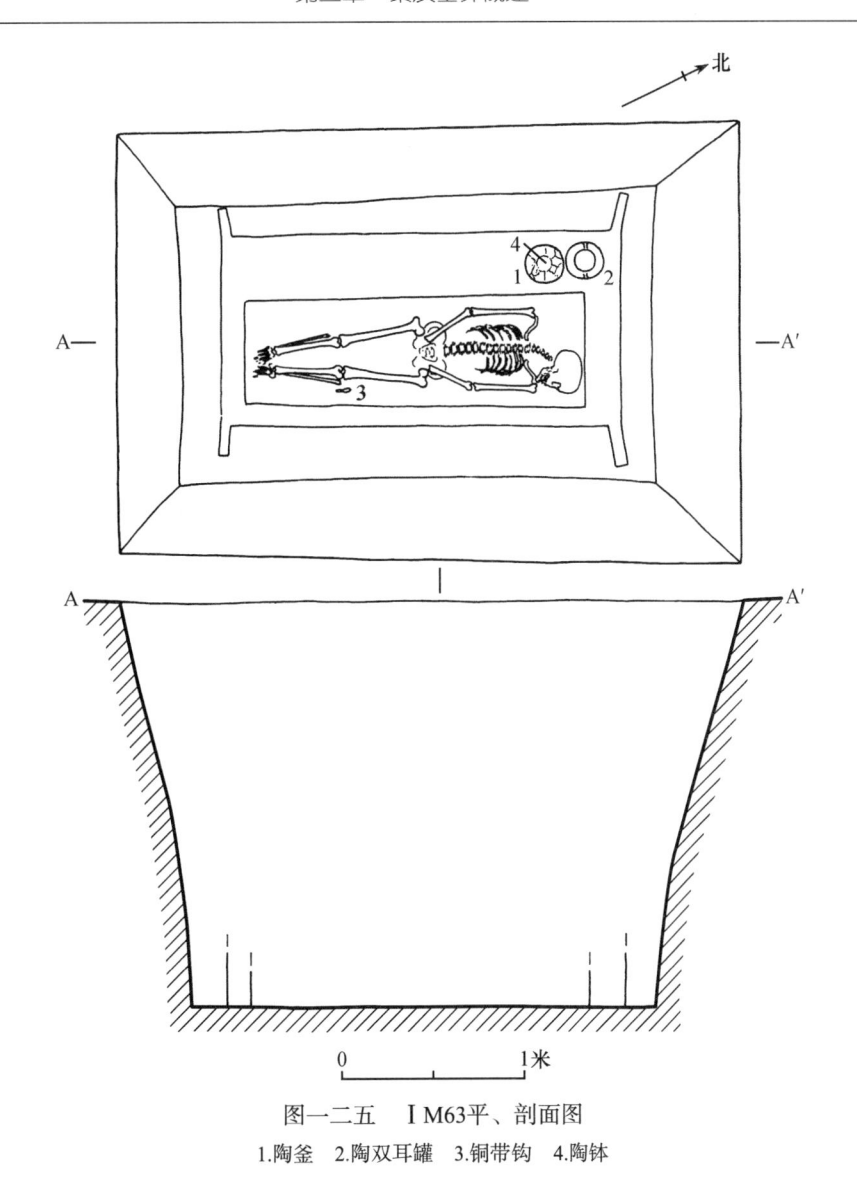

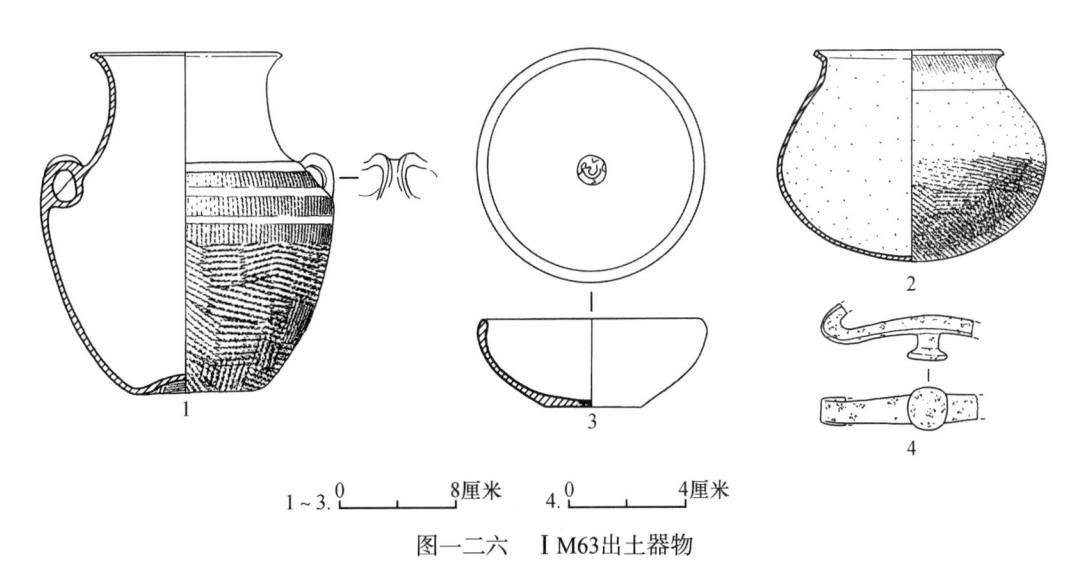

图一二五　ⅠM63平、剖面图
1.陶釜　2.陶双耳罐　3.铜带钩　4.陶钵

图一二六　ⅠM63出土器物
1.陶双耳罐（ⅠM63∶2）　2.陶釜（ⅠM63∶1）　3.陶钵（ⅠM63∶4）　4.铜带钩（ⅠM63∶3）

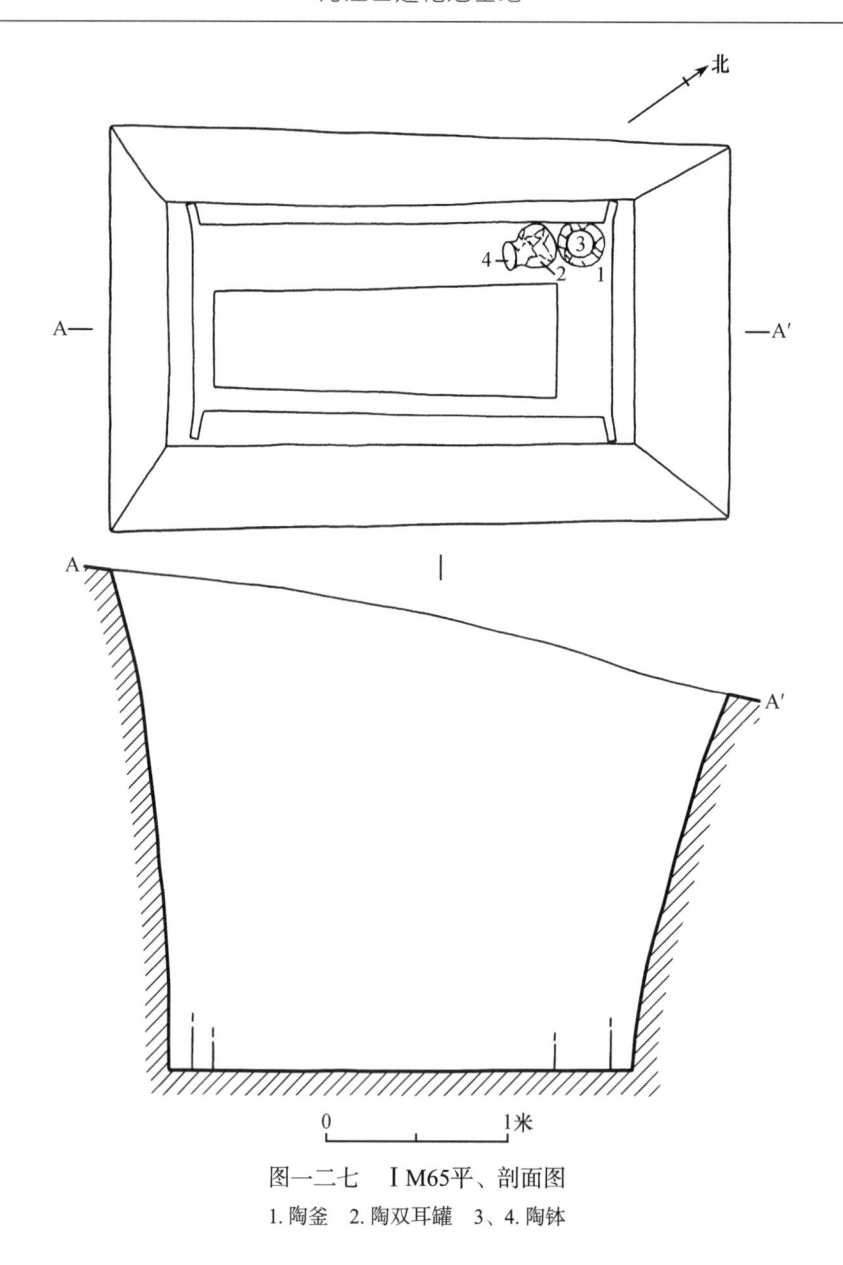

图一二七　ⅠM65平、剖面图
1.陶釜　2.陶双耳罐　3、4.陶钵

肩部有对称牛鼻形双耳，弧腹，底内凹。肩至上腹部饰一周左斜绳纹，下腹至底部饰交错绳纹。口径14.2、腹径21、底径7.2、高23.4厘米（图一二八，3；图版五三，3）。

陶釜　1件。ⅠM65：1，夹砂灰陶。侈口，仰折沿，方唇，唇面微凹，束颈，溜肩，扁鼓腹，圜底。下腹至底部饰交错绳纹并有烟熏痕迹。口径14.8、腹径19.7、高13.7厘米（图一二八，1；图版五三，1）。

陶钵　2件。泥质灰陶。直口，圆唇，弧腹，平底微内凹。器表素面。ⅠM65：3，内底部戳印一阳文"米"字形图案。口径15.2、底径6.2、高5.4厘米（图一二八，2；图版五三，2）。ⅠM65：4，下腹曲收。口径14、底径6.1、高5厘米（图一二八，4）。

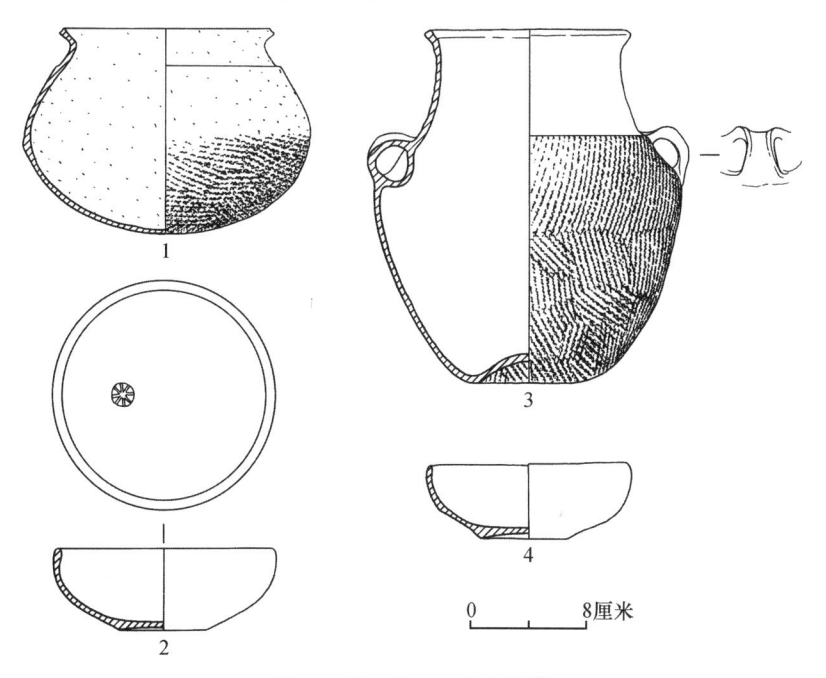

图一二八　ⅠM65出土陶器

1.陶釜（ⅠM65∶1）　2、4.陶钵（ⅠM65∶3、ⅠM65∶4）　3.陶双耳罐（ⅠM65∶2）

五十八、ⅠM66

位于Ⅰ区西北部偏北。方向33°。长方形竖穴土坑墓，口底等大，直壁。开口距地表约0.2米，墓坑长3、宽1.76~1.96、深1.85~2.25米。填土为黄褐色五花土，土质较硬。葬具为木质单棺单椁，仅存朽痕。椁室位于墓室中部，平面呈"Ⅱ"形，四端顶木外昂，向外伸出约0.14米，椁痕长2.3、宽1.1米。棺位于椁室偏东部，平面呈长方形，长1.87、宽0.54~0.48米。棺内人骨一具，保存较差，已朽蚀成粉末状，头向东北，仰身直肢，性别、年龄不详。出土随葬品4件，均为陶器，置于椁内棺外西北角（图一二九）。

陶双耳罐　1件。ⅠM66∶1，泥质灰陶。侈口，口内侧有一道凹槽，方唇，束颈，溜肩，肩部有对称牛鼻形双耳，弧腹，底内凹。肩至上腹部饰竖绳纹间有三道抹痕，下腹至底部饰交错绳纹。口径13.6、腹径20、底径7.2、高22厘米（图一三〇，3；图版五三，4）。

陶釜　1件。ⅠM66∶2，夹砂灰陶。侈口，卷沿，方唇，束颈，溜肩，扁鼓腹，圜底。颈部饰细绳纹，有被抹平的痕迹，下腹至底部饰交错绳纹，并有经火焙烧后留下的烟熏痕迹。口径13.4、腹径18.4、高13.1厘米（图一三〇，1；图版五三，5）。

陶钵　2件。泥质灰陶。器表素面。ⅠM66∶3，微敛口，圆唇，弧腹，腹较深，平底微凹。内底部阴刻一篆体"贵"字。口径15、底径7.5、高6厘米（图一三〇，2；彩版二七，2）。ⅠM66∶4，直口，圆唇，腹部曲收，平底微凹。口径16.6、底径8.8、高5厘米（图一三〇，4）。

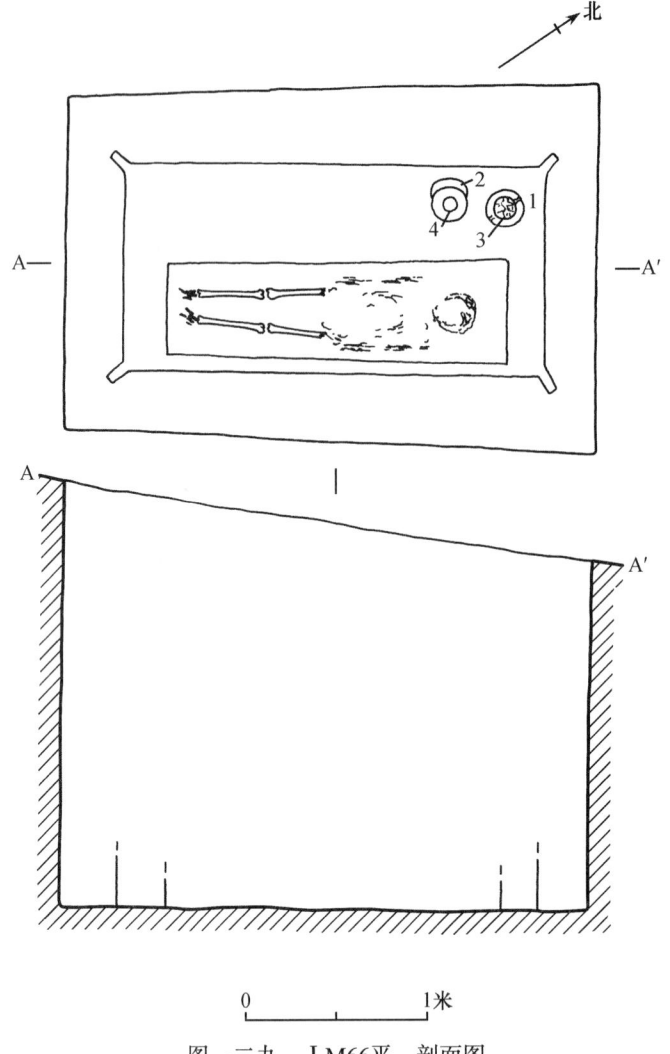

图一二九　ⅠM66平、剖面图
1. 陶双耳罐　2. 陶釜　3、4. 陶钵

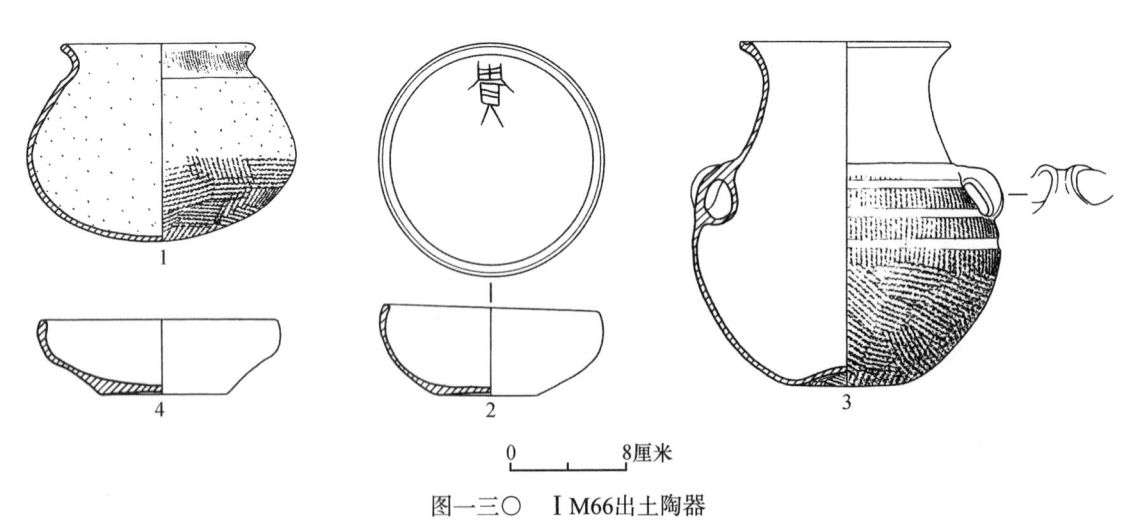

图一三〇　ⅠM66出土陶器
1. 陶釜（ⅠM66∶2）　2、4. 陶钵（ⅠM66∶3、ⅠM66∶4）　3. 陶双耳罐（ⅠM66∶1）

第二节　Ⅱ区秦汉墓葬

Ⅱ区总共有不同时期的墓葬55座。ⅡM46我们找不到任何相关文字、图纸与发掘照片的单项纪录，且库房中也不见有出土器物，只在工地原始总图上见有此墓，因此其时代只能存疑。ⅡM20、ⅡM21两座墓因无任何出土遗物，也无法确定具体年代。因此，年代不明的墓葬共有3座。ⅡM16、ⅡM34、ⅡM37、ⅡM51这4座墓，可明确为明清墓葬。ⅡM33为1座近代墓。因此，除去以上8座墓，Ⅱ区共有秦汉时期墓葬47座。其中，ⅡM3、ⅡM4、ⅡM6、ⅡM44、ⅡM48这5座墓葬虽也无随葬器物，但可依据打破关系和墓葬形制大致确定其属秦汉时期；ⅡM36随葬有铜钱和小件铜器，可判断也应属秦汉时期；其余41座墓都有陶器随葬，年代确定。

一、ⅡM1

位于Ⅱ区中部偏南。方向17°。长方形竖穴土坑墓，口大底小，西壁为直壁，东、南壁斜直内收，北壁向下渐外张。开口距地表约0.25米，墓口长3.2、宽2.1~2.2米，墓底长2.86、宽1.38~1.94米，深3.2~3.6米。填土为黄褐色五花土，土质坚硬，包含料姜石。葬具为木质单棺单椁，仅存朽痕。椁室位于墓室中部偏北，平面呈"Ⅱ"形，四端顶木外昂，向外伸出0.06~0.08米，椁痕长2.52、宽1.42~1.52米。棺位于椁室内东部，平面呈长方形，棺痕长2.02、宽0.6~0.64米。棺内有人骨一具，完整，位于棺内东部，头向东北，仰身直肢，双手置于腹部，性别、年龄不详。出土随葬品8件，其中1件铜带钩置于棺内墓主盆骨处，7件陶器置于椁内棺外西部（图一三一；彩版九，1）。

陶鼎　2件。泥质灰陶。浅盘状器盖。器身为子口，方唇，长方形附耳，长方形耳孔对穿，浅腹，三蹄形足外撇。ⅡM1：3，器盖弧壁。器身附耳微外侈，上腹较直，下腹弧收，圜底近平。器表残留部分彩绘痕迹，腹部饰一道凸棱。器身口径16.4、腹径20.8、高17.2厘米，器盖口径20.4、高5.6厘米，通高18厘米（图一三二，3；图版五四，1）。ⅡM1：8，器盖折壁，浅窄圈足状捉手。器身附耳向内倾斜，鼓腹，圜底。盖顶饰两道凹弦纹，器身上腹部饰一道凹弦纹，中腹部饰右斜绳纹。器身口径19.2、腹径24、高21.2厘米，器盖口径21.6、高4厘米，通高21.2厘米（图一三二，1；图版五四，2）。

陶盒　1件。ⅡM1：5，泥质灰陶。覆碗状器盖，浅宽圈足状捉手。器身为子口，方唇，弧腹内收，平底。器盖外壁与器身腹部皆饰数道凹弦纹，盖顶中间与器身外壁残留红色彩绘痕迹。器身口径18、底径9.6、高9.8厘米，器盖口径20.6、顶径9.6、高7.8厘米，通高17厘米（图一三二，7；图版五四，4）。

陶壶　1件。ⅡM1：4，泥质灰陶。浅弧盘状器盖，子口。器身为喇叭口，圆唇，束颈，溜肩，肩部有对称双系兽面铺首衔环，鼓腹，圜底近平，喇叭状圈足外撇。盖面饰两道凹弦纹，器身肩部、上腹部与中腹部皆各饰数道凹弦纹，圈足外壁饰一道折棱，器身外壁有红色彩绘痕迹。器身口径16.8、腹径27.4、圈足径17.4、高35.2厘米，器盖口径17.6、高4厘米，通高

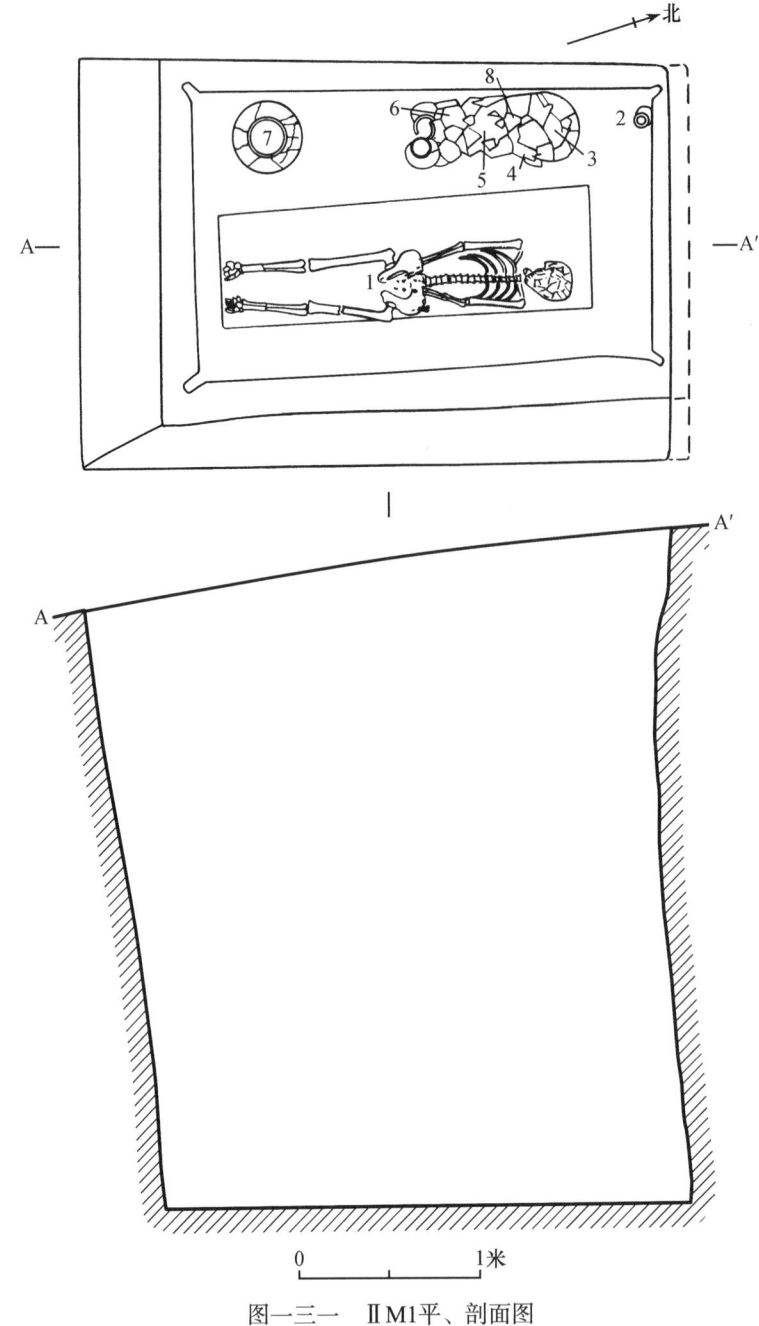

图一三一　ⅡM1平、剖面图
1.铜带钩　2.陶小壶　3、8.陶鼎　4.陶壶　5.陶盒　6.陶鍪　7.陶瓮

39.2厘米（图一三二，2；图版五四，5）。

陶鍪　1件。ⅡM1：6，泥质灰陶。侈口，圆唇，束颈，溜肩，肩部有对称弓形双耳，扁鼓腹，圜底残。颈部饰竖绳纹，有被抹平的痕迹，肩部饰一道折棱。口径12.2、腹径18、残高11厘米（图一三二，6）。

陶瓮　1件。ⅡM1：7，泥质灰陶。口微侈，方唇，唇面微凹，矮领，圆肩，鼓腹，底内凹。肩至上腹部有轮制留下的旋纹痕迹，下腹饰交错绳纹。口径20、腹径38.4、底径15、高29.2厘米（图一三二，4；图版五三，6）。

图一三二　ⅡM1出土器物

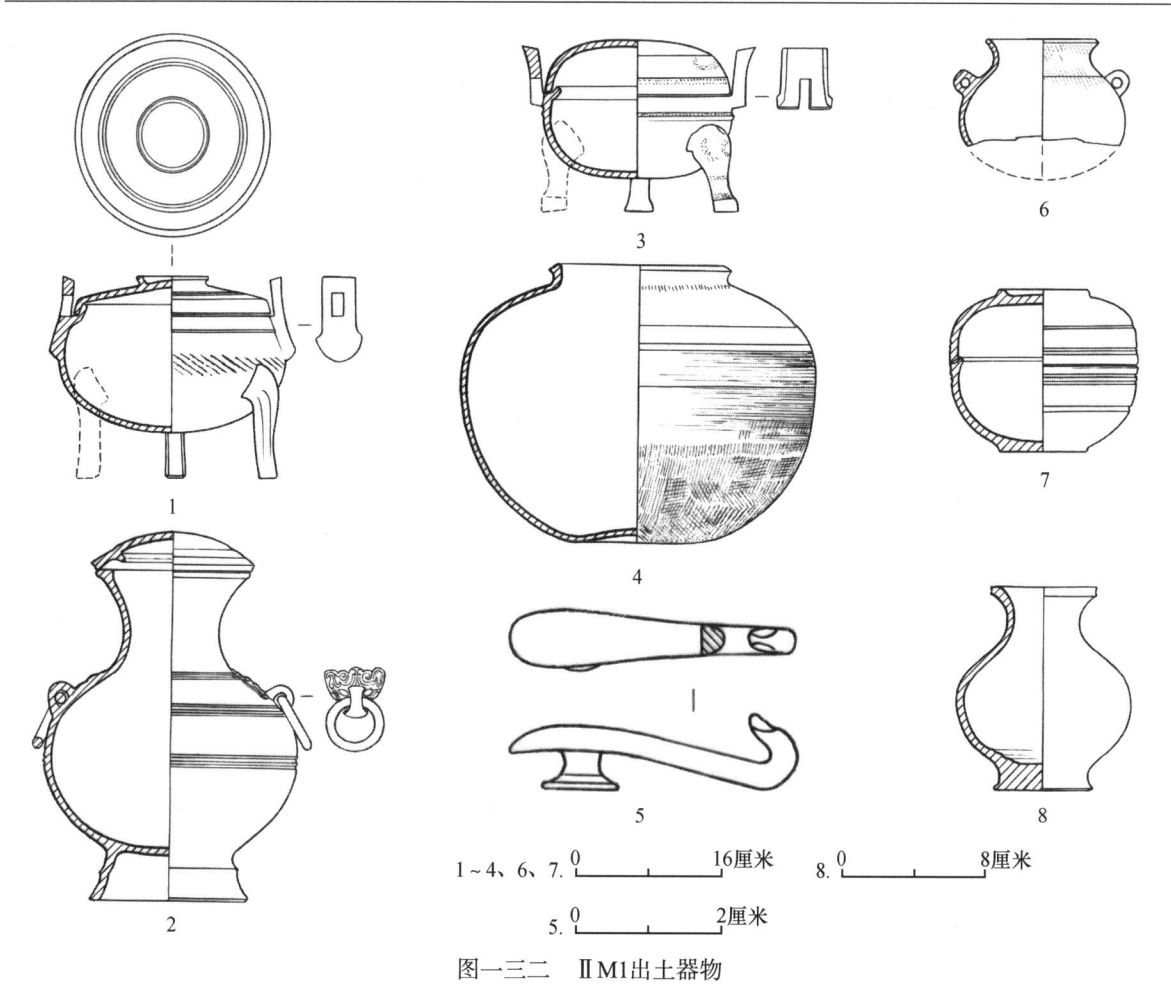

1、3.陶鼎（ⅡM1：8、ⅡM1：3）　2.陶壶（ⅡM1：4）　4.陶瓮（ⅡM1：7）
5.铜带钩（ⅡM1：1）　6.陶鍪（ⅡM1：6）　7.陶盒（ⅡM1：5）　8.陶小壶（ⅡM1：2）

陶小壶　1件。ⅡM1：2，泥质灰陶。侈口，卷沿，圆唇，唇面微凹，束颈，溜肩，鼓腹，假圈足底，底外缘起棱。素面。口径5.9、腹径9.4、底径5.4、高10.8厘米（图一三二，8；图版五四，3）。

铜带钩　1件。ⅡM1：1，琵琶形，钩首较细，尾部略宽，正面微隆，椭圆形纽偏于尾端。素面。长3.85、宽0.4～0.7厘米（图一三二，5；彩版一八，6）。

二、ⅡM2

位于Ⅱ区中部偏南。方向21°。长方形竖穴土坑墓，口大底小，斜直壁内收。开口距地表约0.25米，墓口长2.9、宽2.2米，墓底长2.5、宽1.8米，深1.8～2.4米。填土为黄褐色五花土，土质坚硬，包含卵石块。葬具为木质单棺单椁，仅存朽痕。椁室位于墓室中部，平面呈长方形，椁痕长2.2、宽1.46、残高0.1～0.2米。棺位于椁室内偏西部，平面呈长方形，棺痕长1.86、宽0.46～0.6米。棺内有人骨一具，完整，头向东北，仰身直肢，性别、年龄不详。出土随葬品8件，均为陶器，置于椁内棺外东部，其中1件陶小壶的具体位置已不详（图一三三）。

陶鼎　2件。泥质灰陶。浅弧盘状器盖。器身为子口，圆唇，长方形附耳，长方形耳孔对穿，弧腹，三蹄形足外撇。ⅡM2∶5，盖顶较平，有半环形纽衔环。器身附耳外弧撇，平底。腹部饰一道凸棱。器身口径20.5、腹径26、高23.6厘米，器盖口径24.2、高6.5厘米，通高24.5厘米（图一三四，1；彩版二一，5）。ⅡM2∶6，盖顶隆起。器身附耳微外侈，圜底。盖顶残留部分彩绘痕迹，器身腹部有轮制旋纹痕迹。器身口径17.2、腹径20.8、高15.6厘米，器盖口径19.2、高4.4厘米，通高17厘米（图一三四，5；图版五五，1）。

陶盒　1件。ⅡM2∶1，泥质灰陶。破碎严重，不能复原。

陶壶　1件。ⅡM2∶3，泥质灰陶。浅弧盘状器盖，子口。器身为喇叭口，尖圆唇，束颈，溜肩，肩部有对称双系兽面铺首，鼓腹，喇叭状高圈足。器盖外壁残留有红色彩绘痕迹，颈部、肩部及上腹部分别饰数道凹弦纹，圈足外壁饰一道凸棱。器身口径18、腹径27、圈足径17.6、高35.5厘米，器盖口径18.8、高3.5厘米，通高39厘米（图一三四，3；彩版二五，1）。

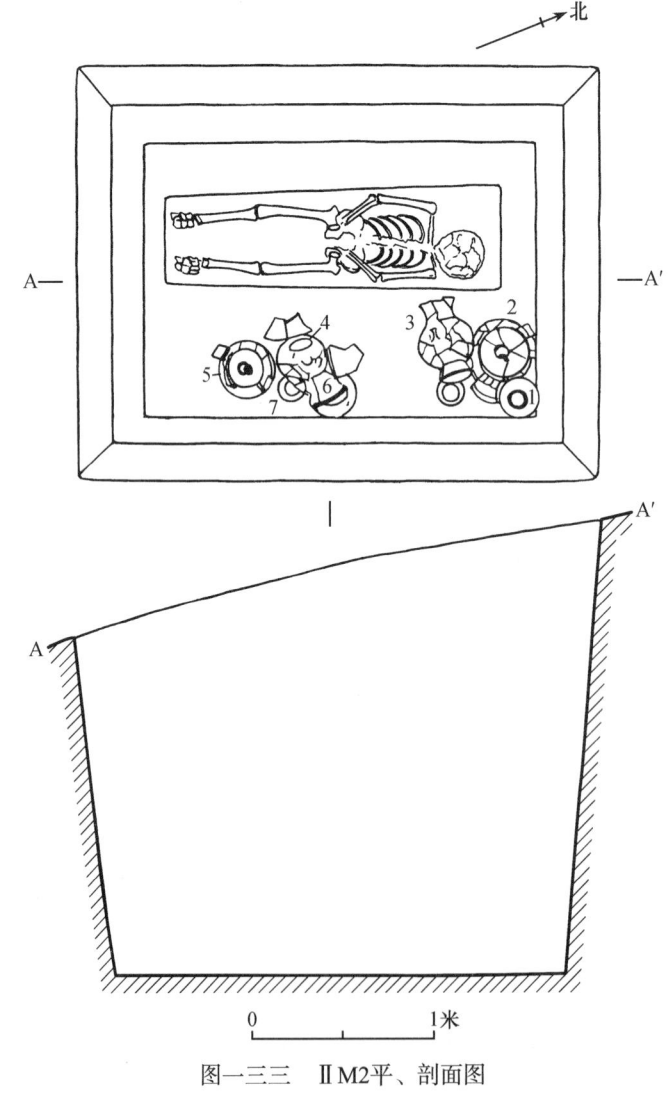

图一三三　ⅡM2平、剖面图

1.陶盒　2.陶瓮　3.陶壶　4.陶甗　5、6.陶鼎　7.陶鍪　8.陶小壶（位置不详）

图一三四　ⅡM2出土陶器

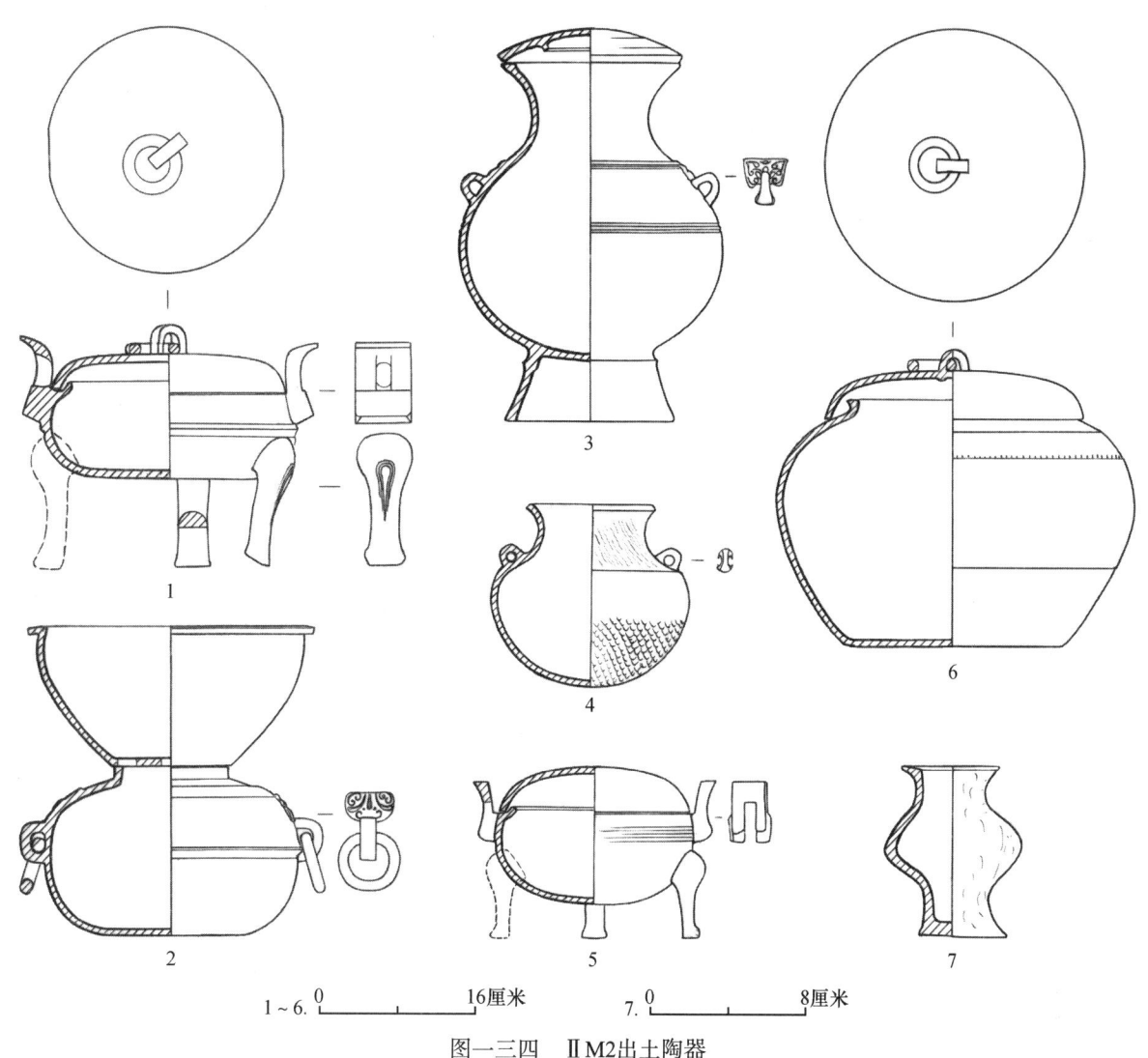

1、5. 陶鼎（ⅡM2：5、ⅡM2：6）　2. 陶甗（ⅡM2：4）　3. 陶壶（ⅡM2：3）
4. 陶鍪（ⅡM2：7）　6. 陶瓮（ⅡM2：2）　7. 陶小壶（ⅡM2：8）

陶甗　1件（套）。ⅡM2：4，泥质灰陶。上甑下釜扣合而成。甑，折沿下垂，沿面微隆，方唇，唇面有一道凹槽，弧腹内收，平底，底部有镂孔。釜，直口，方唇，矮领，溜肩，鼓腹，上腹部有对称双系兽面铺首衔环，平底。甑素面，釜肩部及中腹部各饰一周宽带纹，中腹部饰一道较宽凸棱。甑口径30、底径12.6、高14厘米，釜口径11.9、腹径28、底径17、高16.6厘米，通高30.6厘米（图一三四，2；彩版二六，1）。

陶瓮　1件。ⅡM2：2，泥质灰陶。浅弧盘状器盖，盖顶有半环形纽衔环。器身为直口，圆唇，矮领微束，溜肩，上腹较鼓，下腹弧收，平底。肩部及下腹部分别饰一道凹弦纹。器身口径22.4、腹径37.8、底径22.4、高24.8厘米，器盖口径27、高7厘米，通高29.8厘米（图一三四，6；图版五五，2）。

陶鍪　1件。ⅡM2：7，夹砂灰陶。侈口，方唇，束颈，鼓肩，肩部有对称弓形双耳，鼓腹，圜底。颈部饰左斜细绳纹，有被抹平的痕迹，肩部饰一道折棱，下腹部压印交错绳纹并有明显的烟熏痕迹。口径13.4、腹径20.3、高18.2厘米（图一三四，4；彩版二八，5）。

陶小壶　1件。ⅡM2：8，泥质灰陶。侈口，仰折沿，尖唇，束颈，溜肩，扁折腹，下腹曲内收，假圈足底，底外缘起棱。素面。口径5.2、腹径7.2、底径4.6、高8.6厘米（图一三四，7；图版五五，3）。

三、ⅡM3

位于Ⅱ区中部偏南。西北角被ⅡM2打破。方向17°。长方形竖穴土坑墓，口大底小，斜直壁内收。开口距地表约0.25米，墓口长2.4、宽1.46米，墓底长2、宽1.8米，深1.2～1.8米。填土为黄褐色五花土，土质坚硬，包含少量料姜石。葬具为木质单棺单椁，腐朽严重，只在墓底东北角发现有少量棺椁痕迹。棺内不见人骨，头向、葬式、性别与年龄皆不明。无随葬品（图一三五）。

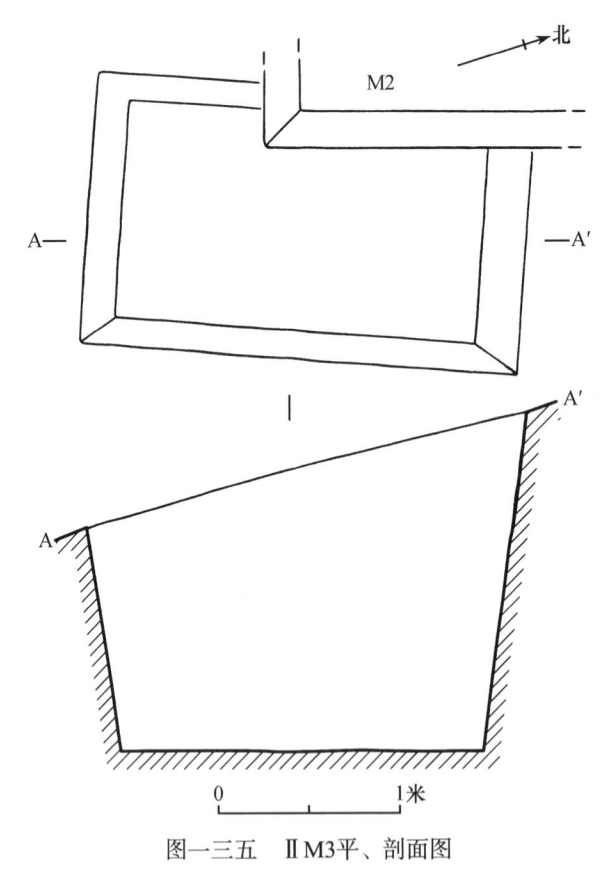

图一三五　ⅡM3平、剖面图

四、ⅡM4

位于Ⅱ区中部偏南。东北角被ⅡM2打破。方向25°。长方形竖穴土坑墓，口底等大，直壁。开口距地表约0.25米，墓长2.3、宽1.46、深0.96～1.48米。填土为黄褐色五花土，土质坚硬，包含少量料姜石。葬具为木质单棺单椁，腐朽严重，仅椁痕残迹稍清晰。椁室位于墓室中部，平面呈长方形，椁痕长2、宽1、残高0.1~0.2米。棺具体范围不明。墓室内不见人骨，头向、葬式、性别与年龄皆不明。无随葬品（图一三六）。

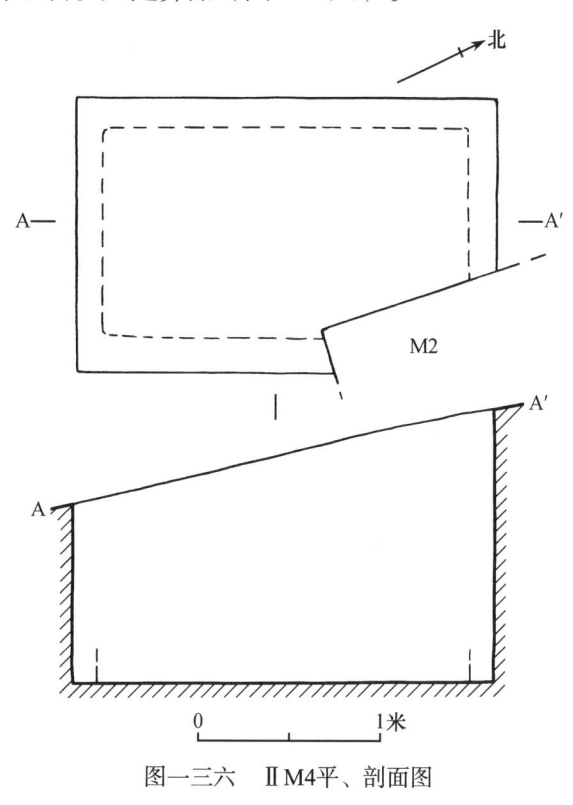

图一三六　ⅡM4平、剖面图

五、ⅡM5

位于Ⅱ区中部。东部打破ⅡM6。方向25°。长方形竖穴土坑墓，口大底小，斜直壁内收。开口距地表约0.3米，墓口长2.36、宽1.28米，墓底长2、宽1.06米，深2.76米。填土为褐色五花土，土质坚硬，包含少量料姜石和植物根茎。葬具为木质单棺单椁，仅存朽痕。椁室位于墓室中部，平面呈长方形，椁痕长2、宽1.04、残高0.14米。棺位于椁室内东部，平面呈长方形，棺痕长1.78、宽0.48~0.5米。棺内不见人骨，头向、葬式、性别与年龄皆不明。出土随葬品3件（套），均为陶器，置于椁内棺外西部（图一三七）。

陶双耳罐　2件。泥质灰陶。侈口，圆唇，束颈，溜肩，肩部有对称牛鼻形双耳，鼓腹，底内凹。肩至中腹部饰竖绳纹间有数道抹痕，下腹部饰交错绳纹。ⅡM5∶1，颈部有轮制留下的旋纹痕迹。口径13.2、腹径20.8、底径10.4、高19.8厘米（图一三八，1；图版五五，4）。ⅡM5∶3，覆钵形器盖，盖顶微凹。器盖素面，器身颈部饰绳纹，有被抹平的痕迹。器身口径15.8、腹径26.8、底径8、高26.8厘米，器盖口径15.8、顶径8、高5.2厘米，通高32厘米（图一三八，3；图版五五，6）。

陶鍪　1件。ⅡM5∶2，夹砂灰陶。覆钵形器盖。器身为侈口，圆唇，束颈，溜肩，肩部

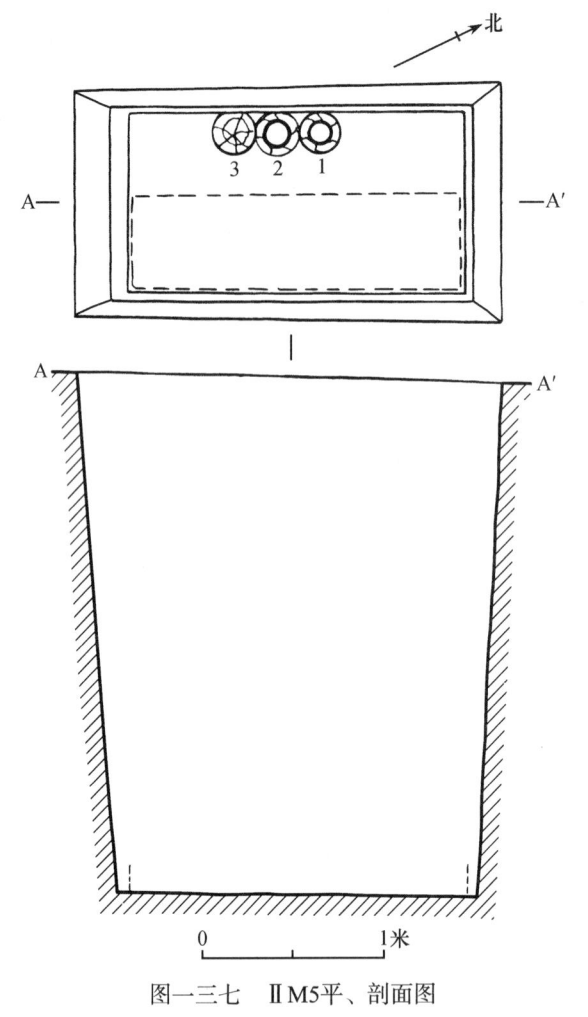

图一三七　ⅡM5平、剖面图
1. 陶双耳罐　2. 陶鏊（带覆钵形盖）　3. 陶双耳罐（带覆钵形盖）

有对称弓形双耳，鼓腹，圜底。器盖素面，器身下腹部饰交错绳纹并残留烟熏痕迹。器身口径13.8、腹径19、高16厘米，器盖口径16、顶径7.4厘米，通高19.2厘米（图一三八，2；图版五五，5）。

六、ⅡM6

位于Ⅱ区中部。西北部被ⅡM5打破。方向25°。长方形竖穴土坑墓，口大底小，斜直壁内收。开口距地表约0.3米，墓口长3.4、宽2.1米，墓底长3、宽1.5米，深2.2~2.52米。填土为褐色五花土，土质坚硬，包含少量料姜石和植物根茎。葬具为木质单棺单椁，严重腐蚀，难以确认形状和具体范围。墓室内不见人骨，头向、葬式、性别与年龄皆不明。无随葬品（图一三九）。

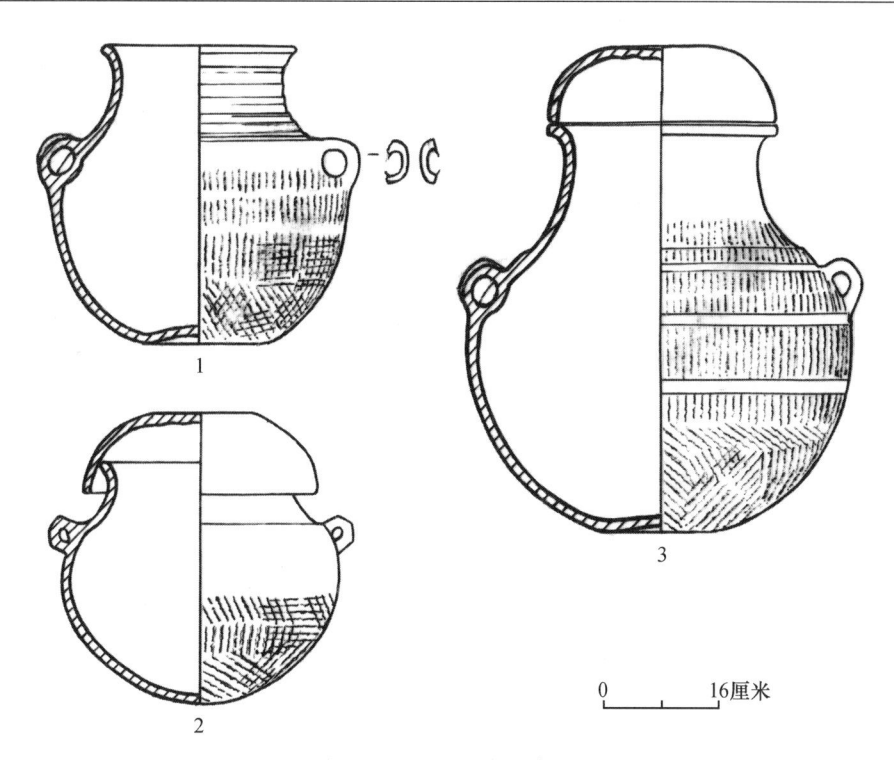

图一三八　ⅡM5出土陶器
1、3.陶双耳罐（ⅡM5∶1、ⅡM5∶3）　2.陶鍪（ⅡM5∶2）

七、ⅡM7

位于Ⅱ区中部。方向100°。长方形竖穴土坑墓，略口小底大，四壁向下渐外张。开口距地表0.3米，墓口长2、宽1.25米，墓底长2.06、宽1.32米，深1.78米。填土为黑褐色五花土，土质较硬，包含少量石块。葬具为木质单棺单椁，仅存朽痕。椁室位于墓室中部，平面呈长方形，椁痕长1.76、宽1.12、残高0.3米。棺位于椁室内南部，平面呈长方形，棺痕长1.52、宽0.43米。棺内有人骨一具，腐蚀严重，头向东南，仰身直肢，性别、年龄不详。出土随葬品5件，均为陶器，置于椁内棺外东北部（图一四〇）。

陶盒　1件。ⅡM7∶4，泥质灰陶。覆碗状器盖，平顶。器身残，不能修复。器身为子口，方唇，弧腹，平底微内凹。器身口部饰两道凹弦纹，下腹部一道。器身口径17.1、底径8、复原高9.6厘米，器盖口径17.6、顶径8.4、高6.4厘米，复原通高15.2厘米（图一四一，2）。

陶壶　1件。ⅡM7∶1，夹砂灰陶。弧盘状器盖，盖顶残存三个纽孔。器身为盘口，方唇，束颈，溜肩，肩部有对称双系简化兽面铺首衔环，鼓腹，圜底，喇叭状圈足。器盖外壁饰一道折棱，器身肩部及腹部各饰一周宽带纹，圈足外壁饰一道折棱和少量模糊短绳纹。器身口径21.2、腹径31.2、圈足径21.4、高41.2厘米，器盖口径22、高8厘米，通高49.2厘米（图一四一，1；图版五四，6）。

陶甗　1件（套）。ⅡM7∶5，泥质灰陶。上甑下釜扣合而成。甑，直口，平折沿，方唇，上腹较直，下腹弧收，平底，底部有较多圆形镂孔，矮直圈足。釜，直口，方唇，矮领，

图一三九　ⅡM6平、剖面图

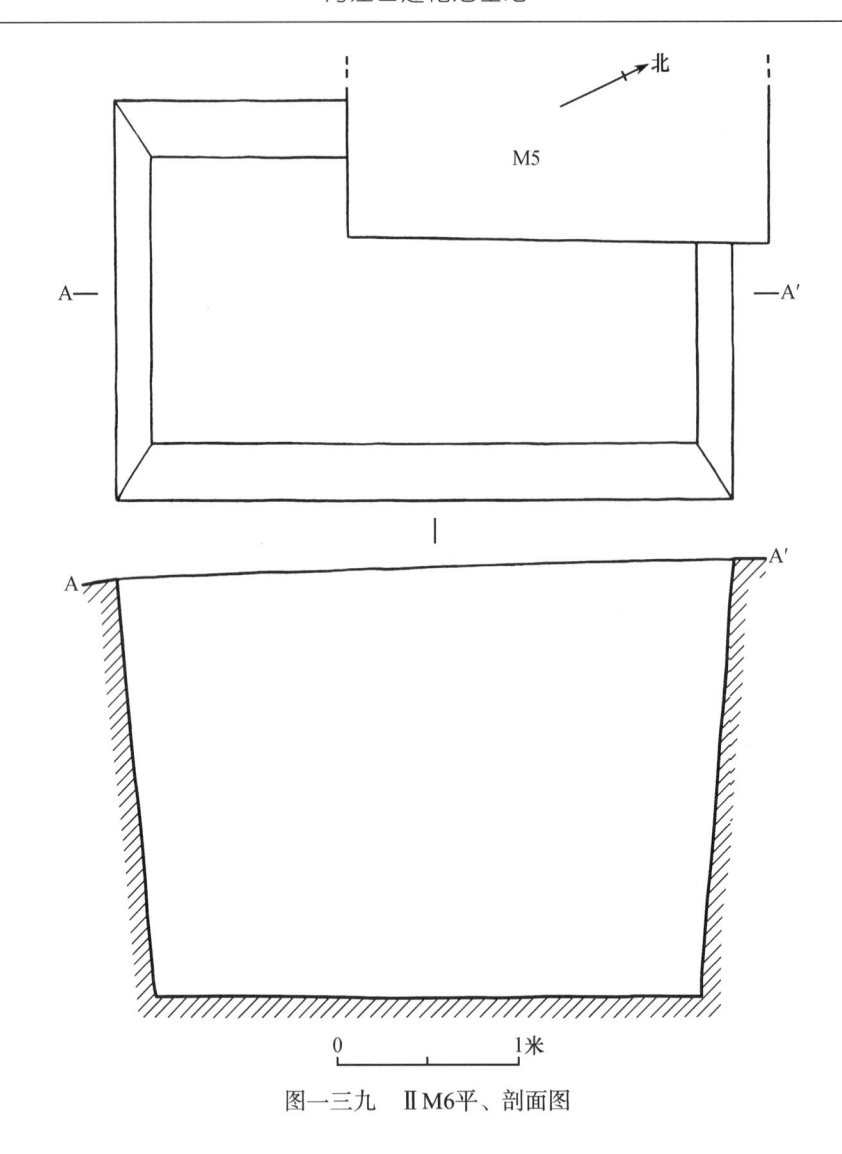

溜肩，鼓腹，圜底。甑素面，釜肩部及腹部饰数道凹弦纹。甑口径30.2、圈足径19.4、高11.2厘米，釜口径13、腹径26.2、高15.1厘米，通高24.7厘米（图一四一，4；图版五六，2）。

陶双耳罐　1件。ⅡM7∶2，泥质灰陶。侈口，方唇，束颈，溜肩，肩部有对称牛鼻形双耳，鼓腹，圜底。颈部饰右斜细绳纹，有被抹平的痕迹，肩至上腹部饰竖绳纹间有三道抹痕，以下饰交错绳纹。口径13.8、腹径25.6、高25.8厘米（图一四一，3；图版五六，1）。

陶鍪　1件。ⅡM7∶3，夹砂灰陶。侈口，圆唇，束颈，溜肩，肩部有对称弓形双耳，鼓腹，圜底。肩部饰一周宽带纹，下腹至底部饰交错绳纹并有明显的烟熏痕迹。口径14、腹径20.5、高18.9厘米（图一四一，5；图版五六，3）。

八、ⅡM8

位于Ⅱ区中部偏南。其东紧邻ⅡM9，两墓似为异穴合葬。方向20°。长方形竖穴土坑墓，口底等大，直壁。开口距地表约0.25米，墓长2.3、宽1.4、深1.35～1.55米。填土为黄褐色五花

第二章　秦汉墓葬概述

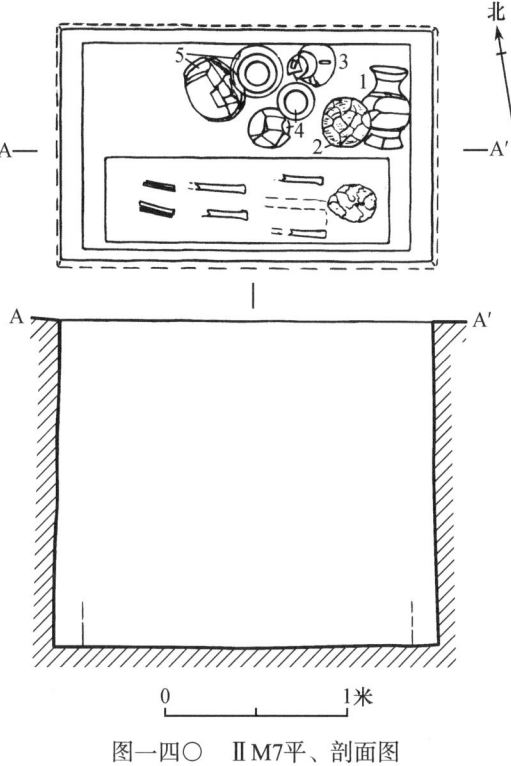

图一四〇　ⅡM7平、剖面图
1. 陶壶　2. 陶双耳罐　3. 陶鍪　4. 陶盒　5. 陶甑

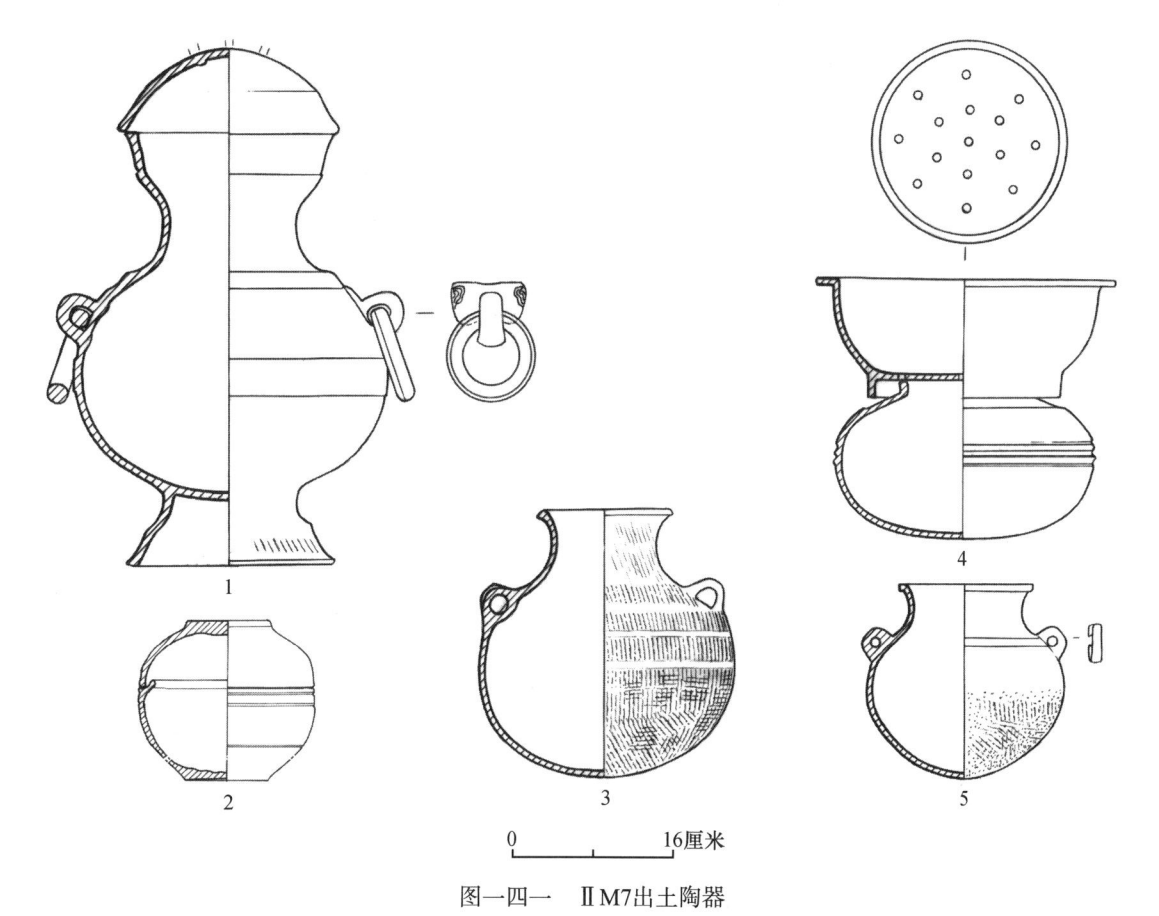

图一四一　ⅡM7出土陶器
1. 陶壶（ⅡM7:1）　2. 陶盒（ⅡM7:4）　3. 陶双耳罐（ⅡM7:2）　4. 陶甑（ⅡM7:5）　5. 陶鍪（ⅡM7:3）

土，土质坚硬，包含有少量料姜石。葬具为木质单棺单椁，仅存朽痕。椁室位于墓室中部，平面呈长方形，长2.1、宽1.2、残高0.15米。棺位于椁室内西部，平面呈长方形，棺痕长1.76、宽0.44~0.46米。棺内有人骨一具，头向东北，仰身直肢，性别、年龄不详。出土随葬品8件，均为陶器，置于椁内棺外东部，其中1件陶鍪和2件陶盉的具体位置已不详（图一四二）。

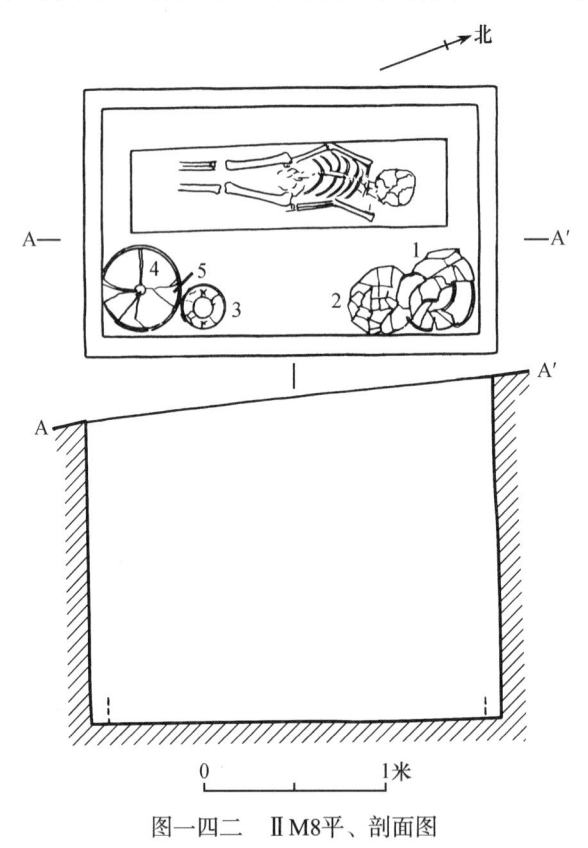

图一四二　ⅡM8平、剖面图
1.陶瓮　2、3.陶双耳罐　4.陶甑　5.陶釜　6.陶鍪（位置不详）　7、8.陶盉（位置不详）

陶双耳罐　2件。泥质灰陶。侈口，束颈，溜肩，肩部有对称牛鼻形双耳，鼓腹，底内凹。肩至中腹部饰竖绳纹间有三道抹痕，以下饰交错绳纹。ⅡM8：2，方唇。口径15.3、腹径26.5、底径11.2、高27.4厘米（图一四三，1；图版五六，6）。ⅡM8：3，口部残。腹径22、底径7.8、残高22.8厘米（图一四三，2；图版五七，2）。

陶瓮　1件。ⅡM8：1，泥质灰陶。直口，方唇，唇面微凹，矮领，溜肩，胖鼓腹，下腹弧收，底内凹。下腹至底部饰交错绳纹。口径20.2、腹径37、底径17、高30.5厘米（图一四三，7；图版五六，5）。

陶鍪　1件。ⅡM8：6，夹砂灰陶。侈口，圆唇，唇面有一道细凹槽，束颈，溜肩，肩部有对称牛鼻形双耳，鼓腹，尖圜底。颈部饰模糊绳纹，遭数周凹弦纹打断，肩至中腹部饰竖绳纹间有三道抹痕，以下饰右斜绳纹。口径12.4、腹径18.6、高19.8厘米（图一四三，3；图版五七，1）。

陶甑　1件。ⅡM8：4，泥质灰陶。直口，平折沿，方唇，弧腹，平底，底部有五个圆形镂孔。素面。口径33.4、底径11.2、高12.8厘米（图一四三，6；图版五六，4）。

陶奁 2件。泥质灰陶。方唇，浅腹，直壁，平底。素面。ⅡM8：7，直口。口径23.6、底径23.6、高9.8厘米（图一四三，4；图版五七，3）。ⅡM8：8，敛口。口径19.2、底径20.6、高9.8厘米（图一四三，5；图版五七，4）。

陶釜 1件。ⅡM8：5，泥质灰陶。破碎严重，不能复原。

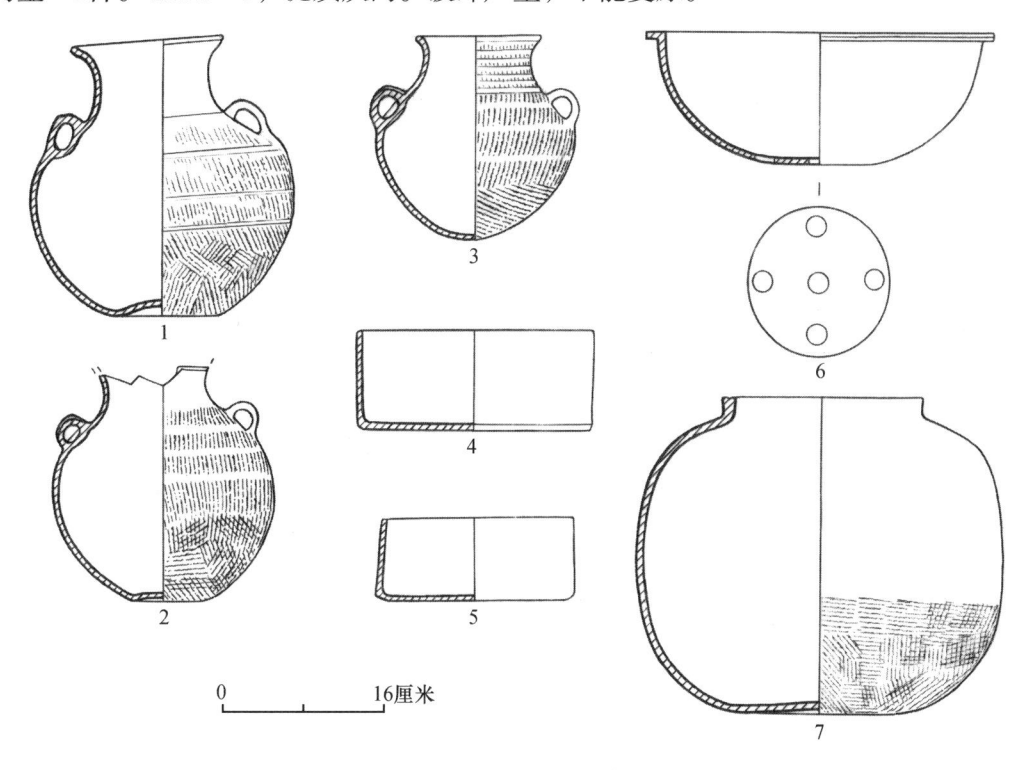

图一四三　ⅡM8出土陶器
1、2.陶双耳罐（ⅡM8：2、ⅡM8：3）　3.陶鍪（ⅡM8：6）　4、5.陶奁（ⅡM8：7、ⅡM8：8）
6.陶甑（ⅡM8：4）　7.陶瓮（ⅡM8：1）

九、ⅡM9

位于Ⅱ区中部偏南。其西紧邻ⅡM8，两墓似为异穴合葬。方向20°。长方形竖穴土坑墓，口大底小，斜直壁微内收。开口距地表约0.25米，墓口长2.72、宽1.74米，墓底长2.44、宽1.43米，深3.06米。墓壁留有工具加工后的长条状痕迹，宽0.16、进深0.01~0.12米。填土为黑褐色五花土，土质坚硬。葬具为木质单棺单椁，仅存朽痕。椁室位于墓室中部，平面呈长方形，椁痕长2.34、宽1.44、残高0.8米。棺位于椁室内西部，平面呈长方形，棺痕长2.1、宽0.5~0.6米。棺内有人骨一具，完整，头向东北，仰身直肢，面向上，性别、年龄不详。出土随葬品9件（套），包括陶器7件（套），铜器1件，铁器1件，均置于椁内棺外东部，其中1件陶小壶与铁器的具体位置已不详（图一四四；彩版九，2）。

陶鼎 1件。ⅡM9：6，泥质灰陶。折盘状器盖，盖顶均匀分布三个简化立鸟形纽。器身为子口，圆唇，长方形附耳外折撇，长方形耳孔对穿，弧腹，圜底，三矮蹄形足。器身腹部饰两道凹弦纹。器身口径18.2、腹径24.6、高19.8厘米，器盖口径22.4、腹径19.8、高7厘米，通

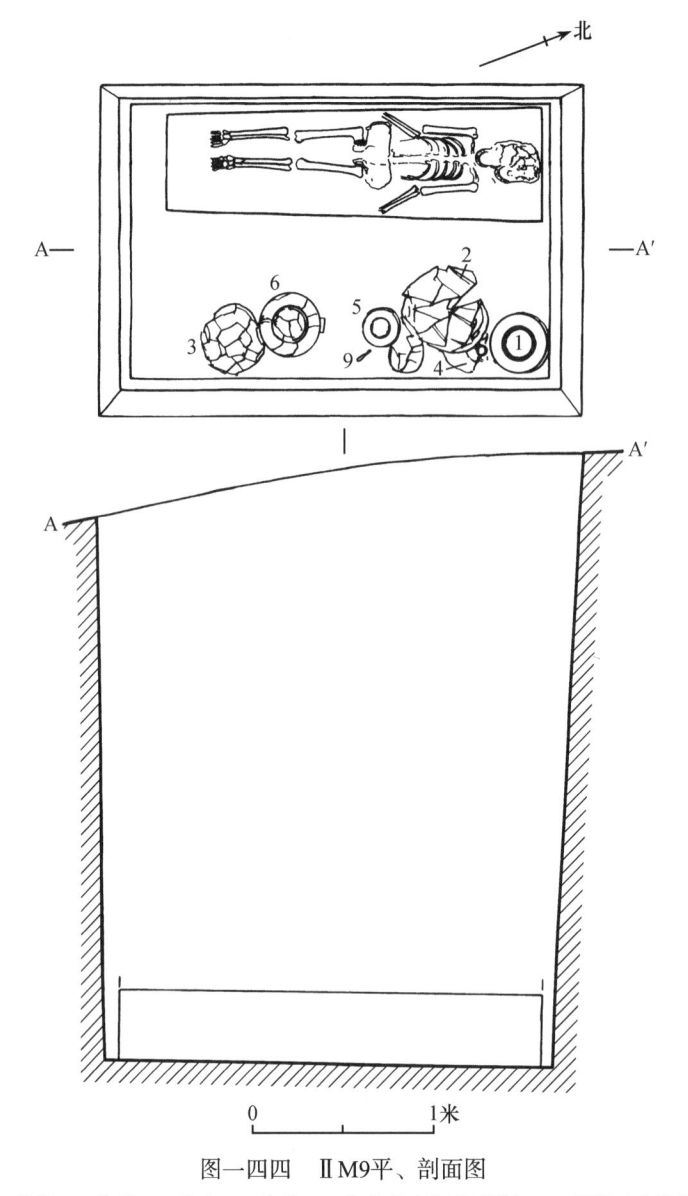

图一四四　ⅡM9平、剖面图
1.陶瓮　2.陶壶　3.陶瓿　4.陶鍪　5.陶盒　6.陶鼎　7.陶小壶（位置不详）　8.铁削刀（位置不详）　9.铜带钩

高22.2厘米（图一四五，3；图版五八，3）。

陶盒　1件。ⅡM9：5，泥质灰陶。覆碗状器盖，折壁，浅宽圈足状捉手。器身为子口，方唇，弧腹，下腹微曲收，平底。器盖外壁与器身腹部皆饰两道凹弦纹。器身口径17、腹径21、底径7、高10.8厘米，器盖口径18.6、腹径18、顶径8.8、高7.5厘米，通高17.8厘米（图一四五，5；图版五八，4）。

陶壶　1件。ⅡM9：2，泥质灰陶。浅弧盘状器盖，盖顶均匀分布三个简化立鸟形纽。器身为喇叭口，方唇，束颈，溜肩，肩部有对称双系衔环，鼓腹，圜底，喇叭状圈足。口沿下与圈足外壁皆饰一道凸棱，肩部及腹部分别饰一周宽带纹。器身口径17.4、腹径30.2、圈足径18、高36厘米，器盖口径17.4、高5.8厘米，通高41.8厘米（图一四五，1；图版五八，1）。

陶瓿　1件（套）。ⅡM9：3，泥质灰陶。上甑下釜扣合而成。甑，微仰折沿，方唇，束

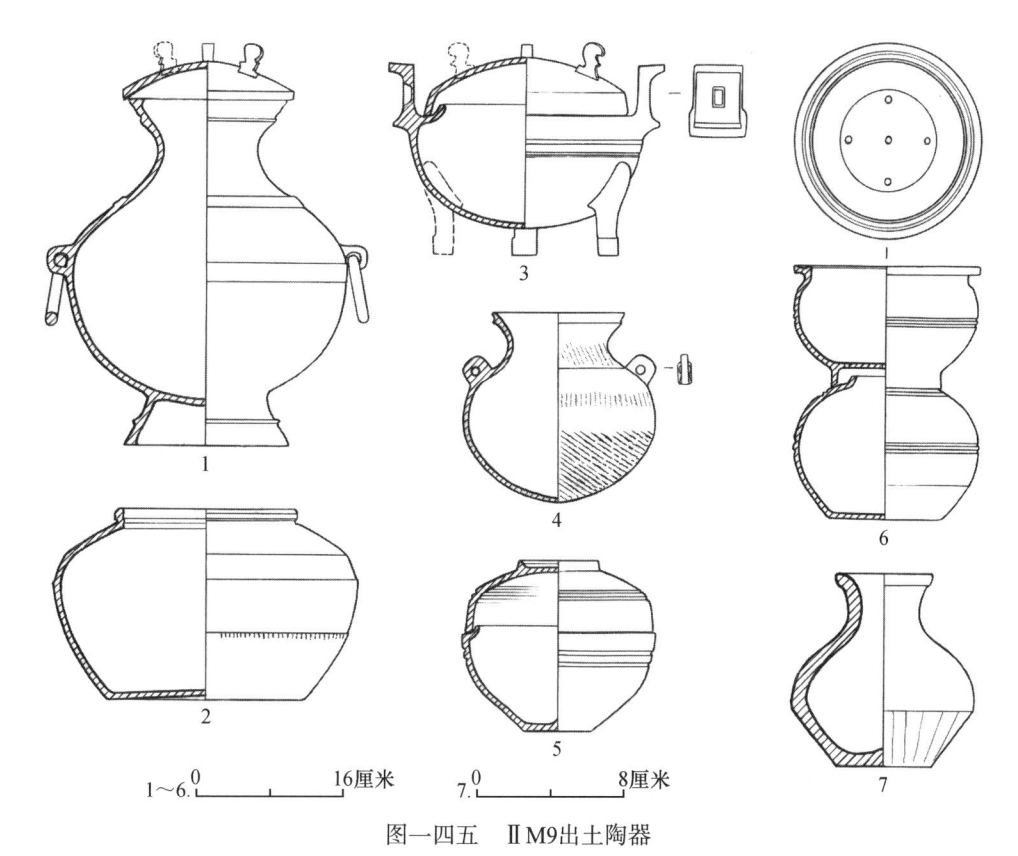

图一四五　ⅡM9出土陶器
1. 陶壶（ⅡM9：2）　2. 陶瓮（ⅡM9：1）　3. 陶鼎（ⅡM9：6）　4. 陶鍪（ⅡM9：4）　5. 陶盒（ⅡM9：5）
6. 陶甗（ⅡM9：3）　7. 陶小壶（ⅡM9：7）

颈，弧腹，平底，底部有五个圆形镂孔，矮直圈足。釜，敛口，方唇，矮领，溜肩，鼓腹，平底。甑及釜腹部各饰两道凹弦纹。甑口径22、腹径22、圈足径12、高18厘米，釜口径8、腹径22、底径12、高14.8厘米，通高26.2厘米（图一四五，6；图版五八，2）。

陶瓮　1件。ⅡM9：1，夹砂灰陶。直口，圆唇，矮领，鼓肩，上腹较鼓，下腹斜收，平底微内凹。肩部饰两道折棱，腹部饰一道凹弦纹与少量模糊绳纹。口径19.4、腹径32.4、底径21.2、高20厘米（图一四五，2；图版五七，6）。

陶鍪　1件。ⅡM9：4，夹砂灰陶。侈口，方唇，唇面有一道凹槽，束颈，溜肩，肩部有对称弓形双耳，鼓腹，圜底。颈部饰绳纹，有被抹平的痕迹，肩部饰一道凹弦纹，上腹部饰一周竖绳纹，以下饰右斜绳纹并有明显的烟熏痕迹。口径14、腹径21、高19.6厘米（图一四五，4；图版五七，5）。

陶小壶　1件。ⅡM9：7，泥质灰陶。侈口，卷沿，圆唇，束颈，溜肩，折腹，平底。下腹部有刮削痕迹。口径5.4、腹径10、底径5.4、高10.2厘米（图一四五，7；图版五八，5）。

铁削刀　1件。ⅡM9：8，环首残，刀身呈长条形，单刃。残长14.5、宽4.4、刀背厚0.4厘米（图一四六，1）。

铜带钩　1件。ⅡM9：9，琵琶形，钩首残，较细，尾部略宽，正面微隆，圆形纽偏于尾端。尾部正面有数道凹槽。残长3、宽0.3~0.9厘米（图一四六，2）。

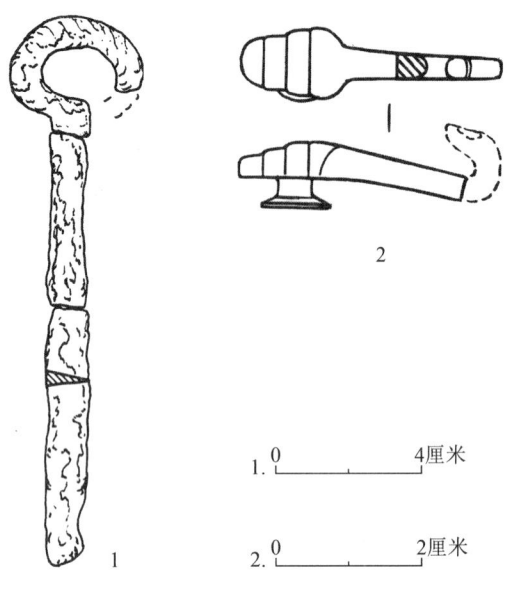

图一四六　ⅡM9出土器物
1. 铁削刀（ⅡM9：8）　2. 铜带钩（ⅡM9：9）

十、ⅡM10

位于Ⅱ区中部偏南。其西紧邻ⅡM11，两墓似为异穴合葬。方向208°。长方形竖穴土坑墓，墓口平面形状南部为直角，北部为圆角，口大底小，南壁微曲，余三壁斜直内收。开口距地表约0.28米，墓口长3.6、宽2.65米，墓底长2.84、宽1.9~2.18米，深2.5~3米。填土为红褐色五花土，土质坚硬，包含少量料姜石、河卵石、草木灰和陶片。葬具为木质单棺单椁，仅存朽痕。椁室位于墓室中部，平面呈"Π"形，四端顶木外昂，向外伸出约0.14米，椁痕长2.7、宽1.5、残高0.3米。椁室底部发现两条纵向垫木朽痕，长2.85、宽0.12米，间距0.74米。棺位于椁室内偏东南部，平面呈长方形，棺痕长2、宽0.5~0.64、残高0.3米。棺内有人骨一具，腐蚀严重，仅存少量颅骨，头向西南，葬式不明，性别、年龄不详。出土随葬品11件，均为陶器，置于椁内棺外西部，其中1件陶鼎与3件陶钫的具体位置已不详（图一四七）。

陶鼎　2件。泥质灰陶。器身为子口，方唇，长方形附耳外折撇，长方形耳孔对穿，弧腹，圜底，三蹄形足外撇。ⅡM10：5，浅弧盘状器盖，子口，盖顶均匀分布三个简化立鸟形纽。盖顶饰两道凹弦纹，并残留少量彩绘图案，器身腹部饰一道凸棱，足根部模印人面纹。器身口径20、腹径24、高19.6厘米，器盖口径23.2、高9.6厘米，通高25.6厘米（图一四八，1；图版五九，1）。ⅡM10：10，失盖。器身腹部饰一道折棱。器身口径17、腹径19.2、高14.8厘米（图一四八，2；图版五九，2）。

陶盒　2件。泥质灰陶。器身为子口，方唇，弧腹。ⅡM10：2，覆碗状器盖，假圈足状捉手。器身平底。器盖外壁与器身腹部皆饰数道凹弦纹。器身口径15.2、底径9.4、高8.6厘米，器盖口径18.4、顶径9.6、高7.6厘米，通高15.6厘米（图一四八，3；彩版二三，3）。ⅡM10：3，失盖。器身矮圈足。素面。口径18.2、腹径20.4、底径11.2、高9.2厘米（图

图一四七　ⅡM10平、剖面图

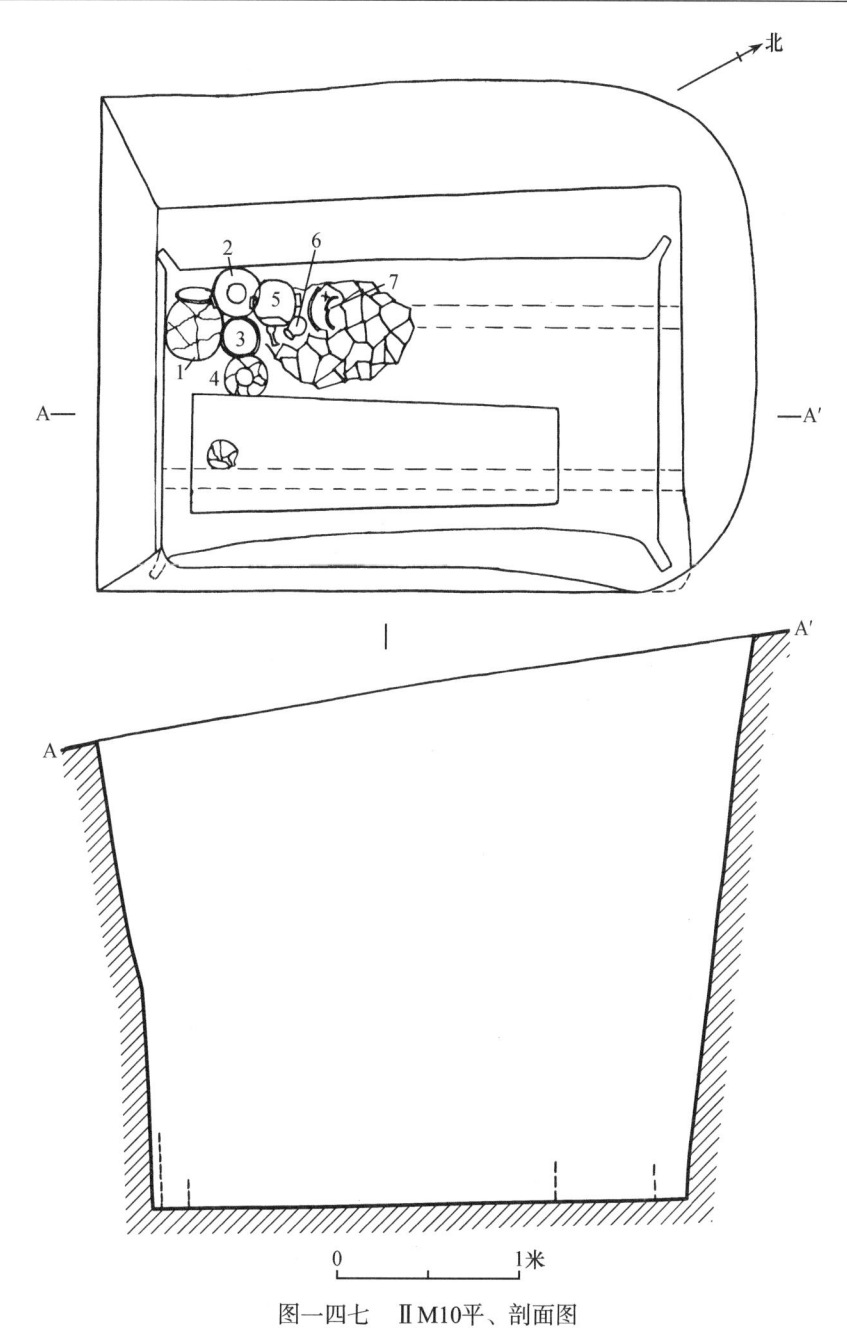

1.陶瓮　2、3.陶盒　4、6.陶小壶　5.陶鼎　7.陶鍪　8、9、11.陶钫（位置不详）　10.陶鼎（位置不详）

一四八，4）。

陶钫　3件。泥质灰陶。ⅡM10：8，仅存器盖，子口，盝顶。器身无法复原。器盖口径7.2、腹径12.6、顶径4、高4.6厘米（图一四八，7）。ⅡM10：9、ⅡM10：11，破碎严重，无法复原。

陶鍪　1件。ⅡM10：7，夹砂灰陶。侈口，圆唇，束颈，溜肩，肩部有对称弓形双耳，鼓腹，圜底。颈至上腹部饰竖绳纹间有数道凹弦纹，以下饰交错绳纹并残留烟熏痕迹。口径13.2、腹径19.7、高17厘米（图一四八，6；图版五九，4）。

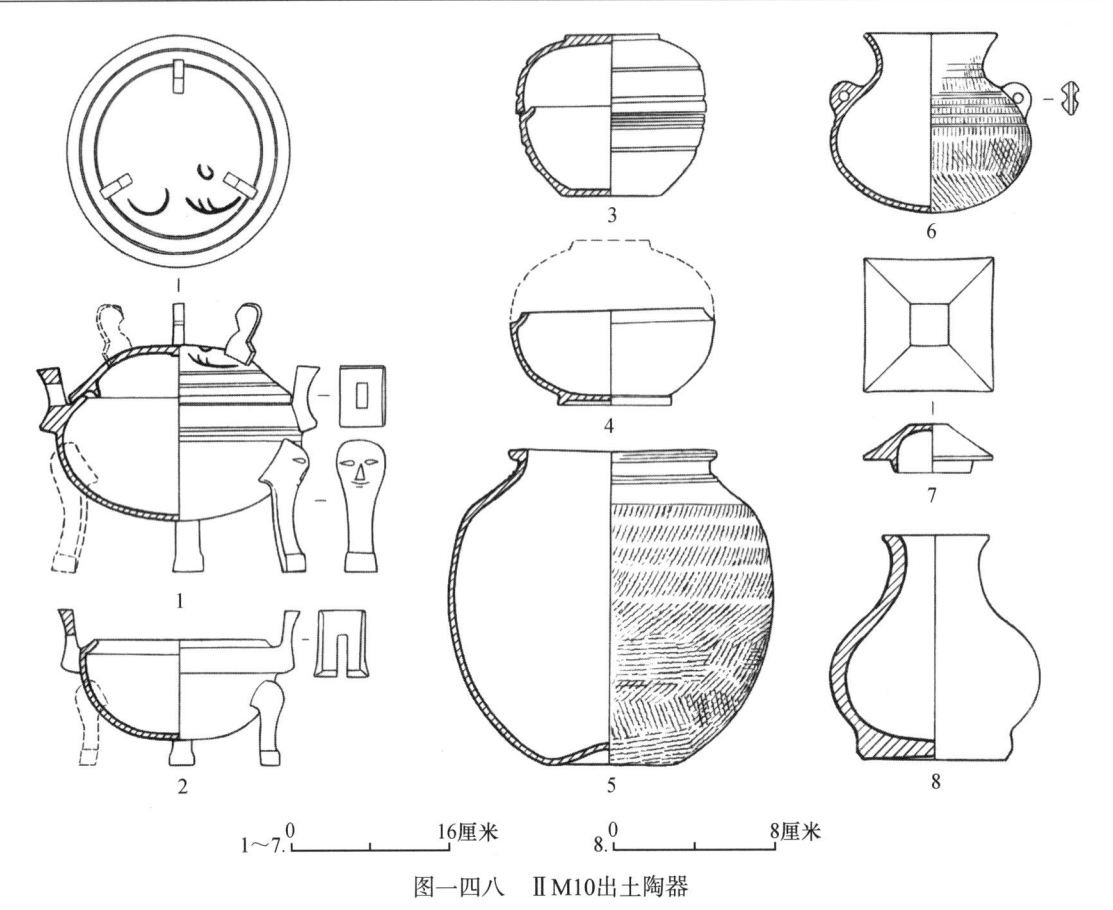

图一四八　ⅡM10出土陶器
1、2.陶鼎（ⅡM10：5、ⅡM10：10）　3、4.陶盒（ⅡM10：2、ⅡM10：3）　5.陶瓮（ⅡM10：1）
6.陶鍪（ⅡM10：7）　7.陶钫（ⅡM10：8）　8.陶小壶（ⅡM10：6）

陶瓮　1件。ⅡM10：1，泥质灰陶。敛口，平折沿，圆唇，矮领收束，溜肩，鼓腹，底内凹。领部饰三道凹弦纹，上腹部饰左斜绳纹间有数道抹痕，以下饰交错绳纹。口径20.4、腹径32、底径12.4、高30厘米（图一四八，5；图版五九，3）。

陶小壶　2件。泥质灰陶。ⅡM10：6，侈口，卷沿，圆唇，束颈，溜肩，鼓腹，假圈足底微内凹。素面。口径5.3、腹径10.5、底径7.2、高10.8厘米（图一四八，8；图版五八，6）。ⅡM10：4，破碎严重，无法复原。

十一、ⅡM11

位于Ⅱ区中部偏南。其东紧邻ⅡM10，两墓似为异穴合葬。方向24°。长方形竖穴土坑墓，口大底小，斜直壁内收。开口距地表约0.3米，墓口长3.36、宽2.5米，墓底长2.75、宽1.75米，深1.54～1.94米。填土为红褐色五花土，土质较硬较黏，包含少量料姜石、河卵石和草木灰等。葬具为木质单棺单椁，仅存朽痕。椁室位于墓室中部偏西，平面呈长方形，椁痕长2.3、宽1.1～1.04、残高0.15米。棺位于椁室内中部，平面呈长方形，棺痕长1.78、宽0.6～0.68米。棺内有人骨一具，腐蚀严重，仅存少量下肢骨，推测头向东北，葬式不明，性别、年龄不详。出土随葬品3件，其中陶器2件，置于椁内棺外北部，铜器1件，置于棺内（图一四九；图版一六，1）。

陶双耳罐　1件。ⅡM11：3，泥质灰陶。侈口，圆唇，唇内侧有一道凹槽，束颈，溜肩，肩部有对称牛鼻形双耳，弧腹，底内凹。颈部饰多道凹弦纹，上腹部饰左斜绳纹间有数道抹痕，以下饰交错绳纹。口径14.8、腹径23.5、底径9、高26.4厘米（图一五〇，1；彩版二七，3）。

陶钵　1件。ⅡM11：2，泥质灰陶。直口，方唇，弧腹，平底。下腹部饰一道凹弦纹。口径15.4、底径6、高6.6厘米（图一五〇，2）。

铜带钩　1件。ⅡM11：1，蛇形，整体细长，两端窄，中部宽，中部背面有圆形纽。素面。长16.4、宽0.65~0.8厘米（图一五〇，3）。

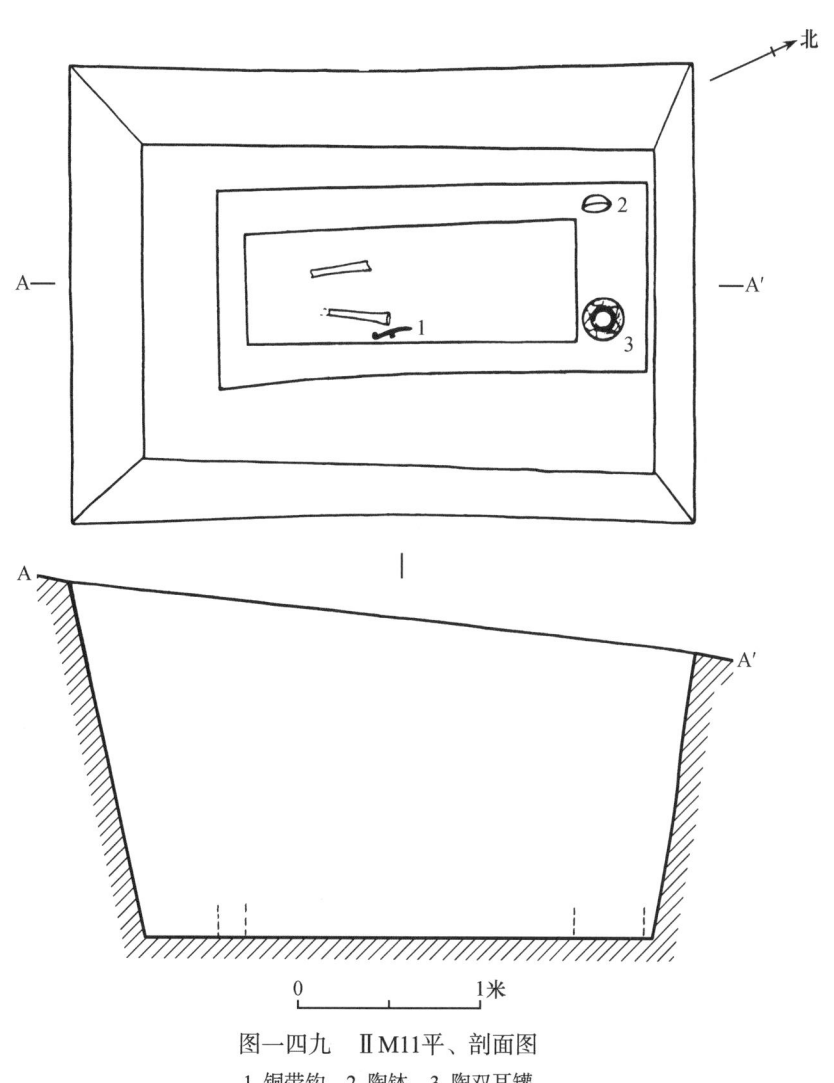

图一四九　ⅡM11平、剖面图
1. 铜带钩　2. 陶钵　3. 陶双耳罐

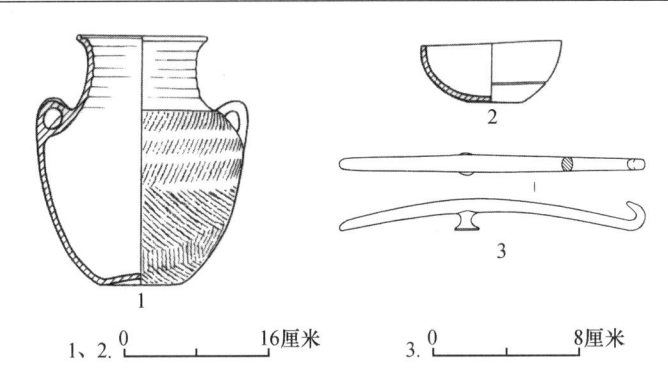

图一五〇 ⅡM11出土器物
1. 陶双耳罐（ⅡM11:3） 2. 陶钵（ⅡM11:2） 3. 铜带钩（ⅡM11:1）

十二、ⅡM12

位于Ⅱ区中部偏南。方向210°。长方形竖穴土坑墓，口大底小，西壁、南壁斜内收程度较大，东壁、北壁斜内收程度较小。开口距地表约0.25米，墓口长2.38、宽1.62～1.8米，墓底长2、宽1.25～1.3米，深1.76～2.06米。填土为红褐色五花土，土质较硬较黏，包含料姜石、河卵石、草木灰和少量泥质灰陶绳纹陶片等。葬具为木质单棺单椁，仅存朽痕。椁室位于墓室中部偏东，平面呈长方形，椁痕长1.92、宽1.3、残高0.3米。棺位于椁室内西部，平面呈长方形，棺痕长1.68、宽0.45～0.55米。棺内有人骨一具，完整，头向西南，仰身直肢，性别、年龄不详。出土随葬品2件，均为陶器，置于椁内棺外东南角（图一五一）。

陶双耳罐　1件。ⅡM12:1，泥质灰陶。侈口，卷沿，圆唇，束颈，溜肩，肩部有对称牛鼻形双耳，鼓腹，底内凹。颈部饰数道凹弦纹，上腹部饰一道折棱与竖绳纹，绳纹有被抹平的痕迹，以下饰交错绳纹。口径15.2、腹径27、底径8、高25.8厘米（图一五二，1；图版五九，5）。

陶鍪　1件。ⅡM12:2，泥质灰陶。侈口，卷沿，方唇，束颈，溜肩，肩部有对称弓形双耳，鼓腹，圜底。肩部饰一道折棱，下腹至底部饰交错绳纹。口径13.3、腹径21.4、高18.8厘米（图一五二，2；图版五九，6）。

十三、ⅡM13

位于Ⅱ区中部偏南。方向22°。长方形竖穴土坑墓，略口大底小，西壁、南壁斜直内收，东壁、北壁向下渐斜直外张。开口距地表约0.3米，墓口长2.6、宽1.78～1.8米，墓底长2.5、宽1.74米，深2.82～3.3米。填土为黄褐色五花土，夹杂红褐色土块，土质较硬较黏，包含料姜石、河卵石、草木灰和少量陶片。葬具为木质单棺单椁，仅存朽痕。椁室位于墓室中部偏东，平面呈长方形，椁痕长1.92、宽1.08、残高0.2米。棺位于椁室内西部，平面呈长方形，棺痕长1.86、宽0.45～0.55米。棺内有人骨一具，腐蚀严重，仅存下肢骨，推测头向东北，葬式不明，性别、年龄不详。出土随葬品6件（套），其中陶器5件（套），置于椁内棺外东部，铜器

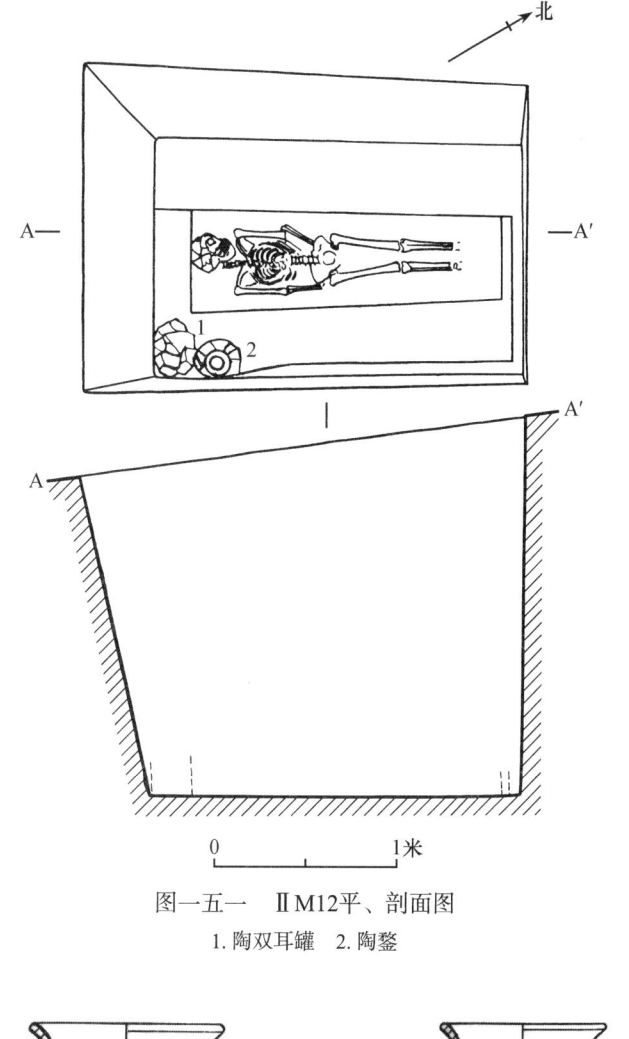

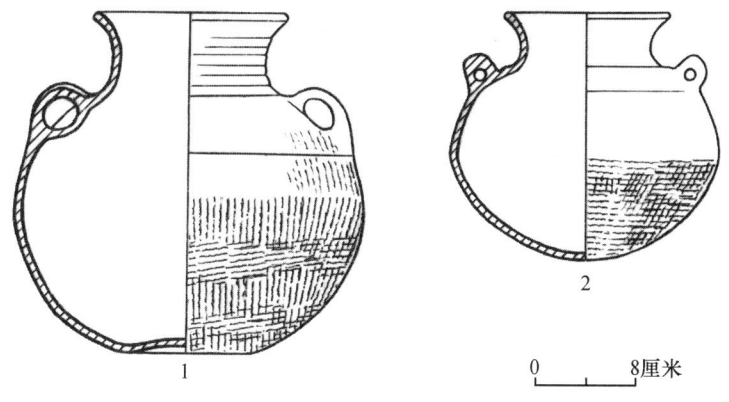

图一五一　ⅡM12平、剖面图
1.陶双耳罐　2.陶鍪

图一五二　ⅡM12出土陶器
1.陶双耳罐（ⅡM12∶1）　2.陶鍪（ⅡM12∶2）

1件，置于棺内（图一五三；图版一六，2）。

陶鼎　1件。ⅡM13∶5，泥质灰陶。折盘状器盖，盖顶有方形纽座，半环形纽衔环。器身为子口，方唇，长方形附耳外弧撇，椭圆形耳孔对穿，弧腹，圜底近平，三蹄形足微撇。器盖纽座饰"S"形图案，器身腹部饰一道凸棱。器身口径19.4、腹径24.4、高24.2厘米，器盖口径

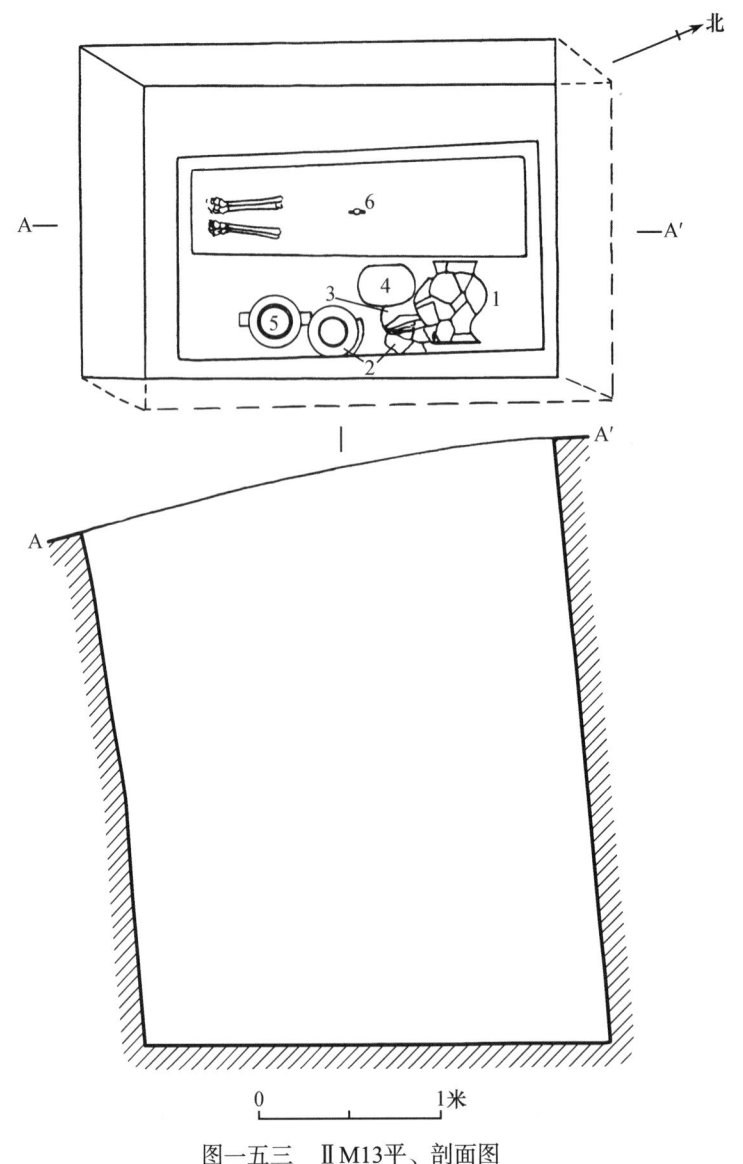

图一五三　ⅡM13平、剖面图
1.陶壶　2.陶甗　3.陶盒　4.陶瓮　5.陶鼎　6.铜带钩

22.8、高8.8厘米，通高26.4厘米（图一五四，1；彩版二二，1）。

陶盒　1件。ⅡM13：3，泥质灰陶。覆碗状器盖，浅宽圈足状捉手。器身为子口，方唇，弧腹，平底。器盖外壁和器身腹部皆饰数道凹弦纹。器身口径18、底径9.8、高9.6厘米，器盖口径21.6、顶径8.8、高7.2厘米，通高15.2厘米（图一五四，4；图版六〇，4）。

陶壶　1件。ⅡM13：1，泥质灰陶。浅弧盘状器盖，盖顶均匀分布有三个简化立鸟形纽。器身为盘口，方唇，束颈，溜肩，肩部有对称双系简化兽面铺首衔环，鼓腹，圜底近平，喇叭状圈足。器身颈部和腹部饰竖绳纹，有被抹平的痕迹，肩部及腹部分别饰一周宽带纹，圈足外壁饰一道凸棱。器身口径22.7、腹径35.4、圈足径24.2、高39.8厘米，器盖口径23.9、高9.5厘米，通高49.7厘米（图一五四，3；图版六〇，1）。

陶甗　1件（套）。ⅡM13：2，泥质灰陶。上甑下釜扣合而成。甑，直口，折沿下垂，方

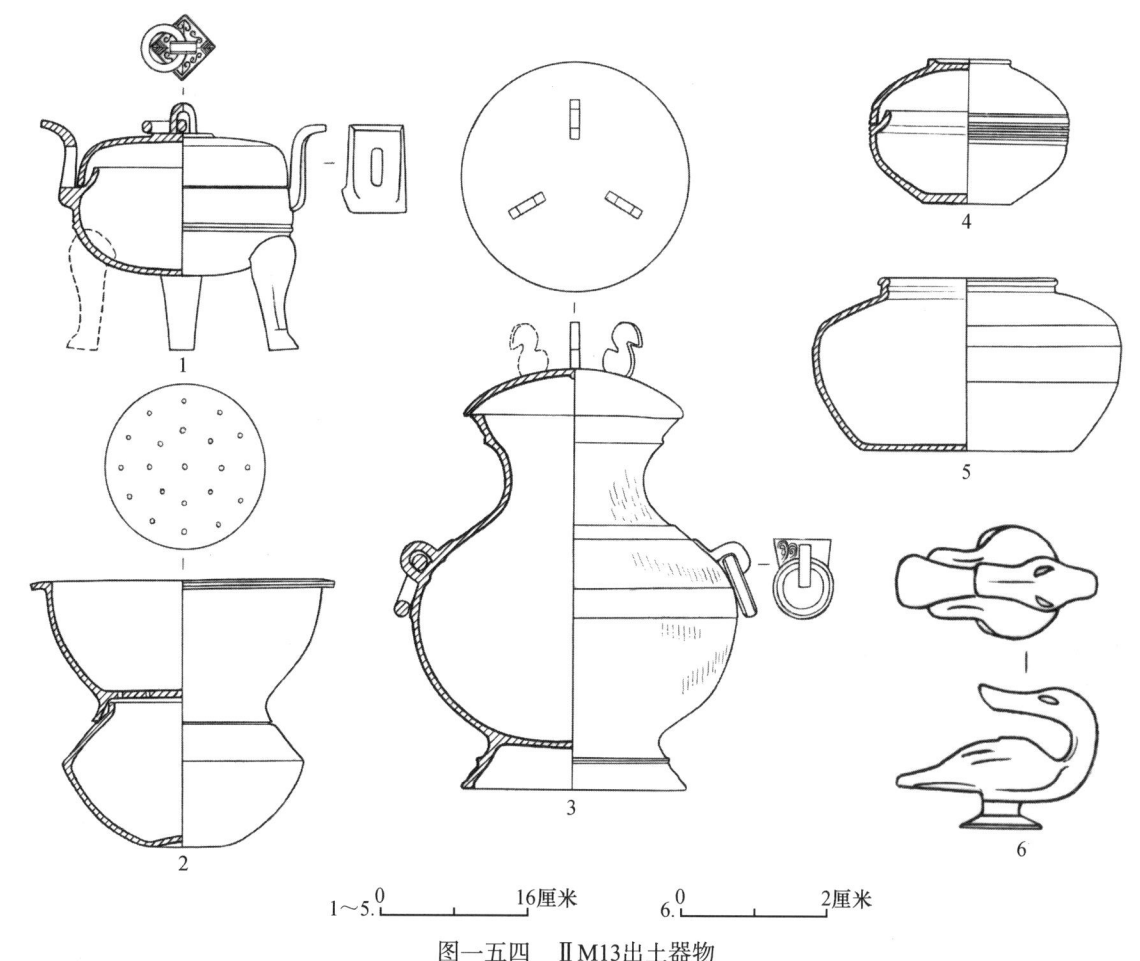

图一五四 ⅡM13出土器物
1. 陶鼎（ⅡM13：5） 2. 陶甗（ⅡM13：2） 3. 陶壶（ⅡM13：1） 4. 陶盒（ⅡM13：3）
5. 陶瓮（ⅡM13：4） 6. 铜带钩（ⅡM13：6）

唇，唇面有一道凹槽，弧腹，平底，底部有较多圆形镂孔，圈足外撇。釜，直口，方唇，斜肩，折腹，下腹弧收，底内凹。通体素面。甗口径33、圈足径20、高28.2厘米，釜口径16、腹径26.4、底径8、高11.2厘米，通高39.4厘米（图一五四，2；图版六〇，2）。

陶瓮 1件。ⅡM13：4，泥质灰陶。直口，圆唇，唇内外缘凸起，矮领，领内侧有一道凹槽，圆肩，上腹较鼓，下腹斜收，平底。肩至腹部饰三道折棱。口径19.8、腹径34.4、底径23.4、高18.2厘米（图一五四，5；图版六〇，3）。

铜带钩 1件。ⅡM13：6，绿色。整体短小，形似立鸭，钩首回顾，细颈，腹部正面隆起，背面有圆形纽，尾部呈环状。长2.9、宽1.3厘米（图一五四，6；彩版一八，5）。

十四、ⅡM14

位于Ⅱ区中部偏南。打破其西的ⅡM15。方向19°。长方形竖穴土坑墓，口大底小，南壁斜直内收，北、东、西三壁为直壁。开口距地表约0.25米，墓口长3、宽2米，墓底长2.84、宽

2米，深1.9~2.16米。填土为红褐色五花土，土质坚硬。葬具为木质单棺单椁，仅存朽痕。椁室位于墓室中部偏北，平面呈长方形，椁痕长2.2、宽1.63、残高0.49米。棺位于椁室内西部，平面呈长方形，棺痕长1.85、宽0.48、厚0.04米。棺内有人骨一具，仰身直肢，双手交叉置于腹部，头向东北，面向上，性别、年龄不详。出土随葬品9件，其中陶器8件，置于椁内棺外东部，铁器1件，置于棺内墓主双膝之间（图一五五；彩版一〇，1）。

陶鼎　2件。泥质灰陶。浅弧盘状器盖。器身为子口，圆唇，长方形附耳，上腹较直，下腹弧收，三蹄形足。腹部饰一道凸棱。ⅡM14：3，盖顶隆起。器身附耳外弧撇，椭圆形耳孔对穿，平底。器身口径19.2、腹径24.4、底径18.4、高22.4厘米，器盖口径23.2、高6厘米，通高23.4厘米（图一五六，1；图版六一，1）。ⅡM14：4，盖顶较平。器身附耳外折撇，长方形耳孔对穿，圜底。器身口径18、腹径23.2、高18.3厘米，器盖口径20、高5.2厘米，通高18.3厘米（图一五六，4；图版六一，2）。

陶盒　2件。泥质灰陶。覆碗状器盖，浅宽圈足状捉手。器身为子口，圆唇，弧腹，平底。器盖外壁与器身腹部皆饰数道凹弦纹。ⅡM14：7，弦纹清晰。器身口径16、腹径21.2、底径6.4、高9厘米，器盖口径20、顶径8.4、高8厘米，通高16.2厘米（图一五六，8；图版六一，5）。ⅡM14：8，弦纹较浅。器身口径16、腹径20、底径6.4、高9.6厘米，器盖口径19.2、顶径

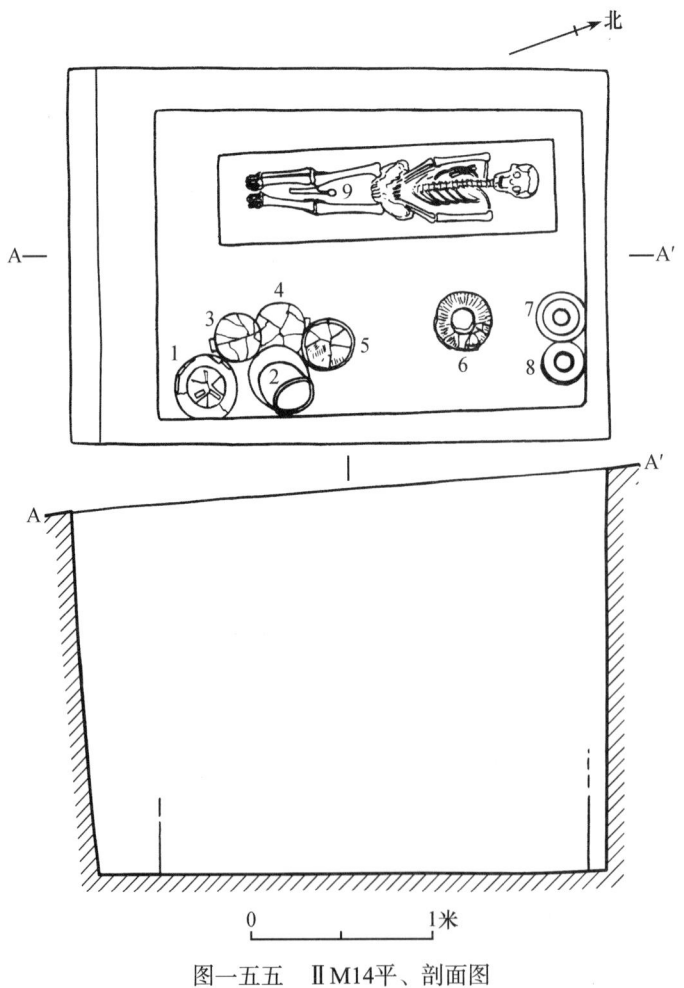

图一五五　ⅡM14平、剖面图
1、2.陶壶　3、4.陶鼎　5.陶甗　6.陶双耳罐　7、8.陶盒　9.铁削刀

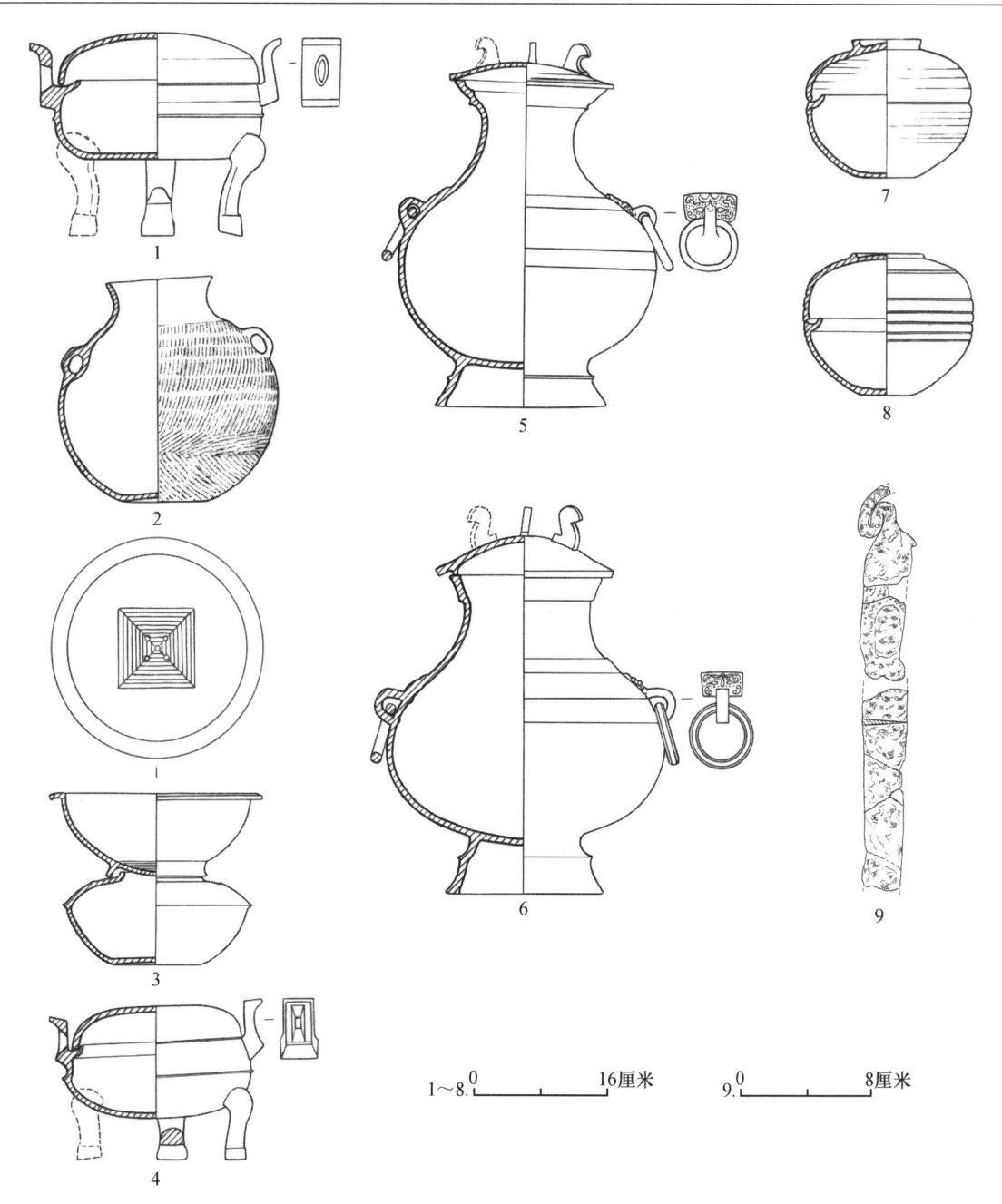

图一五六　ⅡM14出土器物

1、4. 陶鼎（ⅡM14：3、ⅡM14：4）　2. 陶双耳罐（ⅡM14：6）　3. 陶瓿（ⅡM14：5）　5、6. 陶壶（ⅡM14：2、ⅡM14：1）
7、8. 陶盒（ⅡM14：8、ⅡM14：7）　9. 铁削刀（ⅡM14：9）

8.4、高7.2厘米，通高16厘米（图一五六，7；图版六一，6）。

　　陶壶　2件。泥质灰陶。浅弧盘状器盖。器身为喇叭口，微具盘口形态，方唇，束颈，溜肩，肩部有对称双系兽面铺首衔环，鼓腹，圜底，喇叭状圈足。器身肩部及腹部分别饰一周宽带纹，圈足外壁饰一道凸棱。ⅡM14：1，器盖为子口，盖顶均匀分布三个简化立鸟形纽。器身口径18、腹径33、圈足径18.8、高37厘米，器盖口径20.4、高8厘米，通高45厘米（图一五六，6；图版六一，3）。ⅡM14：2，盖顶均匀分布三个弯角形纽。器身口径18.6、腹径

31.8、圈足径20.4、高37.8厘米，器盖口径19.5、高4.2厘米，通高42厘米（图一五六，5；图版六一，4）。

陶甗　1件（套）。ⅡM14：5，泥质灰陶。上甑下釜扣合而成。甑，直口，折沿下垂，方唇，弧腹，圜底，底部有五个圆形镂孔，圈足外撇。釜，敛口，方唇，溜肩，折腹，下腹弧内收，平底微内凹。甑内底部饰多周回形凹弦纹，釜腹部饰一道凸棱。甑口径25.2、圈足径12、高9.6厘米，釜口径4.8、腹径24、底径11.2、高10.6厘米，通高19.6厘米（图一五六，3；图版六〇，5）。

陶双耳罐　1件。ⅡM14：6，泥质灰陶。侈口，圆唇，束颈，溜肩，肩部有对称牛鼻形双耳，鼓腹，底内凹。肩至上腹部饰竖绳纹间有数道抹痕，以下饰交错绳纹。口径13、腹径26.2、底径10.6、高25.6厘米（图一五六，2；图版六〇，6）。

铁削刀　1件。ⅡM14：9，环首，残，器身呈长条形，单刃。残长22、宽2.9厘米，刀背厚0.2厘米（图一五六，9）。

十五、ⅡM15

位于Ⅱ区中部偏南。被其东的ⅡM14打破。方向24°。长方形竖穴土坑墓，口大底小，斜直壁内收。开口距地表约0.2厘米，墓口长3.4、宽2.2米，墓底长2.74、宽1.78米，深1.5~1.9米。填土为黄褐色五花土，致密坚硬。葬具为木质单棺单椁，仅存朽痕。椁室位于墓室中部偏西，平面呈长方形，椁痕长2.3、宽1.26、残高0.36米。棺位于椁室内东部，平面呈长方形，棺痕长1.86、宽0.48~0.54米。棺内有人骨一具，仰身直肢，双手交叉置于腹部，头向东北，性别、年龄不详。出土随葬品5件，均为陶器，置于椁内棺外西部，陶鼎旁有1处漆器痕迹，仅存红色漆皮（图一五七；图版一七，1）。

陶鼎　1件。ⅡM15：3，泥质灰陶。浅弧盘状器盖。器身为子口，圆唇，长方形附耳外侈，长方形耳孔对穿，弧腹，圜底，三蹄形足，截面呈椭圆形。盖顶饰数道凹弦纹，并有红色彩绘痕迹，器身中腹部饰一道折棱，下腹部饰两道凹弦纹。器身口径21.4、腹径25、高16.9厘米，器盖口径24.4、高6.4厘米，通高20.8厘米（图一五八，1；图版六二，1）。

陶盒　1件。ⅡM15：2，泥质灰陶。覆碗状器盖，宽浅圈足状捉手。器身为子口，方唇，弧腹，圜底近平，矮圈足。器身腹部饰一道折棱，并有轮制留下的旋纹痕迹和红色彩绘痕迹。器身口径19.2、底径9.8、高10.4厘米，器盖口径22.4、顶径9.6、高7.8厘米，通高17.6厘米（图一五八，4；图版六二，2）。

陶壶　1件。ⅡM15：1，泥质灰陶。浅弧盘状器盖，子口，盖顶均匀分布三个卷云形纽。器身为浅盘口，方唇，束颈，溜肩，肩部有对称双系兽面铺首，鼓腹，圜底，喇叭状矮圈足。盖顶饰数道凹弦纹，器身腹部有红色彩绘痕迹。器身口径13.3、腹径21.1、圈足径11.2、高28.4厘米，器盖口径10.4、腹径12.8、高5.2厘米，通高32.4厘米（图一五八，5；图版六二，3）。

陶双耳罐　1件。ⅡM15：5，泥质灰陶。侈口，方唇，束颈，圆肩，肩部有对称牛鼻形双耳，鼓腹，底内凹。颈部饰一道折棱，肩至上腹部饰竖绳纹间有数道抹痕，以下饰交错绳纹。

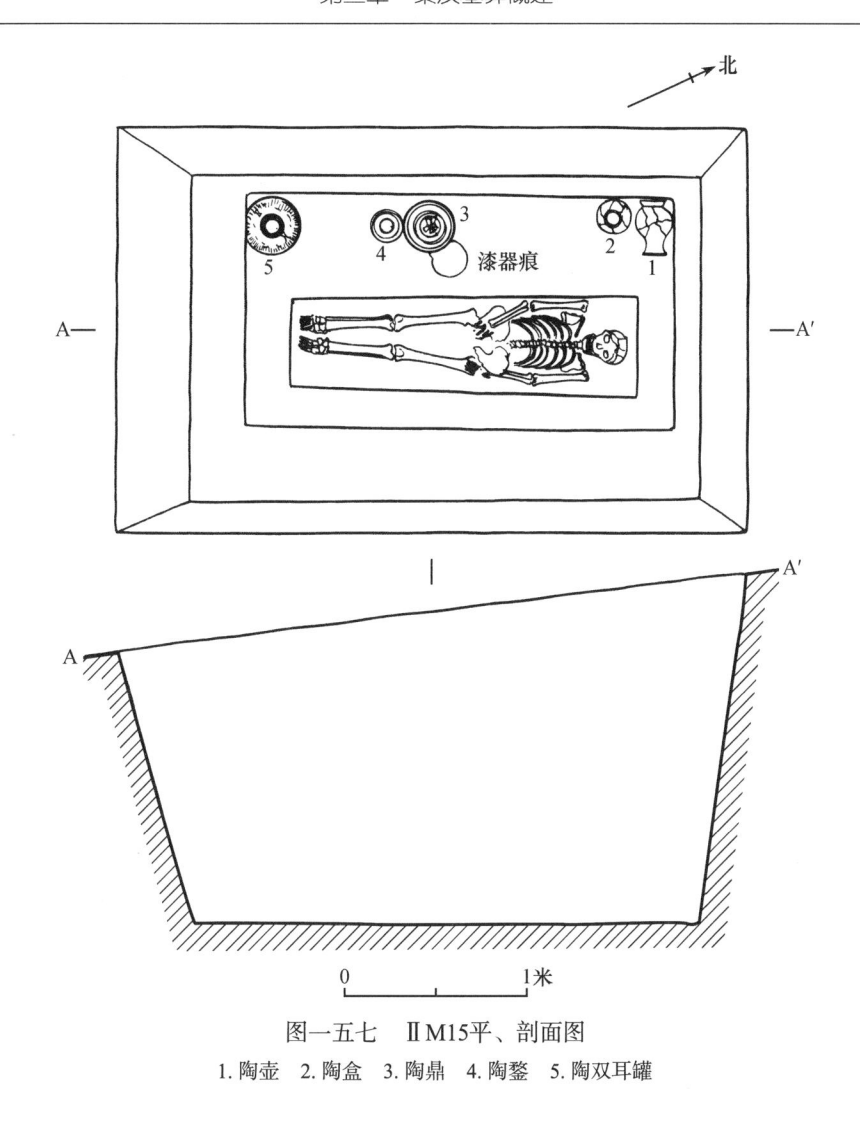

图一五七 ⅡM15平、剖面图
1. 陶壶　2. 陶盒　3. 陶鼎　4. 陶鍪　5. 陶双耳罐

口径15、腹径29.6、底径10、高30.8厘米（图一五八，2；图版六二，4）。

陶鍪　1件。ⅡM15：4，泥质灰陶。侈口，方唇，束颈，圆肩，肩部有对称弓形双耳，扁鼓腹，圜底。肩部饰两道凹弦纹，下腹至底部饰横绳纹。口径13、腹径19.4、高17.2厘米（图一五八，3；图版六二，5）。

十六、ⅡM17

位于Ⅱ区中部偏南。方向200°。长方形竖穴土坑墓，口大底小，南、北壁较直，东、西壁斜直内收。开口距地表约0.25米，墓口长2.7、宽1.7米，墓底长2.5、宽1.28米，深2.46～2.7米。填土为黄褐色五花土，土质紧密坚硬。葬具为木质单棺单椁，仅存朽痕。椁室位于墓室中部，平面呈长方形，椁痕长2.5、宽1.2～1.3米。棺位于椁室内偏东北部，平面呈长方形，棺痕长1.88、宽0.56～0.64米。棺内有人骨一具，腐蚀严重，头向西南，仰身直肢，性别、年龄不详。出土随葬品9件，其中陶器5件，铁器3件，置于椁内棺外南部，铜器1件，置于棺内墓主面

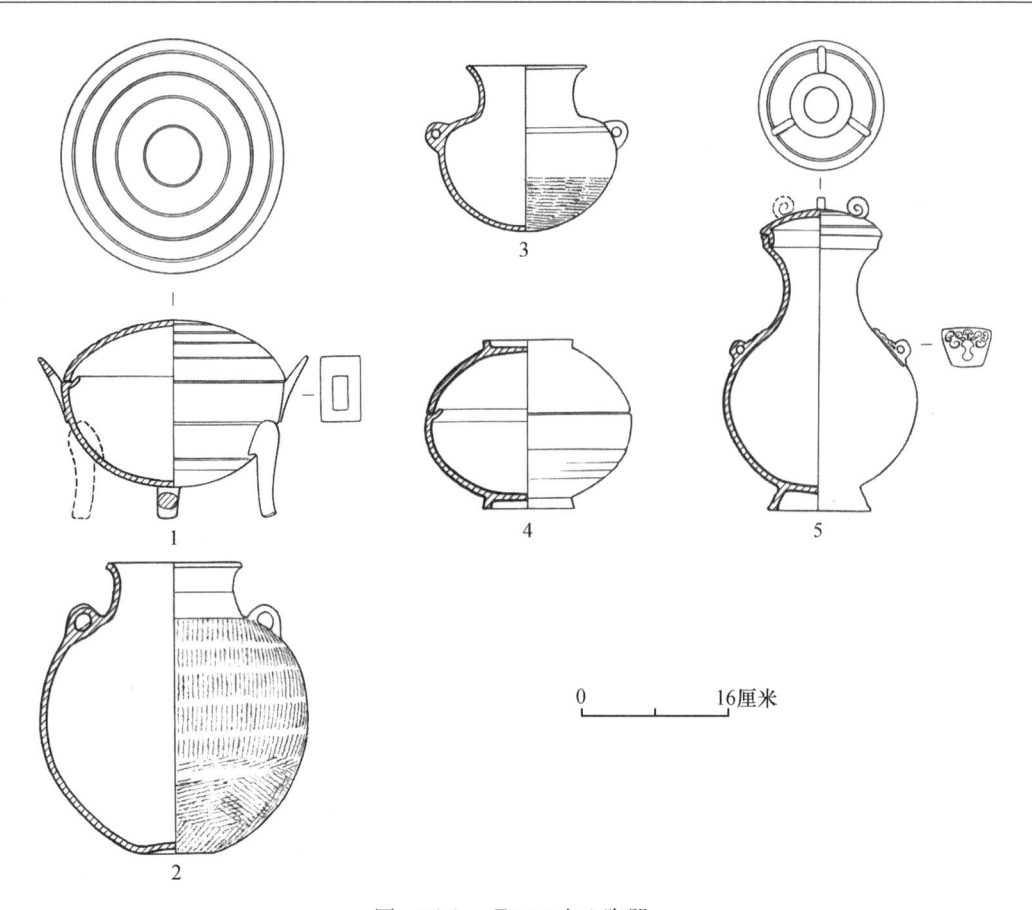

图一五八　ⅡM15出土陶器
1. 陶鼎（ⅡM15：3）　2. 陶双耳罐（ⅡM15：5）　3. 陶鍪（ⅡM15：4）　4. 陶盒（ⅡM15：2）　5. 陶壶（ⅡM15：1）

部（图一五九；彩版一〇，2）。

陶鼎　1件。ⅡM17：4，夹砂灰陶。浅弧盘状器盖。器身为子口，方唇，长方形附耳外弧撇，椭圆形耳孔对穿，弧腹，圜底，三蹄形足。通体素面。器身口径21.5、腹径25.6、高22.8厘米，器盖口径25.5、高4.4厘米，通高22.8厘米（图一六〇，1；图版六三，1）。

陶盒　1件。ⅡM17：6，泥质灰陶。覆碗状器盖，浅窄圈足状捉手。器身为子口，方唇，弧腹，平底。器盖与器身腹壁皆有轮制留下的旋纹痕迹，并饰数道凹弦纹。器身口径18、腹径21.4、底径7.6、高9.6厘米，器盖口径21.2、顶径6.4、高8厘米，通高16.6厘米（图一六〇，5；图版六三，2）。

陶壶　1件。ⅡM17：5，泥质灰陶。浅弧盘状器盖。器身为微盘口，圆唇，束颈，溜肩，肩部有对称双系兽面铺首，鼓腹，圜底近平，喇叭状圈足。盖顶有轮制留下的旋纹痕迹，器身肩部饰两周戳印纹，中腹部饰数道凹弦纹，下腹部饰右斜细绳纹，有被抹平的痕迹。器身口径18.7、腹径30.5、圈足径20.4、高35.6厘米，器盖口径21.2、高4.6厘米，通高39.7厘米（图一六〇，2；图版六三，3）。

陶瓮　1件。ⅡM17：8，泥质灰陶。直口，方唇，矮领，折肩，胖鼓腹，平底微内凹。肩部饰两道细浅凹弦纹，上腹部饰竖绳纹，有被抹平的痕迹，下腹至底部饰交错绳纹。口径21.8、腹径38.2、底径15、高32厘米（图一六〇，4；图版六三，4）。

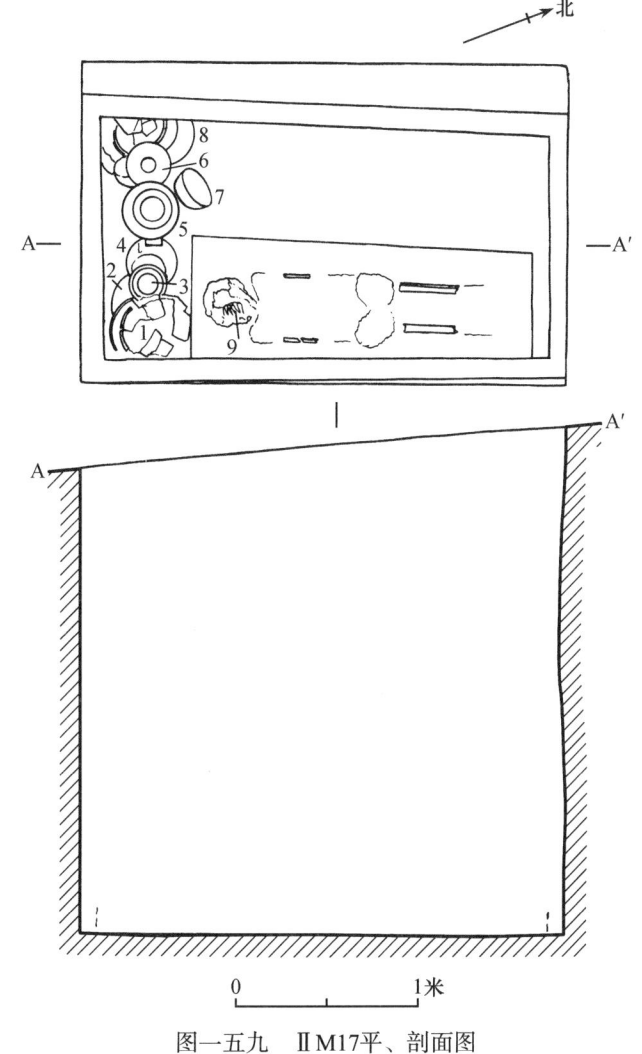

图一五九　ⅡM17平、剖面图
1.陶甑　2、7.铁釜　3.铁鍪　4.陶鼎　5.陶壶　6.陶盒　8.陶瓮　9.铜饰件

陶甑　1件。ⅡM17：1，泥质灰陶。直口，平折沿，方唇，唇面有一道凹槽，微束颈，弧腹，底内凹，底部有五个圆形镂孔。上腹部饰数道凹弦纹，下腹至底部饰交错绳纹。口径35.6、底径14.8、高17厘米（图一六〇，3；图版六二，6）。

铜饰件　1件。ⅡM17：9，腐蚀严重，无法复原。

铁釜　2件。ⅡM17：2、ⅡM17：7，腐蚀严重，无法复原。

铁鍪　1件。ⅡM17：3，腐蚀严重，无法复原。

十七、ⅡM18

位于Ⅱ区中部偏北。除见于工地原始总图以外，该墓未见于其他原始资料。根据该墓在工地原始总图中的形状与位置可知，方向应为20°，长方形竖穴土坑墓，至于具体墓葬结构、棺椁和人骨状况，则已无法了解。出土随葬品2件，分别为陶鼎和陶釜。

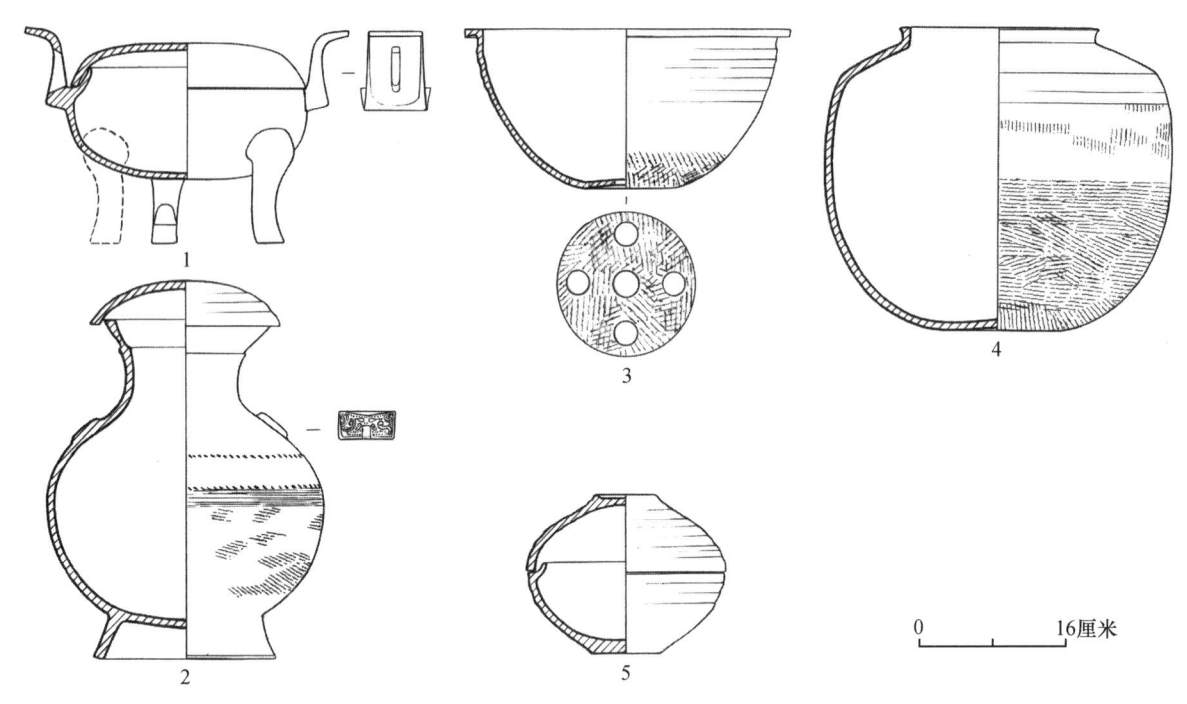

图一六〇　ⅡM17出土陶器
1. 陶鼎（ⅡM17：4）　2. 陶壶（ⅡM17：5）　3. 陶甑（ⅡM17：1）　4. 陶瓮（ⅡM17：8）　5. 陶盒（ⅡM17：6）

陶鼎　1件。ⅡM18：2，泥质灰陶。浅弧盘状器盖，盖顶残。器身为子口，圆唇，附耳残，上腹较直，下腹弧收，圜底近平，三蹄形足。器身腹部饰一道凸棱。器身口径20、腹径24、高18.4厘米，器盖口径23.4、残高4.4、复原高6厘米，通体残高22、复原高23.6厘米（图一六一，1）。

陶釜（甗下部）　1件。ⅡM18：1，泥质灰陶。直口，方唇，微耸肩，肩部有对称双系兽面铺首衔环，鼓腹，底内凹。腹部饰一道较宽凸棱。口径11.2、腹径29、底径14、高16.2厘米（图一六一，2；图版六三，5）。

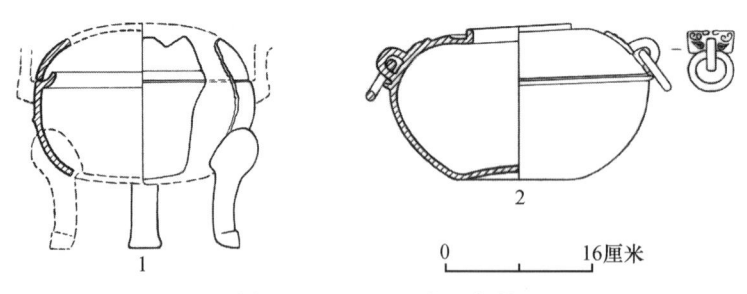

图一六一　ⅡM18出土陶器
1. 陶鼎（ⅡM18：2）　2. 陶釜（甗下部）（ⅡM18：1）

十八、ⅡM19

位于Ⅱ区中部偏北。方向114°。长方形竖穴土坑墓，口大底小。开口距地表约0.25米，墓口长2.76、宽1.96米，墓底长2.4、宽1.74米，深3.46～3.56米。填土为黄褐色五花土，土质紧密坚硬。葬具为木质单棺单椁，仅存朽痕。椁室位于墓室中部，平面呈长方形，椁痕长2.04、宽1.5米。棺位于椁室内南部，平面呈长方形，棺痕长1.92、宽0.57米。棺内有人骨一具，头向东南，仰身直肢，性别、年龄不详。出土随葬品7件（套），均为陶器，置于椁内棺外北部，东西排列（图一六二；图版一七，2）。

陶鼎　1件。ⅡM19:2，泥质灰陶。浅弧盘状器盖。器身为子口，方唇，长方形附耳外侈，长方形耳孔对穿，浅弧腹，圜底，三蹄形足。通体素面。器身口径17.2、腹径20、高14.4厘米，器盖口径18.4、高2.9厘米，通高14.8厘米（图一六三，1；图版六四，1）。

陶盒　1件。ⅡM19:6，泥质灰陶。覆碗状器盖，浅宽圈足状捉手。器身为子口，方唇，上腹较直，下腹弧收，平底，矮圈足。器盖外壁饰数道凹弦纹，器身素面。器身口径17.6、腹径21、底径12.2、高8.4厘米，器盖口径20、顶径10.4、高6.8厘米，通高15.2厘米（图一六三，

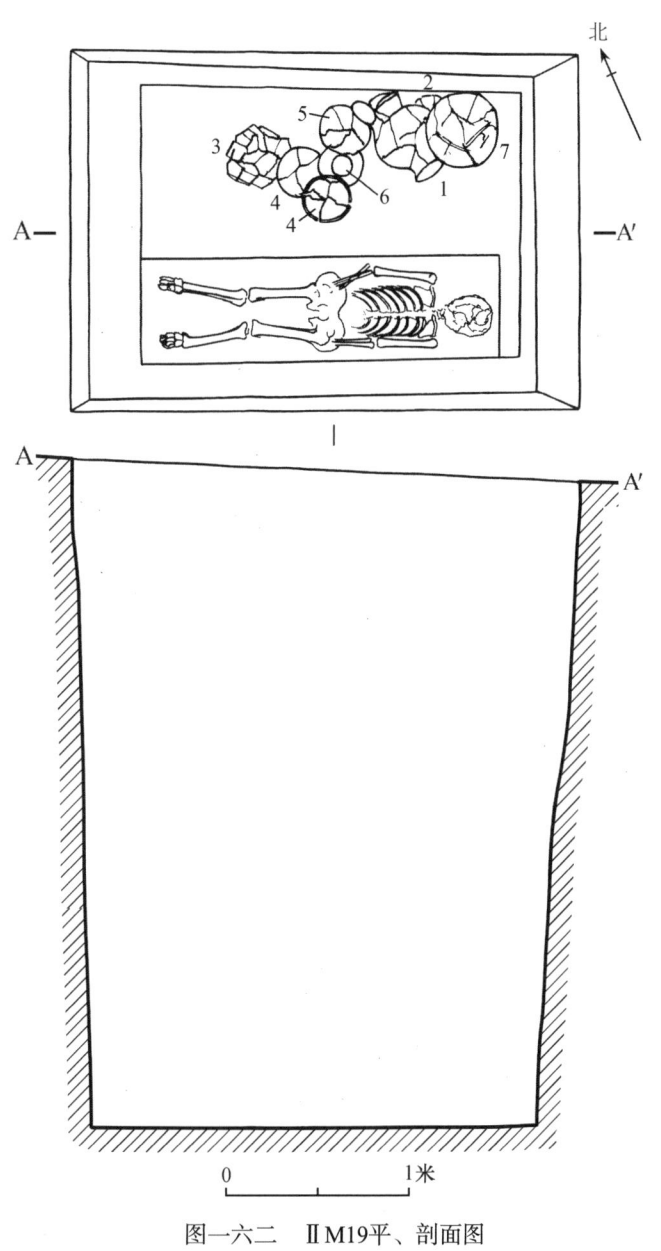

图一六二　ⅡM19平、剖面图
1.陶壶　2.陶鼎　3.陶鍪　4.陶瓿　5.陶双耳罐　6.陶盒　7.陶瓮

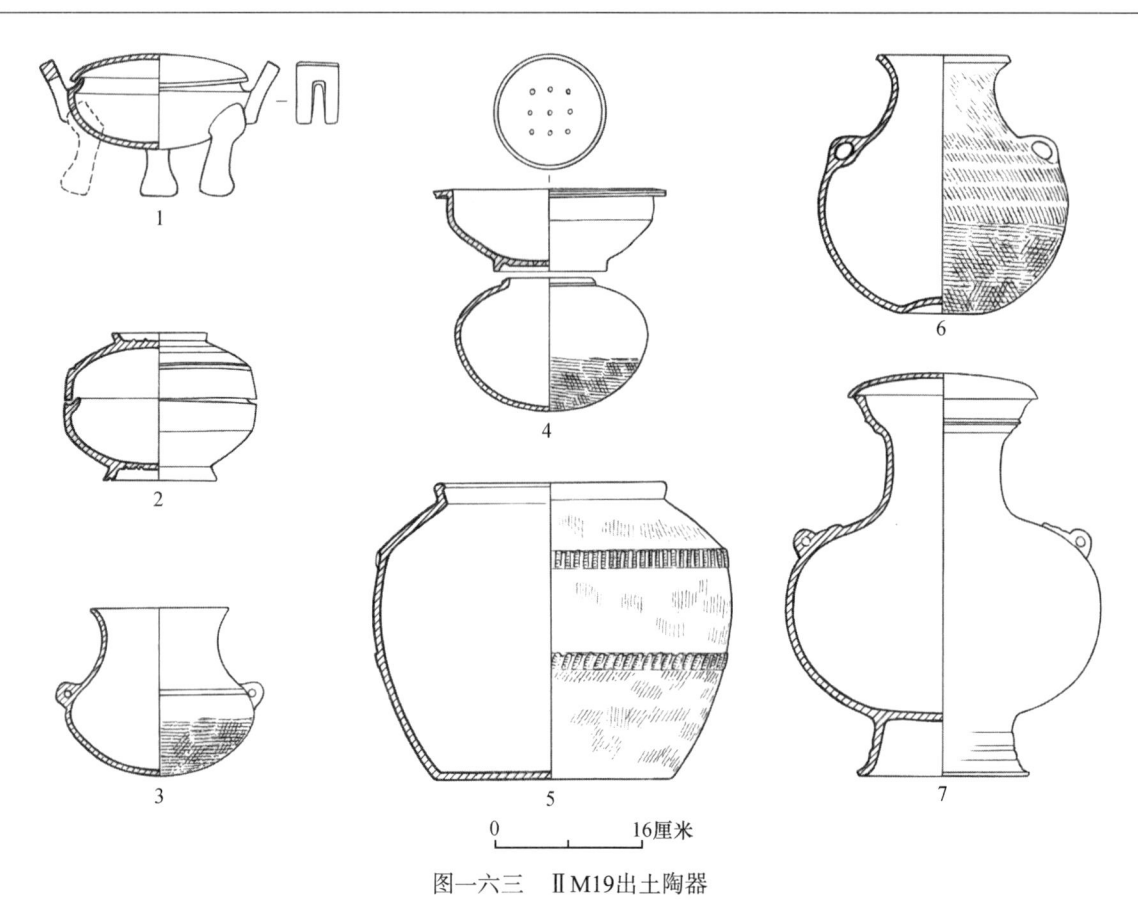

图一六三　ⅡM19出土陶器
1. 陶鼎（ⅡM19：2）　2. 陶盒（ⅡM19：6）　3. 陶鍪（ⅡM19：3）　4. 陶甗（ⅡM19：4）　5. 陶瓮（ⅡM19：7）
6. 陶双耳罐（ⅡM19：5）　7. 陶壶（ⅡM19：1）

2；图版六四，2）。

陶壶　1件。ⅡM19：1，泥质灰陶。弧盘状器盖甚浅，呈浅碟形，圆唇，弧形盖顶近平，无纽，素面。器身为深盘口，外张较大，宽平方唇，颈部较长，明显收束，圆鼓肩，肩部较宽，有对称双系铺首，腹部扁圆，呈茧形，底部圜形近平，圈足较高，呈喇叭状外撇。器身外口部下端饰一道凸棱，其下近颈部处有一道折棱，圈足外壁饰三道较宽凹弦纹。器身口径19.4、腹径34.4、圈足径19、高40厘米，器盖口径20.6、高2.4厘米，通高42.4厘米（图一六三，7；图版六四，4）。

陶双耳罐　1件。ⅡM19：5，泥质灰陶。侈口，方唇，束颈，溜肩，肩部有对称牛鼻形双耳，鼓腹，底内凹。颈部饰模糊绳纹，有被抹平的痕迹，上腹部饰右斜绳纹间有数道抹痕，以下饰交错绳纹。口径14.4、腹径27.1、底径9.6、高27.3厘米（图一六三，6；图版六四，6）。

陶甗　1件（套）。ⅡM19：4，泥质灰陶。上甑下釜扣合而成。甑，直口，折沿微下垂，方唇，唇面有一道凹槽，上腹较直，下腹斜收，圜底近平，底部有九个圆形镂孔，矮圈足。釜，直口，叠唇，溜肩，鼓腹，圜底。甑素面，釜下腹部饰交错绳纹。甑口径25.5、圈足径12.4、高8.6厘米，釜口径10、腹径21.2、高13.9厘米，通高21.6厘米（图一六三，4；图版六五，1、2）。

陶瓮　1件。ⅡM19：7，泥质灰陶。敞口，圆唇，矮领，折肩，鼓腹，平底。肩部及腹部分别饰一周压印左斜齿轮状附加堆纹，通体饰模糊绳纹，并有被抹平的痕迹。口径21.4、腹径39.6、底径22.6、高31.4厘米（图一六三，5；图版六四，5）。

陶鍪　1件。ⅡM19：3，夹砂灰陶。侈口，圆唇，束颈，溜肩，肩部有对称弓形双耳，扁腹，圜底。肩部饰两道凹弦纹，下腹至底部饰交错绳纹，并有明显的烟熏痕迹。口径15.2、腹径20.6、高17.6厘米（图一六三，3；图版六三，6）。

十九、ⅡM22

位于Ⅱ区中部偏西北。其西紧邻ⅡM23，两墓似为异穴合葬。方向17°。长方形竖穴土坑墓，略口大底小，斜直壁内收。开口距地表约0.25米，墓口长3.1、宽2.17米，墓底长2.98、宽1.94米，深3.11～3.41米。填土为黄褐色五花土，致密坚硬，包含少量石块。葬具为木质单棺单椁，仅存朽痕。椁室位于墓室中部，平面呈长方形，椁痕长2.9、宽1.54米。棺位于椁室内西部，平面呈长方形，棺痕长2、宽0.54米。棺内有人骨一具，腐蚀严重，仅存少量下肢骨和颅骨，头向东北，仰身直肢，性别、年龄不详。出土随葬品13件（套），其中陶器12件，置于椁内棺外北部和东部，有1件陶鍪和陶钵的具体位置已不详，铜钱按1件计，共14枚，散布于棺内（图一六四；图版一八，1）。

陶鼎　2件。泥质灰陶。浅弧盘状器盖。器身为子口，长方形附耳微外折撇，弧腹，圜底，三蹄形足微外撇。器盖外壁有轮制留下的旋纹痕迹，器身腹部饰一道凸棱，通体外壁残留有红色彩绘痕迹。ⅡM22：7，长方形耳孔对穿。器身口径17.5、腹径22.2、高19厘米，器盖口径20、高6.4厘米，通高20.8厘米（图一六五，1；图版六六，1）。ⅡM22：8，椭圆形耳孔对穿。器盖内壁饰多道折棱。器身口径16.8、腹径20、高16.7厘米，器盖口径20、高5.8厘米，通高18.2厘米（图一六五，2；图版六六，2）。

陶盒　2件。泥质灰陶。覆碗状器盖，浅宽圈足状捉手。器身为子口，方唇，弧腹。器盖外壁与器身腹部皆饰数道凹弦纹，并残留红色彩绘痕迹。ⅡM22：5，器盖直壁。器身平底内凹。器身口径18.4、腹径21.1、底径7.8、高9.2厘米，器盖口径19.9、顶径10.6、高8.2厘米，通高17.4厘米（图一六五，3；图版六六，4）。ⅡM22：6，器盖弧壁。器身平底。器身口径16.8、腹径20、底径8.2、高10厘米，器盖口径20、顶径9.4、高7.5厘米，通高17厘米（图一六五，4；彩版二三，4）。

陶壶　2件。泥质灰陶。浅弧盘状器盖，子口。器身为喇叭口，方唇，束颈，溜肩，肩部有对称双系兽面铺首，鼓腹，圜底，盘状圈足。器身肩部及上腹部皆饰数道凹弦纹，中腹部及圈足外壁残留红色彩绘痕迹。ⅡM22：2，颈部饰一道凹弦纹。器身口径16.2、腹径25.4、圈足径15.6、高33.3厘米，器盖口径16、高3.7厘米，通高37厘米（图一六五，6；图版六五，5）。ⅡM22：3，颈部饰一道折棱。器身口径18.3、腹径30.2、圈足径19.8、高40厘米，器盖口径20、高4.5厘米，通高44.2厘米（图一六五，10；图版六五，6）。

陶瓮　1件。ⅡM22：1，泥质灰陶。直口，方唇，矮领，圆肩，上腹较鼓，下腹弧收，底

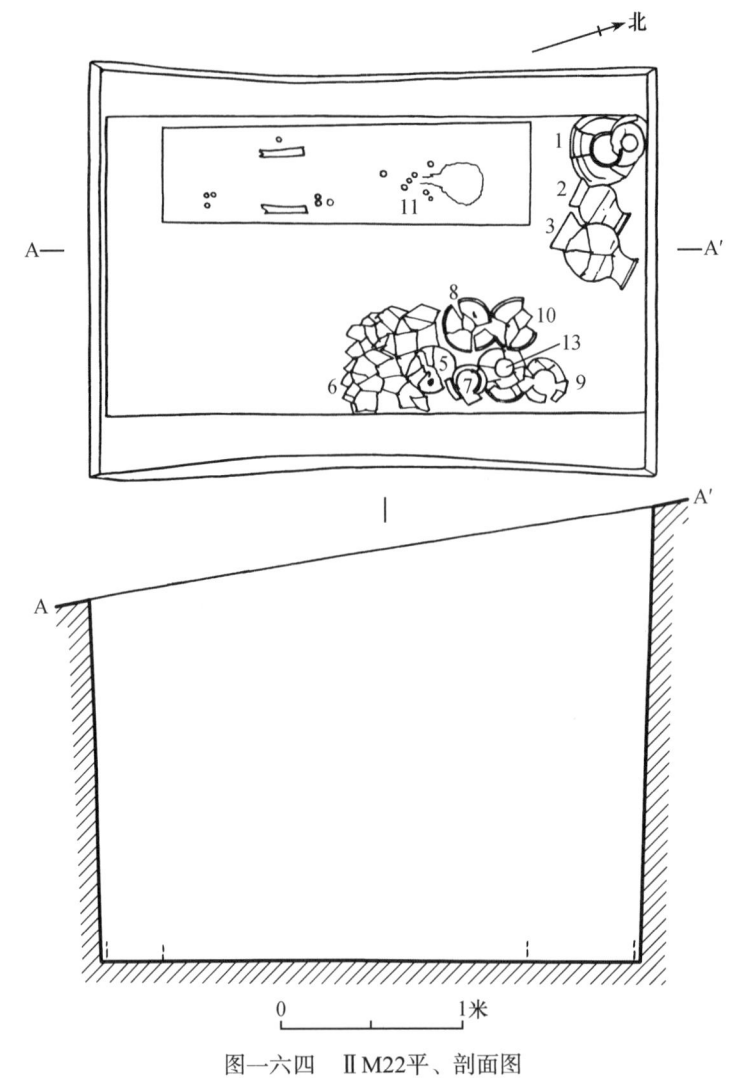

图一六四　ⅡM22平、剖面图
1.陶瓮　2、3.陶壶　4.陶鍪（位置不详）　5、6.陶盒　7、8.陶鼎　9.陶釜　10.陶甑
11.铜钱　12.陶钵（位置不详）　13.陶盆

内凹。肩部及上腹部饰左斜绳纹间有数道凹弦纹，以下饰交错绳纹。口径19.3、腹径36、底径12、高25.4厘米（图一六五，7；图版六五，3）。

陶鍪　1件。ⅡM22：4，夹砂灰陶。侈口，方唇，束颈，溜肩，肩部有对称弓形双耳，扁鼓腹，圜底。下腹至底部饰麻点状绳纹。口径12.6、腹径17.8、高15.2厘米（图一六五，5；图版六六，3）。

陶釜　1件。ⅡM22：9，泥质灰陶。敛口，叠唇，圆肩，胖鼓腹，圜底。肩至上腹部饰竖绳纹间有数道抹痕，以下饰交错绳纹。口径18.4、腹径30.6、高21.6厘米（图一六五，8；图版六五，4）。

陶甑　1件。ⅡM22：10，泥质灰陶。微仰折沿，方唇，束颈，折肩，弧腹，平底微内凹，底部有五个圆形镂孔。上腹部饰竖绳纹，有被抹平的痕迹，以下饰交错绳纹。口径30.8、底径8、高14.6厘米（图一六五，12；图版六六，5）。

图一六五　ⅡM22出土器物
1、2. 陶鼎（ⅡM22∶7、ⅡM22∶8）　3、4. 陶盒（ⅡM22∶5、ⅡM22∶6）　5. 陶鍪（ⅡM22∶4）
6、10. 陶壶（ⅡM22∶2、ⅡM22∶3）　7. 陶瓮（ⅡM22∶1）　8. 陶釜（ⅡM22∶9）　9. 铜钱（ⅡM22∶11）
11. 陶盆（ⅡM22∶13）　12. 陶甑（ⅡM22∶10）　13. 陶钵（ⅡM22∶12）

陶钵　1件。ⅡM22∶12，泥质灰陶。直口，圆唇，折腹，假圈足底内凹。素面。口径22.5、底径8.4、高7.6厘米（图一六五，13）。

陶盆　1件。ⅡM22∶13，泥质灰陶。平折沿，方唇，唇面有一道凹槽，弧腹，平底。上腹部饰竖绳纹，有被抹平的痕迹，以下饰交错绳纹。口径32.6、底径10、高15.6厘米（图一六五，11；图版六六，6）。

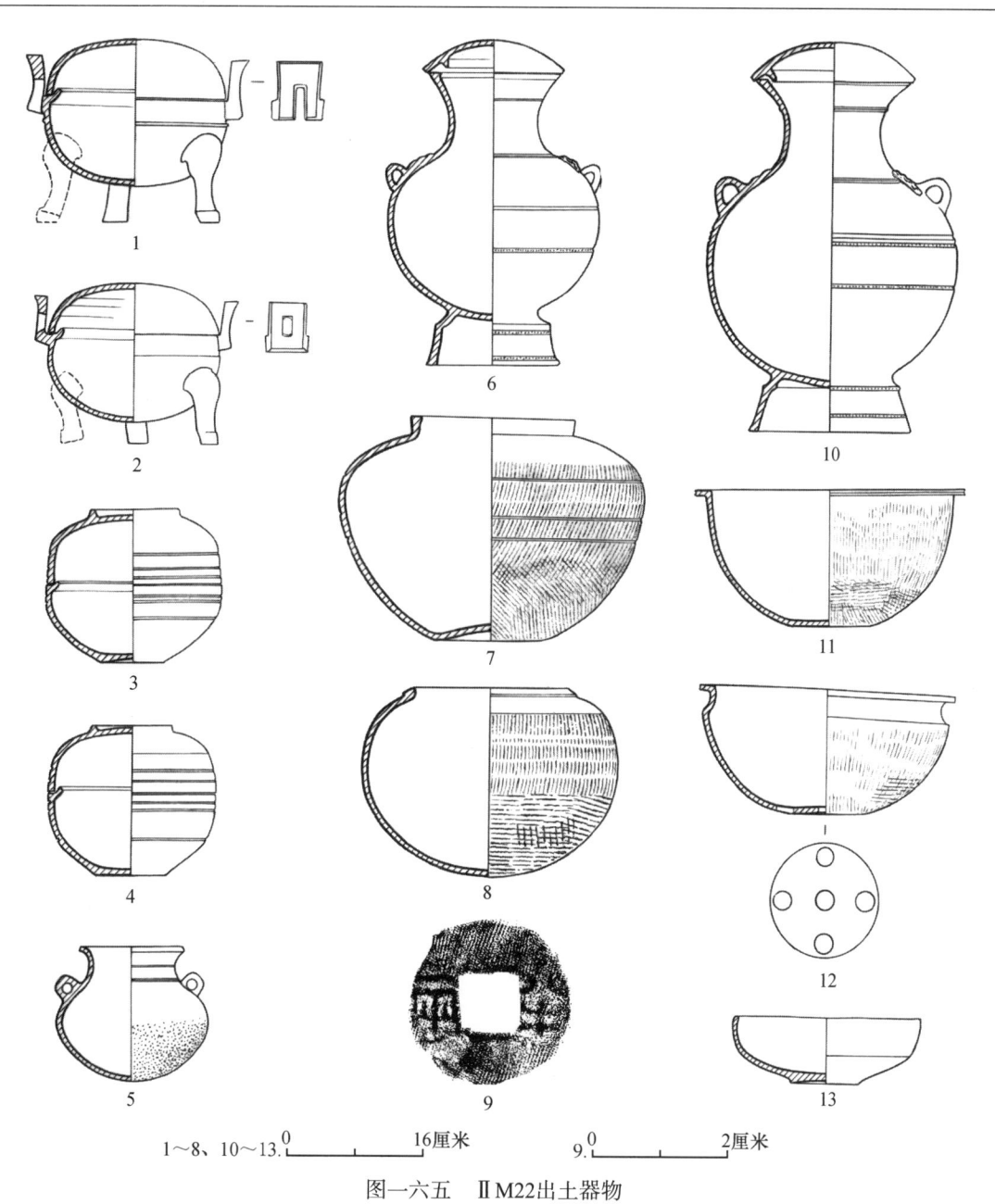

铜钱　1件计，14枚。ⅡM22∶11，半两钱。形制、大小相同，圆形，方孔，无郭。正面

篆体钱文自右向左对读，"半"字的两点弧撇，上横方折向上，下横平直，"两"字的上横较长，"两"字中的"人"字出头亦较长。光背。钱径2.25～2.3、穿边长0.8～1、厚0.1厘米（图一六五，9）。

二十、ⅡM23

位于Ⅱ区中部偏西北。其东紧邻ⅡM22，两墓似为异穴合葬。方向20°。长方形竖穴土坑墓，口大底小，北壁为直壁，东、西、南三壁为斜壁。开口距地表约0.25米，墓口长3.6、宽2.74～2.86米，墓底长3.3、宽2.42米，深2.9～3.45米。填土为黄褐色五花土，土质较硬。葬具为木质单棺单椁，仅存朽痕。椁室位于墓室中部，平面呈长方形，椁痕长2.75、宽0.6米。棺位于椁室内偏东部，平面呈长方形，棺痕长1.76、宽0.6米。棺内有人骨一具，腐蚀严重，仅存部分已成粉末状的下肢骨于棺室西南，推测头向东北，葬式不明，性别、年龄不详。出土随葬品10件（套），包括陶器9件，置于椁内棺外北部，其中1件陶鼎、陶盒与陶瓮的具体位置已不详，铜钱按1件计，共2枚，置于棺内北部（图一六六；图版一八，2）。

陶鼎 2件。泥质灰陶。浅弧盘状器盖。器身为子口，方唇，长方形附耳微外折撇，长方形耳孔对穿，弧腹，圜底，三蹄形足外撇。腹部饰一道折棱。ⅡM23∶6，器盖外壁彩绘已脱落无存。器身口径18、腹径20.8、高16.2厘米，器盖口径20、高6厘米，通高18厘米（图一六七，9；图版六七，3）。ⅡM23∶9，器盖外壁饰三道红彩凹弦纹，盖顶饰红彩卷云纹与弧边菱形纹。器身口径16、腹径20.2、高15.4厘米，器盖口径19.6、高6厘米，通高17.4厘米（图一六七，10；彩版二一，6）。

陶盒 2件。泥质灰陶。覆碗状器盖，浅宽圈足状捉手。器身为子口，方唇，弧腹，平底微内凹。器盖外壁与器身腹部皆饰两道凹弦纹。ⅡM23∶4，器盖外壁与器身腹部皆残留数道红色彩绘宽带纹痕迹。器身口径17.2、腹径20.4、底径8.8、高9厘米，器盖口径20、顶径9.3、高8厘米，通高16.4厘米（图一六七，3；图版六七，4）。ⅡM23∶8，器身口径18.4、腹径20.8、底径8.8、高8.4厘米，器盖口径20.8、顶径9.4、高7.6厘米，通高15.6厘米（图一六七，4；图版六七，5）。

陶壶 2件。泥质灰陶。浅弧盘状器盖，子口。器身为喇叭口，圆唇，束颈，溜肩，肩部有对称双系兽面铺首，鼓腹，圜底，盘状圈足。器身颈部饰一道凹弦纹，肩部及腹部分别饰数道凹弦纹与红彩宽带纹，圈足外壁饰数道红彩宽带纹。ⅡM23∶1，器盖口部饰两道红彩宽带纹夹一周绳索状红彩宽带纹，盖顶饰新月与弧线纹红彩图案。器身口径16.8、腹径25、圈足径15、高36.4厘米，器盖口径18.8、高3.8厘米，通高39厘米（图一六七，2；彩版二五，2）。ⅡM23∶2，器盖口部饰一道红彩宽带纹。器身口径17.8、腹径26、圈足径16.4、高38厘米，器盖口径17.6、高4厘米，通高42厘米（图一六七，1；图版六七，1）。

陶甑 1件。ⅡM23∶3，泥质灰陶。直口，平折沿，方唇，微束颈，弧腹，底内凹，底部有五个圆形镂孔。上腹部有轮制留下的旋纹痕迹，下腹至底部饰交错绳纹。口径35.6、底径15、高15.8厘米（图一六七，11）。

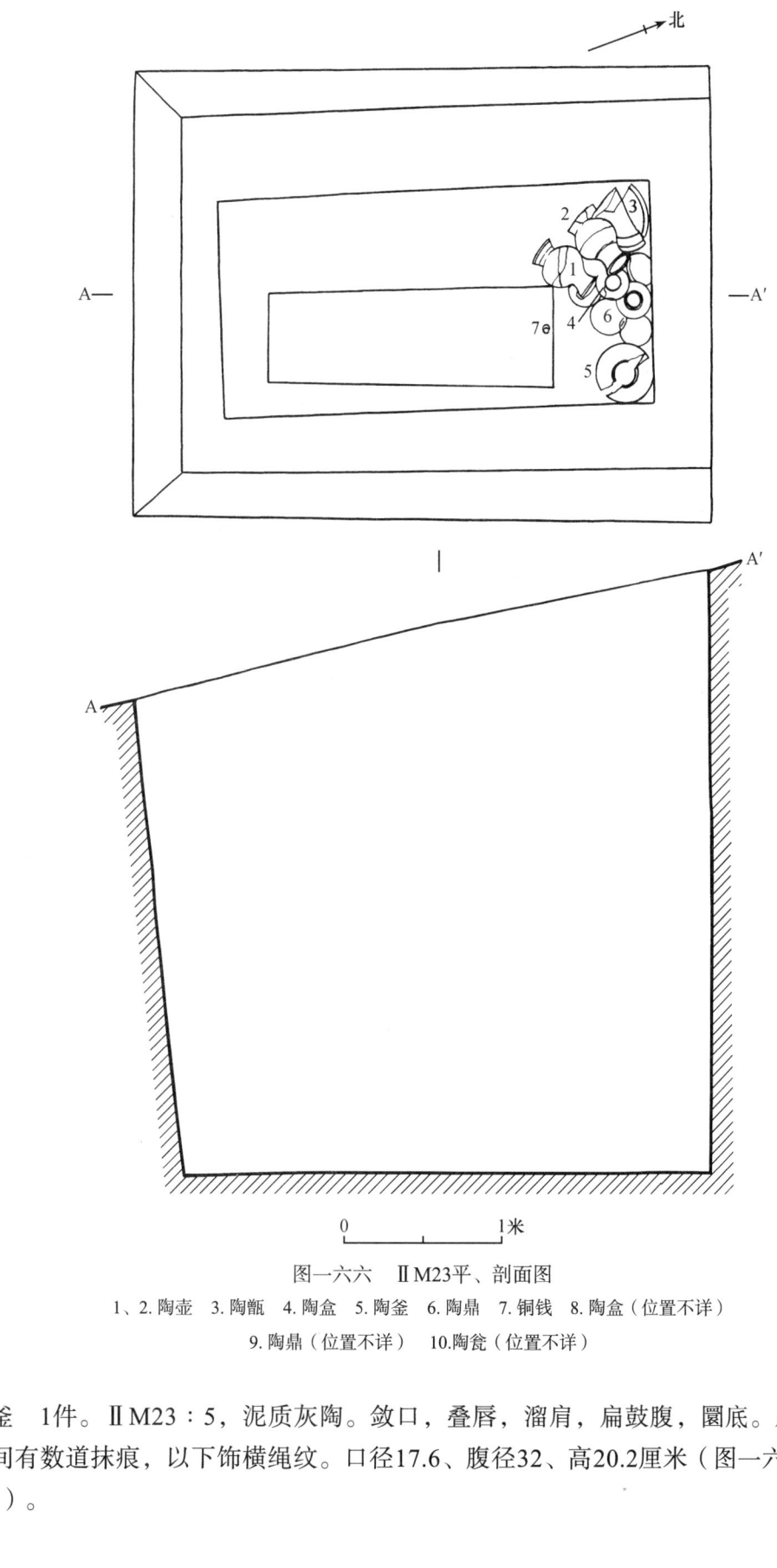

图一六六　ⅡM23平、剖面图
1、2.陶壶　3.陶甑　4.陶盒　5.陶釜　6.陶鼎　7.铜钱　8.陶盒（位置不详）
9.陶鼎（位置不详）　10.陶瓮（位置不详）

陶釜　1件。ⅡM23：5，泥质灰陶。敛口，叠唇，溜肩，扁鼓腹，圜底。肩至上腹部饰竖绳纹间有数道抹痕，以下饰横绳纹。口径17.6、腹径32、高20.2厘米（图一六七，6；图版六七，2）。

图一六七　ⅡM23出土器物

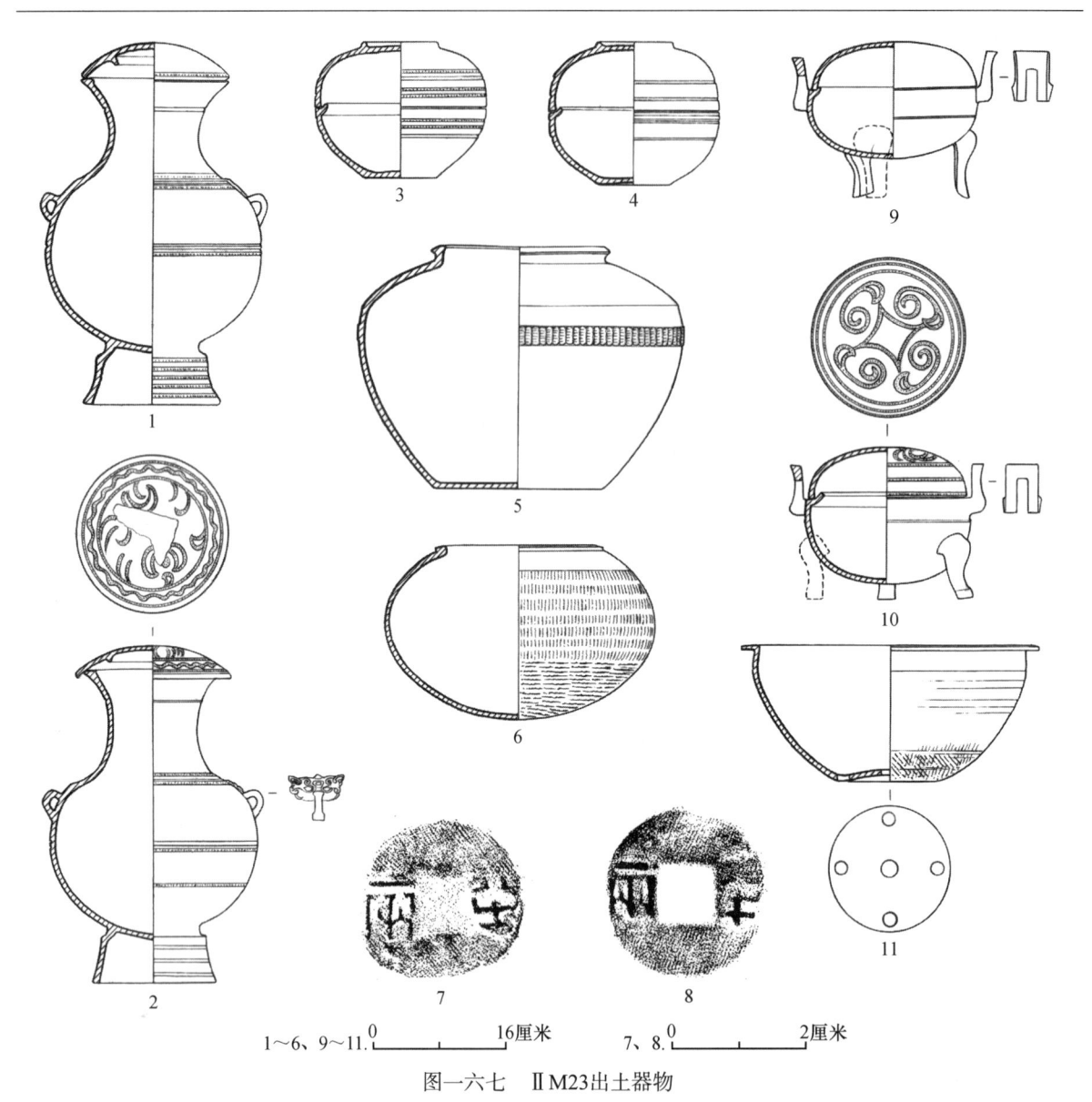

1、2. 陶壶（ⅡM23：2、ⅡM23：1）　3、4. 陶盒（ⅡM23：4、ⅡM23：8）　5. 陶瓮（ⅡM23：10）　6. 陶釜（ⅡM23：5）
7、8. 铜钱（ⅡM23：7-1、ⅡM23：7-2）　9、10. 陶鼎（ⅡM23：6、ⅡM23：9）　11. 陶甑（ⅡM23：3）

陶瓮　1件。ⅡM23：10，泥质灰陶。直口，圆唇，矮领，折肩，上腹较鼓，下腹弧收，平底。上腹部饰一周压印竖向齿轮状附加堆纹。口径21.4、腹径39.2、底径20.4、高28厘米（图一六七，5；彩版二九，3）。

铜钱　1件计，2枚。ⅡM23：7-1、ⅡM23：7-2，半两钱。形制、大小相同，圆形，方孔，无郭。正面篆体钱文自右向左对读，"半"字的两点向上折，上横方折向上，下横平直，"两"字的上横较长，"两"字中的"人"字出头较长。光背。钱径2.3～2.4、穿边长0.7～0.8、厚0.1厘米。ⅡM23：7-1，形制不够规整，呈扁圆形，字体亦显草率（图一六七，7）。ⅡM23：7-2，形制为较规整的圆形，字体亦端正（图一六七，8）。

二十一、ⅡM24

位于Ⅱ区中部偏东南。方向8°。长方形竖穴土坑墓，口大底小，斜直壁内收。开口距地表约0.25米，墓口长2.76、宽1.69米，墓底长2.46、宽1.36米，深1.16~1.56米。填土为红褐色五花土，包含少量料姜石。葬具为木质单棺单椁，仅存朽痕。椁室位于墓室中部，椁室平面呈"Ⅱ"形，四端顶木外昂，向外伸出约0.08米，椁痕长2.36、宽1.3、残高0.4米，椁板痕厚0.08米。棺位于椁室内东部，平面呈长方形，棺痕长1.94、宽0.46~0.64米。棺内东北角残存一椭圆形粗布痕迹，不知为何用，直径0.25米。棺内有人骨一具，保存较好，头向东北，仰身直肢，双手置于胯部两侧。出土随葬品5件，均为陶器，置于椁内棺外西部，其中1件陶豆的具体位置已不详（图一六八；图版一九，1）。

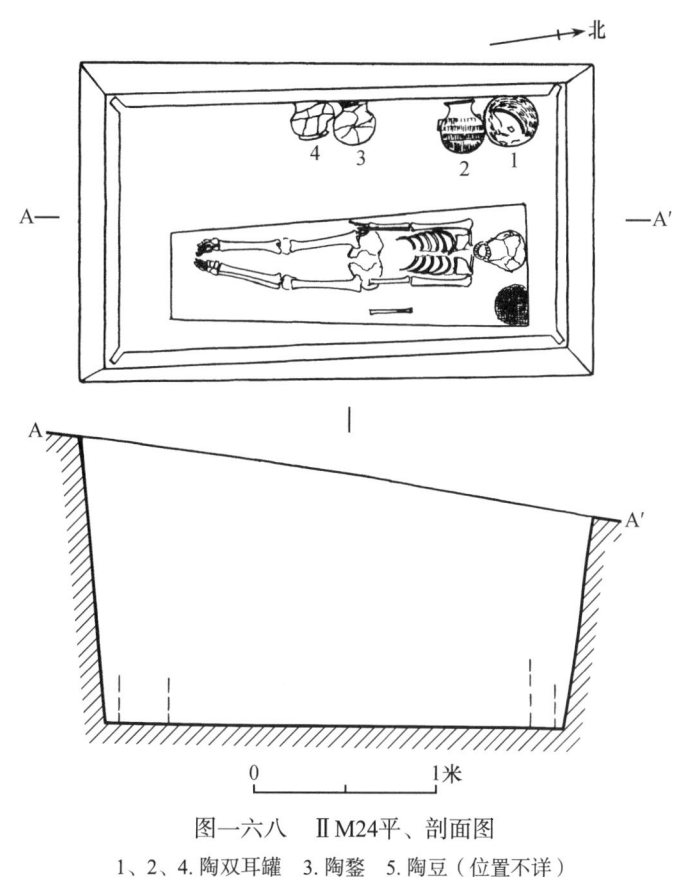

图一六八　ⅡM24平、剖面图
1、2、4.陶双耳罐　3.陶鍪　5.陶豆（位置不详）

陶双耳罐　3件。泥质灰陶。侈口，方唇，束颈，溜肩，肩部有对称牛鼻形双耳，鼓腹，底内凹。上腹部饰竖绳纹间有数道抹痕，以下饰交错绳纹或横绳纹。ⅡM24：1，口径16.4、腹径28.4、底径10、高28.2厘米（图一六九，1；图版六八，1）。ⅡM24：2，口径14、腹径26.4、底径9、高26.8厘米（图一六九，4；图版六八，2）。ⅡM24：4，颈部饰模糊竖绳纹，间有数道凹弦纹。口径12.3、腹径20.8、底径7.6、高21.4厘米（图一六九，2；图版六八，3）。

陶鍪　1件。ⅡM24：3，泥质灰陶。侈口，方唇，束颈，溜肩，肩部有对称弓形双耳，鼓腹，底残。颈至上腹部饰模糊绳纹，有被抹平的痕迹，下腹部饰麻点状绳纹并残留烟熏痕迹。口径12.6、腹径19.2、残高13.2厘米（图一六九，5）。

陶豆　1件。ⅡM24：5，泥质灰陶。敞口，尖圆唇，弧腹，圜底，豆柄残，中空。素面。口径12.6、残高5.2厘米（图一六九，3）。

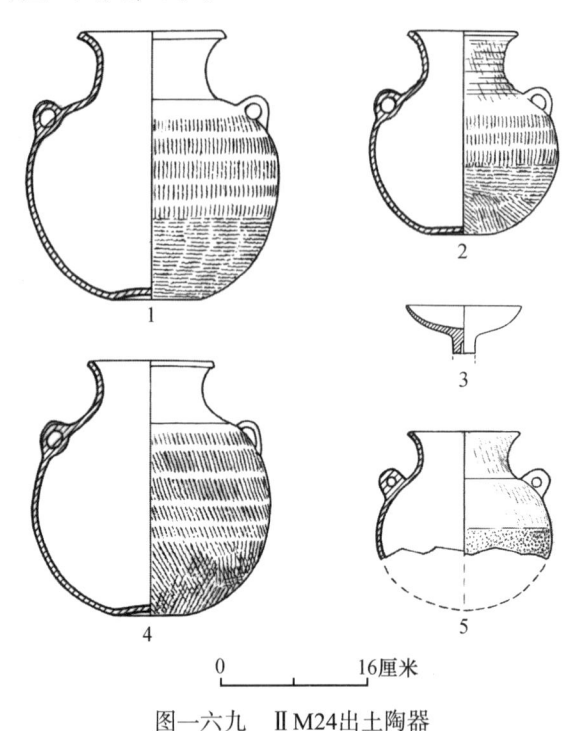

图一六九　ⅡM24出土陶器
1、2、4.陶双耳罐（ⅡM24：1、ⅡM24：4、ⅡM24：2）　3.陶豆（ⅡM24：5）　5.陶鍪（ⅡM24：3）

二十二、ⅡM25

位于Ⅱ区中部偏东南。方向25°。长方形竖穴土坑墓，口大底小，斜直壁内收。开口距地表约0.25米，墓口长2.52、宽1.48米，墓底长2.26、宽1.26米，深1.02～1.4米。黄褐色五花土，致密坚硬。葬具为木质单棺单椁，仅存朽痕。椁室位于墓室中部，平面呈长方形，椁痕长2.12、宽1.06、残高0.3米，椁板痕厚0.04米。棺位于椁室内偏东部，平面呈长方形，棺痕长1.84、宽0.4～0.48米。棺内有人骨一具，腐蚀严重，仅存少量肢骨和颅骨，头向东北，仰身直肢，性别、年龄不详。出土随葬品4件，均为陶器，置于椁内棺外西部，南北向排列（图一七〇；图版一九，2）。

陶双耳罐　3件。泥质灰陶。侈口，方唇，束颈，溜肩，肩部有对称牛鼻形双耳，鼓腹，底内凹。肩至上腹部饰竖绳纹间有数道抹痕，以下饰交错绳纹。ⅡM25：1，最大腹径位于中腹部。颈部饰多道凹弦纹。口径14.4、腹径28.8、底径9.6、高28厘米（图一七一，3；图版六八，4）。ⅡM25：2，最大腹径位于中腹部。口径12.4、腹径22.4、底径8、高22.4厘米（图一七一，1；图版六八，5）。ⅡM25：4，最大腹径位于下腹部。颈部饰多道凹弦纹。口径

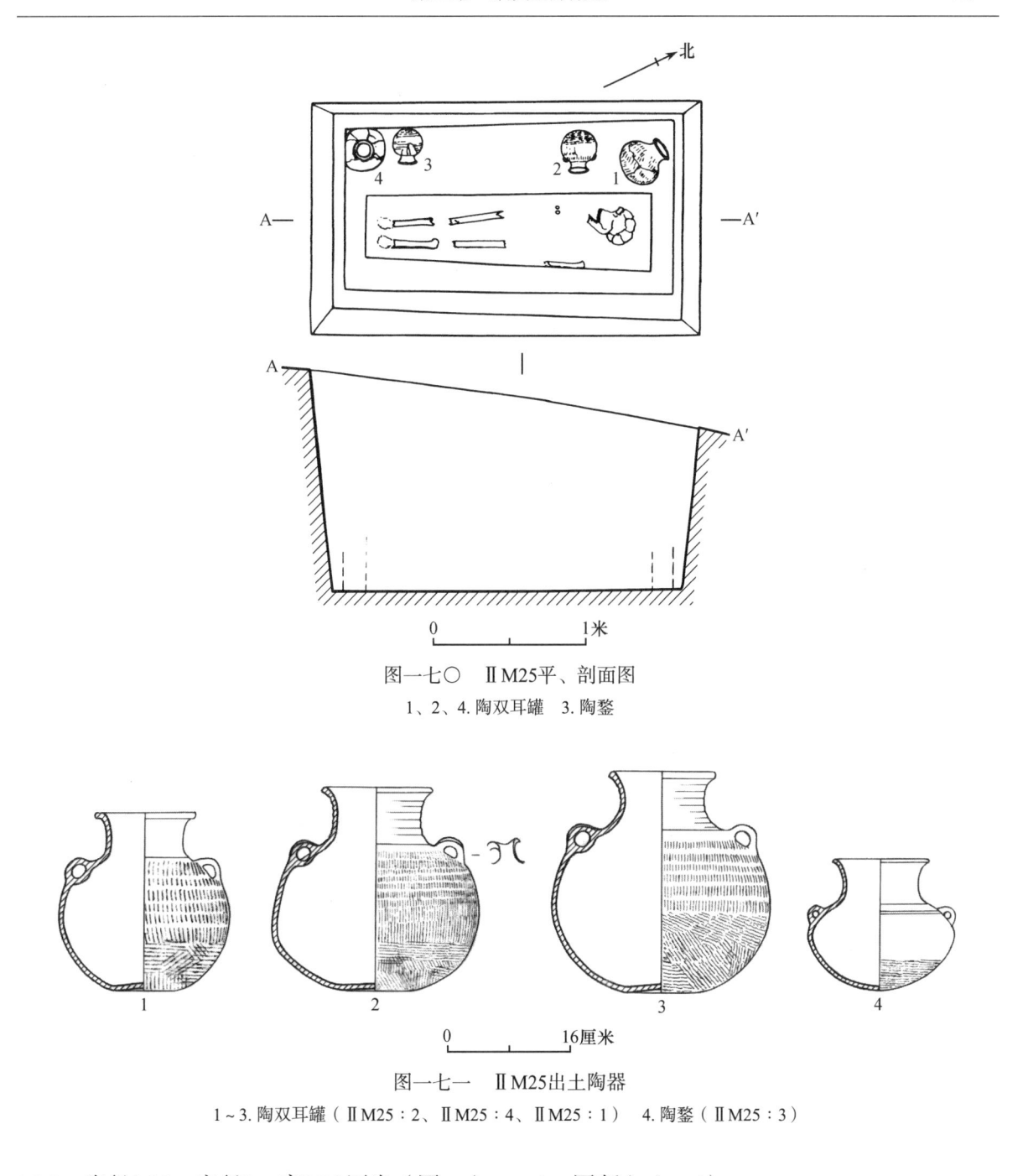

图一七〇　ⅡM25平、剖面图
1、2、4.陶双耳罐　3.陶鍪

图一七一　ⅡM25出土陶器
1~3.陶双耳罐（ⅡM25：2、ⅡM25：4、ⅡM25：1）　4.陶鍪（ⅡM25：3）

14.8、腹径26.8、底径9、高25.8厘米（图一七一，2；图版六八，6）。

陶鍪　1件。ⅡM25：3，泥质灰陶。侈口，方唇，束颈，溜肩，肩部有对称弓形双耳，扁鼓腹，圜底。肩部饰两道凹弦纹，下腹至底部饰横绳纹。口径12.8、腹径19.4、高16.6厘米（图一七一，4；图版六九，1）。

二十三、ⅡM26

位于Ⅱ区中部偏北。其西紧邻ⅡM27，两墓似为异穴合葬。方向20°。长方形竖穴土坑墓，口大底小，斜直壁内收。开口距地表约0.25米，墓口长2.98、宽2米，墓底长2.78、宽1.72米，深1.8米。墓壁较光滑。填土为红褐色五花土，致密坚硬，夹杂少量料姜石。葬具为木质单棺单椁，仅存朽痕。椁室位于墓室偏西北部，平面呈长方形，椁痕长2.44、宽1.04米，椁板痕厚0.04米。棺位于椁室内偏东南部，平面呈长方形，棺痕长1.94、宽0.66~0.68米。棺内不见人骨，头向、葬式、性别与年龄皆不明。出土随葬品1件（套），置于椁内棺外北部（图一七二）。

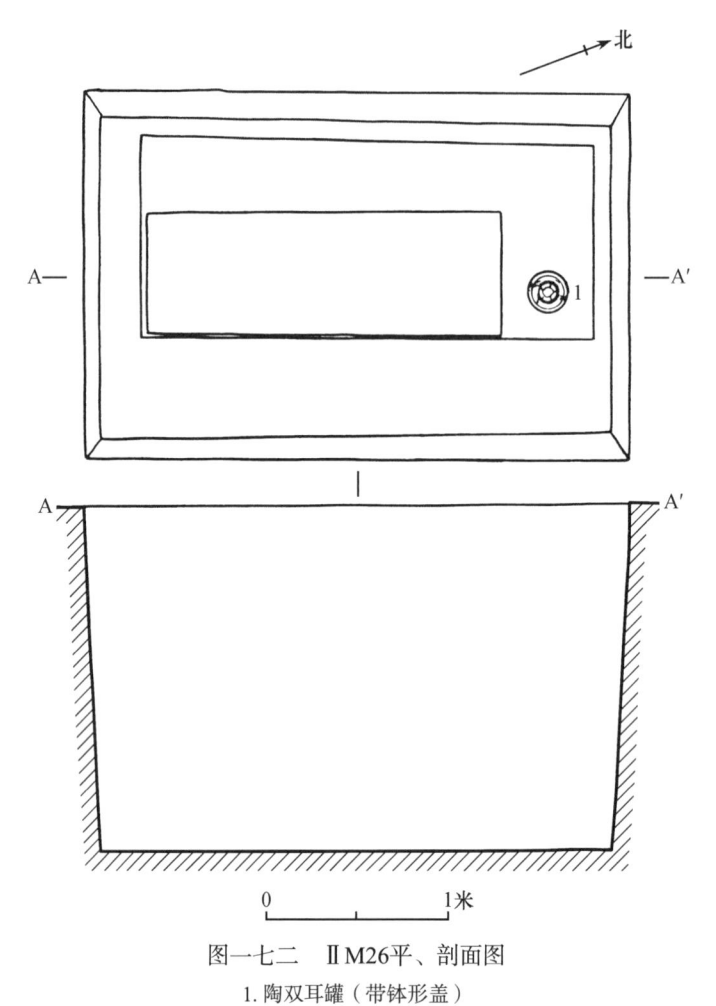

图一七二　ⅡM26平、剖面图
1.陶双耳罐（带钵形盖）

图一七三　ⅡM26出土陶双耳罐（ⅡM26∶1）

陶双耳罐　1件。ⅡM26∶1，泥质灰陶。覆钵形器盖，弧壁，盖顶微凹。器身为侈口，口内侧有一道凹槽，圆唇，束颈，溜肩，肩部有对称牛鼻形双耳，上腹鼓，下腹弧收，底内凹。肩至上腹部饰竖绳纹间有数道抹痕，以下饰交错绳纹。器身口径14、腹径22.4、底径8.8、高24.2厘米，器盖口径14.5、顶径5.4、高5.6厘米，通高29.2厘米（图一七三；图版六九，3）。

二十四、ⅡM27

位于Ⅱ区中部偏北。其东紧邻ⅡM26，两墓似为异穴合葬。方向22°。长方形竖穴土坑墓，口大底小，斜直壁内收。开口距地表约0.25米，墓口长2.96、宽2米，墓底长2.8、宽1.54米，深1.44~1.64米。填土为红褐色五花土，致密坚硬。葬具为木质单棺单椁，仅存朽痕。椁室位于墓室中部，平面呈"Π"形，四端顶木平直，向外伸出约0.14米，椁痕长2.54、宽0.98米，椁板痕厚0.04米。棺位于椁室内中部，平面呈长方形，棺痕长1.9、宽0.56~0.6米。棺内不见人骨，头向、葬式、性别与年龄皆不明。出土随葬品2件（套），均为陶器，置于椁内棺外北部，东西排列（图一七四）。

陶双耳罐　1件。ⅡM27：1，泥质灰陶。覆钵形器盖，弧壁，盖顶较平。器身口部和颈部皆残，溜肩，肩部有对称牛鼻形双耳，鼓腹，底内凹。盖顶有两道交叉划痕，器身肩至上腹部饰左斜绳纹间有数道抹痕，以下饰交错绳纹。器身腹径21、底径6.8、残高18.2厘米，器盖口径14.2、底径6.4、高6.4厘米（图一七五，1、2）。

陶盒　1件。ⅡM27：2，泥质灰陶。覆盆状器盖，直口，折沿，圆唇，弧腹，平顶。器身

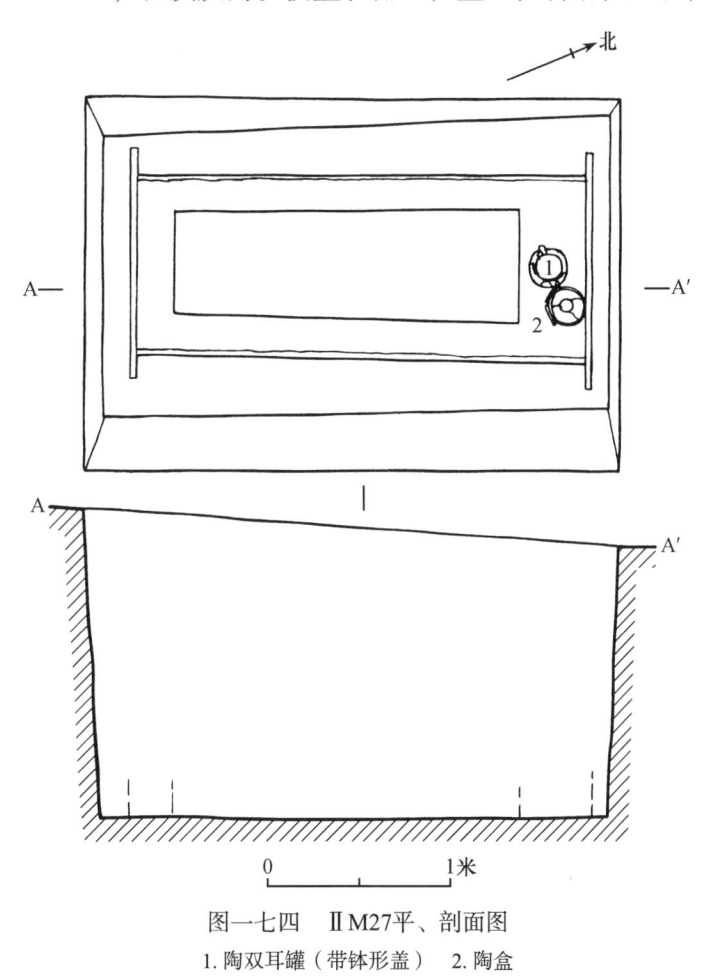

图一七四　ⅡM27平、剖面图
1. 陶双耳罐（带钵形盖）　2. 陶盒

为直口，折沿，方唇，弧腹，平底。通体素面。器身口径16.8、底径5.6、高7厘米，器盖口径16.8、顶径5.2、高8厘米，通高15厘米（图一七五，3；图版六九，2）。

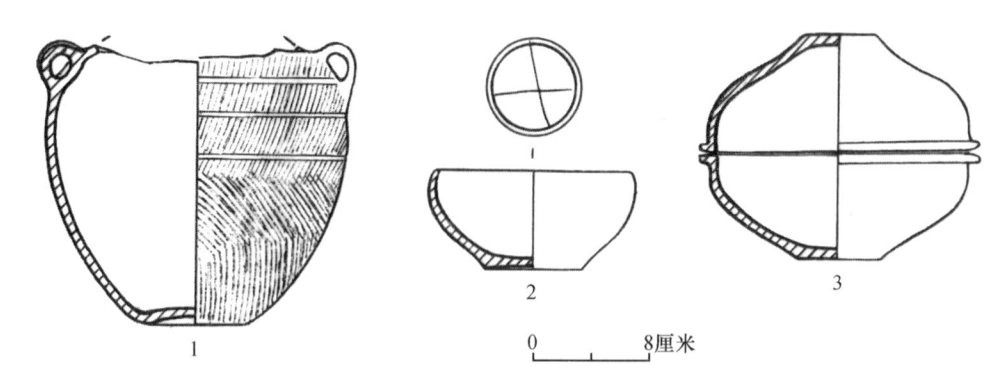

图一七五　ⅡM27出土陶器
1、2. 陶双耳罐（ⅡM27：1-1、ⅡM27：1-2）　3. 陶盒（ⅡM27：2）

二十五、ⅡM28

位于Ⅱ区中部。打破位于其西的ⅡM29。方向18°。长方形竖穴土坑墓，口大底小，南、北壁为直壁，东、西壁为斜直壁内收。开口距地表约0.2米，墓口长3.05、宽2～2.2米，墓底长3.05、宽1.58～1.76米，深3.5～3.7米。墓壁留有工具加工后的条带状痕迹，宽0.15、进深0.01米。填土为黄褐色五花土，土质坚硬。葬具为木质单棺单椁，仅存朽痕。椁室位于墓室中部，椁室平面呈"Ⅱ"形，四端顶木外昂，向外伸出约0.15米，椁痕长2.88、宽1.5米。椁室底部南北两端搁有横向长方形垫木，伸入墓壁，进深0.08～0.1米，长2.1、宽0.2、高0.1米，两者相距2.1米。棺位于椁室内东部，平面呈长方形，棺痕长2.28、宽0.9米。棺内有人骨一具，腐蚀严重，仅少量下肢骨保存稍好，其余骨骼已成粉末状，头向东北，仰身直肢，性别、年龄不详。椁内棺外北部有1处漆器痕迹，仅存红色漆皮。出土随葬品8件（套），其中陶器4件（套），置于椁内棺外西北部，铜器2件，置于棺内墓主臀部附近，铁器2件，1件置于椁内棺外西北部，1件置于棺内（图一七六；图版二〇，1）。

陶甗　1件（套）。ⅡM28：3，泥质灰陶。上甑下釜扣合而成。甑，直口，平折沿，方唇，微束颈，弧腹，平底，底部有多个圆形镂孔，矮圈足。釜，直口，方唇，矮领，圆肩，鼓腹，圜底近平。甑下腹近底部饰竖绳纹，有被抹平的痕迹，釜中腹部饰一道较宽凸棱，下腹部饰一道折棱。甑口径30.8、圈足径18.8、高12.2厘米，釜口径13.8、腹径27.4、高16.4厘米，通高27.2厘米（图一七七，2；图版六九，5）。

陶瓮　2件。泥质灰陶。直口，方唇，矮领，圆肩。ⅡM28：1，唇外缘较厚，胖鼓腹，底内凹。上腹部有轮制留下的旋纹痕迹，下腹至底部饰交错绳纹。口径23.6、腹径48、底径16、高41.4厘米（图一七七，4；彩版二九，4）。ⅡM28：4，唇内外缘凸起，唇面较宽，上腹较鼓，下腹弧收，平底。素面。口径18.6、腹径32.8、底径19.8、高21厘米（图一七七，1；图版六九，4）。

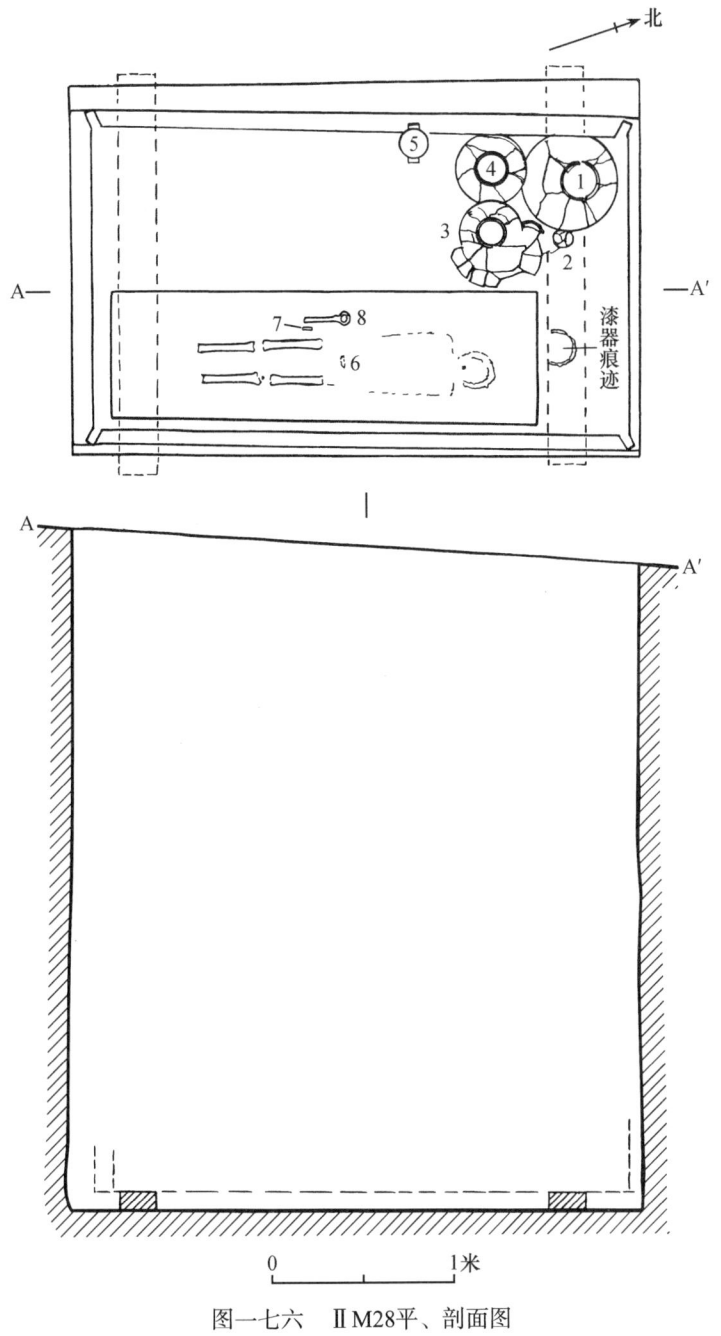

图一七六　ⅡM28平、剖面图
1、4.陶瓮　2.陶鍪　3.陶甗　5.铁鼎　6、7.铜带钩　8.铁削刀

陶鍪　1件。ⅡM28：2，泥质灰陶。侈口，方唇，束颈，鼓肩，肩部有对称弓形双耳，鼓腹，圜底。肩至上腹部饰竖绳纹，有被抹平的痕迹，并遭两道凹弦纹打断，下腹至底部饰交错绳纹。口径13.2、腹径21.3、高21厘米（图一七七，3；图版六九，6）。

铁鼎　1件。ⅡM28：5，敞口，方唇，长方形立耳外侈，长方形耳孔对穿，弧腹，圜底，三扁凿形足。腹部饰两道凸棱。口径16.4、高12厘米（图一七八，1；彩版一五，2）。

铜带钩　2件。ⅡM28：6，钩首残，钩尾正面较宽，并有数道凹槽，背面纽残缺。残长

图一七七　ⅡM28出土陶器

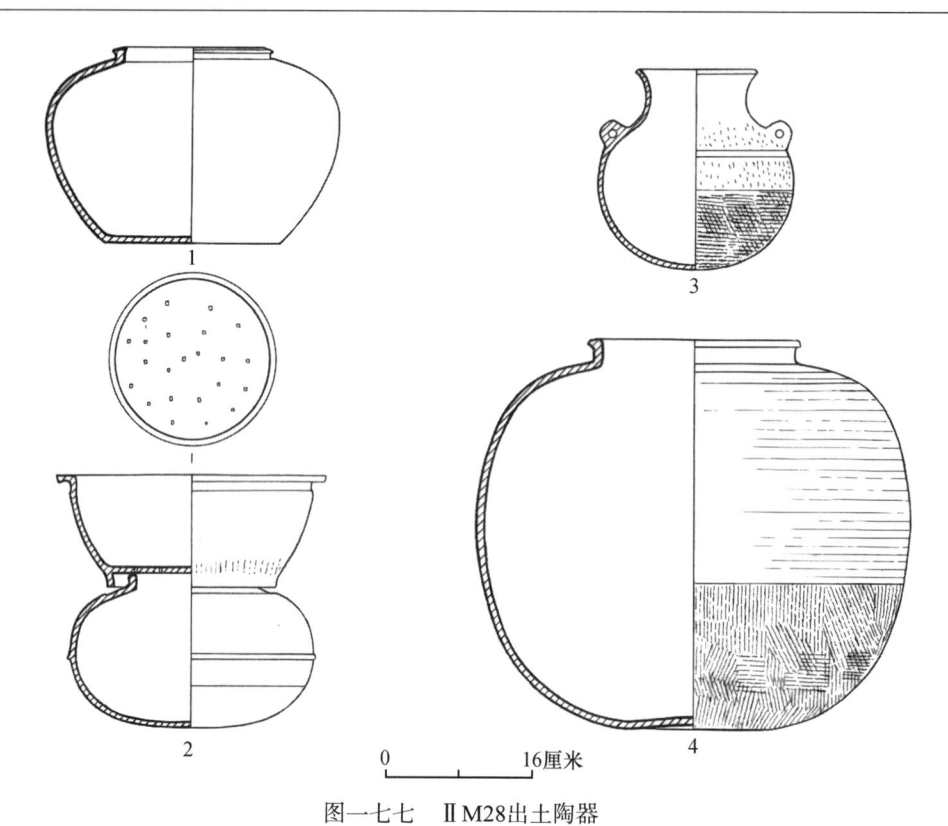

1、4.陶瓮（ⅡM28：4、ⅡM28：1）　2.陶甗（ⅡM28：3）　3.陶鍪（ⅡM28：2）

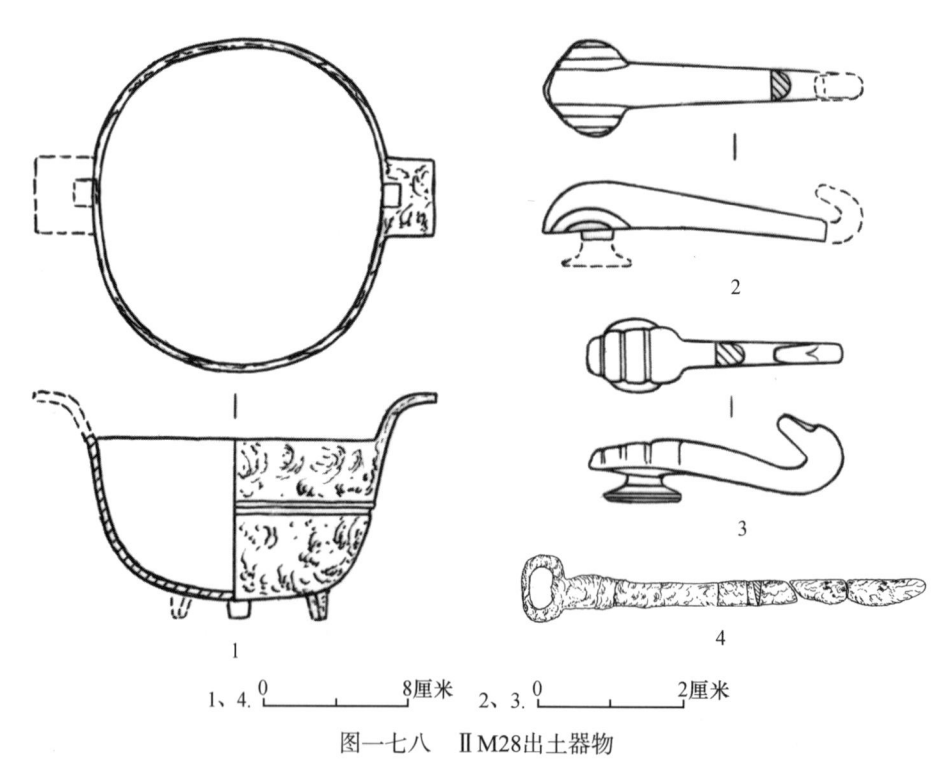

图一七八　ⅡM28出土器物

1.铁鼎（ⅡM28：5）　2、3.铜带钩（ⅡM28：6、ⅡM28：7）　4.铁削刀（ⅡM28：8）

3.8、宽0.4~0.6厘米（图一七八，2；图版六七，7）。ⅡM28：7，鸭首形钩首，颈部较细，尾部较宽，正面有数道凹槽，背面有圆形纽。长3.4、宽0.3~0.8厘米（图一七八，3）。

铁削刀　1件。ⅡM28：8，环首，刀身呈长条形，单刃，宽背，刀头略上翘。残长22.7、刀身残宽1.8、环首宽3.5、刀背厚0.3~0.5厘米（图一七八，4；图版六七，6）。

二十六、ⅡM29

位于Ⅱ区中部。被位于其东的ⅡM28打破。方向201°。长方形竖穴土坑墓，口大底小，斜直壁内收。开口距地表0.2~0.25米，墓口长2.58、宽1.54米，墓底长2.3、宽1.38米，深2.3~2.5米。填土为黄褐色五花土，土质坚硬。葬具为木质单棺单椁，仅存朽痕。椁室位于墓室中部，平面呈"Ⅱ"形，四端顶木外昂，向外伸出约0.1米，椁痕长2.2、宽1.2米。棺位于椁室内西部，平面呈长方形，长1.96、宽0.56、厚0.04~0.05米。棺内有人骨一具，保存完整，头向西南，仰身直肢，性别、年龄不详。出土随葬品6件（套），其中陶器3件（套），铁器1件，石器1件（套），鹿角1件，均置于椁内棺外东部（图一七九；彩版一一，1）。

图一七九　ⅡM29平、剖面图
1.陶鍪　2.陶瓮　3.石砚　4.陶甗　5.铁削刀　6.鹿角

陶甗　1件（套）。ⅡM29:4，泥质灰陶。上甑下釜扣合而成。甑，直口，平折沿，方唇，唇面有一道凹槽，弧腹，平底，底部有多个方形小镂孔，矮直圈足。釜，直口，方唇，矮领，溜肩，鼓腹，圜底近平。甑素面，釜中腹部饰一道较宽凸棱，下腹部饰两道凹弦纹。甑口径33.4、圈足径19.4、高13.6厘米，釜口径13.9、腹径27.8、高17.2厘米，通高28.8厘米（图一八〇，3；图版七〇，2）。

陶鍪　1件。ⅡM29:1，泥质灰陶。侈口，方唇，束颈，溜肩，肩部有对称弓形双耳，鼓腹，圜底。肩至上腹部饰竖绳纹，有被抹平的痕迹，并遭两道凹弦纹打断，下腹至底部饰交错绳纹。口径13、腹径21.2、高20.4厘米（图一八〇，2；图版七〇，3）。

陶瓮　1件。ⅡM29:2，泥质灰陶。直口，方唇，唇内外缘凸起，矮领，圆肩，胖鼓腹，平底。上腹部有轮制留下的旋纹痕迹，下腹部饰交错绳纹，有被抹平的痕迹。口径22.6、腹径37.6、底径16、高28.2厘米（图一八〇，1；图版七〇，1）。

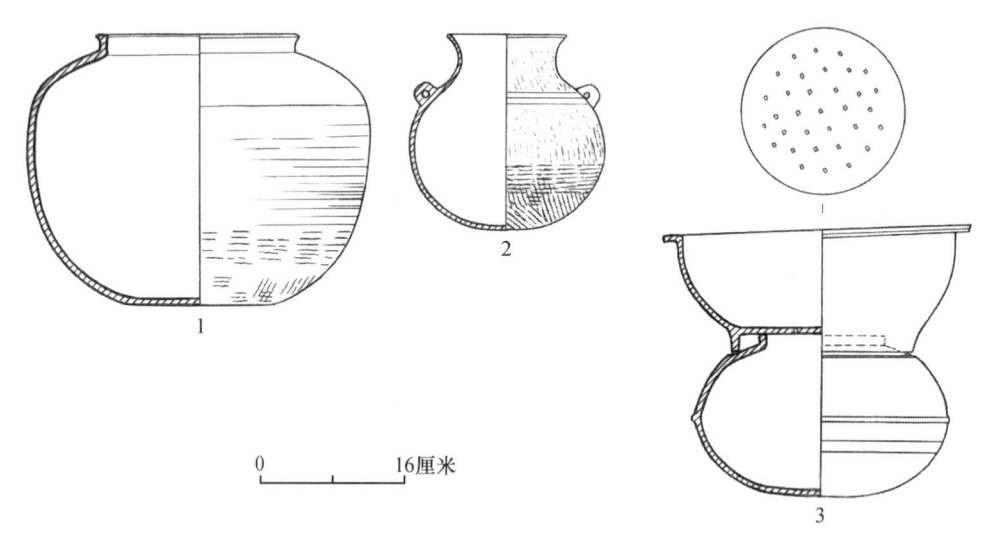

图一八〇　ⅡM29出土陶器
1. 陶瓮（ⅡM29:2）　2. 陶鍪（ⅡM29:1）　3. 陶甗（ⅡM29:4）

石砚　1件。ⅡM29:3，由磨石和磨盘组成。磨石，灰褐色，椭圆形，剖面呈砣状。磨盘，绿褐色，质地坚硬，表面光滑，中间略凹。磨石直径10.4、高6.4厘米，磨盘残长27.8、宽30.4、厚6厘米（图一八一，1、2；彩版一八，4）。

铁削刀　1件。ⅡM29:5，腐蚀严重，无法复原（图一八一，4）。

鹿角　1件。ⅡM29:6，保存较好，残断处有砍削痕迹（图一八一，3）。

二十七、ⅡM30

位于Ⅱ区中部。方向22°。长方形竖穴土坑墓，略口大底小，南壁为直壁，北、东、西三壁稍斜直内收。开口距地表约0.25米，墓口长2.64、宽1.8米，墓底长2.6、宽1.68米，深

图一八一　ⅡM29出土器物

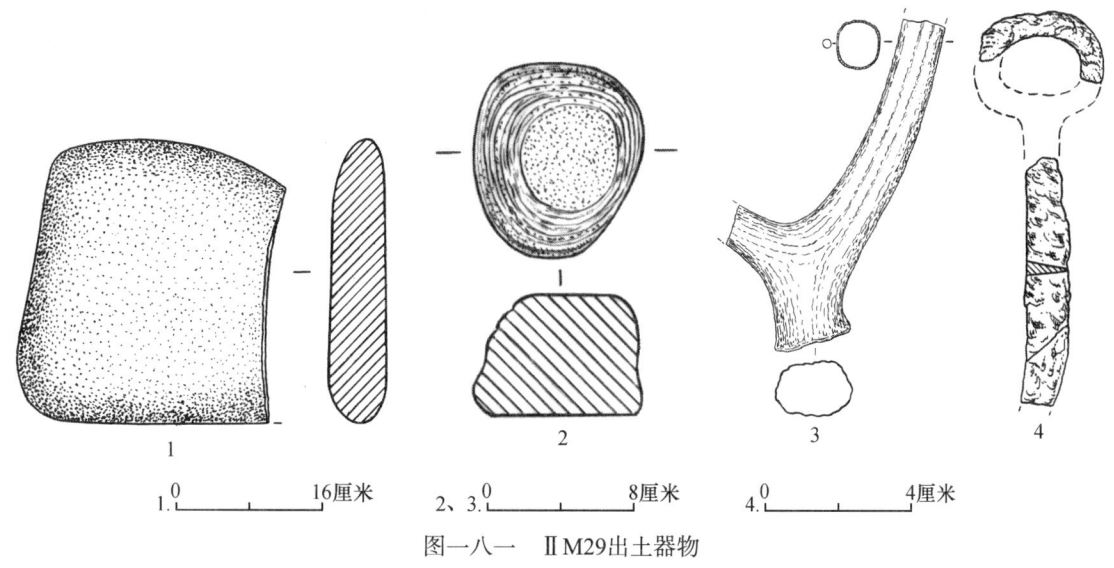

1、2. 石砚（ⅡM29：3-1、ⅡM29：3-2）　3. 鹿角（ⅡM29：6）　4. 铁削刀（ⅡM29：5）

3.4~3.6米。墓壁有粗糙的加工痕迹。填土为黄褐色五花土。葬具为木质单棺单椁，仅存朽痕。椁室位于墓室中部，平面呈长方形，椁痕长2.25、宽1.18米。棺位于椁室内中部，平面呈长方形，棺痕长1.88、宽0.7米。棺内有人骨一具，腐蚀严重，仅少量肢骨保存稍好，其余骨骼已成粉末状，头向东北，仰身直肢，性别、年龄不详。出土随葬品5件，均为陶器，置于椁内棺外东部，南北排列（图一八二；图版二〇，2）。

陶盒　1件。ⅡM30：3，泥质灰陶。覆盆状器盖，弧腹，盖顶微内凹。器身为敞口，仰折沿，圆唇，弧腹，平底微内凹。通体素面。器身口径19.8、底径7.3、高5.6厘米，器盖口径19.2、顶径7、高5.4厘米，通高11厘米（图一八三，1；图版七一，3）。

陶双耳罐　1件。ⅡM30：2，泥质灰陶。侈口，方唇，束颈，溜肩，肩部有对称牛鼻形双耳，鼓腹，底内凹。颈部饰多道凹弦纹，上腹部饰竖绳纹间有数道抹痕，以下饰交错绳纹。口径15.3、腹径26.6、底径8、高26.2厘米（图一八三，4；图版七一，1）。

陶瓮　1件。ⅡM30：1，泥质灰陶。直口，口部略变形，圆唇，矮领，圆肩，上腹较鼓，下腹斜收，平底。肩部有轮制留下的旋纹痕迹，上腹部饰一周短竖绳纹。口径20.8、腹径36、底径20.4、高29.5厘米（图一八三，2；图版七〇，5）。

陶鍪　1件。ⅡM30：4，泥质灰陶。侈口，尖圆唇，束颈，溜肩，肩部有对称弓形双耳，扁鼓腹，圜底近平。肩部饰一道折棱，下腹至底部饰横绳纹。口径13、腹径19、高16厘米（图一八三，3；图版七〇，4）。

陶釜　1件。ⅡM30：5，泥质灰陶。敞口，仰折沿，圆唇，圆肩，肩部有对称牛鼻形双耳，鼓腹，圜底。上腹部饰竖绳纹间有数道抹痕，以下饰交错绳纹并有烟熏痕迹。口径17.6、腹径27、高18.7厘米（图一八三，5；图版七〇，6）。

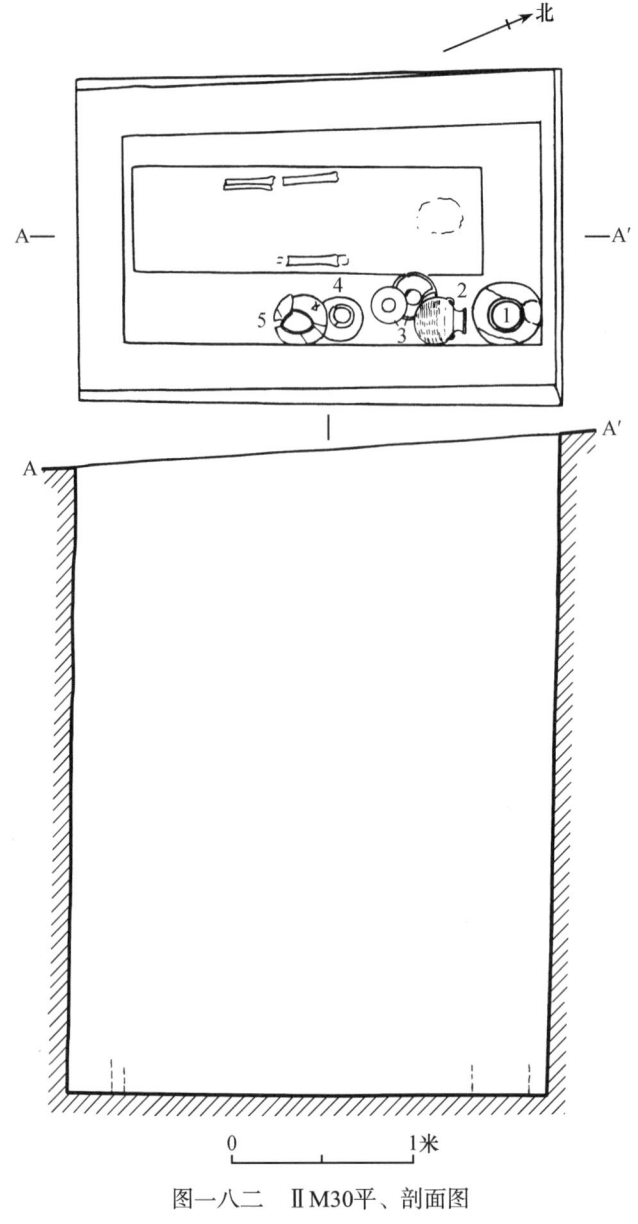

图一八二　ⅡM30平、剖面图
1.陶瓮　2.陶双耳罐　3.陶盒　4.陶鍪　5.陶釜

二十八、ⅡM31

位于Ⅱ区中部。方向23°。长方形竖穴土坑墓，略口大底小，斜直壁内收。开口距地表约0.25米，墓口长2.3、宽1.54米，墓底长2.2、宽1.35米，深2~2.04米。填土为黄褐色五花土，致密坚硬。葬具为木质单棺单椁，仅存朽痕。椁室位于墓室中部，平面呈长方形，椁痕长2、宽0.96、残高0.24米。棺位于椁室内西部，平面呈长方形，棺痕长1.84、宽0.4~0.48米。棺内不见人骨，头向、葬式、性别与年龄皆不明。出土随葬品4件，均为陶器，置于椁内棺外东部，南北排列（图一八四；图版二一，1）。

陶双耳罐　3件。泥质灰陶。侈口，方唇，束颈，溜肩，肩部有对称牛鼻形双耳，鼓腹，

图一八三　ⅡM30出土陶器

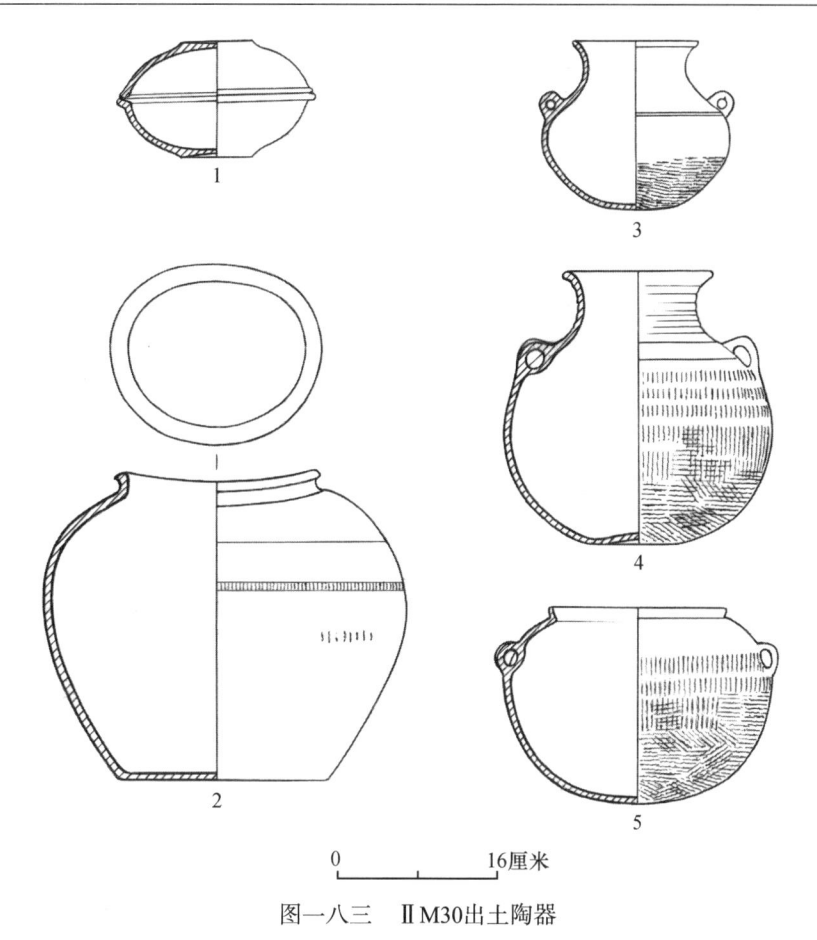

1. 陶盒（ⅡM30：3）　2. 陶瓮（ⅡM30：1）　3. 陶鍪（ⅡM30：4）　4. 陶双耳罐（ⅡM30：2）　5. 陶釜（ⅡM30：5）

底内凹。上腹部饰竖绳纹间有数道抹痕，以下饰交错绳纹。ⅡM31：1，口径14.6、腹径24.4、底径10、高25.4厘米（图一八五，1；图版七一，5）。ⅡM31：2，器口变形。口径13.7、腹径24.4、底径10、高25.4厘米（图一八五，3；图版七一，6）。ⅡM31：4，颈部有数道凹弦纹。口径12.5、腹径20.6、底径9、高19.6厘米（图一八五，2；图版七一，2）。

陶鍪　1件。ⅡM31：3，泥质灰陶。侈口，方唇，束颈，溜肩，肩部有对称弓形双耳，鼓腹，圜底近平。颈至腹部饰模糊绳纹，有被抹平的痕迹，底部饰麻点状绳纹。口径13.2、腹径21.8、高21厘米（图一八五，4；图版七一，4）。

二十九、ⅡM32

位于Ⅱ区东南部偏西。方向10°。长方形竖穴土坑墓，略口大底小，东、西、南三壁为斜壁，北壁为直壁。开口距地表约0.25米，墓口长2.5、宽1.56米，墓底长2.48、宽1.54米，深1.48～1.6米。填土为黄褐色五花土，土质较坚硬。葬具为木质单棺单椁，仅存朽痕。椁室位于墓室中部，平面呈长方形，椁痕长2.32、宽1.4、残高0.16米。棺位于椁室内偏西北部，平面呈长方形，棺痕长1.8、宽0.5～0.6米。棺内不见人骨，头向、葬式、性别与年龄皆不明。出土随葬品5件，均为陶器，置于椁内棺外东部（图一八六）。

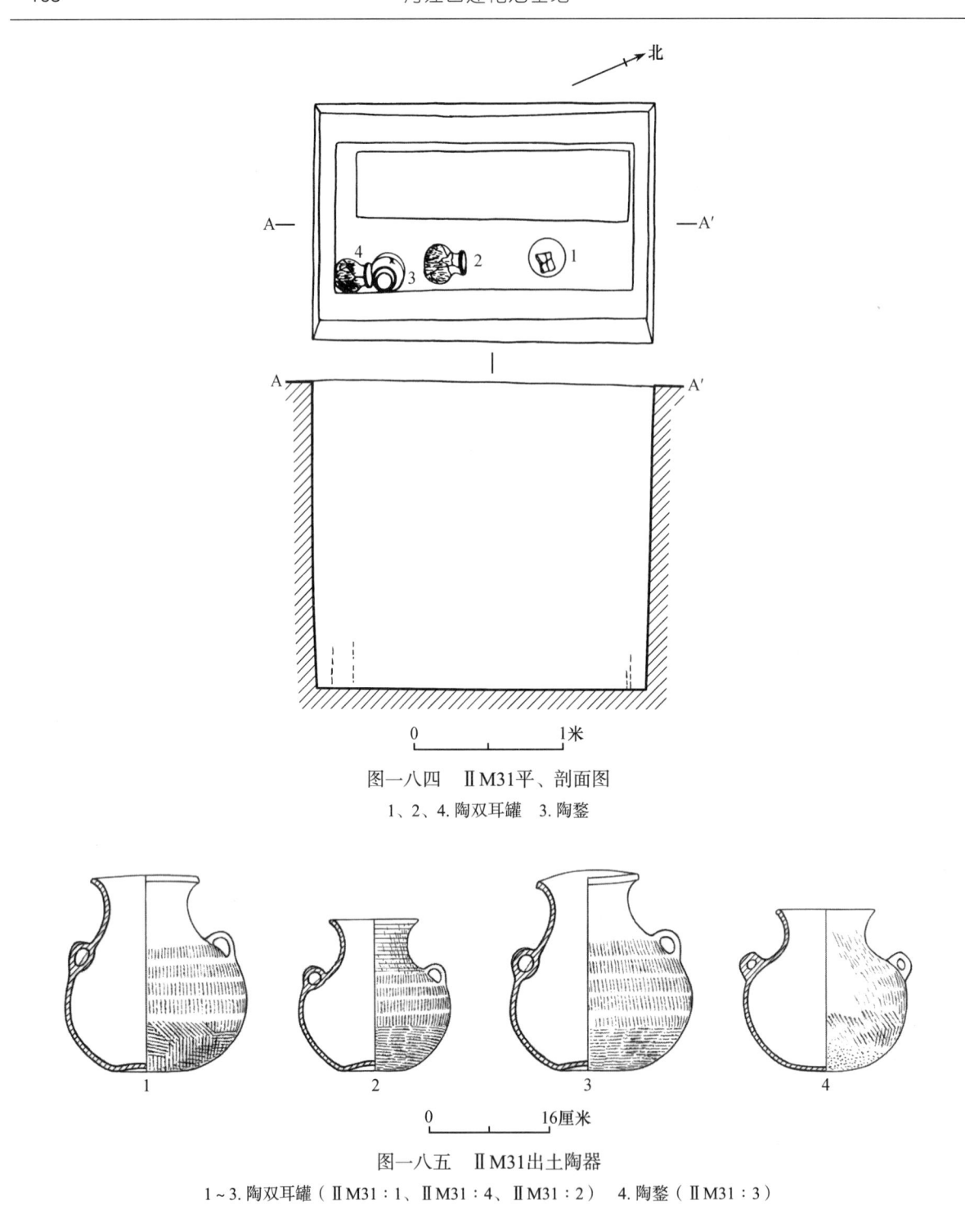

图一八四　ⅡM31平、剖面图
1、2、4. 陶双耳罐　3. 陶鍪

图一八五　ⅡM31出土陶器
1~3. 陶双耳罐（ⅡM31：1、ⅡM31：4、ⅡM31：2）　4. 陶鍪（ⅡM31：3）

陶双耳罐　3件。泥质灰陶。侈口，圆唇，束颈，溜肩，肩部有对称牛鼻形双耳，鼓腹。上腹饰竖绳纹间有数道抹痕，以下饰交错绳纹或横绳纹。ⅡM32：1，底残。口径14.5、腹径25、残高22.8厘米（图一八七，1）。ⅡM32：2，底内凹。口径15.5、腹径26.6、底径10.4、高28.8厘米（图一八七，3；图版七二，1）。ⅡM32：3，底内凹。颈部饰数道凹弦纹。口径15.5、腹径28、底径11、高27.8厘米（图一八七，2；图版七二，2）。

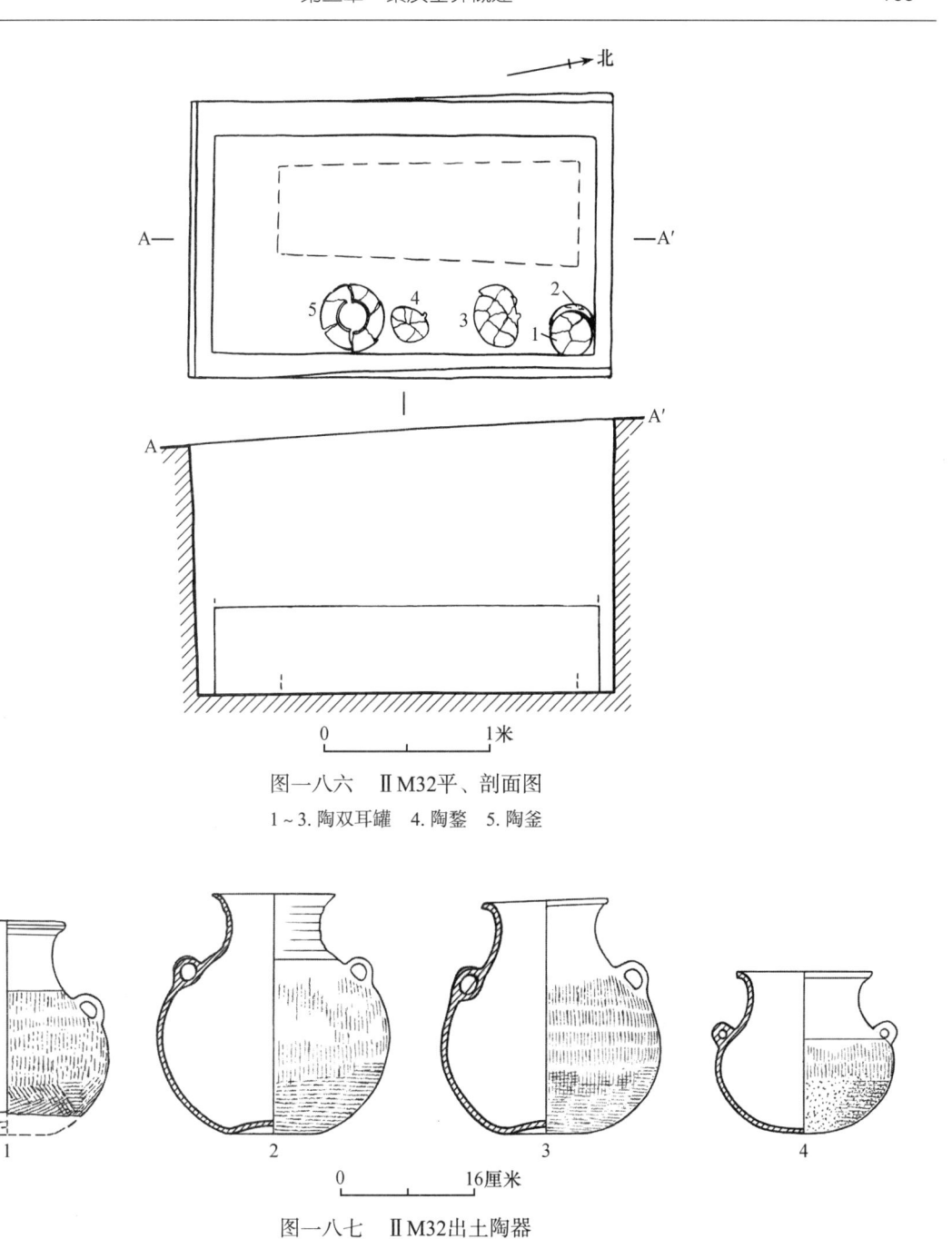

图一八六　ⅡM32平、剖面图
1~3.陶双耳罐　4.陶鍪　5.陶釜

图一八七　ⅡM32出土陶器
1~3.陶双耳罐（ⅡM32：1、ⅡM32：3、ⅡM32：2）　4.陶鍪（ⅡM32：4）

陶鍪　1件。ⅡM32：4，夹砂灰陶。侈口，方唇，束颈，溜肩，肩部有弓形双耳，扁鼓腹，圜底。肩部饰一道折棱，上腹部饰竖绳纹，有被抹平的痕迹，以下为粗夹砂面，饰麻点状与横向绳纹并有烟熏痕迹。口径16.8、腹径22.2、高18.8厘米（图一八七，4；图版七二，3）。

陶釜　1件。ⅡM32：5，泥质灰陶。破碎严重，不能复原。

三十、ⅡM35

位于Ⅱ区中部偏北。方向19°。长方形竖穴土坑墓，口大底小，斜直壁内收。开口距地表约0.25米，墓口长2.86、宽1.58米，墓底长2.52、宽1.1～1.3米，深1.46～1.82米。填土为黄褐色五花土，土质较硬，包含少量石块。葬具为木质单棺单椁，仅存朽痕。椁室位于墓室中部，平面呈长方形，椁痕长2.34、宽0.71～0.91米。棺位于椁室内偏东南部，平面为长方形，棺痕长1.86、宽0.6米。棺内有人骨一具，头向东北，仰身屈肢，面向右，性别、年龄不详。出土随葬品1件（套），置于椁内棺外北部（图一八八；图版二一，2）。

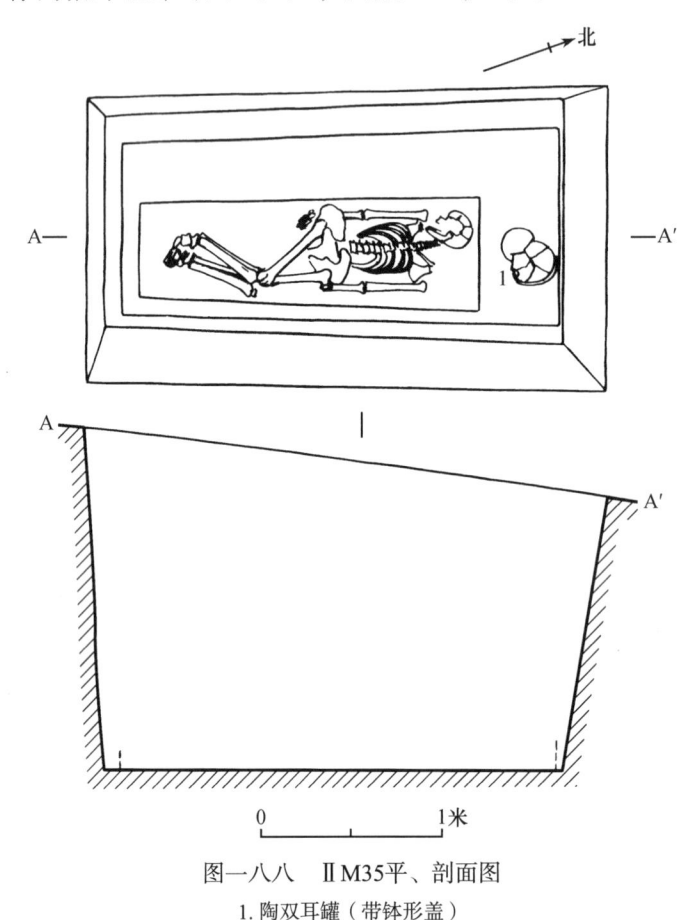

图一八八　ⅡM35平、剖面图
1. 陶双耳罐（带钵形盖）

图一八九　ⅡM35出土陶双耳罐（ⅡM35∶1）

陶双耳罐　1件。ⅡM35∶1，泥质灰陶。覆钵形器盖，盖顶内凹。器身为侈口，方唇，束颈，溜肩，肩部有对称牛鼻形双耳，弧腹，底内凹。器身颈部饰多道凹弦纹，上腹至中腹部饰左斜绳纹间有数道抹痕，以下饰交错绳纹。器身口径14.2、腹径20.3、底径7.2、高22.4厘米，器盖口径16.4、顶径6.4、高5.3厘米（图一八九；图版七二，4）。

三十一、ⅡM36

位于Ⅱ区中部偏北。方向25°。长方形竖穴土坑墓，口大底小，有生土二层台。开口距地表约0.25米，墓口长2.74、宽1.56米，墓底长2.2、宽0.5米，深1.85～2.36米。墓口向下1.32～1.78米处，四周有生土二层台，南壁台面较窄，东、西、北壁台面稍宽，长2.35、宽0.04～0.22、高0.6米。填土为红褐色五花土，土质较黏，包含少量料姜石、河卵石、草木灰、红烧土颗粒和泥质灰陶片等。葬具为木质单棺，无椁，仅存朽痕。棺位于墓室中部，棺痕紧贴墓底四壁，平面呈长方形，棺痕长2.2、宽0.5、残高0.6米。棺内有人骨一具，头向东北，仰身直肢，性别、年龄不详。出土随葬品2件（套），其中铜璜1件，铜钱按1件计，共2枚，皆置于棺内墓主胯部（图一九〇）。

铜钱　1件计，2枚。ⅡM36:1-1、ⅡM36:1-2，半两钱。形制、大小相同，圆形，方孔，无郭。正面篆体钱文自右向左对读，"半"字的两点呈折角式，上横方折向上，下横略短，"两"字的上横较短，"两"字中的"人"字出头较长。光背。钱径2.7、穿边长0.9、厚0.05～0.06厘米（图一九一，2）。

铜璜　1件。ⅡM36:2，拱桥形。破碎严重，无法复原（图一九一，1）。

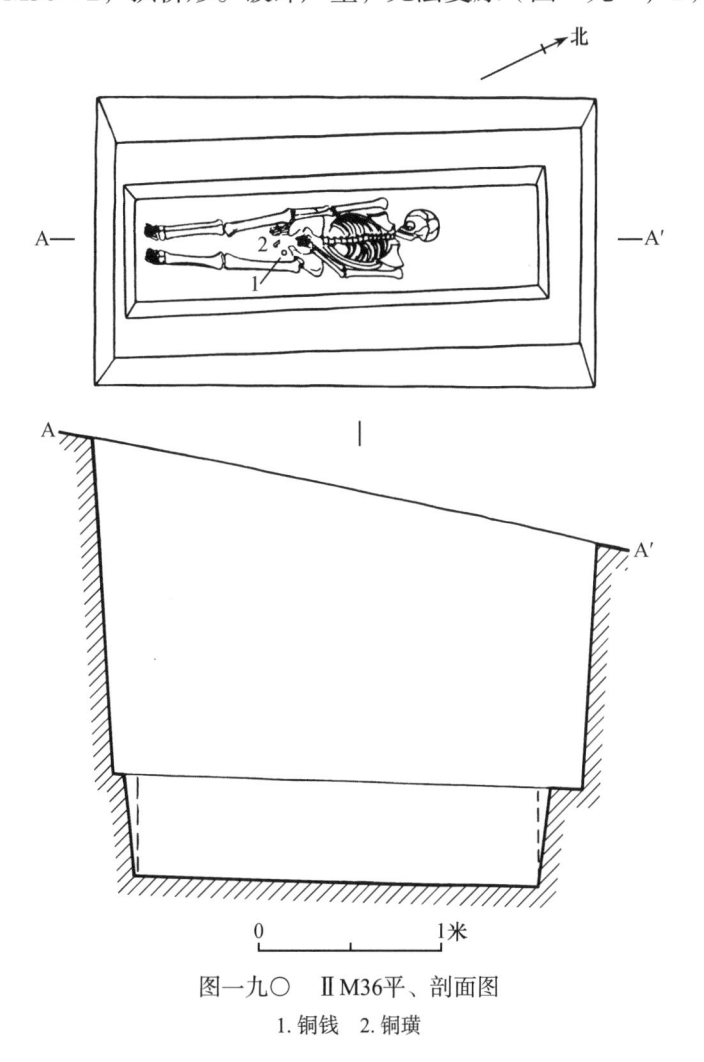

图一九〇　ⅡM36平、剖面图
1.铜钱　2.铜璜

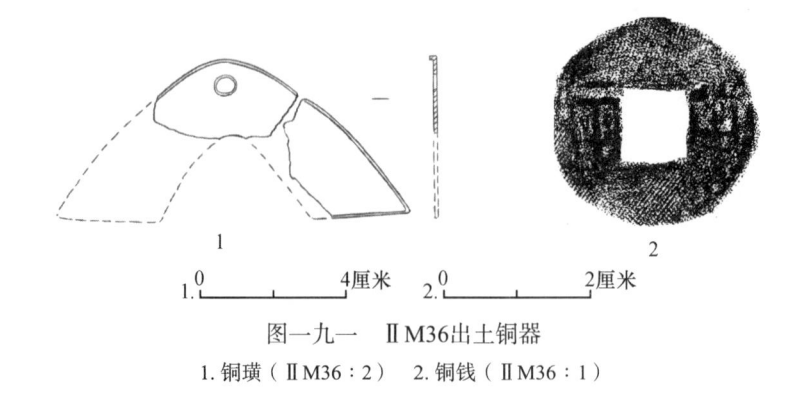

图一九一　ⅡM36出土铜器
1. 铜璜（ⅡM36：2）　2. 铜钱（ⅡM36：1）

三十二、ⅡM38

位于Ⅱ区东南部。其西紧邻ⅡM39，两墓似为异穴合葬。方向12°。长方形竖穴土坑墓，口大底小，斜直壁内收。开口距地表约0.25米，墓口长2.94、宽1.8米，墓底长2.66、宽1.38米，深1.64～2.24米。填土为黄褐色五花土，土质较黏，包含料姜石、河卵石、草木灰和红烧土颗粒等。葬具为木质单棺单椁，仅存朽痕。椁室位于墓室中部，平面呈长方形，椁痕长2.38、宽1.36～1.4米。棺位于椁室内偏西部，平面呈长方形，棺痕长1.85、宽0.5～0.64米。棺内有人骨一具，头向东北，仰身直肢，性别、年龄不详。出土随葬品7件（套），均为陶器，置于椁内棺外东北部（图一九二；图版二二，1）。

陶鼎　1件。ⅡM38：4，泥质灰陶。浅弧盘状器盖。器身为子口，方唇，长方形附耳外弧撇，长方形耳孔对穿，上腹较直，下腹弧收，平底，三蹄形足微外撇。器盖外壁残留有红色彩绘痕迹，器身腹部饰一道折棱。器身口径17、腹径20.4、高16.4厘米，器盖口径19.6、高5.6厘米，通高18.8厘米（图一九三，1；图版七三，1）。

陶盒　1件。ⅡM38：7，泥质灰陶。覆碗状器盖，腹壁略残，浅宽圈足状捉手。器身残。器盖外壁饰数道凹弦纹。口径19.6、底径9.4、残高7.6厘米（图一九三，2）。

陶壶　1件。ⅡM38：1，泥质灰陶。破碎严重，无法复原。

陶双耳罐　2件。泥质灰陶。覆钵形器盖，盖顶微内凹。器身为侈口，方唇，束颈，圆肩，肩部有对称牛鼻形双耳，鼓腹，底内凹。上腹部饰竖绳纹间有数道抹痕，以下饰交错绳纹。ⅡM38：3，器身口径14.8、腹径27.6、底径10、高26.8厘米，器盖口径14.8、顶径6.4、高5.6厘米，通高32.4厘米（图一九三，5；图版七三，2）。ⅡM38：2，颈部饰数道凹弦纹并有刻划符号。器身口径17.2、腹径29、底径10、高28.4厘米，器盖口径16、顶径5.8、高6厘米，通高34.4厘米（图一九三，6；彩版二六，6；图版七二，6）。

陶鍪　1件。ⅡM38：5，泥质灰陶。覆钵形器盖，平顶。器身为侈口，圆唇，束颈，溜肩，肩部有对称弓形双耳，扁鼓腹，圜底。上腹部饰竖绳纹并有被抹平的痕迹，以下饰交错绳纹。器身口径12.6、腹径20.2、高18厘米，器盖口径14.4、底径5.6、高5厘米，通高22厘米（图一九三，4；图版七二，5）。

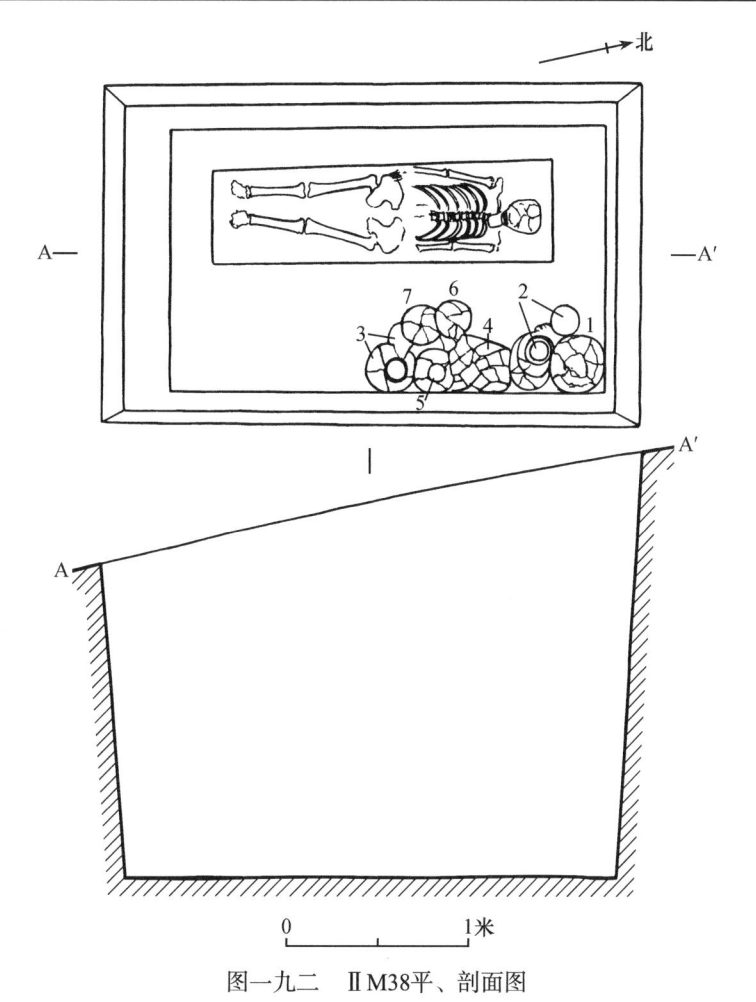

第二章 秦汉墓葬概述

图一九二 ⅡM38平、剖面图
1.陶壶 2、3.陶双耳罐（带钵形盖） 4.陶鼎 5.陶鍪（带钵形盖） 6.陶钵 7.陶盒

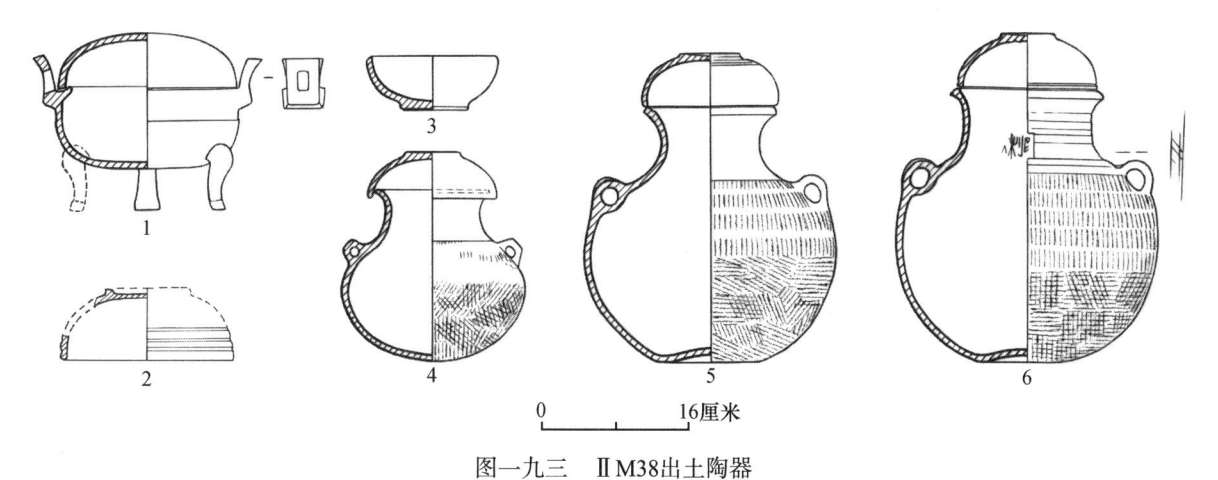

图一九三 ⅡM38出土陶器
1.陶鼎（ⅡM38∶4） 2.陶盒（ⅡM38∶7） 3.陶钵（ⅡM38∶6） 4.陶鍪（ⅡM38∶5）
5、6.陶双耳罐（ⅡM38∶3、ⅡM38∶2）

陶钵 1件。ⅡM38：6，泥质灰陶。敞口，圆唇，弧腹，平底。素面。口径14.5、底径7.2、高5.8厘米（图一九三，3）。

三十三、ⅡM39

位于Ⅱ区东南部。其东紧邻ⅡM38，两墓似为异穴合葬。方向11°。长方形竖穴土坑墓，口大底小，斜直壁内收。开口距地表约0.25米，墓口长3.4、宽2.4米，墓底长3.04、宽1.9米，深1.86~2.4米。填土为红褐色五花土，土质坚硬，包含少量料姜石、河卵石、草木灰及红烧土颗粒等。葬具为木质单棺单椁，仅存朽痕。椁室位于墓室中部，平面呈长方形，椁痕长2.6、宽1.46、残高0.5米。棺位于椁室内东部，平面呈长方形，棺痕长1.94、宽0.44~0.6米。棺内有人骨一具，腐蚀严重，仅见几颗牙齿于棺内东北部，推测头向东北，葬式不明，性别、年龄不详。出土随葬品6件（套），均为陶器，置于椁内棺外西部，其中1件陶甗的具体位置已不详（图一九四；图版二二，2）。

陶鼎 1件。ⅡM39：1，泥质灰陶。浅弧盘状器盖，盖顶均匀分布有三个半环形纽，中央有半环形纽衔环，长方形纽座。器身为子口，方唇，长方形附耳外折撇，椭圆形耳孔对穿，上腹较直，下腹弧收，圜底近平，三蹄形足。器盖纽座两端饰桃形纹，器身腹部饰一道较宽凸棱。器身口径22.6、腹径28、高24.8厘米，器盖口径25.2、高8.4厘米，通高28.2厘米（图一九五，1；图版七三，5）。

陶盒 1件。ⅡM39：2，泥质灰陶。覆碗状器盖，浅宽圈足状捉手。器身为子口，方唇，上腹较直，下腹弧收，圜底，圈足。器盖外壁与器身腹部皆饰数道凹弦纹。器身口径17.2、腹径20.8、底径11.4、高11.2厘米，器盖口径20.4、顶径10.3、高9.2厘米，通高20厘米（图一九五，3；彩版二三，5）。

陶壶 1件。ⅡM39：4，泥质灰陶。浅弧盘状器盖，子口，盖顶均匀分布有三个简化立鸟形纽，纽有小圆穿孔。器身为盘口，方唇，束颈，溜肩，肩部有对称双系兽面铺首衔环，鼓腹，圜底，盘状圈足。盖缘有轮制留下的旋纹痕迹，器身肩至腹部饰三周宽带纹。器身口径21、腹径36、圈足径21.6、高46厘米，器盖口径21.2、高9.8厘米，通高55.8厘米（图一九五，2；图版七四，1）。

陶甗 1件（套）。ⅡM39：3，泥质灰陶。上甑下釜扣合而成。甑，直口，平折沿，方唇，上腹较直，下腹弧收，腹部有对称双系兽面铺首衔环，圜底，底部有条形镂孔，圈足外撇。釜，微敛口，方唇，圆肩，肩部有对称双系兽面铺首衔环，上腹较鼓，下腹弧收，圜底。甑肩部饰一道折棱，釜肩部饰一周宽带纹，腹部饰一道较宽凸棱。甑口径23.2、腹径24、圈足径11.2、高15.8厘米，釜口径9.6、腹径23.2、高17.6厘米，通高32厘米（图一九五，4；图版七四，2）。

陶双耳罐 1件。ⅡM39：5，泥质灰陶。侈口，方唇，束颈，溜肩，肩部有对称牛鼻形双耳，鼓腹，底内凹。颈部饰多道凹弦纹，上腹至中腹部饰竖绳纹间有数道抹痕，以下饰交错绳纹。口径14.8、腹径27.3、底径9.2、高26厘米（图一九五，5；图版七三，3）。

陶鍪 1件。ⅡM39：6，泥质灰陶。侈口，方唇，束颈，溜肩，肩部有对称弓形双耳，扁

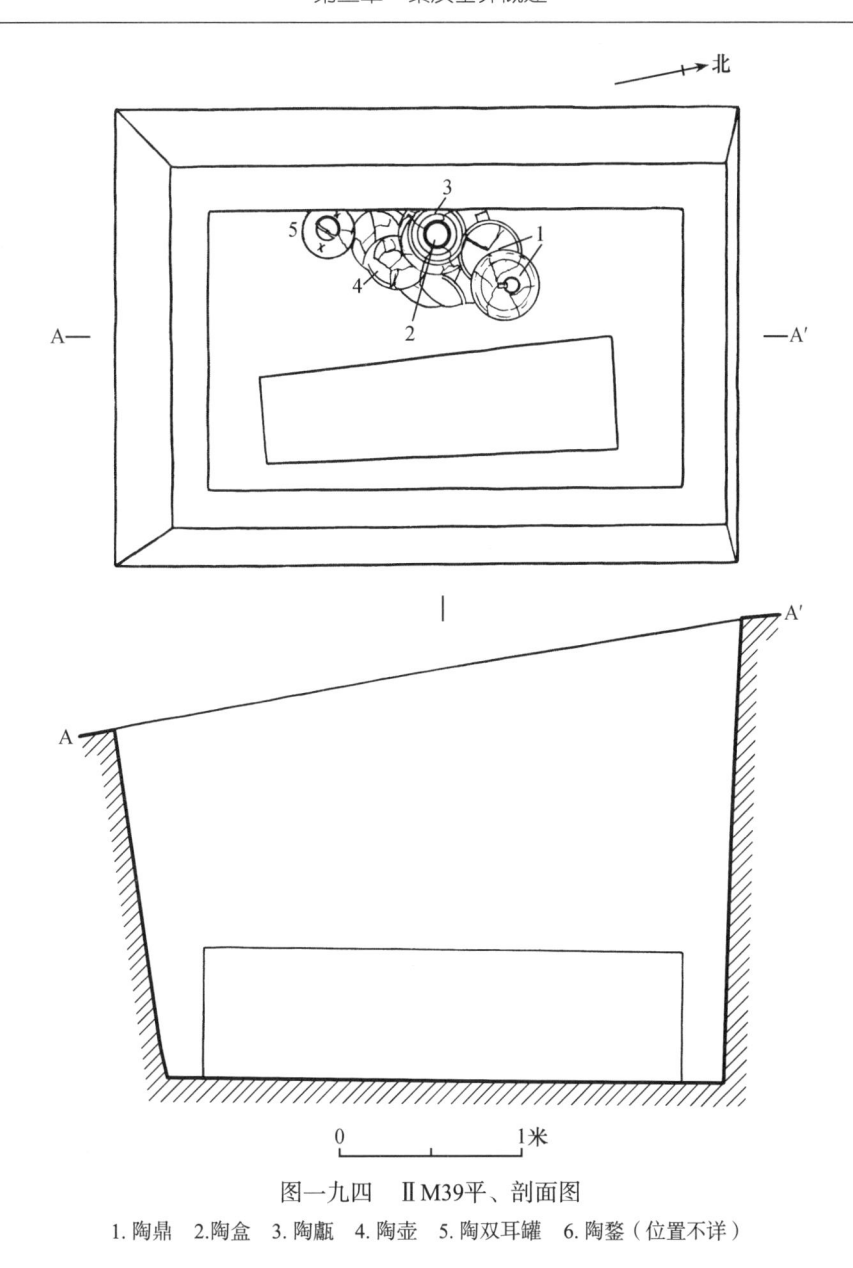

图一九四　ⅡM39平、剖面图
1.陶鼎　2.陶盒　3.陶瓿　4.陶壶　5.陶双耳罐　6.陶鍪（位置不详）

鼓腹，圜底。颈部饰竖绳纹，并有被抹平的痕迹，下腹至底部饰麻点状绳纹。口径13、腹径21.2、高19.5厘米（图一九五，6；图版七三，4）。

三十四、ⅡM40

位于Ⅱ区东南部。其东紧邻ⅡM41，两墓似为异穴合葬。方向10°。长方形竖穴土坑墓，口大底小，斜直壁内收。开口距地表约0.25米，墓口长2.66、宽1.76米，墓底长2.3、宽1.36米，深2.6～3.1米。填土为红褐色五花土，致密坚硬。葬具为木质单棺单椁，仅存朽痕。椁室位于墓室中部，平面呈长方形，椁痕长2.1、宽1.14、残高0.4米。棺位于椁室内东部，平面呈长方形，棺痕长1.8、宽0.4～0.5米。棺内不见人骨，头向、葬式、性别与年龄皆不明。出土随

图一九五　ⅡM39出土陶器
1. 陶鼎（ⅡM39∶1）　2. 陶壶（ⅡM39∶4）　3. 陶盒（ⅡM39∶2）
4. 陶瓿（ⅡM39∶3）　5. 陶双耳罐（ⅡM39∶5）　6. 陶鍪（ⅡM39∶6）

葬品6件，均为陶器，置于椁内棺外西部（图一九六；图版二三，1）。

陶鼎　1件。ⅡM40∶2，泥质灰陶。失盖。器身为子口，圆唇，长方形附耳外侈，长方形耳孔对穿，弧腹，圜底近平，三蹄形足。腹部饰一道折棱。口径16.2、腹径20、高14.8厘米（图一九七，1；图版七五，3）。

陶盒　1件。ⅡM40∶1，泥质灰陶。失盖。器身为子口，方唇，弧腹，平底。腹部饰两道凹弦纹。口径17.6、腹径20、底径8.8、高9厘米（图一九七，4）。

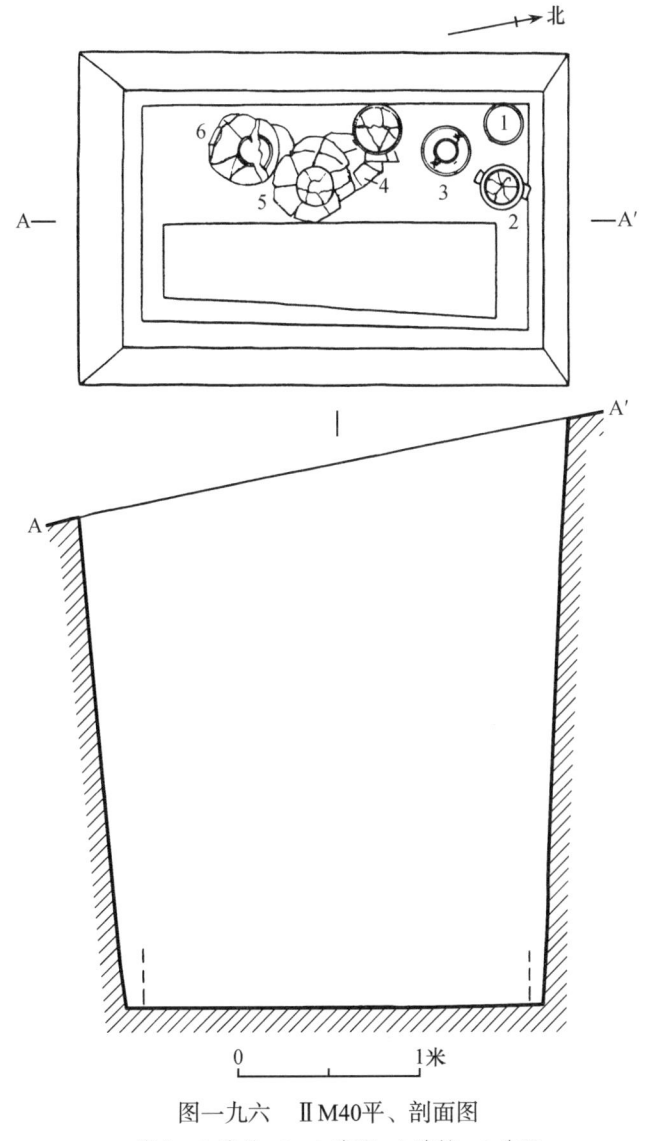

图一九六　ⅡM40平、剖面图
1.陶盒　2.陶鼎　3、5.陶鍪　4.陶钫　6.陶釜

陶钫　1件。ⅡM40∶4，泥质灰陶。盝顶子口器盖。器身为喇叭口，方唇，束颈，溜肩，肩部有对称双系兽面铺首，鼓腹，下腹斜收，平底，高圈足外张。盖缘饰一周带状红色彩绘纹饰，脱落严重，器身素面。器身口边长12.2、腹边长22、圈足径12.8、高36厘米，器盖口边长12.2、顶边长3.2、高2.8厘米，通高38.8厘米（图一九七，5；彩版二四，4）。

陶鍪　2件。泥质灰陶。侈口，方唇，束颈，溜肩，肩部有对称弓形双耳，扁鼓腹，圜底。下腹至底部饰交错绳纹。ⅡM40∶3，上腹部饰数道凹弦纹。口径12.8、腹径19.8、高17厘米（图一九七，2；图版七五，2）。ⅡM40∶5，肩部及腹部分别有一道折棱，下腹部残留烟熏痕迹。口径12.6、腹径20.4、高20.2厘米（图一九七，3；图版七五，1）。

陶釜　1件。ⅡM40∶6，泥质灰陶。侈口，圆唇，束颈，溜肩，扁鼓腹，圜底。下腹至底部饰交错绳纹，并残留烟熏痕迹。口径10.8、腹径17.6、高12.8厘米（图一九七，6；图版七三，6）。

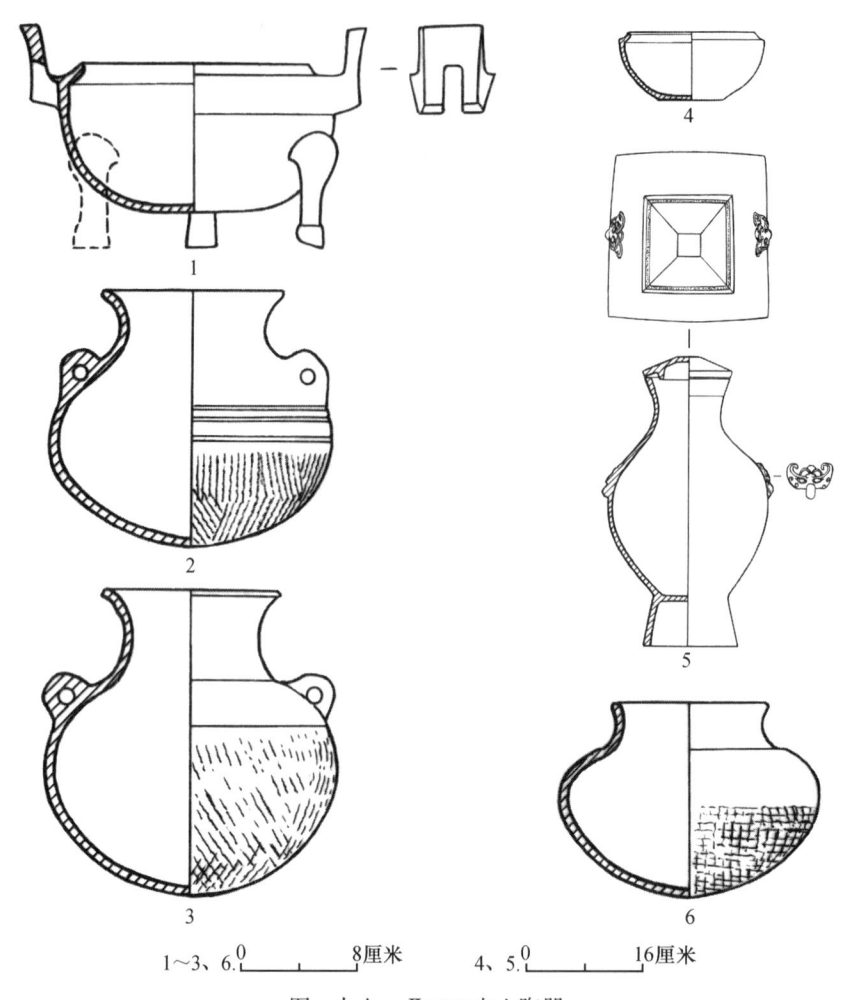

图一九七　ⅡM40出土陶器
1. 陶鼎（ⅡM40∶2）　2、3. 陶鍪（ⅡM40∶3、ⅡM40∶5）　4. 陶盒（ⅡM40∶1）
5. 陶钫（ⅡM40∶4）　6. 陶釜（ⅡM40∶6）

三十五、ⅡM41

位于Ⅱ区东南部。其西紧邻ⅡM40，两墓似为异穴合葬。方向345°。长方形竖穴土坑墓，口大底小，斜直壁内收。开口距地表约0.25米，墓口长2.6、宽1.8～1.88米，墓底长2.32、宽1.48米，深2.6～3.1米。填土为红褐色五花土，致密坚硬。葬具为木质单棺单椁，仅存朽痕。椁室位于墓室中部，平面呈长方形，椁痕长2.1、宽1.22、残高0.15米。棺位于椁室内东部，平面呈长方形，棺痕长1.8、宽0.45～0.52米。棺内有人骨一具，腐蚀严重，大部分骨骼已成粉末状，只少量颅骨和四肢骨保存稍好，头向西北，仰身直肢，性别、年龄不详。出土随葬品7件，其中陶器6件，置于椁内棺外西部，铁器1件，置于棺内墓主右臂处（图一九八；图版二三，2）。

陶鼎　1件。ⅡM41∶2，泥质灰陶。浅弧盘状器盖。器身为子口，圆唇，长方形附耳外折撇，长方形耳孔对穿，弧腹，平底，三蹄形足。器身腹部饰一道较深凹弦纹。器身口径18.8、腹

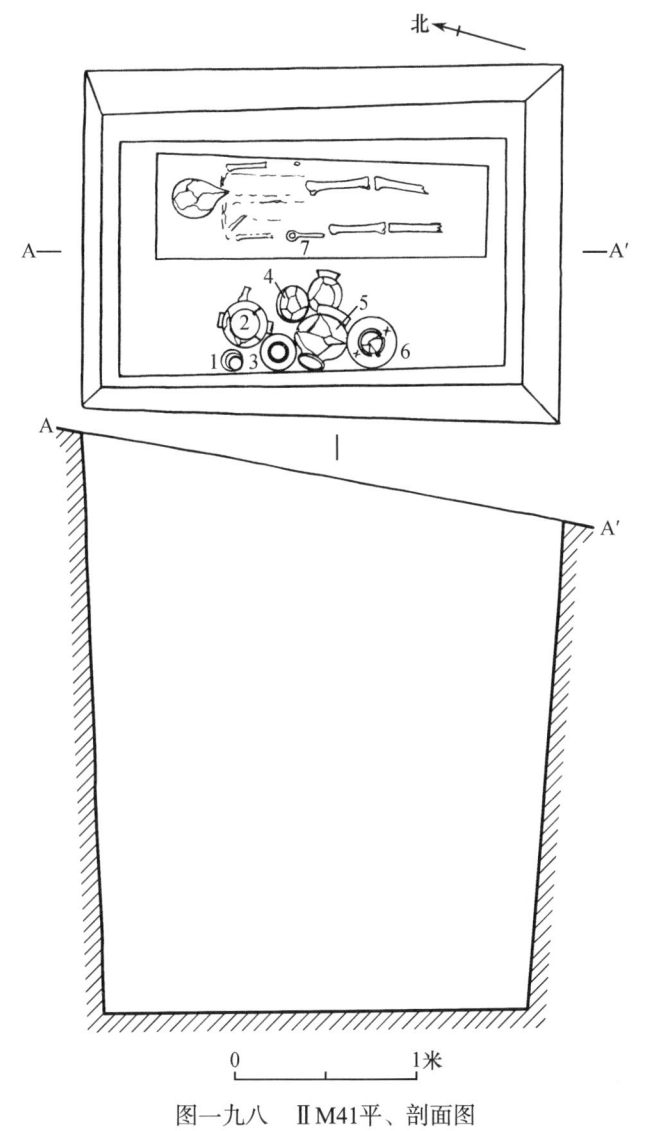

图一九八　ⅡM41平、剖面图
1.陶小壶　2.陶鼎　3.陶鍪　4.陶盒　5.陶壶　6.陶双耳罐　7.铁削刀

径21、高14.8厘米，器盖口径21.2、高5.3厘米，通高16.4厘米（图一九九，1；图版七五，4）。

陶盒　1件。ⅡM41：4，泥质灰陶。仅存盖，器身残。覆碗状器盖，直口，斜方唇，弧壁，平顶。器盖外壁饰两道凹弦纹。口径19、底径8.8、高6.5厘米（图一九九，2）。

陶壶　1件。ⅡM41：5，泥质灰陶。浅弧盘状器盖。器身为大喇叭口，方唇，束颈，溜肩，肩部有双系兽面铺首，鼓腹，圜底，喇叭状高圈足。器盖外壁局部残留黑色彩绘痕迹，器身肩部及腹部分别饰两道凹弦纹，圈足外壁饰一道凸棱。器身口径17.8、腹径28.9、圈足径18.4、高38厘米，器盖口径20.8、高5.6厘米，通高42.6厘米（图一九九，7；图版七四，3）。

陶双耳罐　1件。ⅡM41：6，泥质灰陶。侈口，方唇，束颈，溜肩，肩部有对称牛鼻形双耳，扁鼓腹，底内凹。颈部饰细绳纹，有被抹平的痕迹，上腹至中腹部饰竖绳纹间有数道抹痕，以下饰交错绳纹。口径13.8、腹径24.7、底径6.6、高22.6厘米（图一九九，3；图版七五，6）。

陶鍪　1件。ⅡM41：3，泥质灰陶。侈口，方唇，束颈，溜肩，肩部有对称弓形双耳，扁

图一九九　ⅡM41出土器物

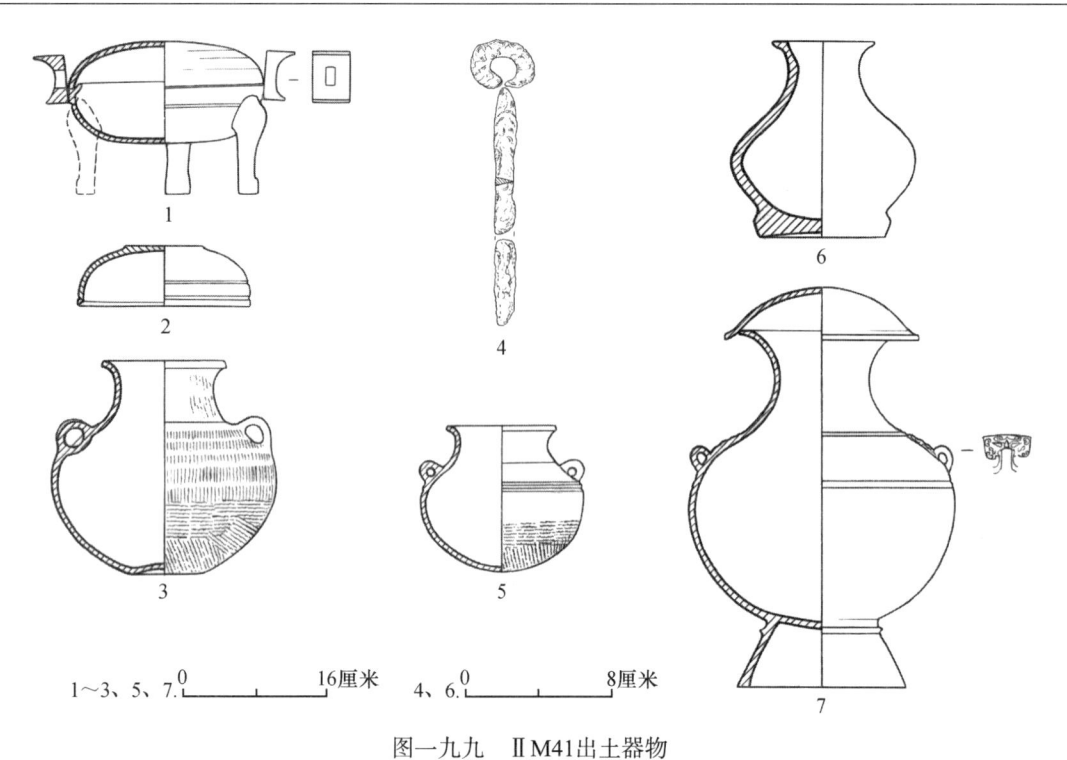

1. 陶鼎（ⅡM41：2）　2. 陶盒（ⅡM41：4）　3. 陶双耳罐（ⅡM41：6）　4. 铁削刀（ⅡM41：7）
5. 陶鍪（ⅡM41：3）　6. 陶小壶（ⅡM41：1）　7. 陶壶（ⅡM41：5）

鼓腹，圜底。颈部饰一道折棱，肩部饰两道凹弦纹，下腹至底部饰交错绳纹。口径12.2、腹径17.8、高15.6厘米（图一九九，5；图版七五，5）。

陶小壶　1件。ⅡM41：1，泥质灰陶。侈口，平折沿，尖唇，束颈，溜肩，扁鼓腹，外突饼状底内凹。素面。口径5.6、腹径10.1、底径7、高10.4厘米（图一九九，6；图版七六，1）。

铁削刀　1件。ⅡM41：7，环首，刀身呈长条形，单刃，腐蚀严重。残长14.3、刀身宽1.3、环首宽3.5、刀背厚0.5厘米（图一九九，4）。

三十六、ⅡM42

位于Ⅱ区东南部偏东南。方向5°。长方形竖穴土坑墓，口大底小，斜直壁内收。开口距地表约0.25米，墓口长2.8、宽1.82米，墓底长2.56、宽1.6～1.66米，深0.9～1.6米。填土为黄褐色五花土。葬具为木质单棺单椁，仅存朽痕。椁室位于墓室西部，平面呈长方形，椁痕长1.95、宽1.1～1.15、残高0.1米。棺位于椁室内西部，平面呈长方形，棺痕长1.75、宽0.46～0.6米。棺内有人骨一具，腐蚀严重，仅于西南部残存少量下肢骨，推测头向东北，葬式不明，性别、年龄不详。出土随葬品2件，均为陶器，置于椁内棺外东部（图二〇〇）。

陶壶　1件。ⅡM42：1，泥质灰陶。失盖。器身为浅盘口，方唇，束颈，圆肩，肩部有对称双系兽面铺首衔环，鼓腹，圜底，盘状圈足。腹部饰一道凹弦纹，圈足外壁饰一道凸棱。口径16、腹径29.6、圈足径17.2、高37.8厘米（图二〇一；图版八一，1）。

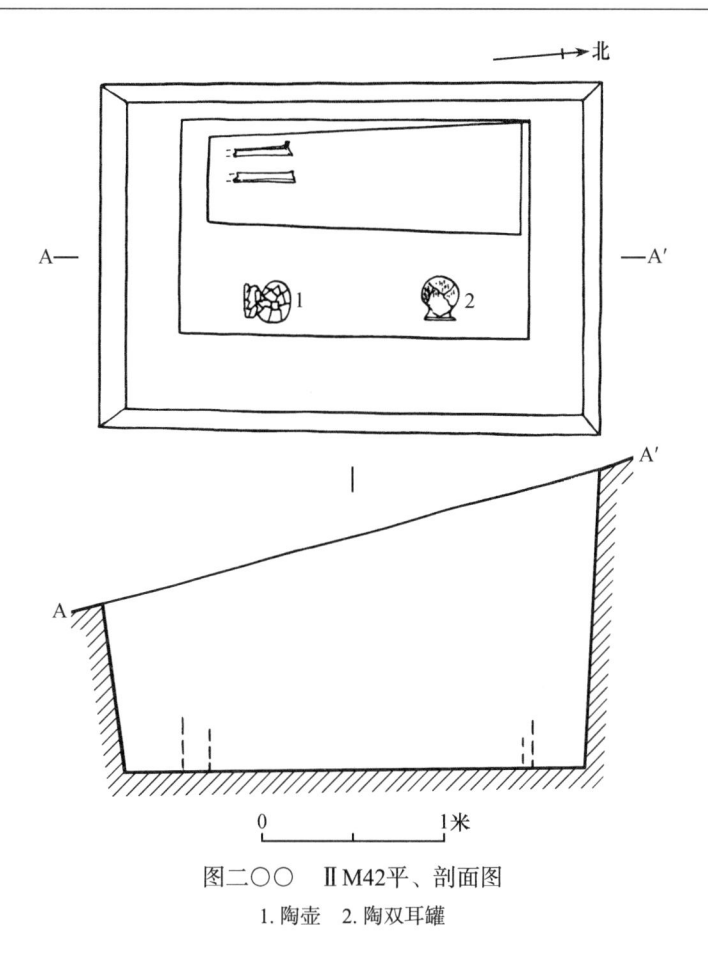

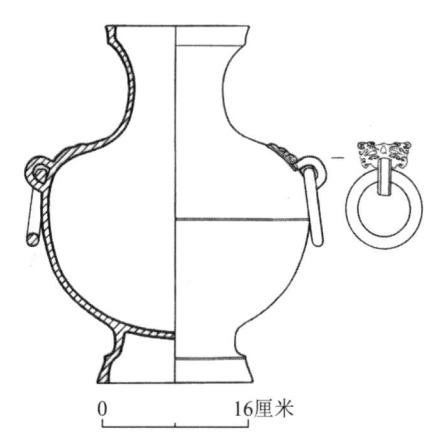

图二〇〇　ⅡM42平、剖面图
1. 陶壶　2. 陶双耳罐

图二〇一　ⅡM42出土陶壶（ⅡM42∶1）

陶双耳罐　1件。ⅡM42∶2，泥质灰陶。破碎严重，提取时呈粉末状，无法复原。

三十七、ⅡM43

位于Ⅱ区东南部偏东南，是本区位置最东南的一座墓。方向5°。长方形竖穴土坑墓，口大底小，斜直壁内收。开口距地表约0.25米，墓口长2.5、宽1.75米，墓底长2.36、宽1.54米，深0.92~1.82米。填土为黄褐色五花土，土质较黏较硬，包含有少量石块。葬具为木质单棺单椁，仅存朽痕。椁室位于墓室中部，平面呈长方形，椁痕长2.16、宽1.42米。棺位于椁室内偏东南部，平面呈长方形，棺痕长1.8、宽0.5~0.6米。棺内有人骨一具，腐蚀严重，头向东北，仰身直肢，性别、年龄不详。出土随葬品7件，其中陶器5件，铜器1件，铁器1件，皆置于椁内棺外西北部（图二〇二；彩版一一，2）。

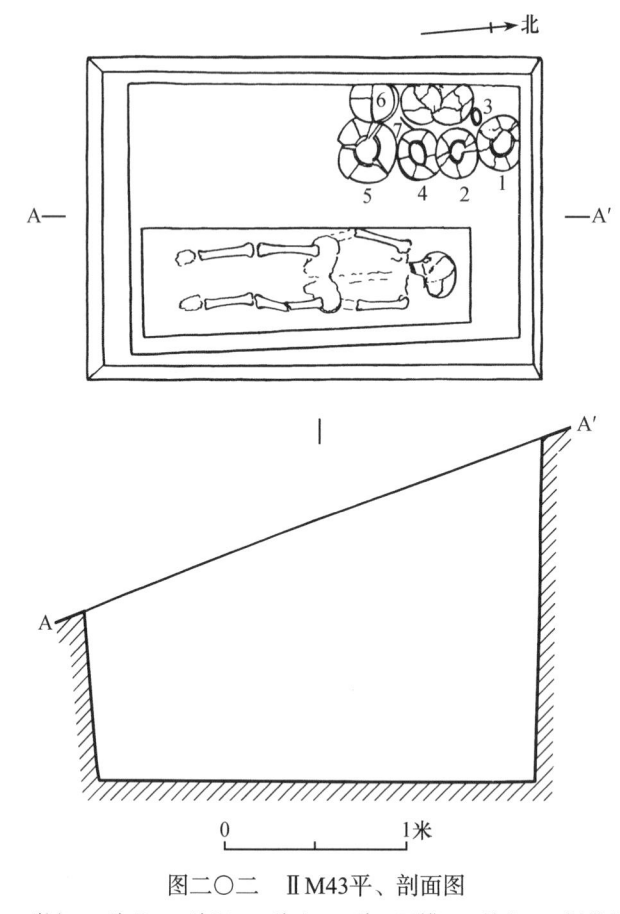

图二〇二　ⅡM43平、剖面图
1.陶壶　2.陶釜　3.陶甑　4.陶盒　5.陶双耳罐　6.铁釜　7.铜带钩

陶盒　1件。ⅡM43:4，泥质灰陶。覆碗状器盖，浅宽圈足状捉手。器身为子口，圆唇，弧腹，平底。器盖外壁与器身腹部皆饰数道凹弦纹。器身口径17.6、腹径21.4、底径9.2、高10.8厘米，器盖口径21.4、顶径9.6、高8.2厘米，通高17.4厘米（图二〇三，4；图版七六，5）。

陶壶　1件。ⅡM43:1，泥质灰陶。浅弧盘状器盖，盖顶均匀分布有三个简化立鸟形纽。器身为微盘口，方唇，束颈，溜肩，肩部有对称双系简化兽面铺首衔环，鼓腹，圜底，盘状圈足。器身肩部及上腹部分别饰一周宽带纹，下腹部饰交错绳纹，圈足外壁饰一道折棱。器身口径20.8、腹径32.4、圈足径22.5、高40厘米，器盖口径21.2、高10.8厘米，通高50.8厘米（图二〇三，1；图版七四，4）。

陶双耳罐　1件。ⅡM43:5，泥质灰陶。侈口，方唇，束颈，溜肩，肩部有对称牛鼻形双耳，鼓腹，底内凹。颈部饰数道较浅的凹弦纹，上腹部饰竖绳纹间有数道抹痕，中腹部饰一道

图二〇三　ⅡM43出土器物

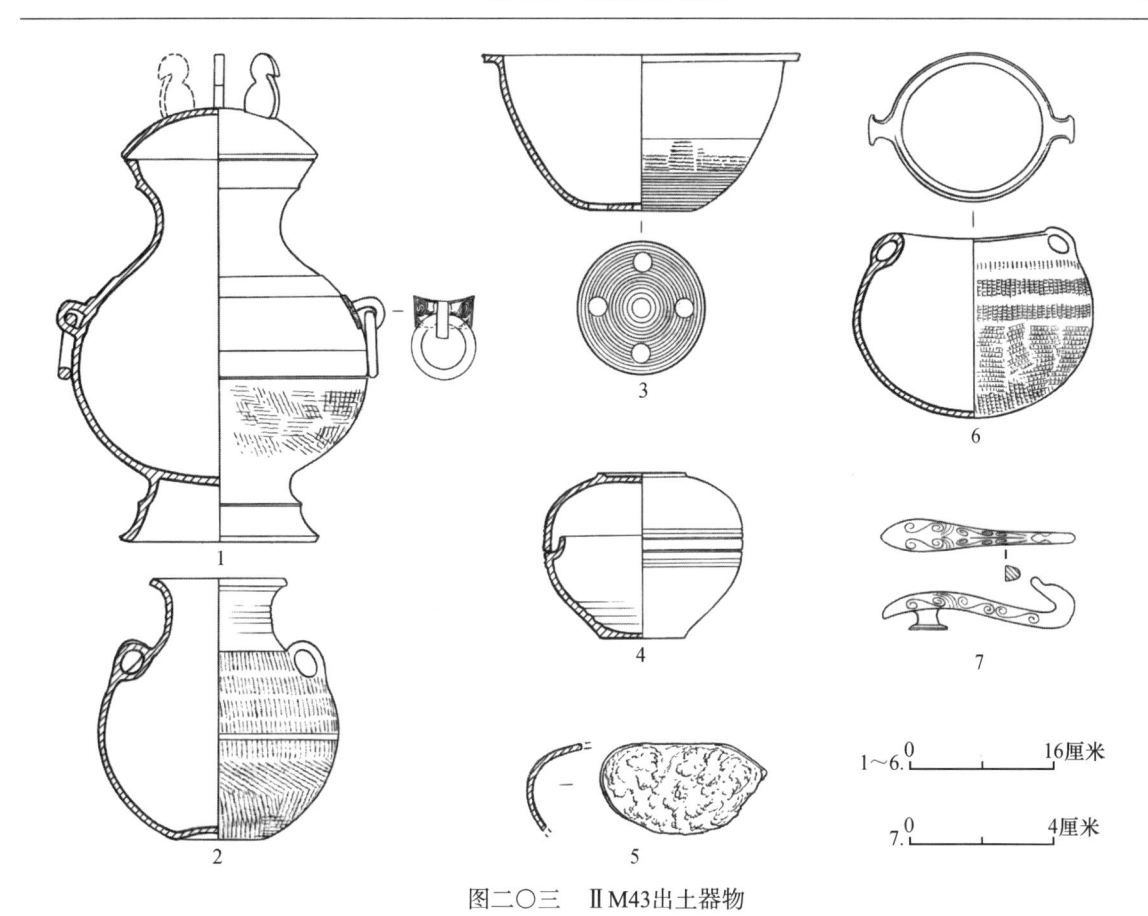

1. 陶壶（ⅡM43：1）　2. 陶双耳罐（ⅡM43：5）　3. 陶甑（ⅡM43：3）　4. 陶盒（ⅡM43：4）
5. 铁釜（ⅡM43：6）　6. 陶釜（ⅡM43：2）　7. 铜带钩（ⅡM43：7）

凹弦纹，下腹至底部饰交错绳纹。口径15、腹径26.4、底径9.6、高27.2厘米（图二〇三，2；图版七六，6）。

陶釜　1件。ⅡM43：2，泥质灰陶。侈口，卷沿，方唇，束颈，溜肩，肩部有对称牛鼻形双耳跨接于口部，鼓腹，圜底。肩部饰一周竖向短绳纹，上腹部饰两周竖向麻点状绳纹，以下饰横向麻点状绳纹。口径17.6、腹径26.5、高19.3厘米（图二〇三，6；图版七六，3）。

陶甑　1件。ⅡM43：3，泥质灰陶。直口微侈，平折沿，方唇，唇面内凹，微束颈，弧腹，平底，底部有五个圆形镂孔。中腹部饰一道凹弦纹，其下饰一周横绳纹，下腹至底部满饰凹弦纹。口径34.6、底径10.4、高16.4厘米（图二〇三，3；图版七六，4）。

铜带钩　1件。ⅡM43：7，琵琶形，鸭首状钩首，细颈，钩尾较宽，呈圆弧状，尾端背面有圆形纽。正面雕刻有祥云纹图案。长5.3、宽0.2～0.8厘米（图二〇三，7；图版七六，2）。

铁釜　1件。ⅡM43：6，腐蚀严重，无法复原（图二〇三，5）。

三十八、ⅡM44

位于Ⅱ区西北部。方向31°。长方形竖穴土坑墓，口大底小，四周有生土二层台。开口距地表约0.33米，墓口长2.58、宽1.5~1.56米，墓底长2.14、宽1.4米，深1.2~1.4米。四周有生土二层台，南北壁台面较窄，约宽0.05米，东西壁台面稍宽，宽0.22~0.28米，长2.14、高0.34米。填土为红褐色五花土，土质较硬。葬具为木质单棺单椁，仅存朽痕。椁室位于墓室中部，平面呈长方形，椁痕紧贴墓底四壁，长2.14、宽0.88米。棺位于椁室内中部，平面呈长方形，棺痕长1.9、宽0.46、高0.34米。棺内有人骨一具，头向东北，仰身直肢，性别、年龄不详。无随葬品（图二〇四）。

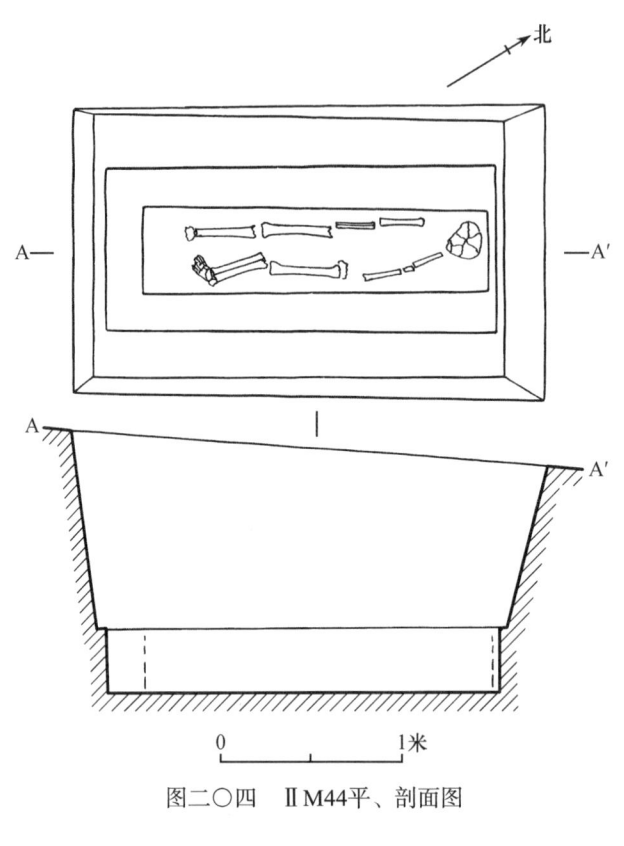

图二〇四　ⅡM44平、剖面图

三十九、ⅡM45

位于Ⅱ区西北部。方向20°。长方形竖穴土坑墓，口大底小，斜直壁内收。开口距地表约0.25米，墓口长2.84、宽2.2~2.3米，墓底长2.28、宽1.34~1.44米，深2~2.6米。葬具为木质单棺单椁，仅存朽痕。椁室位于墓室中部略偏东，平面呈长方形，椁痕长1.96、宽1.2~1.3、残高0.2米。棺位于椁室内西部，平面呈长方形，棺痕长1.72、宽0.4~0.65米。棺内有人骨一具，头向东北，仰身直肢，性别、年龄不详。出土随葬品8件（套），包括陶器7件（套），置于椁内棺外东部，其中1件小陶壶的具体位置已不详，铜钱按1件计，共2枚，置于棺内墓主腹部（图二〇五；彩版一三，1）。

陶鼎　1件。ⅡM45:7，泥质灰陶。浅弧盘状器盖。器身为子口，圆唇，长方形附耳较直，长方形耳孔对穿，弧腹，圜底，三蹄形足外撇。器身腹部饰一道折棱。器身口径16.3、腹径19.2、高15厘米，器盖口径18.4、高4.8厘米，通高16厘米（图二〇六，1；图版七七，1）。

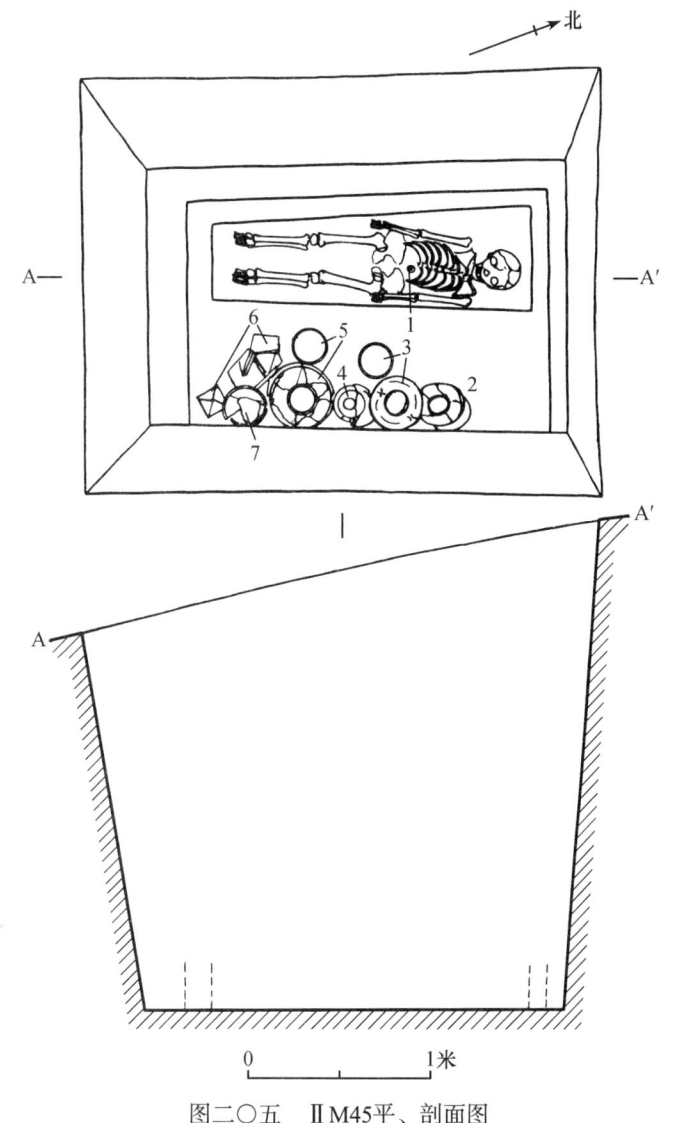

图二〇五　ⅡM45平、剖面图
1.铜钱　2.陶盒　3.陶双耳罐（带钵形盖）　4.陶鍪（带钵形盖）　5.陶瓮（带钵形盖）
6.陶钫　7.陶鼎　8.陶小壶（位置不详）

陶盒　1件。ⅡM45：2，泥质灰陶。覆碗状器盖，浅宽圈足状捉手。器身为子口，圆唇，弧腹，平底内凹。器盖外壁与器身腹部皆饰数道凹弦纹。器身口径15.2、腹径18.2、底径8.2、高7.6厘米，器盖口径18.1、顶径8.6、高5.2厘米，通高12.2厘米（图二〇六，7；图版七七，2）。

陶钫　1件。ⅡM45：6，泥质灰陶。口部及腹部皆残，溜肩，肩部有对称双系兽面铺首，平底，高圈足斜直外张。底长14.4、宽12厘米（图二〇六，8）。

陶双耳罐　1件。ⅡM45：3，泥质灰陶。覆钵形器盖。器身为侈口，圆唇，束颈，溜肩，肩部有对称牛鼻形双耳，鼓腹，底微内凹。颈部饰细绳纹并有被抹平的痕迹，肩至上腹部饰竖绳纹间有数道抹痕，以下饰交错绳纹。器身口径14.6、腹径26.6、底径8.4、高27.6厘米，器盖口径15.8、顶径6.5、高5.6厘米，通高32.4厘米（图二〇六，5；图版七七，3）。

陶鍪　1件。ⅡM45：4，泥质灰陶。覆钵形器盖。器身为侈口，圆唇，束颈，溜肩，

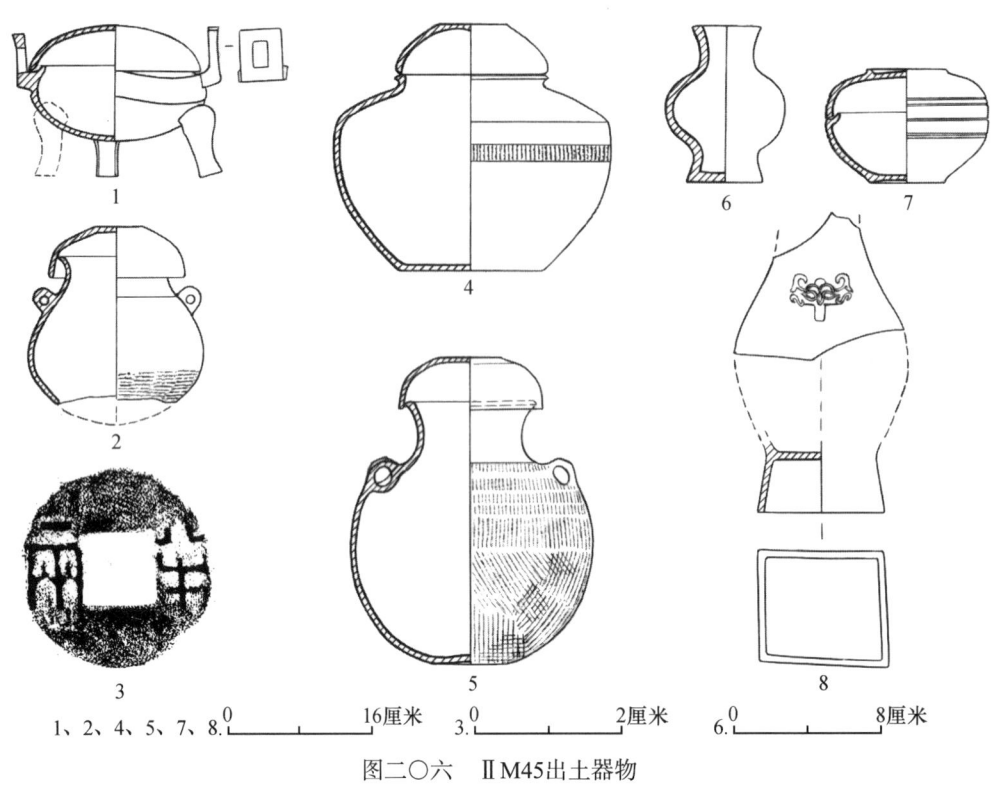

图二〇六　ⅡM45出土器物
1. 陶鼎（ⅡM45∶7）　2. 陶鍪（ⅡM45∶4）　3. 铜钱（ⅡM45∶1）　4. 陶瓮（ⅡM45∶5）
5. 陶双耳罐（ⅡM45∶3）　6. 陶小壶（ⅡM45∶8）　7. 陶盒（ⅡM45∶2）　8. 陶钫（ⅡM45∶6）

肩部有对称弓形双耳，鼓腹，底残。肩部有一道折棱，下腹部饰横绳纹。器身口径13.2、腹径20、残高15.6厘米，器盖口径15.2、顶径5.2、高5.6厘米，通体残高18.8厘米（图二〇六，2）。

陶瓮　1件。ⅡM45∶5，泥质灰陶。覆钵形器盖。器身为直口，斜方唇，唇外缘凸起，矮领，折肩，上腹较鼓，下腹弧收，平底。上腹部饰一周附加堆纹状竖绳纹，下腹部饰一道凹弦纹。器身口径17、腹径30.8、底径15.8、高21厘米，器盖口径16.2、底径7.2、高5.4厘米，通高26.4厘米（图二〇六，4；图版七七，5）。

陶小壶　1件。ⅡM45∶8，泥质灰陶。侈口，圆唇，束颈，溜肩，鼓腹，下腹曲收，平底。素面。口径3.8、腹径6.5、底径4.2、高8.3厘米（图二〇六，6；图版七七，4）。

铜钱　1件计，2枚。ⅡM45∶1-1、ⅡM45∶1-2，半两钱。形制、大小相同，圆形，方孔，无郭。正面篆体钱文自右向左对读，"半"字的两点呈折角式，上横方折向上，下横平直略短，"两"字的上横较短，"两"字中的"人"字出头较短。光背。钱径2.4～2.6、穿边长0.9～1、厚0.1厘米（图二〇六，3）。

四十、ⅡM47

位于Ⅱ区中部偏西北。方向35°。长方形竖穴土坑墓，口底等大，直壁。开口距地表约0.25

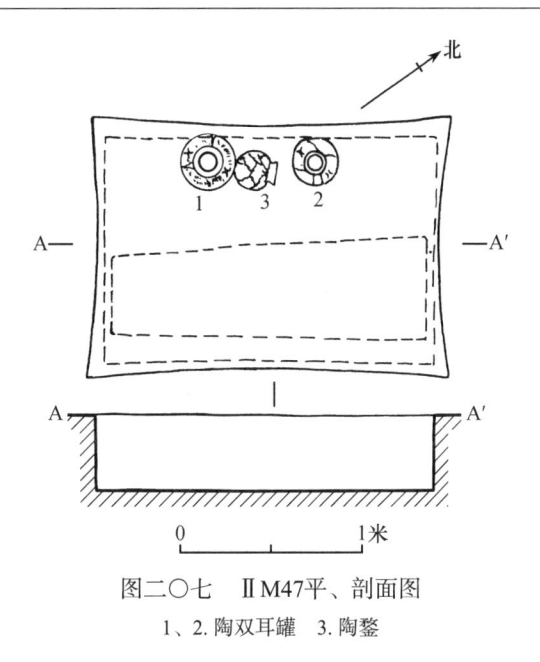

图二〇七　ⅡM47平、剖面图
1、2.陶双耳罐　3.陶鍪

米，墓长2、宽1.38、深0.4米。填土为黄褐色五花土，土质坚硬，包含少量石块。葬具为木质单棺单椁，仅存朽痕。椁室位于墓室中部，平面呈长方形，椁痕长1.88、宽0.6米。棺位于椁室内东部，平面呈长方形，棺痕长1.7、宽0.54米。棺内不见人骨，头向、葬式、性别与年龄皆不明。出土随葬品3件，均为陶器，置于椁内棺外西部（图二〇七）。

陶双耳罐　2件。泥质灰陶。侈口，方唇，束颈，溜肩，肩部有对称牛鼻形双耳，扁鼓腹，底内凹。上腹部饰竖绳纹，间有数道抹痕。ⅡM47：1，颈部有轮制留下的旋纹痕迹，下腹至底部饰横绳纹。口径17、腹径28.5、底径11、高25.2厘米（图二〇八，1；图版七八，1）。ⅡM47：2，颈部饰模糊绳纹，有被抹平的痕迹，下腹至底部饰交错绳纹。口径13.1、腹径20.4、底径7、高20厘米（图二〇八，2；图版七八，2）。

陶鍪　1件。ⅡM47：3，夹砂灰陶。侈口，圆唇，束颈，溜肩，肩部有对称弓形双耳，扁鼓腹，圜底。下腹至底部饰交错绳纹。口径13.2、腹径19.2、高14.6厘米（图二〇八，3；图版七七，6）。

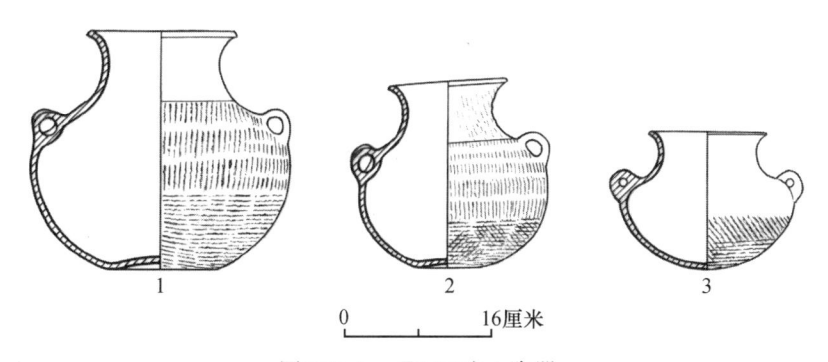

图二〇八　ⅡM47出土陶器
1、2.陶双耳罐（ⅡM47：1、ⅡM47：2）　3.陶鍪（ⅡM47：3）

四十一、ⅡM48

位于Ⅱ区西北部。方向20°。长方形竖穴土坑墓，口大底小，南、北壁为直壁，东、西壁为斜直壁内收。开口距地表约0.26米，墓口长3.36、宽2.28米，墓底长3.36、宽1.96米，深2.02~2.26米，墓底北低南高。填土为红褐色五花土，土质硬而黏。葬具为木质单棺单椁，仅存朽痕。椁腐蚀严重，仅墓室北部残存灰痕，形状为半圆形，两端顶木外昂，向外伸出约0.12米，推测完整椁痕应呈四端顶木外昂的"Ⅱ"形，椁痕残长1.86、宽1.74米。棺位于椁室内东部，具体范围已难辨别。椁内不见人骨。无随葬品（图二〇九）。

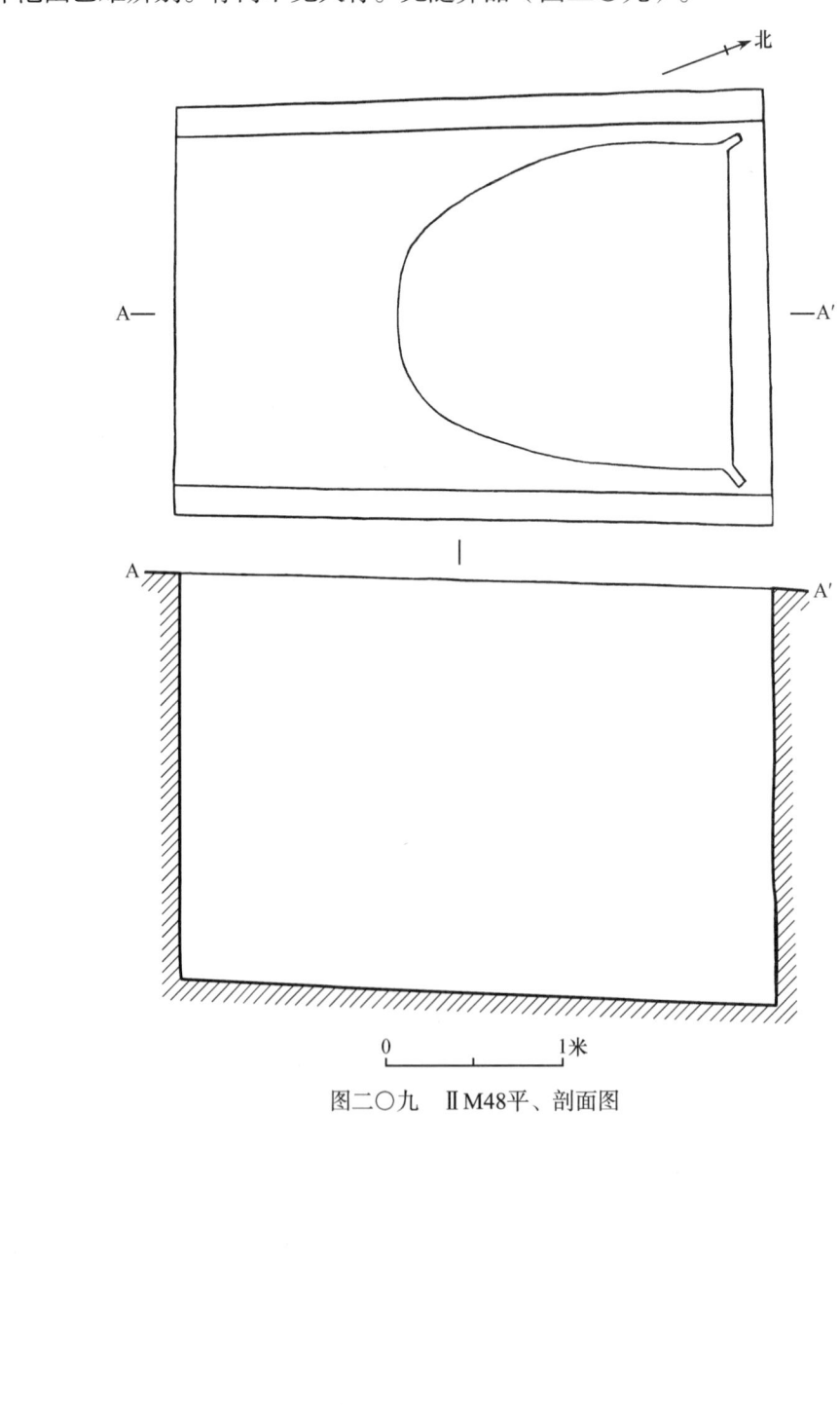

图二〇九　ⅡM48平、剖面图

四十二、ⅡM49

　　位于Ⅱ区西北部。方向20°。直线型土洞墓，由墓道、封门、墓室三部分组成。墓道位于墓室南端，为竖穴式，平面呈长方形，口大底小，斜直壁，平底。开口距地表约0.25米，墓道口长4.68、宽3.53米，底长3.06、宽1.74米，深3.33米。墓道填土为红褐色五花土，土质硬而黏，包含少量料姜石。墓道与墓室之间有直立土坯封门。墓室为拱顶式土洞，平面呈长方形，进深2.84、宽1.5、高1.18米。墓室底部低于墓道底部约0.1米。葬具为木质单棺单椁，仅存朽痕。椁室位于墓室中部，平面呈长方形，椁痕长2.52、宽1.26米。棺位于椁室内中部，平面呈长方形，棺痕长1.8、宽0.58～0.6米。棺内有人骨一具，头向东北，仰身屈肢，面向上，性别、年龄不详。椁内棺外有红色漆皮，应为棺椁装饰遗留。出土随葬品9件，其中陶器7件，置于椁内棺外北部，铜器1件，置于棺内墓主左臂边，铁器1件，置于竖穴墓道南部（图二一〇；彩版一二）。

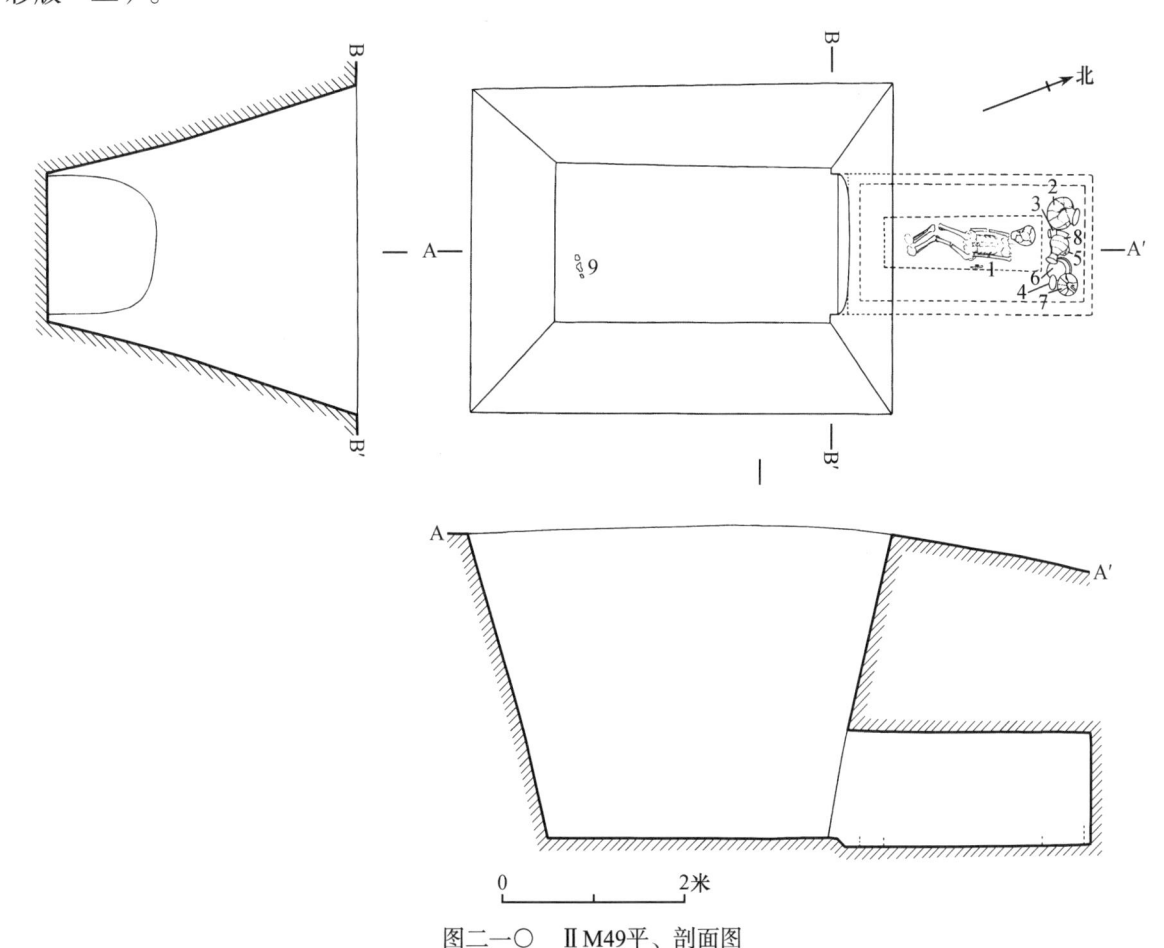

图二一〇　ⅡM49平、剖面图
1. 铜带钩　2. 陶瓮　3. 陶杯　4. 陶豆　5. 陶匜　6. 陶敦　7. 陶鼎　8. 陶壶　9. 铁剑

　　陶鼎　1件。ⅡM49：7，泥质灰陶。浅弧盘状器盖，盖顶微内凹。器身为子口，方唇，长方形附耳外弧撇，长方形耳孔对穿，斜直腹，平底微内凹，三蹄形足。器身腹部饰一道凸棱，足外侧有刮削痕迹。器身口径17、腹径19.6、底径18、高18.6厘米，器盖口径20、底径18、高3.2厘米，通高18.6厘米（图二一一，1；彩版二一，2；图版七九，1）。

陶敦　1件。ⅡM49：6，泥质灰陶。两个半球上下扣合而成。直口，方唇，弧腹，圜底，蝶须形纽与足。器盖及器身中腹部分别饰一道凹弦纹，并有轮制留下的旋纹痕迹。口径20、通高30厘米（图二一一，5；彩版二六，4；图版七九，4）。

陶壶　1件。ⅡM49：8，泥质灰陶。浅弧盘状器盖，子口。器身为侈口，方唇，微束颈，溜肩，鼓腹，圜底，喇叭状圈足。器身口部、颈部及腹部皆饰数道凹弦纹，下腹部有轮制留下的旋纹痕迹，圈足外壁饰一道凸棱。器身口径12.8、腹径20.7、圈足径13.1、高33.8厘米，器盖口径12.8、高2.1厘米，通高35.5厘米（图二一一，3；彩版二四，2；图版七九，3）。

陶杯　1件。ⅡM49：3，泥质灰陶。敞口，圆唇，上腹斜直，下腹弧收，喇叭状矮圈足。素面。口径9.6、圈足径6.1、高10.8厘米（图二一一，8；图版七九，2）。

陶豆　1件。ⅡM49：4，泥质灰陶。直口，圆唇，圜底，细高柄中空至盘底，喇叭形豆座。腹部饰一道凹弦纹。口径14.2、圈足径8、高13.4厘米（图二一一，7；图版七九，6）。

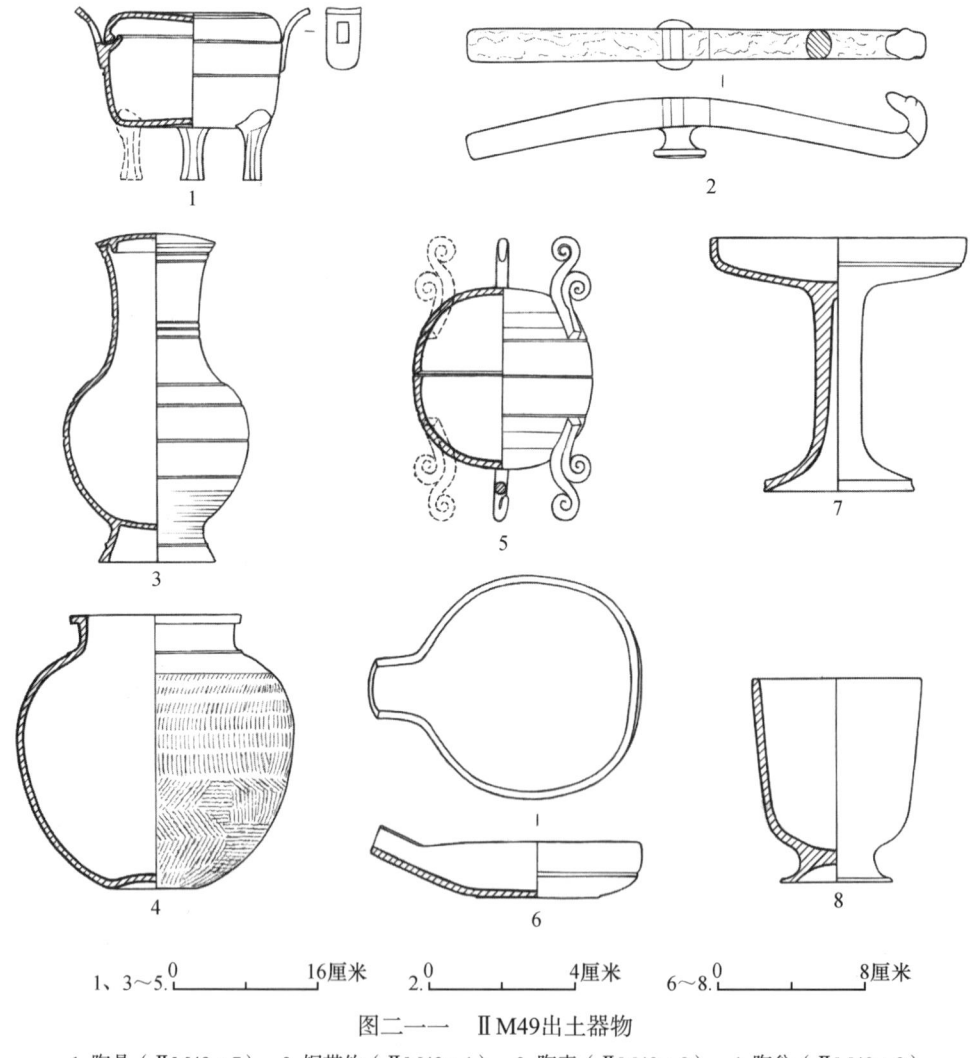

图二一一　ⅡM49出土器物
1.陶鼎（ⅡM49：7）　2.铜带钩（ⅡM49：1）　3.陶壶（ⅡM49：8）　4.陶瓮（ⅡM49：2）
5.陶敦（ⅡM49：6）　6.陶匜（ⅡM49：5）　7.陶豆（ⅡM49：4）　8.陶杯（ⅡM49：3）

陶匜　1件。ⅡM49：5，泥质灰陶。椭圆形，直口微敛，方唇，弧腹，平底，一端带半圆形流，流口上仰。腹部饰一道凹弦纹。流口长3、宽2.8厘米，器身口径11.8、底径6.6、深3厘米，通高4厘米（图二一一，6；图版七九，5）。

陶瓮　1件。ⅡM49：2，泥质灰陶。直口，平折沿，方唇，矮领，圆肩，鼓腹，底内凹。肩部饰一道折棱，上腹部饰竖绳纹间有数道抹痕，并残存少量红色彩绘痕迹，以下饰交错绳纹。口径19.2、腹径31、底径11、高29.2厘米（图二一一，4；彩版二九，2；图版七八，5）。

铜带钩　1件。ⅡM49：1，整体细长，截面呈圆形，蛇首状钩首，背面中部略偏后有圆形纽。长13.2、直径0.7~0.8厘米（图二一一，2；图版八〇，1）。

铁剑　1件。ⅡM49：9，腐蚀严重，无法复原。

四十三、ⅡM50

位于Ⅱ区西北部，是本区位置最西北的一座墓。方向12°。长方形竖穴土坑墓，口大底小，南壁斜直内收，北、东、西三壁为直壁。开口距地表约0.25米，墓口长2~2.3、宽1~1.16米，墓底长2、宽1.05米，深0.7~1.34米。填土为黄褐色五花土，土质较黏较硬，包含少量石块。葬具为木质单棺，棺位于墓室中部，平面呈长方形，棺痕长1.88、宽0.52~0.68米。棺内有人骨一具，腐蚀严重，仅存少量肢骨，颅骨已成粉末状，头向东北，仰身直肢，性别、年龄不详。出土随葬品2件，均为陶器，置于棺内墓主北部（图二一二）。

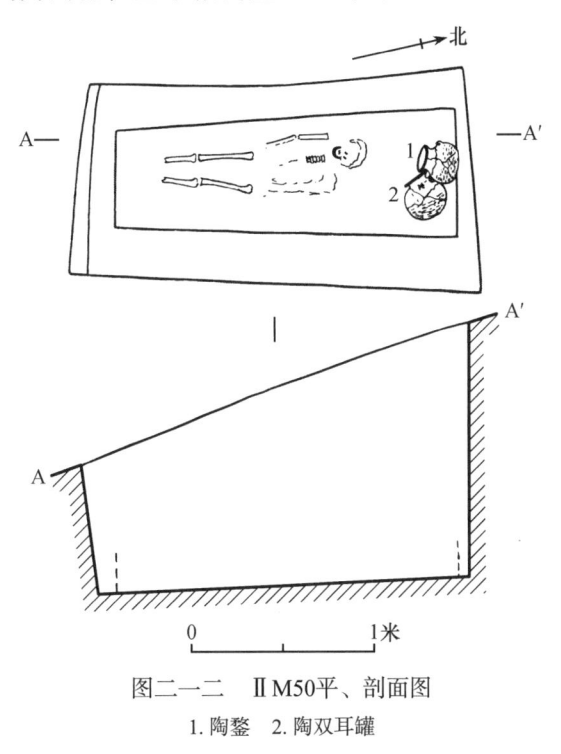

图二一二　ⅡM50平、剖面图
1.陶鍪　2.陶双耳罐

陶双耳罐　1件。ⅡM50：2，侈口，方唇，束颈，溜肩，肩部有对称牛鼻形双耳，鼓腹，底微内凹。上腹至中腹部饰竖绳纹间有数道抹痕，以下饰交错绳纹。口径14.2、腹径22.4、底径6.4、高23厘米（图二一三，2；图版七八，4）。

陶鍪　1件。ⅡM50:1，泥质灰陶。侈口，方唇，束颈，溜肩，肩部有对称弓形双耳，鼓腹，圜底。肩部饰一道折棱，中腹部饰一周竖绳纹，以下饰交错绳纹。口径12.3、腹径17.6、高16.8厘米（图二一三，1；图版七八，3）。

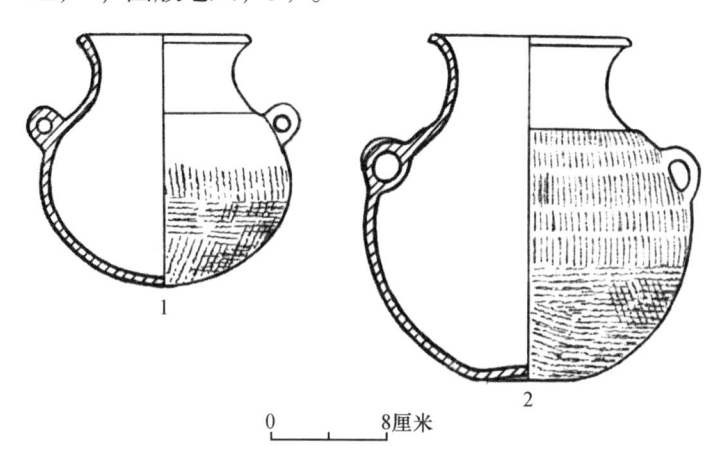

图二一三　ⅡM50出土陶器
1. 陶鍪（ⅡM50:1）　2. 陶双耳罐（ⅡM50:2）

四十四、ⅡM52

位于Ⅱ区中部偏东南。方向12°。长方形竖穴土坑墓，略口大底小，西壁为直壁，东壁和南壁斜直内收，北壁向下渐斜直外张。开口距地表约0.2米，墓口长2.8、宽1.68米，墓底长2.82、宽1.52米，深2.3~2.76米。填土为黄褐色五花土，土质坚硬而黏。葬具为木质单棺单椁，仅存朽痕。椁室位于墓室中部偏东，平面呈"Ⅱ"形，四端顶木外昂，向外伸出约0.15米，椁痕长2.36、宽1.26、残高0.14~0.2米。棺位于椁室内东部，平面呈长方形，棺痕长1.92、宽0.54~0.62、厚约0.07米。棺内有人骨一具，腐蚀严重，骨骼皆已成粉末状，仰身直肢，头向东北，性别、年龄不详。出土随葬品11件（套），其中陶器9件（套），置于椁内棺外西部，铜钱按1件计，共2枚，铁器1件，置于棺内墓主右臂边（图二一四）。

陶鼎　1件。ⅡM52:6，泥质灰陶。浅弧盘状器盖。器身为子口，圆唇，长方形附耳外侈，长方形耳孔对穿，斜直腹，平底，三蹄形足外撇。器盖外壁与器身下腹部皆有轮制留下的旋纹痕迹，足根饰人面纹。器身口径19.8、腹径20、底径17.2、高18.4厘米，器盖口径19.2、高6厘米，通高20.2厘米（图二一五，1；彩版二一，4）。

陶盒　1件。ⅡM52:5，泥质灰陶。覆碗状器盖，浅宽圈足状捉手。器身为子口，圆唇，上腹较直，下腹弧收，平底。通体素面。器身口径16、腹径19、底径10.2、高8.8厘米，器盖口径19.2、顶径11.6、高6.6厘米，通高15.2厘米（图二一五，2；图版七八，6）。

陶壶　1件。ⅡM52:4，泥质灰陶。浅弧盘状器盖，子口。器身为浅盘口，方唇，束颈，溜肩，鼓腹，平底，盘状圈足。器盖素面，器身下腹部有轮制留下的旋纹痕迹。器身口径15.6、腹径21.8、圈足径18.2、高37厘米，器盖口径15.8、高4厘米，通高40.2厘米（图

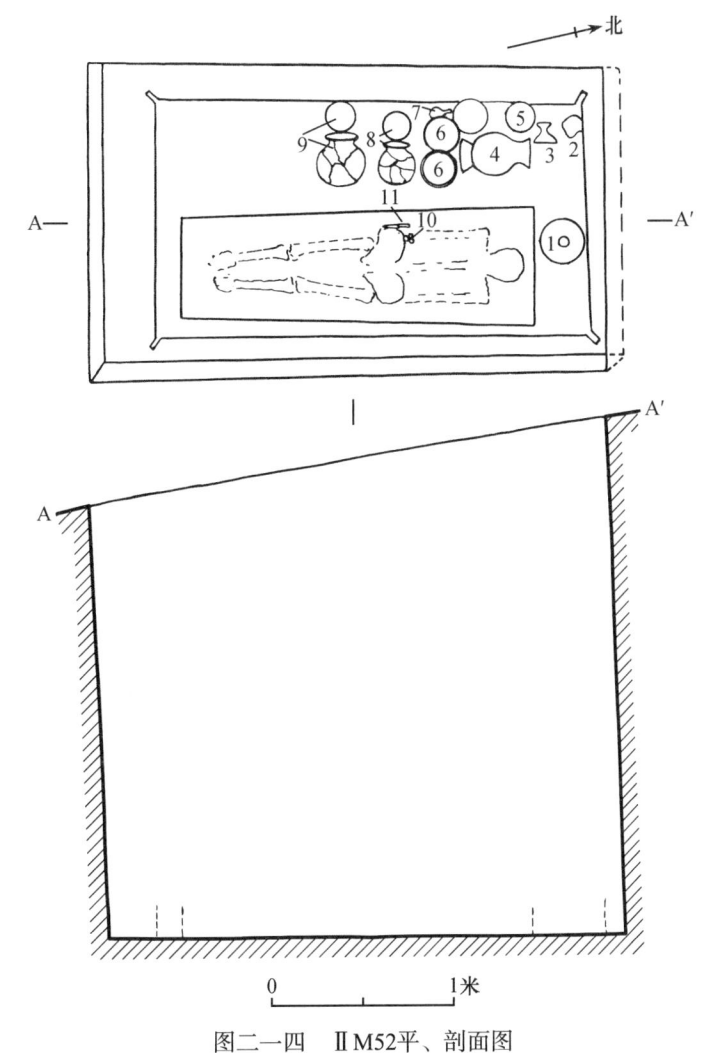

图二一四　ⅡM52平、剖面图
1.陶璧　2.陶杯　3.陶豆　4.陶壶　5.陶盒　6.陶鼎　7.陶勺　8.陶鍪（带钵形盖）
9.陶双耳罐（带钵形盖）　10.铜钱　11.铁削刀

二一五，4；彩版二四，3）。

陶杯　1件。ⅡM52:2，泥质灰陶。敞口，尖唇，上腹斜直，下腹弧收，圜底近平，实心矮柄。素面。口径6.3、底径2.8、高6.8厘米（图二一五，9；图版八〇，2）。

陶豆　1件。ⅡM52:3，泥质灰陶。敞口，圆唇，浅弧腹，平底，粗柄中空至盘底，喇叭状豆座。豆盘外壁饰一道凹弦纹。口径11.1、圈足径6.4、高11厘米（图二一五，6；图版八〇，3）。

陶勺　1件。ⅡM52:7，泥质灰陶。椭圆形盘，敞口，圆唇，弧腹，平底，一端有卷尾形勺柄。内壁有红色彩绘痕迹。口径9.8、底径4.8、腹深2.2、通高6.8厘米（图二一五，5；图版八〇，4）。

陶璧　1件。ⅡM52:1，泥质灰陶。圆形，中间有圆形穿孔。器表残留有红色彩绘痕迹。外径20、内径4.8、厚0.8厘米（图二一五，8；彩版三〇，2）。

陶双耳罐　1件。ⅡM52:9，泥质灰陶。覆钵形盖。器身为侈口，方唇，束颈，溜肩，肩

图二一五　ⅡM52出土器物

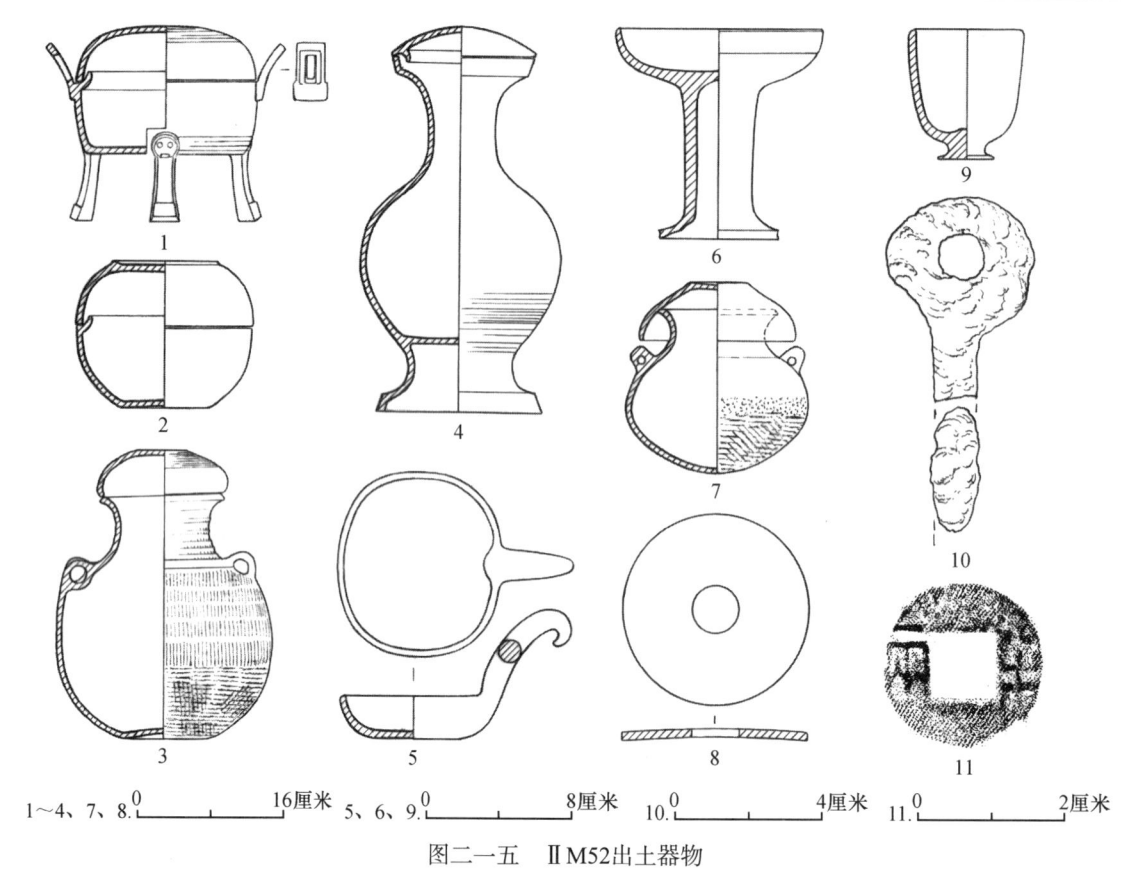

1. 陶鼎（ⅡM52:6）　2. 陶盒（ⅡM52:5）　3. 陶双耳罐（ⅡM52:9）　4. 陶壶（ⅡM52:4）
5. 陶勺（ⅡM52:7）　6. 陶豆（ⅡM52:3）　7. 陶鍪（ⅡM52:8）　8. 陶璧（ⅡM52:1）
9. 陶杯（ⅡM52:2）　10. 铁削刀（ⅡM52:11）　11. 铜钱（ⅡM52:10）

部有对称牛鼻形双耳，鼓腹，底内凹。器盖外壁有轮制留下的旋纹痕迹，器身颈部饰凹弦纹与模糊细短绳纹，上腹至中腹部饰竖绳纹间有数道抹痕，以下饰交错绳纹。器身口径15.4、腹径27.9、底径10.6、高30.6厘米，器盖口径15.5、底径6.8、高6厘米，通高36厘米（图二一五，3；图版八〇，5）。

陶鍪　1件。ⅡM52:8，器盖泥质灰陶，器身夹粗砂灰陶。覆钵形盖，盖顶微内凹。器身为侈口，圆唇，束颈，溜肩，肩部有对称弓形双耳，扁鼓腹，圜底。盖顶有轮制留下的旋纹痕迹，器身肩部有一道折棱，下腹至底部饰交错绳纹。器身口径13、腹径19.7、高17厘米，器盖口径16、高6厘米，通高19.8厘米（图二一五，7；图版八〇，6）。

铜钱　1件计，2枚。ⅡM52:10-1、ⅡM52:10-2，半两钱。形制、大小相同，圆形，方孔，无郭。正面篆体钱文自右向左对读，"半"字的两点弧撇，上横方折向上，下横平直，中间一竖略弯曲，"两"字的上横较长，"两"字中的"人"字出头亦较长。光背。钱径2.1、穿边长1、厚0.05厘米（图二一五，11）。

铁削刀　1件。ⅡM52:11，残，环首，刀身呈长条形。残长8.9厘米（图二一五，10）。

四十五、ⅡM53

位于Ⅱ区东南部偏西。方向23°。长方形竖穴土坑墓，口大底小，斜直壁内收。开口距地表约0.25米，墓口长2.52、宽1.6米，墓底长2.34、宽1.36米，深0.74～1.28米。填土为黄褐色五花土，土质较硬，包含少量料姜石。葬具为木质单棺单椁，仅存朽痕。椁室位于墓室中部，平面呈长方形，椁痕长2.16、宽1.18、残高0.2米，椁板痕厚0.04米。棺位于椁室内偏东北部，平面呈长方形，棺痕长1.82、宽0.4～0.54米。棺内有人骨一具，腐蚀严重，仅存数颗牙齿，判断头向东北，葬式不明，性别、年龄不详。出土随葬品3件，均为陶器，置于椁内棺外西部，南北排列（图二一六）。

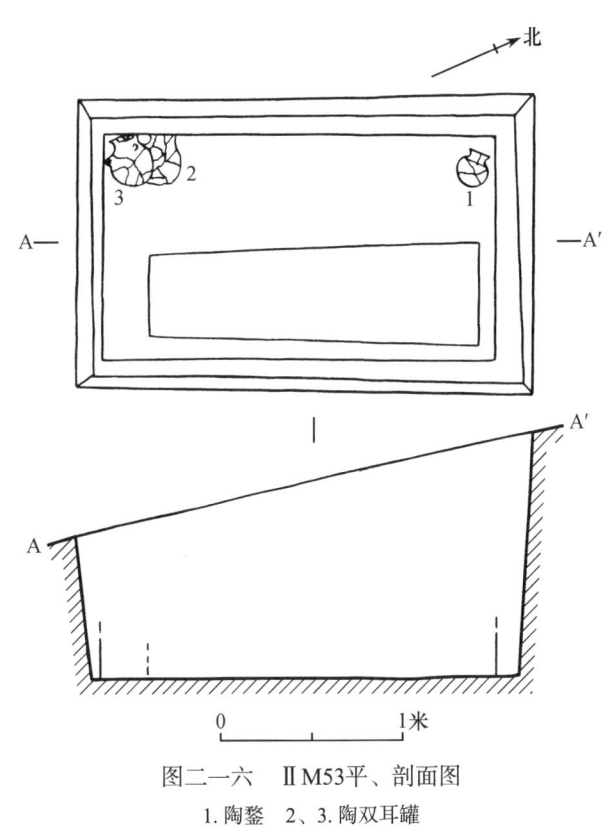

图二一六　ⅡM53平、剖面图
1. 陶鍪　2、3. 陶双耳罐

陶双耳罐　2件。泥质灰陶。侈口，圆唇，束颈，溜肩，肩部有对称牛鼻形双耳，鼓腹。上腹部饰竖绳纹，有被抹平的痕迹。ⅡM53：2，仅存部分口部、肩部和腹部残片，不能复原。中腹部饰横绳纹（图二一七，3～5）。ⅡM53：3，底残。中腹部饰交错绳纹。口径13、腹径21.6、残高20厘米（图二一七，2）。

陶鍪　1件。ⅡM53：1，泥质灰陶。侈口，圆唇，束颈，溜肩，肩部有对称弓形双耳，鼓腹，下腹残。肩部饰一道折棱。口径12.1、腹径19、残高9.8厘米（图二一七，1）。

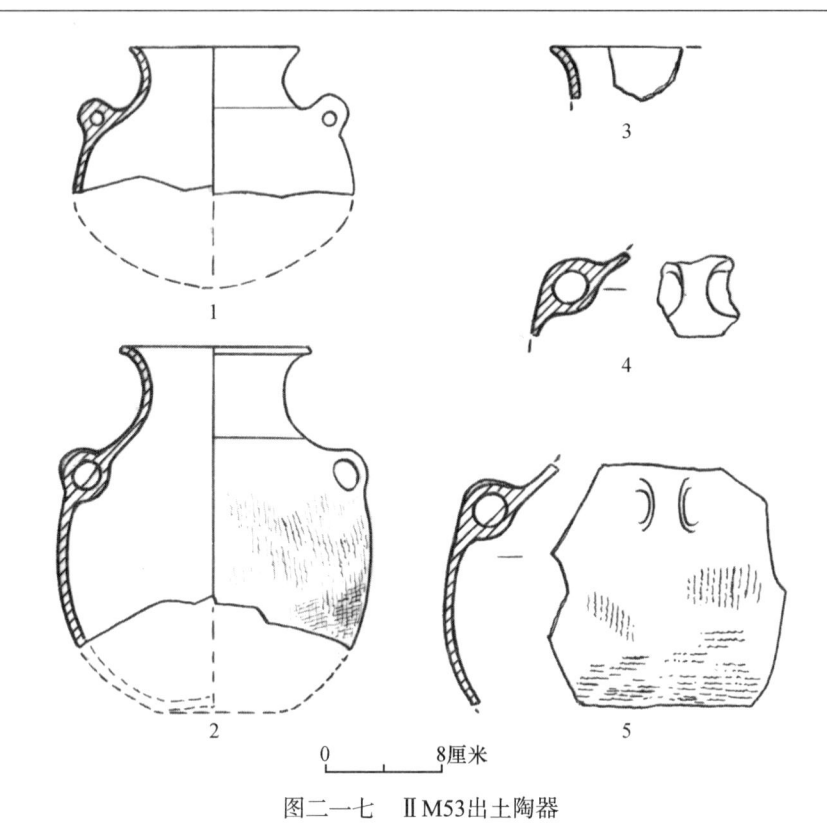

图二一七　ⅡM53出土陶器
1. 陶鍪（ⅡM53：1）　2~5. 陶双耳罐（ⅡM53：3、ⅡM53：2-1、ⅡM53：2-2、ⅡM53：2-3）

四十六、ⅡM54

位于Ⅱ区东南部偏西。方向13°。长方形竖穴土坑墓，略口大底小，南、北壁斜收程度较小，东、西壁斜收程度稍大。开口距地表约0.25米，墓口长2.6、宽1.8米，墓底长2.52、宽1.56米，深1.42~2.06米。填土为黄褐色五花土，土质坚硬而黏，包含少量料姜石。葬具为木质单棺单椁，仅存朽痕。椁室位于墓室中部，平面呈"Ⅱ"形，四端顶木外昂，向外伸出约0.08米，椁痕长2.52、宽1.56、残高0.4米，椁板痕厚0.04米。棺位于椁室内东部，平面呈长方形，棺痕长1.8、宽0.5~0.6米。棺内有人骨一具，腐蚀严重，仅见部分已成粉末状的颅骨，判断头向东北，葬式不明，性别、年龄不详。出土随葬品5件，均为陶器，置于椁内棺外西部，南北排列（图二一八；彩版一三，2）。

陶盒　1件。ⅡM54：1，泥质灰陶。覆碗状器盖，浅宽圈足状捉手。器身为子口，方唇，上腹较直，下腹弧收，圜底，矮圈足。器盖外壁与器身腹部皆饰数道凹弦纹。器身口径18.8、腹径21.6、底径11.6、高10厘米，器盖口径21.2、顶径10.2、高7.4厘米，通高16.6厘米（图二一九，3；图版八一，5）。

陶壶　1件。ⅡM54：4，泥质灰陶。浅弧盘状器盖，盖顶均匀分布有三个蝶须形纽。器身为微盘口，方唇，束颈，溜肩，肩部残留有对称双系兽面铺首，鼓腹，圜底，喇叭状圈足。肩部及腹部分别饰一周宽带纹。器身口径15.6、腹径25、圈足径17.4、高31.6厘米，器盖口径16.8、高7.8厘米，通高39.2厘米（图二一九，1；图版八一，2）。

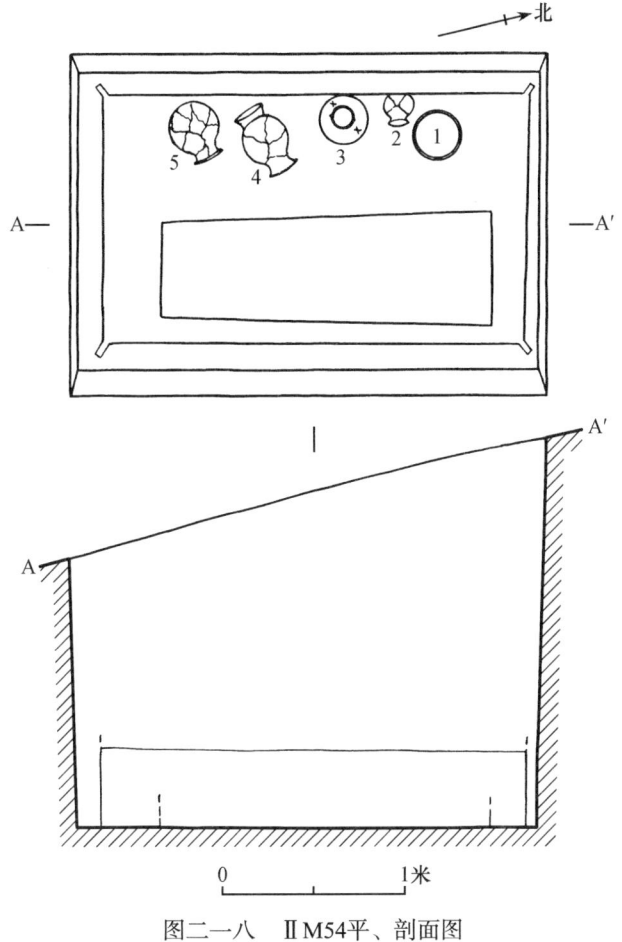

第二章　秦汉墓葬概述

图二一八　ⅡM54平、剖面图
1.陶盒　2.陶鍪　3、5.陶双耳罐　4.陶壶

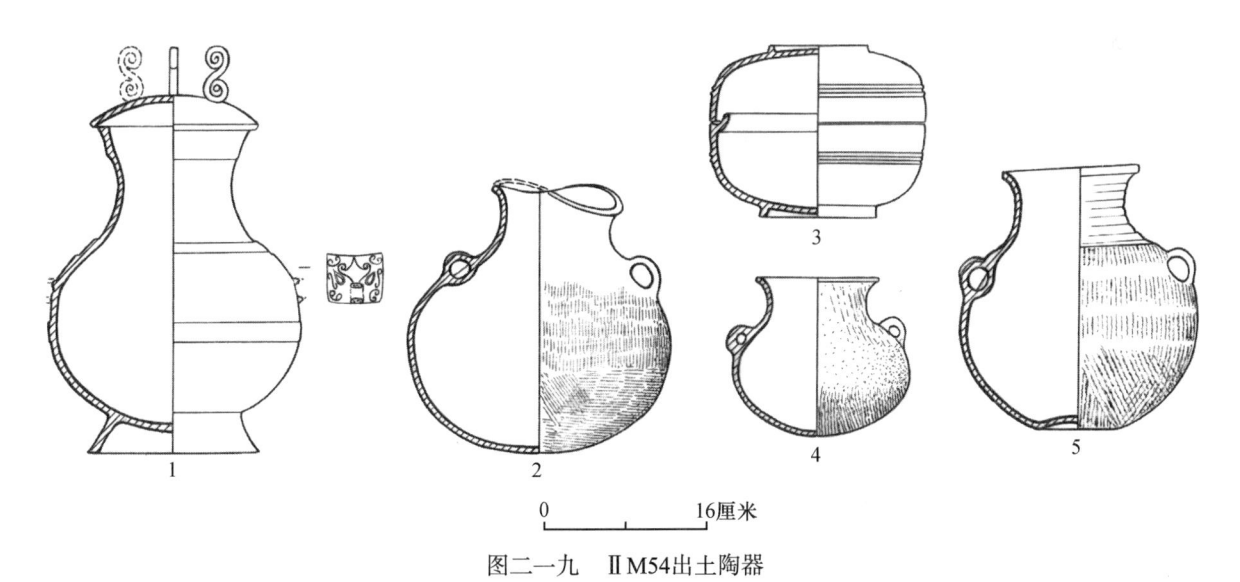

图二一九　ⅡM54出土陶器
1.陶壶（ⅡM54∶4）　2、5.陶双耳罐（ⅡM54∶3、ⅡM54∶5）　3.陶盒（ⅡM54∶1）　4.陶鍪（ⅡM54∶2）

陶双耳罐　2件。泥质灰陶。侈口，方唇，束颈，溜肩，肩部有对称牛鼻形双耳，鼓腹。上腹部饰竖绳纹，间有多道抹痕，以下饰交错绳纹。ⅡM54：3，口部变形，圜底。口径12.8、腹径26.2、高26.6厘米（图二一九，2；图版八一，3）。ⅡM54：5，底内凹。颈部饰多道凹弦纹。口径13.8、底径7.6、高25.6厘米（图二一九，5；图版八一，4）。

陶鍪　1件。ⅡM54：2，夹砂灰陶。侈口，圆唇，束颈，溜肩，肩部有对称弓形双耳，扁鼓腹，圜底。颈部饰细绳纹，有被抹平的痕迹，下腹至底部饰交错绳纹。口径12.6、腹径17.6、高15.4厘米（图二一九，4；图版八一，6）。

四十七、ⅡM55

位于Ⅱ区东南部偏西。方向18°。长方形竖穴土坑墓，略口大底小，四壁斜直内收程度较小。开口距地表约0.25米，墓口长2.18、宽1.5米，墓底长2、宽1.4米，深1.12～1.18米。填土为黄褐色五花土，土质较硬较黏，包含少量石块。葬具为木质单棺单椁，仅存朽痕。椁室位于墓室中部，平面呈长方形，椁痕长1.82、宽0.7米。棺位于椁室内东部，平面呈长方形，棺痕长1.78米，宽0.4～0.52米。棺内不见人骨，头向、葬式、性别与年龄皆不明。出土随葬品5件，均为陶器，置于椁内棺外西部，南北排列（图二二〇）。

陶双耳罐　2件。夹砂灰陶。侈口，方唇，束颈，溜肩，肩部有对称牛鼻形双耳，鼓腹，

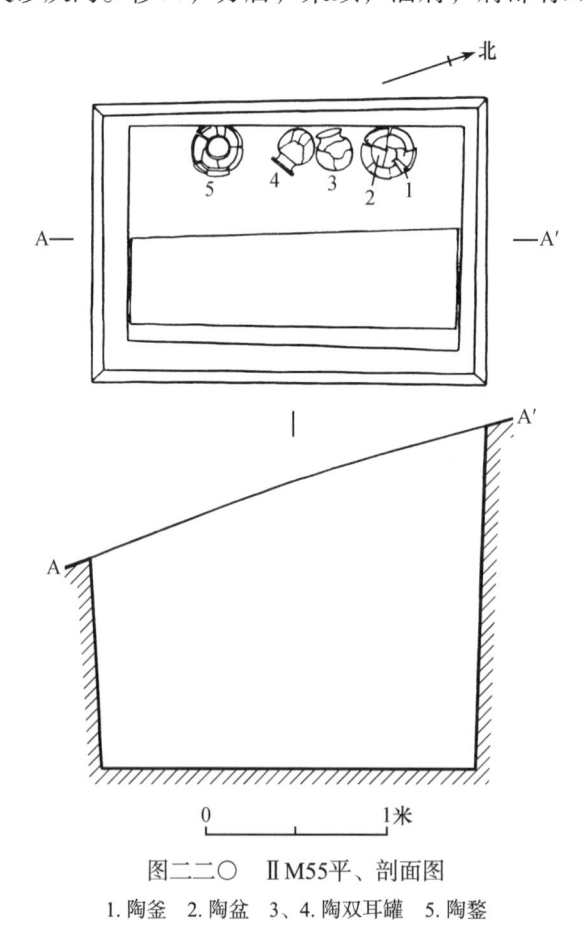

图二二〇　ⅡM55平、剖面图
1.陶釜　2.陶盆　3、4.陶双耳罐　5.陶鍪

底内凹。上腹部饰竖绳纹，间有数道抹痕。ⅡM55：3，中腹至底部饰交错绳纹。口径14.4、腹径26.4、底径9、高28.4厘米（图二二一，1；彩版二七，4；图版八二，1）。ⅡM55：4，中腹部饰横绳纹，下腹至底部饰交错绳纹。口径15.8、腹径27.5、底径12、高26.8厘米（图二二一，3；图版八二，2）。

陶釜　1件。ⅡM55：1，夹砂灰陶。口部变形，敛口，叠唇，圆肩，鼓腹，圜底。上腹部饰竖绳纹间有一道抹痕，以下饰交错绳纹。口径19.2、腹径34.4、高22.2厘米（图二二一，5；图版八二，4）。

陶盆　1件。ⅡM55：2，泥质灰陶。敞口，折沿微外垂，方唇，折腹，平底。下腹部饰三道凹弦纹。口径39.2、腹径33、底径19.2、高15.5厘米（图二二一，2；图版八二，5）。

陶鍪　1件。ⅡM55：5，泥质灰陶。侈口，圆唇，束颈，溜肩，肩部有对称弓形双耳，扁鼓腹，圜底。下腹至底部饰交错绳纹。口径14.5、腹径21.6、高18厘米（图二二一，4；图版八二，3）。

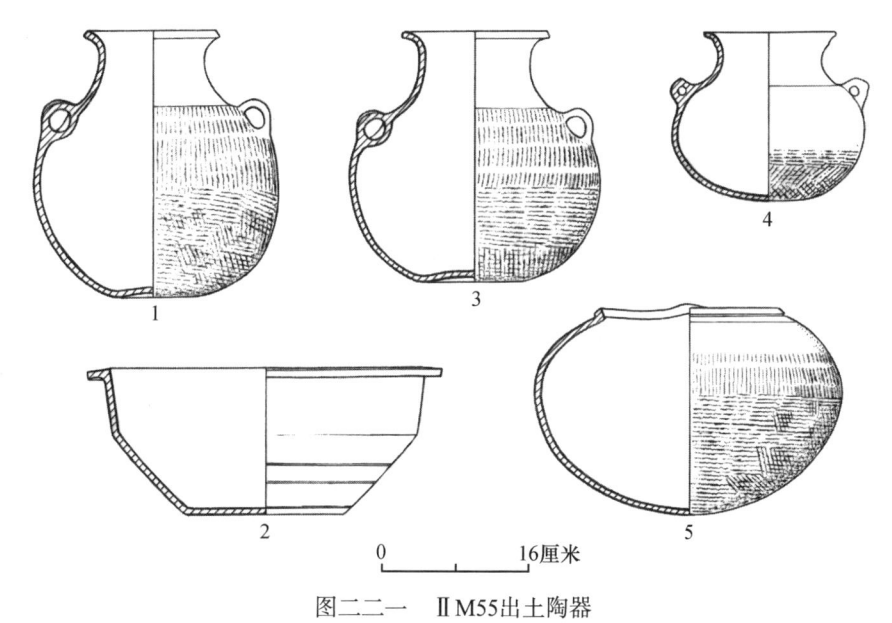

图二二一　ⅡM55出土陶器

1、3.陶双耳罐（ⅡM55：3、ⅡM55：4）　2.陶盆（ⅡM55：2）　4.陶鍪（ⅡM55：5）　5.陶釜（ⅡM55：1）

第三节　Ⅲ区秦汉墓葬

Ⅲ区总共有各不同时期墓葬21座。其中，ⅢM1只出土了1件石斧，没有其他共出器物而时代不明，其余20座墓葬都因出土了较多的陶器而年代明确，属于秦汉时期。

一、ⅢM2

位于Ⅲ区西北部。其东紧邻ⅢM3，两墓或为异穴合葬。方向10°。长方形竖穴土坑墓，口大底小，北壁为直壁，南、东、西三壁为斜直壁内收。开口距地表约0.25米，墓口长2.44、宽

1.72~1.8米，墓底长2.28、宽1.54米，深1.22~1.6米。填土为黄褐色五花土。葬具为木质单棺单椁，仅存朽痕。椁室位于墓室中部，平面呈长方形，椁痕长2.2、宽1.22~1.3、残高0.3米。棺位于椁室内东部，平面呈长方形，棺痕长1.8、宽0.4~0.5米。棺内有人骨一具，腐蚀严重，仅存少量骨屑，现场根据一些残存迹象可辨头向东北，葬式不明，性别、年龄不详。出土随葬品8件，包括陶器7件，铜器1件，均置于椁内棺外西部，其中陶小壶与铜带钩的具体位置已不详（图二二二；图版二四，1）。

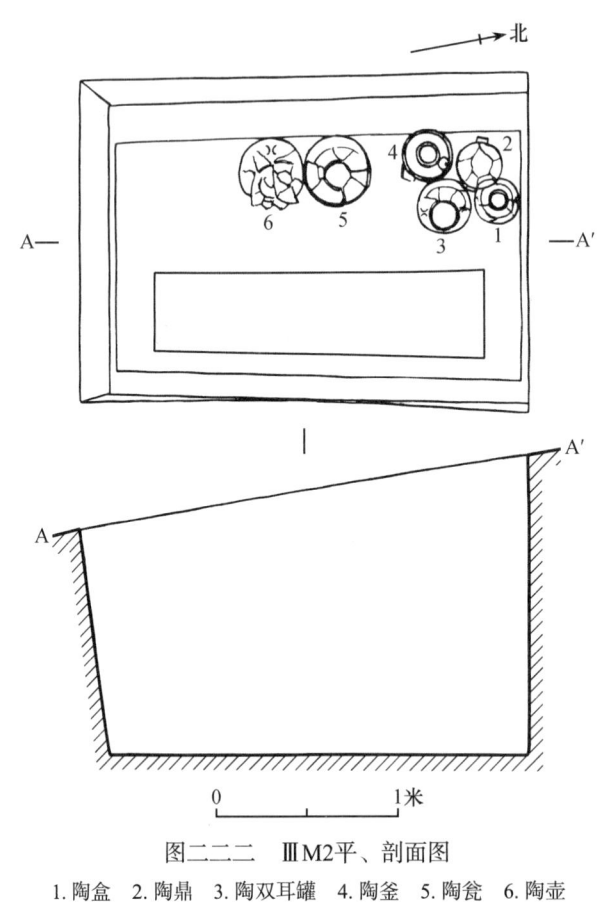

图二二二　ⅢM2平、剖面图
1.陶盒　2.陶鼎　3.陶双耳罐　4.陶釜　5.陶瓮　6.陶壶
7.铜带钩（位置不详）　8.陶小壶（位置不详）

陶鼎　1件。ⅢM2:2，泥质灰陶。浅弧盘状器盖，盖顶三纽残。器身为子口，圆唇，长方形附耳折沿外侈，长方形耳孔对穿，上腹较直，下腹弧收，圜底，三蹄形足外撇。腹部饰一道凸棱。器身口径19.5、腹径26.1、高24厘米，器盖口径24、高7.6厘米，通高25.1厘米（图二二三，1；图版八三，3）。

陶盒　1件。ⅢM2:1，泥质灰陶。覆碗状器盖，浅宽圈足状捉手。器身为子口，圆唇，弧腹，平底。器盖外壁饰数道凹弦纹，器身素面。器身口径18.4、腹径21.4、底径8.4、高8.6厘米，器盖口径22、顶径9.3、高8.4厘米，通高16.7厘米（图二二三，8；图版八三，4）。

陶壶　1件。ⅢM2:6，泥质灰陶。浅弧盘状器盖。器身为深盘口，方唇，束颈，溜肩，肩部有对称双系兽面铺首，鼓腹，圜底，圈足外撇。肩部饰一周宽带纹，腹部饰数道凹弦纹。器身口径19.3、腹径31.7、圈足径16.7、高37厘米，器盖口径17、高4.6厘米，通高41.6厘米

图二二三　ⅢM2出土器物

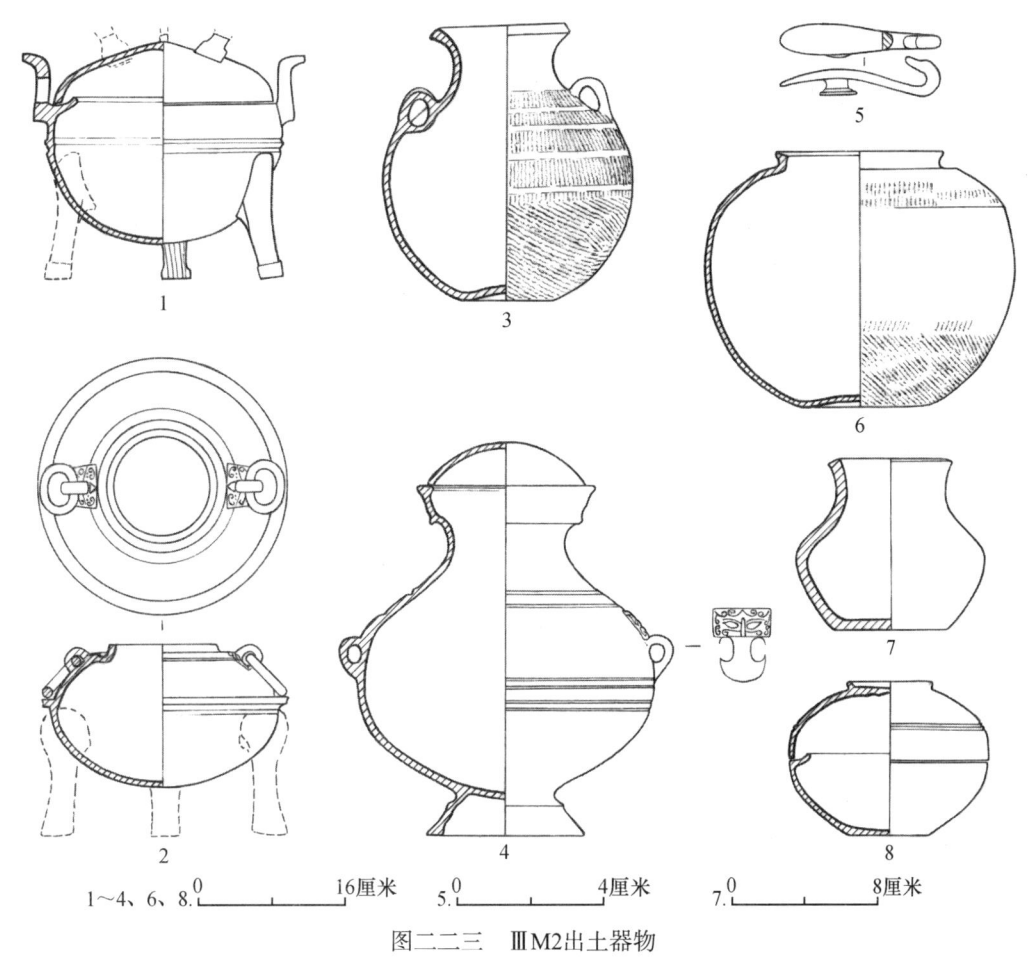

1. 陶鼎（ⅢM2：2）　2. 陶釜（ⅢM2：4）　3. 陶双耳罐（ⅢM2：3）　4. 陶壶（ⅢM2：6）
5. 铜带钩（ⅢM2：7）　6. 陶瓮（ⅢM2：5）　7. 陶小壶（ⅢM2：8）　8. 陶盒（ⅢM2：1）

（图二二三，4；图版八三，2）。

陶双耳罐　1件。ⅢM2：3，泥质灰陶。侈口，方唇，束颈，溜肩，肩部有对称牛鼻形双耳，鼓腹，底内凹。上腹部饰竖绳纹，间有数道抹痕，以下饰右斜绳纹。口径14.8、腹径27.2、底径9、高28.7厘米（图二二三，3；图版八三，1）。

陶釜（甗下部）　1件。ⅢM2：4，泥质灰陶。敛口，方唇，溜肩，肩部有对称双系兽面铺首衔环，鼓腹，圜底，三足残。肩部上端饰一周宽带纹，腹部饰一周较宽凸棱。口径12、腹径24.2、高15.4厘米（图二二三，2）。

陶瓮　1件。ⅢM2：5，泥质灰陶。窄折沿微仰，方唇，矮领，圆肩，鼓腹，底内凹。腹部饰绳纹，纹饰不连贯且较模糊。口径18.8、腹径34.2、底径13.5、高27厘米（图二二三，6；图版八三，5）。

陶小壶　1件。ⅢM2：8，泥质灰陶。侈口，方唇，微束颈，溜肩，鼓腹，平底。素面。口径7.1、腹径10.4、底径6.4、高9.1厘米（图二二三，7；图版八三，6）。

铜带钩　1件。ⅢM2：7，琵琶形，整体较短小，鸭首状钩首，细颈，尾端较宽，背面有一圆纽。素面。长4.4、宽0.3～0.8厘米（图二二三，5；图版八四，1）。

二、ⅢM3

位于Ⅲ区西北部。其西紧邻ⅢM2，两墓或为异穴合葬。方向200°。长方形竖穴土坑墓，略口大底小，东、西、北三壁向下斜直内收，南壁向下渐外张。开口距地表约0.25米，墓口长3、宽2.1米，墓底长2.69、宽1.84米，深2.12~2.64米。填土为黄褐色五花土。葬具为木质单棺单椁，仅存朽痕。椁室位于墓室中部，平面呈"Ⅱ"形，南端顶木平直，北端顶木外昂，四角向外伸出约0.1米，椁痕长2.54、宽1.36米，椁板痕厚0.04米。棺位于椁室内东部，棺痕不明显，大致范围呈长方形，长1.98、宽0.5~0.6米。棺内有人骨一具，腐蚀严重，头向西南，仰身直肢，性别、年龄不详。出土随葬品7件（套），均为陶器，置于椁内棺外西部，南北排列（图二二四；彩版一四，1）。

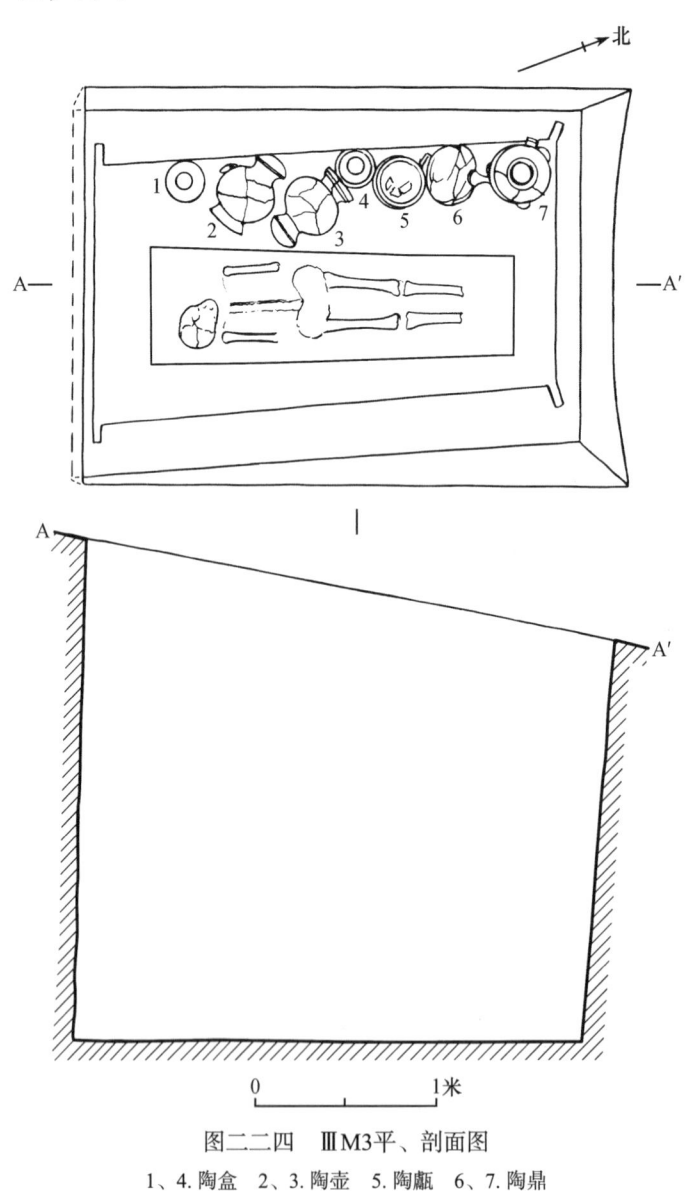

图二二四　ⅢM3平、剖面图
1、4.陶盒　2、3.陶壶　5.陶瓿　6、7.陶鼎

陶鼎　2件。泥质灰陶。浅弧盘状器盖，盖顶均匀分布有三个简化立鸟形纽。器身为子口，方唇，长方形附耳外侈，椭圆形耳孔对穿，上腹较直，下腹弧收，平底，三个半圆形蹄足外撇。盖顶饰数道凹弦纹，器身腹部饰一道较窄凸棱。ⅢM3：6，器身口径22.4、腹径27.4、底径21.3、高25.2厘米，器盖口径25.2、高9.2厘米，通高28.8厘米（图二二五，3；彩版二二，

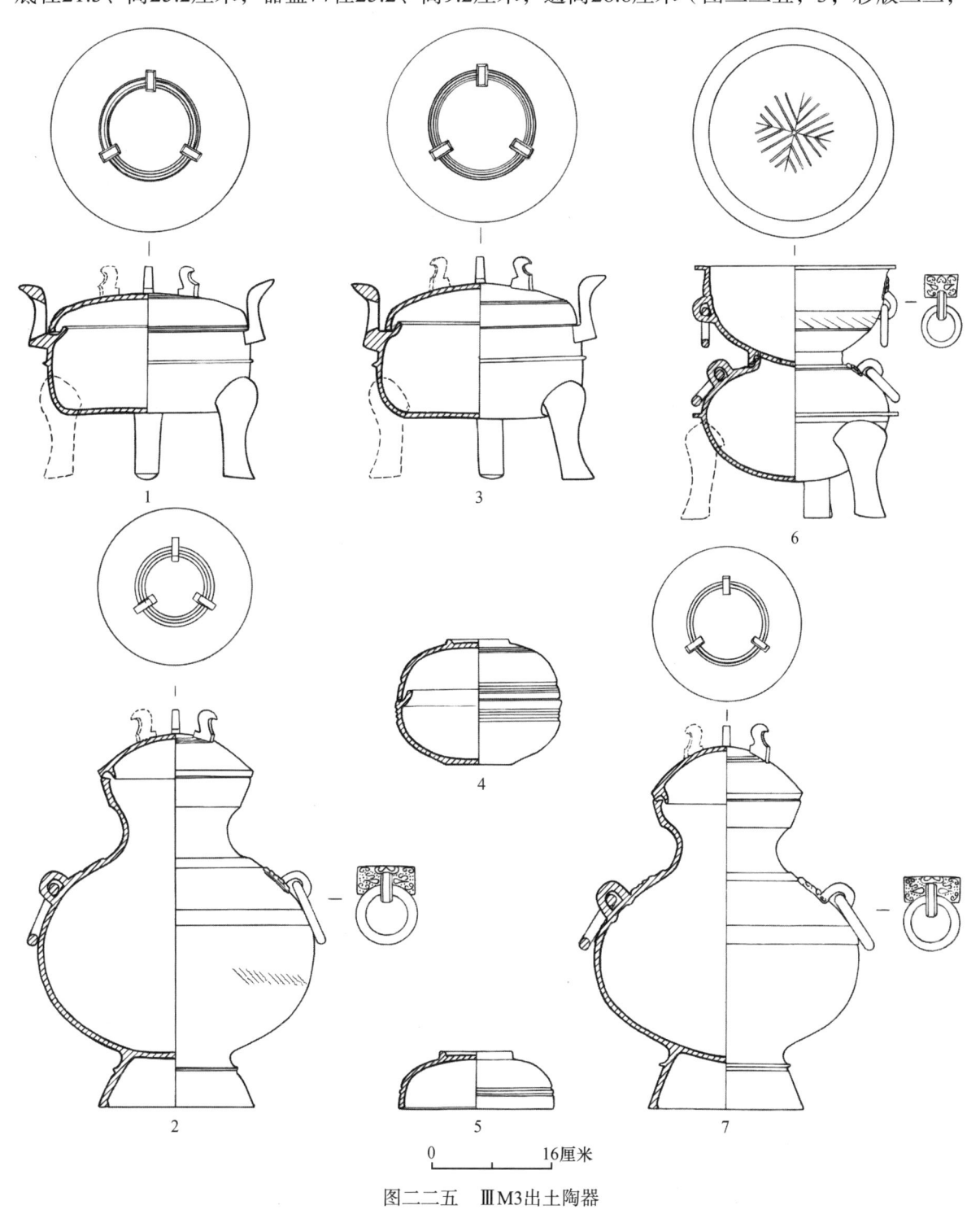

图二二五　ⅢM3出土陶器
1、3.陶鼎（ⅢM3：7、ⅢM3：6）　2、7.陶壶（ⅢM3：3、ⅢM3：2）　4、5.陶盒（ⅢM3：1、ⅢM3：4）
6.陶甗（ⅢM3：5）

3）。ⅢM3∶7，器身口径23、腹径27.2、底径21.6、高25.2厘米，器盖口径26.8、高8.8厘米，通高27.6厘米（图二二五，1；图版八四，2）。

陶盒　2件。泥质灰陶。覆碗状器盖，浅宽圈足状捉手。器盖外壁饰数道凹弦纹。ⅢM3∶1，器身为子口，方唇，上腹较直，下腹弧收，平底。腹部饰数道凹弦纹。器身口径19.2、腹径22、底径8.8、高9.8厘米，器盖口径21.2、顶径8.1、高7.6厘米，通高16.4厘米（图二二五，4；图版八二，6）。ⅢM3∶4，仅剩器盖。腹径20.7、圈足径9.7、高7.4厘米（图二二五，5）。

陶壶　2件。泥质灰陶。弧盘状器盖，子口，盖顶均匀分布有三个简化立鸟形纽。器身为盘口，方唇，束颈，溜肩，肩部有对称双系兽面铺首衔环，溜肩，鼓腹，圜底，喇叭状圈足。盖顶饰数道凹弦纹，器身肩部及腹部分别饰一周宽带纹，圈足外壁饰一道凸棱。ⅢM3∶2，器身口径20、腹径37、圈足径21.8、高43厘米，器盖口径20.8、高9厘米，通高52厘米（图二二五，7；图版八四，3）。ⅢM3∶3，下腹部饰数道右斜短绳纹。器身口径20.2、腹径36.6、圈足径21.6、高40厘米，器盖口径20.2、高10.4厘米，通高49厘米（图二二五，2；彩版二五，4）。

陶甗　1件（套）。ⅢM3∶5，泥质灰陶。上甑下釜扣合而成。甑，直口，平折沿，方唇，弧腹，腹部有对称双系兽面铺首衔环，圜底，底部有条形镂孔，矮圈足。釜，敛口，方唇，溜肩，肩部有对称双系兽面铺首衔环，鼓腹，圜底，三蹄足外撇。甑腹部有多道右斜模糊划纹，釜肩部上端饰一周宽带纹，腹部饰一周较宽凸棱。甑口径27.4、腹径23、圈足径13.1、高12.6厘米，釜口径10.7、腹径28、高20.8厘米，通高32.8厘米（图二二五，6；彩版二六，2）。

三、ⅢM4

位于Ⅲ区中部。方向113°。长方形竖穴土坑墓，略口大底小，东、西直壁，南、北为斜直壁内收。开口距地表约0.25米，墓口长2.5、宽1.7米，墓底长2.5、宽1.52米，深1.4～1.7米。填土为黄褐色五花土，土质较硬较黏，包含少量石块。葬具为木质单棺单椁，仅存朽痕。椁室位于墓室中部，平面呈长方形，椁痕长2.2、宽1.2米。棺位于椁室内南部，平面呈长方形，棺痕长1.09、宽0.48～0.56米。棺内有人骨一具，腐蚀严重，头向东南，仰身直肢，性别、年龄不详。出土随葬品3件，均为陶器，置于椁内棺外北部（图二二六；图版二四，2）。

陶双耳罐　1件。ⅢM4∶3，泥质灰陶。侈口，方唇，束颈，溜肩，肩部有对称牛鼻形双耳，鼓腹，底内凹。上腹部饰竖绳纹，间有数道抹痕，以下饰右斜绳纹。口径13.8、腹径22.8、底径7.8、高24.1厘米（图二二七，1；图版八四，5）。

陶瓮　1件。ⅢM4∶1，泥质灰陶。圆唇，矮领，圆肩，上腹胖鼓，下腹弧收，底内凹。上腹部饰竖绳纹，间有数道宽窄不同的抹痕，以下饰横绳纹，下腹至底部饰交错绳纹。口径20、腹径35.4、底径13、高28厘米（图二二七，3；图版八四，4）。

陶鍪　1件。ⅢM4∶2，夹砂灰陶。侈口，方唇，口内侧有一道凹槽，溜肩，肩部有对称弓形双耳，鼓腹，圜底。颈部饰竖绳纹，并有被抹平的痕迹，肩部饰一周宽带纹，其上饰竖绳

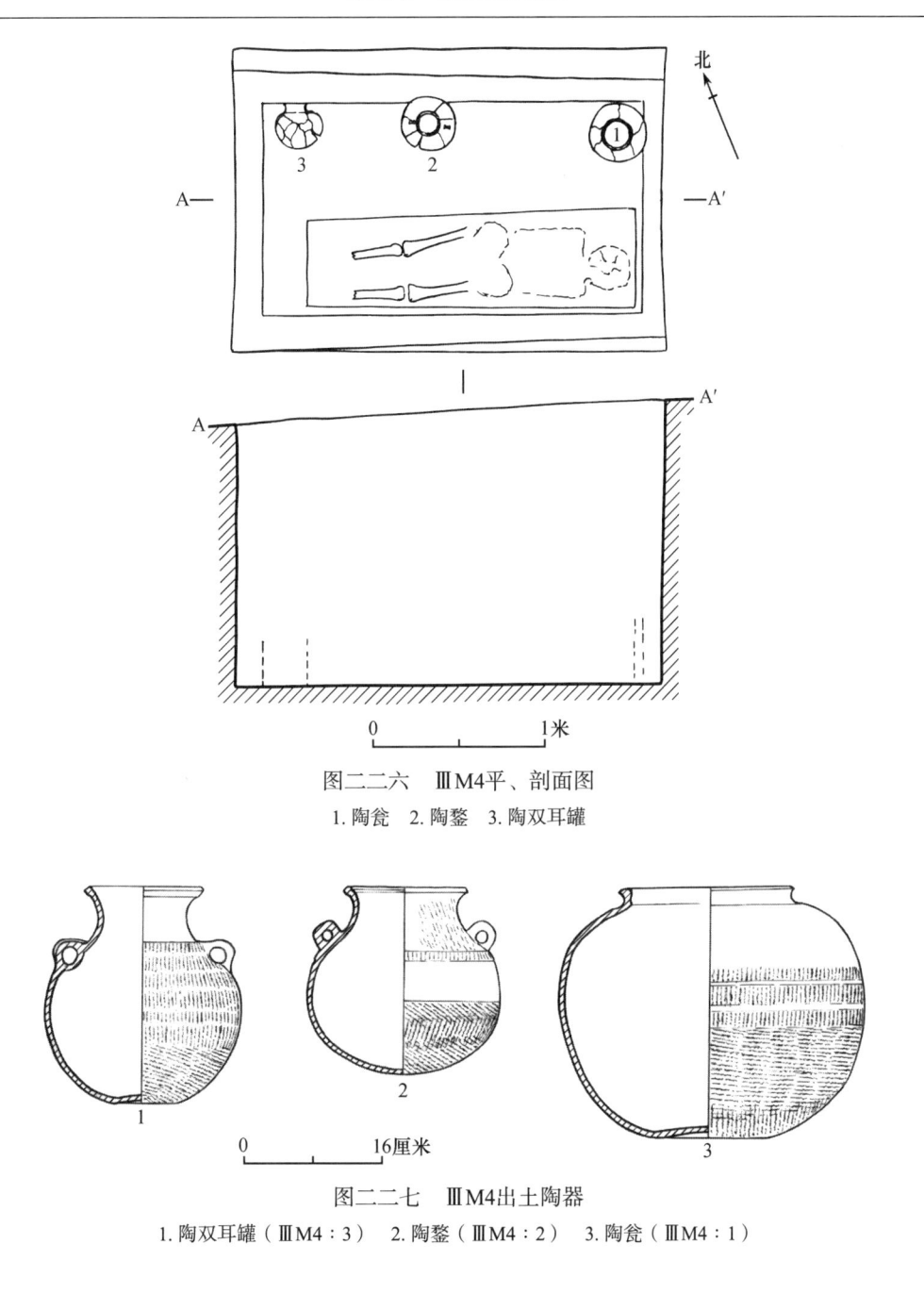

图二二六　ⅢM4平、剖面图
1. 陶瓮　2. 陶鍪　3. 陶双耳罐

图二二七　ⅢM4出土陶器
1. 陶双耳罐（ⅢM4：3）　2. 陶鍪（ⅢM4：2）　3. 陶瓮（ⅢM4：1）

纹，下腹至底部饰交错绳纹并有烟熏的痕迹。口径13.9、腹径21.8、高20.6厘米（图二二七，2；图版八四，6）。

四、ⅢM5

位于Ⅲ区中部。方向115°。长方形竖穴土坑墓，口大底小，南、北斜壁内收，东壁较直，西壁向下渐外张。开口距地表约0.25米，墓口长2.64、宽1.8米，墓底长2.75、宽1.52米，深2.9～3.02米。填土为黄褐色五花土，土质较黏较硬，包含少量石块及板瓦等。葬具为木质单棺单椁，仅存朽痕。椁室位于墓室中部，平面呈"Ⅱ"形，四端顶木外昂，向外伸出约0.1米，椁痕长2.06、宽1米。棺位于椁室内南部，平面呈长方形，棺痕长1.84、宽0.44～0.54米。棺内有人骨一具，腐蚀较严重，仅存部分颅骨、盆骨和肢骨，头向东南，侧身直肢，性别、年龄不详。出土随葬品3件，均为陶器，置于椁内棺外北部（图二二八；图版二五，1）。

陶瓮　1件。ⅢM5：1，泥质灰陶。圆唇，矮领，圆肩，胖鼓腹，底内凹。上腹部饰竖绳纹，间有数道抹痕，以下饰交错绳纹。口径23.6、腹径42.4、底径19.2、高33.2厘米（图二二九，1；图版八五，1）。

陶鍪　1件。ⅢM5：2，夹砂灰陶。侈口，方唇，口内侧有一道凹槽，束颈，溜肩，肩部有对称弓形双耳，鼓腹，圜底。颈部饰竖绳纹，并有被抹平的痕迹，上腹部饰一道凹弦纹，以下饰交错绳纹。口径13.2、腹径22、高20.4厘米（图二二九，2；图版八四，7）。

陶釜　1件。ⅢM5：3，夹砂灰陶。敛口，尖唇，口内侧有一道凹槽，圆肩，鼓腹，圜底。肩至上腹部饰竖绳纹，间有数道抹痕，下腹至底部饰交错绳纹。口径19.6、腹径33.4、高24厘米（图二二九，3；图版八五，2）。

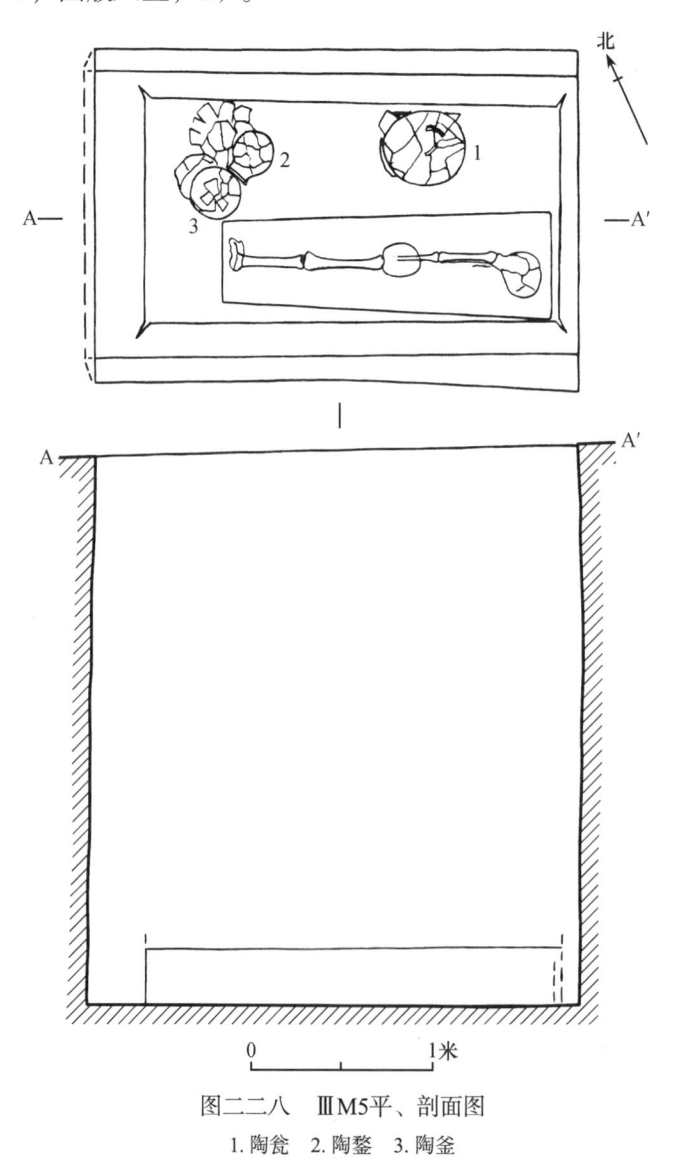

图二二八　ⅢM5平、剖面图
1. 陶瓮　2. 陶鍪　3. 陶釜

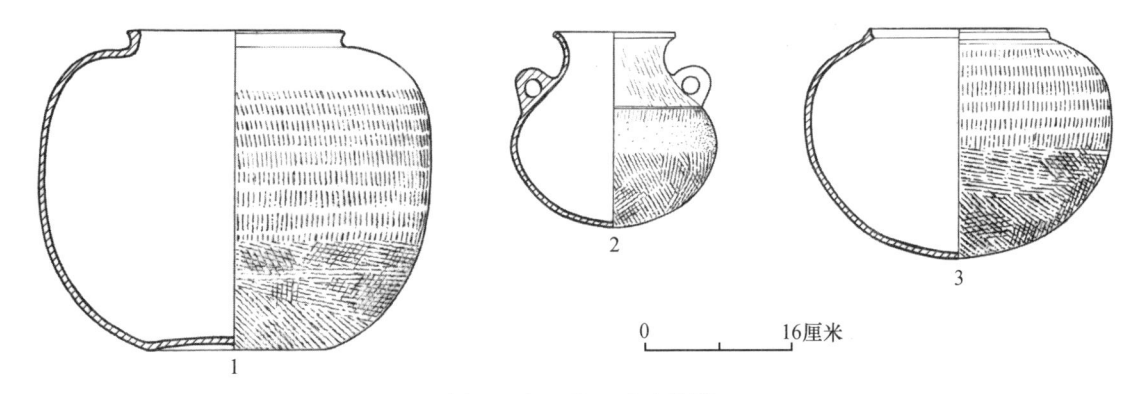

图二二九　ⅢM5出土陶器
1.陶瓮（ⅢM5∶1）　2.陶鍪（ⅢM5∶2）　3.陶釜（ⅢM5∶3）

五、ⅢM6

位于Ⅲ区中部。方向3°。长方形竖穴土坑墓，口大底小，斜直壁内收。开口距地表约0.25米，墓口长2.94、宽2.12米，墓底长2.6、宽1.46米，深1.62～1.8米。填土为红褐色五花土，土质较硬，包含植物根茎、料姜石、河卵石、红烧土颗粒和泥质灰陶片等。陶片器形有板瓦、筒瓦等。葬具为木质单棺单椁，仅存朽痕。椁室位于墓室中部，平面呈长方形，椁痕长2.32、宽1.24～1.46、残高0.1米。棺位于椁室内东部，平面呈长方形，棺痕长2.1、宽0.57～0.7米。棺内不见人骨，头向、葬式、性别与年龄皆不明。出土随葬品8件，均为陶器，置于椁内棺外西部（图二三〇；图版二五，2）。

陶鼎　2件。泥质灰陶。浅弧盘状器盖，盖顶均匀分布有三纽。器身为子口，圆唇，长方形附耳外折撇，长方形耳孔对穿，上腹较直，下腹弧收，圜底，三蹄形足外撇，足根隆起明显。腹部饰一道凸棱。ⅢM6∶2，盖纽为半圆形，带圆形穿孔。器身口径20、腹径23、高20.8厘米，器盖口径22.6、高6.8厘米，通高24.4厘米（图二三一，1；图版八五，5）。ⅢM6∶4，盖纽为倒靴形。器身口径18.8、腹径22.8、高22厘米，器盖口径21.6、高7.2厘米，通高24.8厘米（图二三一，2；图版八五，6）。

陶盒　2件。泥质灰陶。覆碗状器盖，直口，方唇，弧壁，顶近平，浅宽圈足状捉手。器身为子口，圆唇，上腹较直，下腹弧收，圜底，喇叭状圈足。器盖外壁与器身腹部皆饰数道凹弦纹。ⅢM6∶7，器身口径17.4、腹径20.8、底径11.8、高11.4厘米，器盖口径20.6、顶径9.2、高7.8厘米，通高18.4厘米（图二三一，3；图版八六，1）。ⅢM6∶8，器身口径17.5、腹径20.6、底径11.6、高11.4厘米，器盖口径20.2、顶径8.8、高7.3厘米，通高18.4厘米（图二三一，8；图版八六，2）。

陶壶　2件。泥质灰陶。浅弧盘状器盖，盖顶均匀分布有三纽。器身为盘口，方唇，束颈，溜肩，肩部有对称双系兽面铺首衔环，鼓腹，圜底，盘状圈足。肩部和腹部分别饰一周宽带纹。ⅢM6∶1，盖纽为亚腰形。器身口径18.8、腹径31.4、圈足径18.4、高42厘米，器盖口径18.8、高7.6厘米，通高49.6厘米（图二三一，5；图版八五，3）。ⅢM6∶6，盖纽为半环形，带圆形穿孔。器身口径19.2、腹径31.8、圈足径18.6、高42厘米，器盖口径19.2、高7.6厘米，

图二三〇　ⅢM6平、剖面图
1、6. 陶壶　2、4. 陶鼎　3. 陶小壶　5. 陶甗　7、8. 陶盒

通高49.6厘米（图二三一，6；图版八五，4）。

陶甗　1件（套）。ⅢM6：5，泥质灰陶。上甑下釜扣合而成。甑，口部变形，折沿微仰，方唇，弧腹，圜底，底部有六个圆形镂孔，矮圈足。釜，敛口，方唇，圆肩，鼓腹，平底。甑腹部饰一道凹弦纹，釜腹部饰一道较宽凸棱。甑口径20.4、腹径18、圈足径9.6、高10.7厘米，釜口径7.8、腹径18.5、底径10.8、高11.6厘米，通高21.2厘米（图二三一，7；图版八六，3）。

陶小壶　1件。ⅢM6：3，泥质灰陶。口部残，束颈，圆肩，鼓腹，平底。素面。口径10.8、底径6.6、残高7.5厘米（图二三一，4）。

六、ⅢM7

位于Ⅲ区中部偏南。方向355°。长方形竖穴土坑墓，口大底小，西壁有生土二层台，余三壁面斜直内收。开口距地表约0.23米，墓口长3.24、宽2.4～2.84米，墓底长3.1、宽2.04～2.48米，深0.9～1.5米。西壁生土二层台至墓底为直壁，台长3.14、宽0.1～0.38、高0.3米。填土为灰褐色五花土，土质坚硬。葬具为木质单棺单椁，仅存朽痕。椁室位于墓室中部，平面呈长

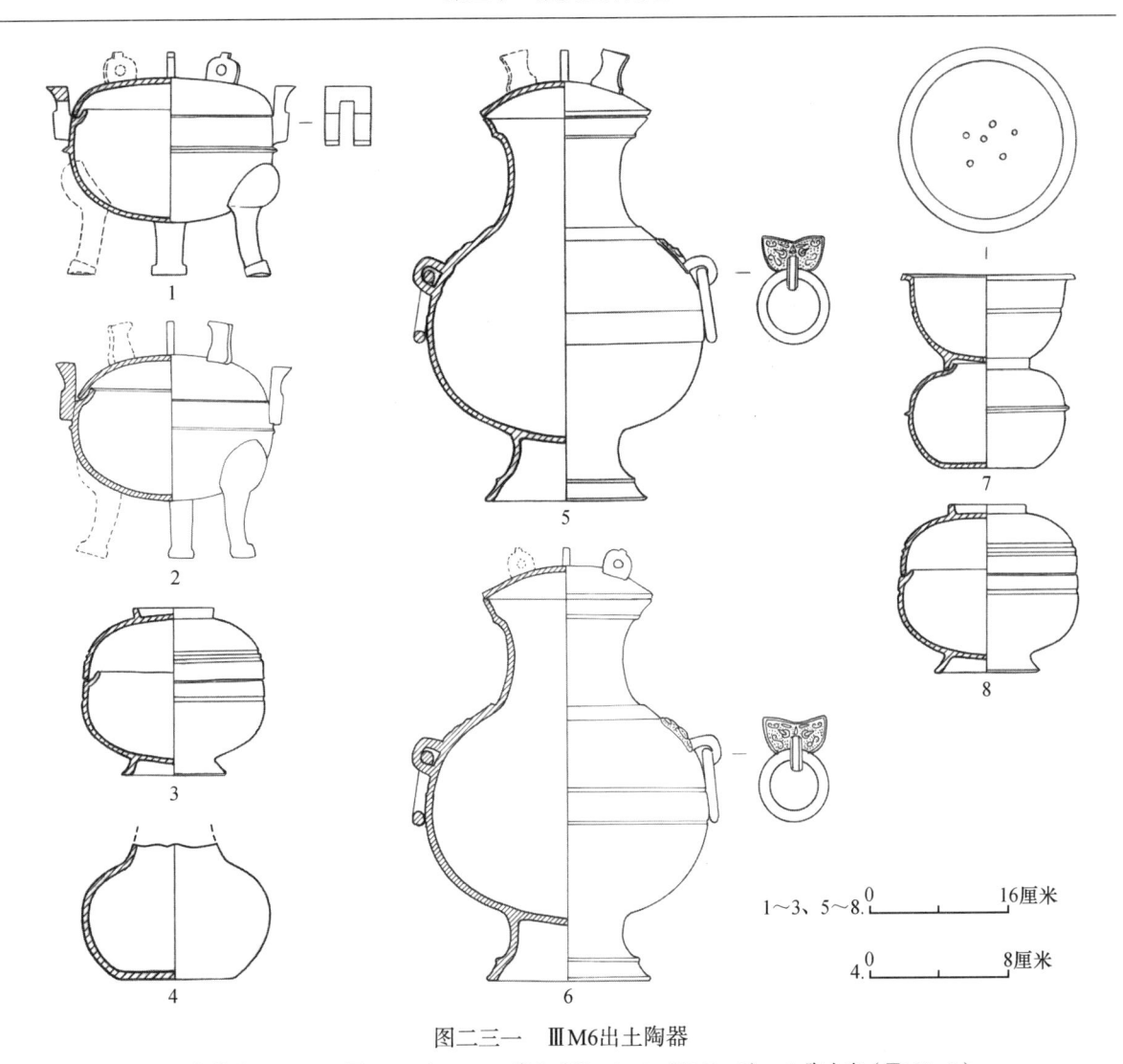

图二三一　ⅢM6出土陶器
1、2. 陶鼎（ⅢM6：2、ⅢM6：4）　3、8. 陶盒（ⅢM6：7、ⅢM6：8）　4. 陶小壶（ⅢM6：3）
5、6. 陶壶（ⅢM6：1、ⅢM6：6）　7. 陶瓿（ⅢM6：5）

方形，椁痕长2.8、宽1.7米。棺位于椁室内东部，平面呈长方形，棺痕长1.9、宽0.4～0.6米。棺内有人骨一具，头向西北，仰身直肢，性别、年龄不详。椁室北部有漆器1件，仅存红色漆皮。出土随葬品10件，其中陶器9件，铁器1件，均置于椁内棺外西部（图二三二）。

陶鼎　2件。泥质灰陶。浅弧盘状器盖。器身为子口，圆唇，长方形附耳外折撇，长方形耳孔对穿，上腹较直，下腹弧收，圜底，三蹄形足外撇。腹部饰一道凸棱。ⅢM7：6，器身口径19.6、腹径25、高22厘米，器盖口径23.6、高5.2厘米，通高23.6厘米（图二三三，5；图版八七，1）。ⅢM7：7，器身口径19.6、腹径24.4、高21厘米，器盖口径23.2、高6.4厘米，通高23.6厘米（图二三三，4；图版八七，2）。

陶盒　2件。泥质灰陶。覆碗状器盖，浅宽圈足状捉手。器身为子口，圆唇，弧腹，圜底近平，喇叭状圈足。器盖外壁与器身腹部皆饰数道凹弦纹。ⅢM7：2，器身口径18.4、腹径22、底径11.9、高10.6厘米，器盖口径21.6、顶径9.6、高8厘米，通高17.6厘米（图二三三，6；图版八七，3）。ⅢM7：3，器身口径18.4、腹径22、底径12.8、高10.4厘米，器盖口径21.2、

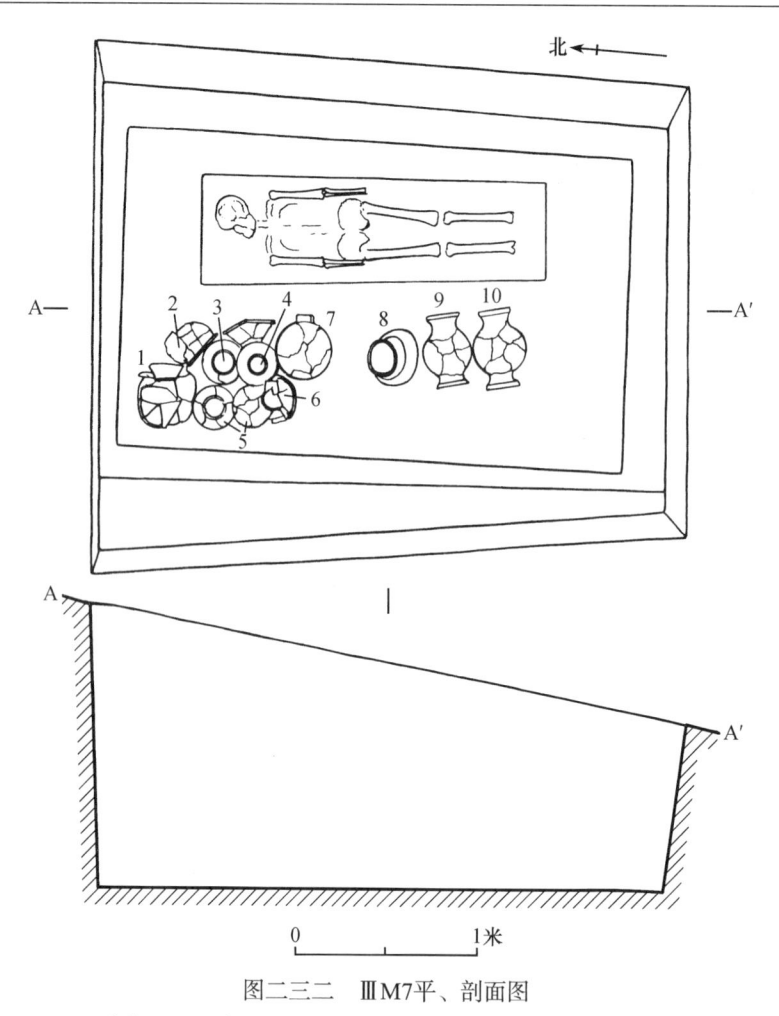

图二三二　ⅢM7平、剖面图
1.陶瓮　2、3.陶盒　4、5.陶甑　6、7.陶鼎　8.铁釜　9、10.陶壶

顶径9.7、高8.4厘米，通高17.6厘米（图二三三，3；图版八七，4）。

陶壶　2件。泥质灰陶。浅弧盘状器盖。器身为盘口，方唇，束颈，溜肩，肩部有对称双系兽面铺首衔环，鼓腹，圜底，盘状圈足。肩部及腹部分别饰一周宽带纹。ⅢM7：9，下腹部饰交错绳纹。器身口径18.8、腹径31.5、圈足径18.2、高38厘米，器盖口径18.8、高11.6厘米，通高43.4厘米（图二三三，1；图版八六，6）。ⅢM7：10，器身口径19.4、腹径32.5、圈足径17、高40厘米，器盖口径19.2、高5.2厘米，通高45.4厘米（图二三三，2；图版八六，5）。

陶甑　2件（套）。泥质灰陶。上甑下釜扣合而成。甑，折沿微仰，方唇，敞口，上腹较斜直，下腹弧收，平底，底部有五个圆形镂孔，矮圈足。釜，直口微敛，方唇，溜肩，鼓腹，平底微内凹。釜腹部皆饰一道较宽凸棱。ⅢM7：4，甑中腹部饰一道折棱，下腹部饰两道较浅凹弦纹。甑口径21.9、腹径19、圈足径10.2、高10.9厘米，釜口径6.4、腹径19.5、底径8.5、高12.5厘米，通高21.8厘米（图二三三，9；图版八七，5）。ⅢM7：5，甑中腹部饰一道凹弦纹。甑口径20.2、腹径18.3、圈足径10、高10厘米，釜口径9.9、腹径19.3、底径10.3、高10.4厘米，通高20.4厘米（图二三三，8；图版八七，6）。

陶瓮　1件。ⅢM7：1，泥质灰陶。直口，圆唇，矮领微束，圆肩，胖垂腹，圜底近平。

图二三三　ⅢM7出土陶器

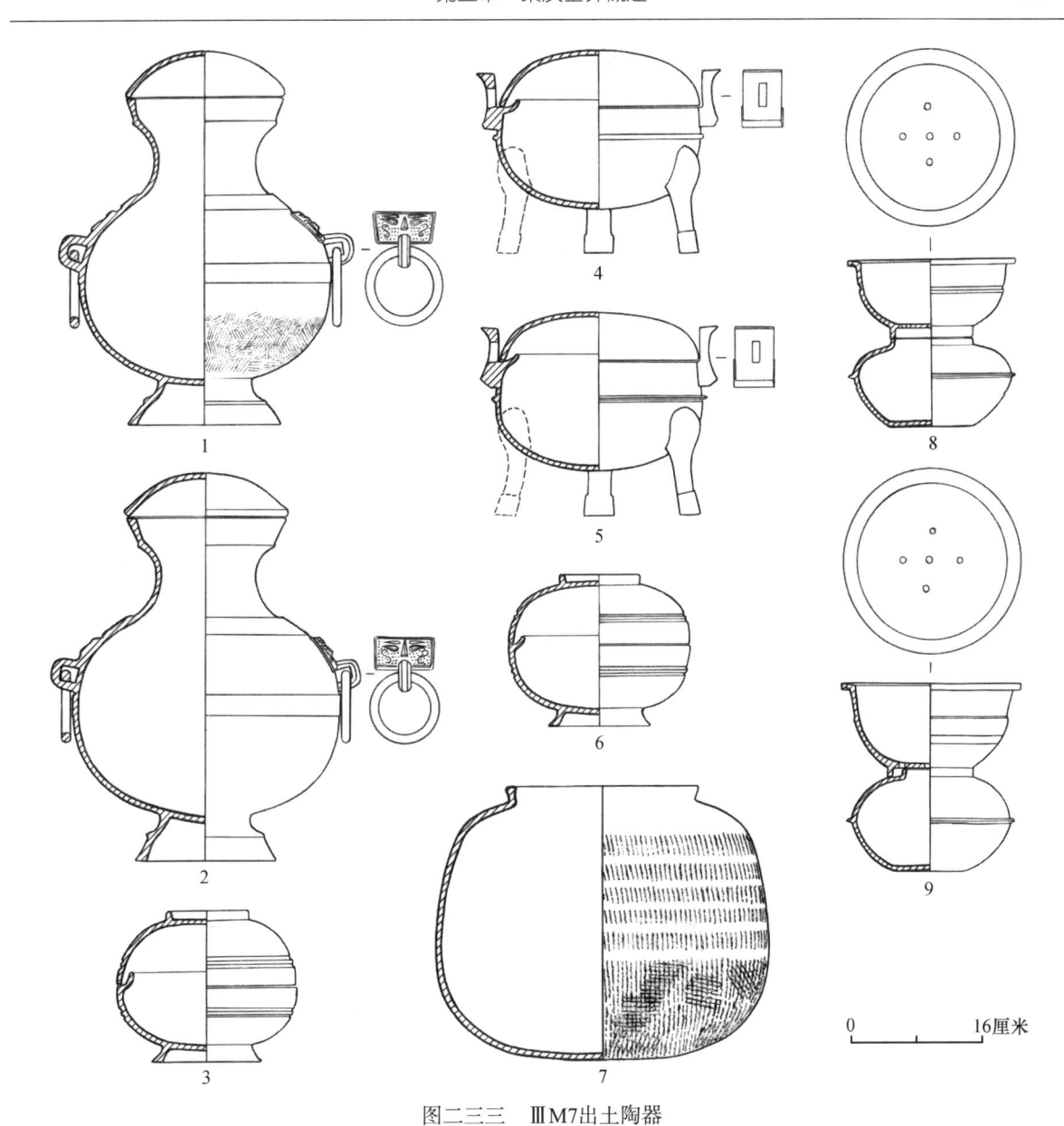

1、2.陶壶（ⅢM7：9、ⅢM7：10）　3、6.陶盒（ⅢM7：3、ⅢM7：2）　4、5.陶鼎（ⅢM7：7、ⅢM7：6）
7.陶瓮（ⅢM7：1）　8、9.陶甗（ⅢM7：5、ⅢM7：4）

上腹部饰竖绳纹，间有数道抹痕，以下饰交错绳纹。口径23.1、腹径40.4、高34厘米（图二三三，7；图版八六，4）。

铁釜　1件。ⅢM7：8，腐蚀严重，不可复原。

七、ⅢM8

位于Ⅲ区中部。方向117°。长方形竖穴土坑墓，口大底小，斜直壁内收。开口距地表约0.25米，墓口长3、宽2.14米，墓底长2.8、宽1.8米，深2.86～2.96米。填土为黄褐色五花土。葬具为木质单棺单椁，仅存朽痕。椁室位于墓室中部，平面呈长方形，椁痕长2.5、宽1.32、残高0.2米。棺位于椁室内北部，平面呈长方形，棺痕长2.1、宽0.52～0.58米。棺板上原有黑漆，已脱落。棺内有人骨一具，腐蚀严重，仅存部分骨屑，可判断头向东南，仰身直肢，性别、年龄不详。出土随葬品10件，均为陶器，置于椁内棺外东南部和东部（图二三四；图版二六，1）。

陶鼎　2件。泥质灰陶。器身为子口，圆唇，耳残缺，深弧腹，底残，三足残。腹部饰一道较宽凸棱。ⅢM8∶4，失盖。器身口径15.6、腹径21.7、残高14.2厘米（图二三五，1）。ⅢM8∶5，覆碗状器盖，浅窄圈足状捉手。器身口径15.2、腹径21.6、残高9.2厘米，器盖口径19.8、底径7、高6.8厘米，通体残高14.5厘米（图二三五，2）。

陶盒　2件。泥质灰陶。覆碗状器盖，浅宽圈足状捉手。器身为子口，圆唇，弧腹，平底微内凹。素面。ⅢM8∶6，器身口径17.2、腹径17.4、底径6.8、高8.8厘米，器盖口径17.6、顶径8.2、高8.2厘米，通高16.15厘米（图二三五，8；图版八八，3）。ⅢM8∶7，器身口径15、腹径18.5、底径7.2、高10厘米，器盖口径21.6、顶径9、高8.2厘米，通高18.2厘米（图

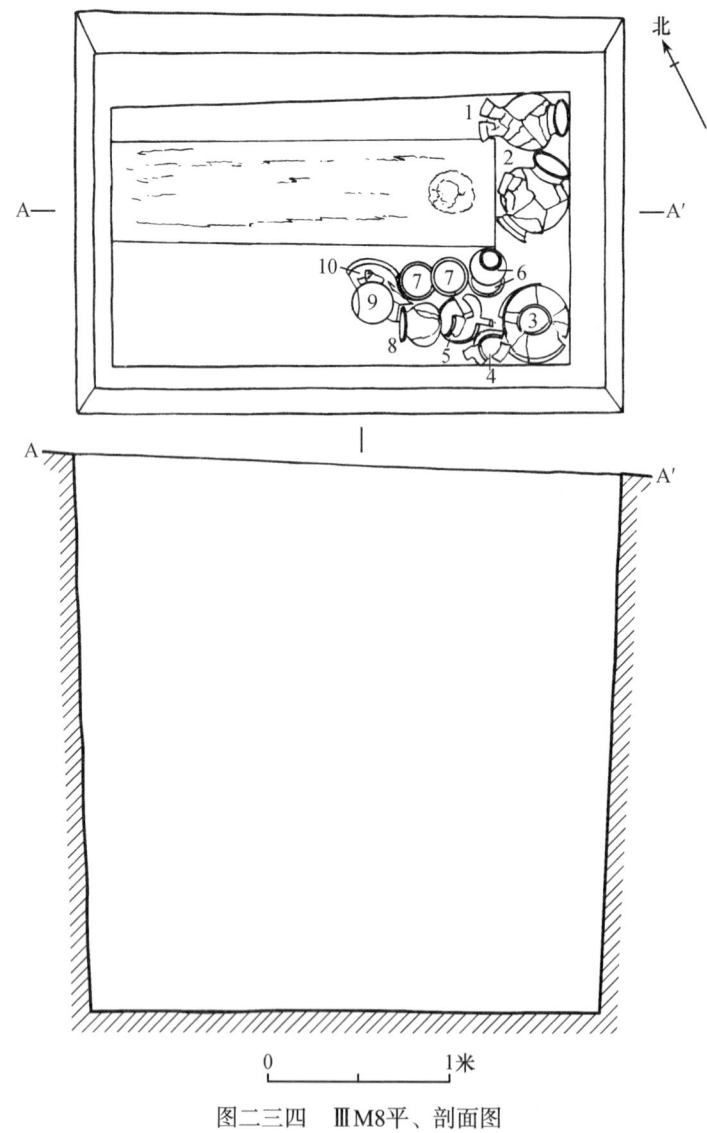

图二三四　ⅢM8平、剖面图
1、2.陶壶　3.陶瓮　4、5.陶鼎　6、7.陶盒　8.陶鍪　9.陶罐　10.陶盆

图二三五　ⅢM8出土陶器

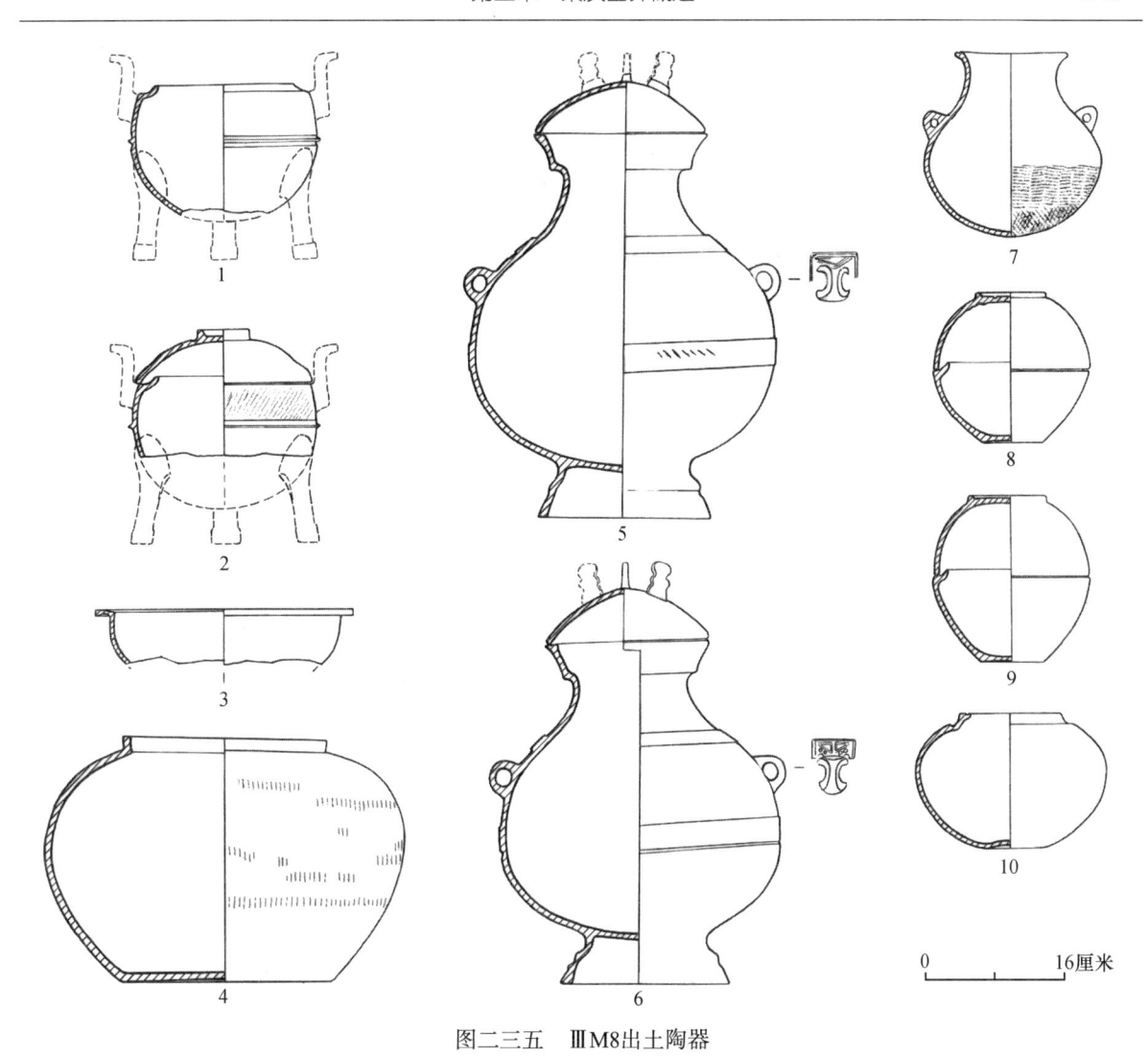

1、2. 陶鼎（ⅢM8：4、ⅢM8：5）　3. 陶盆（ⅢM8：10）　4. 陶瓮（ⅢM8：3）　5、6. 陶壶（ⅢM8：1、ⅢM8：2）
7. 陶鍪（ⅢM8：8）　8、9. 陶盒（ⅢM8：6、ⅢM8：7）　10. 陶罐（ⅢM8：9）

二三五，9；图版八八，4）。

陶壶　2件。泥质灰陶。浅弧盘状器盖，盖顶均匀分布有三纽。器身为深盘口，方唇，束颈，溜肩，肩部有对称双系极浅三角纹或兽面铺首，鼓腹微下垂，喇叭状圈足外撇。肩部及腹部分别饰一周宽带纹。ⅢM8：1，盖纽残，腹部宽带纹上有数道右斜短绳纹。器身口径19.8、腹径35、圈足径19.5、高42.4厘米，器盖口径19.2、高5.8厘米，通高48.2厘米（图二三五，5；图版八八，5）。ⅢM8：2，盖纽为"亞"形。器身口径18.6、腹径32、圈足径18.6、高38厘米，器盖口径18.6、高8.4厘米，通高46.35厘米（图二三五，6；图版八八，6）。

陶瓮　1件。ⅢM8：3，泥质灰陶。直口，圆唇，矮领，圆肩，鼓腹，平底。腹部饰竖绳纹，较模糊。口径23.4、腹径41.2、底径24.8、高27.2厘米（图二三五，4；图版八八，1）。

陶罐　1件。ⅢM8：9，泥质灰陶。敛口，圆唇，唇面有一道凹槽，矮领，圆肩，上腹较鼓，下腹弧收，底内凹。素面。口径11.8、腹径22.5、底径7、高15厘米（图二三五，10；图版八八，2）。

陶鍪　1件。ⅢM8：8，泥质灰陶。侈口，圆唇，口内侧有一道凹槽，束颈，溜肩，肩部有对称弓形双耳，鼓腹，圜底。下腹部饰横绳纹，以下饰交错绳纹。口径12.8、腹径20.6、高20.2厘米（图二三五，7；图版八九，1）。

陶盆　1件。ⅢM8：10，泥质灰陶。平折沿，方唇，弧腹，下腹残。素面。口径29.4、残高6厘米（图二三五，3）。

八、ⅢM9

位于Ⅲ区中部。方向90°。长方形竖穴土坑墓，略口大底小，斜直壁内收。开口距地表约0.23米，墓口长3.4、宽2.3米，墓底长3.26、宽1.84米，深3.9～4.2米。墓壁留有工具加工后的条带状痕迹，宽0.18、进深0.02米。填土为黄褐色五花土。葬具为木质单棺单椁，仅存朽痕。椁室位于墓室中部，平面呈"Ⅱ"形，四端顶木平直，向外伸出约0.06米，椁痕长2.86、宽1.54、残高0.8米。椁室底部有纵向垫木痕迹，呈长方形，宽0.1、残高0.08米，伸入墓壁0.1米，两垫木相距0.9米。棺位于椁室内西南部，平面呈长方形，棺痕长2、宽0.6～0.8米。棺内不见人骨，头向、葬式、性别与年龄均不明。出土随葬品9件，均为陶器，置于椁内棺外西北角和东南角（图二三六；图版二六，2）。

陶鼎　2件。泥质灰陶。浅弧盘状器盖，盖顶均匀分布有三个半环纽，中间有三角形穿孔。器身为子口，方唇，长方形附耳外折撇，长方形耳孔对穿，耳较轻薄，弧腹，圜底，三蹄形足外撇。腹部饰一道凸棱。ⅢM9：3，器盖表面有轮制留下的旋纹痕迹。器身口径20.2、腹径25.4、高22厘米，器盖口径25.2、高7.6厘米，通高24.8厘米（图二三七，2；彩版二二，2）。ⅢM9：4，器身口径20.3、腹径25.3、高22厘米，器盖口径25.3、高7.6厘米，通高24.8厘米（图二三七，1；图版八九，5）。

陶盒　2件。泥质灰陶。覆碗状器盖，窄圈足状捉手。器身为子口，弧腹，圜底近平，矮圈足。腹部饰数道凹弦纹。ⅢM9：1，器身圈足较高且外撇。器盖外壁饰数道凹弦纹。器身口径17.9、腹径21.4、底径12.2、高10.4厘米，器盖口径21.2、顶径10.1、高7.8厘米，通高17.4厘米（图二三七，7；图版九〇，1）。ⅢM9：2，器身圈足较矮且内敛。器身口径17.2、腹径20.2、底径9.8、高9.4厘米，器盖口径20、顶径6.2、高7厘米，通高15.8厘米（图二三七，6；图版九〇，2）。

陶壶　2件。泥质灰陶。浅弧盘状器盖，盖顶均匀分布有三个纽。器身为盘口，方唇，束颈，溜肩，肩部有对称双系兽面铺首，鼓腹，圜底，盘状圈足。肩部及腹部分别饰一周宽带纹。ⅢM9：7，倒靴形盖纽，器身肩部双系衔环。器身口径19.8、腹径34.5、圈足径21.5、高43厘米，器盖口径18.8、高7厘米，通高50厘米（图二三七，4；图版八九，3）。ⅢM9：8，亚腰形盖纽。器身口径19.6、腹径33.4、圈足径19.8、高43.8厘米，器盖口径19.7、高6.8厘米，通高50.6厘米（图二三七，3；图版八九，4）。

陶甗　1件（套）。ⅢM9：5，泥质灰陶。上甑下釜扣合而成。甑，平折沿，方唇，唇面有一道凹槽，弧腹，平底，底部有五个圆形镂孔，圈足。釜，直口微敛，方唇，矮领，圆肩，

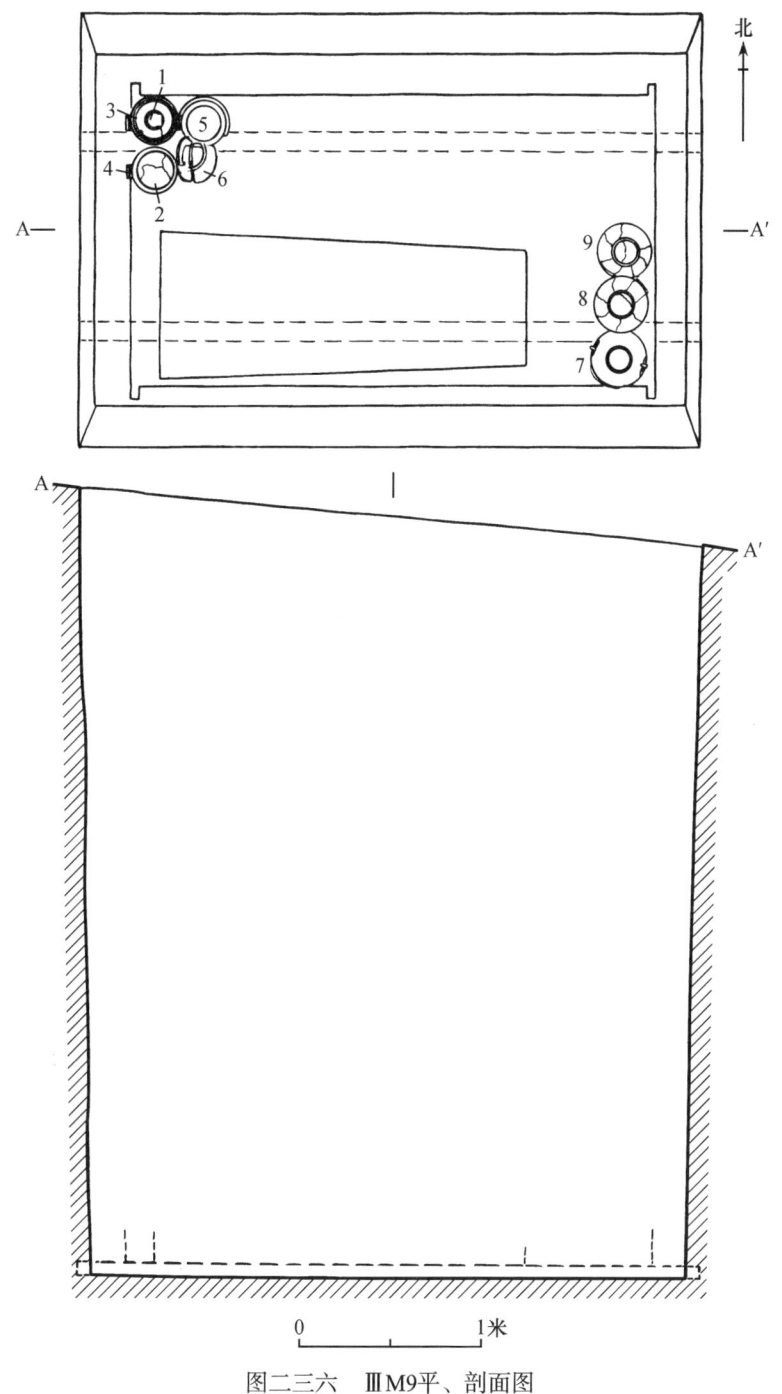

图二三六　ⅢM9平、剖面图
1、2.陶盒　3、4.陶鼎　5.陶甗　6.陶鍪　7、8.陶壶　9.陶瓮

肩部有对称双系兽面铺首，鼓腹，底内凹。甑腹部饰一道折棱，釜肩部上端饰一周宽带纹，腹部饰一道较宽凸棱。甑口径24.9、腹径21、圈足径11.9、高9.6厘米，釜口径11.8、腹径28.5、底径10.5、高17.9厘米，通高27.5厘米（图二三七，5；图版九〇，3）。

陶鍪　1件。ⅢM9：6，夹砂灰陶。侈口，圆唇，束颈，溜肩，肩部有对称弓形双耳，鼓腹，圜底。颈部及肩部饰数道凹弦纹但不甚清晰，肩部饰竖绳纹，下腹至底部饰交错绳纹。口

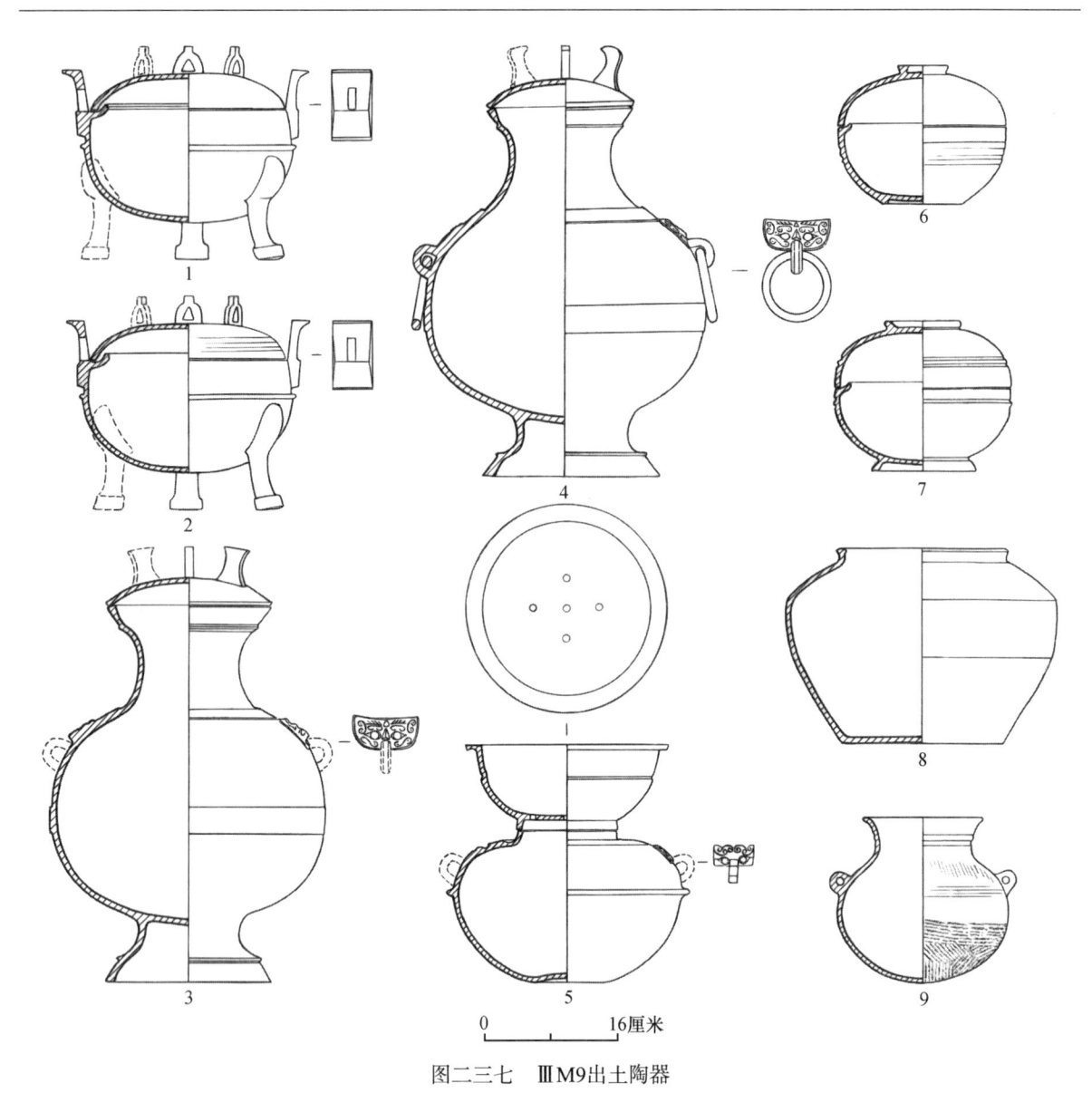

图二三七　ⅢM9出土陶器
1、2. 陶鼎（ⅢM9：4、ⅢM9：3）　3、4. 陶壶（ⅢM9：8、ⅢM9：7）　5. 陶甗（ⅢM9：5）
6、7. 陶盒（ⅢM9：2、ⅢM9：1）　8. 陶瓮（ⅢM9：9）　9. 陶鍪（ⅢM9：6）

径14.5、腹径21、高19.3厘米（图二三七，9；图版八九，2）。

陶瓮　1件。ⅢM9：9，泥质灰陶。微敛口，圆唇，矮领，折肩，上腹较鼓，下腹弧收，平底。素面。口径21、腹径32.6、底径19.2、高22.8厘米（图二三七，8；图版八九，6）。

九、ⅢM10

位于Ⅲ区中部。方向95°。长方形竖穴土坑墓，口大底小，西壁开口处呈外弧形，四壁斜直内收。开口距地表约0.24米，墓口长4、宽2.4米，墓底长3.8、宽2米，深3.5~3.8米。填土为黄褐色五花土，土质坚硬，包含有鹅卵石。墓壁留有工具加工后的条带状痕迹，宽0.2、进深

0.02米。墓底铺有一层稀疏的鹅卵石。葬具为木质单棺单椁，仅存朽痕。椁室位于墓室中部，平面呈"Ⅱ"形，四端顶木平直，向外伸出约0.1米，椁痕长3.3、宽1.4米。棺位于椁室内偏西南部，平面呈长方形，长1.8、宽0.48~0.56米。椁内东端有红色漆皮，应为棺椁装饰脱落的痕迹。棺内有人骨一具，头向东南，仰身直肢，性别、年龄不详。椁内西北侧有圆形漆器1件，仅存红色漆皮。出土随葬品14件，其中陶器13件，置于椁内棺外西北部和东南角，有1件陶盆的具体位置已不详，铁削刀1件，置于棺内墓主人头部右侧（图二三八；彩版一四，2）。

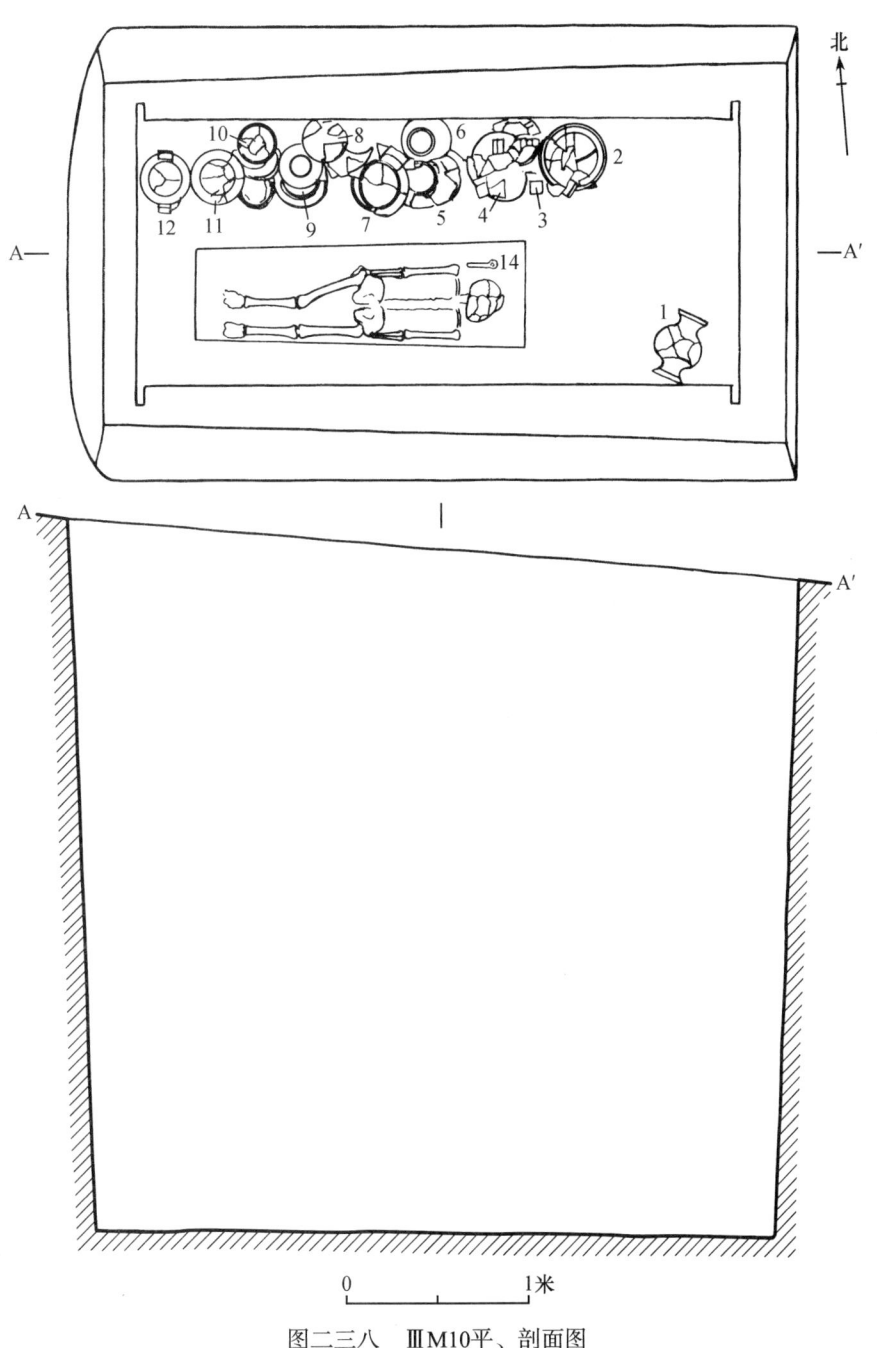

图二三八　ⅢM10平、剖面图
1、4.陶壶　2.陶瓮　3、6.陶鍪　5.陶蒜头壶　7.陶釜　8.陶甑　9、10.陶盒　11、12.陶鼎
13.陶盆（位置不详）　14.铁削刀

陶鼎 2件。浅弧盘状器盖。器身为子口，长方形附耳外折撇，耳较厚重，长方形耳孔对穿，弧腹，圜底，三蹄形足。腹部饰一道凸棱。ⅢM10：11，泥质灰陶。器身圆唇，三足外撇。器身口径18.3、腹径22、高21.4厘米，器盖口径21.4、高5厘米，通高21.4厘米（图二三九，5；图版九一，3）。ⅢM10：12，夹砂灰陶。盖顶留有三个圆形纽孔。器身方唇，三足较直。器身口径18.4、腹径24.4、高22.5厘米，器盖口径22.6、高4厘米，通高22.5厘米（图二三九，1；图版九一，4）。

陶盒 2件。泥质灰陶。覆碗状器盖，浅宽圈足状捉手。器身为子口，圆唇，弧腹，平底微内凹。器盖外壁与器身腹部皆饰数道凹弦纹。ⅢM10：9，器身口径18.4、腹径22、底径8.9、高9.8厘米，器盖口径21.6、顶径10.1、高9.2厘米，通高18.4厘米（图二三九，10；图版九一，5）。ⅢM10：10，器身口径15.2、腹径17.8、底径9.8、高7.4厘米，器盖口径17.8、顶径9.2、高7.2厘米，通高14.2厘米（图二三九，9；图版九一，6）。

陶壶 2件。泥质灰陶。浅弧盘状器盖，子口。器身为盘口，方唇，束颈，溜肩，肩部有对称双系兽面铺首衔环，鼓腹，圜底，盘状圈足。肩部饰一周宽带纹。ⅢM10：1，盖顶均匀分布有三个简化立鸟形纽。圈足下端饰竖绳纹。器身口径20.3、腹径33.8、圈足径20.4、高39.6厘米，器盖口径23.2、高8.6厘米，通高46.6厘米（图二三九，6；图版九一，1）。ⅢM10：4，盖纽残。腹部饰两道凹弦纹。器身口径20.7、腹径34.6、圈足径20、高40厘米，器盖口径23、高4.4厘米，通体残高44厘米（图二三九，3；图版九一，2）。

陶鍪 2件。夹砂灰陶。侈口，圆唇，束颈，溜肩，鼓腹。ⅢM10：3，耳、下腹及底部残。口径10.9、残高8.5厘米（图二三九，12）。ⅢM10：6，肩部有对称弓形双耳，圜底。下腹部饰右斜绳纹。口径12.2、腹径20、高17.9厘米（图二三九，13）。

陶瓮 1件。ⅢM10：2，泥质灰陶。直口，圆唇，矮领，折肩，上腹较鼓，下腹弧收，平底。腹部饰数道凹弦纹，间有三周竖绳纹，并有多道轮制留下的旋纹痕迹。口径20、腹径38、底径20.8、高26.4厘米（图二三九，8；图版九〇，6）。

陶蒜头壶 1件。ⅢM10：5，泥质灰陶。直口微敛，圆唇，蒜头状，细长颈微束，溜肩，扁鼓腹，平底，矮圈足。颈部饰两道箍棱。口径4.2、腹径21.3、底径12.8、高27.2厘米（图二三九，11；彩版三〇，1）。

陶釜 1件。ⅢM10：7，夹砂灰陶。敛口，圆唇，溜肩，鼓腹，圜底。上腹部饰竖绳纹，间有一道抹痕，以下饰交错绳纹。口径21.6、腹径33.5、高24.2厘米（图二三九，4；图版九〇，5）。

陶甑 1件。ⅢM10：8，泥质灰陶。平折沿，方唇，微束颈，弧腹，平底微内凹，底部有五个圆形镂孔。颈部饰两道凸棱，上腹部饰一周竖绳纹，下腹部饰右斜绳纹。口径33.2、腹径30.5、底径12、高15.5厘米（图二三九，7；图版九二，1）。

陶盆 1件。ⅢM10：13，泥质灰陶。平折沿，方唇，微束颈，弧腹，平底。颈部饰一道凸棱与少量短竖绳纹，腹部饰竖绳纹。口径35.6、腹径32、底径16.9、高13.8厘米（图二三九，2；图版九二，2）。

铁削刀 1件。ⅢM10：14，环首。腐蚀严重，无法复原。

第二章　秦汉墓葬概述 ·219·

图二三九　ⅢM10出土陶器
1、5. 陶鼎（ⅢM10：12、ⅢM10：11）　2. 陶盆（ⅢM10：13）　3、6. 陶壶（ⅢM10：4、ⅢM10：1）
4. 陶釜（ⅢM10：7）　7. 陶甑（ⅢM10：8）　8. 陶瓮（ⅢM10：2）　9、10. 陶盒（ⅢM10：10、ⅢM10：9）
11. 陶蒜头壶（ⅢM10：5）　12、13. 陶鍪（ⅢM10：3、ⅢM10：6）

十、ⅢM11

位于Ⅲ区中部偏北。方向10°。长方形竖穴土坑墓，口大底小，东、西、北直壁，南壁斜直内收。开口距地表约0.25米，墓口长2.54、宽1.6米，墓底长2.48、宽1.24米，深0.2～0.86米。填土为红褐色五花土。葬具为木质单棺单椁，仅存朽痕。椁室位于墓室中部偏南，平面呈长方形，椁痕长2.02、宽1.24、残高0.14米，椁板痕厚0.04米。棺位于椁室内西部，平面呈长方形，棺痕长1.9、宽0.52～0.6米。棺内有人骨一具，腐蚀较严重，头向东北，仰身直肢，性别、年龄不详。出土随葬品5件，均为陶器，置于椁内棺外东部，南北排列（图二四○；图版二七，1）。

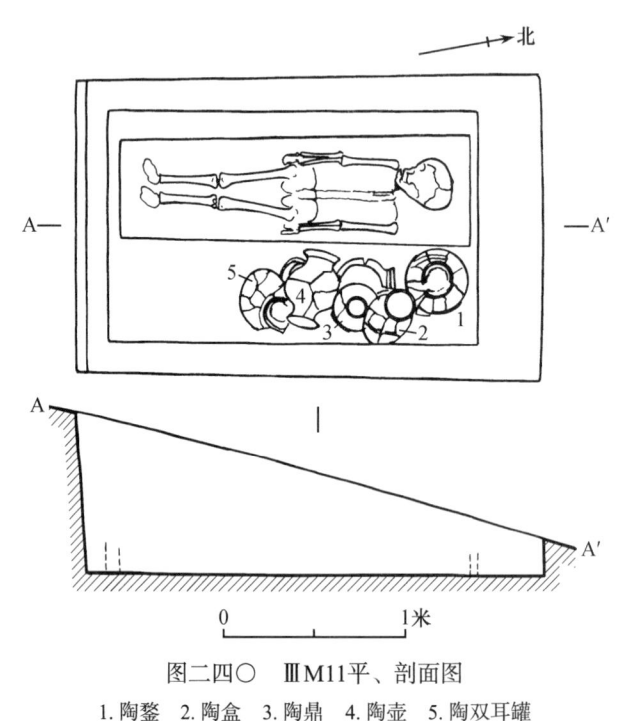

图二四○ ⅢM11平、剖面图
1.陶鍪 2.陶盒 3.陶鼎 4.陶壶 5.陶双耳罐

陶鼎 1件。ⅢM11：3，泥质灰陶。浅弧盘状器盖，盖顶有半环形纽衔环。器身为子口，方唇，长方形附耳外折撇，耳较轻薄，长方形耳孔对穿，上腹较直，下腹弧收，腹部较浅，平底微内凹，三蹄形足较矮，微外撇。盖缘饰一道凹弦纹，器身腹部饰一道凸棱。器身口径21.4、腹径26.2、底径18.5、高20.5厘米，器盖口径24.1、高7厘米，通高23.7厘米（图二四一，4；图版九二，5）。

陶盒 1件。ⅢM11：2，泥质灰陶。覆碗状器盖，浅宽圈足状捉手。器身为子口，方唇，弧腹，圜底，圈足。器盖外壁与器身腹部皆饰数道凹弦纹。器身口径17.2、腹径21、底径11.4、高9厘米，器盖口径21、顶径9.8、高7厘米，通高15.2厘米（图二四一，2；图版九二，6）。

陶壶 1件。ⅢM11：4，泥质灰陶。浅弧盘状器盖，盖顶均匀分布有三个亚腰形纽。器身为盘口，方唇，束颈，溜肩，肩部有对称双系兽面铺首衔环，鼓腹，圜底，喇叭状圈足。肩部

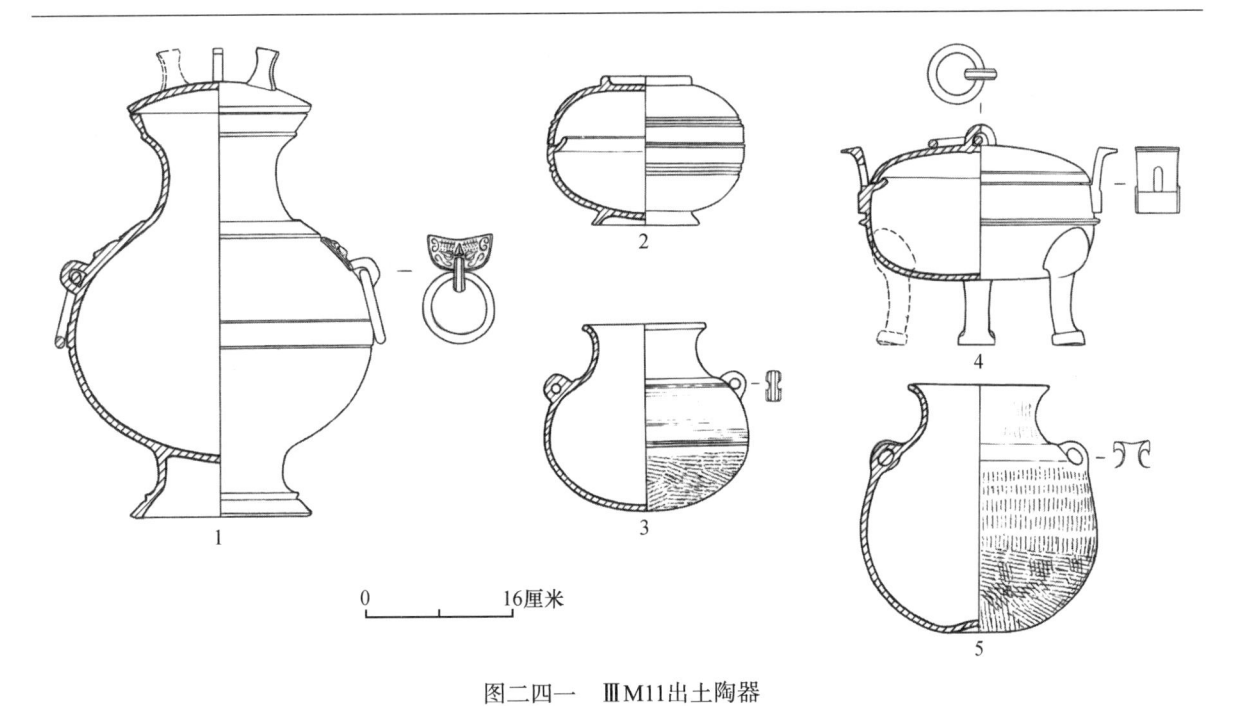

图二四一 ⅢM11出土陶器
1.陶壶（ⅢM11：4） 2.陶盒（ⅢM11：2） 3.陶鍪（ⅢM11：1） 4.陶鼎（ⅢM11：3） 5.陶双耳罐（ⅢM11：5）

及腹部分别饰一周宽带纹，圈足外壁饰一道凸棱。器身口径19.2、腹径33.5、圈足径19.8、高43厘米，器盖口径19.6、高6.5厘米，通高49.5厘米（图二四一，1；图版九三，1）。

陶双耳罐 1件。ⅢM11：5，泥质灰陶。侈口，圆唇，束颈，溜肩，肩部有对称牛鼻形双耳，鼓腹，底内凹。颈部饰竖绳纹并有被抹平的痕迹，肩部饰两道凹弦纹，上腹部饰竖绳纹间有数道抹痕，以下饰交错绳纹。口径15.4、腹径26.5、底径8、高25.6厘米（图二四一，5；图版九二，4）。

陶鍪 1件。ⅢM11：1，夹砂灰陶。侈口，圆唇，束颈，溜肩，肩部有对称弓形双耳，鼓腹，圜底。肩部及中腹部饰数道凹弦纹，以下饰交错绳纹。口径13.3、腹径22.5、高19.7厘米（图二四一，3；图版九二，3）。

十一、ⅢM12

位于Ⅲ区中部偏北。方向100°。长方形竖穴土坑墓，口大底小，西、南、北三壁斜直内收，东壁向下渐外张，底部西深东浅。开口距地表约0.24米，墓口长3.14、宽2.54米，墓底长2.74、宽2.1米，深1.5~2米。填土为黄褐色五花土，土质较硬，包含石块和少量陶片。陶片有泥质灰陶和夹砂灰陶，可辨器形有板瓦、筒瓦、罐等。葬具为木质单棺单椁，仅存朽痕。椁室位于墓室中部，平面呈长方形，椁痕长2.42、宽1.82、残高0.3米。棺位于椁室内南部，平面呈长方形，棺痕长1.8、宽0.6米。棺内有人骨一具，腐蚀严重，头向东南，仰身直肢，性别、年龄不详。出土随葬品7件，均为陶器，置于椁内棺外北部（图二四二）。

陶鼎 2件。泥质灰陶。浅弧盘状器盖。器身为子口，方唇，长方形附耳外折撇，耳较轻

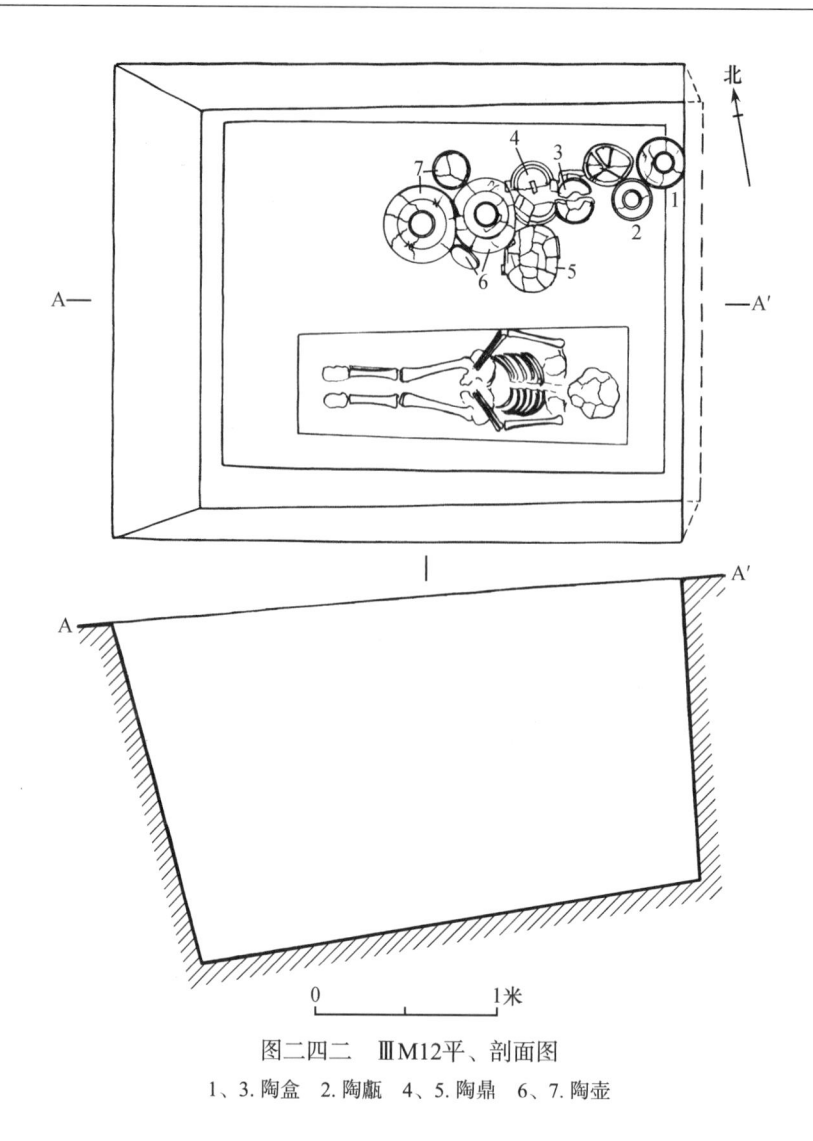

图二四二　ⅢM12平、剖面图
1、3.陶盒　2.陶甑　4、5.陶鼎　6、7.陶壶

薄，长方形耳孔对穿，弧腹，圜底，三蹄形足。腹部饰一道凸棱。ⅢM12：4，盖顶均匀分布有三个半环纽，中间有三角形穿孔。器身口径20.4、腹径26.7、高22.4厘米，器盖口径23.7、高7.4厘米，通高25.4厘米（图二四三，6；图版九三，5）。ⅢM12：5，纽无存。器身口径20.6、腹径26.6、高23.4厘米，器盖口径23.2、高7.2厘米，通高22.4厘米（图二四三，1；图版九三，6）。

陶盒　2件。泥质灰陶。覆碗状器盖，浅宽圈足状捉手。器身为子口，方唇，弧腹，圜底，圈足。器盖外壁器身腹部皆饰数道凹弦纹。ⅢM12：1，器身口径17.8、腹径20.4、底径11.4、高9.2厘米，器盖口径20.4、顶径10.6、高7.4厘米，通高16厘米（图二四三，4；图版九三，3）。ⅢM12：3，器身口径17.6、腹径20.6、底径11.2、高9.8厘米，器盖口径20.4、顶径10、高8.2厘米，通高17.4厘米（图二四三，5；图版九三，4）。

陶壶　2件。泥质灰陶。浅弧盘状器盖，盖顶均匀分布有三个倒靴形纽。器身为盘口，方唇，束颈，溜肩，肩部有对称双系兽面铺首，鼓腹，圜底近平，盘状圈足。肩部及腹部分别饰一周宽带纹。ⅢM12：6，器身口径19.4、腹径35.6、圈足径20.6、高45厘米，器盖口径20.6、高8厘米，通高53厘米（图二四三，2；图版九三，2）。ⅢM12：7，肩部有双衔环，下腹残，

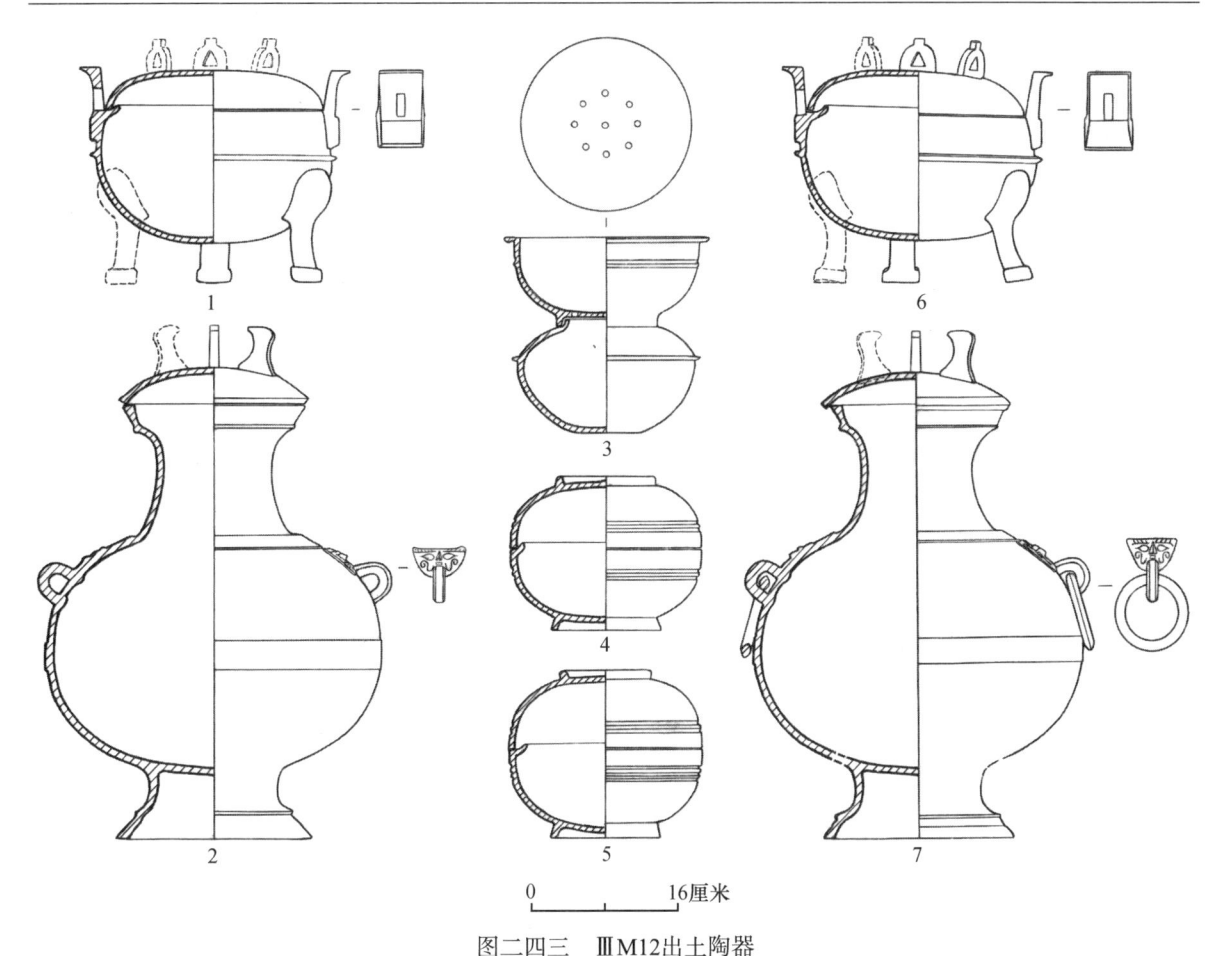

图二四三　ⅢM12出土陶器
1、6. 陶鼎（ⅢM12：5、ⅢM12：4）　2、7. 陶壶（ⅢM12：6、ⅢM12：7）　3. 陶甗（ⅢM12：2）
4、5. 陶盒（ⅢM12：1、ⅢM12：3）

与圈足不能拼接上。器身口径19.3、腹径35.6、圈足径20.8、复原高36.8厘米，器盖口径20.2、高8厘米，复原通高52.8厘米（图二四三，7）。

陶甗　1件（套）。ⅢM12：2，夹砂灰陶。上甑下釜扣合而成。甑，平折沿，方唇，弧腹，平底，底部有九个圆形镂孔，圈足。釜，敛口，方唇，矮领，溜肩，鼓腹，平底。甑腹部饰一道较窄凸棱，釜腹部饰一道较宽凸棱。甑口径21.6、腹径20.5、圈足径10.8、高9.5厘米，釜口径8.7、腹径20、底径7.4、高13厘米，通高21.5厘米（图二四三，3；图版九〇，4）。

十二、ⅢM13

位于Ⅲ区东南部。方向90°。长方形竖穴土坑墓，口底等大，直壁。因埋藏浅，东部已遭破坏。墓口距地表约0.25米，墓残长2、宽1.4~1.66、深0.5米。填土为黄褐色五花土，土质较硬较黏，包含有少量石块。葬具为木质单棺单椁，仅存朽痕。椁室位于墓室中部，平面呈长方形，椁痕残长1.96、宽1.34米。棺位于椁室内偏北部，平面呈长方形，棺痕残长1.76、宽0.5~0.62米。棺内有人骨一具，除头骨不见外，其余骨骼保存较好，仰身直肢，头向正东，性别、年龄不详。出土陶器1件，置于椁内棺外西南角，旁边有1件漆器残痕（图二四四）。

陶盒　1件。ⅢM13：1，泥质灰陶。覆碗状器盖，浅宽圈足状捉手。器身为子口，圆唇，上腹较斜直，下腹弧收，平底。器盖外壁与器身腹部皆饰数道凹弦纹。器身口径18.2、腹径21.5、底径8.4、高9.2厘米，器盖口径21.3、顶径9.2、高9.2厘米，通高17.8厘米（图二四五；图版九四，1）。

图二四四　ⅢM13平、剖面图
1.陶盒

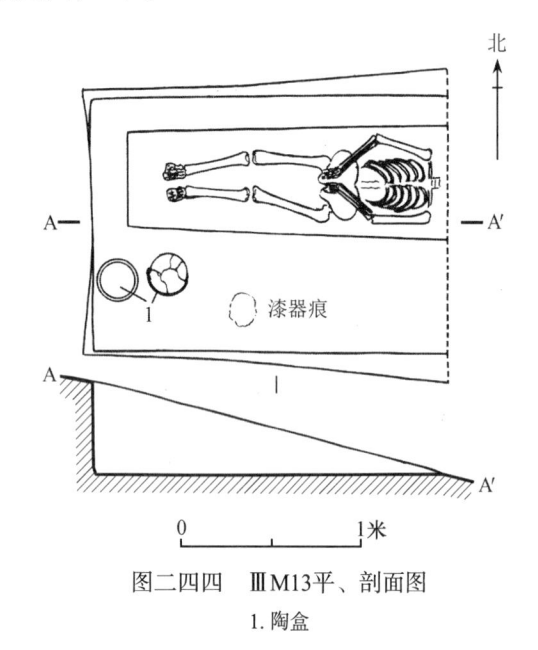

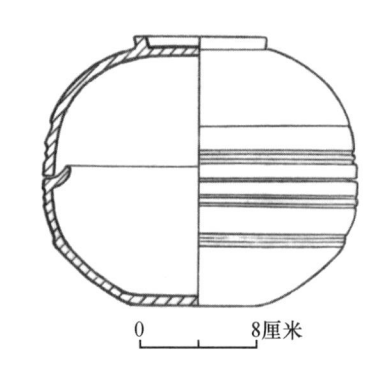

图二四五　ⅢM13出土陶盒（ⅢM13：1）

十三、ⅢM14

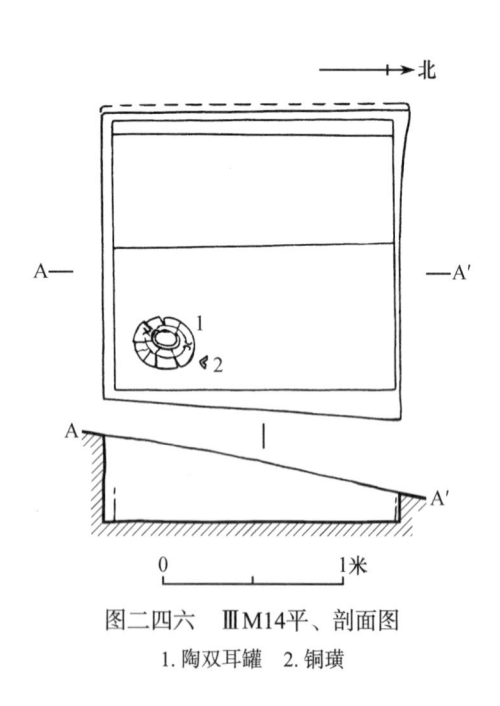

位于Ⅲ区中部偏东。方向0°。长方形竖穴土坑墓，略口小底大，东、南、北直壁，西壁向下渐外张。开口距地表约0.25米，墓口长1.7、宽1.5～1.6米，墓底长1.7、宽1.62米，深0.16～0.6米。填土为黄褐色五花土。葬具为木质单棺单椁，仅存朽痕。椁室位于墓室中部，平面呈长方形，椁痕长1.56、宽1.42米。棺位于椁室内西部，平面呈长方形，棺痕长1.56、宽0.6米。棺内有人骨一具，腐蚀严重，仅见极少量骨屑，头向、葬式、性别与年龄皆不详。出土随葬品2件，其中陶器1件，铜器1件，皆置于椁内棺外东南角（图二四六）。

陶双耳罐　1件。ⅢM14：1，泥质灰陶。侈口，方唇，束颈，溜肩，肩部有对称牛鼻形双耳，鼓腹，底内凹。上腹至中腹部饰竖绳纹间有数道抹痕，以下饰交错绳纹。口径14.8、腹径27、底径6、

图二四六　ⅢM14平、剖面图
1.陶双耳罐　2.铜璜

高26厘米（图二四七，1；图版九四，2）。

铜璜　1件。ⅢM14：2，拱桥状，中间有一圆孔。正面周边有郭棱，背平。略残。宽7、拱高2.8、厚0.2厘米（图二四七，2）。

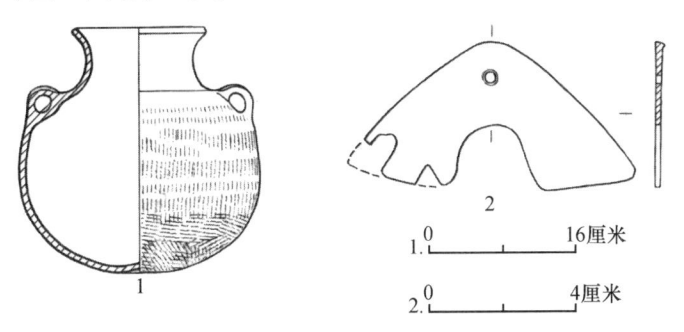

图二四七　ⅢM14出土器物
1. 陶双耳罐（ⅢM14：1）　2. 铜璜（ⅢM14：2）

十四、ⅢM15

位于Ⅲ区中部。方向350°。长方形竖穴土坑墓，口大底小，北、东、西三壁斜直内收，南壁为直壁。开口距地表约0.25米，墓口长2.6、宽1.86米，墓底长2.5、宽1.54～1.62米，深1.06～1.36米。填土为黄褐色五花土。葬具为木质单棺单椁，仅存朽痕。椁室位于墓室中部，平面呈长方形，椁痕长2.2、宽1.34、残高0.2米。棺位于椁室内东部，平面呈长方形，棺痕长1.9、宽0.5～0.54米。棺内有人骨一具，仅存少量颅骨和肢骨，可判断头向西北，仰身直肢，性别、年龄不详。出土随葬品4件，均为陶器，其中1件陶壶破碎严重，无法复原，均置于椁内棺外西北角（图二四八）。

陶鼎　1件。ⅢM15：4，泥质灰陶。浅弧盘状器盖，盖纽残。器身为子口，方唇，长方形附耳外折撇，长方形耳孔对穿，弧腹，圜底，三足残。腹部饰一道凸棱。器身口径17.6、腹径23.5厘米，器盖口径22.7、残高6.3厘米，通体残高18.2厘米（图二四九，1）。

陶壶　1件。ⅢM15：1，泥质灰陶。陶片呈粉末状，破碎严重，无法复原。

陶鍪　1件。ⅢM15：2，夹砂灰陶。侈口，圆唇，束颈，溜肩，肩部有对称弓形双耳，鼓腹，圜底。下腹至底部饰交错绳纹。口径14.8、腹径20.8、高19.4厘米（图二四九，3；图版九四，3）。

陶小壶　1件。ⅢM15：3，泥质灰陶。侈口，圆唇，微束颈，圆肩，鼓腹，平底微内凹。下腹部有刮削痕迹。口径5.9、腹径11、底径6.5、高9.8厘米（图二四九，2；图版九四，4）。

十五、ⅢM16

位于Ⅲ区东南部。方向97°。长方形竖穴土坑墓，口大底小，斜直壁内收。开口距地表约0.21米，墓口长2.7、宽1.8米，墓底长2.4、宽1.6米，深1.2～1.4米。填土为黄褐色五花土。葬

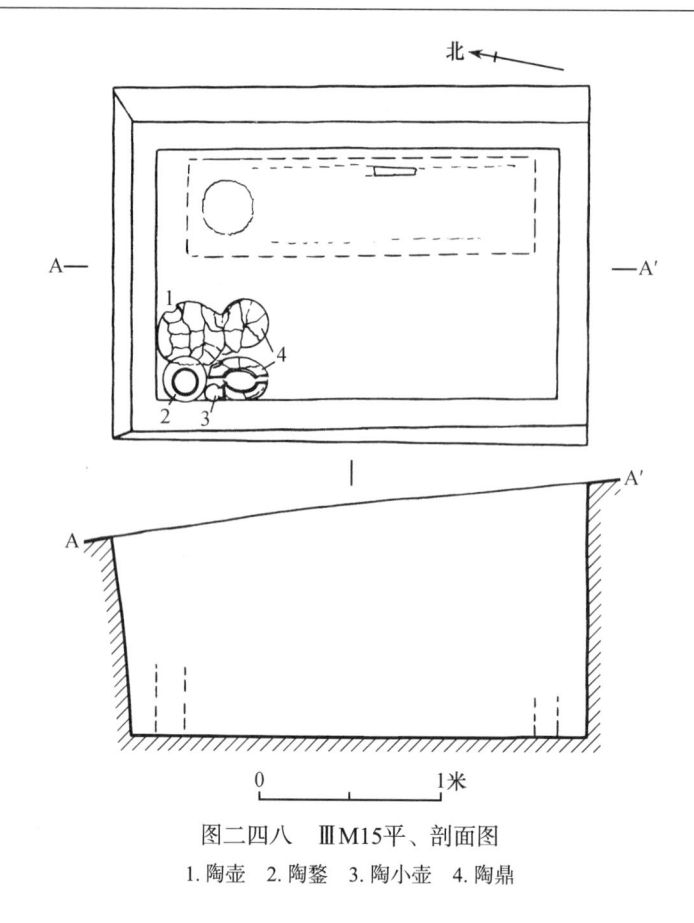

图二四八　ⅢM15平、剖面图
1.陶壶　2.陶鍪　3.陶小壶　4.陶鼎

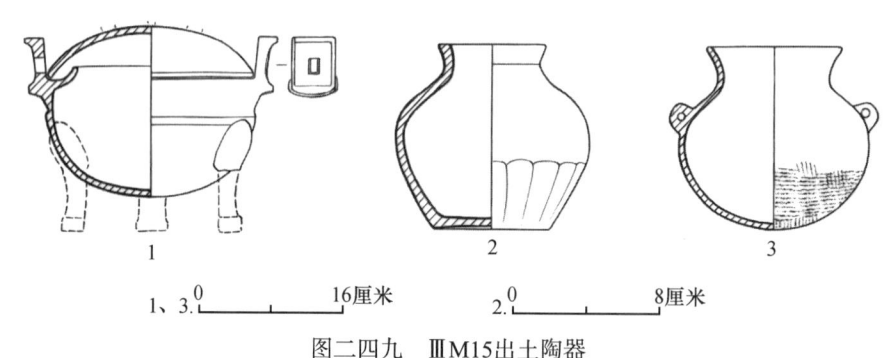

图二四九　ⅢM15出土陶器
1.陶鼎（ⅢM15：4）　2.陶小壶（ⅢM15：3）　3.陶鍪（ⅢM15：2）

具为木质单棺单椁，仅存朽痕。椁室位于墓室中部，平面呈长方形，椁痕长2.04、宽1.08米。棺位于椁室南部，平面呈长方形，棺痕长1.9、宽0.48～0.52米。棺内有人骨一具，头向东南，仰身直肢，性别、年龄不详。出土随葬品7件，包括陶器5件，铜器1件，铁器1件，皆置于椁内棺外西北角，其中1件陶盒与铜、铁器的具体位置已不详（图二五〇；图版二七，2）。

陶鼎　2件。泥质灰陶。浅弧盘状器盖。器身为子口，方唇，长方形附耳外折撇，上腹较直，下腹弧收，圜底，三蹄形足。腹部饰一道凸棱。ⅢM16：1，盖顶均匀分布有三个半环状纽。器身口径23.2、腹径27、高21.8厘米，器盖口径25.2、高8.4厘米，通高26.3厘米（图二五一，1；图版九四，5）。ⅢM16：2，器盖顶有半圆形纽衔环。器身口径20.6、腹径26.2、

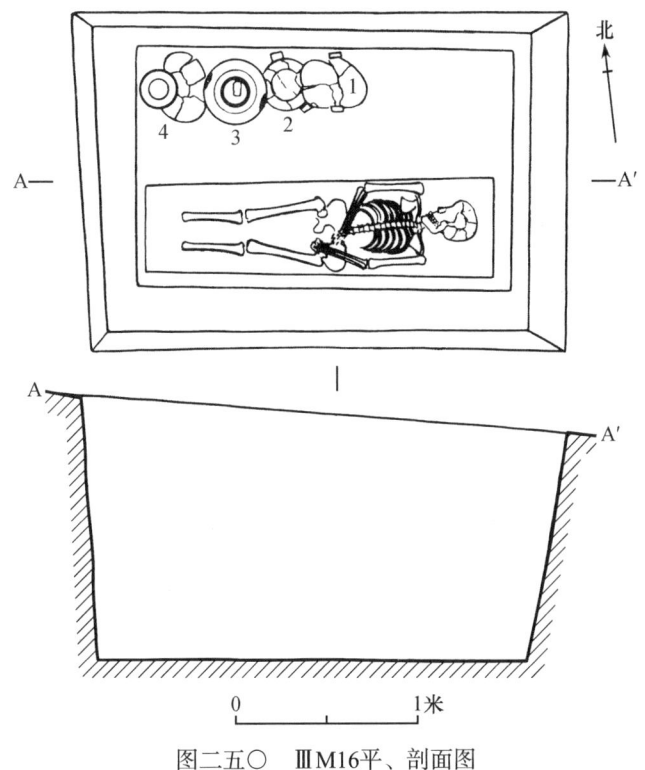

图二五〇　ⅢM16平、剖面图
1、2.陶鼎　3、4.陶壶　5.陶盒（位置不详）　6.铁削刀（位置不详）　7.铜带钩（位置不详）

高24.4厘米，器盖口径24、高8厘米，通高26厘米（图二五一，4；图版九四，6）。

陶盒　1件。ⅢM16：5，泥质灰陶。覆碗状器盖，浅窄圈足状捉手。器身为子口，方唇，弧腹，平底。腹部饰数道凹弦纹。器身口径18.5、腹径21.2、底径7.5、高9.8厘米，器盖口径21.2、顶径8、高7.6厘米，通高16.8厘米（图二五一，3；图版九五，3）。

陶壶　2件。泥质灰陶。浅弧盘状器盖。器身为盘口，圆唇，束颈，圆肩，肩部有对称双系兽面铺首衔环，鼓腹，圜底，喇叭状圈足。肩部及腹部饰两或三周宽带纹，圈足外壁饰一道凸棱。ⅢM16：3，盖顶有半圆形纽衔环。器身口径18.5、腹径34.4、圈足径21、高37.6厘米，器盖口径19.2、高8.2厘米，通高45.6厘米（图二五一，5；图版九五，1）。ⅢM16：4，盖顶均匀分布有三个简化立鸟形纽。器身口径19.2、腹径35.2、圈足径20.2、高43厘米，器盖口径20.4、高9.2厘米，通高52.2厘米（图二五一，2；图版九五，2）。

铜带钩　1件。ⅢM16：7，琵琶形。蛇形钩首，细颈，尾端圆弧较宽，背面有圆纽。素面。长4.7、宽0.3～1.2、厚0.2～0.3厘米（图二五一，6）。

铁削刀　1件。ⅢM16：6，腐蚀严重，无法复原。残存三段，残长16、刀背厚0.3厘米。

十六、ⅢM17

位于Ⅲ区东南部。方向354°。长方形竖穴土坑墓，口大底小，斜直壁内收。开口距地表约0.23米，墓口长2.4、宽1.8～2米，墓底长2.2、宽1.7～1.8米，深0.68米。填土为黄褐色五花

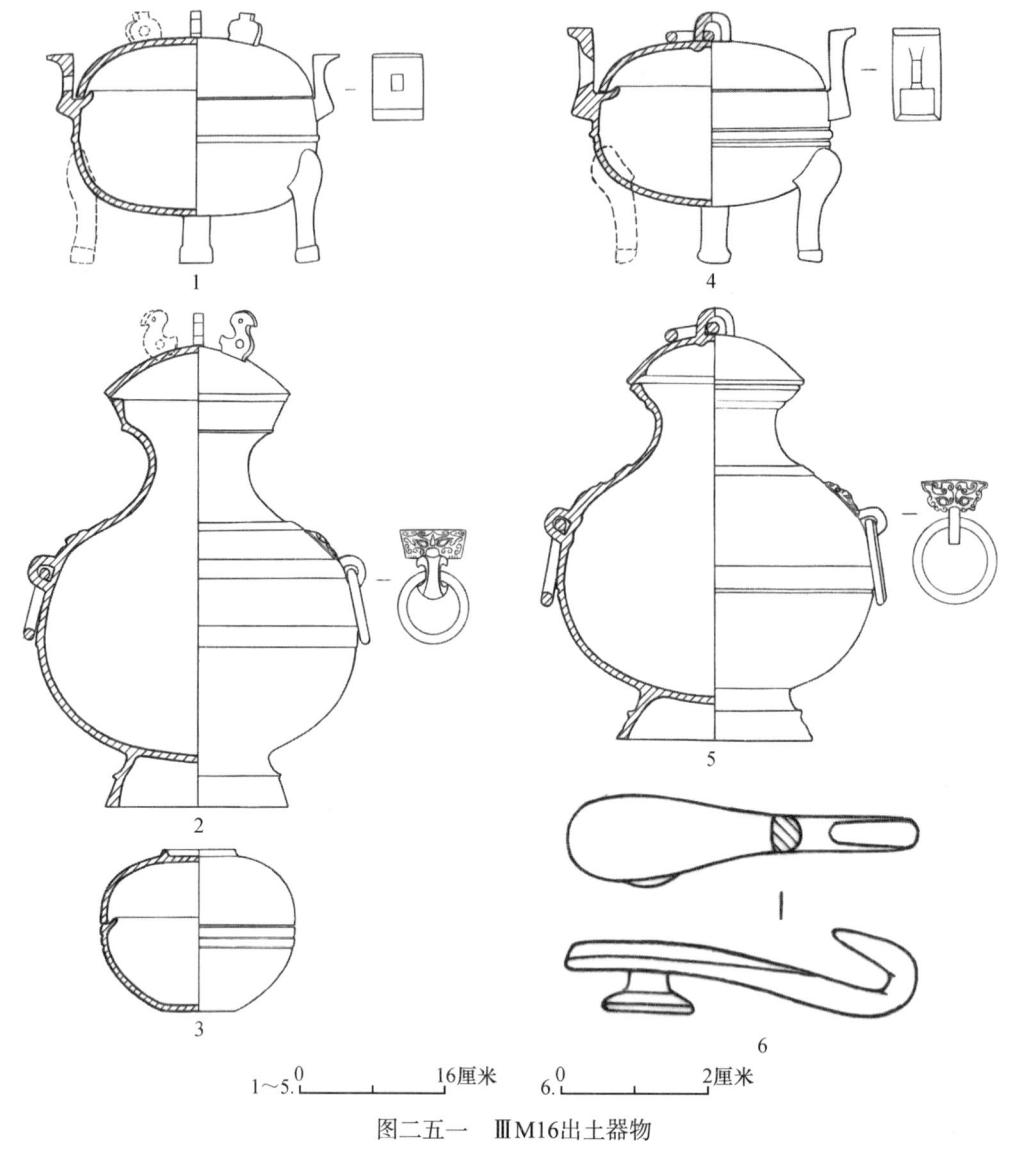

图二五一　ⅢM16出土器物
1、4. 陶鼎（ⅢM16：1、ⅢM16：2）　2、5. 陶壶（ⅢM16：4、ⅢM16：3）
3. 陶盒（ⅢM16：5）　6. 铜带钩（ⅢM16：7）

土。葬具为木质单棺单椁，仅存朽痕。椁室位于墓室中部，平面呈长方形，椁痕长2.2、宽1.18米。棺位于椁室内东部，平面呈长方形，棺痕长1.8、宽0.44～0.52米。棺内有人骨一具，仅于南部残存一些下肢骨，推测头向西北，葬式不明，性别、年龄不详。棺北部与西部各有1处圆形漆器痕迹，只存红色漆皮，出土随葬品4件，均为陶器，置于椁内棺外西部（图二五二）。

陶双耳罐　2件。泥质灰陶。侈口，方唇，束颈，溜肩，肩部有对称牛鼻形双耳，鼓腹，底内凹。上腹至中腹部饰竖绳纹间有数道抹痕，以下饰交错绳纹。ⅢM17：3，颈部饰竖绳纹并有被抹平的痕迹。口径13.9、腹径25.4、底径7、高25.8厘米（图二五三，3；图版九五，5）。ⅢM17：4，颈部饰模糊竖绳纹及数道凹弦纹。口径14、腹径24.6、底径11.6、高21.8厘米（图二五三，2；图版九五，6）。

陶鍪　2件。夹砂灰陶。ⅢM17：1，侈口，圆唇，束颈，溜肩，肩部有对称弓形双耳，鼓

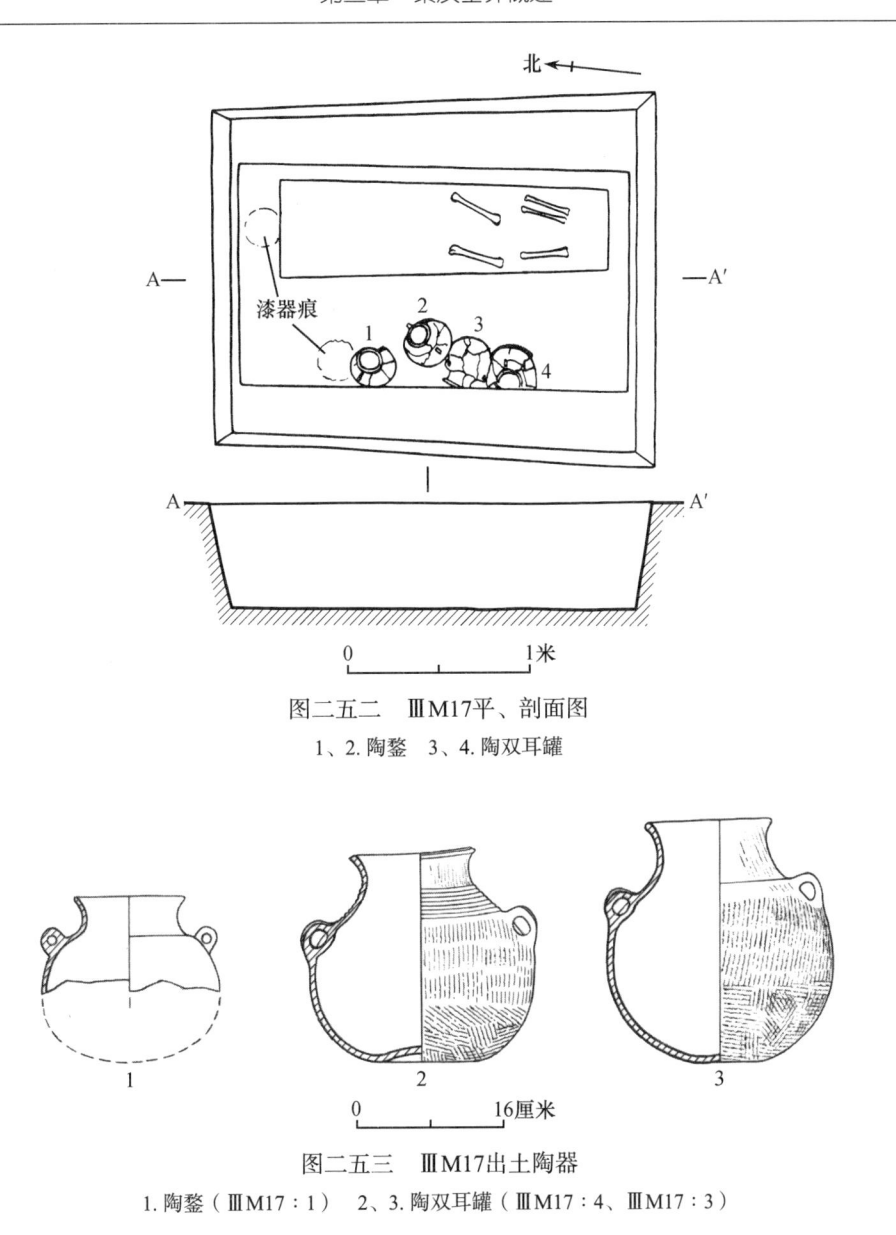

图二五二　ⅢM17平、剖面图
1、2.陶鍪　3、4.陶双耳罐

图二五三　ⅢM17出土陶器
1.陶鍪（ⅢM17∶1）　2、3.陶双耳罐（ⅢM17∶4、ⅢM17∶3）

腹，下腹残。素面。口径12.2、腹径19.5、残高10.2厘米（图二五三，1）。ⅢM17∶2，破碎严重，无法复原。

十七、ⅢM18

位于Ⅲ区中部偏北。其西紧邻ⅢM19。方向20°。长方形竖穴土坑墓，略口大底小，斜直壁微内收。开口距地表约0.25米，墓口长3.14、宽2米，墓底长3.1、宽1.86米，深0.54～1.34米。填土为黄褐色五花土，土质较硬较黏，包含少量石块。葬具为木质单棺单椁，仅存朽痕。椁室位于墓室中部，平面呈长方形，椁痕长2.9、宽1.56米。棺位于椁室内偏西南部，平面呈长方形，棺痕长2、宽0.52～0.6米。棺内有人骨一具，腐蚀严重，仅部分上下肢骨保存稍好，颅骨已成粉末状，其余骨骼已不见，头向东北，仰身直肢，性别、年龄不详。出土随葬品8件，均为陶器，置于椁内棺外北部和东南部（图二五四）。

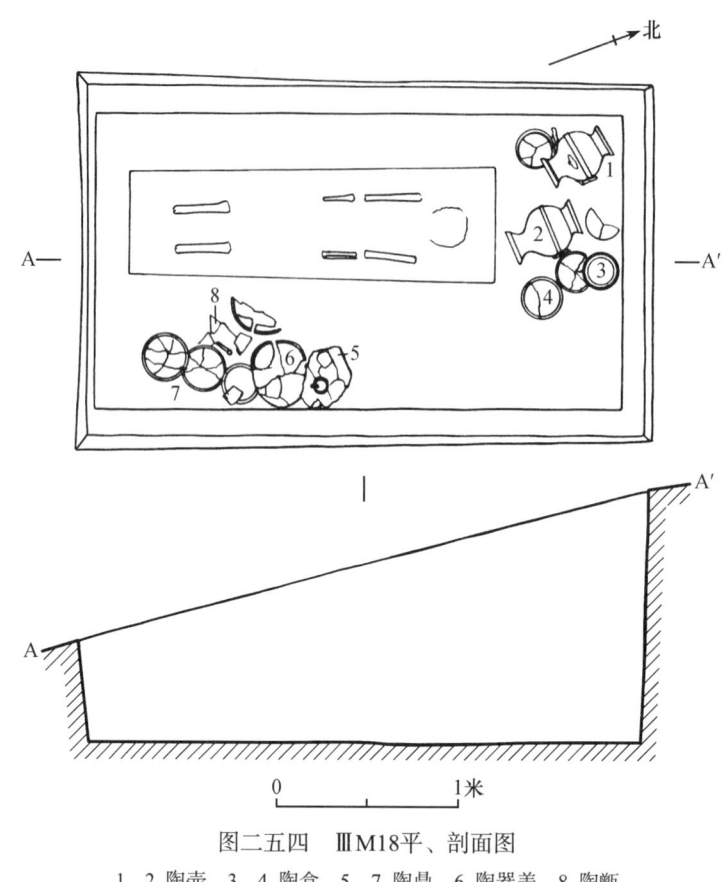

图二五四 ⅢM18平、剖面图
1、2.陶壶 3、4.陶盒 5、7.陶鼎 6.陶器盖 8.陶甑

陶鼎 2件。泥质灰陶。浅弧盘状器盖。器身为子口，方唇，长方形附耳外折撇，长方形耳孔对穿，上腹较直，下腹弧收，圜底，三蹄形足。腹部饰一道折棱。ⅢM18：5，盖顶有半环纽衔环。腹部折棱下饰竖绳纹。器身口径20、腹径26、高24.6厘米，器盖口径25.8、高10.4厘米，通高27.2厘米（图二五五，6；图版九六，3）。ⅢM18：7，盖顶残留两个方形纽孔，推测原有半环纽衔环。器身口径20.4、腹径26、高24.6厘米，器盖口径24、高10厘米，通高24.7厘米（图二五五，7；图版九六，4）。

陶盒 2件。泥质灰陶。覆碗状器盖，浅宽圈足状捉手。器身为子口，方唇，弧腹，平底微凹。器盖外壁与器身腹部皆饰数道凹弦纹。ⅢM18：3，器身口径17.8、腹径21.5、底径8.6、高10.4厘米，器盖口径21.6、顶径9.8、高9厘米，通高18.6厘米（图二五五，8；图版九六，5）。ⅢM18：4，器身口径17.8、腹径20.8、底径7.6、高8.6厘米，器盖口径20.4、顶径8.8、高7.6厘米，通高15.8厘米（图二五五，3；图版九六，6）。

陶壶 2件。泥质灰陶。浅弧盘状器盖，子口，盖顶有半环纽衔环。器身为盘口，圆唇，束颈，圆肩，肩部有对称双系兽面铺首衔环，鼓腹，圜底，喇叭状圈足。肩部及腹部分别饰一周宽带纹，圈足外壁饰一道凸棱。ⅢM18：1，器身口径18.4、腹径34.6、圈足径22.6、高40厘

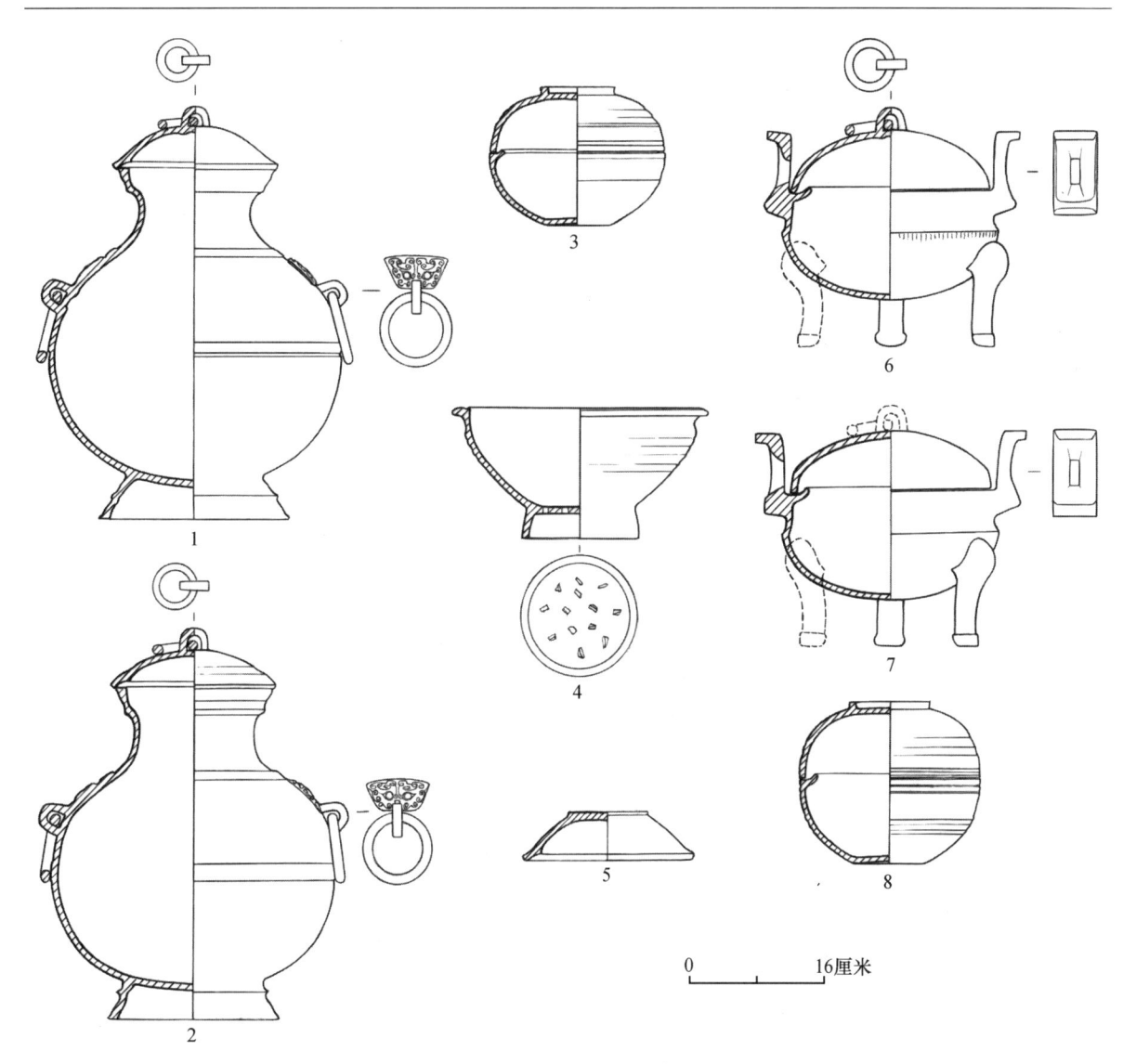

图二五五　ⅢM18出土陶器
1、2.陶壶（ⅢM18：1、ⅢM18：2）　3、8.陶盒（ⅢM18：4、ⅢM18：3）　4.陶甑（ⅢM18：8）
5.陶器盖（ⅢM18：6）　6、7.陶鼎（ⅢM18：5、ⅢM18：7）

米，器盖口径19.4、高7.2厘米，通高46.8厘米（图二五五，1；图版九六，1）。ⅢM18：2，器身口径18.4、腹径22.4、圈足径20.1、高37.8厘米，器盖口径19、高6.8厘米，通高44.4厘米（图二五五，2；图版九六，2）。

陶器盖　1件。ⅢM18：6，泥质灰陶。覆盘状，子口，方唇，斜壁，假圈足状盖顶。素面。口径20.2、底径9.8、高5.6厘米（图二五五，5）。

陶甑　1件。ⅢM18：8，泥质灰陶。微仰折沿，圆唇，微束颈，弧腹，平底，底部有多个几何形镂孔，喇叭状高圈足外撇。腹部饰数道凹弦纹。器身口径30、腹径27.5、圈足径14、高15.1厘米（图二五五，4；图版九五，4）。

十八、ⅢM19

位于Ⅲ区中部偏北。方向10°。长方形竖穴土坑墓，口大底小，斜直壁内收。开口距地表约0.24米，墓口长2.76、宽1.65米，墓底长2.56、宽1.4米，深0.56～1.4米。填土为黄褐色五花土，土质较硬较黏，包含少量石块。葬具为木质单棺单椁，仅存朽痕。椁室位于墓室中部，平面呈长方形，椁痕长2.12、宽1.16、残高0.1米。棺位于椁室内东部，平面呈长方形，棺痕长1.88、宽0.4～0.6米。棺内有人骨一具，腐蚀严重，仅见极少量骨屑，头向、葬式、性别与年龄皆不详。出土随葬品5件，均为陶器，置于椁内棺外西北部，南北排列（图二五六）。

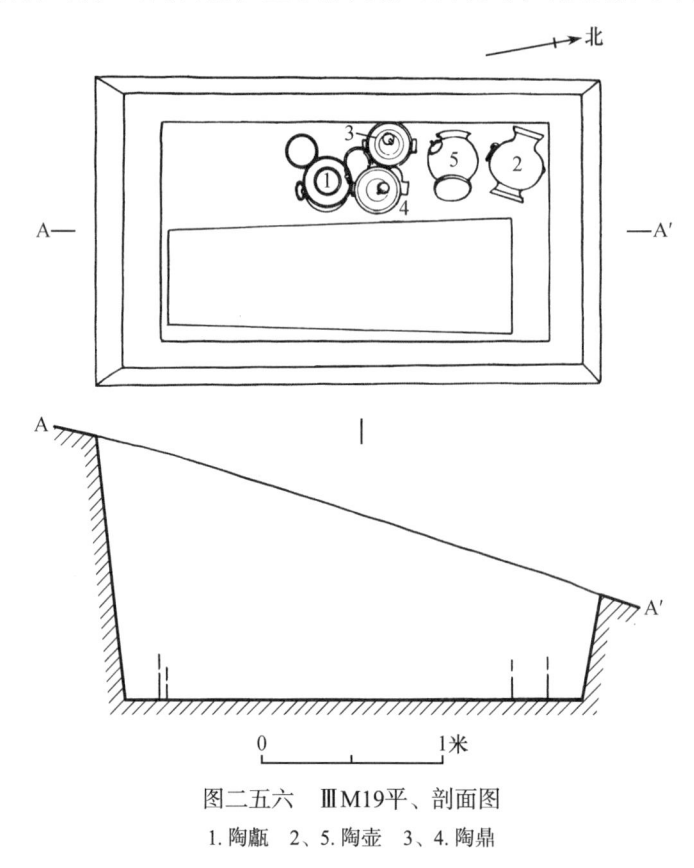

图二五六　ⅢM19平、剖面图
1.陶甗　2、5.陶壶　3、4.陶鼎

陶鼎　2件。泥质灰陶。浅弧盘状器盖，盖顶有半环纽衔环。器身为子口，方唇，长方形附耳外折撇，长方形耳孔对穿，上腹较直，下腹弧收，圜底，三蹄形足微内聚。腹部饰一道凸棱。ⅢM19：3，器盖和器身口部皆有所变形。器身口径21.6、腹径25.4、高24.2厘米，器盖口径22.6～24.6厘米，通高26.6厘米（图二五七，3；图版九七，1）。ⅢM19：4，盖缘有轮制留下的旋纹痕迹。器身口径20、腹径25.8、高24.2厘米，器盖口径24.2、高8.9厘米，通高26.2厘米（图二五七，1；图版九七，2）。

陶壶　2件。泥质灰陶。器身为盘口，方唇，束颈，溜肩，肩部有对称双系兽面铺首衔环，鼓腹，圜底，喇叭状圈足。肩部及腹部分别饰一周宽带纹，圈足外壁饰一至两道凸棱。ⅢM19：2，浅弧盘状器盖，盖顶有半环纽。器身口径19.9、腹径35、圈足径18.5、高40厘米，

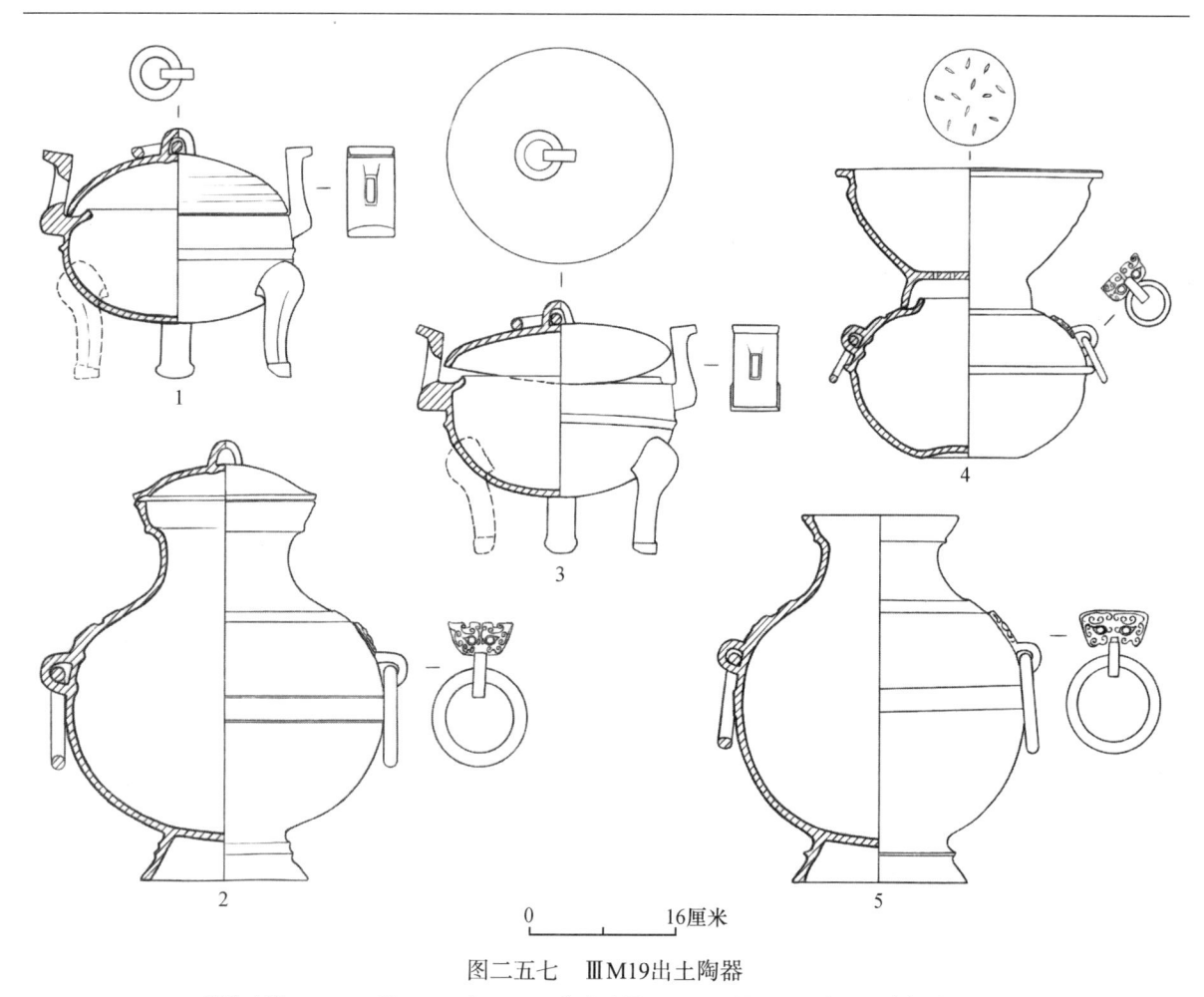

图二五七　ⅢM19出土陶器
1、3. 陶鼎（ⅢM19：4、ⅢM19：3）　2、5. 陶壶（ⅢM19：2、ⅢM19：5）　4. 陶甗（ⅢM19：1）

器盖口径19.7、高6.6厘米，通高46.2厘米（图二五七，2；图版九七，4）。ⅢM19：5，失盖。器身口径17.8、腹径32.4、圈足径19.8、高38.8厘米（图二五七，5；图版六四，3）。

陶甗　1件（套）。ⅢM19：1，泥质灰陶。上甑下釜扣合而成。甑，平折沿，方唇，束颈，弧腹，平底，底部有瓜子形镂孔，喇叭状高圈足外撇。釜，敛口，方唇，矮领，圆肩，肩部有对称双系兽面铺首衔环，鼓腹，底内凹。甑素面，釜肩部上端饰一周宽带纹，腹部饰一道较宽凸棱。甑口径29.6、腹径28、圈足径14.4、高14.8厘米，釜口径11.2、腹径26、底径11.2、高16.8厘米，通高30.4厘米（图二五七，4；图版九七，3）。

十九、ⅢM20

位于Ⅲ区东南部。方向100°。长方形竖穴土坑墓，口大底小，南、北、西三壁斜直内收，东壁为直壁。开口距地表约0.25米，墓口长2.64、宽1.78米，墓底长2.54、宽1.7米，深0.06～0.7米。填土为红褐色五花土。葬具为木质单棺单椁，仅存朽痕。椁室位于墓室偏东北部，东部和北部紧贴墓壁，平面呈长方形，椁痕长2.4、宽1.56米。棺位于椁室内南部，平面呈长方形，棺痕长2.2、宽0.8米。棺内清理时发现较多黑色漆皮，棺西端和东端皆有红色漆皮，与木棺等宽，应为木棺两端挡板装饰遗留。棺内有人骨一具，腐蚀严重，仅存部分肢骨，其余骨骼已不见，头向、葬式、性别与年龄均不明。出土随葬品10件（套），均为陶器，其中8件（套）置于棺内东部，2件置于椁内棺外西北部（图二五八；图版二八，1）。

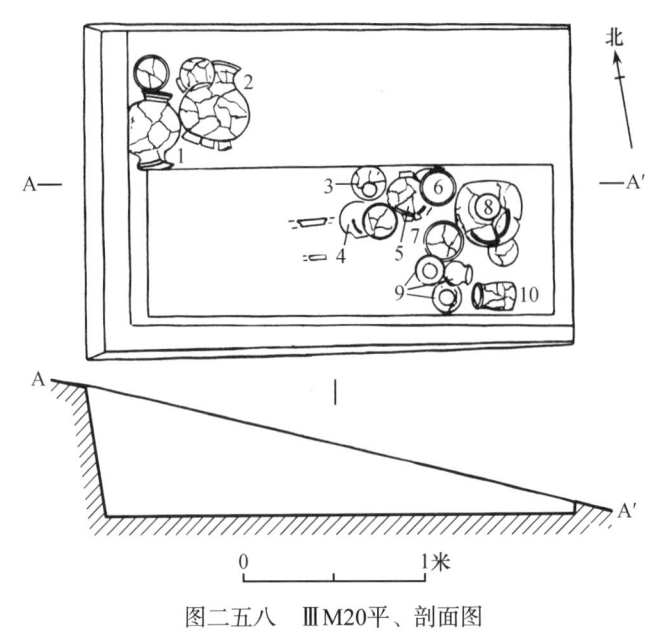

图二五八　ⅢM20平、剖面图
1、2.陶壶　3、4.陶盒　5、6.陶鼎　7.陶盆　8.陶灶　9.陶小壶　10.陶井

陶鼎　2件。夹细砂灰陶。浅弧盘状器盖，盖顶均匀分布有三个乳钉纽。器身为子口，圆唇，长方形附耳外撇，圆形耳孔对穿，弧腹，圜底近平，三矮扁梯形足。盖顶饰数道凹弦纹，器身腹部饰一道凸棱。ⅢM20:5，器身口径15.8、腹径17.6、高11.4厘米，器盖口径17.4、高5.2厘米，通高13.1厘米（图二五九，7；图版九八，1）。ⅢM20:6，器身口径15.8、腹径17.2、高12.6厘米，器盖口径17.5、高4.2厘米，通高13.4厘米（图二五九，11；图版九八，2）。

陶盒　2件。夹砂灰陶。覆钵状器盖，盖顶微凹。器身为微敛口，方唇，弧腹，平底微内凹。ⅢM20:3，器盖腹部饰数道凹弦纹。口径15.4、腹径17.6、底径7.6、高8.4厘米，器盖口径17.2、顶径7、高5.5厘米，通高14厘米（图二五九，8；图版九八，3）。ⅢM20:4，器身腹部饰数道凹弦纹。器身口径15.3、腹径17.2、底径7、高8.4厘米，器盖口径17.2、顶径6、高4.8厘米，通高13.2厘米（图二五九，12；图版九八，4）。

陶壶　2件。ⅢM20:1，夹砂灰陶。浅弧盘状器盖。器身为深盘口，圆唇，微束颈，圆肩，鼓腹，圜底近平，喇叭状圈足较矮。颈部及腹部饰数道凹弦纹，圈足外壁饰一道凸棱。器身口径16.6、腹径30.4、圈足径16.6、高34.8厘米，器盖口径16.8、高3.8厘米，通高38.6厘米（图二五九，14；图版九八，5）。ⅢM20:2，仅剩器盖，器身因破碎严重，不能修复。夹砂灰陶。浅弧盘状，敞口，方唇，唇面有一道凹槽，弧壁，平顶。素面。口径17.3、高3.1厘米（图二五九，13）。

陶盆　1件。ⅢM20:7，夹粗砂灰陶。仰折沿，圆唇，沿面有一道凹槽，弧腹，平底微内

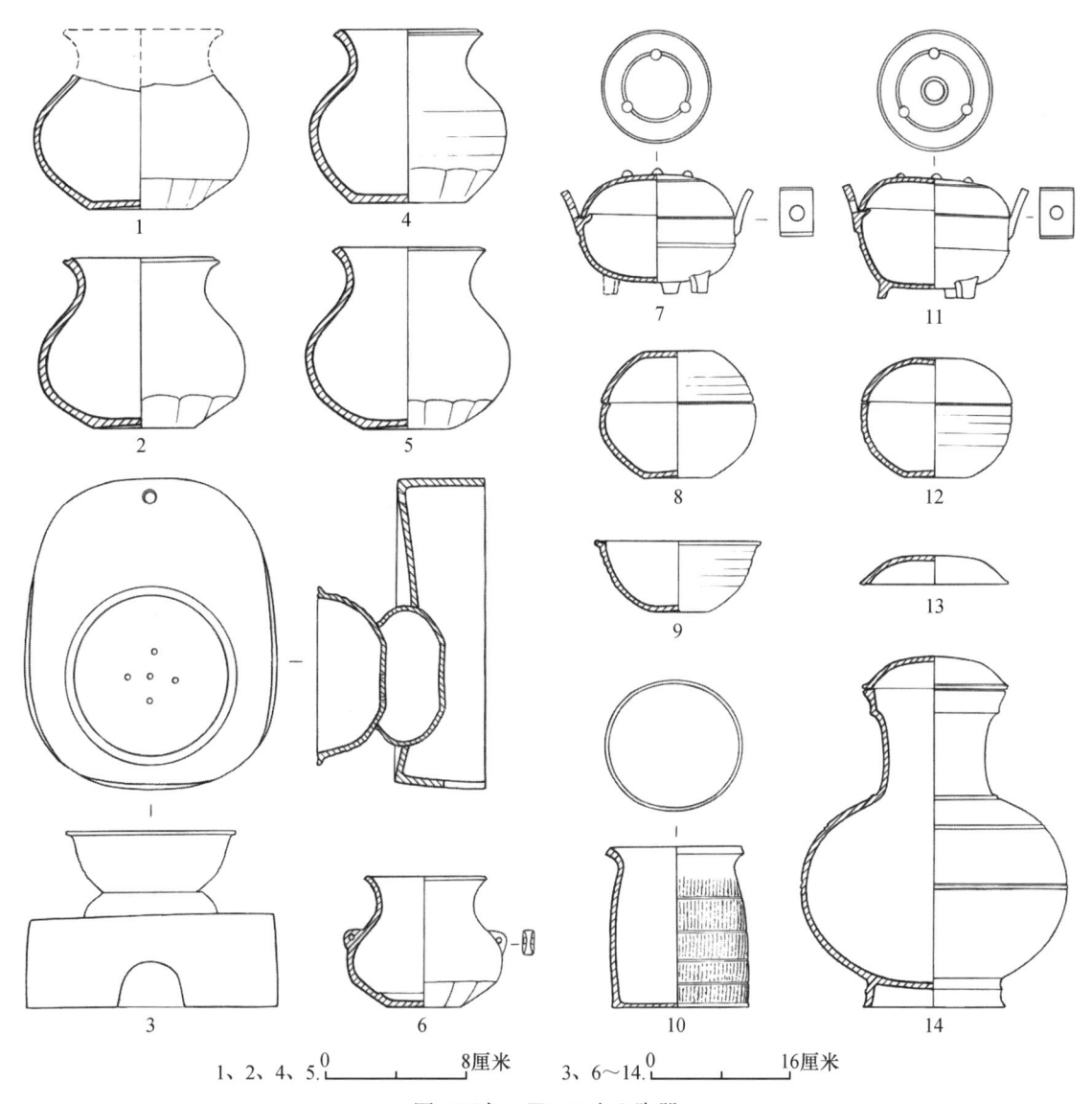

图二五九　ⅢM20出土陶器

1、3. 陶灶（ⅢM20：8-4、ⅢM20：8-1、ⅢM20：8-2、ⅢM20：8-3）
2、4、5. 陶小壶（ⅢM20：9-2、ⅢM20：9-1、ⅢM20：9-3）　6. 陶鍪（ⅢM20：10-2）
7、11. 陶鼎（ⅢM20：5、ⅢM20：6）　8、12. 陶盒（ⅢM20：3、ⅢM20：4）　9. 陶盆（ⅢM20：7）
10. 陶井（ⅢM20：10-1）　13. 陶壶盖（ⅢM20：2）　14. 陶壶（ⅢM20：1）

凹。器表有轮制留下的旋纹痕迹。口径18.9、腹径17.5、底径6.6、高7.8厘米（图二五九，9；图版九七，5）。

陶小壶　1套3件。夹细砂灰陶。侈口，方唇，束颈，鼓腹，平底。下腹近底部有刮削痕迹。ⅢM20：9-1，唇面有一道凹槽。口径8.6、腹径11.1、底径6.7、高9.6厘米（图二五九，4；图版九七，6）。ⅢM20：9-2，唇面有一道凹槽。口径8.9、腹径11.8、底径5.8、高9.4厘米（图二五九，2）。ⅢM20：9-3，口径9、腹径11.6、底径5.1、高10厘米（图二五九，5；图版九九，1）。

陶井　1套2件。陶井腹内放置有一件小陶鍪。

井　ⅢM20：10-1，夹细砂灰陶。侈口，卷沿，方唇，束颈，筒形腹，平底。腹部饰竖绳纹，间有数道凹弦纹。口径15.7、腹径15.9、底径15.6、高17.9厘米（图二五九，10；彩版三〇，3，右）。

鍪　ⅢM20：10-2，夹细砂灰陶。侈口，方唇，微束颈，溜肩，肩部有对称双系，扁鼓腹，平底。下腹部有刮削痕迹。口径13.6、腹径16.2、底径8、高14.4厘米（图二五九，6；彩版三〇，3，左）。

陶灶　1套4件。ⅢM20：8，夹砂灰陶。由灶身、釜、甑和小壶组成。通高19.4厘米（图二五九，1、3；图版九九，3）。

灶身　ⅢM20：8-1，平面呈椭圆形，灶面微凹，前端有一圆形灶眼，上置扁圆形釜，釜上置甑，甑内置一小壶，后端中部有一圆形烟囱孔，落地式灶门，灶门呈拱形。灶身长34.2、宽29、高9.8厘米。

釜　ⅢM20：8-2，敛口，扁鼓腹，平底微内凹。

甑　ⅢM20：8-3，折沿，圆唇，唇面有道凹槽，弧腹，平底，底部有五个圆形镂孔。

小壶　ⅢM20：8-4。口残，束颈，溜肩，鼓腹，平底。下腹近底部有刮削痕迹（图二五九，1）。

二十、ⅢM21

位于Ⅲ区东南部。方向100°。长方形竖穴土坑棺椁墓，口大底小，斜直壁内收。开口距地表约0.25米，墓口长2.96、宽1.7米，墓底长2.6、宽1.42米，深0.74～1.4米。填土为黄褐色五花土。葬具为木质单棺单椁，仅存朽痕。椁室位于墓室中部，平面呈"Ⅱ"形，四端顶木外昂，向外伸出约0.1米，椁痕长2.5、宽1.1米。棺位于椁室内偏西北部，平面呈长方形，棺痕长1.8、宽0.5～0.6米。棺内不见人骨，头向、葬式、性别与年龄皆不明。椁内东北角有圆形漆器痕迹1处，仅存红色漆皮。出土随葬品9件（套），其中陶器8件（套），铜器1件，皆置于椁内棺外东部，南北排列（图二六〇；图版二八，2）。

陶鼎　1件。ⅢM21：7，泥质灰陶。浅弧盘状器盖。器身为子口，尖唇，长方形附耳外弧撇，长方形耳孔对穿，弧腹，圜底近平，三人面纹蹄形足外撇。器身口径19.2、腹径22.6、高17.6厘米，器盖口径20.4、高5.6厘米，通高19.1厘米（图二六一，7；彩版二二，6）。

陶盒　1件。ⅢM21：6，泥质灰陶。覆钵状器盖，盖顶微凹。器身为敛口，方唇，弧腹，平底微内凹。腹部饰数道凹弦纹。器身口径21.2、腹径21.4、底径11.6、高9.4厘米，器盖口径21.6、顶径10、高8.8厘米，通高17.6厘米（图二六一，8；图版九九，4）。

陶壶　2件。泥质灰陶。浅弧盘状器盖。器身为浅盘口，圆唇，束颈，溜肩，鼓腹，圜底近平，喇叭状高圈足。下腹部饰交错绳纹，圈足外壁饰一道凸棱。ⅢM21：1，器盖残留红色彩绘痕迹，肩部及腹部分别饰一道凹弦纹。器身口径20.8、腹径35.6、圈足径20.8、高41.4厘米，器盖口径19.6、高4.6厘米，通高46厘米（图二六一，4；图版九九，5）。ⅢM21：2，器

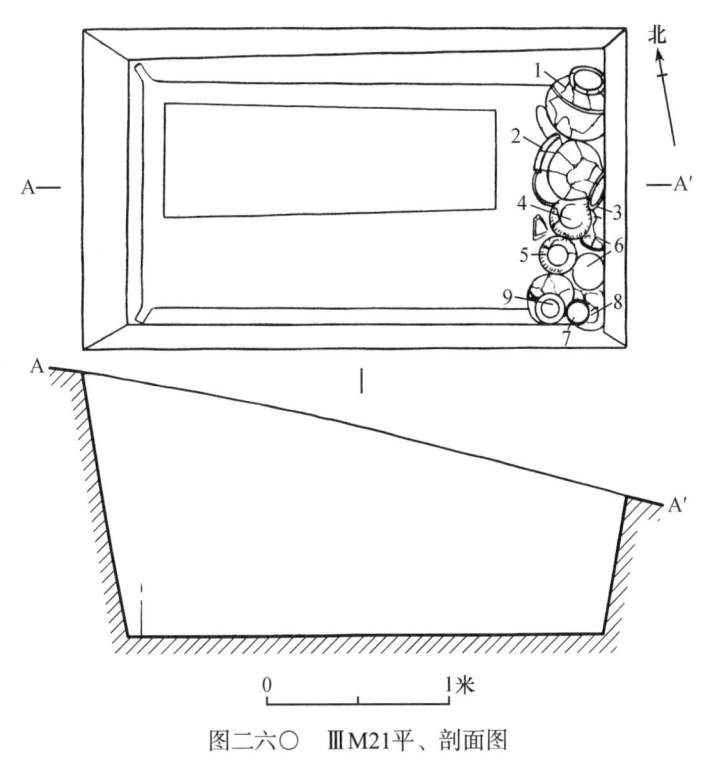

图二六〇　ⅢM21平、剖面图
1、2.陶壶　3.铜盆　4、5.陶仓　6.陶盒　7.陶鼎　8.陶灶　9.陶鍪

身口径20.4、腹径36.2、圈足径21、高41.4厘米，器盖口径18.4、高3.8厘米，通高45.2厘米（图二六一，6；图版九九，6）。

陶鍪　1件。ⅢM21：9，泥质灰陶。侈口，圆唇，束颈，溜肩，肩部有对称弓形双耳，鼓腹，圜底。颈至上腹部饰竖绳纹，有被抹平的痕迹，下腹至底部饰交错绳纹。口径15、腹径19.6、高18.2厘米（图二六一，3；图版九九，2）。

陶仓　2件。泥质灰陶。敛口，方唇，矮领，圆肩，直壁，筒形腹，下腹近底部有一方形孔，两侧残留对称双系，平底。器表饰竖绳纹，间有数道凹弦纹。ⅢM21：4，半圆形双系。口径12.2、腹径21.3、底径18.7、高26.8厘米（图二六一，2；彩版三〇，4）。ⅢM21：5，梯形双系。口径13.2、腹径21.6、底径16.6、高28.4厘米（图二六一，1；图版九八，6）。

陶灶　1套4件。ⅢM21：8，泥质灰陶。由灶身、釜、甑、盆组成。通高16.6厘米（图二六一，5；彩版三〇，6）。

灶身　ⅢM21：8-1，平面呈前宽后窄的圆角三角形，灶面平，略粗糙，前后并列两个圆形火眼，前火眼上置釜和甑，后火眼上置小盆，后端有一圆形烟囱孔，落地式灶门，灶门呈拱形。灶身长27.2、宽18.4、高8.7厘米。

釜　ⅢM21：8-2，敛口，圆唇，溜肩，扁鼓腹，平底，下腹部有刮削痕迹。

甑　ⅢM21：8-3，敞口，折沿，圆唇，弧腹，圜底，底部有五个圆形镂孔。

盆　ⅢM21：8-4，敞口，折沿，沿面有一道凹槽，圆唇，弧腹，平底微内凹。

铜盆　1件。ⅢM21：3，腐蚀严重，无法复原。

图二六一　ⅢM21出土陶器
1、2.陶仓（ⅢM21:5、ⅢM21:4）　3.陶鍪（ⅢM21:9）　4、6.陶壶（ⅢM21:1、ⅢM21:2）
5.陶灶（ⅢM21:8）　7.陶鼎（ⅢM21:7）　8.陶盒（ⅢM21:6）

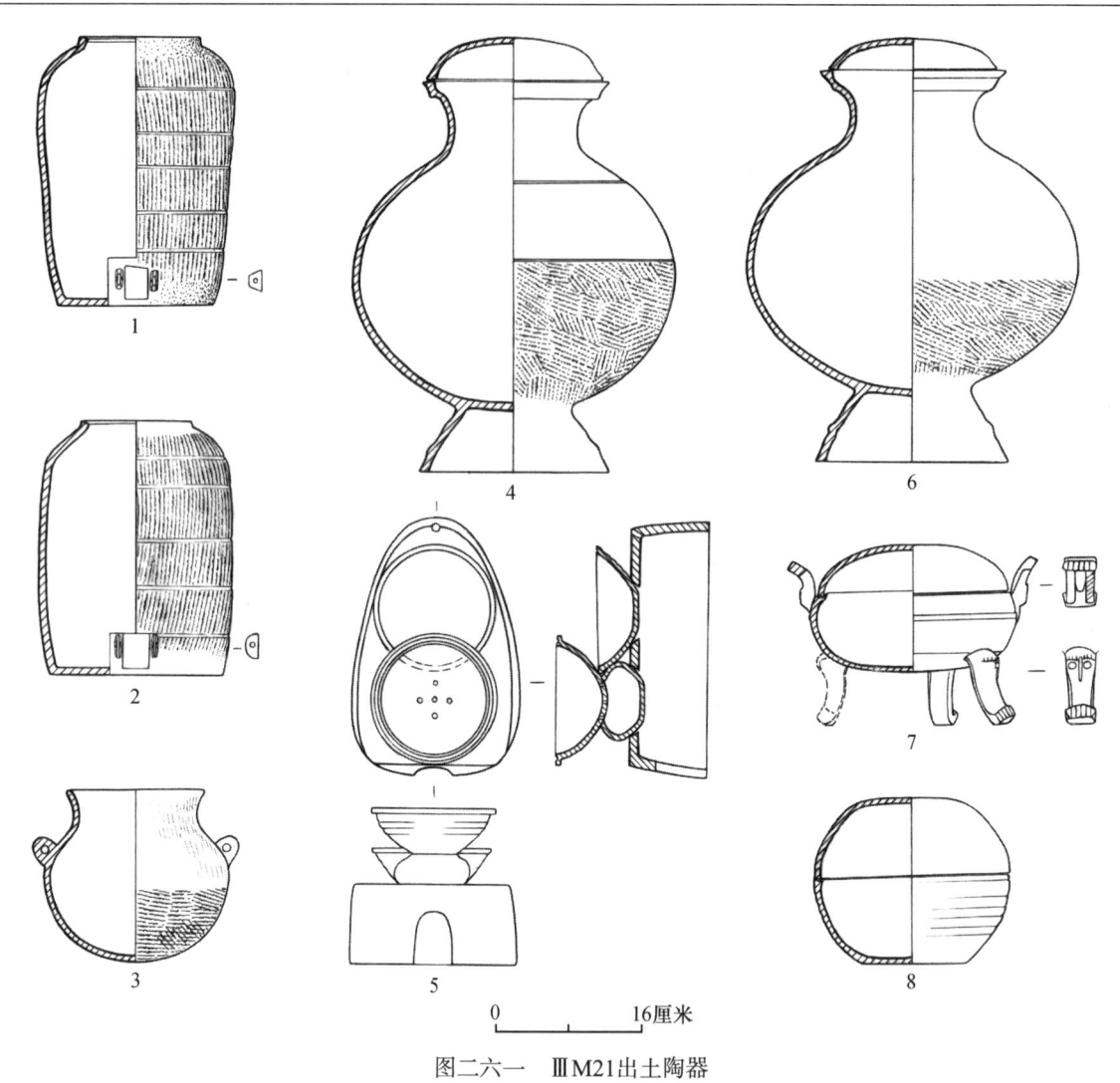

第三章 明清墓葬概述

2006年和2009年两次共发掘明清墓葬10座（附表二），分布在Ⅰ区和Ⅱ区，其中Ⅰ区有6座，Ⅱ区有4座。

第一节 Ⅰ区明清墓葬

在Ⅰ区的6座明清墓中，有清墓2座，位于Ⅰ区的中部，为ⅠM36和ⅠM38，有明墓4座，位于Ⅰ区的西北部，为ⅠM50、ⅠM51、ⅠM52、ⅠM64。

一、ⅠM36

位于Ⅰ区的中部。东南部打破ⅠM38。方向22°。长方形竖穴土坑墓，口底等大，直壁。开口距地表约0.2米，墓长2.2、宽0.66～0.9、深0.64～0.94米。葬具为木质单棺，无椁，仅存棺底灰痕。棺位于墓室中部偏南，平面呈长方形，长1.95、宽0.5～0.57米。棺内底部有一层由较厚白灰膏铺垫形成的白灰层，残存厚0.08～0.15米。棺内有人骨一具，头向东北，仰身直肢，性别、年龄不详。头前有一长方形白灰枕，枕长0.35、宽0.18、厚0.12米，白灰枕表面印有粗布纹痕迹，原应有枕套，已朽蚀殆尽。枕前叠置小板瓦2块。在白灰层外围的棺痕上发现2枚铁质棺钉。无随葬品（图二六二）。

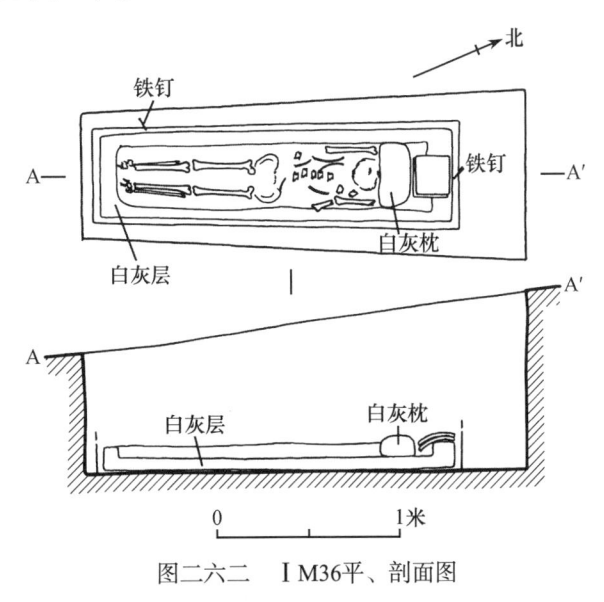

图二六二 ⅠM36平、剖面图

二、ⅠM38

位于Ⅰ区的中部。西北部被ⅠM36打破。方向14°。长方形竖穴土坑墓，口大底小，斜直壁内收。开口距地表约0.2米，墓口长2.37、宽1.88~1.98米，墓底长2.2、宽1.62~1.68、深0.68~1.12米。葬具为木质双棺，无椁，双棺皆已腐朽，仅存朽痕。双棺东西并列，平面均呈长方形，东棺棺痕长1.92、宽0.58~0.72米，西棺棺痕长2.2、宽0.52~0.6米。两棺内均未发现人骨，而有较多的小板瓦，东棺内另有1枚铁钉，西棺外东北部亦有1枚。墓室南端两棺之间放置1个大石块，用途不详。无随葬品（图二六三）。

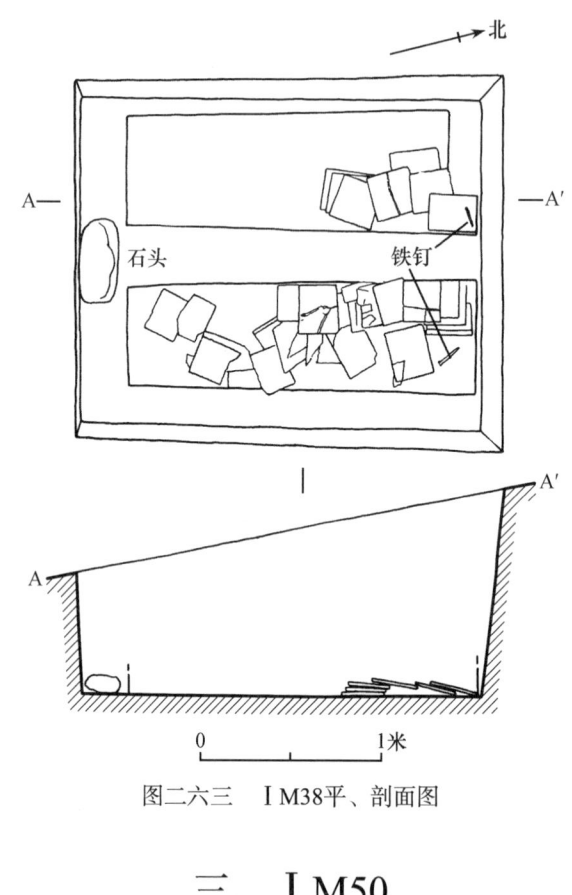

图二六三　ⅠM38平、剖面图

三、ⅠM50

位于Ⅰ区的西北部。方向209°。长方形竖穴土坑墓，口底等大，直壁。开口距地表约0.2米，墓长2.52、宽1、深0.2~0.6米。南壁中部偏上设有一方形壁龛，顶部已残，宽0.26、进深0.25、残高0.25米。葬具为木质单棺，仅存朽痕。棺位于墓室中部，平面呈长方形，棺痕长2.02、宽0.44~0.52米。棺内有人骨一具，保存较差，头向西南，仰身直肢，性别、年龄不详。墓主头枕一小砖块，其下叠置较多小板瓦，脚北部亦叠置有较多小板瓦。墓主头前龛内摆放瓷碗2件，釉陶罐1件，两碗覆叠，扣于釉陶罐口上（图二六四）。

釉陶罐　1件。ⅠM50：3，红胎。器表下腹至底部露红瓷胎，余内外皆施酱釉。敛口，圆

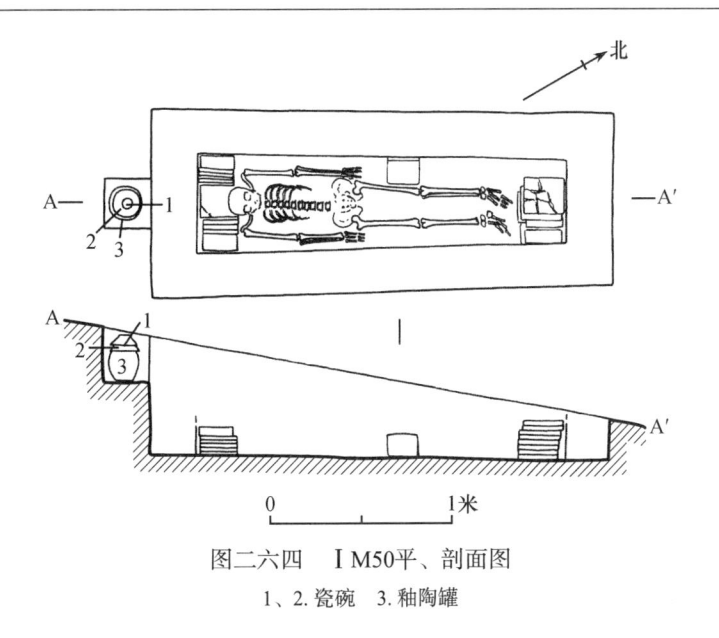

图二六四　ⅠM50平、剖面图
1、2.瓷碗　3.釉陶罐

唇，束颈，溜肩，上腹微鼓，下腹斜收，底内凹，底缘呈饼状外突。口径8.9、腹径13.6、底径9.2、高16厘米（图二六五，3；彩版三二，1，右）。

瓷碗　2件。红胎。足底素胎，余皆施釉。侈口，圆唇，斜直腹，平底，矮直圈足。外腹壁及内底部皆绘墨色灵芝草纹。ⅠM50:1，青釉。卷沿。口径14.8、足径6.3、高6厘米（图二六五，1；彩版三二，1，左）。ⅠM50:2，黄白釉。仰折沿，沿面较窄。口径14.8、足径5.8、高6.2厘米（图二六五，2；彩版三二，1，中）。

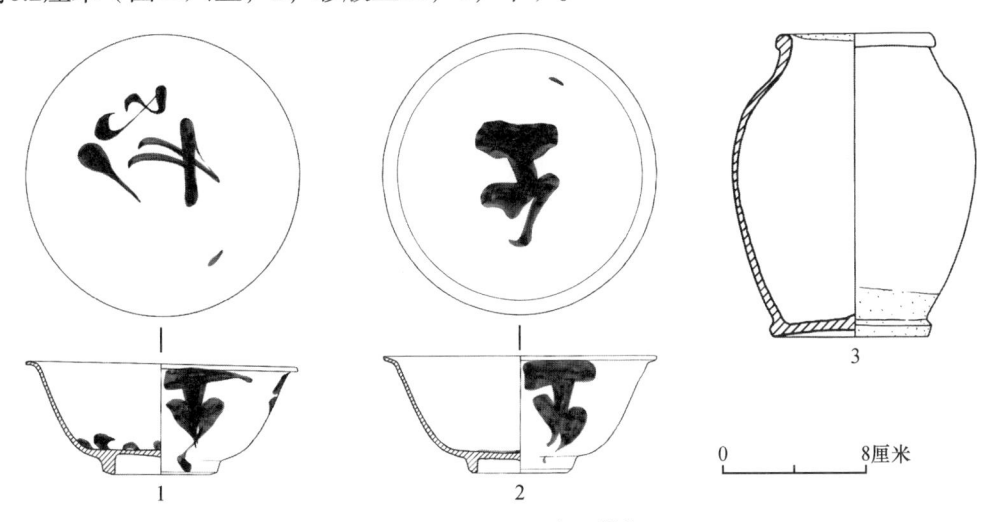

图二六五　ⅠM50出土器物
1、2.瓷碗（ⅠM50:1、ⅠM50:2）　3.釉陶罐（ⅠM50:3）

四、ⅠM51

位于Ⅰ区的西北部。方向220°。长方形竖穴土坑墓，口底等大，直壁。开口距地表约0.2米，墓长2.2、宽0.8~0.9、深0.55~1.1米。南壁中部距墓口约0.4米处设有一方形拱顶式壁龛，宽0.25、进深0.25、高0.2米。葬具为木质单棺，无椁，仅存朽痕。棺位于墓室中部，平面呈长方形，棺痕长1.82、宽0.46～0.5米。棺痕周围见四棱状棺钉，长0.1～0.25米。棺内有人骨一具，保存一般，头向西南，仰身直肢，性别为女性，年龄不详。棺内墓主头枕于叠置的小板瓦上。墓主头部左边出土铜钱按1件计，共4枚。墓主头前壁龛内摆放釉陶罐1件，瓷碗2件，两碗对扣直立的釉陶罐于中间（图二六六）。

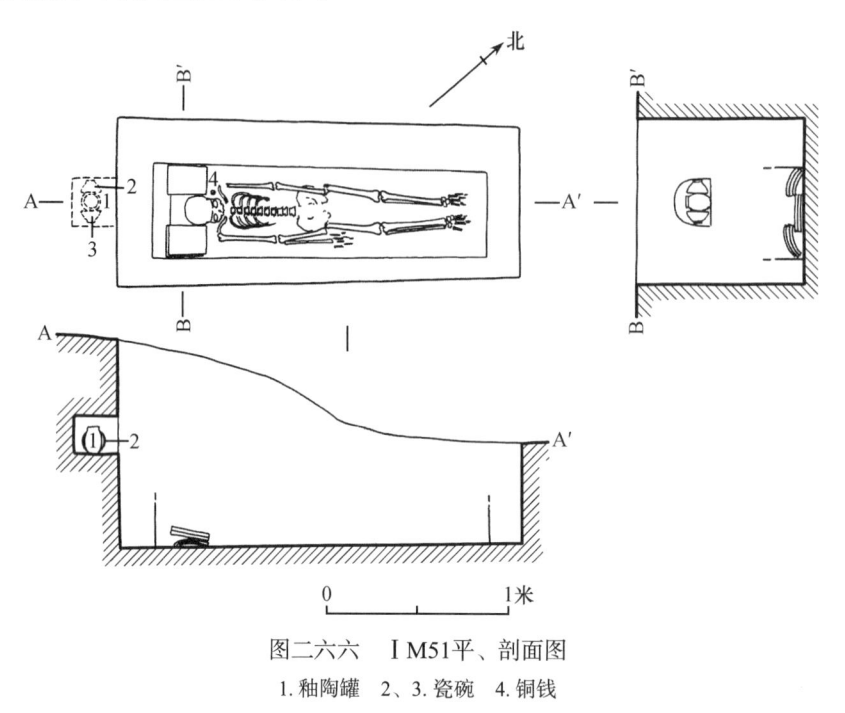

图二六六　ⅠM51平、剖面图
1.釉陶罐　2、3.瓷碗　4.铜钱

釉陶罐　1件。ⅠM51：1，灰胎。器表口部至上腹部施酱釉，余内外皆素胎。直口，方唇，矮领，溜肩，上腹微鼓，下腹斜收，底内凹，底缘呈饼状外突。上腹饰数道凹弦纹。口径8.7、腹径14.2、底径8.6、高14.6厘米（图二六七，3；彩版三二，2，右）。

瓷碗　2件。红胎。青黄釉，足底素胎。侈口，微仰折沿，沿面极窄，圆唇，斜直腹，平底，矮直圈足。外腹壁绘墨色海藻纹，内底部绘墨色君子兰花纹。ⅠM51：2，口径14.6、足径5.9、高6.1厘米（图二六七，1；彩版三二，2，中）。ⅠM51：3，口径14.8、足径5.9、高6.4厘米（图二六七，2；彩版三二，2，左）。

铜钱　1件计，4枚。分开元通宝、元丰通宝、洪武通宝三种。

开元通宝　2枚。ⅠM51：4-2，正面隶书字文，对读，穿、边郭较浅。直径2.4、穿边长0.6、厚0.1厘米（图版一〇〇，2）。

元丰通宝　1枚。ⅠM51：4-3，正面行书字文，旋读，边郭较宽。直径2.4、穿边长0.62、厚0.1厘米（图版一〇〇，3）。

洪武通宝　1枚。ⅠM51：4-1，正面楷书字文，对读，穿、边郭较浅。直径2.31、穿边长0.6、厚0.1厘米（图版一〇〇，1）。

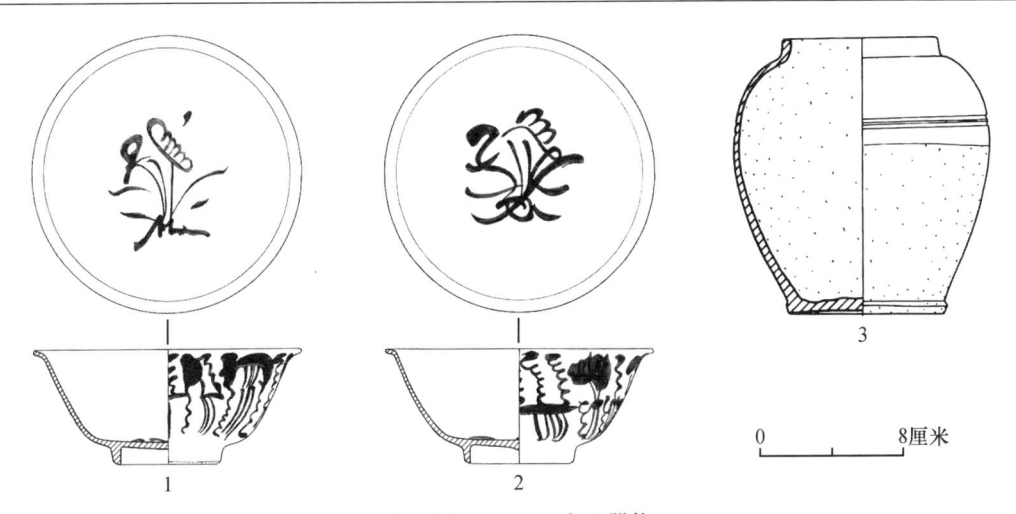

图二六七　ⅠM51出土器物

1、2. 瓷碗（ⅠM51：2、ⅠM51：3）　3. 釉陶罐（ⅠM51：1）

五、ⅠM52

位于Ⅰ区的西北部。方向240°。长方形竖穴土坑墓，口底等大，直壁。开口距地表约0.2米，墓长2.1、宽0.84~0.87、深0.58~1.14米。南壁中部距墓口约0.45米处设一方形拱顶式壁龛，宽0.4、进深0.3、高0.3米。葬具为木质单棺，仅存朽痕。棺位于墓室中部偏西，平面呈长方形，棺痕长1.84、宽0.44~0.54米。棺痕周围出土四棱状棺钉，长0.1~0.2米。棺内有人骨一具，保存较好，头向西南，仰身直肢，性别为男性，年龄不详。墓主头枕于叠置的数层小板瓦上。棺内出土铜钱按1件计，共4枚。墓主头前壁龛内摆放陶罐1件，瓷碗2件，两碗对扣直立的陶罐于中间（图二六八；彩版三一，1、2）。

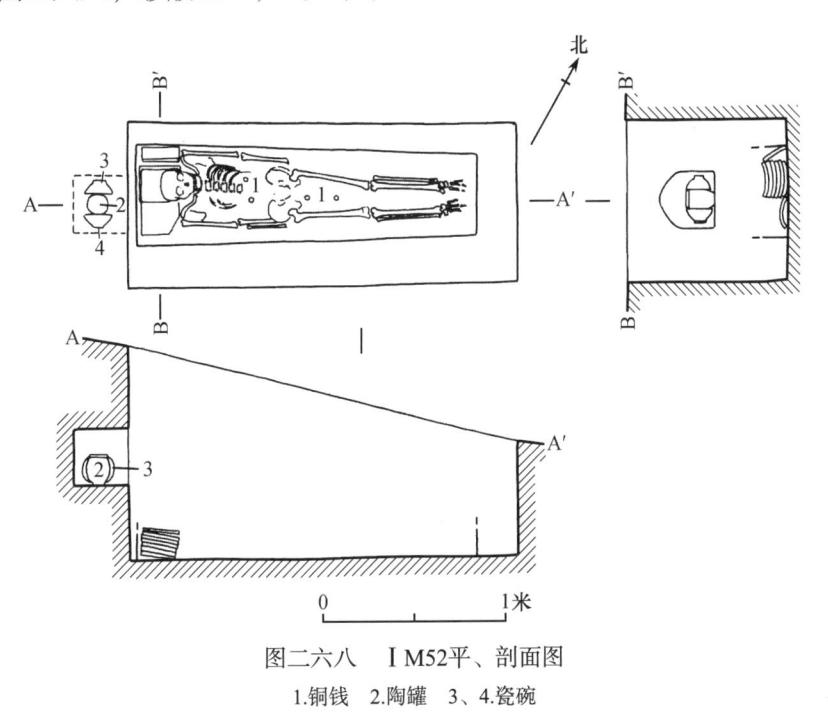

图二六八　ⅠM52平、剖面图

1. 铜钱　2. 陶罐　3、4. 瓷碗

陶罐　1件。ⅠM52：2，泥质灰陶。直口，圆方唇，矮领，溜肩，上腹微鼓，下腹斜收，大平底。素面。口径10、腹径14.3、底径8.8、高14厘米（图二六九，3；彩版三二，3，右）。

瓷碗　2件。白胎。白釉，白中泛青，足底素胎。侈口，圆唇，斜直腹，平底，矮直圈足。沿面绘点纹与交叉线纹相间，上腹壁绘由三道线条组成的波折纹，上下点缀以小草纹，中腹及下腹壁绘花草纹，内底部绘海草纹。ⅠM52：3，青花呈蓝黑色。口径15.5、足径6.1、通高6.2厘米（图二六九，1；彩版三二，3，中）。ⅠM52：4，青花呈浅蓝色。口径15.5、足径6.4、通高5.9厘米（图二六九，2；彩版三二，3，左）。

铜钱　1件计，4枚。分弘治通宝、大定通宝、政和通宝、熙宁元宝四种。

弘治通宝　1枚。ⅠM52：1-1，正面楷书字文，对读，边、穿郭清晰宽厚。直径2.31、穿边长0.5、厚0.1厘米（图版一〇〇，4）。

大定通宝　1枚。ⅠM52：1-2，正面楷书字文，对读，背面边、穿郭不甚明显，正面均较清晰。直径2.5、穿边长0.6、厚0.1厘米（图版一〇〇，5）。

政和通宝　1枚。ⅠM52：1-3，正面篆书字文，对读，边、穿郭明显。直径2.4、穿边长0.6、厚0.11厘米。

熙宁元宝　1枚。ⅠM52：1-4，"宁"字部分残，正面楷书字文，旋读，边、穿郭较宽。直径2.4、穿边长0.6、厚0.09厘米。

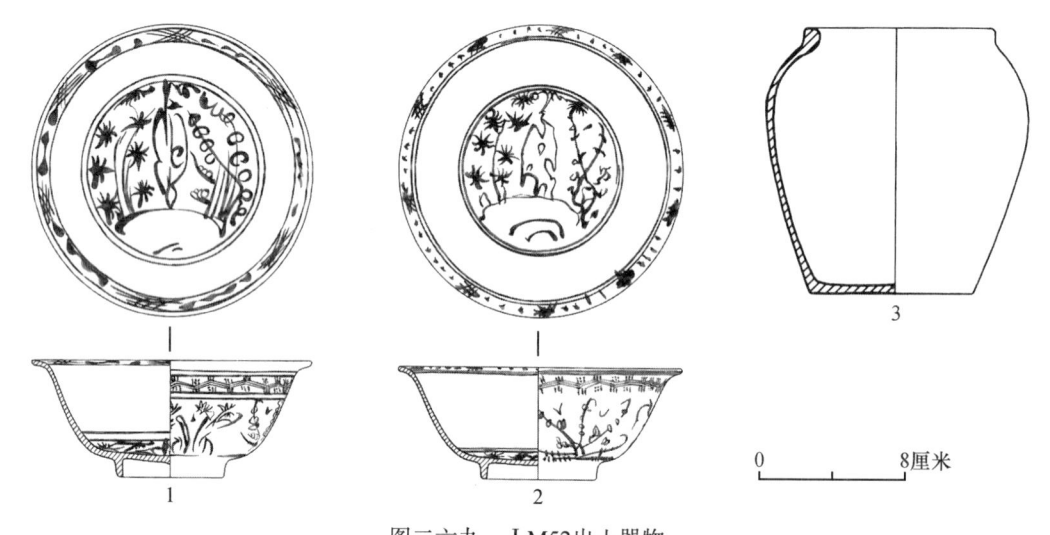

图二六九　ⅠM52出土器物
1、2.瓷碗（ⅠM52：3、ⅠM52：4）　3.陶罐（ⅠM52：2）

六、ⅠM64

位于Ⅰ区的西北部。南边打破M65。方向205°。长方形竖穴土坑墓，口底等大，直壁。开口距地表约0.25米，墓长2.5、宽0.8～0.95、深0.75～1.1米。南壁中部距墓底0.6米处设一方形拱顶式壁龛，宽0.3、进深0.28、高0.3米。葬具为木质单棺，仅存朽痕。棺位于墓室中部，平面呈长方形，棺痕长1.9、宽0.45～0.58米。棺痕周围出土四棱状棺钉，较长者一般长0.2～0.22、较短者长0.07～0.12米。棺内有人骨一具，保存较好，头向西南，仰身直肢，性别为女性，年龄不详。墓主头枕于板瓦上，板瓦长0.22、宽0.2米。墓主头前壁龛内摆放釉陶罐1件，瓷碗2件，两碗对扣直立的釉陶罐于中间，棺内出土铜钱按1件计，共7枚（图二七〇；彩版三一，3）。

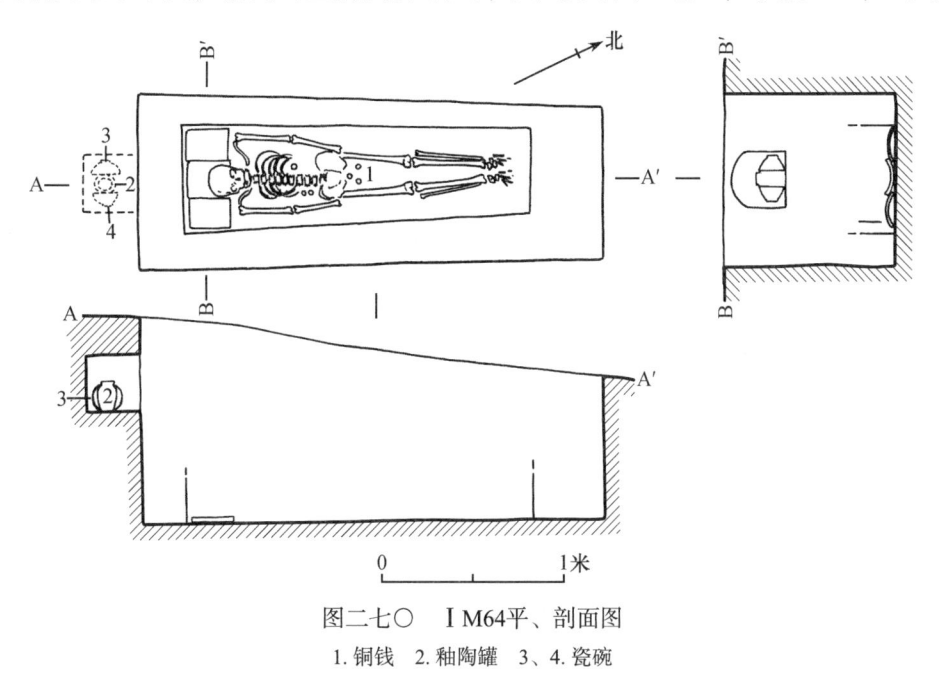

图二七〇　ⅠM64平、剖面图
1.铜钱　2.釉陶罐　3、4.瓷碗

釉陶罐　1件。ⅠM64∶2，红胎。下腹至底部露红瓷胎，余施黄褐色釉。卷沿，厚圆唇，束颈，溜肩，上腹微鼓，下腹斜收，底内凹，底缘呈饼状外突。口径9、腹径15.6、高18.9厘米（图二七一，3；彩版三二，4，右）。

瓷碗　2件。白胎。白釉，白中泛青。蓝色青花。敞口，尖唇，斜直腹，圜底，矮直圈足。内口部绘两道圈线纹，外腹壁绘缠枝花纹，内底部绘一朵牡丹花纹。ⅠM64∶3，口径10.5、足径5、高5.3厘米（图二七一，1；彩版三二，4，左）。ⅠM64∶4，口径10.4、足径5、高5.2厘米（图二七一，2；彩版三二，4，中）。

铜钱　1件计，7枚。分熙宁元宝、皇宋通宝、圣宋元宝、政和通宝、元祐通宝五种。边郭、穿郭均较宽而清晰。

熙宁元宝　2枚。ⅠM64∶1-2，正面楷书字文，旋读。直径2.3、穿边长0.6、厚0.1厘米（图版一〇〇，7）。ⅠM64∶1-1，正面隶书字文，旋读，字面不甚清晰。直径2.3、穿边长0.6、厚0.1厘米。

皇宋通宝　2枚。ⅠM64∶1-4，正面篆书字文，对读。直径2.5、穿边长0.65、厚0.1厘米（图版一〇〇，8）。ⅠM64∶1-3，正面楷书字文，对读。直径2.4、穿边长0.65、厚0.1厘米。

圣宋元宝　1枚。ⅠM64∶1-5，正面行书字文，旋读。直径2.35、穿边长0.6、厚0.1厘米（图版一〇〇，9）。

政和通宝　1枚。ⅠM64∶1-6，正面楷书字文，对读。直径2.4、穿边长0.7、厚0.1厘米（图版一〇〇，6）。

元祐通宝　1枚。ⅠM64∶1-7，正面篆书字文，旋读。直径2.45、穿边长0.7、厚0.1厘米（图版一〇〇，10）。

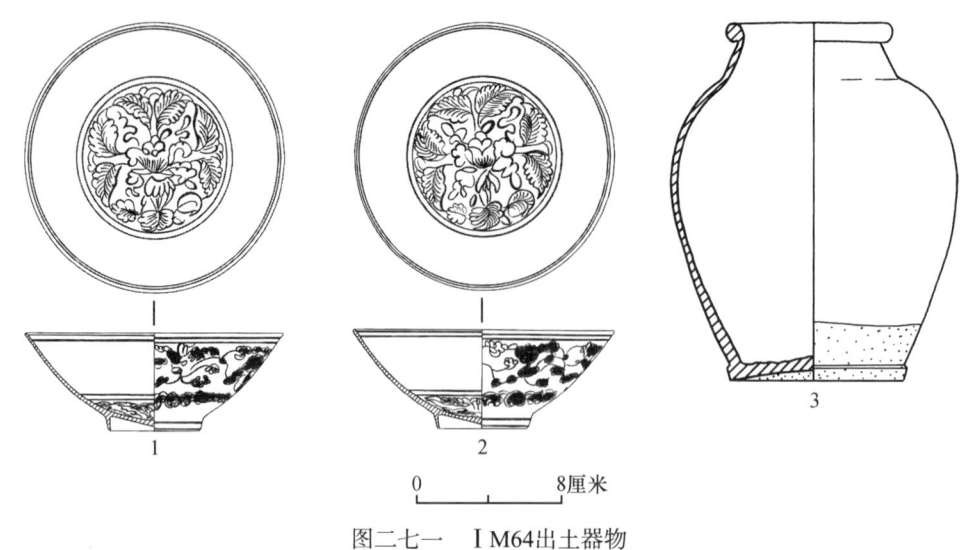

图二七一　ⅠM64出土器物
1、2. 瓷碗（ⅠM64：3、ⅠM64：4）　3. 釉陶罐（ⅠM64：2）

第二节　Ⅱ区明清墓葬

Ⅱ区的4座明清时期墓葬，皆系清代墓。除ⅡM34位于Ⅱ区的中部外，其他3座（ⅡM16、ⅡM37、ⅡM51）都位于Ⅱ区的东南部。

一、ⅡM16

位于Ⅱ区的东南部。方向340°。长方形竖穴土坑墓，口底等大，直壁。开口距地表约0.2米，墓长2.2、宽0.64~0.8、深0.54~0.7米。葬具为木质单棺，仅存朽痕。棺位于墓室中部，平面呈长方形，棺痕长1.72、宽0.36~0.52米。棺内有人骨一具，头向西北，仰身直肢，性别为女性，年龄不详。棺内北部头前叠置三撂小板瓦。无随葬品（图二七二）。

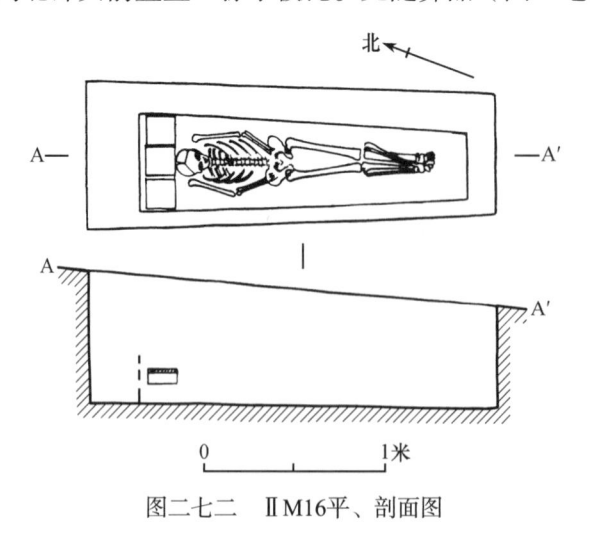

图二七二　ⅡM16平、剖面图

二、ⅡM34

位于Ⅱ区的中部。方向24°。长方形竖穴土坑墓，口底等大，直壁。开口距地表约0.2米，墓长1.74、宽0.64、深0.3～0.5米。墓内没有发现葬具与人骨。墓底南端有灰色陶瓦1片，北端置残砖1块，中部偏南出土骨器1件（图二七三）。

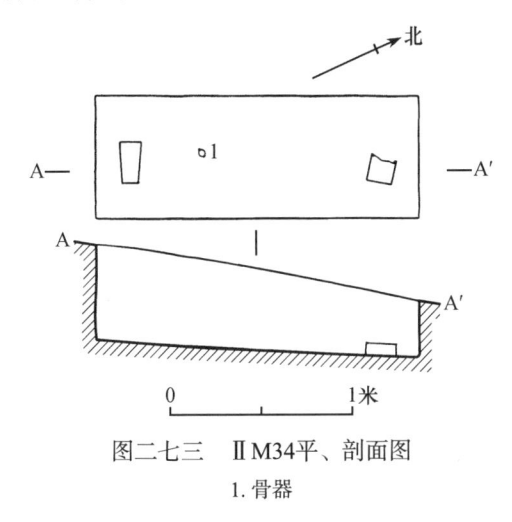

图二七三　ⅡM34平、剖面图
1. 骨器

骨器　1件。ⅡM34：1，上鼓下收，顶底皆平，中部有孔，从顶部穿至距底部0.5厘米处，靠上部两边各有一道凹槽，凹槽的两端各有一小圆孔对穿，呈双眼状，小圆孔下方阴线雕刻有一对向外的长卷云状图案，呈鼻形，使整体似一动物的脸部形态。口径0.7、底径1、高1.7厘米（图二七四；图版一〇〇，11）。

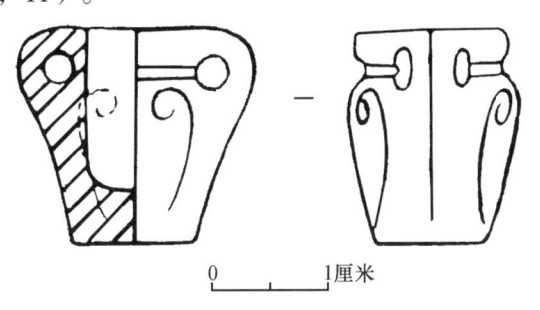

图二七四　ⅡM34出土骨器（ⅡM34：1）

三、ⅡM37

位于Ⅱ区的东南部。方向327°。长方形竖穴土坑墓，口底等大，直壁。开口距地表约0.25米，墓长2.02、宽0.6～0.7、深0.48～0.72米。墓内没有发现葬具，有人骨一具，保存较好。墓主头向西北，仰身直肢，性别、年龄不详。墓主头枕错缝叠置的小板瓦上，东北角紧贴墓壁处竖置一块陶方砖。出土咸丰通宝铜钱，按1件计，共2枚，分别位于棺内墓主右胸部与腹部（图二七五）。

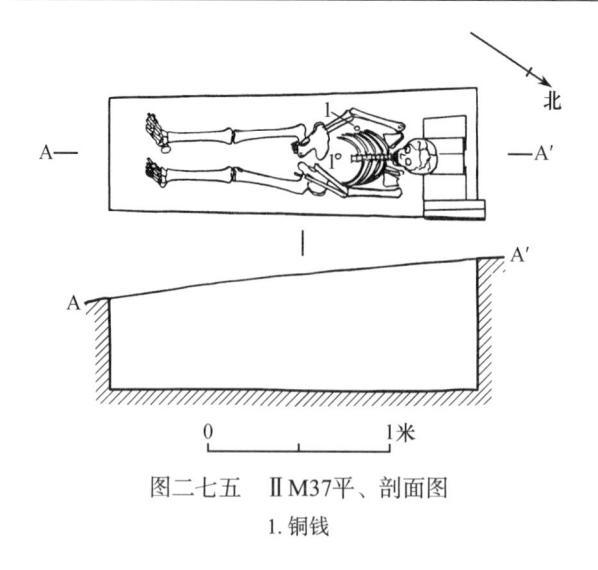

图二七五　ⅡM37平、剖面图
1. 铜钱

四、ⅡM51

位于Ⅱ区的东南部。打破西汉墓ⅡM41。方向25°。长方形竖穴土坑墓，口底等大，直壁。开口距地表约0.25米，墓长2.26、宽0.7~0.8、深0.6~0.9米。葬具为木质单棺，仅存朽痕。棺位于墓室中部，平面呈长方形，棺痕长1.8、宽0.4~0.52米。棺内有人骨一具，保存一般，头向东北，枕一块泥质灰陶板瓦，仰身直肢，性别、年龄不详。出土石环1件，位于墓主胸前靠下巴处（图二七六）。

石环　1件。ⅡM51：1，圆环形，鼓边，上下皆平坦，中间有一圆形小穿孔。外直径1.4、中孔直径0.4、厚0.2厘米（图二七七；图版一〇〇，12）。

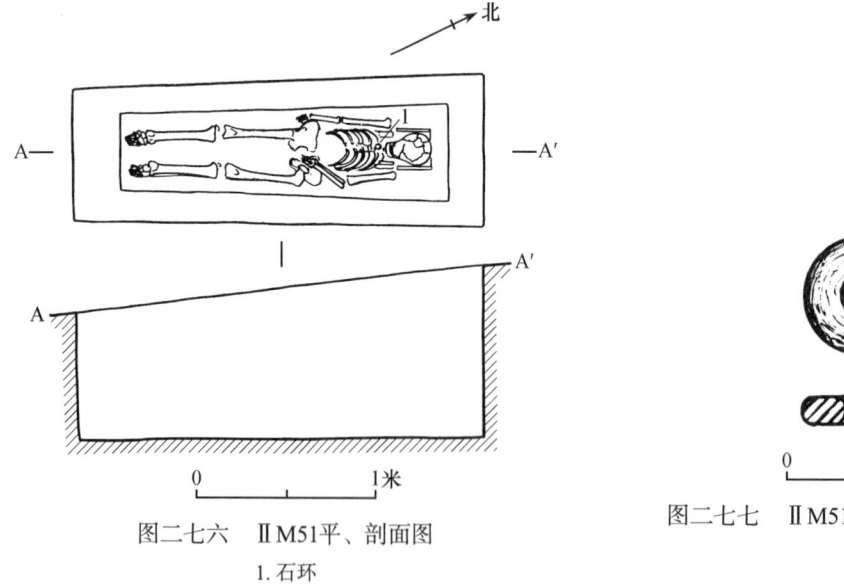

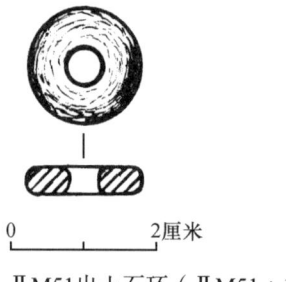

图二七六　ⅡM51平、剖面图
1. 石环

图二七七　ⅡM51出土石环（ⅡM51：1）

第四章　时代不明墓葬概述

莲花池墓地的时代不明墓葬共有6座（附表三），分别分布于Ⅰ、Ⅱ、Ⅲ区。其中，Ⅰ区2座，为ⅠM11和ⅠM48；Ⅱ区3座，为ⅡM20、ⅡM21和ⅡM46；Ⅲ区1座，为ⅢM1。这些墓葬都没有任何出土遗物，而且，墓葬形制或过于特别，或过于一般，因此，无法确认它们的时代。

第一节　Ⅰ区时代不明墓葬

一、ⅠM11

位于Ⅰ区东南部偏南。方向10°。长方形竖穴土坑墓，口大底小，南北两壁下端略呈袋形向外弧，近底部渐弧内收，东西两壁下端弧内收，墓底呈"U"形。开口距地表0.15~0.2米，墓长2.5、宽1.45、深1.7米。葬具为木质单棺，仅存朽痕。棺口部紧沿墓坑四壁，底部为半圆形。棺痕长2.2、宽1.3米。棺底有一条纵向垫木凹槽，凹槽内发现有朽木残痕，凹槽长1.6、宽0.25、深0.2米。棺内未发现人骨。无随葬品（图二七八）。

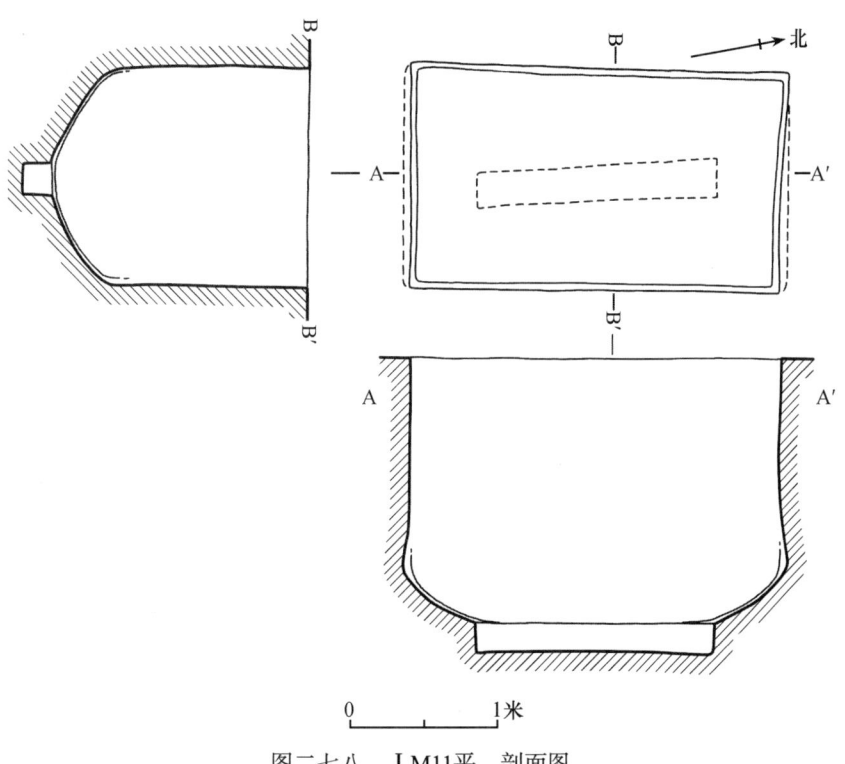

图二七八　ⅠM11平、剖面图

二、ⅠM48

位于Ⅰ区西北部偏北。方向22°。"凸"字形竖穴土坑墓，由墓道、墓室组成。墓道呈长方形，竖穴式，口底等大，直壁，朝向东北，南接墓室。开口距地表深0.2米，墓道长2.07、宽1.5～1.7、深0.2～0.4米。墓道内填黄褐色五花土，土质较硬。墓室平面呈椭圆形，上部已被严重破坏掉，残存墓室底部，墓壁弧收，底部较平，底部呈长方形。墓室口长3.6、宽2.72米，底长2.4、宽0.9米，深0.84～1.02米。墓室内被淤土填实，土质细腻。墓室内未发现葬具与人骨。无随葬品（图二七九）。

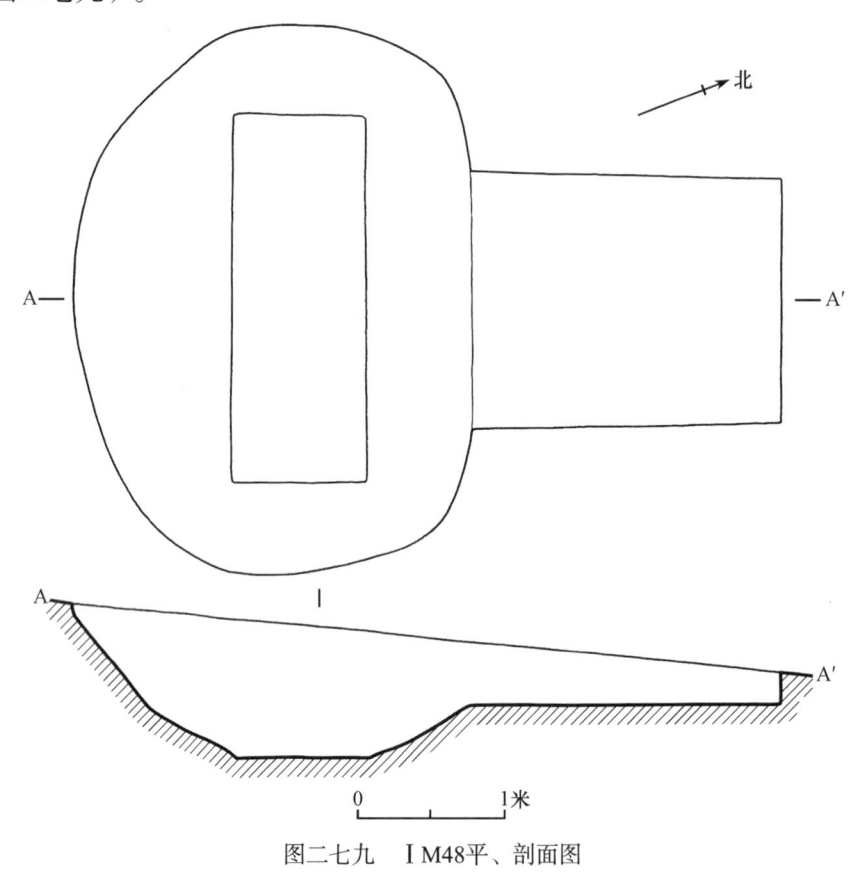

图二七九　ⅠM48平、剖面图

第二节　Ⅱ区时代不明墓葬

一、ⅡM20

位于Ⅱ区中部偏西北。方向28°。长方形竖穴土坑墓，口大底小，斜直壁内收。开口距地表约0.25米，墓口长2.9～3.1、宽1.9米，墓底长2、宽1.08米，深1.76米。墓壁有加工痕迹，加工粗糙，凹凸不平。填土为红褐色五花土，致密坚硬，包含少量石块。墓底未见葬具与人骨朽痕。无任何随葬品（图二八〇）。

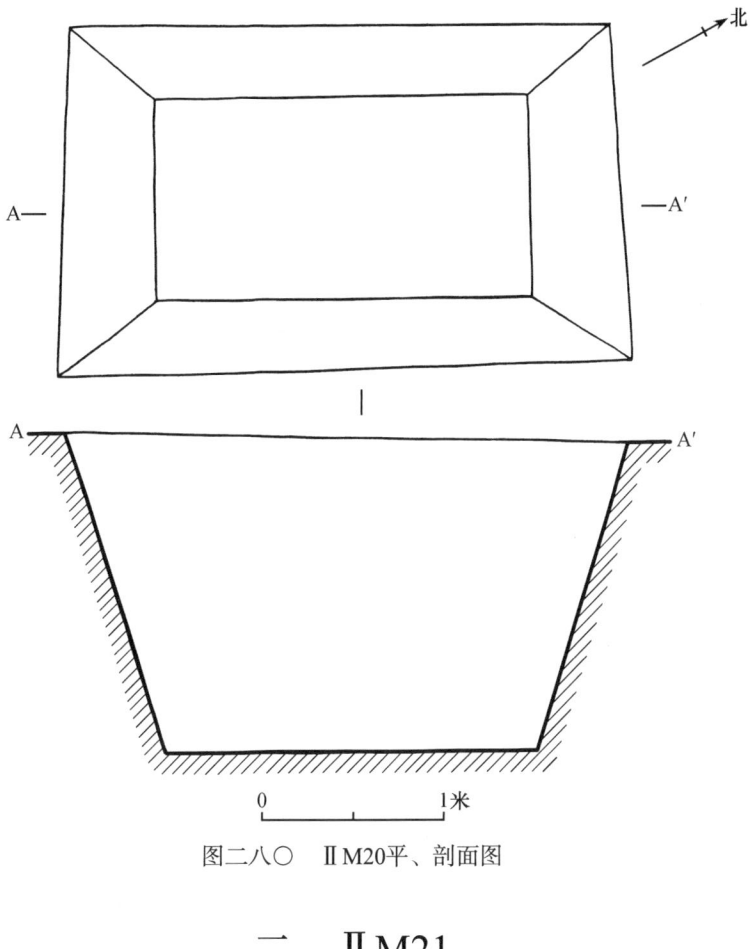

图二八〇　ⅡM20平、剖面图

二、ⅡM21

位于Ⅱ区中部偏西北。方向32°。长方形竖穴土坑墓，口大底小，斜直壁内收。开口距地表约0.25米，墓口长2.26、宽1.22米，墓底长1.86、宽1.1米，深0.8米。四壁粗糙，凹凸不平。填土为红褐色五花土，致密坚硬，包含有少量石块。未见葬具与人骨痕迹。无随葬品（图二八一）。

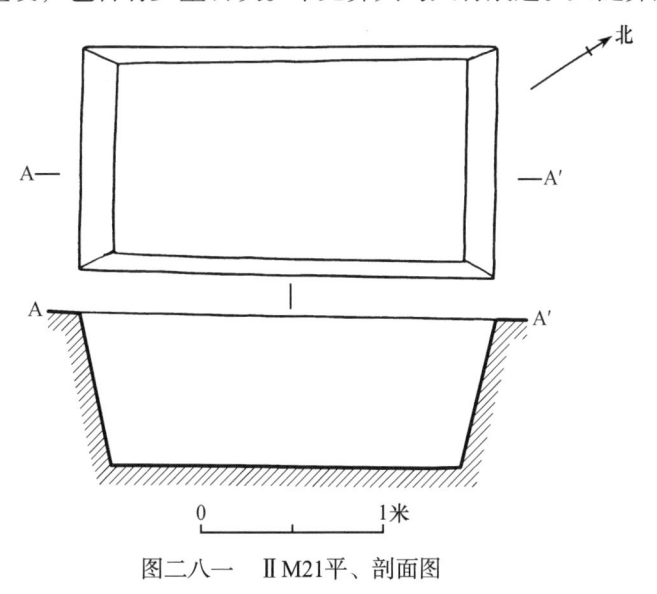

图二八一　ⅡM21平、剖面图

三、ⅡM46

此座墓葬，我们找不到任何相关的文字、图纸与发掘照片的单项记录，且库房中也不见有出土器物，因此其时代只能存疑。因为在工地原始总图上见有此墓，故我们选择保留其遗迹编号，也照原样将此墓保留于本书的Ⅱ区墓葬分布图上，其位于Ⅱ区西北部。

第三节 Ⅲ区时代不明墓葬

ⅢM1

位于Ⅲ区西北部，是本区位置最西北的一座墓。方向86°。不规则长方形竖穴土坑墓，口大底小，斜直壁内收。开口距地表约0.25米，墓口长2.64、宽1.6米，墓底长2.1～2.12、宽1.06～1.2米，深1.16～1.36米。墓内填黄褐色五花土，土质较硬，略带沙性。墓四壁经过较简略地加工，有粗糙的加工痕迹。墓底未见葬具与人骨朽痕。无随葬品（图二八二）。

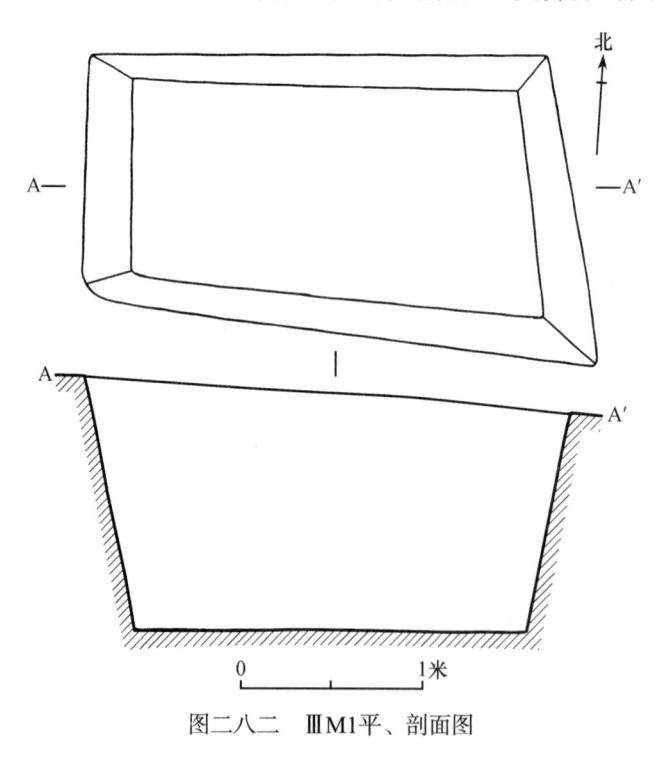

图二八二 ⅢM1平、剖面图

第五章 秦汉墓葬的分期与年代

莲花池墓地共发掘秦汉墓葬125座，出土各类随葬器物682件（套），包括陶器、铜器、铁器、骨器、石器、鹿角等，其中以陶器为大宗，共出土599件（套），其余质地器物出土数量则均较少。出土器物对于墓葬的分期与年代判定有着直接的意义，而陶器不仅占据了出土器物的绝大多数，也是器形随时间演变最为敏感的器物种类，因而我们对主要的出土陶器进行类型学研究。

第一节 随葬陶器的类型学研究

主要包括仿铜陶礼器类的鼎、盒、壶、小壶、钫、豆、杯、匜等，也有日用生活器类的双耳罐、釜、鍪、瓮、盆、甑、甗等，还有模型明器类的仓、井、灶等。在莲花池墓葬中，以上三类器物既有共存的情况，也有分别组合的情况。

一、仿铜陶礼器

1. 鼎

62件。依据腹部与底部的差异，可分二型。

A型 20件。腹部横宽，底部较平。依腹部与体型的差异，可以分为三亚型。

Aa型 6件。斜直腹，腹部与底部相接处硬折，腹较深。依据器盖与器身腹部的变化，可以分为二式。

Ⅰ式：4件。深腹，盖顶较平或微凹。标本ⅠM5:5（图二八三，2）、ⅠM12:4、ⅠM59:3、ⅡM49:7（图二八三，1）。

Ⅱ式：2件。腹部稍变浅，盖顶隆起。标本ⅠM62:3（图二八三，4）、ⅡM52:6（图二八三，3）。

器形变化特点：腹部由深变浅，盖顶由较平或平顶微凹逐渐隆起。

Ab型 13件。上腹较直，下腹弧收，腹部与底部相接处呈弧形，腹部较浅。依据器盖与器身腹部的变化，可以分为四式。

Ⅰ式：2件。腹部最浅，盖顶微隆起，盖顶至腹底深度最浅。标本ⅡM2:5（图二八三，6）、ⅡM41:2（图二八三，5）。

Ⅱ式：5件。腹部变深，盖顶明显隆起，盖顶至腹底深度变深。标本ⅡM13：5（图二八三，7）、ⅡM14：3（图二八三，8）、ⅡM14：4、ⅡM17：4、ⅢM11：3。

Ⅲ式：5件。腹部进一步加深，盖顶隆起较高，盖顶至腹底深度进一步变深。标本ⅠM8：12（图二八三，10）、ⅠM9：7、ⅠM17：2、ⅢM3：6（图二八三，9）、ⅢM3：7。

Ⅳ式：1件。腹部最深，盖顶隆起较高，盖顶至腹底深度较深。标本ⅠM7：7（图二八三，11）。

器形变化特点：腹部由浅逐渐变深，盖顶由较平或微弧逐渐隆起，盖顶至腹底的深度由浅

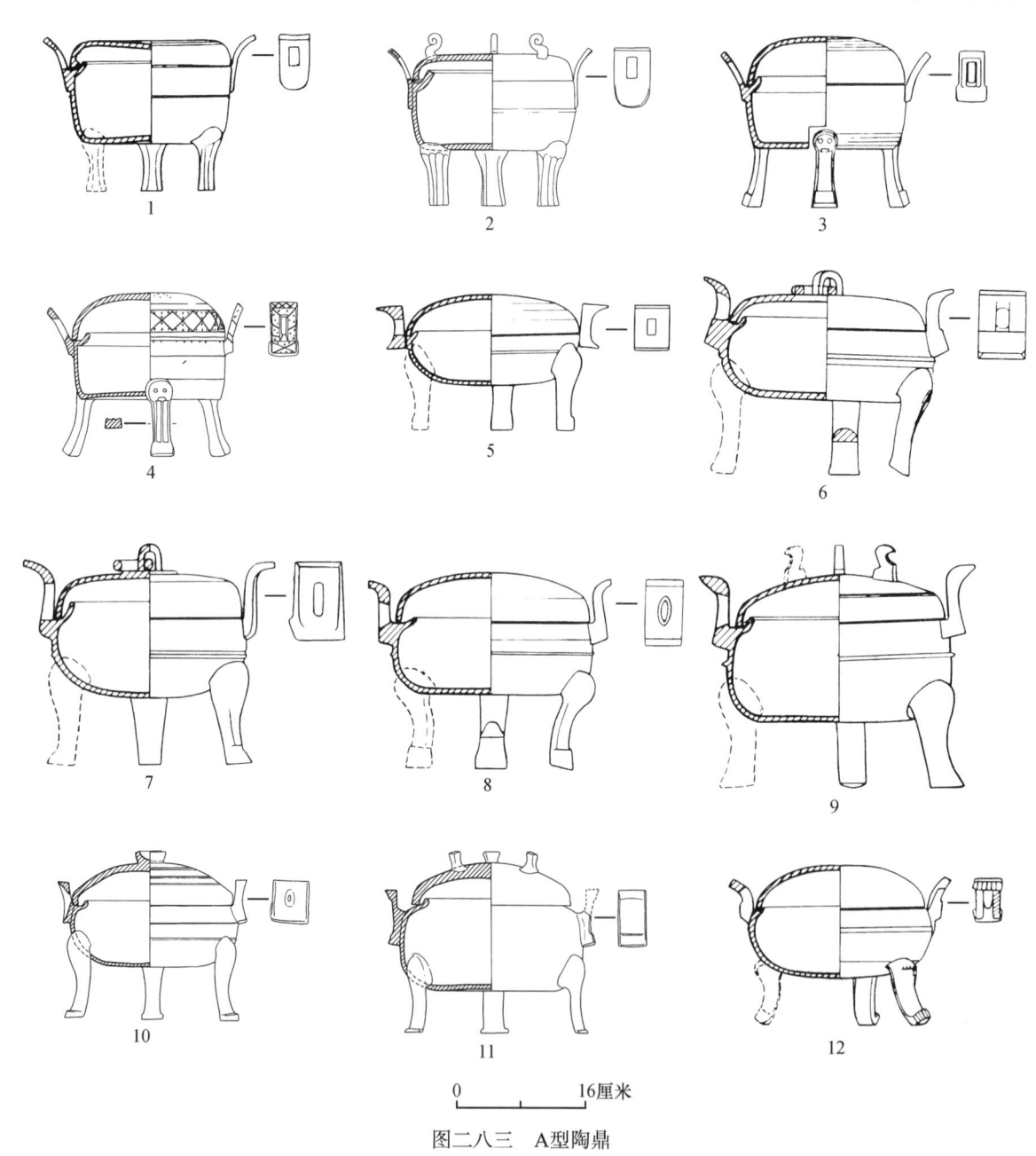

图二八三　A型陶鼎

1、2. Aa型Ⅰ式（ⅡM49：7、ⅠM5：5）　3、4. Aa型Ⅱ式（ⅡM52：6、ⅠM62：3）
5、6. Ab型Ⅰ式（ⅡM41：2、ⅡM2：5）　7、8. Ab型Ⅱ式（ⅡM13：5、ⅡM14：3）
9、10. Ab型Ⅲ式（ⅢM3：6、ⅠM8：12）　11. Ab型Ⅳ式（ⅠM7：7）　12. Ac型（ⅢM21：7）

逐渐变深。

Ac型 1件。弧腹，腹较浅。标本ⅢM21：7（图二八三，12）。

B型 42件。腹部纵深，圜底或近圜底。依据腹部、底部与体型的差异，可以分为三亚型。

Ba型 32件。体型总体偏大，圆球形腹，下腹弧收较缓，浅圜底近平或少量平底。依腹部的变化，可以分为四式。

Ⅰ式：5件。腹部稍浅，盖顶无纽，蹄足较矮，体型稍显小。标本ⅡM2：6（图二八四，1）、ⅡM10：10、ⅡM19：2、ⅡM23：6、ⅡM45：7（图二八四，2）。

Ⅱ式：7件。腹部变深，盖顶无纽，蹄足肥矮，体型稍增大。标本ⅡM1：3（图二八四，3）、ⅡM18：2、ⅡM22：7（图二八四，4）、ⅡM22：8、ⅡM23：9、ⅡM38：4、ⅡM40：2。

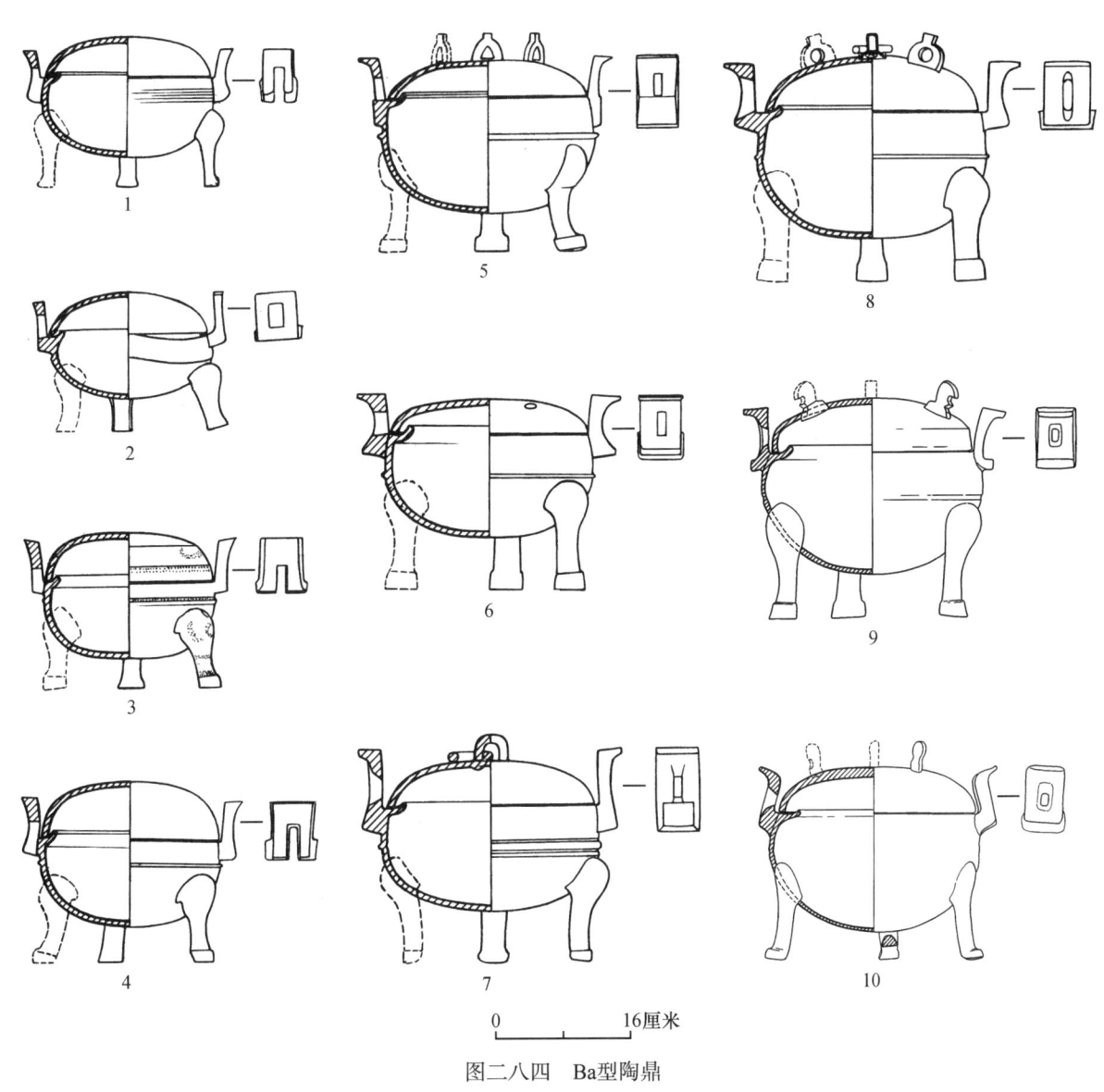

图二八四 Ba型陶鼎

1、2．Ⅰ式（ⅡM2：6、ⅡM45：7） 3、4．Ⅱ式（ⅡM1：3、ⅡM22：7）
5~8．Ⅲ式（ⅢM9：4、ⅢM10：12、ⅢM16：2、ⅡM39：1） 9、10．Ⅳ式（ⅠM14：10、ⅠM55：1）

Ⅲ式：17件。腹部较深，盖顶多数有纽，蹄足稍增粗增高，体型变大。标本ⅡM39：1（图二八四，8）、ⅢM6：2、ⅢM6：4、ⅢM7：6、ⅢM7：7、ⅢM9：3、ⅢM9：4（图二八四，5）、ⅢM10：11、ⅢM10：12（图二八四，6）、ⅢM12：4、ⅢM12：5、ⅢM16：1、ⅢM16：2（图二八四，7）、ⅢM18：5、ⅢM18：7、ⅢM19：3、ⅢM19：4。

Ⅳ式：3件。深腹，盖顶有纽，蹄足较高，体型进一步变大。标本ⅠM14：10（图二八四，9）、ⅠM14：12、ⅠM55：1（图二八四，10）。

器形变化特点：腹部由浅逐渐变深，盖顶由无纽到有纽，足部由矮蹄足逐渐增高，体型由小逐渐增大。

Bb型　8件。体型总体偏大，扁球形腹，下腹弧收较甚，深圜底。依腹部的变化，可以分为四式。

Ⅰ式：1件。腹部较浅，底部较平缓，体型稍小。标本ⅡM1：8（图二八五，1）。

Ⅱ式：2件。腹部稍变深，底部略尖圜，体型较大。标本ⅡM10：5（图二八五，2）、ⅡM15：3（图二八五，3）。

Ⅲ式：2件。腹部较深，底部尖圜，体型较大。标本ⅡM9：6（图二八五，4）、ⅢM15：4。

Ⅳ式：3件。深腹，底部尖圜，体型较大。标本ⅢM2：2（图二八五，5）、ⅢM8：4（图二八五，6）、ⅢM8：5。

器形变化特点：腹部由浅逐渐变深，底部由平缓逐渐变尖圜，体型逐渐增大。

Bc型　2件。体型较小，椭圆形腹，下腹缓弧收，圜底较平缓。标本ⅢM20：5（图二八六，1）、ⅢM20：6（图二八六，2）。

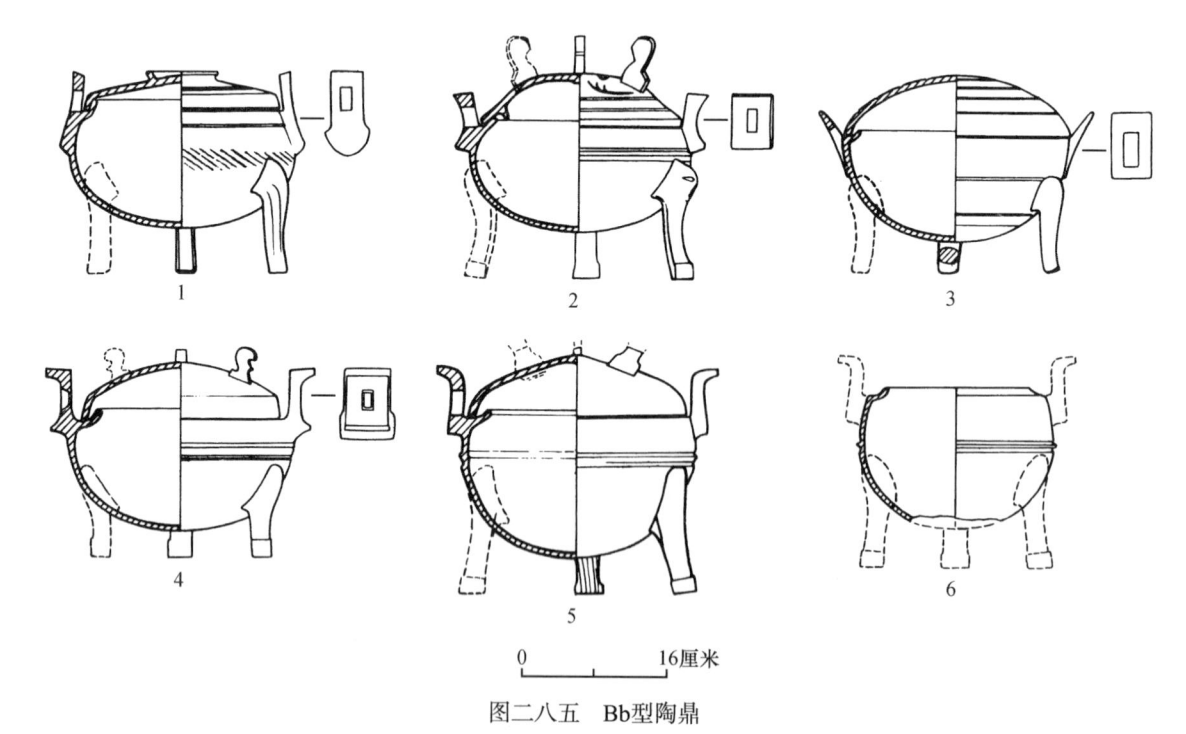

图二八五　Bb型陶鼎
1. Ⅰ式（ⅡM1：8）　2、3. Ⅱ式（ⅡM10：5、ⅡM15：3）　4. Ⅲ式（ⅡM9：6）　5、6. Ⅳ式（ⅢM2：2、ⅢM8：4）

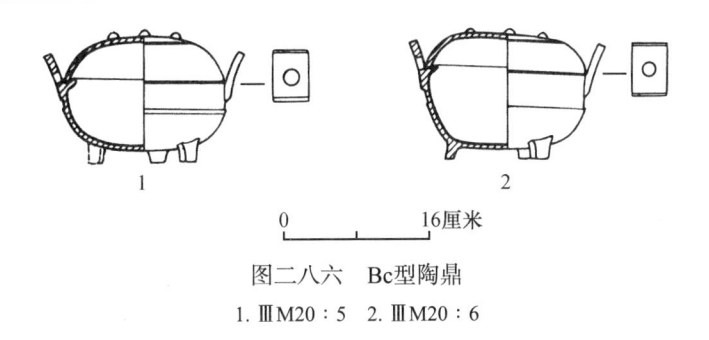

图二八六　Bc型陶鼎
1. ⅢM20∶5　2. ⅢM20∶6

2. 盒

58件。有52件复原或接近复原，6件不能完整复原，其中3件（ⅡM38∶7、ⅡM41∶4、ⅢM3∶4）失盒身，2件（ⅡM10∶3、ⅡM40∶1）失盒盖，1件（ⅡM2∶1）盒身与盒盖均过于破碎不能修复。除去已失盒身之外的3件和不能修复的1件，可分为两大类：甲类，平底盒；乙类，圈足盒。其中平底盒40件，圈足盒14件。

（1）甲类

40件。平底盒，底部较平或微凹。除ⅡM40∶1因失盒盖不能参与分型分式外，其余39件依据器盖与整体形态的不同，可以分为四型。

A型　34件。碗形盒盖与盒身相扣。依据盒盖顶部的宽窄与器物整体的形态差异，可以分为三亚型。

Aa型　31件。盖顶较宽，整体较矮胖。依据盒盖顶部圈足捉手、盖腹部与器物整体形态的变化，可以分为五式。

Ⅰ式：2件。盖直腹，极深，顶部圈足捉手甚宽，盖与身素面或饰彩绘图案。标本ⅠM62∶2（图二八七，1）、ⅡM52∶5（图二八七，2）。

Ⅱ式：10件。盖直腹，稍变浅，顶部圈足捉手较大，盖与身皆饰多道凹弦纹。标本ⅡM1∶5、ⅡM9∶5、ⅡM10∶2（图二八七，3）、ⅡM14∶7、ⅡM22∶5、ⅡM22∶6（图二八七，4）、ⅡM23∶4、ⅡM23∶8、ⅡM43∶4、ⅡM45∶2（图二八七，5）。

Ⅲ式：8件。盖弧腹，较深，顶部圈足捉手稍缩小，盖与身皆饰多道凹弦纹。标本ⅠM8∶9、ⅡM7∶4、ⅢM10∶9（图二八七，6）、ⅢM10∶10、ⅢM13∶1、ⅢM16∶5、ⅢM18∶3、ⅢM18∶4（图二八七，7）。

Ⅳ式：8件。盖弧腹，较浅，顶部圈足捉手较小，器形略显不规整，少量饰凹弦纹。标本ⅠM9∶12（图二八七，10）、ⅠM14∶5、ⅠM17∶4、ⅠM55∶2（图二八七，11）、ⅡM13∶3（图二八七，8）、ⅡM14∶8、ⅢM2∶1（图二八七，9）、ⅢM3∶1。

Ⅴ式：3件。盖浅弧腹，甚浅，顶部圈足捉手消失，盖与身凹弦纹趋近消失。标本ⅢM20∶3、ⅢM20∶4（图二八七，13）、ⅢM21∶6（图二八七，12）。

器形变化特点：盖由直腹逐渐变为浅弧腹，深度由深逐渐变浅，顶部圈足捉手由甚宽逐渐缩小至于消失，盖与身器表由不饰凹弦纹至突然饰多道凹弦纹，复逐渐减少并最终趋近消失。

Ab型　2件。盖顶较宽，整体较瘦高。标本ⅢM8∶6（图二八七，14）、ⅢM8∶7（图二八七，15）。

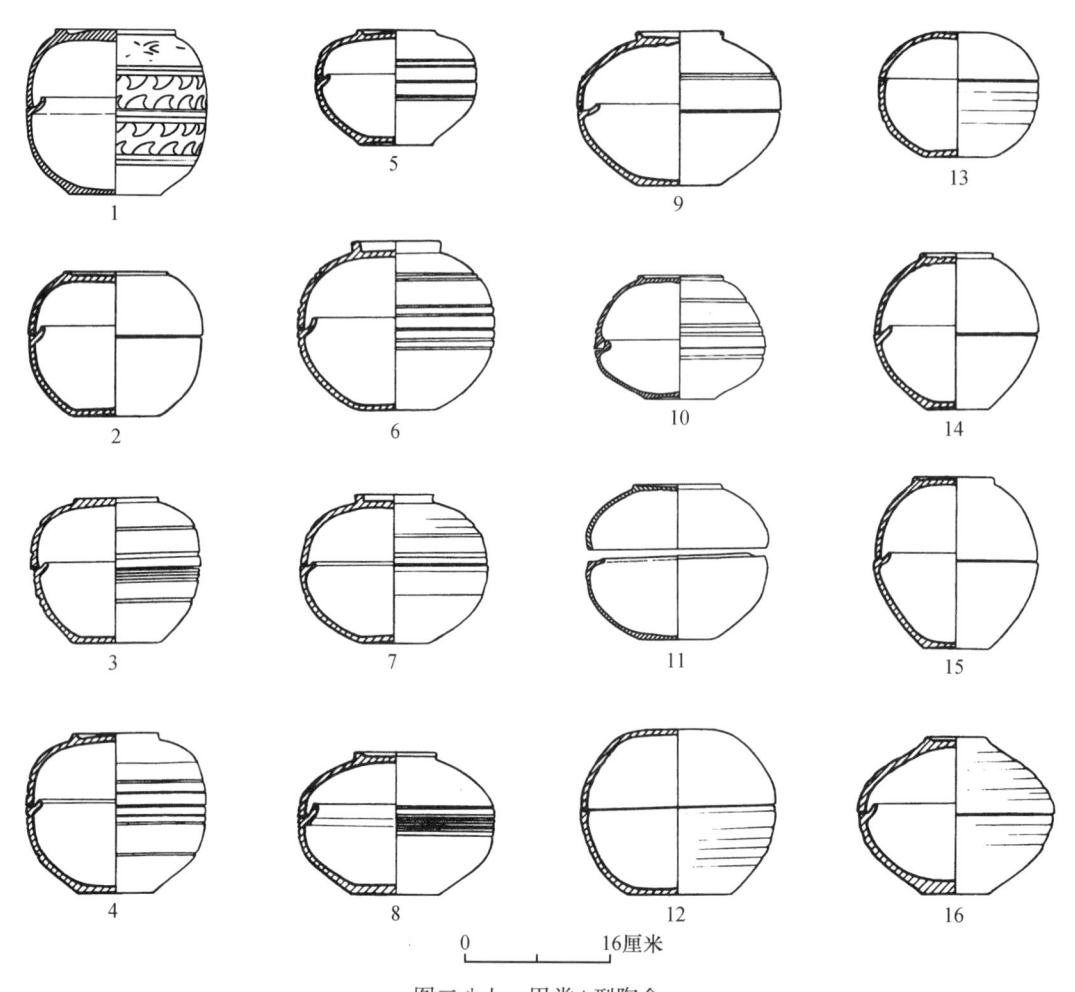

图二八七 甲类A型陶盒

1、2. Aa型Ⅰ式（ⅠM62：2、ⅡM52：5） 3~5. Aa型Ⅱ式（ⅡM10：2、ⅡM22：6、ⅡM45：2）
6、7. Aa型Ⅲ式（ⅢM10：9、ⅢM18：4） 8~11. Aa型Ⅳ式（ⅡM13：3、ⅢM2：1、ⅠM9：12、ⅠM55：2）
12、13. Aa型Ⅴ式（ⅢM21：6、ⅢM20：4） 14、15. Ab型（ⅢM8：6、ⅢM8：7） 16. Ac型（ⅡM17：6）

Ac型　1件。盖顶较窄，整体形态介于矮胖与瘦高之间。标本ⅡM17：6（图二八七，16）。
B型　2件。盆形盒盖与盒身。依据整体形态的差异，可分为二亚型。
Ba型　1件。盖顶较窄，盖腹为曲腹，体型较高大。标本ⅡM27：2（图二八八，3）。
Bb型　1件。盖顶较宽，盖腹为浅弧腹，体型较矮胖。标本ⅡM30：3（图二八八，4）。
C型　2件。钵形盒盖与盒身。标本ⅠM6：3（图二八八，1）、ⅠM31：3（图二八八，2）。
D型　1件。浅碟形盒盖，钵形盒身。标本ⅠM7：1（图二八八，5）。

（2）乙类

14件。圈足盒，底部有矮圈足。除ⅡM10：3因失盒盖不能参与分型分式外，其余13件依据器盖与整体形态的不同，可以分为二型。

A型　11件。盖顶较宽，盖腹部较深。依据盒盖顶部圈足捉手、盖腹部与器物整体形态的变化，可以分为二式。

Ⅰ式：1件。盖直腹，较深，顶部圈足捉手较大。标本ⅡM39：2（图二八九，1）。

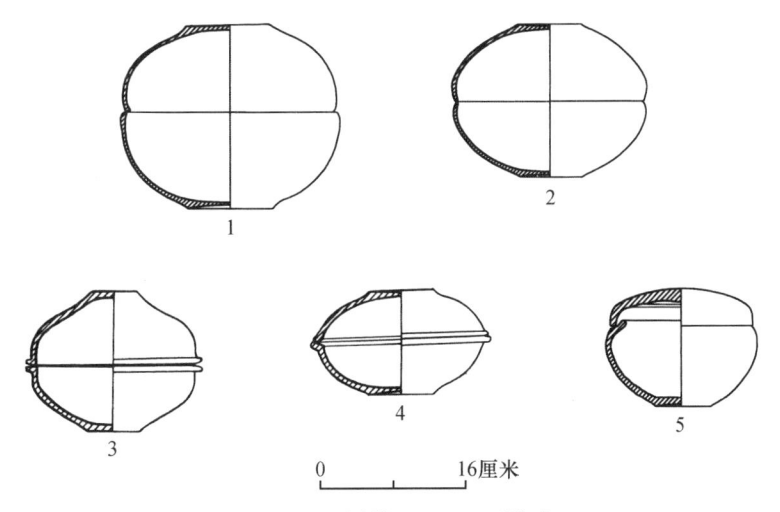

图二八八　甲类B、C、D型陶盒
1、2.C型（ⅠM6∶3、ⅠM31∶3）　3.Ba型（ⅡM27∶2）　4.Bb型（ⅡM30∶3）
5.D型（ⅠM7∶1）

Ⅱ式：10件。盖弧腹，腹变浅，顶部圈足捉手变小。标本ⅡM19∶6、ⅡM54∶1、ⅢM6∶7（图二八九，2）、ⅢM6∶8、ⅢM7∶2、ⅢM7∶3（图二八九，3）、ⅢM9∶1、ⅢM11∶2（图二八九，4）、ⅢM12∶1、ⅢM12∶3。

器形变化特点：盖由直腹变为弧腹，深度由深变浅，顶部圈足捉手逐渐变小。

B型　2件。盖顶较窄，盖腹部较浅。依据盒盖顶部圈足捉手、盖腹部与器物整体形态的变化，可以分为二式。

Ⅰ式：1件。盖斜弧腹，腹部较深，顶部圈足捉手较大。标本ⅡM15∶2（图二八九，5）。

Ⅱ式：1件。盖浅弧腹，腹部极浅，顶部圈足捉手变小。标本ⅢM9∶2（图二八九，6）。

器形变化特点：盖由斜弧腹变为浅弧腹，深度由深变浅，顶部圈足捉手逐渐变小。

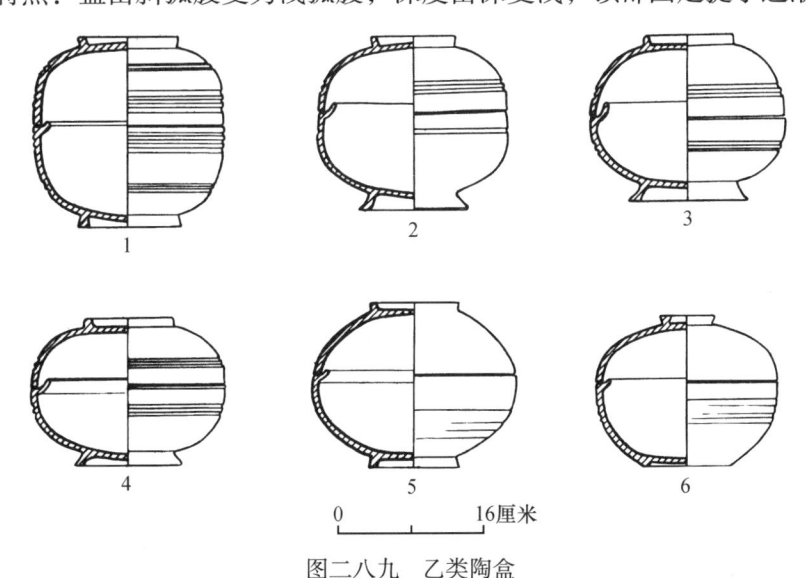

图二八九　乙类陶盒
1.A型Ⅰ式（ⅡM39∶2）　2~4.A型Ⅱ式（ⅢM6∶7、ⅢM7∶3、ⅢM11∶2）
5.B型Ⅰ式（ⅡM15∶2）　6.B型Ⅱ式（ⅢM9∶2）

3. 壶

66件。可分为甲类圈足壶与乙类假圈足壶两大类，其中圈足壶61件，有59件复原或接近复原，2件（ⅡM38：1、ⅢM20：2）过于破碎未能修复，假圈足壶5件。

（1）甲类

61件。圈足壶。除去ⅡM38：1、ⅢM20：2两件过于破碎不能参与分型分式外，其余59件依据整体形态的不同，可以分为四型。

A型　7件。器体细高。依据口部、颈部与腹部的变化，可以分为二式。

Ⅰ式：5件。侈口，粗高直颈，鼓腹。标本ⅠM1：2（图二九〇，1）、ⅠM5：1、ⅠM12：3、ⅠM59：2、ⅡM49：8（图二九〇，2）。

Ⅱ式：2件。浅盘口，颈部变细变短，腹部变胖，鼓腹微垂。标本ⅠM62：4（图二九〇，3）、ⅡM52：4（图二九〇，4）。

器形变化特点：口部由侈口变为盘口，颈部由粗高变细短，腹部变胖，并有逐渐被压扁的趋势，由鼓腹变为鼓垂腹。

B型　41件。器体瘦高。主要依据腹部形态的差异，可以分为球形腹和茧形腹二亚型。

Ba型　35件。球形腹。主要依据口部、颈部、腹部与整体形态的变化，可以分为四式。

Ⅰ式：7件。喇叭形口，腹部较瘦。标本ⅡM1：4、ⅡM2：3（图二九一，1）、

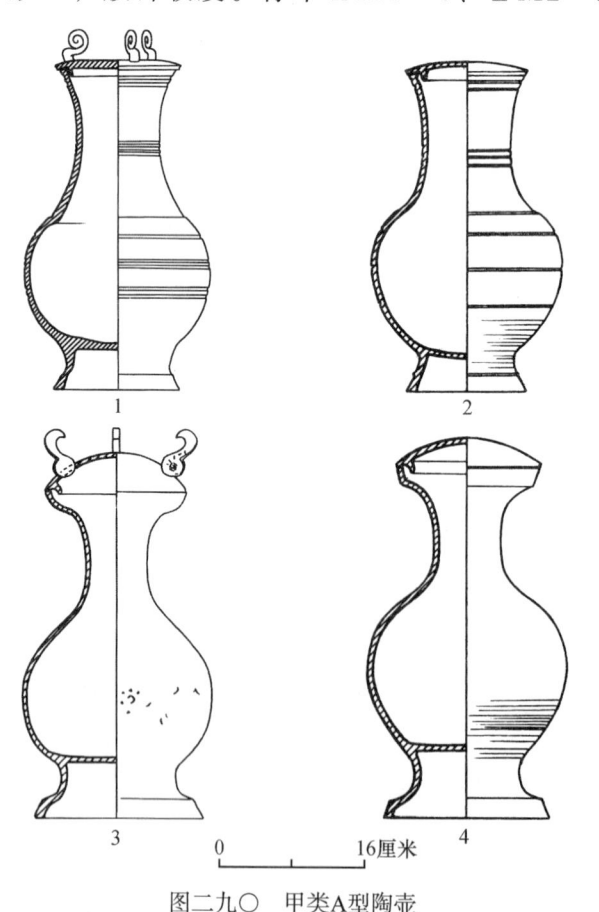

图二九〇　甲类A型陶壶
1、2.A型Ⅰ式（ⅠM1：2、ⅡM49：8）　3、4.A型Ⅱ式（ⅠM62：4、ⅡM52：4）

第五章　秦汉墓葬的分期与年代

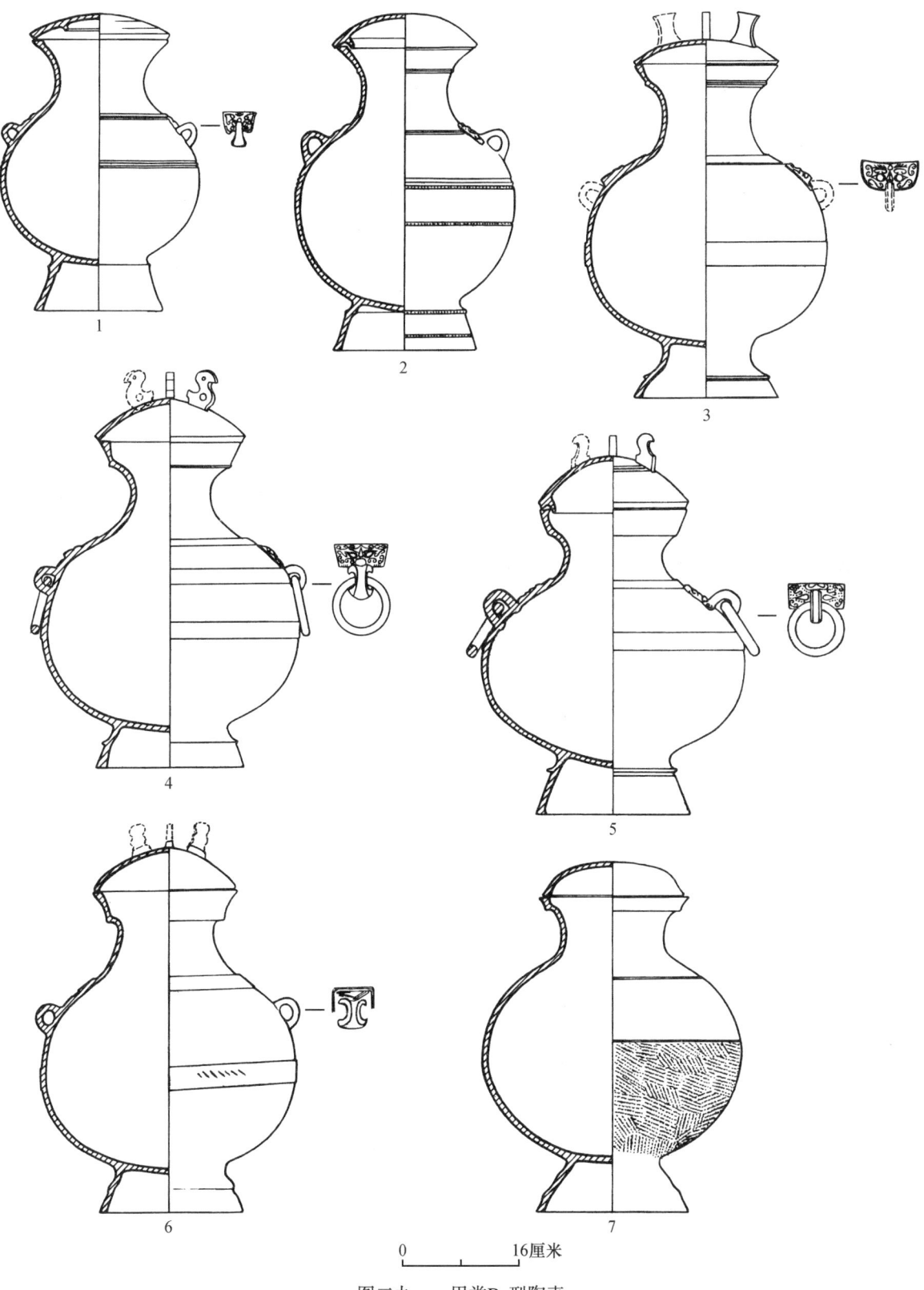

图二九一　甲类Ba型陶壶
1、2. Ⅰ式（ⅡM2:3、ⅡM22:3）　3、4. Ⅱ式（ⅢM9:8、ⅢM16:4）
5、6. Ⅲ式（ⅢM3:2、ⅢM8:1）　7. Ⅳ式（ⅢM21:1）

ⅡM22：2、ⅡM22：3（图二九一，2）、ⅡM23：1、ⅡM23：2、ⅡM41：5。

Ⅱ式：21件。微盘口，腹部变胖。标本ⅠM9：9、ⅡM7：1、ⅡM9：2、ⅡM14：1、ⅡM14：2、ⅡM39：4、ⅡM42：1、ⅡM43：1、ⅡM54：4、ⅢM6：1、ⅢM6：6、ⅢM7：9、ⅢM7：10、ⅢM9：7、ⅢM9：8（图二九一，3）、ⅢM10：1、ⅢM10：4、ⅢM11：4、ⅢM12：6、ⅢM12：7、ⅢM16：4（图二九一，4）。

Ⅲ式：5件。深盘口，腹部进一步变胖。标本ⅢM2：6、ⅢM3：2（图二九一，5）、ⅢM3：3、ⅢM8：1（图二九一，6）、ⅢM8：2。

Ⅳ式：2件。盘口复变浅，腹部极胖，呈扁鼓腹。标本ⅢM21：1（图二九一，7）、ⅢM21：2。

器形变化特点：口部由喇叭形经微盘口形成深盘口，复变为浅盘口；腹部逐渐增胖，并有逐渐被压扁的趋势，由显纵长的圆球腹逐渐变为显横宽的扁鼓腹。

Bb型 6件。茧形腹。依据口部与腹部的变化，可以分为三式。

Ⅰ式：1件。微盘口，腹部较胖。标本ⅡM19：1（图二九二，1）。

Ⅱ式：4件。深盘口，腹部变胖。标本ⅠM8：14（图二九二，2）、ⅠM14：15（图

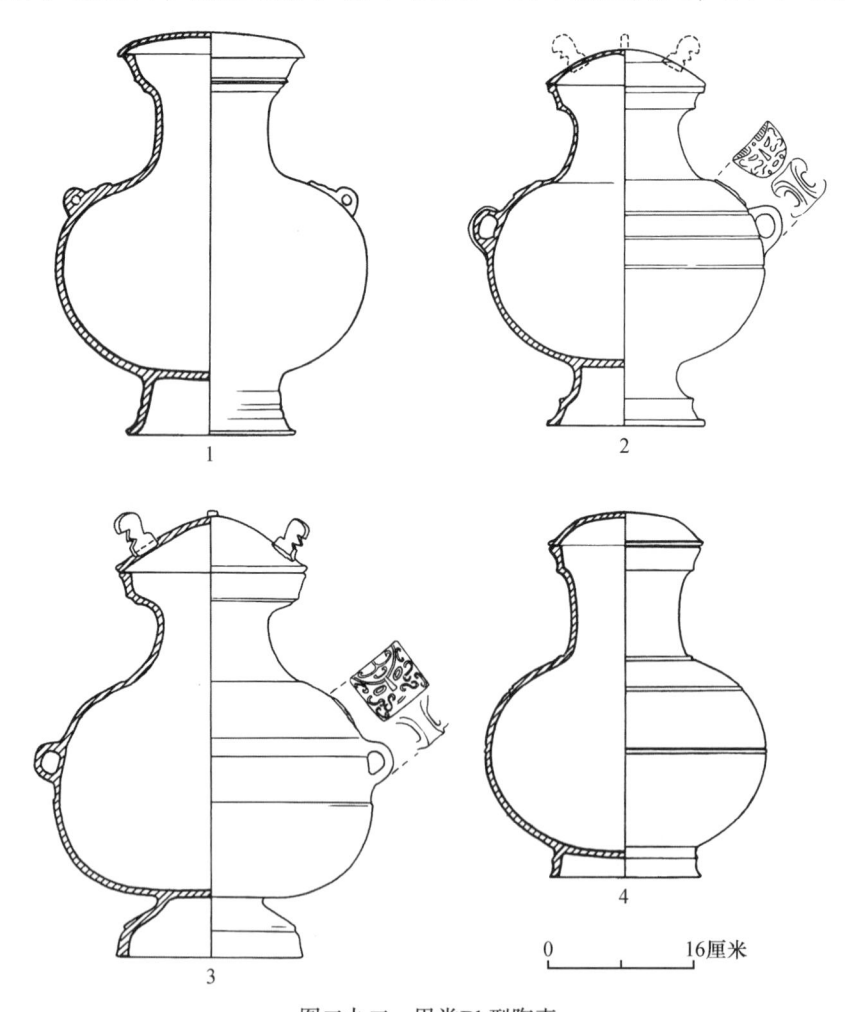

图二九二 甲类Bb型陶壶
1. Ⅰ式（ⅡM19：1） 2、3. Ⅱ式（ⅠM8：14、ⅠM14：16） 4. Ⅲ式（ⅢM20：1）

二九二，3）、ⅠM14∶16、ⅠM55∶7。

Ⅲ式：1件。盘口稍退化，依然较深，腹部进一步变胖。标本ⅢM20∶1（图二九二，4）。

器形变化特点：口部由微盘口发展成深盘口，复稍有退化；腹部逐渐变胖，并有逐渐被压扁的趋势。

C型　9件。器体矮胖。依据口部与腹部的变化，可以分为三式。

Ⅰ式：2件。微盘口，外口部有道折棱，腹部较胖，鼓腹。标本ⅡM13∶1（图二九三，2）、ⅡM17∶5（图二九三，1）。

Ⅱ式：5件。深盘口，腹部变胖，圆鼓腹。标本ⅢM16∶3、ⅢM18∶1（图二九三，3）、ⅢM18∶2、ⅢM19∶2、ⅢM19∶5。

Ⅲ式：2件。盘口稍退化，呈浅盘口，腹部进一步变胖，胖鼓腹。标本ⅠM7∶6（图二九三，4）、ⅠM7∶9。

器形变化特点：口部由微盘口发展为深盘口，复退化成浅盘口；腹部逐渐变胖。

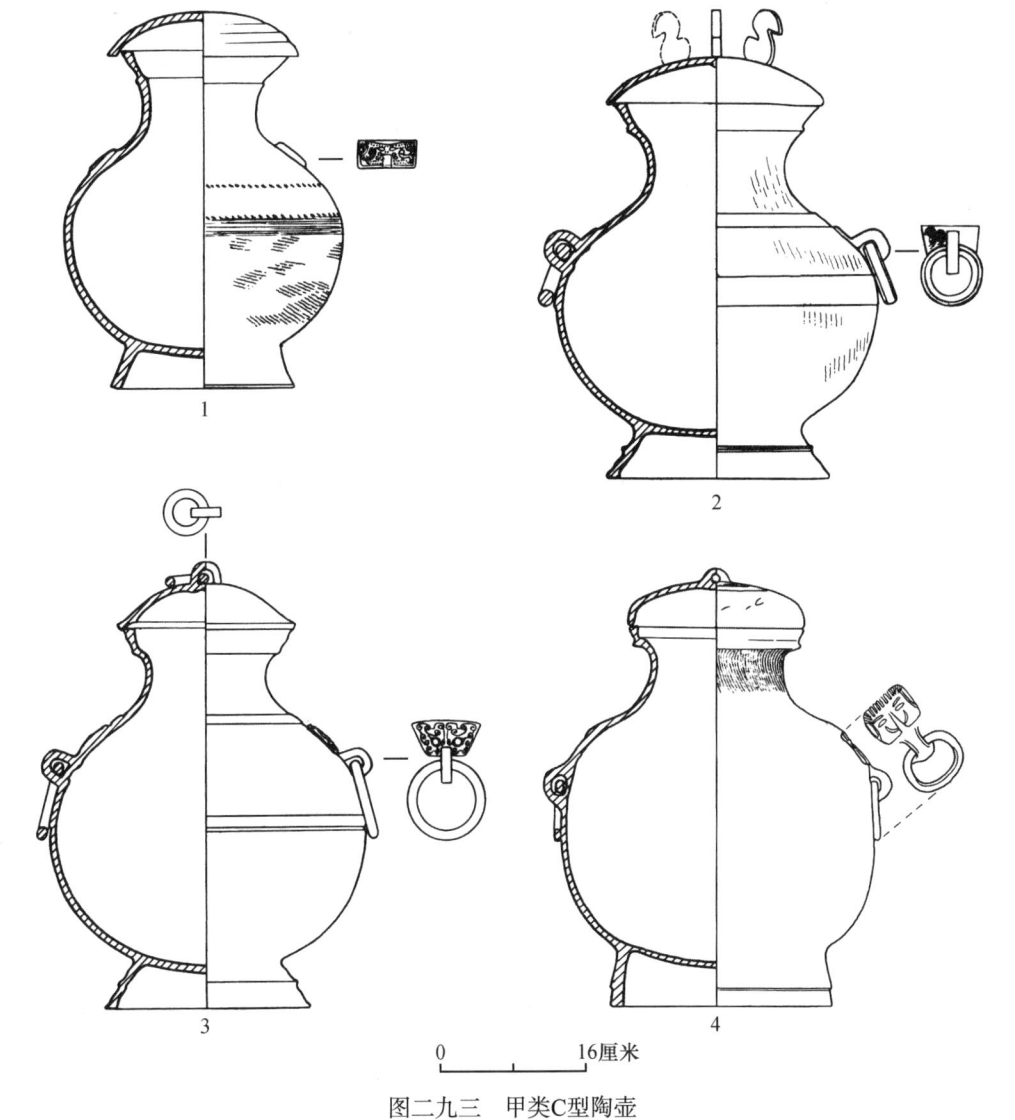

图二九三　甲类C型陶壶

1、2. Ⅰ式（ⅡM17∶5、ⅡM13∶1）　3. Ⅱ式（ⅢM18∶1）　4. Ⅲ式（ⅠM7∶6）

D型　2件。器体瘦小。依据口部、腹部与圈足的差异，可以分为二亚型。

Da型　1件。盘口，鼓腹，矮圈足。标本ⅡM15∶1（图二九四，1）。

Db型　1件。侈口，扁圆腹，高圈足。标本ⅠM54∶1（图二九四，2）。

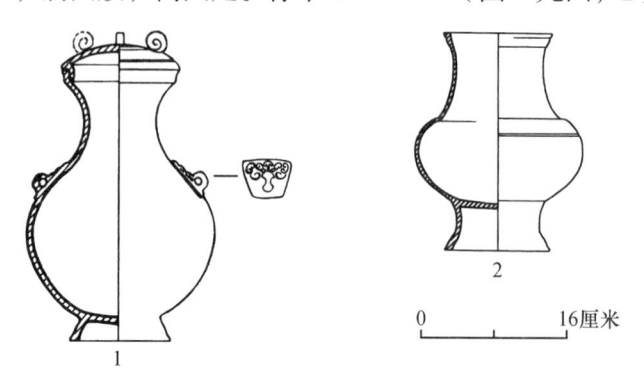

图二九四　甲类D型陶壶
1. Da型（ⅡM15∶1）　2. Db型（ⅠM54∶1）

（2）乙类

5件。假圈足壶。依据整体形态的差异，可以分为二型。

A型　5件。器体较瘦高。依据颈部与腹部形态的差异，可以分为二亚型。

Aa型　2件。颈部较粗短，腹部胖鼓。标本ⅠM28∶4（图二九五，1）、ⅠM53∶2（图二九五，2）。

Ab型　2件。颈部较细长，腹部扁圆。标本ⅠM39∶3（图二九五，5）、ⅠM42∶1（图二九五，4）。

B型　1件。器体较矮胖。标本ⅠM34∶2（图二九五，3）。

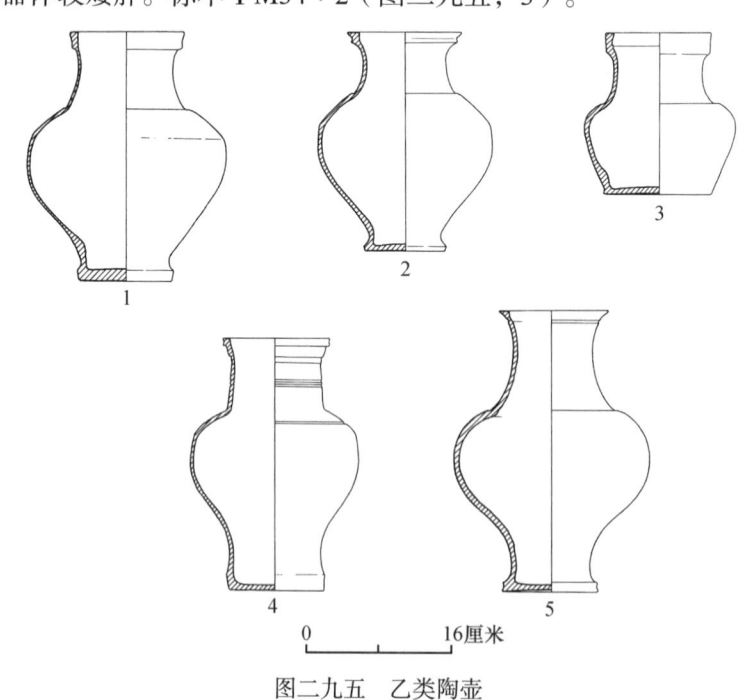

图二九五　乙类陶壶
1、2. Aa型（ⅠM28∶4、ⅠM53∶2）　3. B型（ⅠM34∶2）　4、5. Ab型（ⅠM42∶1、ⅠM39∶3）

4. 小壶

16件。其中15件复原或接近复原，1件（ⅡM10∶4）过于破碎不能修复。依据颈部、腹部、底部与整体形态的差异，可以分为五式。

Ⅰ式：2件。细颈，鼓腹，假圈足底较高，器形瘦高，最大径位于中腹部。标本ⅡM2∶8（图二九六，1）、ⅡM45∶8（图二九六，2）。

Ⅱ式：3件。细颈，垂腹，假圈足底退化，器形较瘦高，最大径下移。标本ⅡM1∶2（图二九六，3）、ⅡM10∶6（图二九六，4）、ⅡM41∶1（图二九六，5）。

Ⅲ式：3件。粗颈，垂腹，腹部进一步增胖，平底，器形较瘦高，最大径进一步下移。标本ⅡM9∶7（图二九六，6）、ⅢM6∶3、ⅢM15∶3（图二九六，7）。

Ⅳ式：3件。粗颈，扁鼓腹，腹部进一步增胖，平底，器形扁矮，最大径位于下腹部。标本ⅠM14∶9（图二九六，8）、ⅠM14∶13、ⅢM2∶8（图二九六，9）。

Ⅴ式：4件。粗颈，扁腹，腹部极矮胖，平底，器形扁矮，最大径位于下腹部。标本ⅢM20∶8-4、ⅢM20∶9-1（图二九六，10）、ⅢM20∶9-2（图二九六，11）、ⅢM20∶9-3。

器形变化特点：颈部由细颈逐渐变粗，腹部由较瘦小逐渐变胖大并扁矮化，底部由较高假圈足底逐渐变矮至平底，整体器形由瘦高逐渐变扁矮，最大径逐渐下移。

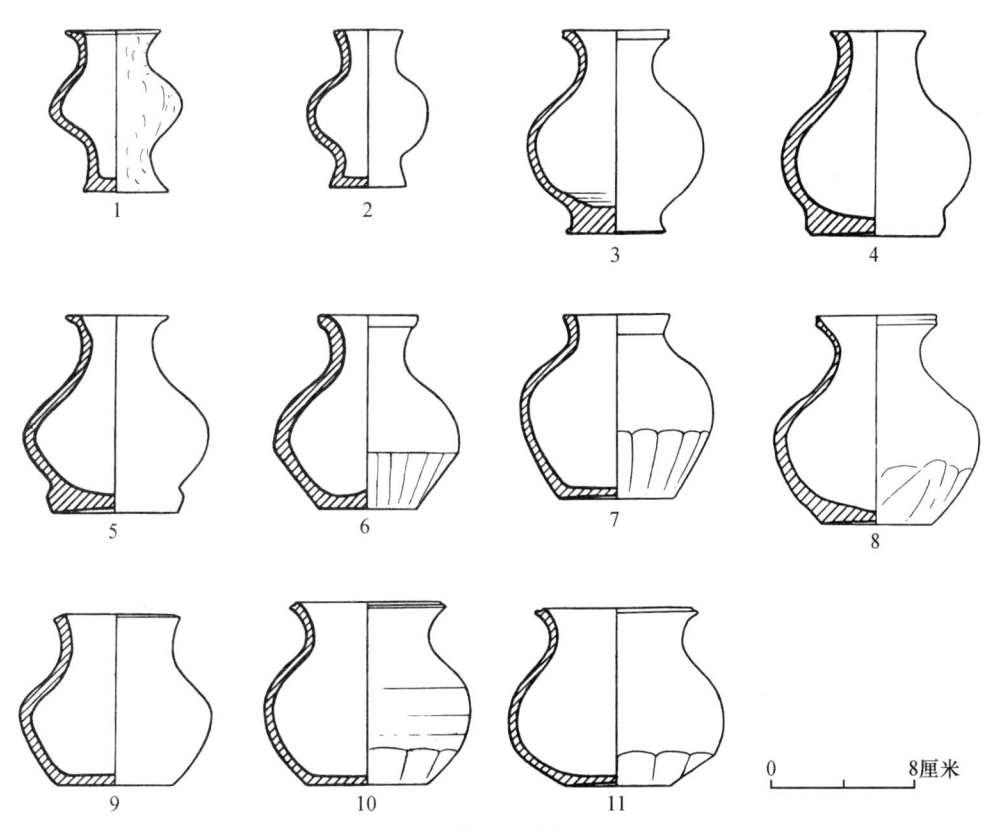

图二九六 陶小壶

1、2.Ⅰ式（ⅡM2∶8、ⅡM45∶8） 3～5.Ⅱ式（ⅡM1∶2、ⅡM10∶6、ⅡM41∶1）
6、7.Ⅲ式（ⅡM9∶7、ⅢM15∶3） 8、9.Ⅳ式（ⅠM14∶9、ⅢM2∶8） 10、11.Ⅴ式（ⅢM20∶9-1、ⅢM20∶9-2）

5. 豆

10件。依据柄部的差异，可以分为二型。

A型　6件。细高柄。依据豆盘的变化，可以分为二式。

Ⅰ式：5件。折盘，浅腹。标本ⅠM1：4（图二九七，4）、ⅠM5：3、ⅠM12：6、ⅠM59：6、ⅡM49：4（图二九七，5）。

Ⅱ式：1件。弧盘，深腹。标本ⅡM24：5（图二九七，6）。

器形变化特点：豆盘由折盘变弧盘，腹部渐变深。

B型　4件。粗矮柄。依据豆盘和柄部的变化，可以分为二式。

Ⅰ式：2件。折盘，浅腹。标本ⅠM28：5（图二九七，1）、ⅠM28：6。

Ⅱ式：2件。弧盘，深腹。标本ⅠM62：5（图二九七，3）、ⅡM52：3（图二九七，2）。

器形变化特点：豆盘由折盘变弧盘，腹部渐变深。

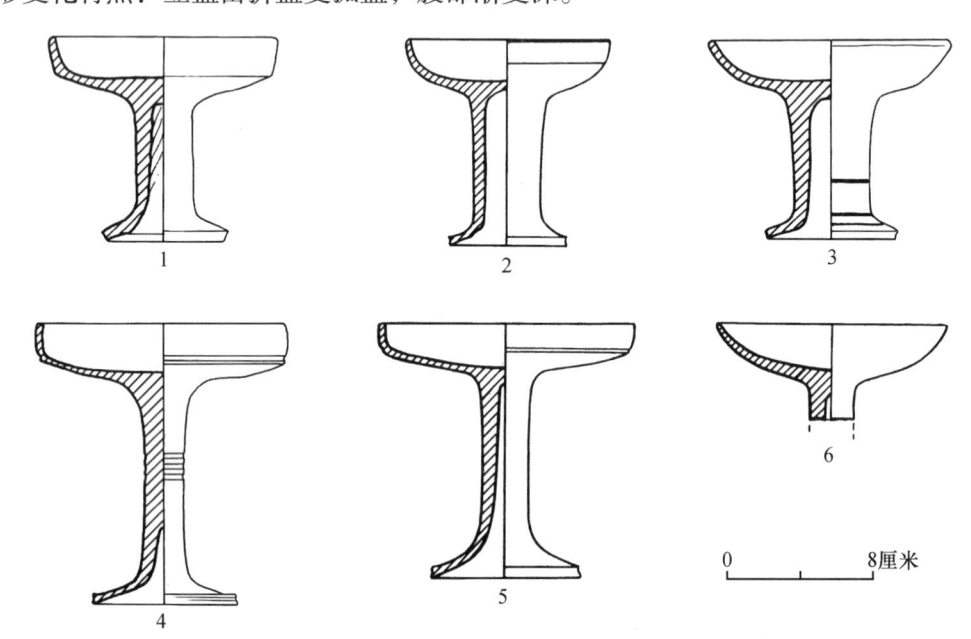

图二九七　陶豆
1. B型Ⅰ式（ⅠM28：5）　2、3. B型Ⅱ式（ⅡM52：3、ⅠM62：5）
4、5. A型Ⅰ式（ⅠM1：4、ⅡM49：4）　6. A型Ⅱ式（ⅡM24：5）

6. 杯

6件。依据整体形态的变化，可以分为二式。

Ⅰ式：5件。中空圈足，体型较大。标本ⅠM1：1（图二九八，2）、ⅠM5：2、ⅠM12：5、ⅠM59：8、ⅡM49：3（图二九八，1）。

Ⅱ式：1件。实心圈足，体型变小。标本ⅡM52：2（图二九八，3）。

器形变化特点：圈足由中空变实心，体型由大变小。

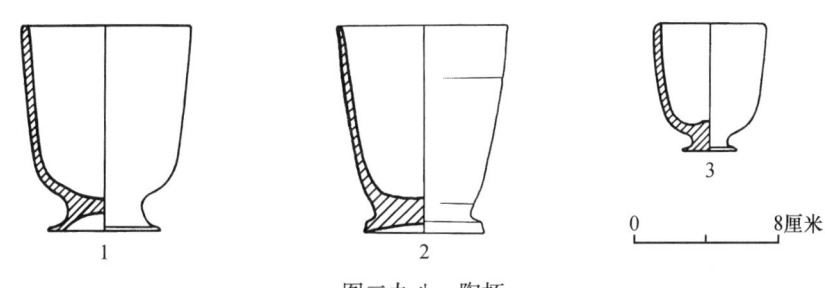

图二九八　陶杯

1、2. Ⅰ式（ⅡM49∶3、ⅠM1∶1）　3. Ⅱ式（ⅡM52∶2）

7. 钫

5件。其中只1件ⅡM40∶4（图二九九，3）复原，其余4件（ⅡM10∶8、ⅡM10∶9、ⅡM10∶11、ⅡM45∶6）均不能修复。

8. 敦

4件。标本ⅠM5∶4（图二九九，2）、ⅠM12∶7、ⅠM59∶4、ⅡM49∶6（图二九九，1）。

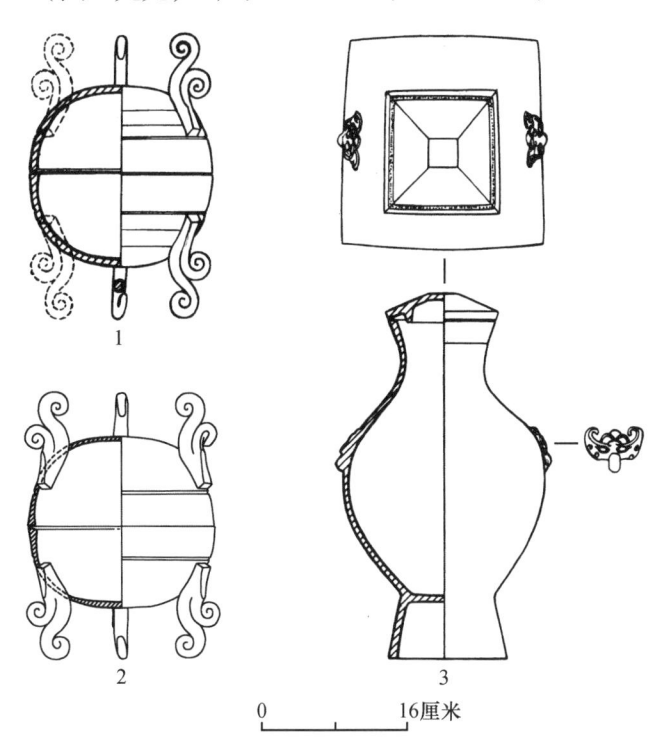

图二九九　陶敦、钫

1、2. 敦（ⅡM49∶6、ⅠM5∶4）　3. 钫（ⅡM40∶4）

9. 匜

5件。标本ⅠM1∶5（图三〇〇，1）、ⅠM5∶6、ⅠM12∶8、ⅠM59∶5、ⅡM49∶5（图三〇〇，2）。

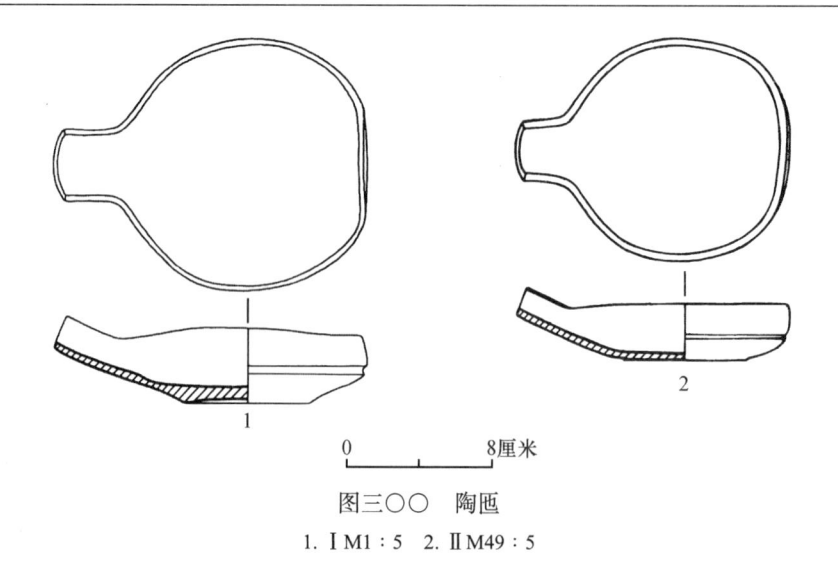

图三〇〇　陶匜
1. ⅠM1：5　2. ⅡM49：5

10. 勺

2件。标本ⅠM62：1（图三〇一，2）、ⅡM52：7（图三〇一，1）。

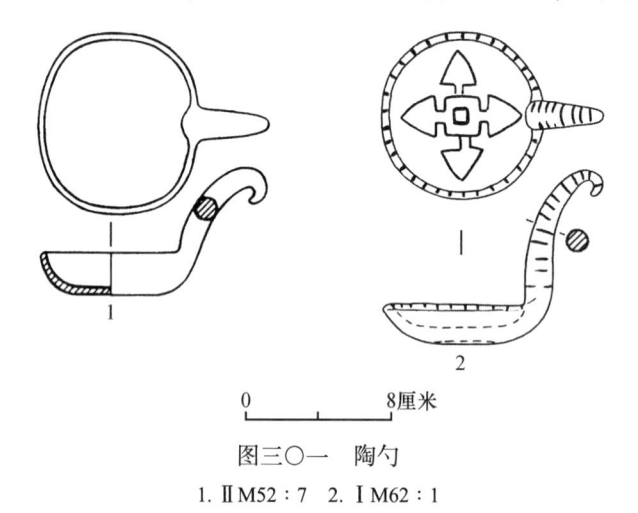

图三〇一　陶勺
1. ⅡM52：7　2. ⅠM62：1

二、日　用　器

1. 双耳罐

103件（含1件四耳罐ⅠM9：10）。其中101件复原或接近复原，2件（ⅡM42：2、ⅡM53：2）过于破碎无法修复。根据整体形态的胖瘦不同，可以分为二型。

A型　84件。器体显瘦长。根据颈部与腹部的差异，可以分为二亚型。

Aa型　69件。颈部较粗短，腹显瘦高。依据口部、颈部与腹部的变化，可以分为六式。

Ⅰ式：42件。口部较大，颈部较长较粗，弧腹内收，最大径位于肩部。标本ⅠM2：1、ⅠM3：1、ⅠM6：1、ⅠM10：2（图三〇二，2）、ⅠM13：1、ⅠM15：3、ⅠM18：2、ⅠM19：2、ⅠM20：2、ⅠM21：3、ⅠM22：1、ⅠM23：2、ⅠM23：3（图三〇二，3）、

ⅠM23：4、ⅠM25：3、ⅠM26：2、ⅠM29：2、ⅠM30：3、ⅠM32：2、ⅠM33：2、ⅠM35：1、ⅠM37：2、ⅠM40：2、ⅠM41：1、ⅠM43：1、ⅠM44：1、ⅠM45：1、ⅠM46：1、ⅠM46：2、ⅠM53：1、ⅠM54：2、ⅠM56：1、ⅠM58：1、ⅠM60：1、ⅠM61：1、ⅠM61：2、ⅠM63：2、ⅠM65：2、ⅡM11：3（图三〇二，1）、ⅡM26：1、ⅡM27：1-1、ⅡM35：1。

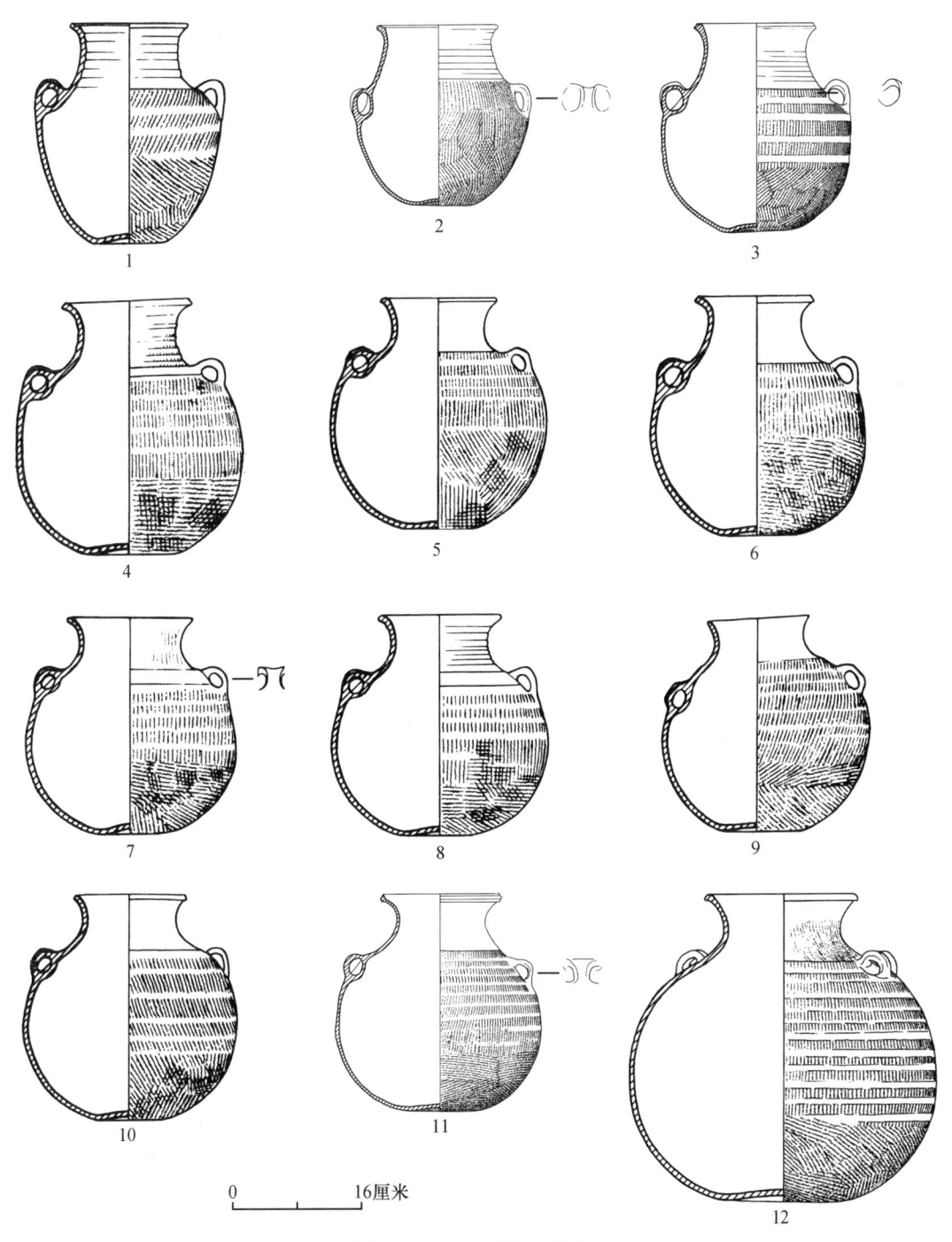

图三〇二　Aa型陶双耳罐
1~3. Ⅰ式（ⅡM11：3、ⅠM10：2、ⅠM23：3）　4. Ⅱ式（ⅡM52：9）　5、6. Ⅲ式（ⅡM45：3、ⅡM55：3）
7、8. Ⅳ式（ⅢM11：5、ⅡM30：2）　9、10. Ⅴ式（ⅡM14：6、ⅡM24：2）　11、12. Ⅵ式（ⅠM9：6、ⅠM9：10）

Ⅱ式：1件。口部变小，颈部变细，微鼓腹，最大径靠近肩部，等于肩径。标本ⅡM52∶9（图三〇二，4）。

Ⅲ式：7件。口部较小，颈部变短，鼓腹，最大径位于中腹偏上，略大于肩径。标本ⅡM15∶5、ⅡM38∶2、ⅡM43∶5、ⅡM45∶3（图三〇二，5）、ⅡM50∶2、ⅡM55∶3（图三〇二，6）、ⅢM4∶3。

Ⅳ式：14件。口部较小，颈部较短较细，圆鼓腹，最大径位于中腹，明显大于肩径。标本ⅡM7∶2、ⅡM8∶2、ⅡM8∶3、ⅡM12∶1、ⅡM24∶1、ⅡM25∶1、ⅡM25∶2、ⅡM30∶2（图三〇二，8）、ⅡM32∶3、ⅡM53∶3、ⅡM54∶5、ⅢM2∶3、ⅢM11∶5（图三〇二，7）、ⅢM17∶4。

Ⅴ式：3件。口部较小，颈部较短较细，腹部略垂，最大径位于中腹偏下，进一步大于肩径。标本ⅠM55∶5、ⅡM14∶6（图三〇二，9）、ⅡM24∶2（图三〇二，10）。

Ⅵ式：2件。口部较小，颈部较短，束颈较甚，垂腹，最大径位于中腹偏下，甚大于肩径。标本ⅠM9∶6（图三〇二，11）、ⅠM9∶10（图三〇二，12）。

器形变化特点：口部由大口变为小口，颈部由较长较粗变为较短较细，收束渐甚，腹部由弧腹渐外鼓至于垂腹，最大径由位于肩部逐渐下移至下腹部，肩径由明显大于腹径逐渐缩小至小于腹径。

Ab型　15件。颈部较细长，腹显扁矮。依据口部、颈部与腹部的变化，可以分为四式。

Ⅰ式：8件。口部较大，颈部较长较粗，弧腹内收，最大径位于肩部。标本ⅠM1∶3（图三〇三，1）、ⅠM4∶4、ⅠM16∶1（图三〇三，2）、ⅠM24∶1、ⅠM27∶2、ⅠM31∶1、ⅠM47∶1、ⅠM66∶1。

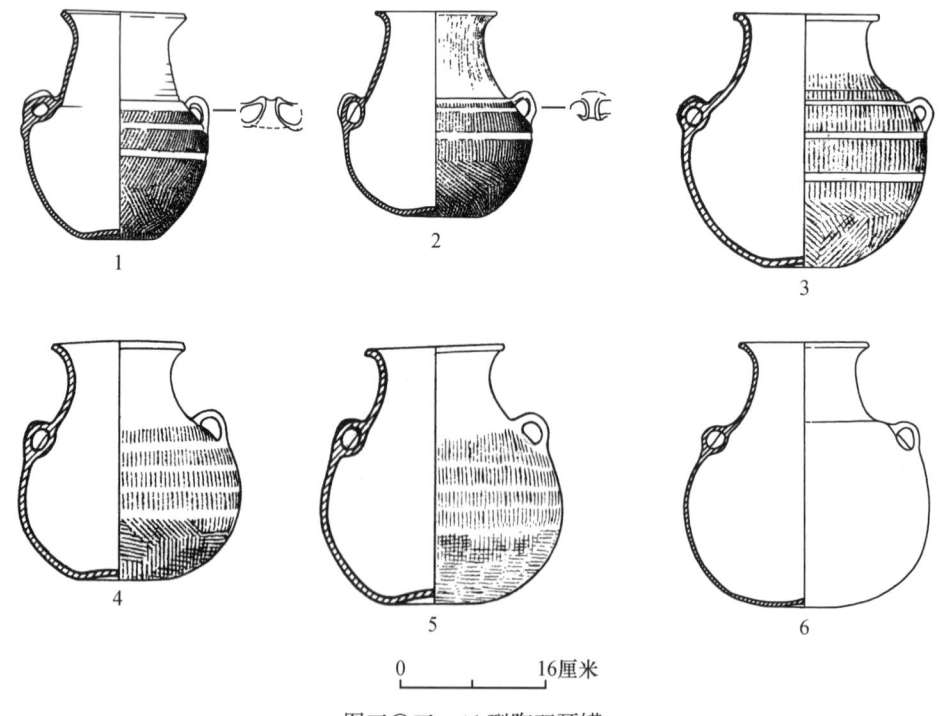

图三〇三　Ab型陶双耳罐

1、2.Ⅰ式（ⅠM1∶3、ⅠM16∶1）　3.Ⅱ式（ⅡM5∶3）　4、5.Ⅲ式（ⅡM31∶1、ⅡM32∶2）　6.Ⅳ式（ⅠM55∶6）

Ⅱ式：1件。口部变小，颈部变短，鼓腹，最大径位于中腹偏上，略大于肩径。标本ⅡM5∶3（图三〇三，3）。

Ⅲ式：5件。口部较小，颈部较短较细，腹部略垂，最大径位于中腹，进一步大于肩径。标本ⅡM24∶4、ⅡM31∶1（图三〇三，4）、ⅡM31∶2、ⅡM32∶1、ⅡM32∶2（图三〇三，5）。

Ⅳ式：1件。口部较小，颈部较短较细，束颈较甚，垂腹，最大径位于中腹偏下，甚大于肩径。标本ⅠM55∶6（图三〇三，6）。

器形变化特点：口部由大口变为小口，颈部由较长较粗变为较短较细，收束渐甚，腹部由弧腹渐外鼓至于垂腹，最大径由位于肩部逐渐下移至靠近下腹部，肩径由明显大于腹径逐渐缩小至小于腹径。

B型　17件。器体显矮胖。依据口部、颈部与腹部的变化，可以分为三式。

Ⅰ式：5件。口部较大，颈部较粗，微束颈，弧腹内收，最大径位于肩部。标本ⅠM4∶2（图三〇四，2）、ⅠM34∶1、ⅠM40∶1（图三〇四，1）、ⅠM49∶2、ⅡM5∶1。

Ⅱ式：7件。口部变小，颈部变细，束颈明显，鼓腹，最大径位于中腹偏上，略大于肩径。标本ⅡM38∶3（图三〇四，3）、ⅡM41∶6（图三〇四，4）、ⅡM47∶1、ⅡM47∶2、ⅡM55∶4、ⅢM14∶1、ⅢM17∶3。

Ⅲ式：5件。口部较小，颈部较细，束颈明显，圆鼓腹，最大径位于中腹，大于肩径。标本ⅡM19∶5、ⅡM25∶4、ⅡM31∶4（图三〇四，6）、ⅡM39∶5（图三〇四，5）、ⅡM54∶3。

器形变化特点：口部由大口变为小口，颈部由较粗变为较细，收束渐甚，腹部由弧腹渐外鼓至于圆鼓腹，最大径由位于肩部逐渐下移至中腹部，肩径由明显大于腹径逐渐缩小至小于腹径。

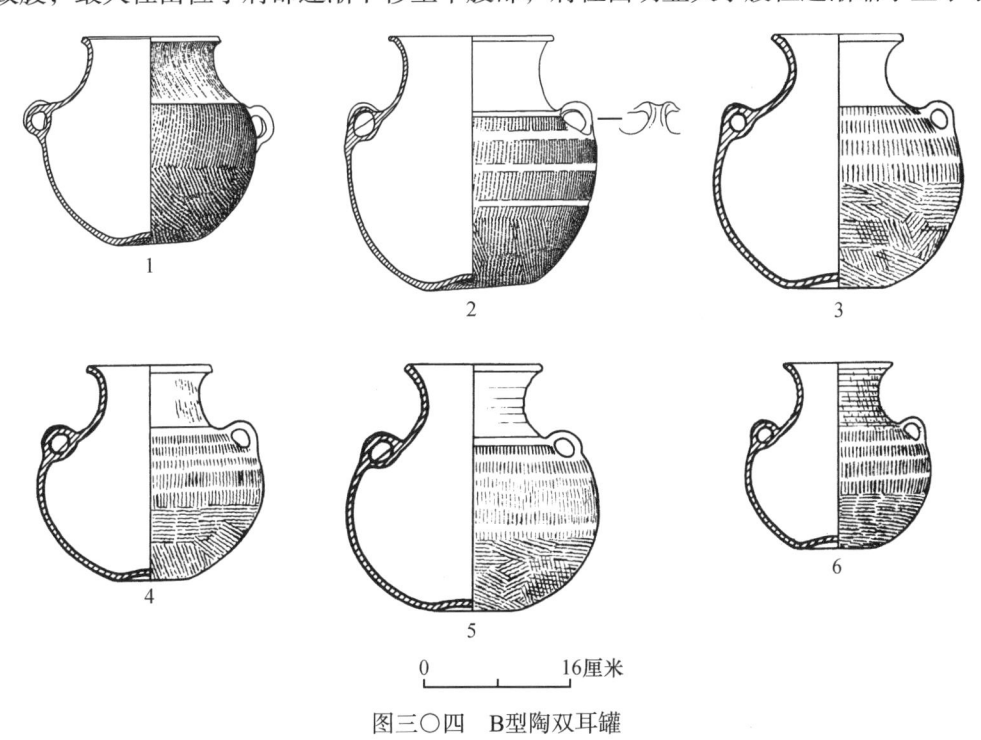

图三〇四　B型陶双耳罐
1、2. Ⅰ式（ⅠM40∶1、ⅠM4∶2）　3、4. Ⅱ式（ⅡM38∶3、ⅡM41∶6）　5、6. Ⅲ式（ⅡM39∶5、ⅡM31∶4）

2. 釜

42件。其中40件复原，2件（ⅡM8∶5、ⅡM32∶5）过于破碎无法修复。复原件中有1件，即标本ⅠM45∶2，是凹底釜，不予讨论。这里，我们只讨论出土数量较多的圜底釜。依据体型大小的差异，可以分为甲类圜底小陶釜与乙类圜底大陶釜。其中甲类32件，乙类7件。

（1）甲类

32件。圜底小陶釜，体型相对较小。依据口部与肩部的差异，可以分为四型。

A型　28件。侈口，溜肩。依据腹部的不同，可以分为五亚型。

Aa型　4件。扁折腹。标本ⅠM4∶6（图三〇五，1）、ⅠM13∶2（图三〇五，2）、ⅠM21∶2（图三〇五，3）、ⅠM53∶3。

Ab型　7件。扁鼓腹。标本ⅠM3∶2、ⅠM6∶2（图三〇五，4）、ⅠM16∶2、ⅠM19∶1（图三〇五，5）、ⅠM22∶2、ⅠM24∶2（图三〇五，6）、ⅠM28∶3。

Ac型　4件。鼓腹。标本ⅠM29∶1（图三〇五，8）、ⅠM32∶1、ⅠM58∶2、ⅠM59∶7（图三〇五，7）。

Ad型　12件。垂腹。标本ⅠM2∶2（图三〇五，9）、ⅠM26∶1、ⅠM31∶2、ⅠM33∶3（图三〇五，10）、ⅠM42∶2、ⅠM43∶2、ⅠM54∶3、ⅠM57∶1、ⅠM60∶2、ⅠM63∶1（图三〇五，11）、ⅠM65∶1、ⅠM66∶2。

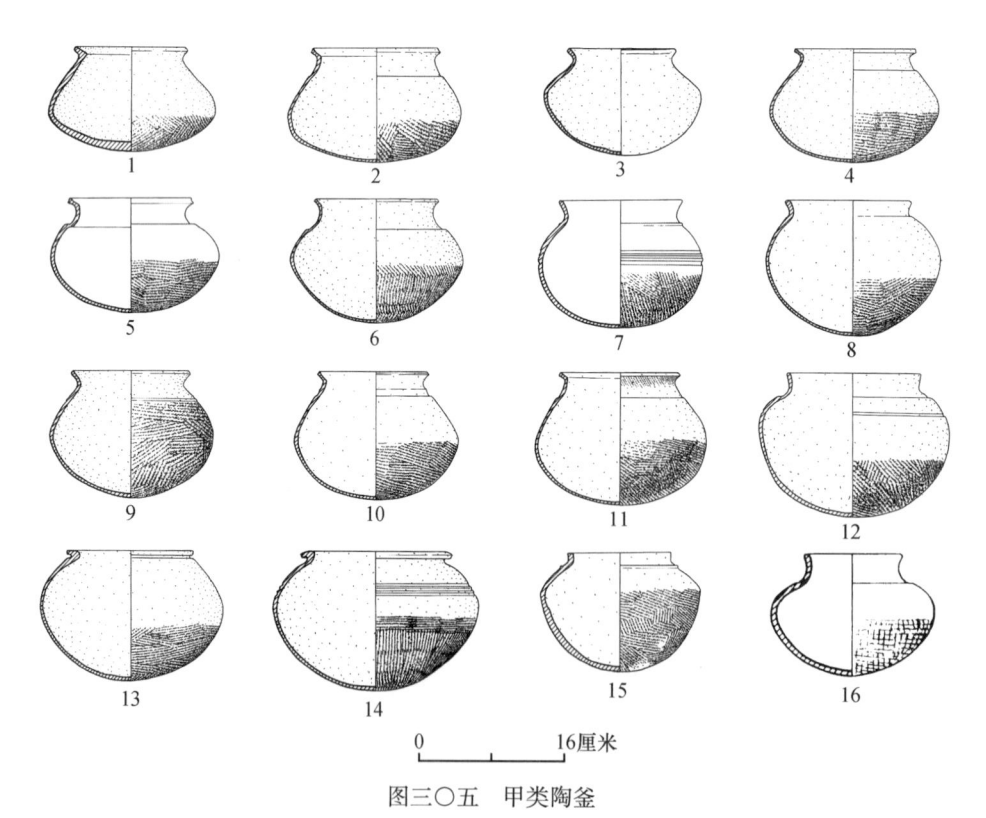

图三〇五　甲类陶釜

1～3.Aa型（ⅠM4∶6、ⅠM13∶2、ⅠM21∶2）　4～6.Ab型（ⅠM6∶2、ⅠM19∶1、ⅠM24∶2）　7、8.Ac型（ⅠM59∶7、ⅠM29∶1）　9～11.Ad型（ⅠM2∶2、ⅠM33∶3、ⅠM63∶1）　12.Ae型（ⅠM41∶2）　13、14.B型（ⅠM18∶3、ⅠM23∶1）　15.C型（ⅠM37∶1）　16.D型（ⅡM40∶6）

Ae型　1件。圆鼓腹。标本ⅠM41：2（图三〇五，12）。

B型　2件。敛口，溜肩。标本ⅠM18：3（图三〇五，13）、ⅠM23：1（图三〇五，14）。

C型　1件。直口，折肩。标本ⅠM37：1（图三〇五，15）。

D型　1件。小口，凸肩。标本ⅡM40：6（图三〇五，16）。

（2）乙类

7件。圜底大陶釜，体型相对较大。依据有无双耳的不同，可以分为二型。

A型　5件。无耳。依据肩部、腹部与底部的变化，可以分为三式。

Ⅰ式：2件。斜溜肩，扁鼓腹，底部尖圜。标本ⅡM23：5（图三〇六，1）、ⅡM55：1。

Ⅱ式：1件。溜肩，鼓腹，腹部增胖且加深，底部较平缓。标本ⅡM22：9（图三〇六，2）。

Ⅲ式：2件。圆溜肩，腹部胖鼓，深腹，底部平缓。标本ⅢM5：3（图三〇六，3）、ⅢM10：7（图三〇六，4）。

器形变化特点：肩部由斜溜至溜肩再至圆溜肩，腹部逐渐变胖与加深，底部由尖圜渐趋平缓。

B型　2件。双耳。依据腹部变化，可以分为二式。

Ⅰ式：1件。胖鼓腹。标本ⅡM43：2（图三〇六，5）。

Ⅱ式：1件。腹部变胖变深。标本ⅡM30：5（图三〇六，6）。

器形变化特点：腹部逐渐变胖与加深。

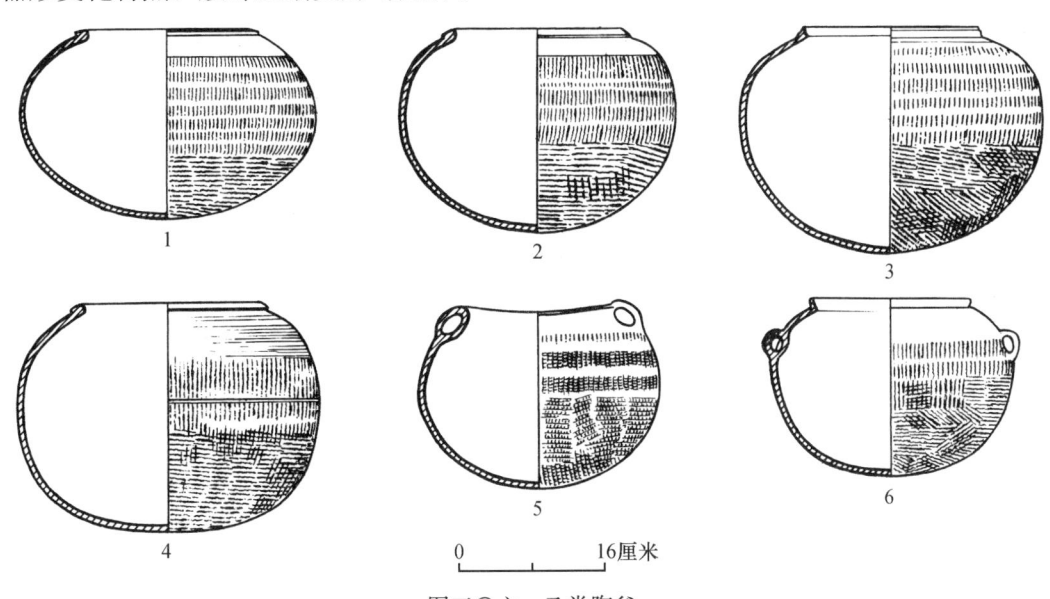

图三〇六　乙类陶釜
1.A型Ⅰ式（ⅡM23：5）　2.A型Ⅱ式（ⅡM22：9）
3、4.A型Ⅲ式（ⅢM5：3、ⅢM10：7）　5.B型Ⅰ式（ⅡM43：2）　6.B型Ⅱ式（ⅡM30：5）

3. 鍪

47件。其中40件完全复原，6件底残，1件（ⅢM17：2）过于破碎不能修复。复原件中有1件，即标本ⅢM20：10-2，是平底鍪，且为模型明器，属于陶井ⅢM20：10-1的配套件，不予讨论。这里，我们只讨论作为日用器的圜底陶鍪。依据腹部的差异，可以分为二型。

A型　29件。腹部总体较深。依据腹部横宽与纵深方面的差异，可以分为二亚型。

Aa型　2件。扁圆腹，腹部整体较横宽。标本ⅠM25：1（图三〇七，1）、ⅠM49：1（图三〇七，2）。

Ab型　27件。腹部总体较鼓较深。依据腹部和底部的变化，可以分为五式。

Ⅰ式：2件。扁腹，尖底。标本ⅡM52：8（图三〇七，3）、ⅡM22：4（图三〇七，4）。

Ⅱ式：12件。扁鼓腹，尖圜底。标本ⅡM2：7（图三〇七，5）、ⅡM5：2、ⅡM7：3、ⅡM9：4、ⅡM15：4、ⅡM39：6、ⅡM40：5、ⅡM41：3（图三〇七，6）、ⅡM45：4、ⅡM50：1、ⅢM5：2、ⅢM8：8。

Ⅲ式：7件。鼓腹，圜底。标本ⅡM8：6、ⅡM12：2（图三〇七，7）、ⅡM24：3、ⅢM9：6（图三〇七，8）、ⅢM10：3、ⅢM10：6（图三〇七，9）、ⅢM17：1。

Ⅳ式：5件。圆鼓腹，圜底较平缓。标本ⅡM28：2（图三〇七，11）、ⅡM29：1、ⅡM31：3、ⅢM4：2（图三〇七，10）、ⅢM15：2。

Ⅴ式：1件。圆腹，圜底近平。标本ⅢM21：9（图三〇七，12）。

器形变化特点：腹部逐渐外鼓，由扁腹逐渐发展至圆腹，底部渐趋平缓，由尖底逐渐发展至近平圜底。

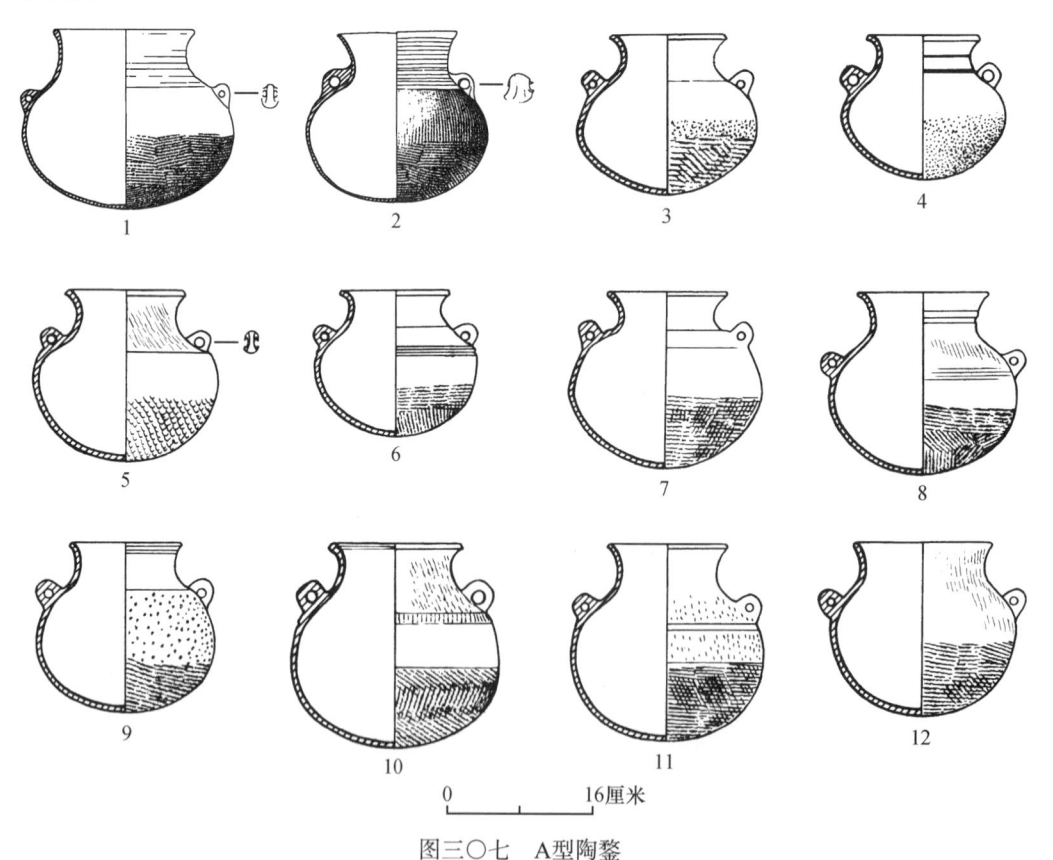

图三〇七　A型陶鍪

1、2.Aa型（ⅠM25：1、ⅠM49：1）　3、4.Ab型Ⅰ式（ⅡM52：8、ⅡM22：4）
5、6.Ab型Ⅱ式（ⅡM2：7、ⅡM41：3）　7~9.Ab型Ⅲ式（ⅡM12：2、ⅢM9：6、ⅢM10：6）
10、11.Ab型Ⅳ式（ⅢM4：2、ⅡM28：2）　12.Ab型Ⅴ式（ⅢM21：9）

B型　16件。腹部总体较浅扁。依据腹部形态进一步的差异，可以分为二亚型。

Ba型　9件。腹部稍鼓稍深。依据腹部和底部的变化，可以分为三式。

Ⅰ式：2件。扁鼓腹，腹部较浅，尖圜底。标本ⅡM10：7（图三〇八，1）、ⅡM40：3（图三〇八，2）。

Ⅱ式：4件。鼓腹，腹部加深，圜底。标本ⅡM1：6、ⅡM38：5、ⅡM54：2（图三〇八，3）、ⅡM55：5（图三〇八，4）。

Ⅲ式：3件。鼓腹较圆，腹部较深，圜底近平。标本ⅠM55：3（图三〇八，6）、ⅡM53：1、ⅢM11：1（图三〇八，5）。

器形变化特点：腹部逐渐外鼓与加深，底部由尖圜底逐渐变平缓。

Bb型　7件。浅腹，整体较扁。依据腹部和底部的变化，可以分为四式。

Ⅰ式：1件。腹部极扁极浅，圜底。标本ⅠM20：1（图三〇八，7）。

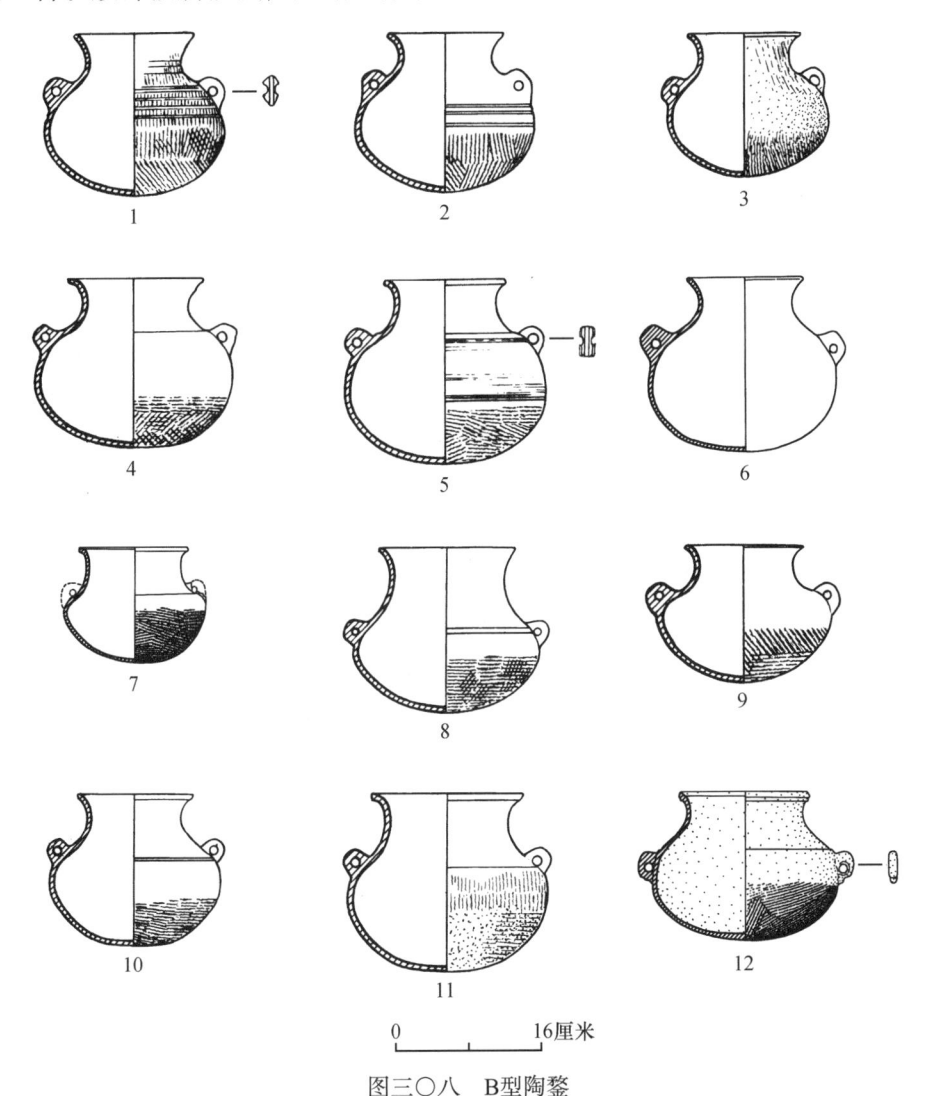

图三〇八　B型陶鍪

1、2. Ba型Ⅰ式（ⅡM10：7、ⅡM40：3）　3、4. Ba型Ⅱ式（ⅡM54：2、ⅡM55：5）
5、6. Ba型Ⅲ式（ⅢM11：1、ⅠM55：3）　7. Bb型Ⅰ式（ⅠM20：1）　8、9. Bb型Ⅱ式（ⅡM19：3、ⅡM47：3）
10、11. Bb型Ⅲ式（ⅡM30：4、ⅡM32：4）　12. Bb型Ⅳ式（ⅠM9：11）

Ⅱ式：3件。扁腹，腹部稍加深，圜底。标本ⅡM19∶3（图三〇八，8）、ⅡM25∶3、ⅡM47∶3（图三〇八，9）。

Ⅲ式：2件。扁腹微鼓，腹部进一步加深，圜底。标本ⅡM30∶4（图三〇八，10）、ⅡM32∶4（图三〇八，11）。

Ⅳ式：1件。扁鼓腹，腹部较深，圜底近平，但整体仍较扁。标本ⅠM9∶11（图三〇八，12）。

器形变化特点：腹部逐渐外鼓与加深，底部渐趋平缓，由圜底渐变为近平圜底。

4. 瓮

34件。依据体型大小的差异，可以分为两类：甲类，体型较大；乙类，体型较小。

（1）甲类

24件。体型较大。依据腹部的差异，可以分为三型。

A型　9件。腹部较扁矮。依据腹部、底部与整体器形的差异，可以分为三式。

Ⅰ式：3件。下腹内收程度较大，底部较窄，器形较胖。标本ⅡM22∶1（图三〇九，1）、ⅡM23∶10（图三〇九，2）、ⅡM45∶5。

Ⅱ式：2件。下腹内收程度变小，底部略增大，器形稍矮胖。标本ⅢM9∶9（图三〇九，3）、ⅢM10∶2（图三〇九，4）。

Ⅲ式：4件。下腹内收程度较小，大平底或内凹底，器形较矮胖。标本ⅠM8∶10、ⅠM8∶11、ⅠM9∶8（图三〇九，6）、ⅠM17∶1（图三〇九，5）。

器形变化特点：下腹内收程度逐渐减小，底部逐渐增大，器形由略显瘦而逐渐变矮胖。

B型　10件。腹部胖鼓。依据底部的差异，可以分为二亚型。

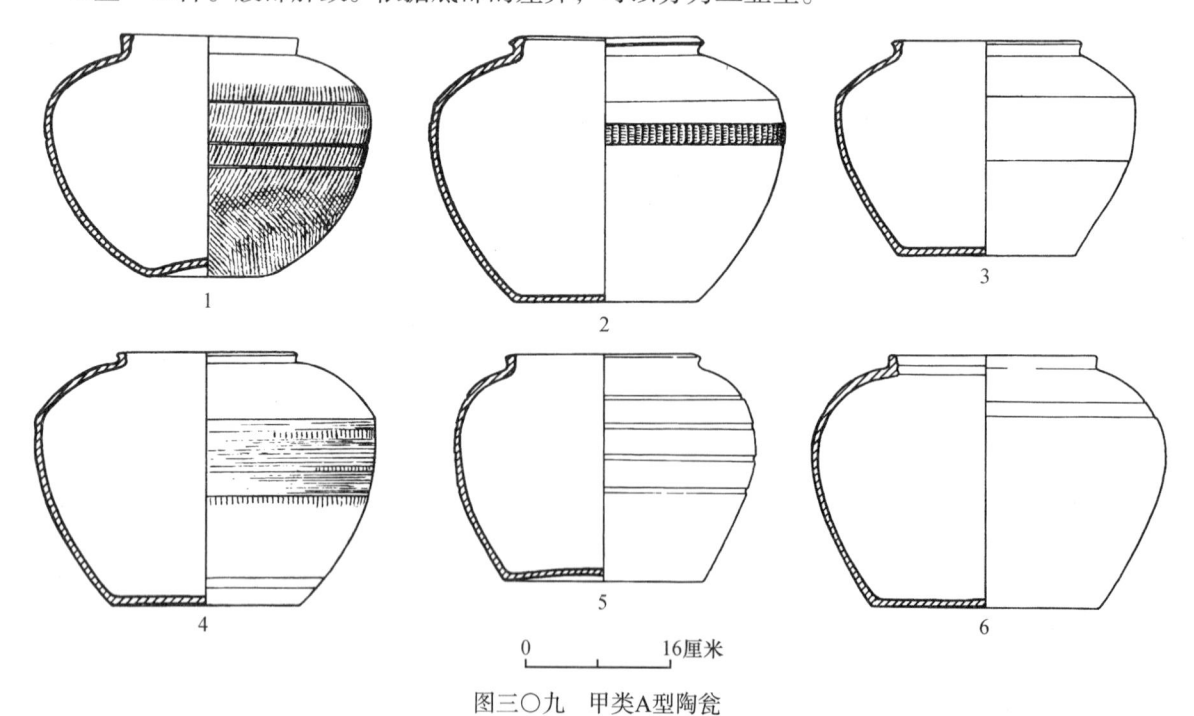

图三〇九　甲类A型陶瓮

1、2. Ⅰ式（ⅡM22∶1、ⅡM23∶10）　3、4. Ⅱ式（ⅢM9∶5、ⅢM10∶2）　5、6. Ⅲ式（ⅠM17∶1、ⅠM9∶8）

Ba型　8件。平底或内凹底。依据腹部与底部的差异，可以分为二式。

Ⅰ式：1件。最大径位于上腹部，下腹内收程度较大，底部较小。标本ⅡM1∶7（图三一〇，1）。

Ⅱ式：7件。最大径下移至中腹，下腹内收程度减小，底部增大。标本ⅡM8∶1、ⅡM17∶8、ⅡM28∶1、ⅡM29∶2（图三一〇，3）、ⅢM2∶5（图三一〇，2）、ⅢM4∶1、ⅢM5∶1（图三一〇，4）。

器形变化特点：最大径由上腹部下移至中腹部，下腹内收程度逐渐减小，底部逐渐增大。

Bb型　2件。圜底。依据腹部与底部的差异，可以分为二式。

Ⅰ式：1件。下腹内收程度较大，底部较大。标本ⅢM7∶1（图三一〇，5）。

Ⅱ式：1件。下腹内收程度减小，底部增大。标本ⅠM14∶14（图三一〇，6）。

器形变化特点：下腹内收程度逐渐减小，底部逐渐增大。

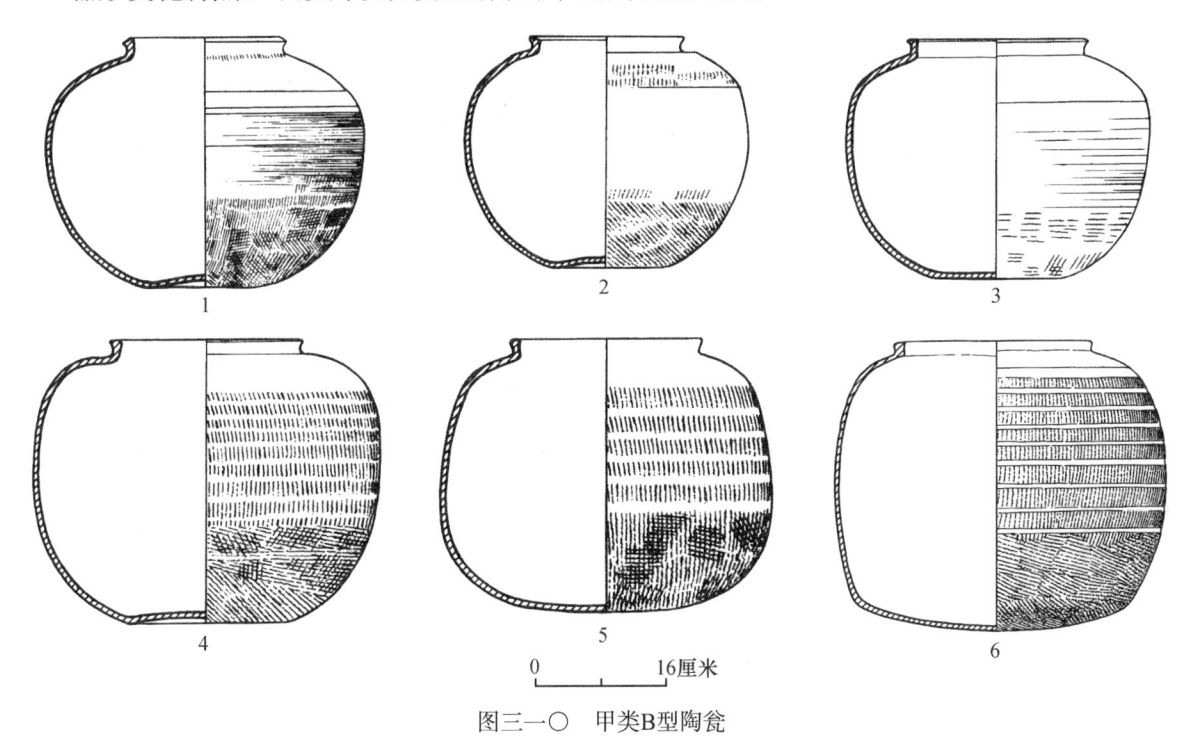

图三一〇　甲类B型陶瓮
1. Ba型Ⅰ式（ⅡM1∶7）　2~4. Ba型Ⅱ式（ⅢM2∶5、ⅡM29∶2、ⅢM5∶1）
5. Bb型Ⅰ式（ⅢM7∶1）　6. Bb型Ⅱ式（ⅠM14∶14）

C型　5件。腹部较瘦高。依据腹部、底部与器形的差异，可以分为四式。

Ⅰ式：1件。鼓腹，最大径靠近肩部，小底，器形较瘦高。标本ⅡM49∶2（图三一一，1）。

Ⅱ式：1件。鼓腹微变胖，最大径位于中腹偏上，底部增大，器形稍增胖。标本ⅡM10∶1（图三一一，2）。

Ⅲ式：2件。胖鼓腹，最大径位于中腹偏上，大平底，器形明显增胖。标本ⅡM19∶7、ⅡM30∶1（图三一一，3）。

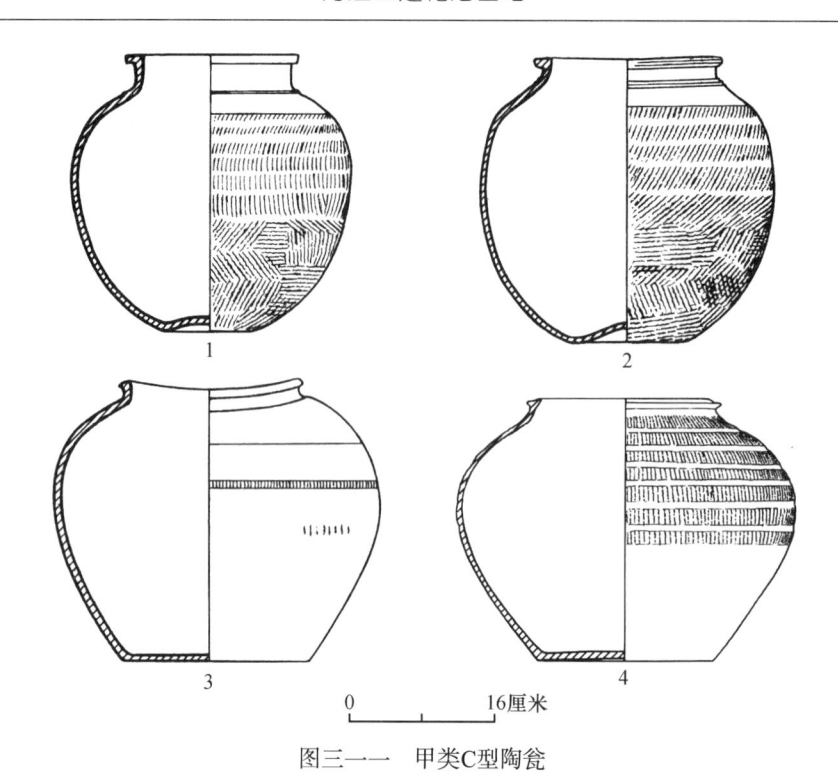

图三一一　甲类C型陶瓮
1. Ⅰ式（ⅡM49：2）　2. Ⅱ式（ⅡM10：1）　3. Ⅲ式（ⅡM30：1）　4. Ⅳ式（ⅠM14：17）

Ⅳ式：1件。胖鼓腹，大平底，最大径下移至中腹，器形矮胖。标本ⅠM14：17（图三一一，4）。

器形变化特点：腹部逐渐增胖，最大径逐渐下移，底部逐渐增大，器形由略显瘦而逐渐变为矮胖。

（2）乙类

10件。体型较小。依据腹部的差异，可以分为三型。

A型　5件。腹部较扁矮。依据腹部、底部与器形的差异，可以分为三式。

Ⅰ式：2件。鼓腹，最大径位于肩部，小平底，器形较扁矮。标本ⅠM10：1、ⅠM56：2（图三一二，1）。

Ⅱ式：1件。鼓腹稍增胖，最大径下移至上腹，底部稍增大，器形更加扁矮。标本ⅠM62：6（图三一二，2）。

Ⅲ式：2件。胖鼓腹，最大径位于中腹偏上，底部较大，器形极扁矮。标本ⅡM9：1（图三一二，3）、ⅡM13：4（图三一二，4）。

器形变化特点：腹部逐渐增胖，最大径逐渐下移，底部逐渐增大，器形由较扁矮而逐渐变为极扁矮。

B型　4件。腹部较胖鼓。依据腹部、底部与器形的差异，可以分为四式。

Ⅰ式：1件。鼓腹，最大径位于上腹，小平底，器形略显瘦。标本ⅠM15：2（图三一三，2）。

Ⅱ式：1件。鼓腹稍增胖，最大径位于上腹，底部增大，器形略显矮胖。标本ⅡM2：2（图三一三，3）。

Ⅲ式：1件。胖鼓腹，最大径位于上腹，底部稍增大，器形较矮胖。标本ⅡM28∶4（图三一三，4）。

Ⅳ式：1件。腹部更胖，最大径下移至中腹，大平底，器形极矮胖。标本ⅢM8∶3（图三一三，5）。

器形变化特点：腹部逐渐增胖，最大径逐渐下移，底部逐渐增大，器形由略显瘦而逐渐变为极矮胖。

C型　1件。腹部较瘦高。标本ⅠM30∶2（图三一三，1）。

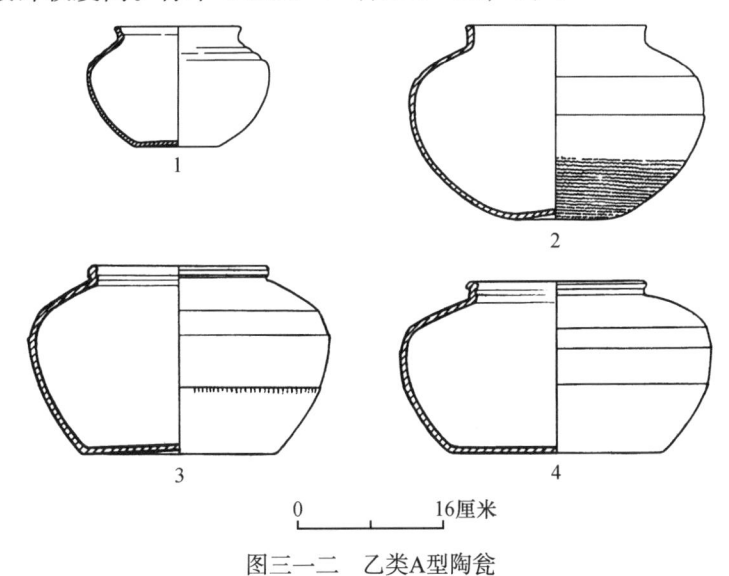

图三一二　乙类A型陶瓮
1. Ⅰ式（ⅠM56∶2）　2. Ⅱ式（ⅠM62∶6）　3、4. Ⅲ式（ⅡM9∶1、ⅡM13∶4）

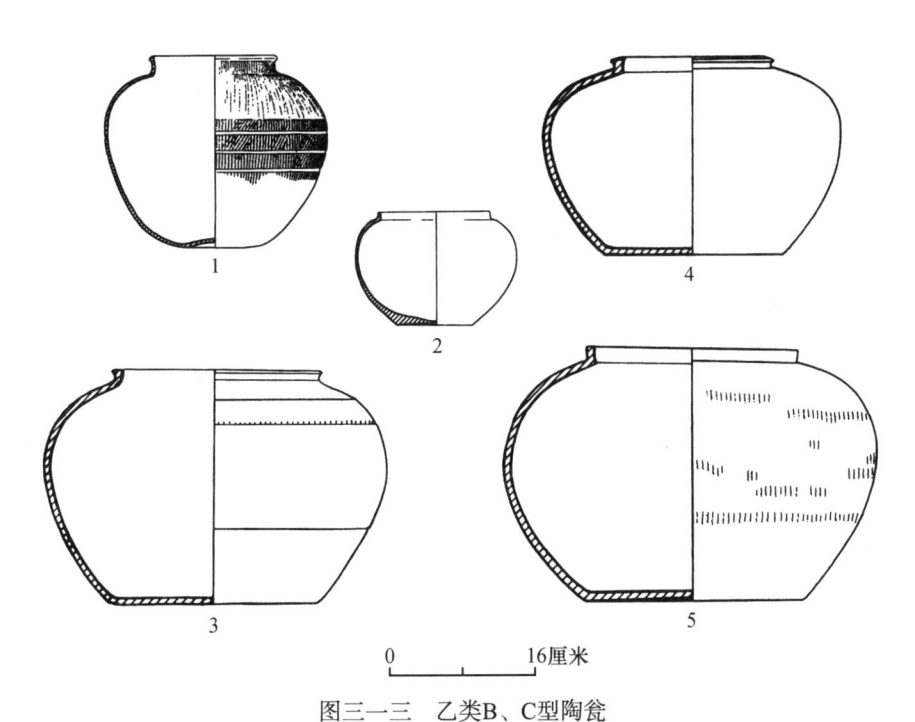

图三一三　乙类B、C型陶瓮
1. C型（ⅠM30∶2）　2. B型Ⅰ式（ⅠM15∶2）　3. B型Ⅱ式（ⅡM2∶2）　4. B型Ⅲ式（ⅡM28∶4）　5. B型Ⅳ式（ⅢM8∶3）

5. 盆

8件。复原7件，1件下腹至底部残。依据腹部的差异，可以分为两类：甲类，弧腹；乙类，折腹。

（1）甲类

6件。弧腹。依据口沿与体型大小的差异，可以分为二型。

A型　4件。平折沿，体型较大。依据肩部与底部的差异，可以分为二亚型。

Aa型　3件。无肩或无明显肩部，平底或平底微内凹。依据唇缘、腹部与底部的差异，可以分为三式。

Ⅰ式：1件。薄方唇，下腹内收较甚，底部较小。标本ⅡM22：13（图三一四，1）。

Ⅱ式：1件。薄方唇，下腹内收稍缓，底部增大。标本ⅢM10：13（图三一四，2）。

Ⅲ式：1件。厚方唇，下腹内收较缓，底部较大。标本ⅠM8：15（图三一四，3）。

器形变化特点：方唇唇缘由较薄逐渐变厚，下腹内收程度由较甚逐渐变缓，底部由小逐渐增大。

Ab型　1件。凸肩，凹底。标本ⅠM14：7（图三一四，4）。

B型　1件。仰折沿，体型较小，呈明器化。标本ⅢM20：7（图三一四，5）。

（2）乙类

1件。折腹。标本ⅡM55：2（图三一四，6）。

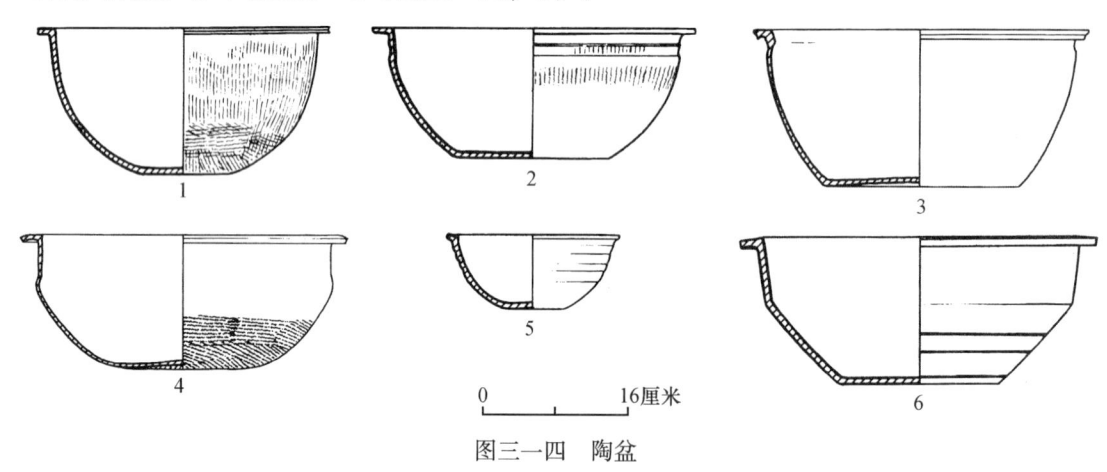

图三一四　陶盆
1. 甲类Aa型Ⅰ式（ⅡM22：13）　2. 甲类Aa型Ⅱ式（ⅢM10：13）　3. 甲类Aa型Ⅲ式（ⅠM8：15）
4. 甲类Ab型（ⅠM14：7）　5. 甲类B型（ⅢM20：7）　6. 乙类（ⅡM55：2）

6. 甑

10件。依据有无圈足的差异，可以分为二型。

A型　9件。底部无圈足。依据器表有无绳纹的差异，可以分为二亚型。

Aa型　8件。器表饰绳纹。依据唇缘厚度、腹部与底部的差异，可以分为三式。

Ⅰ式：2件。薄方唇，下腹内收较甚，底部较小。标本ⅡM22：10（图三一五，1）、ⅡM23：3（图三一五，2）。

Ⅱ式：3件。方唇唇缘稍增厚，下腹内收稍缓，底部稍增大。标本ⅡM17∶1（图三一五，3）、ⅡM43∶3（图三一五，4）、ⅢM10∶8（图三一五，5）。

Ⅲ式：3件。厚方唇，下腹内收较缓，近斜直，底部较大。标本ⅠM7∶4、ⅠM9∶5（图三一五，6）、ⅠM14∶11（图三一五，7）。

器形变化特点：方唇唇缘由较薄逐渐变厚，下腹内收程度由较甚逐渐变缓，底部由小逐渐增大。

Ab型　1件。器表素面。标本ⅡM8∶4（图三一五，8）。

B型　1件。底部有圈足。标本ⅢM18∶8（图三一五，9）。

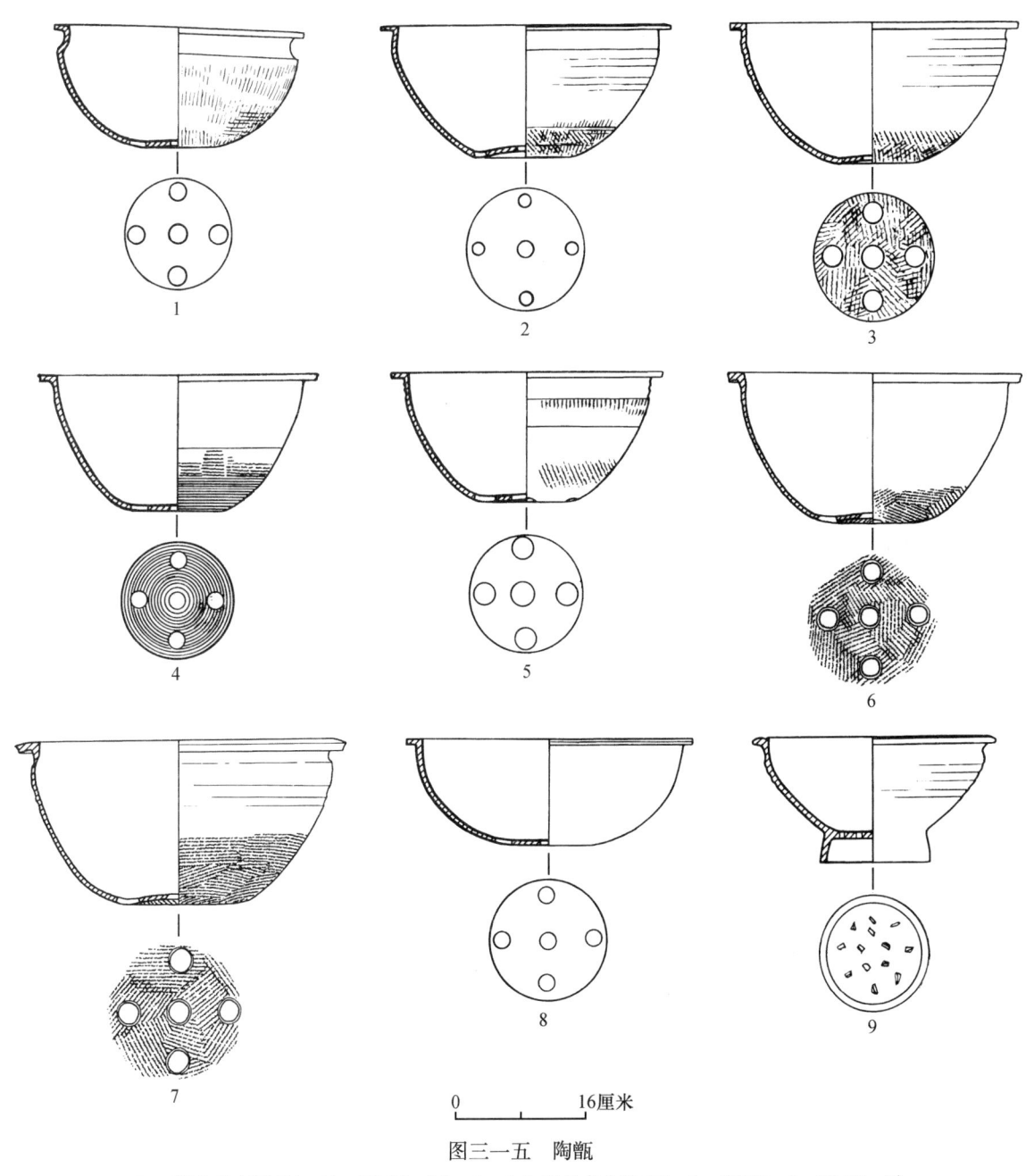

图三一五　陶甑

1、2. Aa型Ⅰ式（ⅡM22∶10、ⅡM23∶3）　3~5. Aa型Ⅱ式（ⅡM17∶1、ⅡM43∶3、ⅢM10∶8）
6、7. Aa型Ⅲ式（ⅠM9∶5、ⅠM14∶11）　8. Ab型（ⅡM8∶4）　9. B型（ⅢM18∶8）

7. 甗

23件（套）。其中20件（套）完整，3件（套）（ⅡM18：1、ⅢM2：4、ⅢM8：9）失甑，只剩可能为甗的下部。依据釜有无腹耳的差异，可以分为二型。

A型 7件（套）。釜有腹耳。依据釜底部的差异，可以分为三亚型。

Aa型 4件（套）。平底或平底内凹。主要变化在于釜的形态上，可以分为二式。

Ⅰ式：2件（套）。釜较扁矮。标本ⅡM2：4（图三一六，1）、ⅡM18：1。

Ⅱ式：2件（套）。釜增高增胖。标本ⅢM9：5（图三一六，3）、ⅢM19：1（图三一六，2）。

器形变化特点：主要变化表现在釜的形态，釜由扁矮逐渐增高增胖。

Ab型 1件（套）。圜底。标本ⅡM39：3（图三一六，4）。

Ac型 2件（套）。底部附三足。标本ⅢM2：4（图三一六，6）、ⅢM3：5（图三一六，5）。

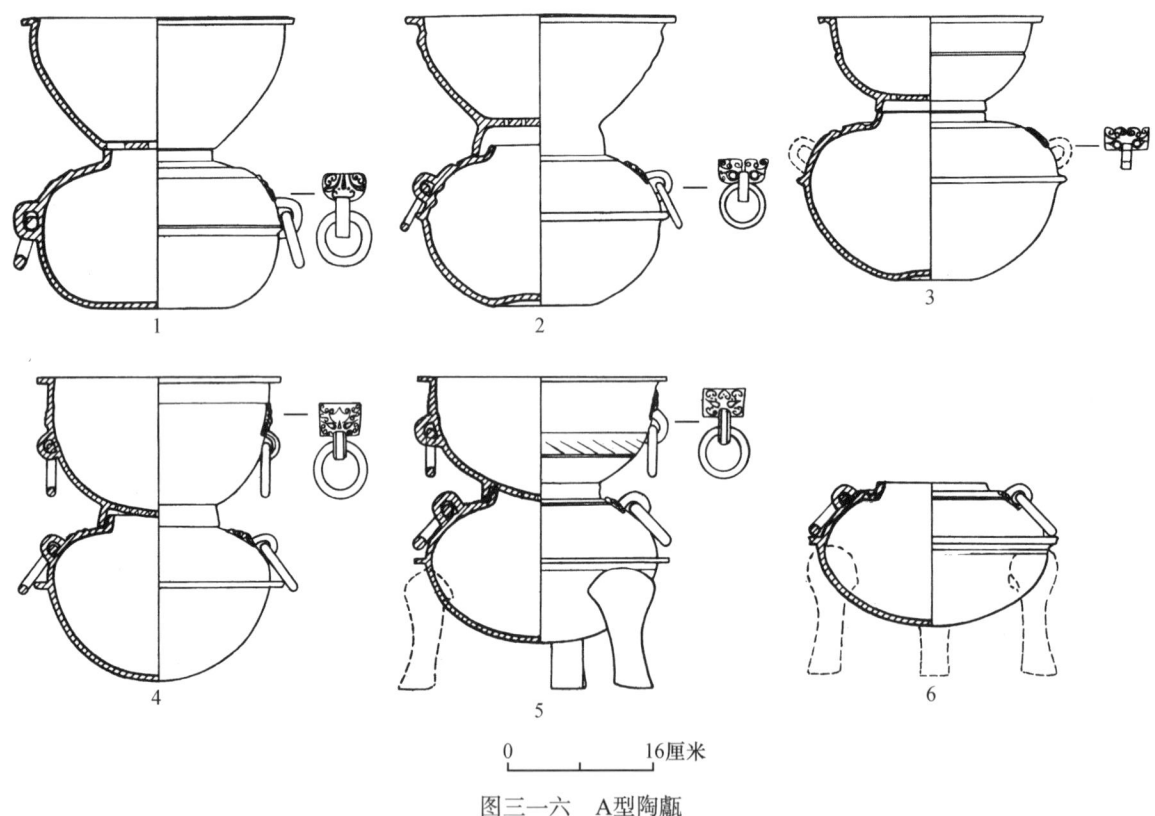

图三一六 A型陶甗
1. Aa型Ⅰ式（ⅡM2：4） 2、3. Aa型Ⅱ式（ⅢM19：1、ⅢM9：5） 4. Ab型（ⅡM39：3）
5、6. Ac型（ⅢM3：5、ⅢM2：4）

B型 16件（套）。釜无腹耳。依据釜底部的差异，可以分为二亚型。

Ba型 11件（套）。平底或平底内凹。主要变化在于釜的形态上，可以分为四式。

Ⅰ式：6件（套）。釜较扁矮。标本ⅡM13：2、ⅡM14：5（图三一七，1）、ⅢM6：5（图三一七，2）、ⅢM7：4、ⅢM7：5、ⅢM12：2。

Ⅱ式：2件（套）。釜增高增胖。标本ⅡM9：3（图三一七，3）、ⅢM8：9。

Ⅲ式：2件（套）。釜进一步增高增胖。标本ⅠM8：13（图三一七，4）、ⅠM17：3（图三一七，5）。

Ⅳ式：1件（套）。釜极高极胖。标本ⅠM14：6（图三一七，6）。

器形变化特点：主要变化表现在釜的形态，釜由扁矮逐渐增高增胖。

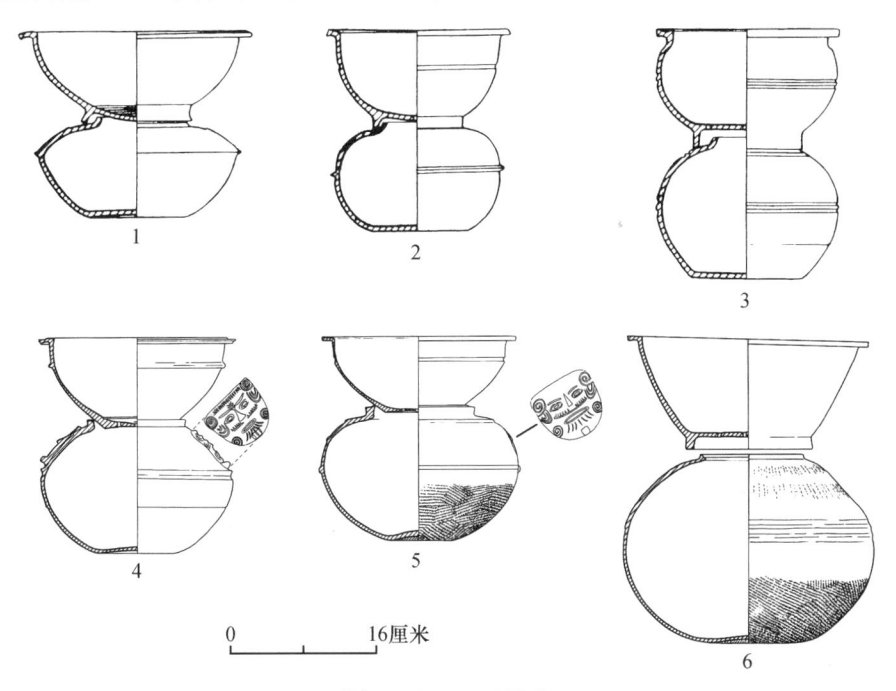

图三一七　Ba型陶甗
1、2.Ba型Ⅰ式（ⅡM14：5、ⅢM6：5）　3.Ba型Ⅱ式（ⅡM9：3）
4、5.Ba型Ⅲ式（ⅠM8：13、ⅠM17：3）　6.Ba型Ⅳ式（ⅠM14：6）

Bb型　5件（套）。圜底。根据釜的形态不同，可以分为二式。

Ⅰ式：4件（套）。釜较扁矮。标本ⅡM7：5（图三一八，1）、ⅡM19：4（图三一八，2）、ⅡM28：3、ⅡM29：4。

Ⅱ式：1件（套）。釜较高较胖。标本ⅠM55：4（图三一八，3）。

器形变化特点：主要变化表现在釜的形态，釜由扁矮逐渐增高增胖。

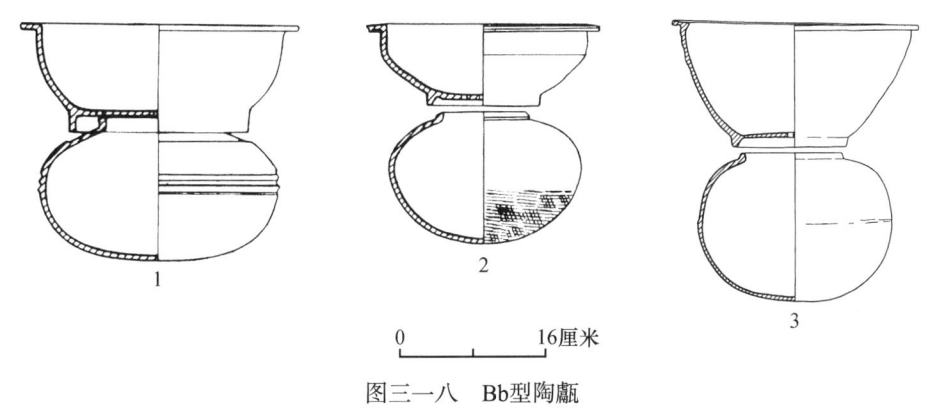

图三一八　Bb型陶甗
1、2.Bb型Ⅰ式（ⅡM7：5、ⅡM19：4）　3.Bb型Ⅱ式（ⅠM55：4）

8. 钵

89件。当双耳罐、釜、鍪与瓮的器盖用。依据器形的差异，可以分为二型。

A型　30件。深腹。标本ⅠM2∶3（图三一九，1）、ⅠM4∶1、ⅠM6∶4、ⅠM10∶3、ⅠM10∶4、ⅠM16∶3（图三一九，2）、ⅠM16∶4、ⅠM21∶5、ⅠM24∶3、ⅠM26∶3、ⅠM28∶7、ⅠM28∶8、ⅠM29∶4、ⅠM33∶5、ⅠM35∶2、ⅠM37∶3、ⅠM40∶3、ⅠM40∶4、ⅠM42∶4、ⅠM44∶2、ⅠM47∶2、ⅠM53∶4、ⅠM53∶6、ⅠM56∶4、ⅠM60∶3、ⅠM63∶4、ⅠM65∶3、ⅠM66∶3、ⅡM11∶2、ⅡM27∶1-2（图三一九，3）。

B型　59件。浅腹。标本ⅠM3∶3、ⅠM4∶3（图三一九，4）、ⅠM4∶5、ⅠM6∶5、ⅠM15∶4、ⅠM18∶4、ⅠM18∶5、ⅠM19∶3、ⅠM19∶4、ⅠM20∶3、ⅠM21∶4、ⅠM22∶3、ⅠM22∶4、ⅠM24∶4、ⅠM25∶5、ⅠM25∶6、ⅠM25∶7、ⅠM26∶4、ⅠM27∶3、ⅠM29∶3、ⅠM30∶4、ⅠM31∶4、ⅠM32∶3、ⅠM33∶4、ⅠM34∶3、ⅠM34∶4、ⅠM37∶4、ⅠM39∶4、ⅠM41∶3、ⅠM41∶4、ⅠM42∶3、ⅠM43∶3、ⅠM43∶4、ⅠM45∶3、ⅠM46∶3、ⅠM46∶4、ⅠM49∶4、ⅠM49∶5、ⅠM53∶5、ⅠM56∶3、ⅠM57∶2、ⅠM61∶3、ⅠM61∶4、ⅠM65∶4、ⅠM66∶4、ⅡM5∶2-1、ⅡM5∶3-1、ⅡM22∶12（图三一九，5）、ⅡM26∶1-1、ⅡM35∶1-1、ⅡM38∶2-1、ⅡM38∶3-1、ⅡM38∶5-1、ⅡM38∶6（图三一九，6）、ⅡM45∶3-1、ⅡM45∶4-1、ⅡM45∶5-1、ⅡM52∶8-1、ⅡM52∶9-1。

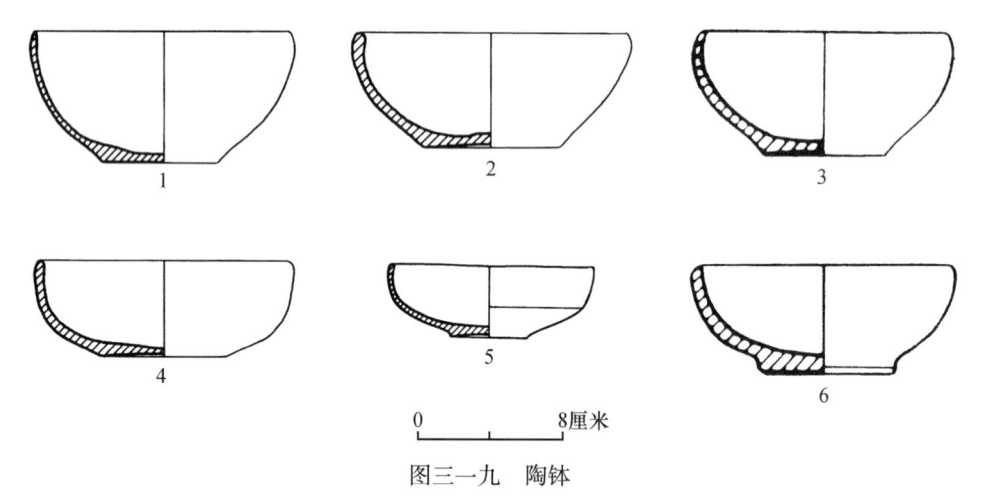

图三一九　陶钵

1～3. A型（ⅠM2∶3、ⅠM16∶3、ⅡM27∶1-2）　4～6. B型（ⅠM4∶3、ⅡM22∶12、ⅡM38∶6）

9. 长颈罐

1件。标本ⅠM25∶2（图三二〇，3）。

10. 蒜头壶

1件。标本ⅢM10∶5（图三二〇，4）。

11. 器盖

2件。依据腹壁与顶部的差异，可以分为二型。

A型 1件。弧壁，顶部无捉手。标本ⅢM20∶2（图三二〇，1）。

B型 1件。斜壁，顶部有假圈足捉手。标本ⅢM18∶6（图三二〇，2）。

12. 奁

2件。ⅡM8∶7（图三二〇，5）、ⅡM8∶8（图三二〇，6）。

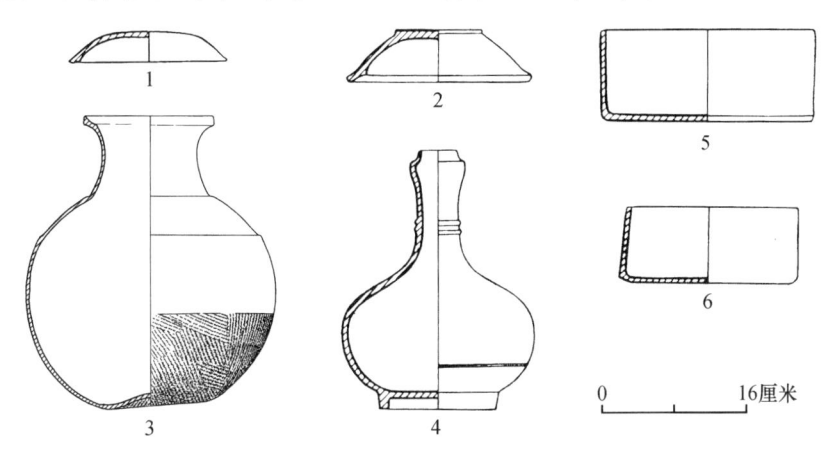

图三二〇 陶长颈罐、蒜头壶、器盖、奁

1. A型器盖（ⅢM20∶2） 2. B型器盖（ⅢM18∶6） 3. 长颈罐（ⅠM25∶2）
4. 蒜头壶（ⅢM10∶5） 5、6. 奁（ⅡM8∶7、ⅡM8∶8）

三、模型明器

1. 灶

3件（套）。依据灶眼的不同，可以分为二型。

A型 2件（套）。单眼。依据灶的平面形状的差异，可以分为二亚型。

Aa型 1件（套）。平面形状呈长方形。标本ⅠM7∶3（图三二一，1）。

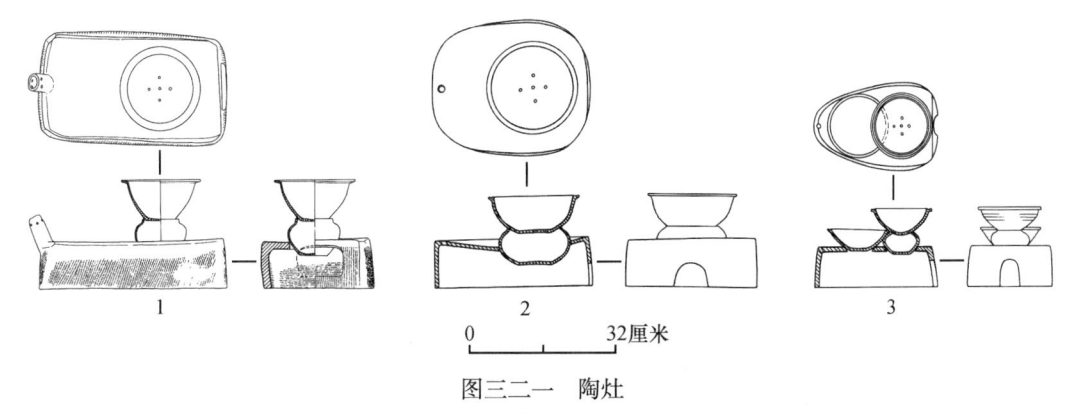

图三二一 陶灶

1. Aa型（ⅠM7∶3） 2. Ab型（ⅢM20∶8） 3. B型（ⅢM21∶8）

Ab型　1件（套）。平面形状呈圆角长方形。标本ⅢM20∶8（图三二一，2）。
B型　1件（套）。双眼。标本ⅢM21∶8（图三二一，3）。

2. 仓

2件。标本ⅢM21∶4（图三二二，2）、ⅢM21∶5（图三二二，1）。

3. 井

1件。标本ⅢM20∶10-1（图三二二，3）。

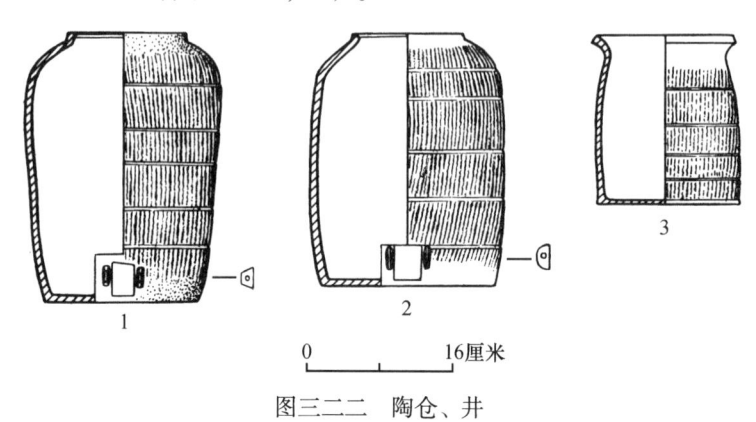

图三二二　陶仓、井
1、2. 仓（ⅢM21∶5、ⅢM21∶4）　3. 井（ⅢM20∶10-1）

第二节　墓葬的分类、分组与年代

在莲花池的125座秦汉墓中，除5座墓（ⅡM3、ⅡM4、ⅡM6、ⅡM44、ⅡM48）不出土任何随葬品外，尚有1座墓（ⅡM36）只出土小件铜器、不出土陶器，出土陶器的墓葬总共119座。因此，能够参与陶器型式组合排序的墓葬共119座。

这119座墓葬的随葬陶器主要分为以下六大类。

一、第一类墓葬

以鼎、敦、壶为核心，同时包含豆、杯、匜的仿铜陶礼器组合，偶杂有个别双耳罐、釜、瓮等日用陶器。参与该组合的墓葬分别为ⅠM1、ⅠM5、ⅠM12、ⅠM59、ⅡM49，共5座。

这5座墓所出土的同类器物形制基本完全相同，因此可以作为一组（表一）。陶器型式包括Aa型Ⅰ式鼎，甲类A型Ⅰ式壶，A型Ⅰ式豆，Ⅰ式杯，敦，匜；Ab型Ⅰ式双耳罐，甲类Ac型釜，甲类C型Ⅰ式瓮。

表一　第一类墓葬陶器型式组合表

墓号	仿铜陶礼器						日用器		
	鼎	敦	壶	豆	杯	匜	双耳罐	釜	瓮
	Aa		甲A	A			Ab	甲	甲C
ⅠM1			Ⅰ	Ⅰ	Ⅰ	√	Ⅰ		
ⅠM5	Ⅰ	√	Ⅰ	Ⅰ	Ⅰ	√			
ⅠM12	Ⅰ	√	Ⅰ	Ⅰ	Ⅰ	√			
ⅠM59	Ⅰ	√	Ⅰ	Ⅰ	Ⅰ	√		Ac	
ⅡM49	Ⅰ	√	Ⅰ	Ⅰ	Ⅰ	√			Ⅰ

注：表中"√"表示有器形不能分式或者破碎不辨式别。

第一类墓葬的鼎、敦、壶、豆、杯、匜，大致延续了汉丹地区战国时期楚墓的典型器类组合，但具体器物形态又与战国中晚期楚墓如丹江口牛场M188、M192、M138[①]等所出的同类器有所不同，因此其年代当为战国晚期晚段至秦代前后。另外，ⅠM5和ⅡM49两座墓为直线型竖穴墓道土洞墓，尤其ⅡM49墓主的葬式为屈肢葬。这是关中地区秦墓的典型形制和葬式，西安附近多有所见[②]，而不见于秦占领丹江库区以前的楚墓之中。这也说明第一类墓葬的年代应在《史记·楚世家》所载楚顷襄王"十九年（公元前280年），秦伐楚，楚军败，割上庸、汉北地予秦"之后。由于尚未见西汉初期始成为随葬陶器常制的鼎、盒、壶组合（详见第二类墓讨论），说明第一类墓葬的年代下限应早于西汉初期。因此，第一类墓葬的年代应在秦代前后，即战国晚期晚段至秦代。

二、第二类墓葬

以鼎、盒、壶为核心，同时包含豆、杯、勺的仿铜陶礼器组合，偶杂有个别双耳罐、鍪、瓮等日用陶器。参与该组合的墓葬分别为ⅠM62、ⅡM52，共2座。

这2座墓所出土的同类器物形制基本完全相同，因此可以作为一组（表二）。陶器型式包括Aa型Ⅱ式鼎，甲类Aa型Ⅰ式盒，甲类A型Ⅱ式壶，B型Ⅱ式豆，Ⅱ式杯，勺；Aa型Ⅱ式双耳罐，Ab型Ⅰ式鍪，乙类A型Ⅱ式瓮。

表二　第二类墓葬陶器型式组合表

墓号	仿铜陶礼器						日用器		
	鼎	盒	壶	豆	杯	勺	双耳罐	鍪	瓮
	Aa	甲Aa	甲A	B			Aa	Ab	乙A
ⅠM62	Ⅱ	Ⅰ	Ⅱ	Ⅱ		√			
ⅡM52	Ⅱ	Ⅰ	Ⅱ	Ⅱ	Ⅱ	√	Ⅱ	Ⅰ	Ⅱ

注：表中"√"表示有器形不能分式或者破碎不辨式别。

---

① 湖北省文物局、湖北省移民局、南水北调中线水源有限责任公司：《丹江口牛场墓群》，科学出版社，2013年。
② 西安市文物保护考古所：《西安南郊秦墓》，陕西人民出版社，2004年。

相比于第一类墓葬中的仿铜陶礼器，第二类墓葬中的鼎虽仍为平底扁腹，但腹部已更浅，器盖明显隆起，壶为盘口外敞，高圈足下端起台，敦、匜消失，礼器组合新出现了盒与勺。日用器方面，双耳罐相比于第一类墓ⅠM1∶3与第五类墓第一组（年代详后）、第六类墓第一组（年代详后）中的同类器，也已出现较大的变化，如口部变小，颈部变细，下腹部内收程度明显变缓。这些都说明第二类墓的年代较之第一类墓、第五类墓第一组与第六类墓第一组要稍晚。第二类墓的ⅡM52伴出有半两钱，整体较小，钱径仅为2.1厘米，孔径较大，为1厘米，字体较宽大而又不甚规整，从尺寸和字体特征上看，应为汉初铸造的荚钱[1]。因此，第二类墓葬的年代应为西汉初年。

三、第三类墓葬

以鼎、盒、壶为核心，或同时包含小壶、钫的仿铜陶礼器组合，一般杂有双耳罐、釜、鍪、瓮、甗等日用陶器。参与该组合的墓葬分别为ⅡM1、ⅡM2、ⅡM10、ⅡM15、ⅡM18、ⅡM22、ⅡM23、ⅡM38、ⅡM40、ⅡM41、ⅡM45、ⅡM7、ⅡM9、ⅡM13、ⅡM14、ⅡM17、ⅡM19、ⅡM39、ⅡM42、ⅡM43、ⅡM54、ⅢM6、ⅢM7、ⅢM9、ⅢM10、ⅢM11、ⅢM12、ⅢM13、ⅢM15、ⅢM16、ⅢM18、ⅢM19、ⅠM8、ⅠM9、ⅠM14、ⅠM17、ⅠM55、ⅢM2、ⅢM3、ⅢM8，共40座墓。

这40座墓葬，依据所出土同类器物的形制变化可以分为三组（表三）。

第一组：Ab型Ⅰ式、Ba型Ⅰ式、Ba型Ⅱ式、Bb型Ⅰ式、Bb型Ⅱ式鼎，甲类Aa型Ⅱ式、乙类B型Ⅰ式盒，甲类Ba型Ⅰ式、Da型壶，Ⅰ式、Ⅱ式小壶，钫；Aa型Ⅲ式、B型Ⅱ式双耳罐，乙类A型Ⅰ式、A型Ⅱ式釜，Ab型Ⅰ式、Ab型Ⅱ式、Ba型Ⅰ式、Ba型Ⅱ式鍪，甲类A型Ⅰ式、Ba型Ⅰ式、C型Ⅱ式、乙类B型Ⅱ式瓮，甲类Aa型Ⅰ式盆，Aa型Ⅰ式甑，Aa型Ⅰ式甗。

包括ⅡM1、ⅡM2、ⅡM10、ⅡM15、ⅡM18、ⅡM22、ⅡM23、ⅡM38、ⅡM40、ⅡM41、ⅡM45，共11座墓。

第二组：Ab型Ⅱ式、Ba型Ⅲ式、Bb型Ⅲ式鼎，甲类Aa型Ⅲ式、Aa型Ⅳ式、Ac型、乙类Aa型Ⅰ式、Aa型Ⅱ式、B型Ⅱ式盒，甲类Ba型Ⅱ式、Bb型Ⅱ式、C型Ⅰ式、C型Ⅱ式壶，Ⅲ式小壶；Aa型Ⅳ式、Aa型Ⅴ式、B型Ⅲ式双耳罐，乙类A型Ⅲ式、B型Ⅰ式釜，Ab型Ⅱ式、Ab型Ⅲ式、Ab型Ⅳ式、Ba型Ⅲ式、Bb型Ⅲ式鍪，甲类A型Ⅱ式、Ba型Ⅱ式、Bb型Ⅰ式、C型Ⅲ式、乙类A型Ⅲ式、B型Ⅲ式瓮，甲类Aa型Ⅱ式盆，Aa型Ⅱ式、B型甑，Aa型Ⅱ式、Ab型、Ba型Ⅰ式、Ba型Ⅱ式、Bb型Ⅰ式甗。

包括ⅡM7、ⅡM9、ⅡM13、ⅡM14、ⅡM17、ⅡM19、ⅡM39、ⅡM42、ⅡM43、ⅡM54、ⅢM6、ⅢM7、ⅢM9、ⅢM10、ⅢM11、ⅢM12、ⅢM13、ⅢM15、ⅢM16、ⅢM18、ⅢM19，共21座墓。

第三组：Ab型Ⅲ式、Ba型Ⅳ式、Bb型Ⅳ式鼎，甲类Aa型Ⅳ式、Ab型盒，甲类Ba型Ⅲ式、

---

[1] 陈振裕：《湖北秦汉半两钱的考古发现与研究》，《江汉考古》1988年第3期。

Bb型Ⅱ式壶，Ⅳ式小壶；Aa型Ⅵ式、Ab型Ⅳ式双耳罐，Ba型Ⅲ式、Bb型Ⅳ式鍪，甲类A型Ⅲ式、Ba型Ⅱ式、Bb型Ⅱ式、C型Ⅳ式、乙类B型Ⅳ式瓮，甲类Aa型Ⅲ式、Ab型盆，Aa型Ⅲ式甑，Ac型、Ba型Ⅲ式、Ba型Ⅳ式、Bb型Ⅱ式甗。

包括ⅠM8、ⅠM9、ⅠM14、ⅠM17、ⅠM55、ⅢM2、ⅢM3、ⅢM8，共8座墓。

表三　第三类墓葬陶器型式组合表

分组	墓号	仿铜陶礼器 鼎 Ab	鼎 Ba	鼎 Bb	盒 甲Aa	盒 乙Aa	壶 Ba	壶 Bb	壶 C	钫	小壶	日用器 双耳罐 Aa	双耳罐 B	釜 乙A	鍪 Ab	鍪 Ba	瓮 甲A	瓮 Ba	瓮 C	盆 甲Aa	甑 Aa	甗 Aa	甗 Ba	甗 Bb
一	ⅡM1		Ⅱ	Ⅰ	Ⅱ		Ⅰ				Ⅱ				Ⅱ		Ⅰ							
	ⅡM2	Ⅰ	Ⅰ		√		Ⅰ				Ⅰ				Ⅱ							Ⅰ		
	ⅡM10		Ⅰ	Ⅱ	Ⅱ	√				√	Ⅱ				Ⅰ			Ⅱ						
	ⅡM15			Ⅱ			BⅠ	Da				Ⅲ			Ⅱ									
	ⅡM18		Ⅱ																			Ⅰ		
	ⅡM22		Ⅱ		Ⅱ	Ⅰ						Ⅱ	Ⅰ		Ⅰ			Ⅰ		Ⅰ				
	ⅡM23	Ⅰ、Ⅱ		Ⅱ	Ⅰ							Ⅰ			Ⅰ					Ⅰ				
	ⅡM38		Ⅱ		√							Ⅲ	Ⅱ		Ⅱ									
	ⅡM40		Ⅱ		√					√					Ⅱ	Ⅰ								
	ⅡM41	Ⅰ			√		Ⅰ				Ⅱ	Ⅱ			Ⅱ									
	ⅡM45		Ⅰ		Ⅱ					√	Ⅰ	Ⅲ			Ⅱ		Ⅰ							
二	ⅡM7				Ⅲ	Ⅱ						Ⅳ			Ⅱ									Ⅰ
	ⅡM9		Ⅲ		Ⅱ	Ⅱ					Ⅲ				Ⅱ									Ⅱ
	ⅡM13	Ⅱ			Ⅳ		Ⅰ																	Ⅰ
	ⅡM14	Ⅱ			Ⅳ	Ⅱ					Ⅴ													Ⅰ
	ⅡM17	Ⅱ			Ac		Ⅰ								Ⅱ			Ⅱ						
	ⅡM19	Ⅰ			Ⅱ	Ⅰ						Ⅲ					Ⅲ							Ⅰ
	ⅡM39		Ⅲ		Ⅰ	Ⅱ									Ⅱ						Ab			
	ⅡM42				Ⅱ																			
	ⅡM43				Ⅱ	Ⅱ						Ⅲ	BⅠ							Ⅱ				
	ⅡM54				Ⅱ							Ⅳ	Ⅲ		Ⅱ									
	ⅢM6		Ⅲ		Ⅱ	Ⅱ					Ⅲ													Ⅰ
	ⅢM7		Ⅲ		Ⅱ	Ⅱ											BbⅠ							Ⅰ
	ⅢM9		Ⅲ		Ⅱ	Ⅱ						Ⅲ	Ⅱ							Ⅱ				
	ⅢM10		Ⅲ		Ⅲ	Ⅱ						Ⅲ	Ⅲ	Ⅱ						Ⅱ	Ⅱ			
	ⅢM11	Ⅱ			Ⅱ	Ⅱ						Ⅳ			Ⅲ									
	ⅢM12		Ⅲ		Ⅱ	Ⅱ																Ⅰ		
	ⅢM13				Ⅲ																			
	ⅢM15			Ⅲ							Ⅲ				Ⅳ									
	ⅢM16		Ⅲ		Ⅲ	Ⅱ	Ⅱ																	
	ⅢM18		Ⅲ		Ⅲ	Ⅱ														B				
	ⅢM19		Ⅲ				Ⅱ															Ⅱ		
三	ⅠM8	Ⅲ			Ⅲ		Ⅱ								Ⅲ					Ⅲ				Ⅲ
	ⅠM9	Ⅲ			Ⅳ		Ⅱ				Ⅵ				Ⅲ					Ⅲ				
	ⅠM14		Ⅳ		Ⅳ		Ⅱ			Ⅳ							BbⅡ	Ⅳ	Ab	Ⅲ				Ⅳ
	ⅠM17	Ⅲ			Ⅳ										Ⅲ					Ⅲ				
	ⅠM55		Ⅳ		Ⅳ		Ⅱ				Ⅴ				Ⅲ									Ⅱ
	ⅢM2		Ⅳ		Ⅳ	Ⅲ				Ⅳ	Ⅳ							Ⅱ				Ac		
	ⅢM3	Ⅲ			Ⅳ																	Ac		
	ⅢM8		Ⅳ	Ab	Ⅲ										Ⅱ					√				

注：表中"√"表示有器形不能分式或者破碎不辨式别。

第三类墓葬数量最多，器类组合相当稳定，均为鼎、盒、壶、瓿，另有釜、瓮、鍪等。但同类器的形态有一定差别。如鼎有二型：一型为扁腹平底，即Ab型；另一型为鼓腹圜底，可以再细分，即Ba与Bb型，它们在ⅡM2中共存。两种类型的鼎腹部均由浅到深，附耳由略外撇到明显外侈。盒盖上的捉手由大到小（第四类墓葬出土的盒盖已无捉手），盖的腹部由较高直逐渐变为浅弧，盖深度由深变浅。壶由侈口外敞的大喇叭形，到沿略折、外沿下有折棱，再到明显的深盘口。根据这些典型器物形制的演变，我们在前面将这类墓葬划分为具有年代意义的三组。其中，第一组的鼎腹部均较浅，鼎耳微外撇，壶为侈口喇叭形，盒的捉手小于第二类墓出土的同类器，其年代应该晚于第二类墓葬，不会早到西汉初年，应已进入西汉早期。第三组墓不出第四类墓葬才出的仓、井、灶等模型明器组合，年代应早于第四类墓葬。第四类墓葬的年代大致相当于新莽时期的西汉末年（详见后文），说明第三组的年代应早于新莽时期。由此可以推论，第三类墓第一至三组的年代大致从西汉早期延续到西汉晚期。

具体而论，第三类墓第一组的鼓腹圜底鼎、盒、钫等，与湖北云梦睡虎地M77[①]、长沙马王堆一号汉墓[②]、随州孔家坡M8[③]、荆州高台M17[④]出土的同类器均十分相似；甲类Ba型Ⅰ式陶壶与马王堆一号汉墓M1∶307、高台M17∶2陶壶均十分接近，也与马王堆一号汉墓和三号汉墓[⑤]出土的漆钟较为接近，相比于高台M18∶16陶壶，则颈部稍粗、腹部稍圆鼓，显示出稍晚一些的特征，但整体特征依然较为接近，相距不会太久。河北满城一号汉墓[⑥]也出土较多陶器，相比于莲花池第三类墓第一组的同类器而言，满城M1∶3088、M1∶3394鼎腹部要稍深，壶M1∶3083口部稍具盘口特征、M1∶3201腹部稍胖鼓，盒M1∶3159、3165盖的腹部稍浅弧，这些都是稍晚的特征。以上8座墓葬的年代均较明确。高台M18葬于汉文帝前元七年（公元前173年），M17报告认为与葬于汉景帝前元四年（公元前153年）的江陵凤凰山M10[⑦]所出高领罐等日用陶器相同，年代也应属景帝时期；马王堆三号汉墓葬于汉文帝前元十二年（公元前168年），一号汉墓的墓主为第一代轪侯利苍的妻子"辛追"，死于汉文帝前元十二年以后数年；睡虎地M77葬于汉文帝后元七年（公元前157年）稍后不久；孔家坡M8葬于汉景帝后元二年（公元前142年）；满城一号汉墓墓主为中山靖王刘胜，死于汉武帝元鼎四年（公元前113年），稍晚于武帝铸行五铢钱的元狩五年（公元前118年）。通过前面的器物比对，我们可以得出莲花池第三类墓第一组的年代应相当或稍晚于高台M18，但早于满城M1。因此，莲花池第三类墓第一组的年代应大致在西汉文景时期至武帝铸行五铢钱前后，即西汉早期。

对于西汉中晚期墓葬年代的判断，学者多以《洛阳烧沟汉墓》[⑧]一书对五铢钱的分型和断

---

① 湖北省文物考古研究所、云梦县博物馆：《湖北云梦睡虎地M77发掘简报》，《江汉考古》2008年第4期。
② 湖南省博物馆、中国科学院考古研究所：《长沙马王堆一号汉墓》，文物出版社，1973年。
③ 湖北省文物考古研究所、随州市考古队：《随州孔家坡汉墓简牍》，文物出版社，2006年。
④ 湖北省荆州博物馆：《荆州高台秦汉墓》，科学出版社，2000年。
⑤ 湖南省博物馆、湖南省文物考古研究所：《长沙马王堆二、三号汉墓》，文物出版社，2004年。
⑥ 中国社会科学院考古研究所、河北省文物管理处：《满城汉墓发掘报告》，文物出版社，1980年。
⑦ 长江流域第二期文物考古工作人员训练班：《湖北江陵凤凰山西汉墓发掘简报》，《文物》1974年第6期。
⑧ 洛阳区考古发掘队：《洛阳烧沟汉墓》，科学出版社，1959年。

代作为依据，但实际上，该书所认为的分别属于武帝、昭帝、宣帝以后、东汉时期的不同五铢钱，在葬于武帝元鼎四年（公元前113年）的满城一号汉墓中都有出土，因此，《洛阳烧沟汉墓》对五铢钱的研究结论根据是不足的[1]，以五铢钱的不同作为判断西汉中晚期墓葬年代的依据也是需要审慎的。莲花池第三类墓第二组的鼎相比于满城一号汉墓M1：3088、M1：3394与河北鹿泉高庄汉墓[2]M1：235、M1：397、M1：232鼎，腹部都要更深；壶相比于以上两墓则明显要晚，满城M1：3083、M1：3201与高庄M1：551、M1：554壶均还保留了较多西汉早期的特点，如口部大体仍为喇叭形，初具或不具盘口特征，腹部不甚胖鼓；莲花池第三类墓第二组的盒则大体接近于上述两墓中所出之盒。第三类墓第二组的鼎、盒、壶与长安汉墓雅M119、交M246[3]所出土同类器相比，则较为接近。而相比于北京大葆台一号汉墓[4]，无论是莲花池第三类墓第二组的，还是前述长安两墓的鼎与壶，鼎腹部与壶盘口深度均不及大葆台M1：1鼎与M1：4壶，大葆台M1：2壶盖则更已为博山炉式。这都说明大葆台一号墓的年代要更晚。日用器方面，本组的Aa型Ⅳ式、Ⅴ式双耳罐ⅡM54：5、ⅢM11：5、ⅡM14：6大体同于老河口九里山M15[5]双耳罐，与莲花池第三类墓第一组即西汉早期的Aa型Ⅲ式双耳罐ⅡM38：2、ⅡM45：3的形制衔接紧密，相差不会太远，但与已伴出仓、井、灶年代已到新莽时期的九里山M93、M99所出双耳罐相比，则明显形制迥异，当还有较长的一段时间距离。与九里山M15相近的双耳罐也出于该墓地M136、M152，后两墓中的陶礼器鼎、盒、壶也明显早于大葆台M1，因此九里山M15也应早于大葆台M1。满城M1的年代前已述；高庄M1墓主为常山宪王刘舜，死于汉武帝元鼎三年（公元前114年）；大葆台M1墓主为广阳王刘建，死于汉元帝初元四年（公元前45年）；长安雅M119、交M246与九里山M15皆伴出五铢钱，晚于武帝铸行五铢钱的元狩五年（公元前118年），但皆不会晚于大葆台M1。以上讨论说明，第二组墓葬应稍晚于满城M1、高庄M1，但早于大葆台M1。所以，第三类墓第二组的年代应为西汉中期，即晚于武帝铸行五铢钱的元狩五年之后不久，但早于元帝时期。

第三组墓葬的圜底鼎与大葆台M1：1鼎较为接近，腹部均甚深；壶深盘口的作风与大葆台M1：4壶也相近。第三组的年代应大致相当于大葆台M1前后。此外，鉴于第三组墓葬晚于属西汉中期的第二组，但早于属新莽时期的第四类墓（详见后文），因此，第三类墓第三组的年代应为西汉晚期，即大致始于汉元帝时期，早于新莽时期。

四、第四类墓葬

以鼎、盒、壶为核心，或同时包含小壶的仿铜陶礼器组合，日用器中瓿消失不见，新增加了一组以仓、井、灶为核心的模型明器。参与该组合的墓葬分别为ⅠM7、ⅢM20、ⅢM21，共

---

[1] 中国社会科学院考古研究所、河北省文物管理处：《满城汉墓发掘报告》，文物出版社，1980年，第207~212页。
[2] 河北省文物研究所、鹿泉市文物保管所：《高庄汉墓》，科学出版社，2006年。
[3] 西安市文物保护考古所、郑州大学考古专业：《长安汉墓》，陕西人民出版社，2004年。
[4] 大葆台汉墓发掘组、中国社会科学院考古研究所：《北京大葆台汉墓》，文物出版社，1989年。
[5] 襄樊市文物考古研究所、武安铁路复线九里山考古队：《老河口九里山秦汉墓》，文物出版社，2009年。

3座墓。

这3座墓最大的特征是出现仓、井、灶，可以作为一组（表四）。主要陶器型式包括Ab型Ⅳ式、Ac型、Bc型鼎，甲类Aa型Ⅴ式、D型盒，甲类Ba型Ⅳ式、Bb型Ⅲ式、C型Ⅲ式壶，Ⅴ型小壶；Ab型Ⅴ式鋞，甲类B型盆，Aa型Ⅲ式甑；灶，仓，井。

表四　第四类墓葬陶器型式组合表

墓号	仿铜陶礼器							日用器				模型明器		
	鼎			盒				壶	小壶	鋞	盆	甑	灶	仓	井
	Ab	Ac	Bc	甲						Ab	甲	Aa			
				Aa	D	Ba	Bb	C			B				
ⅠM7	Ⅳ			√				Ⅲ			Ⅲ		Aa		
ⅢM20		√		Ⅴ			Ⅲ		Ⅴ		√		Ab		√
ⅢM21		√		Ⅴ		Ⅳ				Ⅴ			B	√	

注：表中"√"表示有器形不能分式或者破碎不辨式别。

第四类墓葬中的鼎明显小型化，盒盖的圈足捉手消失变为平顶，盒身的子口消失变为敛口，壶均为盘口，小陶壶、平底鋞等器物的下腹部有刮削痕迹，都是不见或甚少见于其他几类墓葬的特征。此外，最具特色的是第四类墓葬中新出现了一组仓、井、灶的模型明器组合。类似的墓葬在丹江库区多有发现，如淅川马川M156、M169、M202、M153、M93、M53[①]等。莲花池ⅢM20出土的鼎与马川M156出土的鼎接近，ⅢM20出土的壶、盆、小壶与马川M169出土的壶、盆、小壶也比较接近。马川M169、M202、M153、M93、M53均出土有王莽时期铸造的铜钱"大泉五十"，说明这些墓葬的年代不会比新莽时期更早。莲花池ⅢM20与马岭汉墓[②]相比，没有出现砖室，器类组合与器形也有很大不同，据此推测莲花池第四类墓应该早于马岭汉墓，不会晚至东汉早期。因此，第四类墓的年代大致为西汉末期，即相当于新莽时期。

五、第五类墓葬

以双耳罐、釜（或鋞）、钵为核心的日用陶器组合，偶杂有瓮、甗、盆、甑等日用陶器。参与该组合的墓葬分别为ⅠM2、ⅠM3、ⅠM4、ⅠM10、ⅠM13、ⅠM15、ⅠM16、ⅠM18、ⅠM19、ⅠM20、ⅠM21、ⅠM22、ⅠM23、ⅠM24、ⅠM25、ⅠM26、ⅠM27、ⅠM29、ⅠM30、ⅠM32、ⅠM33、ⅠM35、ⅠM37、ⅠM40、ⅠM41、ⅠM43、ⅠM44、ⅠM45、ⅠM46、ⅠM47、ⅠM49、ⅠM56、ⅠM57、ⅠM58、ⅠM60、ⅠM61、ⅠM63、ⅠM65、ⅠM66、ⅡM5、ⅡM8、ⅡM11、ⅡM12、ⅡM25、ⅡM26、ⅡM28、ⅡM29、ⅡM31、

---

① 河南省文物局南水北调文物保护办公室、河南省文物考古研究院、驻马店市文物考古管理所：《河南淅川马川墓地汉代积石积炭墓的发掘》，《考古学报》2014年第2期。
② 武汉大学历史学院考古系、河南省文物局南水北调办公室、河南省文物考古研究院：《河南淅川县马岭汉代砖室墓发掘简报》，《考古》2016年第6期。

ⅡM32、ⅡM35、ⅡM47、ⅡM50、ⅡM53、ⅡM55、ⅢM4、ⅢM5、ⅢM14、ⅢM17，共58座墓。

这58座墓葬，依据所出土同类器物的形制变化可以分为三组（表五）。

第一组：Aa型Ⅰ式、Ab型Ⅰ式、B型Ⅰ式双耳罐，甲类釜，Aa型Ⅰ式、Bb型Ⅰ式鍪，乙类A型Ⅰ式、B型Ⅰ式、C型瓮。

包括ⅠM2、ⅠM3、ⅠM4、ⅠM10、ⅠM13、ⅠM15、ⅠM16、ⅠM18、ⅠM19、ⅠM20、ⅠM21、ⅠM22、ⅠM23、ⅠM24、ⅠM25、ⅠM26、ⅠM27、ⅠM29、ⅠM30、ⅠM32、ⅠM33、ⅠM35、ⅠM37、ⅠM40、ⅠM41、ⅠM43、ⅠM44、ⅠM45、ⅠM46、ⅠM47、ⅠM49、ⅠM56、ⅠM57、ⅠM58、ⅠM60、ⅠM61、ⅠM63、ⅠM65、ⅠM66、ⅡM11、ⅡM26、ⅡM35，共42座墓。

第二组：Aa型Ⅲ式、Ab型Ⅱ式、B型Ⅱ式双耳罐，乙类A型Ⅰ式釜，Ab型Ⅱ式、Ba型Ⅱ式、Bb型Ⅱ式鍪，乙类盆。

包括ⅡM5、ⅡM47、ⅡM50、ⅡM55、ⅢM14，共5座墓。

第三组：Aa型Ⅳ式、Ab型Ⅲ式、B型Ⅲ式双耳罐，乙类A型Ⅲ式釜，Ab型Ⅲ式、Ab型Ⅳ式、Ba型Ⅲ式、Bb型Ⅲ式鍪，甲类Ba型Ⅱ式、乙类B型Ⅲ式瓮，Bb型Ⅰ式瓿，Ab型甑，奁。

包括ⅡM8、ⅡM12、ⅡM25、ⅡM28、ⅡM29、ⅡM31、ⅡM32、ⅡM53、ⅢM4、ⅢM5、ⅢM17，共11座墓。

表五　第五类墓葬陶器型式组合表

分组	墓号	日用器									
		双耳罐			釜		鍪				瓮		瓿
		Aa	Ab	B	甲	乙	Aa	Ab	Ba	Bb	甲	乙	Bb
一	ⅠM2	Ⅰ			Ad								
	ⅠM3	Ⅰ			Ab								
	ⅠM4		Ⅰ	Ⅰ	Aa								
	ⅠM10	Ⅰ										AⅠ	
	ⅠM13	Ⅰ			Aa								
	ⅠM15	Ⅰ										BⅠ	
	ⅠM16		Ⅰ		Ab								
	ⅠM18	Ⅰ			B								
	ⅠM19	Ⅰ			Ab								
	ⅠM20	Ⅰ									Ⅰ		
	ⅠM21	Ⅰ			Aa								
	ⅠM22	Ⅰ			Ab								
	ⅠM23	Ⅰ			B								
	ⅠM24		Ⅰ		Ab								
	ⅠM25	Ⅰ					Ⅰ						
	ⅠM26	Ⅰ			Ad								
	ⅠM27		Ⅰ										
	ⅠM29	Ⅰ			Ac								
	ⅠM30	Ⅰ										C	

续表

分组	墓号	日用器									
		双耳罐			釜		鍪				瓮		瓿
		Aa	Ab	B	甲	乙	Aa	Ab	Ba	Bb	甲	乙	Bb
一	ⅠM32	Ⅰ			Ac								
	ⅠM33	Ⅰ			Ad								
	ⅠM35	Ⅰ											
	ⅠM37	Ⅰ			C								
	ⅠM40	Ⅰ		Ⅰ									
	ⅠM41	Ⅰ			Ae								
	ⅠM43	Ⅰ			Ad								
	ⅠM44	Ⅰ											
	ⅠM45	Ⅰ											
	ⅠM46	Ⅰ											
	ⅠM47		Ⅰ										
	ⅠM49			Ⅰ			Ⅰ						
	ⅠM56	Ⅰ									AⅠ		
	ⅠM57				Ad								
	ⅠM58	Ⅰ			Ac								
	ⅠM60	Ⅰ			Ad								
	ⅠM61	Ⅰ											
	ⅠM63	Ⅰ			Ad								
	ⅠM65	Ⅰ			Ad								
	ⅠM66		Ⅰ		Ad								
	ⅡM11	Ⅰ											
	ⅡM26	Ⅰ											
	ⅡM35	Ⅰ											
二	ⅡM5		Ⅱ	Ⅰ				Ⅱ					
	ⅡM47			Ⅱ						Ⅱ			
	ⅡM50	Ⅲ						Ⅱ					
	ⅡM55	Ⅲ		Ⅱ		AⅠ			Ⅱ				
	ⅢM14			Ⅱ									
三	ⅡM8	Ⅳ						Ⅲ			BaⅡ		
	ⅡM12	Ⅳ						Ⅲ					
	ⅡM25	Ⅳ		Ⅲ						Ⅱ			
	ⅡM28							Ⅳ			BaⅡ	BⅢ	Ⅰ
	ⅡM29							Ⅳ			BaⅡ		Ⅰ
	ⅡM31		Ⅲ	Ⅲ				Ⅳ					
	ⅡM32	Ⅳ	Ⅲ							Ⅲ			
	ⅡM53	Ⅳ							Ⅲ				
	ⅢM4	Ⅲ						Ⅳ			BaⅡ		
	ⅢM5					AⅢ		Ⅱ			BaⅡ		
	ⅢM17	Ⅳ		Ⅱ				Ⅲ					

这种以双耳罐、釜（或鍪）、平底钵形器盖为主要器类组合的墓葬，广泛存在于秦汉时期的汉水中游地区。这一地区在被秦占领以前的楚文化遗存中，并不见此类墓葬，这也说明此类墓葬的年代应晚于《史记·楚世家》所载楚顷襄王"十九年（公元前280年），秦伐楚，楚军败，割上庸、汉北地予秦"。具体而论，只见于第一组中的甲类釜，虽然形态有所差异可以分为多型，但皆与最早的Aa型Ⅰ式、Ab型Ⅰ式、B型Ⅰ式双耳罐共出，说明各不同型的甲类釜时代一致。第一组中的Ab型Ⅰ式双耳罐也见于第一类墓ⅠM1中，甲类Ac型釜也见于第一类墓ⅠM59中。因此，第一组墓葬的年代与第一类墓的年代相当，属秦代前后。此外，与周边材料相比，如云梦睡虎地秦墓[①]，第一组的甲类Ac、Ae、B型釜分别与睡虎地M7：20、M3：7、M12：3釜十分接近。睡虎地M7的椁室门楣上阴刻有"五十一年曲阳式五邦"九字，可确定应入葬于秦昭王五十一年（公元前256年）；M11出土的《编年记》竹简中明确记载了墓主"喜"死于秦始皇三十年（公元前217年）；M3、M12出土的漆器、陶器与M7、M11所出同类器均十分相近，年代也在战国晚期晚段至秦代。武当山柳树沟[②]M23出土鬲、盂、豆、壶，为战国晚期早段的楚墓，该墓还同出一件陶釜，与莲花池第五类墓第一组的甲类Ab型釜几近完全相同，后者与前者年代应相差不远；柳树沟M15出鼎、敦、壶、杯、豆、匜、釜，与莲花池第一类墓相同，时代也当为秦代前后，莲花池第五类墓第一组甲类Ad型釜与该墓中的釜十分相似。第五类墓第一组中腹部极扁的甲类Aa型釜也与重庆涪陵小田溪M3：25釜[③]相近。小田溪M3出土的铜戈有"廿六年"铭文，为秦始皇二十六年（公元前221年）[④]，该墓年代当为秦代或秦汉之际[⑤]。以上与周边材料的比对也说明，第五类墓第一组的年代相当于秦代前后，即战国晚期晚段至秦代。

第二组墓葬出土的Aa型Ⅲ式、B型Ⅱ式双耳罐，乙类A型Ⅰ式釜，Ab型Ⅱ式、Ba型Ⅱ式鍪，也常见于第三类墓第一组中。第三类墓第一组的年代前已述，属西汉早期。因此，第五类墓第二组的年代，也应为西汉早期。

第三组墓葬出土的Aa型Ⅳ式、B型Ⅲ式双耳罐，乙类A型Ⅲ式釜，Ab型Ⅲ式、Ab型Ⅳ式、Ba型Ⅲ式鍪，甲类Ba型Ⅱ式瓮，Bb型Ⅰ式甗，也常见于第三类墓第二组中。第三类墓第二组的年代前已述，属西汉中期。因此，第五类墓第三组的年代，也应为西汉中期。

六、第六类墓葬

以单件壶或盒为仿铜陶礼器，偶见豆；以双耳罐、釜（或鍪）、钵为日用陶器。参与

---

① 《云梦睡虎地秦墓》编写组：《云梦睡虎地秦墓》，文物出版社，1981年。
② 湖北省文物局、湖北省移民局、南水北调中线水源有限责任公司：《武当山柳树沟墓群》，科学出版社，2015年。
③ 四川省博物馆、重庆市博物馆、涪陵县文化馆：《四川涪陵地区小田溪战国土坑墓清理简报》，《文物》1974年第5期。
④ 于豪亮：《四川涪陵的秦始皇二十六年铜戈》，《考古》1976年第1期；童恩正、龚廷万：《从四川两件铜戈上的铭文看秦灭巴蜀后统一文字的进步措施》，《文物》1976年第7期。
⑤ 宋治民：《略论四川战国秦墓的分期》，《中国考古学会第一次年会论文集》，文物出版社，1979年。

该组合的墓葬分别为ⅠM6、ⅠM28、ⅠM31、ⅠM34、ⅠM39、ⅠM42、ⅠM53、ⅠM54、ⅡM24、ⅡM27、ⅡM30，共11座墓。

这11座墓葬，依据所出土同类器物的形制变化可以分为两组（表六）。

第一组：甲类Ba型、C型盒，甲类Db型、乙类壶，B型Ⅰ式豆；Aa型Ⅰ式、Ab型Ⅰ式、B型Ⅰ式双耳罐，甲类釜。

包括ⅠM6、ⅠM28、ⅠM31、ⅠM34、ⅠM39、ⅠM42、ⅠM53、ⅠM54、ⅡM27，共9座墓。

第二组：甲类Bb型盒，A型Ⅱ式豆；Aa型Ⅳ式、Aa型Ⅴ式、Ab型Ⅲ式双耳罐，乙类B型Ⅱ式釜，Ab型Ⅲ式、Bb型Ⅲ式鍪，甲类C型Ⅲ式瓮。

包括ⅡM24、ⅡM30，共2座墓。

表六　第六类墓葬陶器型式组合表

分组	墓号	仿铜陶礼器 盒 甲	仿铜陶礼器 壶 甲	仿铜陶礼器 壶 乙	豆	日用器 双耳罐 Aa	日用器 双耳罐 Ab	日用器 双耳罐 B	日用器 釜 甲	日用器 釜 乙	鍪	瓮 甲
一	ⅠM6	C				Ⅰ			Ab			
	ⅠM28		Aa		BⅠ				Ab			
	ⅠM31	C					Ⅰ		Ad			
	ⅠM34			B				Ⅰ				
	ⅠM39					Ab						
	ⅠM42					Ab			Ad			
	ⅠM53		Aa				Ⅰ		Aa			
	ⅠM54		Db				Ⅰ		Ad			
	ⅡM27	Ba					Ⅰ					
二	ⅡM24				AⅡ	Ⅳ、Ⅴ	Ⅲ				AbⅢ	
	ⅡM30	Bb					Ⅳ			BⅡ	BbⅢ	CⅢ

第六类墓相比于第五类墓，只是在第五类墓的基础上多了单件仿铜陶礼器壶、盒或豆，因此其年代完全可以对比第五类墓以及以仿铜陶礼器组合为核心但也同出日用陶器的第三类墓的年代推定。

第一组中的Aa型Ⅰ式、Ab型Ⅰ式、B型Ⅰ式双耳罐，甲类釜，完全同于第五类墓第一组，年代也应相同。此外，乙类壶与襄阳王坡M19、M25、M27、M142[1]等墓所出的F型壶和禹州新峰M39、M44、M115、M372、M450[2]等墓所出陶壶均十分相近。莲花池第五类墓第一组的年代为秦代前后，前已述。王坡M142出土与M61相近的鼎、豆、壶，M61同出的铜戈有"三十四"年的纪年，为秦昭襄王三十四年（公元前273年），M61的年代当在此后不久，因此王坡M142等上述四墓的年代也应在此后不久。禹州新峰上述诸墓均为该墓地最早出现的一批竖穴墓道土洞墓，不同于此前该地区流行的竖穴土坑墓与竖穴土坑空心砖墓，因此其年代应

---

[1] 湖北省文物考古研究所、襄樊市考古队、襄阳区文物管理处：《襄阳王坡东周秦汉墓》，科学出版社，2005年。
[2] 河南省文物局：《禹州新峰墓地》，科学出版社，2013年。

是在公元前230年秦灭韩至秦代前后。以上讨论均说明，第六类墓第一组的年代应在战国晚期晚段至秦代。

第二组中的Aa型Ⅳ式、Ab型Ⅲ式双耳罐，Ab型Ⅲ式、Bb型Ⅲ式鍪，完全同于第五类墓第三组，也常见于第三类墓第二组中。因此，第六类第二组的年代当同于后两者，也应为西汉中期。

第三节　墓地的分期与年代

以上我们将全部出土陶器的墓葬分为六大类，并对每类墓葬分别进行了陶器型式组合的分组，以及每类墓葬各组别的年代的讨论。在此基础上，我们可将整个墓地出土陶器的秦汉时期墓葬都纳入一个共同的时间框架中（表七）。

表七　墓地分期、年代对应表

墓地分期		墓葬类别与分组					年代
期	段						
一	1	第一类				第五类 第一组	第六类 第一组	秦代前后
二	2		第二类					西汉初年
三	3			第三类 第一组		第五类 第二组		西汉早期
四	4				第三类 第二组	第五类 第三组	第六类 第二组	西汉中期
五	5				第三类 第三组			西汉晚期
六	6					第四类		西汉末期

第一段：包括第一类墓、第五类墓第一组与第六类墓第一组。这三者也都存在共有的陶器型式，都出土了最早型式的双耳罐与甲类釜。此段所有墓葬的主要陶器型式有Aa型Ⅰ式鼎，甲类Ba型、C型盒，甲类A型Ⅰ式、Db型、乙类壶，A型Ⅰ式、B型Ⅰ式豆，Ⅰ式杯，敦，匜；Aa型Ⅰ式、Ab型Ⅰ式、B型Ⅰ式双耳罐，甲类釜，Aa型、Bb型Ⅰ式鍪，甲类C型Ⅰ式、乙类A型Ⅰ式、B型Ⅰ式、C型瓮。

第二段：即第二类墓。主要陶器型式有Aa型Ⅱ式鼎，甲类Aa型Ⅰ式盒，甲类A型Ⅱ式壶，B型Ⅱ式豆，Ⅱ式杯，勺；Aa型Ⅱ式双耳罐，Ab型Ⅰ式鍪，乙类A型Ⅱ式瓮。

第三段：包括第三类墓第一组与第五类墓第二组。这两者共有的陶器型式有Aa型Ⅲ式、B型Ⅱ式双耳罐，乙类A型Ⅰ式釜，Ab型Ⅱ式、Ba型Ⅱ式鍪。此段所有墓葬的主要陶器型式有Ab型Ⅰ式、Ba型Ⅰ式、Ba型Ⅱ式、Bb型Ⅰ式、Bb型Ⅱ式鼎，甲类Aa型Ⅱ式、乙类B型Ⅰ式盒，甲类Ba型Ⅰ式、Da型壶，Ⅰ式、Ⅱ式小壶，钫；Aa型Ⅲ式、Ab型Ⅱ式、B型Ⅱ式双耳罐，乙类A型Ⅰ式、A型Ⅱ式釜，Ab型Ⅰ式、Ab型Ⅱ式、Ba型Ⅰ式、Ba型Ⅱ式、Bb型Ⅱ式鍪，甲类A型Ⅰ式、Ba型Ⅰ式、C型Ⅱ式、乙类B型Ⅱ式瓮，甲类Aa型Ⅰ式盆，Aa型Ⅰ式甑，

Aa型Ⅰ式甗。

第四段：包括第三类墓第二组、第五类墓第三组与第六类墓第二组。这三者共有的陶器型式有Aa型Ⅳ式、Aa型Ⅴ式、Ab型Ⅲ式双耳罐，Ab型Ⅲ式、Bb型Ⅲ式鍪。此段所有墓葬的主要陶器型式有Ab型Ⅱ式、Ba型Ⅲ式、Bb型Ⅲ式鼎，甲类Aa型Ⅲ式、Aa型Ⅳ式、Ac型、乙类Aa型Ⅰ式、Aa型Ⅱ式、B型Ⅱ式盒，甲类Ba型Ⅱ式、Bb型Ⅰ式、C型Ⅰ式、C型Ⅱ式壶，Ⅲ式小壶；Aa型Ⅳ式、Aa型Ⅴ式、Ab型Ⅲ式、B型Ⅲ式双耳罐，乙类A式Ⅲ型釜，Ab型Ⅲ式、Ab型Ⅳ式、Ba型Ⅲ式、Bb型Ⅱ式、Bb型Ⅲ式鍪，甲类A型Ⅱ式、Ba型Ⅱ式、Bb型Ⅰ式、C型Ⅲ式、乙类A型Ⅲ式、B型Ⅲ式瓮，甲类Aa型Ⅱ式盆，Aa型Ⅱ式、B型瓿，Aa型Ⅱ式、Ab型、Ba型Ⅰ式、Ba型Ⅱ式、Bb型Ⅰ式甗。

第五段：即第三类墓第三组。主要陶器型式有Ab型Ⅲ式、Ba型Ⅳ式、Bb型Ⅳ式鼎，甲类Aa型Ⅳ式、Ab型盒，甲类Ba型Ⅲ式、Bb型Ⅱ式壶，Ⅳ式小壶；Aa型Ⅵ式、Ab型Ⅳ式双耳罐，Ba型Ⅲ式、Bb型Ⅳ式鍪，甲类A型Ⅲ式、Ba型Ⅱ式、Bb型Ⅱ式、C型Ⅳ式、乙类B型Ⅳ式瓮，甲类Aa型Ⅲ式、Ab型盆，Aa型Ⅲ式瓿，Ac型、Ba型Ⅲ式、Ba型Ⅳ式、Bb型Ⅱ式甗。

第六段：即第四类墓。主要陶器型式有Ab型Ⅳ式、Ac型、Bc型鼎，甲类Aa型Ⅴ式、D型盒，甲类Ba型Ⅳ式、Bb型Ⅲ式、C型Ⅲ式壶，Ⅴ式小壶；Ab型Ⅴ式鍪，甲类B型盆，Aa型Ⅲ式瓿；灶，仓，井。

以上六段，各段都拥有不同的稳定的陶器型式组合，且各段之间的同类陶器都存在有规律性的演变关系，因此分别代表了六个不同的时间段，即为六期。这样，我们可以将以上119座墓葬分为六期（图三二三、图三二四）。

第一期：ⅠM1、ⅠM5、ⅠM12、ⅠM59、ⅡM49，ⅠM2、ⅠM3、ⅠM4、ⅠM6、ⅠM10、ⅠM13、ⅠM15、ⅠM16、ⅠM18、ⅠM19、ⅠM20、ⅠM21、ⅠM22、ⅠM23、ⅠM24、ⅠM25、ⅠM26、ⅠM27、ⅠM28、ⅠM29、ⅠM30、ⅠM31、ⅠM32、ⅠM33、ⅠM34、ⅠM35、ⅠM37、ⅠM39、ⅠM40、ⅠM41、ⅠM42、ⅠM43、ⅠM44、ⅠM45、ⅠM46、ⅠM47、ⅠM49、ⅠM53、ⅠM54、ⅠM56、ⅠM57、ⅠM58、ⅠM60、ⅠM61、ⅠM63、ⅠM65、ⅠM66、ⅡM11、ⅡM26、ⅡM27、ⅡM35，共56座墓。此期年代为秦代前后，即战国晚期晚段至秦代。

第二期：ⅠM62、ⅡM52，共2座墓。此期年代为西汉初年。

第三期：ⅡM1、ⅡM2、ⅡM10、ⅡM15、ⅡM18、ⅡM22、ⅡM23、ⅡM38、ⅡM40、ⅡM41、ⅡM45、ⅡM5、ⅡM47、ⅡM50、ⅡM55、ⅢM14，共16座墓。此期年代为西汉早期，即大致在西汉文景时期至武帝铸行五铢钱前后。

第四期：ⅡM7、ⅡM9、ⅡM13、ⅡM14、ⅡM17、ⅡM19、ⅡM39、ⅡM42、ⅡM43、ⅡM54、ⅢM6、ⅢM7、ⅢM9、ⅢM10、ⅢM11、ⅢM12、ⅢM13、ⅢM15、ⅢM16、ⅢM18、ⅢM19、ⅡM8、ⅡM12、ⅡM24、ⅡM25、ⅡM28、ⅡM29、ⅡM30、ⅡM31、ⅡM32、ⅡM53、ⅢM4、ⅢM5、ⅢM17，共34座墓。此期的年代为西汉中期，即晚于武帝铸行五铢钱的元狩五年之后不久，但早于元帝时期。

第五期：ⅠM8、ⅠM9、ⅠM14、ⅠM17、ⅠM55、ⅢM2、ⅢM3、ⅢM8，共8座墓。此期

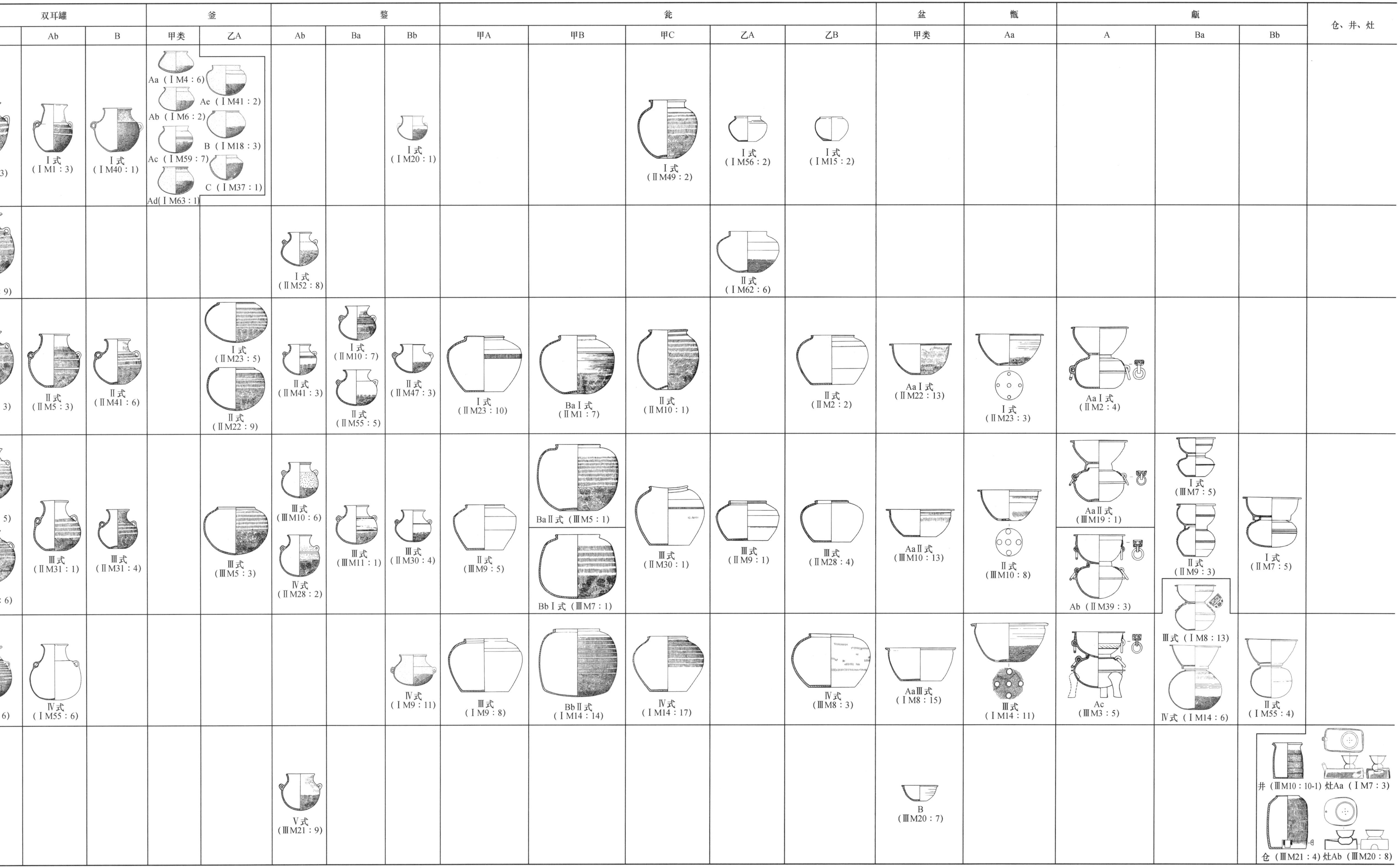

图三二四 秦汉墓日用陶器分期图

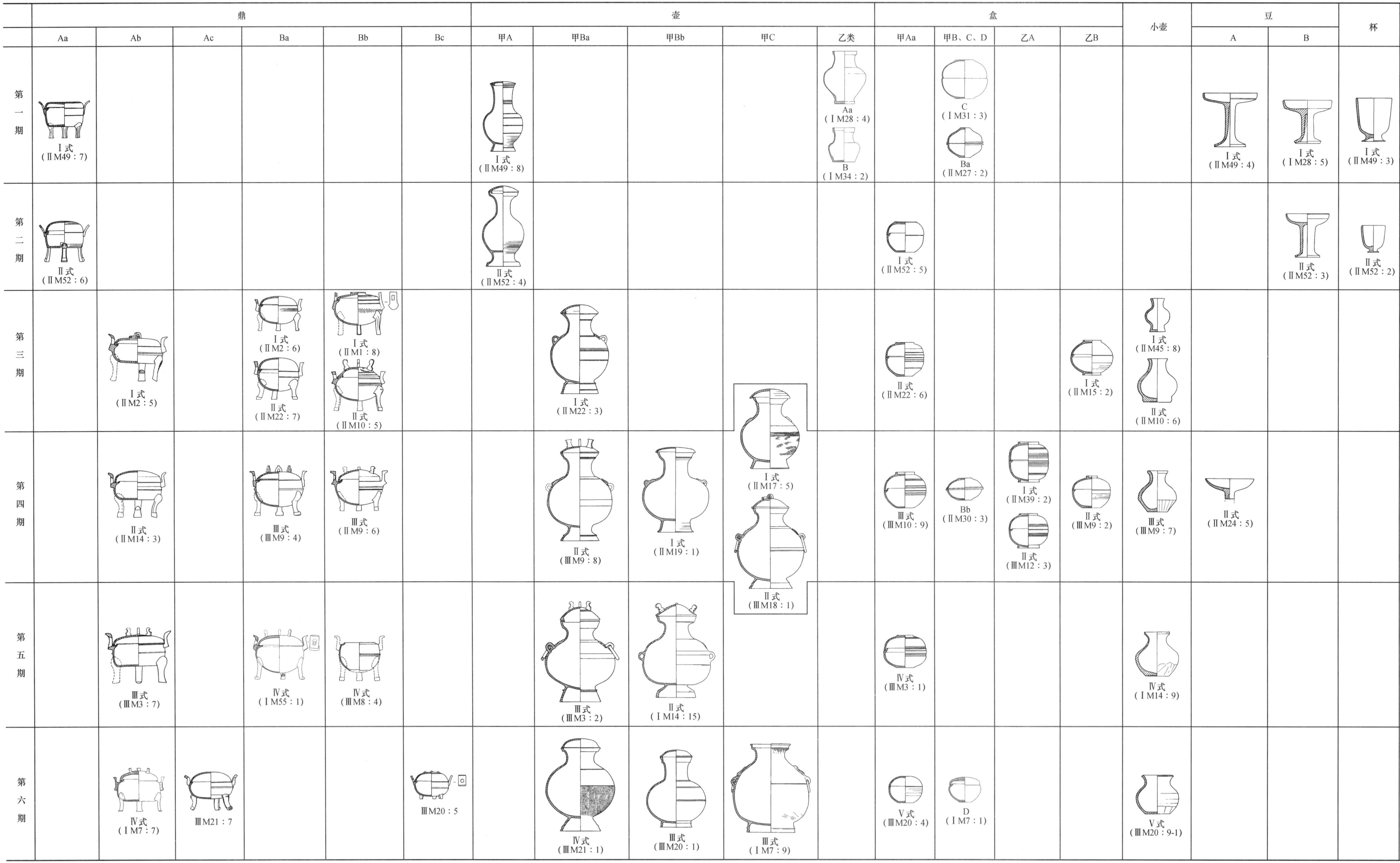

图三二三　秦汉墓仿铜陶礼器分期图

的年代为西汉晚期，即大致始于汉元帝时期，早于新莽时期。

第六期：ⅠM7、ⅢM20、ⅢM21，共3座墓。此期的年代为西汉末期，即相当于新莽时期。

在莲花池墓地的125座秦汉墓中，除去以上出土有陶器的119座墓可以参与分期而年代确定外，其余的ⅡM3、ⅡM4、ⅡM6、ⅡM36、ⅡM44、ⅡM48这6座墓因未出土陶器不能参与分期，而较难以确定具体年代。其中，ⅡM3、ⅡM4都被ⅡM2打破，ⅡM6被ⅡM5打破，ⅡM2与ⅡM5均属西汉早期，因此ⅡM3、ⅡM4与ⅡM6的年代不晚于西汉早期。ⅡM36、ⅡM44与ⅡM48无打破关系，前者只出小件铜器，后两墓无任何出土遗物，这3座墓的具体年代不详。

第六章 秦汉墓葬相关问题研究

莲花池墓地经过2006年和2009年的前后两次发掘，共计清理墓葬142座。其中，秦汉墓葬125座，发现数量最多，出土随葬品也最丰富。因此，本章主要对秦汉时期墓葬的相关问题作一些讨论。

第一节 埋葬制度

一、墓葬方向与人骨头向

在莲花池的125座秦汉墓中，墓向主要为东北—西南向，为2°~35°，总共91座，其中有69座头向东北，22座人骨朽甚头向已不辨而取其与北方向最小夹角为墓向。分布于三个区，Ⅰ区有46座，Ⅱ区有40座，Ⅲ区有5座，皆以头向可辨者居绝大多数。其余墓向均较少。东南—西北向的共14座，为95°~124°，其中10座头向东南，4座头向不辨。Ⅰ区有4座，Ⅱ区有2座，Ⅲ区有8座。西南—东北向的共6座，为200°~215°，皆头向西南，三区都有分布。西北—东南向的共9座，为345°~357°，皆头向西北，各区也都有分布。其余墓向90°的，共3座，为ⅠM10、ⅢM9、ⅢM13；墓向270°的，1座，为ⅠM14；墓向0°的，1座，为ⅢM14。

由以上讨论明显可知，墓向与年代、墓葬类别之间并无关联，与后者的无关也暗示墓向与族群无关。但Ⅲ区依然有一个较为特别的现象。Ⅲ区墓向以东南—西北向最多，达8座，比Ⅰ、Ⅱ区加一起的6座还多2座。若考虑到Ⅲ区的墓葬总数也只有20座，不及Ⅰ、Ⅱ区各自的一半，这一数字就显得更加突出，并且Ⅲ区也不同于Ⅰ、Ⅱ区各期都以东北—西南向墓葬为主，除去最早的属第三期、墓向为0°的ⅢM14不论，从第四期至第六期，Ⅲ区的墓向都并不以东北—西南向为主，而是东南—西北向不少于或多于其他墓向。Ⅲ区墓葬的墓向从第四期开始便是更多地倾向于选择东南—西北向的。Ⅲ区的这一现象应非偶然，而这8座墓因涉及不同年代与墓葬类别，并非同一族群，这可能意味着它们之间有某种另外的紧密联系。

二、人骨葬式

在全部墓葬中，多数墓葬可以辨明葬式，以仰身直肢葬占绝对优势。一些只残存少量肢骨而其余骨骼无存的墓葬，虽不能辨明其身体躺卧形式，但残余的肢骨绝大多数为直肢形式，只有ⅠM41残存的下肢骨为屈肢。仰身屈肢的墓葬共4座，为ⅠM16、ⅠM46、ⅡM35和ⅡM49。侧身屈肢的墓葬1座，为ⅠM30。侧身直肢的墓葬共2座，为ⅠM60、ⅢM5。

全部墓葬内埋藏的人骨，均为单人一次葬。在ⅠM8、ⅠM9、ⅠM14三座墓中，虽然都发现有两具木棺，但也都只在一具木棺中发现有一副人骨架，而另一具木棺中都未发现骨屑。因此，这三墓也应该是单人一次葬，而不埋葬人骨的木棺很少见有随葬品，则可能主要是用于放置死者生前的衣物等易朽物品的。

三、墓葬形制与结构

墓圹分为长方形竖穴墓道直线型土洞墓和长方形竖穴土坑墓两种。

竖穴墓道洞室墓有2座，分别是ⅠM5和ⅡM49。墓葬由墓道、封门和洞室三部分组成，墓道前者位于洞室北部，后者位于洞室南部，平面均呈长方形，口大底小，洞室平面呈长方形，顶小底大。

竖穴土坑墓有123座。根据墓口及墓底的大小可分为口大底小、口底等大和口小底大三种。口大底小的墓葬102座，其中ⅠM1、ⅠM22、ⅠM47、ⅠM56、ⅠM57、ⅠM58、ⅡM36、ⅡM44、ⅢM7这9座墓葬有生土二层台，台宽0.22~0.4、高0.3~0.4米；口底等大、垂直壁的墓葬19座；口小底大的墓葬2座，都是口略大于底，为ⅡM7、ⅢM14。

两座竖穴墓道土洞墓都属于第一类墓，属于第一期。竖穴土坑墓分别属于第一至六类墓，也自第一期延续至第六期。

少数墓葬墓壁上有凹凸不平的加工痕迹，如ⅠM55四壁均留有工具加工后的长条状印痕。少数埋藏较深的墓葬在墓壁留有可供上下的脚窝，如ⅠM1东北角有错开的脚窝7个，ⅠM2东北角有8个。这些现象的存在，增进了我们对当时墓圹营造方式的了解。

四、葬　具

葬具多腐蚀严重，只残留有灰痕，可以分为单棺无椁、单棺单椁、双棺单椁三种，以单棺单椁居绝大多数。单棺单椁的墓葬椁室一般位于墓室中部，棺多置于椁室一侧。

从椁室的形态上看，可以分为长方形和"Π"字形两种，"Π"字形的四端顶木多外昂。有椁的墓葬中，Ⅰ区椁室以呈"Π"字形明显居多，有33座，呈长方形的只有9座。Ⅱ区椁室以呈长方形的明显居多，有32座，而呈"Π"字形的只有10座。Ⅲ区墓葬的椁室也以呈长方形的明显居多，有15座，"Π"字形的只有5座。这应与墓葬的年代和类别有一定的关系。实际上，Ⅰ区的墓葬主要属于第一期，包括了绝大部分的第一、五、六类墓。而Ⅱ区、Ⅲ区墓葬主要属于第三期及之后，墓葬类别也主要是第三类墓。

从棺的形态来看，除少量墓的棺痕范围已不清楚，而无从了解棺的具体形状外，一般可分为长方形和"Π"字形两种。长方形木棺一般都一侧稍宽而另一侧稍窄，并且头向清楚的墓中，墓主头部一般都位于棺内较宽的一侧，但也有一个明显的例外，ⅡM43墓主的头部就位于棺内较窄的一侧。"Ⅱ"字形木棺只有ⅠM24一座。

第二节　随葬器物

随葬器物中漆器均已腐蚀，仅剩少量漆痕，无法辨认器形。陶器出土最丰富，其他质地的器物出土都较少。陶器，铁器中的釜、鍪、鼎等，铜器中的鍪、盆、勺、镜等，石器，骨器，这些器物的摆放并没有特别讲究，一般都放置在一起，位于椁内棺外的一边、一角或一侧。位于椁内棺外一边的，既有位于墓主左边的，也有位于墓主右边的。而位于椁内棺外一角或一侧的，则一般是位于墓主头部的一角或一侧。铁削刀多置于棺内人骨旁。带钩一般为铜质，也有2件铁质，一墓最多只出土一件，大部分置于棺内人骨旁，只有3件与其他器物一起置于棺外。置于棺内的带钩，以置于墓主腰腹部旁边的最多，其次也有较多置于墓主头部旁边，还有极少数置于墓主腿部或脚端的。铜钱都位于棺内，有的散置，也有的叠放于一处。

第三节　墓主身份

全部墓圹的规格，并不存在悬殊的差别。竖穴土坑墓大部分墓口长度一般都在2米以上、4米以下，只有1座长度为1.7米，5座长度达到或超过4米；宽度一般都在1~3米，3米及以上的墓葬有6座。有2座土洞墓的墓道开口长、宽与最大的几座竖穴土坑墓开口长、宽是接近的。开口长度超过4米或宽度超过3米的墓葬，其随葬品数量也并没有与其他墓葬表现出明显的区别。这些面积较大的墓葬，有的只出一件双耳罐、釜与钵。而一些面积较小的墓葬，如ⅡM7、ⅡM8，也分别出土5件和8件器物。一些随葬两套鼎、盒、壶陶礼器墓葬的墓圹规模，与只随葬一套陶礼器以及无陶礼器随葬墓葬的墓圹规模相比，实际上也并没有明显差异。因此，就墓圹规格而言，各墓葬之间并没有表现出明显的差异，而墓圹规格与随葬品数量、陶礼器套数之间，也没有表现出相关性。这表明，莲花池秦汉墓地的墓主之间应该并不存在明显的等级。而所有墓圹的面积，总的来说都不大，这也表明墓主的身份都不高。

另外，在莲花池墓地出土遗物中，并不见铜礼器与玉器等贵重物品，也是莲花池墓地墓主身份不高的反映。ⅠM8、ⅠM14虽各出土一枚铜印章，但都属于私印（人名印），私印在形制、大小、材质上都较多样，并不表明墓主生前有何政治身份与等级，而可能更多与墓主生前的经济行为有关[①]。这两墓所出铜器也皆为日用器与服饰器，而没有礼器，这也印证了两墓的墓主生前应该并无特殊身份与等级的结论。

综上而言，莲花池秦汉墓地的墓主应属普通平民阶层。

---

① 周日琏：《四川芦山出土巴蜀符号印及战国秦汉私印》，《考古》1990年第1期。

第四节　陶文与符号

陶文与符号主要出自第五、六类墓葬中的平底钵。莲花池总共出土89件钵，有15件的内底和2件的外底印有戳记，内容大致有这么几类：

（1）"昌里"，标本ⅠM10∶3、ⅠM10∶4，ⅠM21∶5，ⅠM24∶3。

（2）"十"字形图案，标本ⅠM26∶3、ⅠM26∶4，ⅠM33∶4、ⅠM33∶5，ⅠM61∶3、ⅠM61∶4。

（3）似"山"形图案，标本ⅠM63∶4。

（4）"米"字形图案，标本ⅠM28∶8、ⅠM65∶3。

（5）"T"字形图案，标本ⅠM53∶5。

（6）"×"形图案，标本ⅡM27∶1-2。

（7）"壬"，标本ⅠM53∶6。

（8）"贵"，标本ⅠM66∶3。

这些钵底部的标志，可能并不是不同的家庭出于共同举行宴会后方便回收各自餐具而作的物主铭记，而应该与陶器的生产制作有关。否则，难以解释为何有的相近或相同的图案却出现于年代相近、距离较远的不同墓葬中。如底部有"十"字形图案的6件钵，若为物主铭记，就应该都属于同一主人或家庭，却出自分别位于Ⅰ区东南部的ⅠM26、中部的ⅠM33、西北部的ⅠM61，彼此相距较远。这三墓都属于第一期，即秦代前后，绝对年代大致在70年以内，即便其墓主不是同一家庭的成员先后在近期内亡故，而是不同辈分的人先后相距较长一段时间亡故，其辈分间隔也应不会超过两至三代人，关系依旧极为亲密，仍难以想象为何它们要埋葬的距离这么远，而各自与其他墓葬为伍。所以，它们的墓主更加可能的情况还是来自不同的家庭，随葬品也出自各不同的家庭。另外，若为物主铭记，也难解释为何几近完全相同的铭记，还出现于其他不同的墓地中，如云梦睡虎地秦墓的漆器上，也存在较多的"×"形与"十"字形图案[1]。而更加说不通的是，莲花池共出土89件钵，为何其他绝大部分的钵却没有方便主人辨识的铭记？因此，这些图案应该是陶工在制作过程中戳印或刻划上去的，属于物勒工名的标记。

此外，还有"昌里"陶文。"昌里"是什么意思？咸阳长陵车站附近长兴村、滩毛村和店上村等地的秦代遗址，曾发现一批窑址，出土大量陶文，有"咸亭屈里""咸屈里"等[2]。"屈里"应是"咸亭"管辖下的一个里居名。这些陶文明显具有民间手工业作坊的戳记特征，表明该处是秦代一个民间私人制陶作坊聚集的地区[3]。云梦睡虎地秦墓漆器上有"左里""路里"等文字，"可能这些'里'，漆工集中，生产的漆器比较著名，特地刻上里名招徕顾

---

[1]　《云梦睡虎地秦墓》编写组：《云梦睡虎地秦墓》，文物出版社，1981年。
[2]　陕西省社会科学院考古研究所渭水队：《秦都咸阳故城遗址的调查和试掘》，《考古》1962年第6期。
[3]　袁仲一：《秦民营制陶作坊的陶文》，《考古与文物》1981年第1期。

客"[1]。莲花池出土的"昌里",最有可能的意思应该也与长陵车站附近秦代遗址所出"屈里"、睡虎地秦墓所出"左里""路里"的性质一样,都是表示生产该器物的民营作坊所在地的里居名。而"壬"与"贵",则应该类似于秦俑坑出土的未前冠官署名或地方名的人名陶文[2],也是陶工的名字。

第五节 墓地的形成与布局

第一期时,墓地主要位于Ⅰ区,有51座墓,Ⅱ区只有5座墓埋入,Ⅲ区还没有墓葬埋入。第二期只有2座墓,分别位于Ⅰ、Ⅱ区,Ⅲ区依旧尚未成为墓地。第三期时,整个墓地发生巨大的变化,Ⅰ区停止使用,没有墓葬埋入,而Ⅱ区则取代Ⅰ区成为最主要的埋葬场所,共埋入15座墓,并且Ⅲ区也开始使用,埋入1座墓。第四期时,墓地的格局相比之前没有太大的变化。Ⅰ区依旧没有墓葬埋入,继续处于停止使用中。Ⅱ区依旧兴盛,有20座墓。稍有变化的是,Ⅲ区也进入了兴盛期,有14座墓埋入。第五期时,整个墓地又发生较大的变化。Ⅰ区重新又开始恢复使用,有5座墓埋入,且较为集中埋葬于东南部,但并非独立于第一期时的墓地之外,而是与第一期的墓葬杂处。Ⅱ区则已停止使用,并不再有墓葬埋入。Ⅲ区虽仍继续使用,但也已明显衰落,只有3座墓。第六期时,整个墓地都已极为衰落,Ⅰ区只有1座墓,Ⅲ区也只有2座墓,Ⅱ区则依旧无墓葬埋入。

若从墓葬类别加以观察,则可见第一、五、六类墓主要集中于Ⅰ区,尤其后两类墓,数量更多,且Ⅰ区的这三类墓也都早到第一期。第一类墓也有1座位于Ⅱ区。少部分第五、六类墓也位于Ⅱ、Ⅲ区,但只Ⅱ区有少量也可早到第一期,多数则已延续至第三、四期了。第三类墓是出土极多的一类墓,最早在第三期时始出现于Ⅱ区,第四期时主要分布于Ⅱ、Ⅲ区,至第五期时Ⅱ区已无墓葬埋入转而分布于Ⅰ、Ⅲ区。第四类墓即为第六期墓,分别分布于Ⅰ、Ⅲ区。

整个墓地虽明显可分成三个区,但在同一墓区中的所有墓葬,虽属不同时期与不同类型,但大体都是杂然相处的,并没有形成明显布局规律。

另外有个较多见的现象是,从第一至六期,除第二期只有2墓且分处Ⅰ、Ⅱ区外,各期皆有相邻较近、成对出现的墓葬,应为并穴合葬墓,墓主可能为夫妻。

第六节 文化变迁

莲花池墓地位于汉水中游地区,出土的秦汉时期墓葬从战国晚期晚段延续至西汉末年。战国晚期晚段至秦代前后,属第一类墓的ⅠM1、ⅠM5、ⅠM12、ⅠM59、ⅡM49五座墓,主要随葬陶器组合为鼎、敦、壶、豆、匜、杯、带钩等,延续了这一地区战国时期楚文化的传统。

---

[1] 肖亢达:《云梦睡虎地秦墓漆器针刻铭记探析——兼谈秦代"亭"、"市"地方官营手工业》,《江汉考古》1984年第2期。

[2] 袁仲一:《秦代陶文》,三秦出版社,1987年,第23~25页。

其中敦是楚文化最具特色的器物，蝶须状足是其晚期形态。匜为柄端长的纵椭圆形盘，也是楚文化中同类器最晚的形态。豆也是楚文化中常见的形式。陶杯虽然在此阶段才较多的出现，但也应源于楚文化，战国中晚期的楚墓中即偶有所见，如汉丹地区的郧县青龙泉M112[①]与淅川阎杆岭M186[②]、襄阳地区的彭岗M159[③]。以上敦、匜、豆、杯四种器物，都能在此前一阶段汉丹地区的楚墓中见到相近的形式，相反在同时期关中地区的秦墓中，不见敦与杯，少量见到的匜与豆[④]的形态也与莲花池第一类墓的同类器差异巨大。莲花池的鼎为平底，腹部浅而扁，与楚文化的陶鼎大多为深腹圜底有所不同，而与关中等地战国晚期秦文化陶鼎相近[⑤]，应是秦人进入汉丹地区之后出现的秦文化因素。壶颈部较长、腹略扁鼓、圈足高撇，不同于传统的楚式壶，其出现也应与秦人的进入有关。除以上所言居核心位置的秦、楚文化因素外，第一类墓中还掺杂有少量圜底釜、双耳罐，反映了这类墓中巴文化因素也有一定程度的融入。此外比较特别的是，ⅠM5和ⅡM49为两座直线型竖穴墓道土洞墓，尤其ⅡM49墓主的葬式同时为屈肢葬。这也是关中地区秦墓的典型形制和葬式，而不见于秦占领汉丹地区以前的楚墓中。ⅠM5和ⅡM49的墓主人也应该就是来自关中地区的秦人。但也属于第一类墓的ⅠM1、ⅠM12与ⅠM59三墓，则采用的仍是本地楚墓传统的竖穴土坑形制，其墓主人既有可能是来到楚地后接受楚文化程度更深的秦人，更有可能则是部分接受了秦文化因素的楚遗民。第一类墓中，虽然从出土陶器的核心器类组合而言，主要还是楚墓的典型组合形式，墓葬形制也更多的以楚文化传统为主，楚文化仍占有重要地位，但秦人与秦文化因素的进入，则无疑已经深刻改变了这一地区楚文化的面貌与历史进程。即便可能是楚遗民的墓葬，也融合进了相当的秦与巴文化因素，不再是单纯的楚文化面貌。

此时含巴文化因素的墓葬，主要体现在大量出现的以圜底釜、双耳罐、平底钵形盖为主要器类组合的墓葬，也即第五、六类墓。这批墓葬的组合形式不见于被秦占领以前的汉丹地区，所以应该是外来的。秦代前后，汉水上游至三峡等地还生活着巴人，他们的文化面貌就是以圜底釜为特色，也出现了束颈罐。莲花池的第五、六类墓葬与之具有很大的共性，所以应该就是巴人的遗存。战国中晚期之际，秦在惠文王更元九年（公元前316年）兼并巴蜀，并吸纳巴人的力量，成为秦人进攻楚国等东方国家军力的重要组成部分。相关文献对此也有记载，《华阳国志·蜀志》周赧王七年（公元前308年）："司马错率巴蜀众十万，大船舶万艘，米六百万斛，浮江伐楚，取商於之地为黔中郡。"刘弘认为司马错率巴蜀之师伐楚，时间应在《史记·秦本纪》昭襄王二十七年（公元前280年），"错攻楚……又使司马错发陇西，因蜀攻黔

---

① 中国社会科学院考古研究所湖北工作队：《湖北郧县东周西汉墓》，《考古学集刊》（第6集），中国社会科学出版社，1989年。
② 河南省文物局：《淅川阎杆岭墓地》，科学出版社，2016年。
③ 襄樊市文物考古研究所：《襄樊彭岗墓地第六次发掘简报》，《襄樊考古文集》（第一辑），科学出版社，2007年。
④ 咸阳市文物考古研究所：《任家咀秦墓》，科学出版社，2005年。
⑤ 西安市文物保护考古所：《西安南郊秦墓》，陕西人民出版社，2004年。

中，拔之"。可见，在战国末年，秦军中确实含有巴人，并且其众不可小觑①。莲花池的巴人墓葬，应该就是随秦人进入楚地的巴人所留下来的。值得注意的是，这类墓葬中往往极少见到其他器类，连秦文化因素也少见，不似可能为楚遗民的墓葬那般除了楚文化因素外还同时含有明显的秦、巴文化因素，巴人明显具有某种独立性。这也说明了秦巴联军占领楚地后，秦人与巴人之间虽以秦人为主导，但双方应该还是一种相互平等合作的关系，秦人主要依靠巴人一起建立对楚地的统治。但巴人墓葬并没有与秦人墓、可能为楚遗民的墓在地理空间上区隔开来，而是都葬在同一个墓地，并且巴人墓也延用了楚墓传统的竖穴土坑葬，少量墓葬也采用了秦人的屈肢葬，则说明了秦、楚、巴人之间虽然有着不同的政治关系，但彼此之间交往密切，巴人在保持自身文化面貌比较独立的情况下，也对秦、楚文化有一定程度的吸收融合。

综上，战国晚期晚段至秦代前后，在秦人的主导下，秦人联合巴人共同进入汉丹地区，改变了这一地区此前楚文化一统天下的格局，文化面貌开始变得复杂起来，既有以秦、楚文化因素为主的秦人墓或可能为楚遗民的墓，也有文化面貌比较独立的巴人墓。

进入西汉初期，莲花池所能见到的只有第二类墓。这类墓葬的核心组合为鼎、盒、壶、豆、杯、勺，除了盒与勺之外，其余器类都见于第一类墓中，只是在形态上有一定程度的发展演变。但这类墓中已不见敦，说明楚文化的因素有所减弱。这类墓中也见有双耳罐和鍪，是巴文化因素继续存在的体现。这说明至西汉初年，汉丹地区的文化面貌依然保留有较浓厚的秦、楚、巴文化因素。盒不见或少见于战国晚期的楚墓中，但关中地区战国晚期至秦代的秦墓中，较为常见②。第二类墓中的盒，相比于秦代前后第六类墓中的盒，差异较大，明显没有演变关系，因此其出现，应该还是源于关中地区秦文化的再次传入。这也表明，西汉初年的汉丹地区依然在持续不断地接受着来自关中地区的文化影响。至此，以鼎、盒、壶为核心的组合开始形成，并为此后整个西汉时期的文化所继承。第二类墓，其性质明显具有过渡性。

西汉早期，第三类墓开始出现，其器类组合相当稳定，均为鼎、盒、壶、瓿，另有双耳罐、釜、鍪、瓮、盆、甑等。虽然这类组合依旧以鼎、盒、壶为核心，承袭了第二类墓的组合形式，但鼎和壶在形态上均与此前不存在直接的延续关系。其中鼎大体可分为鼓腹圜底与扁腹平底两种，均与第二类墓中延续自秦文化的鼎明显不同。鼓腹圜底鼎不见于第二类墓中，也不见于此前更早的楚墓中，却与关中地区西汉早期墓葬出土的鼎相近③。扁腹平底鼎虽不见于关中地区的汉文化，其平底的特征继承于第一、二类墓中的鼎，代表了少量秦文化因素的延续，但其腹部扁鼓却与此前的斜直腹差异巨大，鼎足也不是此前的截面呈长方形的削足，而是与同时期鼓腹圜底鼎相同的半圆形蹄足，这些新特征的出现也应该是受到了关中地区汉文化的影响。壶为大喇叭口、鼓腹、肩部有双系铺首，不同于第二类墓中壶的盘口、扁腹、素肩，也与关中地区汉墓所出同类器特征较为接近。盒虽延续自第二类墓，是秦文化因素的延续，但形态也已有所发展演变，并且与关中地区西汉早期墓中的盒形态保持一致，显然也应受到了后者的影响。第三类墓中虽然还可见秦、楚文化因素，如前述的平底鼎、盒的某些局部特征，还有极

---

① 刘弘:《巴蜀铜鍪与巴蜀之师》,《四川文物》1994年第6期。
② 西安市文物保护考古所:《西安南郊秦墓》,陕西人民出版社,2004年。
③ 西安市文物保护考古所:《西安龙首原汉墓》,西北大学出版社,1999年。

少见到的蒜头壶,都是秦文化因素的延续,而少量鼎足根部的人面纹饰,以及器盖顶部的小圆杯状捉手、简化立鸟形纽等,则是楚文化因素的表现,但这些文化因素都已经明显式微。这表明第三类墓主要体现出一种来自受关中地区影响的汉文化特征,已经基本脱离秦、楚文化的影响。第三类墓中也往往大量见到甗,为上甑下釜扣合而成,不见或甚少见于关中以及全国其他地区,应该是一种主要为本地自我创新的器类。同时,第三类墓中也较此前更加常见到代表巴文化的双耳罐、釜、鍪。这表明,自西汉早期始的汉丹地区,一种主要受关中地区同时期文化影响,并以此为主体,兼有自我创新,以及融合了少量秦、楚、巴文化因素的不同于此前的文化面貌业已出现,体现了全新的汉文化的形成。并且这类以汉文化为主体的墓葬,甫一出现,便成为莲花池最主要的一类墓葬,一直延续至西汉晚期。

汉文化形成后,莲花池墓地除去第三类墓,少部分以双耳罐、釜、鍪等为基本器类组合的第五、六类墓葬依然存在,延续了巴文化传统。但这类墓葬相比于战国末年至秦代前后时已明显减少了,而大部分的双耳罐、鍪则共出于第三类墓中。这表明巴文化已经基本融入至汉文化中了,自身独立性大为减弱。待至西汉晚期,第五、六类墓葬则完全不见,整个莲花池墓地只见第三类墓葬,第三类墓中也依然共出有双耳罐、鍪,则表明巴文化已经彻底融入到汉文化中了。

西汉末期,第四类墓出现且整个墓地只见第四类墓。这类墓葬最显著的特征是以仓、井、灶为代表的模型明器的出现,而继承自第三类墓中的以鼎、盒、壶为核心的传统器类组合形式则开始逐渐衰落,鼎、盒、壶的具体形态也发生了较为突兀的改变,如鼎、盒的形体明显变小,盒的圈足捉手也消失,壶的双系铺首消失,相比于第三类墓中的鼎、盒、壶,明显表现出了一种衰退的迹象。西汉中期以后,关中地区的土地兼并开始愈演愈烈,大庄园经济逐渐形成,象征庄园生活缩影、表达庄园主对自给自足的世俗生活追求的模型明器群普遍出现[1],并为普通民众所效仿,成为汉墓中最常见的一类随葬品,并逐渐影响至全国各地区。汉丹地区此类墓葬的出现,应源于关中地区汉文化的影响,也是汉文化自身发展过程中的一个较大转变。

莲花池墓地揭示了部分巴文化与秦、楚文化接触、共存并融入汉文化的过程,也表现了汉丹地区汉文化的形成、发展以及至王莽时期发生转变的历程。

---

[1] 俞伟超:《考古学中的汉文化问题》,《古史的考古学探索》,文物出版社,2002年,第180~190页。

附　表

附表一　秦汉墓葬登记表

墓号	墓向	形制结构	墓葬尺寸（长×宽）/米	人骨	葬式	葬具	随葬品/件	分期	年代	备注
ⅠM1	8°	长方形竖穴土坑墓口大底小	墓口4.5×3.4 墓底2.95×1.7 深3.8	1	仰身直肢	单椁单棺	陶双耳罐1、壶1、杯1、匜1、豆1，铁带钩1	一	秦代前后	生土二层台
ⅠM2	7°	长方形竖穴土坑墓口大底小	墓口4×2.9 墓底2.7×（1.4~1.5） 深3.3	1	不明	单椁单棺	陶双耳罐1、釜1、钵1	一	秦代前后	
ⅠM3	4°	长方形竖穴土坑墓口大底小	墓口2.6×1.55 墓底2.5×1.3 深1.2	1	仰身直肢	单棺	陶双耳罐1、釜1、钵1	一	秦代前后	
ⅠM4	14°	长方形竖穴土坑墓口大底小	墓口3.2×2.2 墓底2.6×（1.2~1.37） 深1.75	不明	不明	单棺	陶双耳罐2、釜1、钵3	一	秦代前后	
ⅠM5	4°	竖穴墓道拱顶墓室土洞墓	墓道口4.1×3.28 墓道底2.88×1.9 墓道深3.12 墓室2.88×（1.4~1.48） 墓室高1.6~2.4	1	仰身直肢	单椁单棺	陶鼎1、敦1、壶1、杯1、豆1、匜1	一	秦代前后	直线型
ⅠM6	8°	长方形竖穴土坑墓口底等大	墓口2.8×1.8 深1.55~1.7	1	不明	单棺	陶双耳罐1、釜1、盒1、钵2	一	秦代前后	
ⅠM7	15°	长方形竖穴土坑墓口底等大	墓口3.5×（2.2~2.4） 深0.8~1.1	不明	不明	单椁单棺	陶鼎1、盒1、壶2、灶1、甑1，铜盆1、盂1、蒜头壶1、勺1，铁釜1	六	西汉末期	
ⅠM8	9°	长方形竖穴土坑墓口底等大	墓口3.5×2.2 深3.45~3.55	1	仰身直肢	单椁双棺	陶鼎1、盒1、壶1、瓿1、瓮2、盆1，铜印1、带钩1、镜1、盆1、盂1、勺1，铁釜1、削刀1、鏊1，骨器3，石镇尺4	五	西汉晚期	
ⅠM9	13°	长方形竖穴土坑墓口底等大	墓口3.2×2.12 深2.95~3.1	1	仰身直肢	单椁双棺	陶鼎1、盒1、壶1、双耳罐1、瓮1、甑1、鏊1、四耳罐1，铜镜1、环15、盆2，铁釜1	五	西汉晚期	

续表

墓号	墓向	形制结构	墓葬尺寸（长×宽）/米	人骨	葬式	葬具	随葬品/件	分期	年代	备注
ⅠM10	90°	长方形竖穴土坑墓口大底小	墓口3.2×1.9 墓底2.4×1.6 深1.8	不明	不明	单椁单棺	陶双耳罐1、瓮1、钵2	一	秦代前后	
ⅠM12	354°	长方形竖穴土坑墓口大底小	墓口4×2.92 墓底2.86×（1.68~1.8） 深3.2~3.4	1	仰身直肢	单椁单棺	陶鼎1、敦1、壶1、杯1、豆1、匜1，铜璜2、带钩1	一	秦代前后	
ⅠM13	345°	长方形竖穴土坑墓口底等大	墓口2.85×1.6 深1.35	1	仰身直肢	单棺	陶双耳罐1、釜1	一	秦代前后	
ⅠM14	270°	长方形竖穴土坑墓口底等大	墓口3.7×3 深2.8~3.1	1	不明	单椁双棺	陶鼎2、盒1、壶1、甗1、盆1、瓮2、甑1、小壶2，铜印1、带钩1、勺1、鉴1、锥形器1，铁釜1	五	西汉晚期	
ⅠM15	2°	长方形竖穴土坑墓口大底小	墓口3.08×（2.12~2.2） 墓底2.83×（1.95~2.1） 深0.85	1	仰身直肢	单椁单棺	陶双耳罐1、瓮1、钵1，铜带钩1	一	秦代前后	打破ⅠM16
ⅠM16	2°	长方形竖穴土坑墓口大底小	墓口2.76×1.9 墓底2.6×（1.35~1.42） 深1.7	1	仰身屈肢	单椁单棺	陶双耳罐1、釜1、钵2	一	秦代前后	被ⅠM15打破
ⅠM17	95°	长方形竖穴土坑墓略口大底小	墓口3.1×1.78 墓底2.8×1.62 深2.94~3.04	不明	不明	单椁单棺	陶鼎1、盒1、甗1、瓮1，铜半两钱3	五	西汉晚期	
ⅠM18	8°	长方形竖穴土坑墓口底等大	墓口2.8×1.64 深1~1.2	不明	不明	单椁单棺	陶双耳罐1、釜1、钵2，铜带钩1	一	秦代前后	
ⅠM19	3°	长方形竖穴土坑墓略口大底小	墓口2.48×1.67 墓底2.16×1.5 深2.2	1	不明	单椁单棺	陶双耳罐1、釜1、钵2	一	秦代前后	
ⅠM20	13°	长方形竖穴土坑墓略口大底小	墓口2.5×1.8 墓底2.1×1.68 深1.2	不明	不明	单椁单棺	陶双耳罐1、鍪1、钵1	一	秦代前后	打破ⅠM21
ⅠM21	13°	长方形竖穴土坑墓略口大底小	墓口3×2.04 墓底2.85×1.7 深1.5	不明	不明	单椁单棺	陶双耳罐1、釜1、钵2，铜带钩1	一	秦代前后	被ⅠM20打破
ⅠM22	10°	长方形竖穴土坑墓口大底小	墓口2.8×1.9 墓底2.1×0.75 深1.22	不明	不明	单棺	陶双耳罐1、釜1、钵2	一	秦代前后	生土二层台
ⅠM23	6°	长方形竖穴土坑墓口大底小	墓口3.4×2.42 墓底2.88×1.9 深1.92~2.1	1	仰身直肢	单椁单棺	陶双耳罐3、釜1	一	秦代前后	
ⅠM24	10°	长方形竖穴土坑墓口大底小	墓口2.92×2.3 墓底2.38×1.1 深1.8~2.14	1	不明	单棺	陶双耳罐1、釜1、钵2	一	秦代前后	被ⅠM25打破

续表

墓号	墓向	形制结构	墓葬尺寸（长×宽）/米	人骨	葬式	葬具	随葬品/件	分期	年代	备注
ⅠM25	10°	长方形竖穴土坑墓口大底小	墓口3.3×（2.4~2.7）墓底2.72×（1.8~2.1）深2.18~2.58	1	仰身直肢	单椁单棺	陶双耳罐1、长颈罐1、鍪1、钵3、铜带钩1	—	秦代前后	打破ⅠM24
ⅠM26	3°	长方形竖穴土坑墓口大底小	墓口2.7×1.6 墓底2.5×1.28 深1.2	不明	不明	单椁单棺	陶双耳罐1、釜1、钵2	—	秦代前后	
ⅠM27	357°	长方形竖穴土坑墓口大底小	墓口3.6×2.54 墓底2.85×1.6 深2.6	1	直肢	单椁单棺	陶双耳罐1、钵1、铁鼎1	—	秦代前后	打破ⅠM28
ⅠM28	4°	长方形竖穴土坑墓口大底小	墓口（3.66~3.82）×（2.7~2.9）墓底3.02×（2.82~2.95）深3.5	1	仰身直肢	单椁单棺	陶壶1、釜1、豆2、钵2，铜带钩1、锥形器1	—	秦代前后	被ⅠM27打破
ⅠM29	356°	长方形竖穴土坑墓口大底小	墓口3.5×2.6 墓底2.96×1.6 深1.75~2.15	1	仰身直肢	单椁单棺	陶双耳罐1、釜1、钵2	—	秦代前后	
ⅠM30	5°	长方形竖穴土坑墓略口大底小	墓口2.9×1.92 墓底2.83×1.64 深0.8~1	1	侧身屈肢	单椁单棺	陶双耳罐1、瓮1、钵1，铜带钩1	—	秦代前后	
ⅠM31	356°	长方形竖穴土坑墓口大底小	墓口2.9×2.08 墓底2.48×1.56 深3.1	1	仰身直肢	单椁单棺	陶双耳罐1、盒1、釜1、钵1	—	秦代前后	
ⅠM32	10°	长方形竖穴土坑墓口大底小	墓口3.4×2.32 墓底2.78×1.58 深1.32~1.9	1	仰身直肢	单椁单棺	陶双耳罐1、釜1、钵1	—	秦代前后	
ⅠM33	16°	长方形竖穴土坑墓口大底小	墓口3×2.2 墓底2.44×1.4 深1.6	1	仰身直肢	单棺	陶双耳罐1、釜1、钵2，铜带钩1	—	秦代前后	
ⅠM34	16°	长方形竖穴土坑墓口底等大	墓口2.7×1.58 深0.85~1	1	不明	单棺	陶双耳罐1、壶1、钵2	—	秦代前后	
ⅠM35	16°	长方形竖穴土坑墓口大底小	墓口2.7×1.6 墓底2.4×（1~1.08）深1.94~2.1	1	仰身直肢	单棺	陶双耳罐1、钵1	—	秦代前后	
ⅠM37	14°	长方形竖穴土坑墓口大底小	墓口3.2×2.2 墓底2.7×1.65 深1.88~2.6	1	仰身直肢	单椁单棺	陶双耳罐1、釜1、钵2	—	秦代前后	被ⅠM38打破
ⅠM39	3°	长方形竖穴土坑墓口大底小	墓口3×1.82 墓底2.78×1.45 深1.2~1.48	1	仰身直肢	单椁单棺	陶壶1、钵1，铜带钩1、环1	—	秦代前后	
ⅠM40	17°	长方形竖穴土坑墓口大底小	墓口3.02×1.6 墓底2.48×1.4 深0.74~1.14	1	仰身直肢	单椁单棺	陶双耳罐2、钵2	—	秦代前后	

续表

墓号	墓向	形制结构	墓葬尺寸（长×宽）/米	人骨	葬式	葬具	随葬品/件	分期	年代	备注
ⅠM41	19°	长方形竖穴土坑墓口大底小	墓口3.22×2.12 墓底2.9×(1.6~1.8) 深1.72~1.8	1	屈肢	单椁单棺	陶双耳罐1、釜1、钵2	一	秦代前后	
ⅠM42	25°	长方形竖穴土坑墓口大底小	墓口3.56×(2.44~2.7) 墓底2.7×(1.5~1.7) 深2~2.52	1	仰身直肢	单椁单棺	陶壶1、釜1、钵2	一	秦代前后	
ⅠM43	30°	长方形竖穴土坑墓口大底小	墓口2.3×(0.9~1.16) 墓底2.2×0.84 深0.18~0.6	1	仰身直肢	单棺	陶双耳罐1、釜1、钵2	一	秦代前后	
ⅠM44	32°	长方形竖穴土坑墓口大底小	墓口2.4×(1~1.2) 墓底2.06×(0.8~0.84) 深0.24~0.8	1	仰身直肢	单棺	陶双耳罐1、钵1	一	秦代前后	
ⅠM45	24°	长方形竖穴土坑墓口大底小	墓口3.1×2 墓底2.6×1.3 深2.04~2.12	1	仰身直肢	单椁单棺	陶双耳罐1、釜1、钵1	一	秦代前后	
ⅠM46	24°	长方形竖穴土坑墓口大底小	墓口3.3×3.26 墓底2.86×1.52 深1.82	1	仰身屈肢	单椁单棺	陶双耳罐2、钵2	一	秦代前后	
ⅠM47	30°	长方形竖穴土坑墓口大底小	墓口2.6×1.6 墓底2.6×1.08 深1.86	1	仰身直肢	单棺	陶双耳罐1、钵1	一	秦代前后	生土二层台
ⅠM49	24°	长方形竖穴土坑墓口大底小	墓口2.72×(1.5~1.6) 墓底2.6×1.3 深0.4~1.06	1	不明	单棺	陶双耳罐1、鍪1、钵2，铜带钩1	一	秦代前后	
ⅠM53	115°	长方形竖穴土坑墓口底等大	墓口2.55×(1.7~2) 深0.3	1	仰身直肢	单椁单棺	陶双耳罐1、壶1、釜1、钵3	一	秦代前后	
ⅠM54	124°	长方形竖穴土坑墓口大底小	墓口2.82×1.8 墓底2.72×1.7 深0.9	1	直肢	单椁单棺	陶双耳罐1、壶1、釜1	一	秦代前后	
ⅠM55	101°	长方形竖穴土坑墓口底等大	墓口2.42×1.8 深1.1~1.8	不明	不明	单椁单棺	陶鼎1、盒1、壶1、瓿1、双耳罐2、鍪1	五	西汉晚期	
ⅠM56	4°	长方形竖穴土坑墓口大底小	墓口2.3×1.3 墓底2.3×0.9 深1.1~1.2	1	不明	单棺	陶双耳罐1、瓮1、钵2	一	秦代前后	生土二层台
ⅠM57	10°	长方形竖穴土坑墓略口大底小	墓口2.5×(1.6~1.7) 墓底2.3×1.4 深1.5	1	仰身直肢	单棺	陶釜1、钵1	一	秦代前后	生土二层台
ⅠM58	8°	长方形竖穴土坑墓口大底小	墓口2.9×1.8 墓底2.9×1.38 深1.6~1.7	1	仰身直肢	单棺	陶双耳罐1、釜1，铁带钩1	一	秦代前后	生土二层台

续表

墓号	墓向	形制结构	墓葬尺寸（长×宽）/米	人骨	葬式	葬具	随葬品/件	分期	年代	备注
ⅠM59	11°	长方形竖穴土坑墓口大底小	墓口4.2×3.4 墓底2.92×1.9 深3.4	1	仰身直肢	单椁单棺	陶鼎1、敦1、壶1、匜1、豆1、杯1、釜1，铜带钩1	一	秦代前后	
ⅠM60	215°	长方形竖穴土坑墓口底等大	墓口2.9×(1.8~1.9) 深0.75~0.9	1	侧身直肢	单椁单棺	陶双耳罐、釜1、钵1	一	秦代前后	
ⅠM61	35°	长方形竖穴土坑墓口大底小	墓口3×(2.2~2.6) 墓底2.5×(1.25~1.3) 深2.45~2.6	1	不明	单椁单棺	陶双耳罐2、钵2	一	秦代前后	
ⅠM62	18°	长方形竖穴土坑墓口底等大	墓口3.36×2.55 深2.3	1	仰身直肢	单椁单棺	陶鼎1、盒1、壶1、豆1、勺1、瓮1	二	西汉初期	
ⅠM63	25°	长方形竖穴土坑墓口大底小	墓口3.4×(2.22~2.35) 墓底2.56×(1.48~1.56) 深2.15	1	仰身直肢	单椁单棺	陶双耳罐1、釜1、钵1，铜带钩1	一	秦代前后	
ⅠM65	35°	长方形竖穴土坑墓口大底小	墓口3.4×(2~2.15) 墓底2.56×1.3 深2~2.65	1	仰身直肢	单椁单棺	陶双耳罐1、釜1、钵2	一	秦代前后	
ⅠM66	33°	长方形竖穴土坑墓口底等大	墓口3×(1.76~1.96) 深1.85~2.25	1	仰身直肢	单椁单棺	陶双耳罐1、釜1、钵2	一	秦代前后	
ⅡM1	17°	长方形竖穴土坑墓口大底小	墓口3.2×(2.1~2.2) 墓底2.86×(1.38~1.94) 深3.2~3.6	1	仰身直肢	单椁单棺	陶鼎2、盒1、壶1、鍪1、瓮1、小壶1，铜带钩1	三	西汉早期	
ⅡM2	21°	长方形竖穴土坑墓口大底小	墓口2.9×2.2 墓底2.5×1.8 深1.8~2.4	1	仰身直肢	单椁单棺	陶鼎2、盒1、壶1、瓿1、鍪1、瓮1、小壶1	三	西汉早期	打破ⅡM3、ⅡM4
ⅡM3	17°	长方形竖穴土坑墓口大底小	墓口2.4×1.46 墓底2×1.8 深1.2~1.8	不明	不明	单椁单棺	无		不明	被ⅡM2打破
ⅡM4	25°	长方形竖穴土坑墓口底等大	墓口2.3×1.46 深0.96~1.48	不明	不明	单椁单棺	无		不明	被ⅡM2打破
ⅡM5	25°	长方形竖穴土坑墓口大底小	墓口2.36×1.28 墓底2×1.06 深2.76	不明	不明	单椁单棺	陶双耳罐2、鍪1、钵2	三	西汉早期	打破ⅡM6
ⅡM6	25°	长方形竖穴土坑墓口大底小	墓口3.4×2.1 墓底3×1.5 深2.2~2.52	不明	不明	单椁单棺	无		不明	被ⅡM5打破

续表

墓号	墓向	形制结构	墓葬尺寸（长×宽）/米	人骨	葬式	葬具	随葬品/件	分期	年代	备注
ⅡM7	100°	长方形竖穴土坑墓略口小底大	墓口2×1.25 墓底2.06×1.32 深1.78	1	仰身直肢	单椁单棺	陶盒1、壶1、瓿1、双耳罐1、鍪1	四	西汉中期	
ⅡM8	20°	长方形竖穴土坑墓口底等大	墓口2.3×1.4 深1.35~1.55	1	仰身直肢	单椁单棺	陶瓮1、双耳罐2、鍪1、釜1、瓿1、盉2	四	西汉中期	
ⅡM9	20°	长方形竖穴土坑墓口大底小	墓口2.72×1.74 墓底2.44×1.43 深3.06	1	仰身直肢	单椁单棺	陶鼎1、壶1、盒1、瓿1、瓮1、鍪1、小壶1，铜带钩1，铁削刀1	四	西汉中期	
ⅡM10	208°	长方形竖穴土坑墓口大底小	墓口3.6×2.65 墓底2.84×（1.9~2.18） 深2.5~3	1	不明	单椁单棺	陶鼎2、盒2、钫3、瓮1、鍪1、小壶2	三	西汉早期	
ⅡM11	24°	长方形竖穴土坑墓口大底小	墓口3.36×2.5 墓底2.75×1.75 深1.54~1.94	1	不明	单椁单棺	陶双耳罐1、钵1，铜带钩1	一	秦代前后	
ⅡM12	210°	长方形竖穴土坑墓口大底小	墓口2.38×（1.62~1.8） 墓底2×（1.25~1.3） 深1.76~2.06	1	仰身直肢	单椁单棺	陶双耳罐1、鍪1	四	西汉中期	
ⅡM13	22°	长方形竖穴土坑墓略口大底小	墓口2.6×（1.78~1.8） 墓底2.5×1.74 深2.82~3.3	1	不明	单椁单棺	陶鼎1、盒1、壶1、瓿1、瓮1，铜带钩1	四	西汉中期	
ⅡM14	19°	长方形竖穴土坑墓口大底小	墓口3×2 墓底2.84×2 深1.9~2.16	1	仰身直肢	单椁单棺	陶鼎2、盒2、壶2、瓿1、双耳罐1，铁削刀1	四	西汉中期	打破ⅡM15
ⅡM15	24°	长方形竖穴土坑墓口大底小	墓口3.4×2.2 墓底2.74×1.78 深1.5~1.9	1	仰身直肢	单椁单棺	陶鼎1、盒1、壶1、双耳罐1、鍪1	三	西汉早期	被ⅡM14打破
ⅡM17	200°	长方形竖穴土坑墓口大底小	墓口2.7×1.7 墓底2.5×1.28 深2.46~2.7	1	仰身直肢	单椁单棺	陶鼎1、盒1、壶1、瓿1、瓮1，铜饰件1，铁釜2、铁鍪1	四	西汉中期	
ⅡM18	20°	长方形竖穴土坑墓口大底小	不明	不明	不明	不明	陶鼎1、釜（瓿下部）1	三	西汉早期	
ⅡM19	114°	长方形竖穴土坑墓略口大底小	墓口2.76×1.96 墓底2.4×1.74 深3.46~3.56	1	仰身直肢	单椁单棺	陶鼎1、盒1、壶1、双耳罐1、瓿1、鍪1、瓮1	四	西汉中期	
ⅡM22	17°	长方形竖穴土坑墓略口大底小	墓口3.1×2.17 墓底2.98×1.94 深3.11~3.41	1	仰身直肢	单椁单棺	陶鼎2、盒2、壶2、瓮1、盆1、瓿1、釜1、鍪1、钵1，铜半两钱14	三	西汉早期	
ⅡM23	20°	长方形竖穴土坑墓口大底小	墓口3.6×（2.74~2.86） 墓底3.3×2.42 深2.9~3.45	1	不明	单椁单棺	陶鼎2、盒2、壶2、瓮1、釜1、瓿1，铜半两钱2	三	西汉早期	

续表

墓号	墓向	形制结构	墓葬尺寸（长×宽）/米	人骨	葬式	葬具	随葬品/件	分期	年代	备注
ⅡM24	8°	长方形竖穴土坑墓口大底小	墓口2.76×1.69 墓底2.46×1.36 深1.16~1.56	1	仰身直肢	单椁单棺	陶双耳罐3、鍪1、豆1	四	西汉中期	
ⅡM25	25°	长方形竖穴土坑墓口大底小	墓口2.52×1.48 墓底2.26×1.26 深1.02~1.4	1	仰身直肢	单椁单棺	陶双耳罐3、鍪1	四	西汉中期	
ⅡM26	20°	长方形竖穴土坑墓口大底小	墓口2.98×2 墓底2.78×1.72 深1.8	不明	不明	单椁单棺	陶双耳罐1、钵1	一	秦代前后	
ⅡM27	22°	长方形竖穴土坑墓口大底小	墓口2.96×2 墓底2.8×1.54 深1.44~1.64	不明	不明	单椁单棺	陶盒1、双耳罐1、钵1	一	秦代前后	
ⅡM28	18°	长方形竖穴土坑墓口大底小	墓口3.05×(2~2.2) 墓底3.05×(1.58~1.76) 深3.5~3.7	1	仰身直肢	单椁单棺	陶甗1、鍪1、瓮2，铜带钩2，铁鼎1、削刀1	四	西汉中期	打破ⅡM29
ⅡM29	201°	长方形竖穴土坑墓口大底小	墓口2.58×1.54 墓底2.3×1.38 深2.3~2.5	1	仰身直肢	单椁单棺	陶甗1、瓮1、鍪1，铁削刀1，石砚1，鹿角1	四	西汉中期	被ⅡM28打破
ⅡM30	22°	长方形竖穴土坑墓略口大底小	墓口2.64×1.8 墓底2.6×1.68 深3.4~3.6	1	仰身直肢	单椁单棺	陶盒1、双耳罐1、鍪1、釜1、瓮1	四	西汉中期	
ⅡM31	23°	长方形竖穴土坑墓略口大底小	墓口2.3×1.54 墓底2.2×1.35 深2~2.04	不明	不明	单椁单棺	陶双耳罐3、鍪1	四	西汉中期	
ⅡM32	10°	长方形竖穴土坑墓略口大底小	墓口2.5×1.56 墓底2.48×1.54 深1.48~1.6	不明	不明	单椁单棺	陶双耳罐3、鍪1、釜1	四	西汉中期	
ⅡM35	19°	长方形竖穴土坑墓口大底小	墓口2.86×1.58 墓底2.52×(1.1~1.3) 深1.46~1.82	1	仰身屈肢	单椁单棺	陶双耳罐1、钵1	一	秦代前后	
ⅡM36	25°	长方形竖穴土坑墓口大底小	墓口2.74×1.56 墓底2.2×0.5 深1.85~2.36	1	仰身直肢	单棺	铜璜1、半两钱2		不明	生土二层台
ⅡM38	12°	长方形竖穴土坑墓口大底小	墓口2.94×1.8 墓底2.66×1.38 深1.64~2.24	1	仰身直肢	单椁单棺	陶鼎1、盒1、壶1、双耳罐2、鍪1、钵4	三	西汉早期	
ⅡM39	11°	长方形竖穴土坑墓口大底小	墓口3.4×2.4 墓底3.04×1.9 深1.86~2.4	1	不明	单椁单棺	陶鼎1、盒1、壶1、甗1、双耳罐1、鍪1	四	西汉中期	
ⅡM40	10°	长方形竖穴土坑墓口大底小	墓口2.66×1.76 墓底2.3×1.36 深2.6~3.1	不明	不明	单椁单棺	陶鼎1、盒1、钫1、釜1、鍪2	三	西汉早期	

续表

墓号	墓向	形制结构	墓葬尺寸（长×宽）/米	人骨	葬式	葬具	随葬品/件	分期	年代	备注
ⅡM41	345°	长方形竖穴土坑墓口大底小	墓口2.6×(1.8~1.88) 墓底2.32×1.48 深2.6~3.1	1	仰身直肢	单椁单棺	陶鼎1、盒1、壶1、双耳罐1、鍪1、小壶1，铁削刀1	三	西汉早期	
ⅡM42	5°	长方形竖穴土坑墓口大底小	墓口2.8×1.82 墓底2.56×(1.6~1.66) 深0.9~1.6	1	不明	单椁单棺	陶壶1、双耳罐1	四	西汉中期	
ⅡM43	5°	长方形竖穴土坑墓口大底小	墓口2.5×1.75 墓底2.36×1.54 深0.92~1.82	1	仰身直肢	单椁单棺	陶盒1、壶1、双耳罐1、甑1、釜1，铜带钩1，铁釜1	四	西汉中期	
ⅡM44	31°	长方形竖穴土坑墓口大底小	墓口2.58×(1.5~1.6) 墓底2.14×0.88 深1.2~1.4	1	仰身直肢	单椁单棺	无		不明	生土二层台
ⅡM45	20°	长方形竖穴土坑墓口大底小	墓口2.84×(2.2~2.3) 墓底2.28×(1.34~1.44) 深2~2.6	1	仰身直肢	单椁单棺	陶鼎1、盒1、钫1、双耳罐1、鍪1、瓮1、小壶1、钵3，铜半两钱2	三	西汉早期	
ⅡM47	35°	长方形竖穴土坑墓口底等大	墓口2×1.38 深0.4	不明	不明	单椁单棺	陶双耳罐2、鍪1	三	西汉早期	
ⅡM48	20°	长方形竖穴土坑墓口大底小	墓口3.36×2.28 墓底3.36×1.96 深2.02~2.26	不明	不明	单椁单棺	无		不明	
ⅡM49	20°	竖穴墓道拱顶墓室土洞墓	墓道口4.68×3.53 墓道底3.06×1.74 墓道深3.33 墓室2.84×1.5 墓室高1.18	1	仰身屈肢	单椁单棺	陶鼎1、敦1、壶1、豆1、杯1、匜1、瓮1，铜带钩1，铁剑1	一	秦代前后	直线型
ⅡM50	12°	长方形竖穴土坑墓口大底小	墓口(2~2.3)×(1~1.16) 墓底2×1.05 深0.7~1.34	1	仰身直肢	单棺	陶双耳罐1、鍪1	三	西汉早期	
ⅡM52	12°	长方形竖穴土坑墓口大底小	墓口2.8×1.68 墓底2.82×1.52 深2.3~2.76	1	仰身直肢	单椁单棺	陶鼎1、壶1、盒1、双耳罐1、鍪1、豆1、杯1、勺1、璧1、钵2，铜半两钱2，铁削刀1	二	西汉初期	
ⅡM53	23°	长方形竖穴土坑墓口大底小	墓口2.52×1.6 墓底2.34×1.36 深0.74~1.28	1	不明	单椁单棺	陶双耳罐2、鍪1	四	西汉中期	
ⅡM54	13°	长方形竖穴土坑墓口大底小	墓口2.6×1.8 墓底2.52×1.56 深1.42~2.06	1	不明	单椁单棺	陶盒1、壶1、双耳罐2、鍪1	四	西汉中期	

续表

墓号	墓向	形制结构	墓葬尺寸（长×宽）/米	人骨	葬式	葬具	随葬品/件	分期	年代	备注
ⅡM55	18°	长方形竖穴土坑墓 口大底小	墓口2.18×1.5 墓底2×1.4 深1.12~1.18	不明	不明	单椁单棺	陶双耳罐2、鍪1、釜1、盆1	三	西汉早期	
ⅢM2	10°	长方形竖穴土坑墓 口大底小	墓口2.44×（1.72~1.8） 墓底2.28×1.54 深1.22~1.56	1	不明	单椁单棺	陶鼎1、盒1、壶1、双耳罐1、瓮1、釜（甑下部）1、小壶1，铜带钩1	五	西汉晚期	
ⅢM3	200°	长方形竖穴土坑墓 口大底小	墓口3×2.1 墓底2.69×1.84 深2.12~2.64	1	仰身直肢	单椁单棺	陶鼎2、盒2、壶2、瓿1	五	西汉晚期	
ⅢM4	113°	长方形竖穴土坑墓 口大底小	墓口2.5×1.7 墓底2.5×1.52 深1.4~1.7	1	仰身直肢	单椁单棺	陶瓮1、双耳罐1、鍪1	四	西汉中期	
ⅢM5	115°	长方形竖穴土坑墓 口大底小	墓口2.64×1.8 墓底2.75×1.52 深2.9~3.02	1	侧身直肢	单椁单棺	陶瓮1、鍪1、釜1	四	西汉中期	
ⅢM6	3°	长方形竖穴土坑墓 口大底小	墓口2.94×2.12 墓底2.6×1.46 深1.62~1.8	不明	不明	单椁单棺	陶鼎2、盒2、壶2、瓿1、小壶1	四	西汉中期	
ⅢM7	355°	长方形竖穴土坑墓 口大底小	墓口3.24×（2.4~2.84） 墓底3.1×（2.04~2.48） 深0.9~1.5	1	仰身直肢	单椁单棺	陶鼎2、盒2、壶2、瓿2、瓮1，铁釜1	四	西汉中期	生土二层台
ⅢM8	117°	长方形竖穴土坑墓 略口大底小	墓口3×2.14 墓底2.8×1.8 深2.86~2.96	1	仰身直肢	单椁单棺	陶鼎2、盒2、壶2、鍪1、瓮1、罐1、盆1	五	西汉晚期	
ⅢM9	90°	长方形竖穴土坑墓 略口大底小	墓口3.4×2.3 墓底3.26×1.84 深3.9~4.2	不明	不明	单椁单棺	陶鼎2、盒2、壶2、瓿1、瓮1、鍪1	四	西汉中期	
ⅢM10	95°	长方形竖穴土坑墓 口大底小	墓口4×2.4 墓底3.8×2 深3.5~3.8	1	仰身直肢	单椁单棺	陶鼎2、盒2、壶2、甑1、瓮1、釜1、鍪2、盆1、蒜头壶1，铁削刀1	四	西汉中期	
ⅢM11	10°	长方形竖穴土坑墓 口大底小	墓口2.54×1.6 墓底2.48×1.24 深0.2~0.86	1	仰身直肢	单椁单棺	陶鼎1、盒1、壶1、双耳罐1、鍪1	四	西汉中期	
ⅢM12	100°	长方形竖穴土坑墓 口大底小	墓口3.14×2.54 墓底2.74×2.1 深1.5~2	1	仰身直肢	单椁单棺	陶鼎2、盒2、壶2、瓿1	四	西汉中期	
ⅢM13	90°	长方形竖穴土坑墓 口底等大	墓口2×（1.4~1.66） 深0.5	1	仰身直肢	单椁单棺	陶盒1	四	西汉中期	
ⅢM14	0°	长方形竖穴土坑墓 略口小底大	墓口1.7×（1.5~1.6） 墓底1.7×1.62 深0.16~0.6	1	不明	单椁单棺	陶双耳罐1，铜璜1	三	西汉早期	

续表

墓号	墓向	形制结构	墓葬尺寸（长×宽）/米	人骨	葬式	葬具	随葬品/件	分期	年代	备注
ⅢM15	350°	长方形竖穴土坑墓 口大底小	墓口2.6×1.86 墓底2.5×（1.54~1.62） 深1.06~1.36	1	仰身直肢	单椁单棺	陶鼎1、壶1、鍪1、小壶1	四	西汉中期	
ⅢM16	97°	长方形竖穴土坑墓 口大底小	墓口2.7×1.8 墓底2.4×1.6 深1.2~1.4	1	仰身直肢	单椁单棺	陶鼎2、盒1、壶2，铜带钩1，铁削刀1	四	西汉中期	
ⅢM17	354°	长方形竖穴土坑墓 口大底小	墓口2.4×（1.8~2） 墓底2.2×（1.7~1.8） 深0.68	1	不明	单椁单棺	陶双耳罐2、陶鍪2	四	西汉中期	
ⅢM18	20°	长方形竖穴土坑墓 略口大底小	墓口3.14×2 墓底3.1×1.86 深0.54~1.34	1	仰身直肢	单椁单棺	陶鼎2、盒2、壶2、甑1、器盖1	四	西汉中期	
ⅢM19	10°	长方形竖穴土坑墓 口大底小	墓口2.76×1.65 墓底2.56×1.4 深0.56~1.4	1	不明	单椁单棺	陶鼎2、壶2、甗1	四	西汉中期	
ⅢM20	100°	长方形竖穴土坑墓 口大底小	墓口2.64×1.78 墓底2.54×1.7 深0.06~0.7	1	不明	单椁单棺	陶鼎2、盒2、壶2、盆1、小壶3、灶1、井1	六	西汉末期	
ⅢM21	100°	长方形竖穴土坑墓 口大底小	墓口2.96×1.7 墓底2.6×1.42 深0.74~1.4	不明	不明	单椁单棺	陶鼎1、盒1、壶2、鍪1、仓2、灶1，铜盆1	六	西汉末期	

注："墓向"一项中，墓主头向可辨的墓葬，取墓主头向为墓向，墓主头向不明的墓葬，取其与北方向的最小夹角为墓向。

附表二　明清墓葬登记表

墓号	墓向	形制结构	墓葬尺寸（长×宽m）	人骨	葬式	葬具	随葬品	分期	年代	备注
ⅠM36	22°	长方形竖穴土坑墓 口底等大	墓口2.2×（0.66~0.9） 深0.64~0.94	1	仰身直肢	单棺	无		清	打破M38
ⅠM38	14°	长方形竖穴土坑墓 口大底小	墓口2.37×1.98 墓底2.2×（1.62~1.68） 深0.68~1.12	不明	不明	双棺	无		清	被M36打破
ⅠM50	209°	长方形竖穴土坑墓 口底等大	墓口2.52×1 深0.2~0.6 龛0.26×0.25 龛高0.25	1	仰身直肢	单棺	瓷碗2、釉陶罐1		明	壁龛
ⅠM51	220°	长方形竖穴土坑墓 口底等大	墓口2.2×（0.8~0.9） 深0.55~1.1 龛0.25×0.25 龛高0.2	1	仰身直肢	单棺	瓷碗2、釉陶罐1，铜钱4（开元通宝2、元丰通宝1、洪武通宝1）		明	壁龛
ⅠM52	240°	长方形竖穴土坑墓 口底等大	墓口2.1×（0.84~0.87） 深0.58~1.14 龛0.4×0.3 龛高0.3	1	仰身直肢	单棺	瓷碗2、陶罐1，铜钱4（弘治通宝1、大定通宝1、政和通宝1、熙宁元宝1）		明	壁龛
ⅠM64	205°	长方形竖穴土坑墓 口底等大	墓口2.5×（0.8~0.95） 深0.75~1.1 龛0.3×0.28 龛高0.3	1	仰身直肢	单棺	釉陶罐1、瓷碗2，铜钱7（熙宁元宝2、皇宋通宝2、圣宋元宝1、政和通宝1、元祐通宝1）		明	壁龛
ⅡM16	340°	长方形竖穴土坑墓 口底等大	墓口2.2×（0.64~0.8） 深0.54~0.7	1	仰身直肢	单棺	无		清	
ⅡM34	24°	长方形竖穴土坑墓 口底等大	墓口1.74×0.64 深0.3~0.5	不明	不明	无	骨器1		清	
ⅡM37	327°	长方形竖穴土坑墓 口底等大	墓口2.02×（0.6~0.7） 深0.48~0.72	1	仰身直肢	无	铜钱2（咸丰通宝2）		清	
ⅡM51	25°	长方形竖穴土坑墓 口底等大	墓口2.26×（0.7~0.8） 深0.6~0.9	1	仰身直肢	单棺	小石环		清	

注："墓向"一项中，墓主头向可辨的墓葬，取墓主头向为墓向，墓主头向不明的墓葬，取其与北方向的最小夹角为墓向。

附表三 时代不明墓葬登记表

墓号	墓向	形制结构	墓葬尺寸（长×宽m）	人骨	葬式	葬具	随葬品	分期	年代	备注
ⅠM11	10°	长方形竖穴土坑墓 口底等大	墓口2.5×1.45 深1.7	不明	不明	单棺	无		不明	
ⅠM48	22°	长方形墓道 "凸"字形竖穴土坑墓	墓道口2.07×(1.5~1.7) 墓道深0.2~0.4 墓室口3.6×2.72 墓室底2.4×0.9 深0.84~1.02	不明	不明	不明	无		不明	
ⅡM20	28°	长方形竖穴土坑墓 口大底小	墓口(2.9~3.1)×1.9 墓底2×1.08 深1.76	不明	不明	不明	无		不明	
ⅡM21	32°	长方形竖穴土坑墓 口大底小	墓口2.26×1.22 墓底1.86×1.1 深0.8	不明	不明	不明	无		不明	
ⅢM1	86°	长方形竖穴土坑墓 口大底小	墓口2.64×1.6 墓底(2.1~2.12)×(1.06~1.2) 深1.16~1.36	不明	不明	不明	无		不明	

注："墓向"一项中，墓主头向可辨的墓葬，取墓主头向为墓向，墓主头向不明的墓葬，取其与北方向的最小夹角为墓向。

后 记

本书是南水北调中线工程丹江口水库淹没区文物保护的成果之一，是集体智慧的结晶。2006~2009年，莲花池墓地的考古发掘与室内整理工作由北京市文物研究所承担，发掘领队为北京市文物研究所张治强研究员，参与发掘和整理的人员有韩宜林、韩召展、刘缀生、赵博安、杨瑞、石雅天、刘乃涛、朱文龙、孙峰、孙更更、张文会等。后由于张治强研究员个人工作调动，2012年12月，莲花池墓地的发掘资料由湖北省文物局委托给武汉大学历史学院，在武汉大学历史学院余西云教授的主持下，继续整理，并编写发掘报告。

在前后的发掘与整理期间，湖北省文物局副局长吴宏堂、湖北省文物局南水北调文物保护办公室主任王风竹、湖北省文物考古研究所副所长孟华平等诸位领导多次莅临现场检查和指导工作，并慰问工作人员。十堰市文物局、十堰市博物馆、丹江口市文化局的有关领导也多次到现场，进行了大量的协调工作，给发掘工作提供了诸多帮助。

本书第一、三、四、五章由袁飞勇执笔，第二章第一节由张治强、袁飞勇执笔，第二章第二、三节由郝晓晓、袁飞勇执笔，第六章由袁飞勇、余西云执笔，袁飞勇、余西云通审修订全书。发掘现场与文物照片由韩宜林、刘缀生拍摄。遗迹线图由刘缀生、韩宜林、符德明制作，器物线图由刘缀生、韩宜林绘制。袁飞勇、郝晓晓完成了全书线图的数字化处理，别丽君完成了全书插图、彩版、图版号码的填写与核对工作。

感谢科学出版社文物考古分社的责任编辑王光明先生、王蕾女士，为本书的出版付出了大量的心血。在本书付梓之际，也谨向参与并给予莲花池墓地发掘、资料整理、报告编写工作支持和帮助的所有单位和个人表示衷心的感谢！至于报告中的疏漏之处，由于我们认识与研究水平有限，在所难免，敬请专家和同仁批评指正。

编 者

2021年1月20日

彩版一

莲花池墓地全貌鸟瞰

彩版二

莲花池墓地Ⅱ区鸟瞰

彩版三

莲花池墓地Ⅲ区鸟瞰

彩版四

Ⅰ区秦汉墓葬形制结构

1. ⅠM1形制结构（南—北）

2. ⅠM5形制结构（北—南）

彩版五

2. ⅠM14形制结构（东—西）

1. ⅠM7形制结构（南—北）

Ⅰ区秦汉墓葬形制结构

彩版六

1. ⅠM7随葬品状况（南—北）

2. ⅠM14随葬品状况（东—西）

Ⅰ区秦汉墓葬随葬品状况

彩版七

2. ⅠM9形制结构（南—北）

1. ⅠM8形制结构（南—北）

Ⅰ区秦汉墓葬形制结构

彩版八

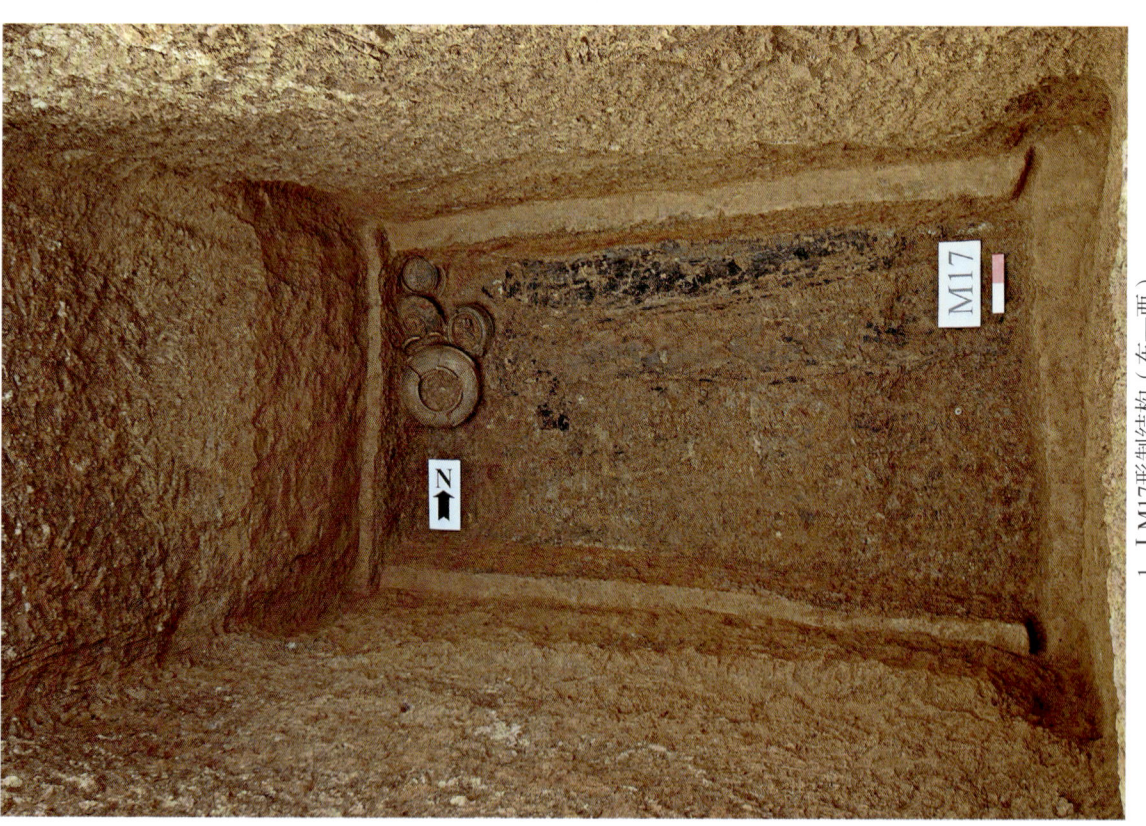

1. ⅠM17形制结构（东—西）

2. ⅠM59形制结构（北—南）

Ⅰ区秦汉墓葬形制结构

彩版九

2. ⅡM9形制结构（南—北）

1. ⅡM1形制结构（南—北）

Ⅱ区秦汉墓葬形制结构

彩版一〇

1. ⅡM14形制结构（南—北）

2. ⅡM17形制结构（北—南）

Ⅱ区秦汉墓葬形制结构

彩版一一

Ⅱ区秦汉墓葬形制结构

2. ⅡM43形制结构（南—北）

1. ⅡM29发掘后状况（北—南）

彩版一二

1. ⅡM49墓道、墓室发掘后状况（南—北）

2. ⅡM49墓室发掘后状况（东南—西北）

Ⅱ区秦汉墓葬形制结构

彩版一三

2. ⅡM54形制结构（南—北）

1. ⅡM45形制结构（南—北）

Ⅱ区秦汉墓葬形制结构

彩版一四

1. ⅢM3形制结构（东—西）

2. ⅢM10形制结构（北—南）

Ⅲ区秦汉墓葬形制结构

彩版一五

1. 铁鼎（ⅠM27∶1）

2. 铁鼎（ⅡM28∶5）

3. 铜盆（ⅠM7∶2）

4. 铁鍪（ⅠM8∶7）

5. 铜蒜头壶（ⅠM7∶8）

6. 铜鍪（ⅠM14∶8）

秦汉墓葬出土铜、铁器

彩版一六

1. 石镇尺（ⅠM8∶8）

2. 铜印（ⅠM8∶1）正

3. 铜印（ⅠM8∶1）背

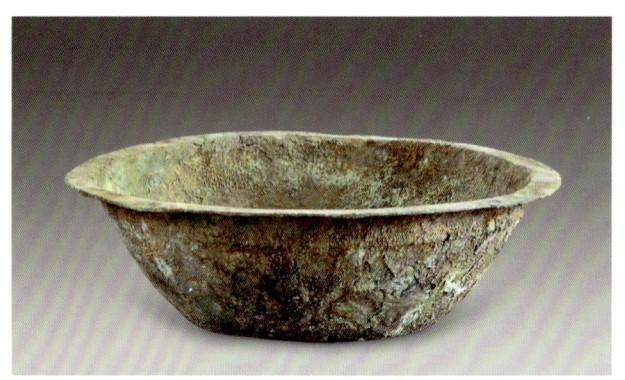

4. 铜盆（ⅠM8∶4）

5. 铜盆（ⅠM8∶16）

6. 铜盆（ⅠM9∶3）

7. 铜盆（ⅠM9∶4）

秦汉墓葬出土铜、石器

彩版一七

1. 铜镜（ⅠM8∶3）

2. 铜镜（ⅠM9∶1）

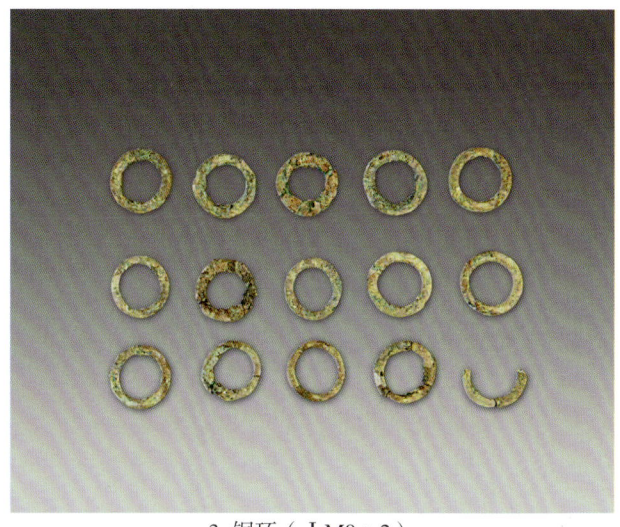

3. 铜环（ⅠM9∶2）

4. 铜璜（ⅠM12∶1）

5. 铜印（ⅠM14∶1）正

6. 铜印（ⅠM14∶1）背

秦汉墓葬出土铜器

彩版一八

1. 铜带钩（ⅠM12∶2） 　　　　　　　2. 铜带钩（ⅠM39∶1）

3. 铜带钩（ⅠM21∶1） 　　　　　　　4. 石砚（ⅡM29∶3）

5. 铜带钩（ⅡM13∶6） 　　　　　　　6. 铜带钩（ⅡM1∶1）

7. 铜钱（ⅠM17∶5）

秦汉墓葬出土铜、石器

彩版一九

1. ⅠM9出土陶器组合

2. ⅠM14出土陶器组合

秦汉墓葬出土陶器组合

彩版二〇

1. ⅠM59出土陶器组合

2. ⅠM62出土陶器组合

秦汉墓葬出土陶器组合

彩版二一

1. 陶鼎（ⅠM59：3）

2. 陶鼎（ⅡM49：7）

3. 陶鼎（ⅠM62：3）

4. 陶鼎（ⅡM52：6）

5. 陶鼎（ⅡM2：5）

6. 陶鼎（ⅡM23：9）

秦汉墓葬出土陶鼎

彩版二二

1. 陶鼎（ⅡM13∶5）

2. 陶鼎（ⅢM9∶3）

3. 陶鼎（ⅢM3∶6）

4. 陶鼎（ⅠM9∶7）

5. 陶鼎（ⅠM14∶10）

6. 陶鼎（ⅢM21∶7）

秦汉墓葬出土陶鼎

彩版二三

1. 陶盒（ⅠM6：3）

2. 陶盒（ⅠM62：2）

3. 陶盒（ⅡM10：2）

4. 陶盒（ⅡM22：6）

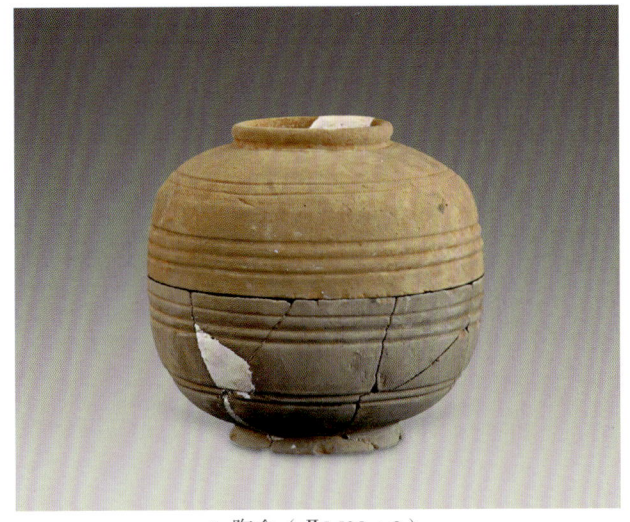

5. 陶盒（ⅡM39：2）

6. 陶盒（ⅠM7：1）

秦汉墓葬出土陶盒

彩版二四

1. 陶壶（ⅠM1:2）

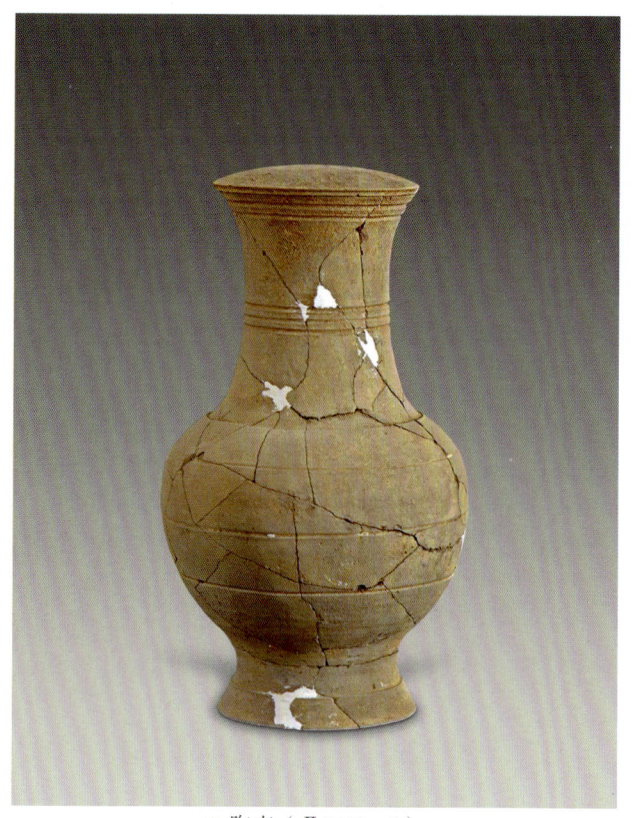

2. 陶壶（ⅡM49:8）

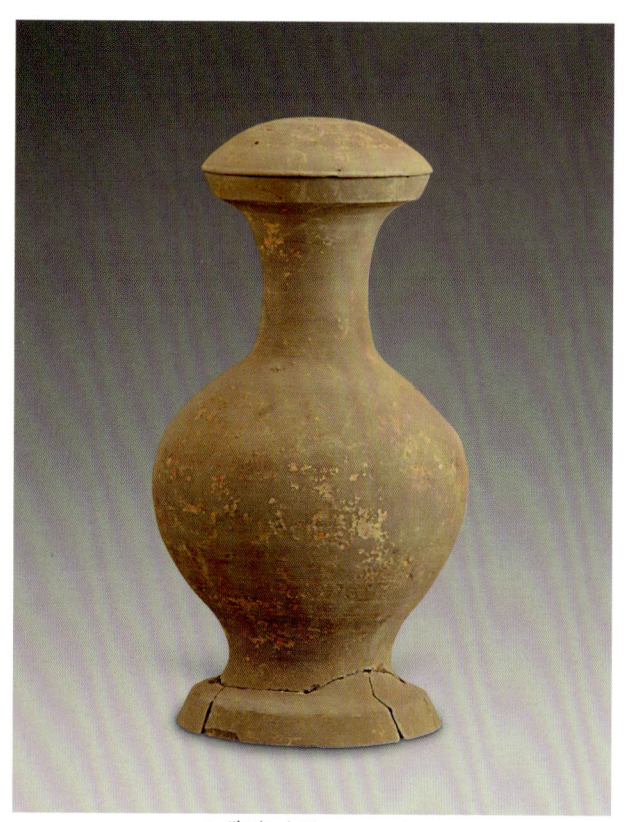

3. 陶壶（ⅡM52:4）

4. 陶钫（ⅡM40:4）

秦汉墓葬出土陶壶、钫

彩版二五

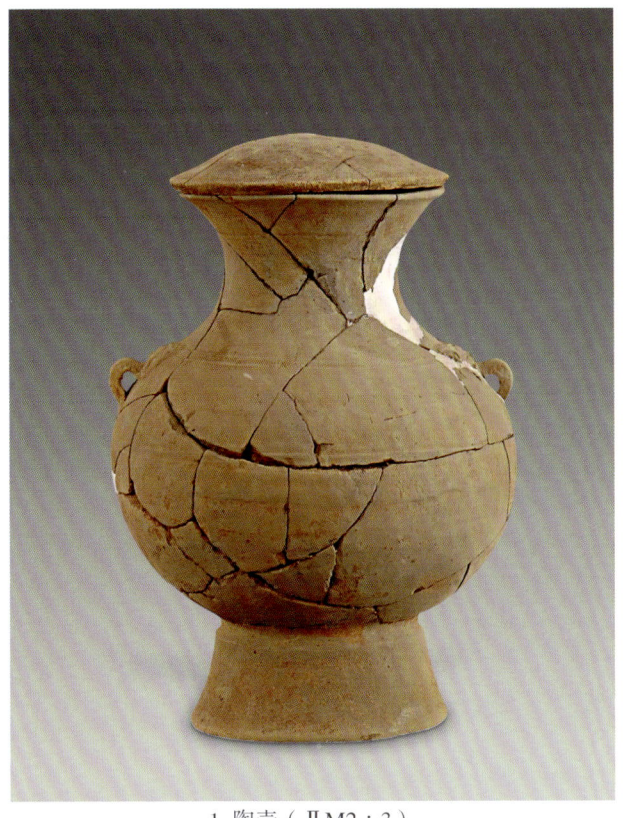

1. 陶壶（ⅡM2∶3）

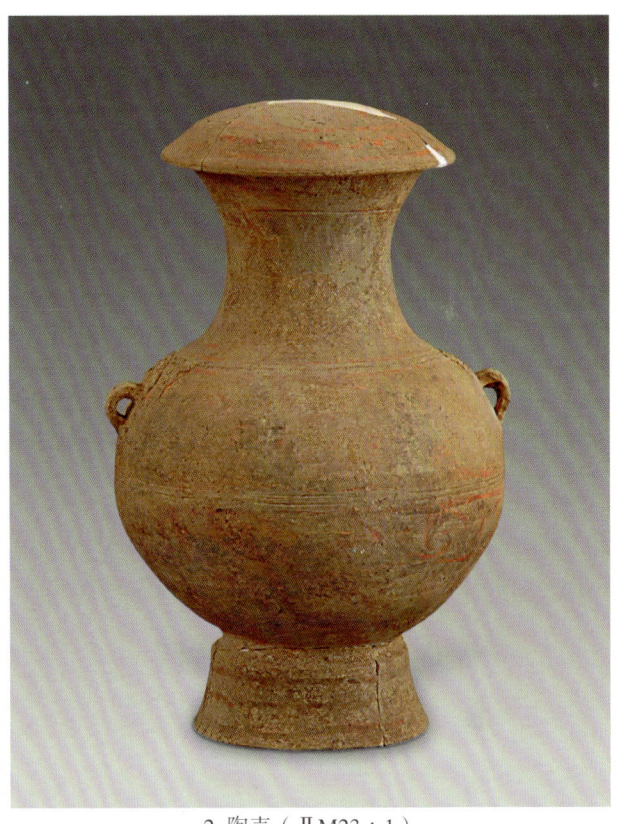

2. 陶壶（ⅡM23∶1）

3. 陶壶（ⅠM9∶9）

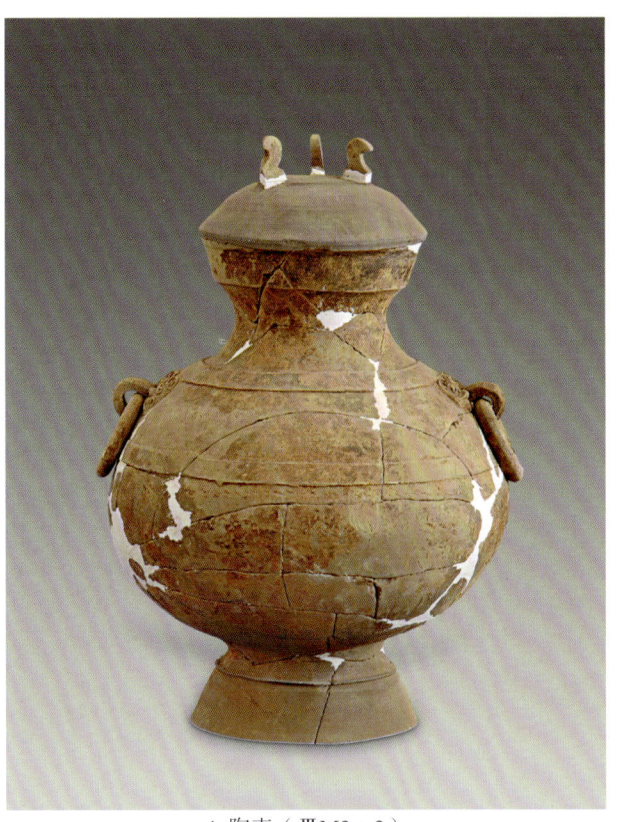

4. 陶壶（ⅢM3∶3）

秦汉墓葬出土陶壶

彩版二六

1. 陶甗（ⅡM2∶4）

2. 陶甗（ⅢM3∶5）

3. 陶敦（ⅠM59∶4）

4. 陶敦（ⅡM49∶6）

5. 陶勺（ⅠM62∶1）

6. 陶刻画符号（ⅡM38∶2）

秦汉墓葬出土陶器

彩版二七

1. 陶钵（ⅠM24∶3）

2. 陶钵（ⅠM66∶3）

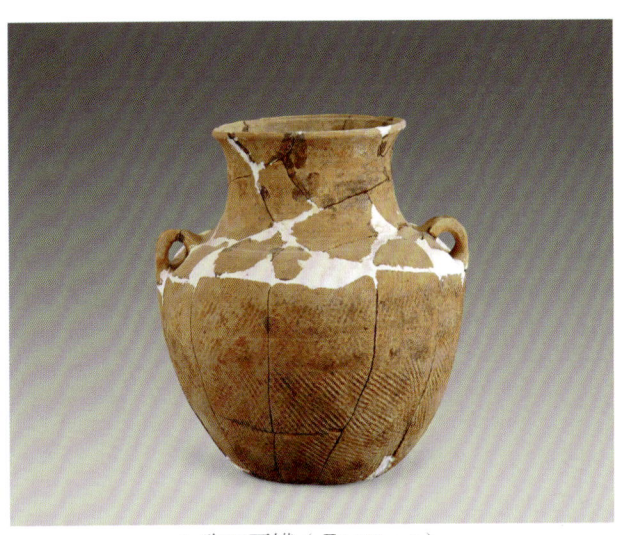

3. 陶双耳罐（ⅡM11∶3）

4. 陶双耳罐（ⅡM55∶3）

5. 陶双耳罐（ⅠM9∶6）

6. 陶四耳罐（ⅠM9∶10）

秦汉墓葬出土陶器

彩版二八

1. 陶釜（ⅠM45∶2）

2. 陶釜（ⅠM63∶1）

3. 陶釜（ⅠM24∶2）

4. 陶鍪（ⅠM25∶1）

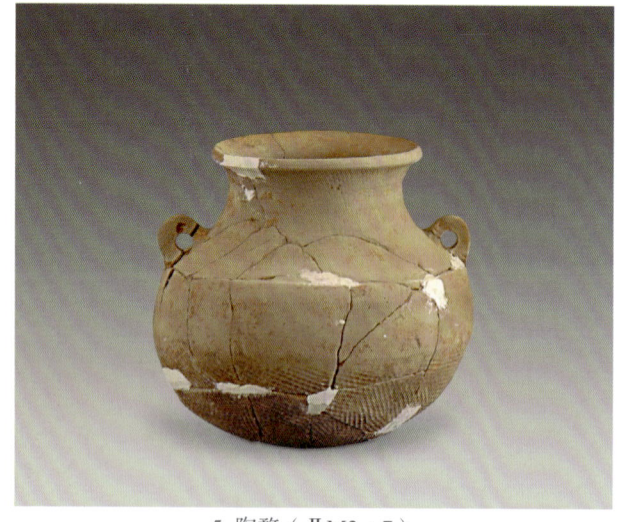

5. 陶鍪（ⅡM2∶7）

6. 陶鍪（ⅠM9∶11）

秦汉墓葬出土陶器

彩版二九

1. 陶瓮（ⅠM30∶2）

2. 陶瓮（ⅡM49∶2）

3. 陶瓮（ⅡM23∶10）

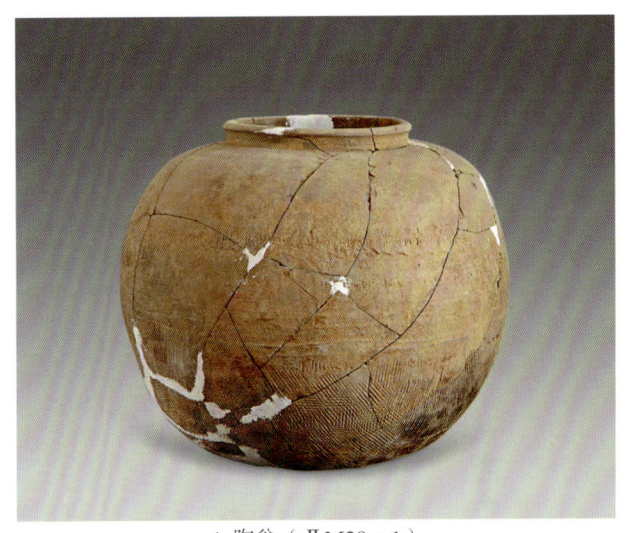

4. 陶瓮（ⅡM28∶1）

5. 陶瓮（ⅠM14∶17）

6. 陶瓮（ⅠM8∶10）

秦汉墓葬出土陶瓮

彩版三〇

1. 陶蒜头壶（ⅢM10：5）

2. 陶璧（ⅡM52：1）

3. 陶井（ⅢM20：10）

4. 陶仓（ⅢM21：4）

5. 陶灶（ⅠM7：3）

6. 陶灶（ⅢM21：8）

秦汉墓葬出土陶器

彩版三一

2. ⅠM52头龛

3. ⅠM64头龛

1. ⅠM52形制结构（东—西）

明代墓葬形制结构

彩版三二

1. ⅠM50出土釉陶、瓷器

2. ⅠM51出土釉陶、瓷器

3. ⅠM52出土陶、瓷器

4. ⅠM64出土釉陶、瓷器

明墓出土釉陶、陶、瓷器

图版一

Ⅰ区秦汉墓葬形制结构

1. ⅠM2形制结构（北—南）

2. ⅠM3形制结构（南—北）

图版二

1. ⅠM6形制结构（北—南）

2. ⅠM10形制结构（东—西）

Ⅰ区秦汉墓葬形制结构

图版三

1. ⅠM12形制结构（南—北）

2. ⅠM15形制结构（南—北）

Ⅰ区秦汉墓葬形制结构

图版四

1. ⅠM16形制结构（南—北）

2. ⅠM18形制结构（南—北）

Ⅰ区秦汉墓葬形制结构

图版五

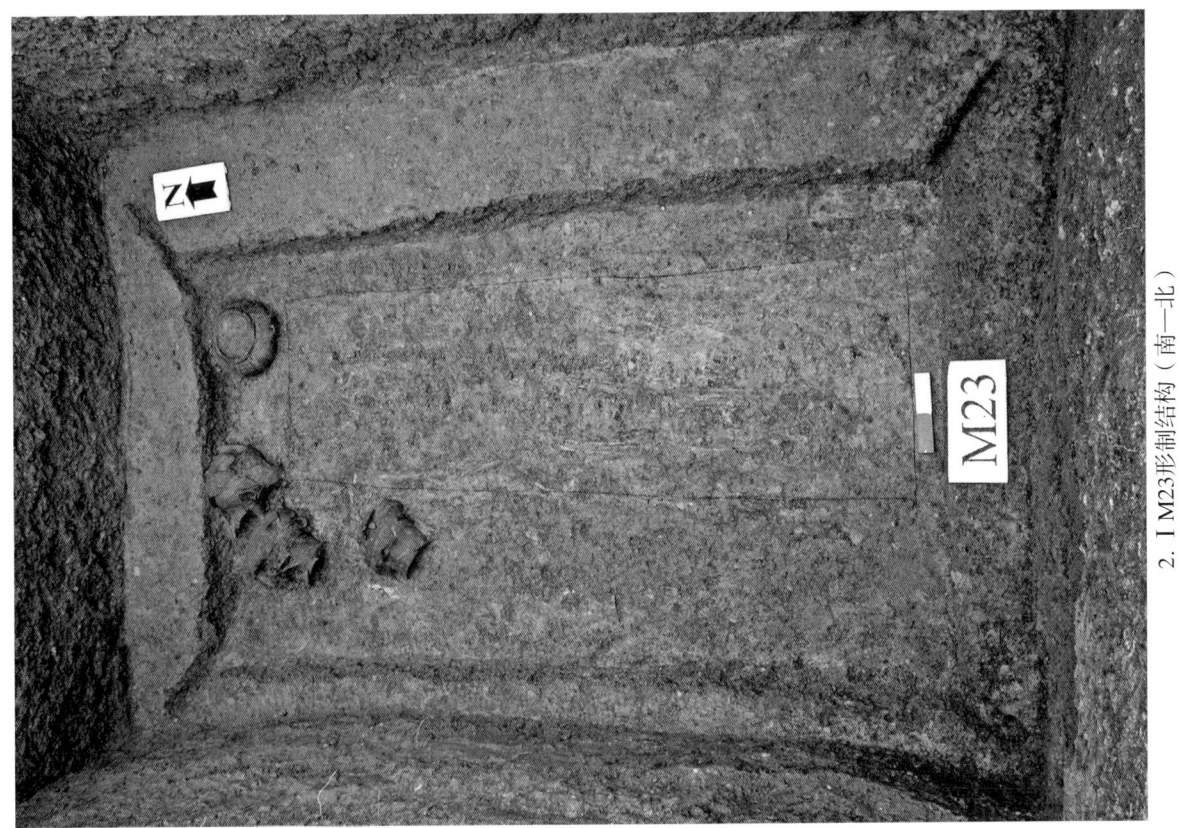

2. ⅠM23形制结构（南—北）

1. ⅠM19形制结构（南—北）

Ⅰ区秦汉墓葬形制结构

图版六

1. ⅠM25形制结构（南—北）

2. ⅠM26形制结构（南—北）

Ⅰ区秦汉墓葬形制结构

图版七

Ⅰ区秦汉墓葬形制结构

1. ⅠM27形制结构（南—北）

2. ⅠM28形制结构（南—北）

图版八

2. ⅠM30形制结构（南—北）

1. ⅠM29形制结构（南—北）

Ⅰ区秦汉墓葬形制结构

图版九

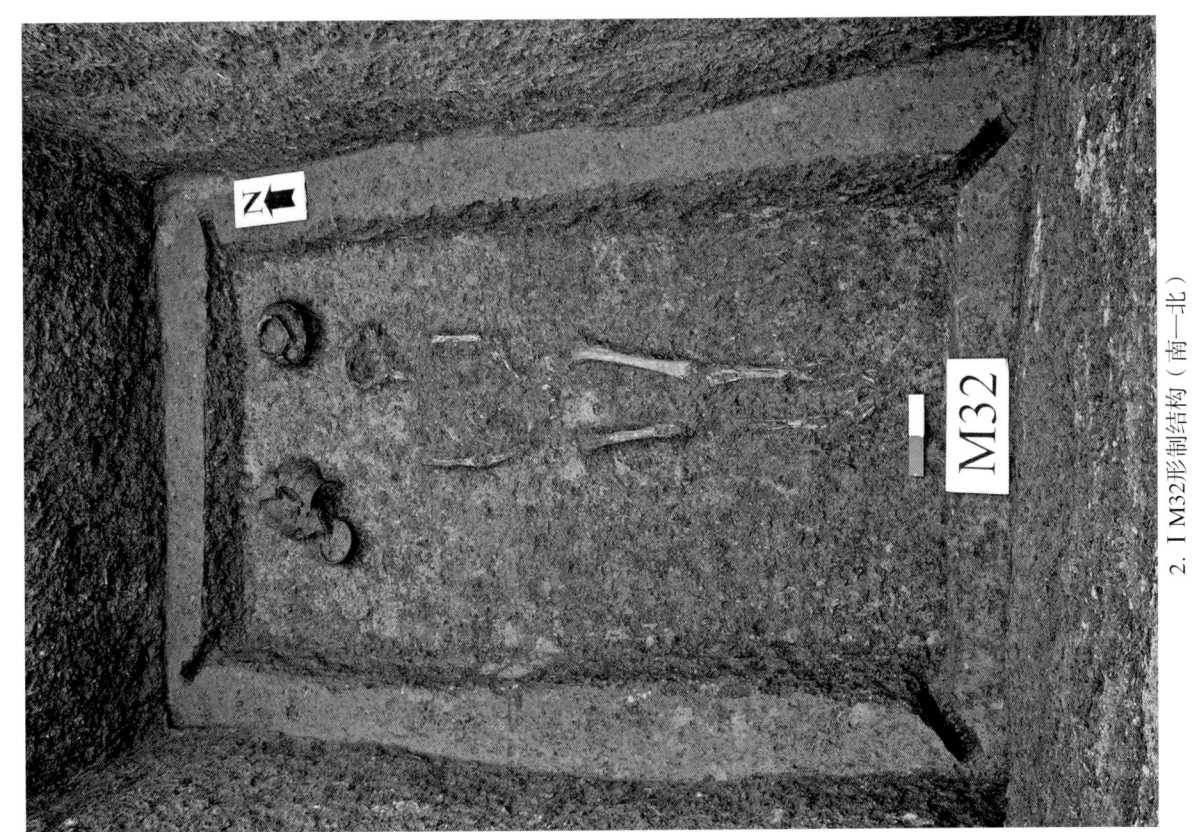

1. ⅠM31形制结构（南—北）

2. ⅠM32形制结构（南—北）

Ⅰ区秦汉墓葬形制结构

图版一〇

1. ⅠM33形制结构（南—北）

2. ⅠM37形制结构（南—北）

Ⅰ区秦汉墓葬形制结构

图版一一

1. ⅠM39形制结构（南—北）

2. ⅠM41形制结构（南—北）

Ⅰ区秦汉墓葬形制结构

图版一二

1. ⅠM42形制结构（南—北）

2. ⅠM55形制结构（西—东）

Ⅰ区秦汉墓葬形制结构

图版一三

2. ⅠM57形制结构（南—北）

1. ⅠM56形制结构（南—北）

Ⅰ区秦汉墓葬形制结构

图版一四

1. ⅠM58形制结构（南—北）

2. ⅠM61形制结构（南—北）

Ⅰ区秦汉墓葬形制结构

图版一五

1. ⅠM62形制结构（南—北）

2. ⅠM65形制结构（南—北）

Ⅰ区秦汉墓葬形制结构

图版一六

1. ⅡM11形制结构（南—北）

2. ⅡM13形制结构（南—北）

Ⅱ区秦汉墓葬形制结构

图版一七

2. ⅡM19形制结构（西—东）

1. ⅡM15形制结构（南—北）

Ⅱ区秦汉墓葬形制结构

图版一八

1. ⅡM22形制结构(南—北)

2. ⅡM23形制结构(南—北)

Ⅱ区秦汉墓葬形制结构

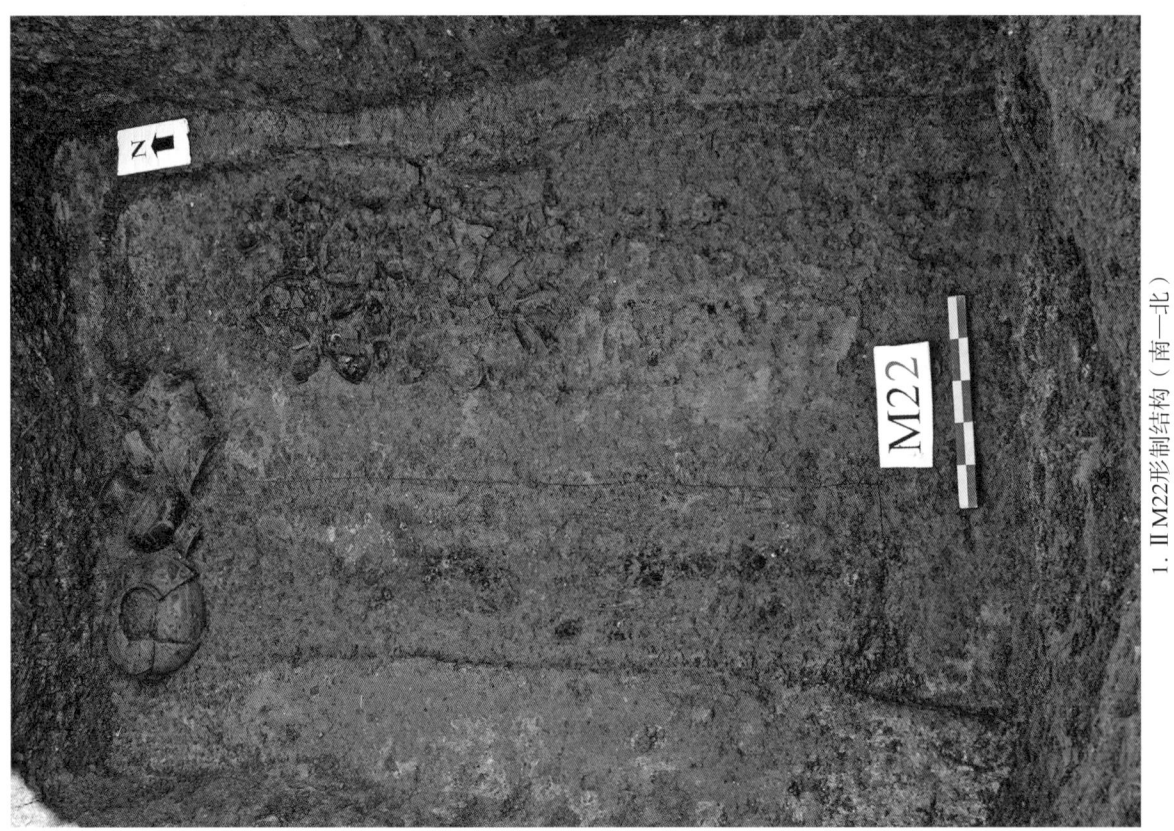

图版一九

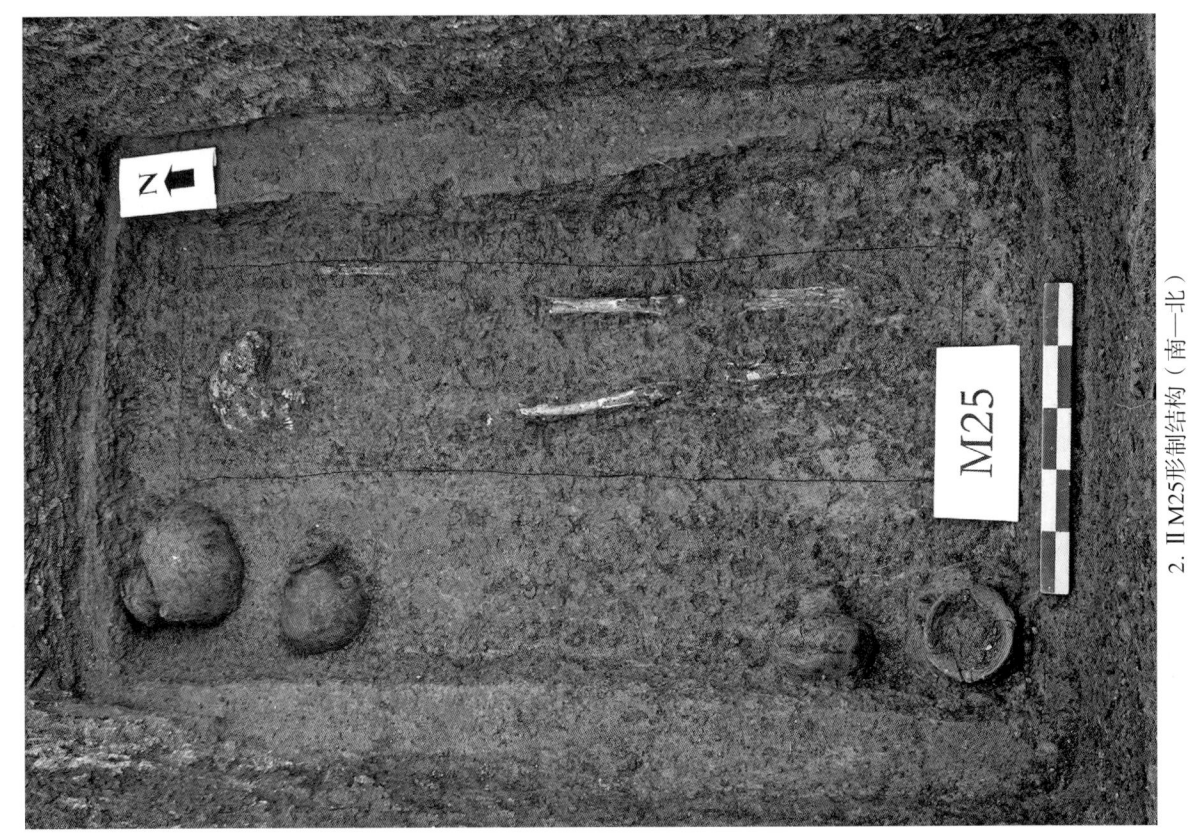

Ⅱ区秦汉墓葬形制结构

2. ⅡM25形制结构（南—北）

1. ⅡM24形制结构（南—北）

图版二〇

1. ⅡM28形制结构（南—北）

2. ⅡM30形制结构（南—北）

Ⅱ区秦汉墓葬形制结构

图版二一

2. ⅡM35形制结构（南—北）

1. ⅡM31形制结构（南—北）

Ⅱ区秦汉墓葬形制结构

图版二二

1. ⅡM38形制结构（南—北）

2. ⅡM39形制结构（南—北）

Ⅱ区秦汉墓葬形制结构

图版二三

1. ⅡM40形制结构（南—北）

2. ⅡM41形制结构（南—北）

Ⅱ区秦汉墓葬形制结构

图版二四

Ⅲ区秦汉墓葬形制结构

2. ⅢM4形制结构（西—东）

1. ⅢM2形制结构（南—北）

图版二五

2. ⅢM6形制结构（北—南）

1. ⅢM5形制结构（西—东）

Ⅲ区秦汉墓葬形制结构

图版二六

1. Ⅲ M8形制结构（西—东）

2. Ⅲ M9形制结构（东—西）

Ⅲ区秦汉墓葬形制结构

图版二七

1. ⅢM11形制结构（北—南）

2. ⅢM16形制结构（西—东）

Ⅲ区秦汉墓葬形制结构

图版二八

2. ⅢM21形制结构（西—东）

1. ⅢM20形制结构（东—西）

Ⅲ区秦汉墓葬形制结构

图版二九

1. 陶双耳罐（ⅠM1：3）

2. 陶豆（ⅠM1：4）

3. 陶杯（ⅠM1：1）

4. 陶匜（ⅠM1：5）

5. 陶双耳罐（ⅠM2：1）

6. 陶釜（ⅠM2：2）

ⅠM1、ⅠM2随葬器物

图版三〇

1. 陶双耳罐（ⅠM3：1）

2. 陶釜（ⅠM3：2）

3. 陶双耳罐（ⅠM4：2）

4. 陶釜（ⅠM4：6）

5. 陶双耳罐（ⅠM6：1）

6. 陶釜（ⅠM6：2）

ⅠM3、ⅠM4、ⅠM6随葬器物

图版三一

1. 陶壶（ⅠM5:1）
2. 陶鼎（ⅠM5:5） 
3. 陶匜（ⅠM5:6） 
4. 陶杯（ⅠM5:2） 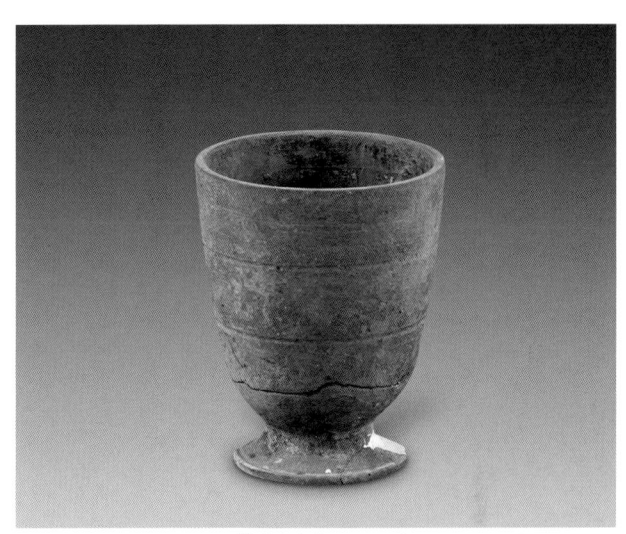
5. 陶敦（ⅠM5:4） 
6. 陶豆（ⅠM5:3） 

ⅠM5随葬器物

图版三二

1. 陶鼎（ⅠM7∶7）

2. 陶甑（ⅠM7∶4）

3. 陶壶（ⅠM7∶6）

4. 陶壶（ⅠM7∶9）

5. 陶鼎（ⅠM8∶12）

6. 陶盒（ⅠM8∶9）

ⅠM7、ⅠM8随葬器物

图版三三

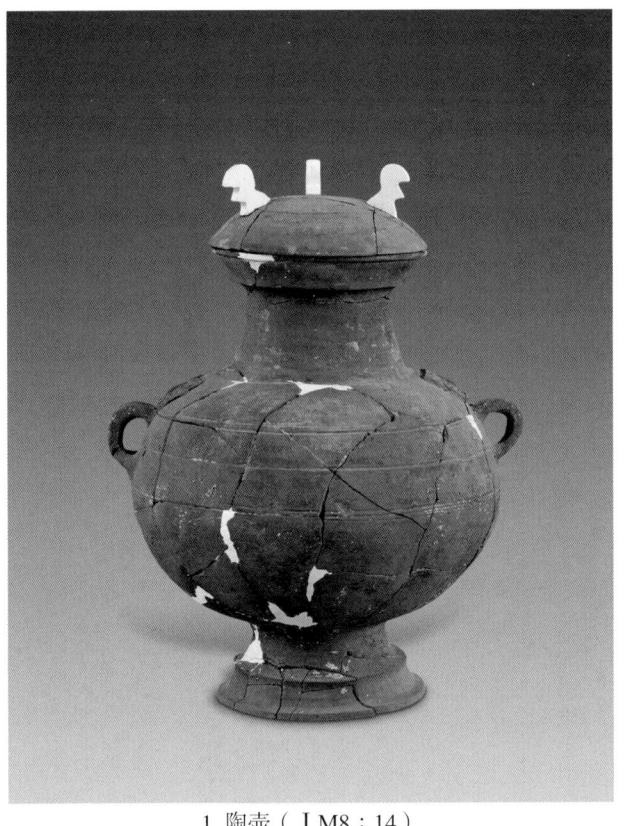

1. 陶壶（ⅠM8：14）

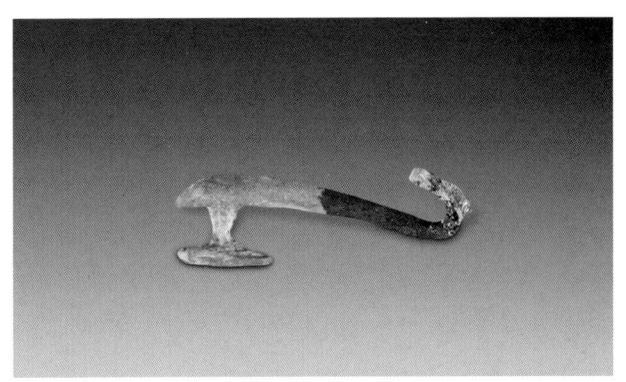

2. 铜带钩（ⅠM8：2）

3. 铜勺（ⅠM8：19）

4. 陶瓯（ⅠM8：13-1）

5. 陶瓯（ⅠM8：13-2）

6. 陶瓮（ⅠM8：11）

7. 陶盆（ⅠM8：15）

ⅠM8随葬器物

图版三四

1. 陶双耳罐（ⅠM10：2）

2. 陶瓮（ⅠM10：1）

3. 陶钵（ⅠM10：3）

4. 陶钵（ⅠM10：4）

5. 陶双耳罐（ⅠM13：1）

6. 陶釜（ⅠM13：2）

ⅠM10、ⅠM13随葬器物

图版三五

1. ⅠM12器物组合

2. 陶壶（ⅠM14∶15）

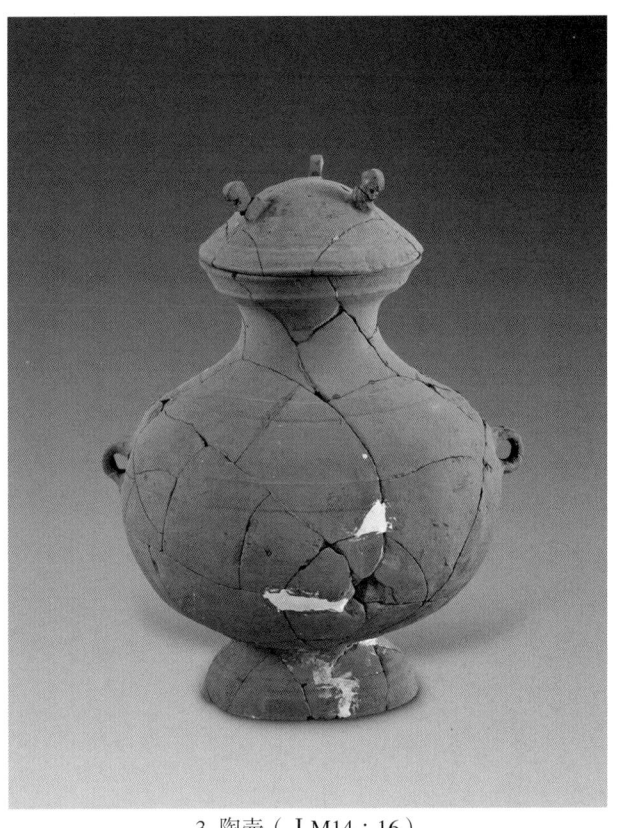

3. 陶壶（ⅠM14∶16）

ⅠM12、ⅠM14随葬器物

图版三六

1. 陶鼎（ⅠM14:12）
2. 陶盒（ⅠM14:5） 
3. 陶小壶（ⅠM14:13） 
4. 陶小壶（ⅠM14:9） 
5. 陶甗（ⅠM14:6） 
6. 陶瓮（ⅠM14:14） 

ⅠM14随葬器物

图版三七

1. 陶盆（ⅠM14：7）

2. 陶甑（ⅠM14：11）

3. 陶双耳罐（ⅠM15：3）

4. 陶瓮（ⅠM15：2）

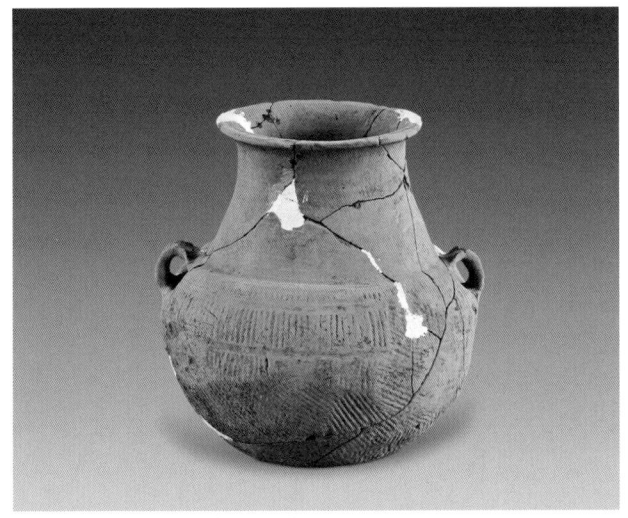

5. 陶双耳罐（ⅠM16：1）

6. 陶釜（ⅠM16：2）

ⅠM14、ⅠM15、ⅠM16随葬器物

图版三八

1. 陶瓿（ⅠM17:3）

2. 陶鼎（ⅠM17:2）

3. 陶瓮（ⅠM17:1）

4. 陶盒（ⅠM17:4）

5. 陶双耳罐（ⅠM18:2）

6. 陶釜（ⅠM18:3）

ⅠM17、ⅠM18随葬器物

图版三九

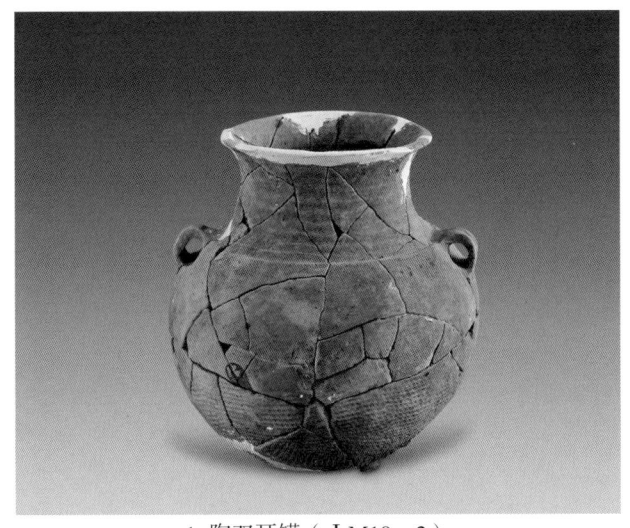

1. 陶双耳罐（ⅠM19：2）

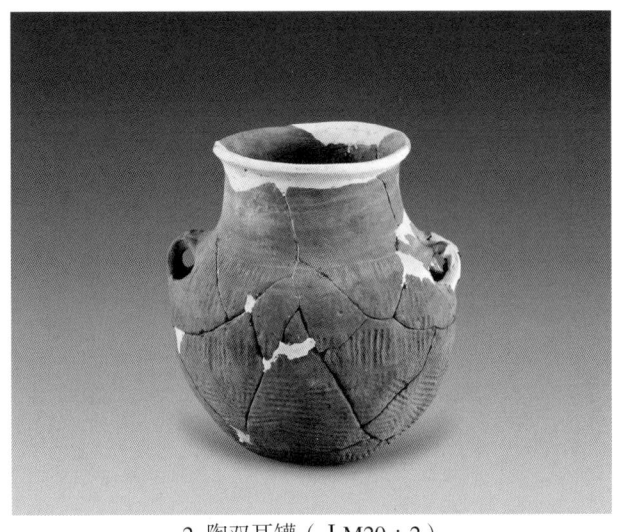

2. 陶双耳罐（ⅠM20：2）

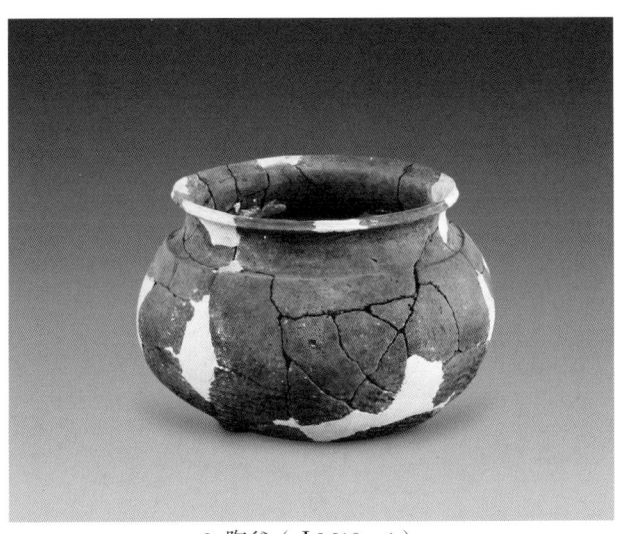

3. 陶釜（ⅠM19：1）

4. 陶鍪（ⅠM20：1）

5. 陶钵（ⅠM21：5）

6. 陶釜（ⅠM21：2）

ⅠM19、ⅠM20、ⅠM21随葬器物

图版四〇

1. 陶双耳罐（ⅠM21:3）
2. 陶双耳罐（ⅠM22:1） 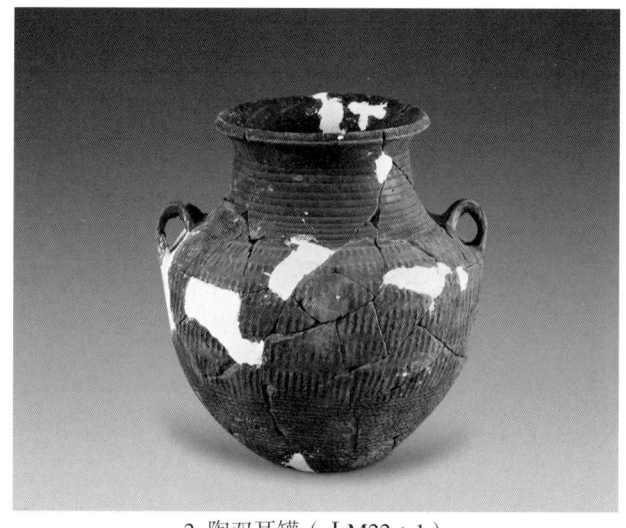
3. 陶釜（ⅠM22:2） 
4. 陶釜（ⅠM23:1） 
5. 陶双耳罐（ⅠM23:2） 
6. 陶双耳罐（ⅠM23:3） 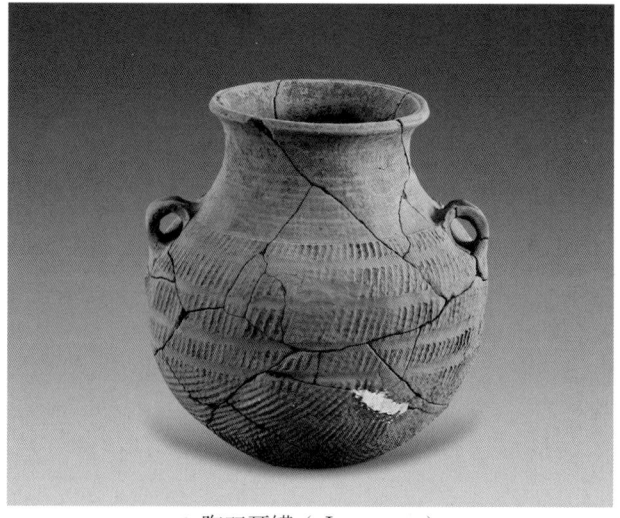

ⅠM21、ⅠM22、ⅠM23随葬器物

图版四一

1. 陶双耳罐（ⅠM23：4）

2. 陶双耳罐（ⅠM25：3）

3. 陶长颈罐（ⅠM25：2）

4. 陶钵（ⅠM26：3）

5. 陶双耳罐（ⅠM26：2）

6. 陶釜（ⅠM26：1）

ⅠM23、ⅠM25、ⅠM26随葬器物

图版四二

1. ⅠM28器物组合

2. 陶钵（ⅠM28∶8）

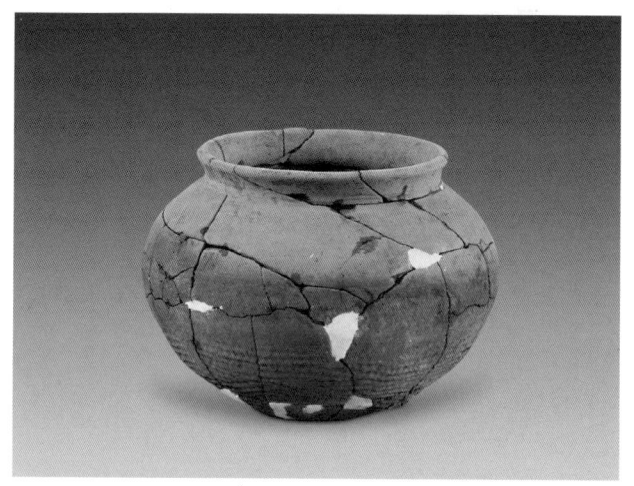

3. 陶釜（ⅠM29∶1）

4. 陶双耳罐（ⅠM29∶2）

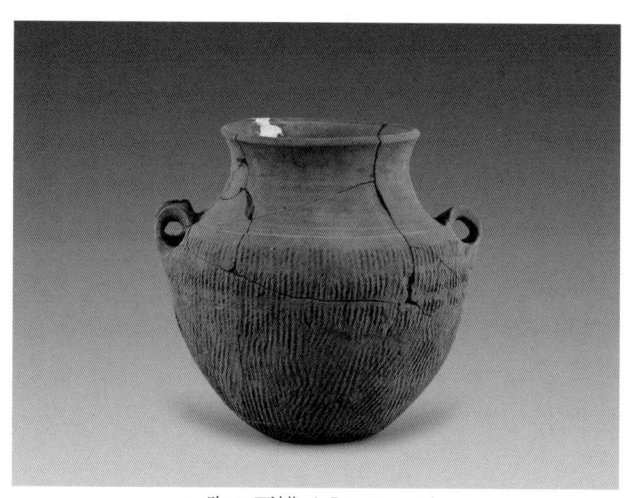

5. 陶双耳罐（ⅠM30∶3）

ⅠM28、ⅠM29、ⅠM30随葬器物

图版四三

1. 陶盒（ⅠM31:3）

2. 陶釜（ⅠM31:2）

3. 陶双耳罐（ⅠM31:1）

4. 陶双耳罐（ⅠM32:2）

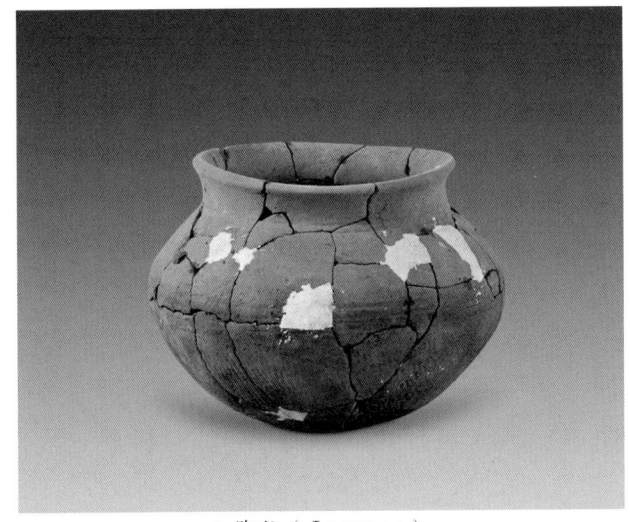

5. 陶釜（ⅠM32:1）

6. 陶釜（ⅠM33:3）

ⅠM31、ⅠM32、ⅠM33随葬器物

图版四四

1. 陶双耳罐（ⅠM33：2）

2. 陶双耳罐（ⅠM37：2）

3. 陶双耳罐（ⅠM34：1）

4. 陶壶（ⅠM34：2）

5. 陶釜（ⅠM37：1）

6. 陶钵、陶壶（ⅠM39：4、ⅠM39：3）

ⅠM33、ⅠM34、ⅠM37、ⅠM39随葬器物

图版四五

1. 陶双耳罐（ⅠM40∶1） 　　　2. 陶双耳罐（ⅠM40∶2）

3. 陶双耳罐（ⅠM41∶1） 　　　4. 陶釜（ⅠM41∶2）

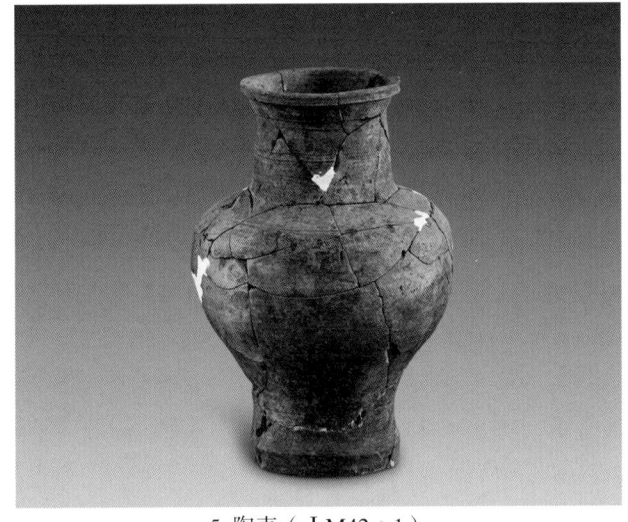

5. 陶壶（ⅠM42∶1） 　　　6. 陶釜（ⅠM42∶2）

ⅠM40、ⅠM41、ⅠM42随葬器物

图版四六

1. 陶双耳罐（ⅠM43∶1）

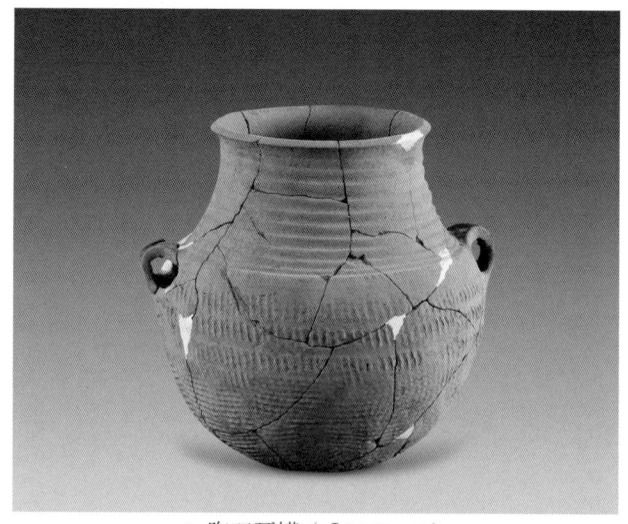

2. 陶双耳罐（ⅠM45∶1）

3. 陶釜（ⅠM43∶2）

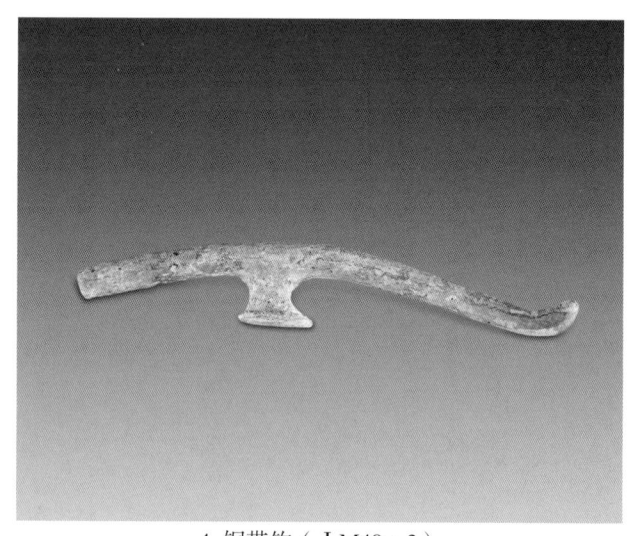

4. 铜带钩（ⅠM49∶3）

5. 陶双耳罐（ⅠM46∶1）

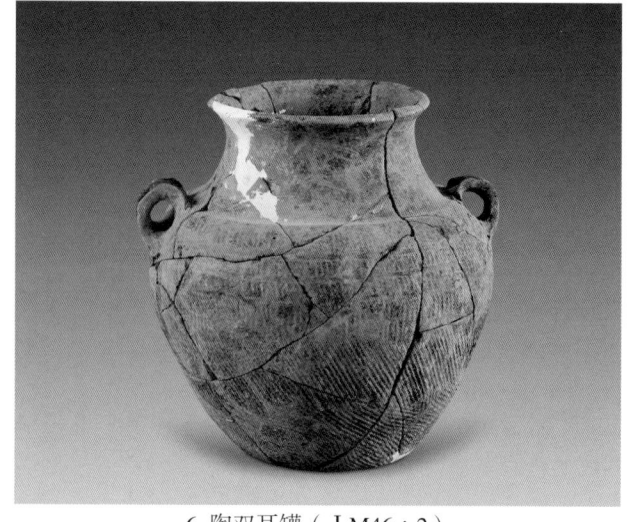

6. 陶双耳罐（ⅠM46∶2）

ⅠM43、ⅠM45、ⅠM46、ⅠM49随葬器物

图版四七

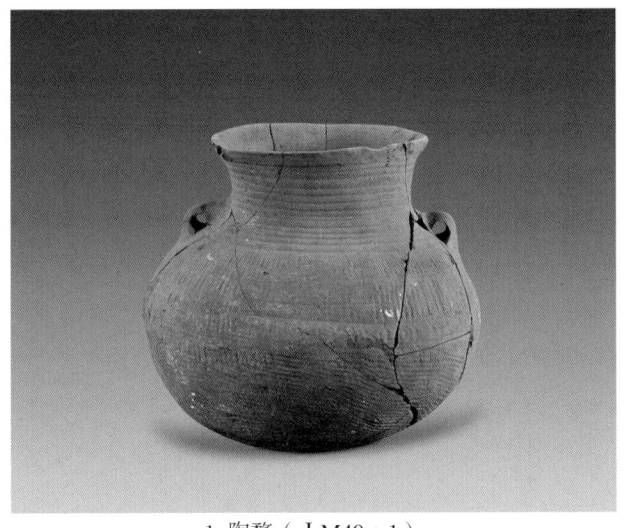

1. 陶鍪（ⅠM49∶1）

2. 陶双耳罐（ⅠM49∶2）

3. 陶双耳罐（ⅠM53∶1）

4. 陶壶（ⅠM53∶2）

5. 陶釜（ⅠM53∶3）

6. 陶釜（ⅠM54∶3）

ⅠM49、ⅠM53、ⅠM54随葬器物

图版四八

1. 陶双耳罐（ⅠM54：2）

2. 陶双耳罐（ⅠM55：6）

3. 陶壶（ⅠM54：1）

4. 陶壶（ⅠM55：7）

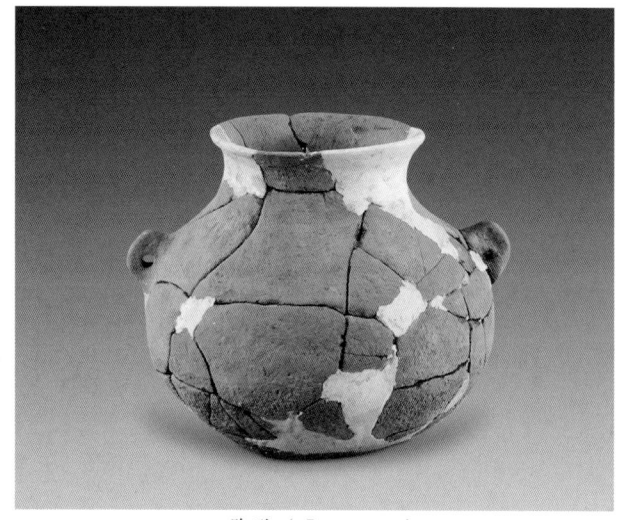

5. 陶鍪（ⅠM55：3）

6. 陶鼎（ⅠM55：1）

ⅠM54、ⅠM55随葬器物

图版四九

1. 陶双耳罐（ⅠM56：1）

2. 陶瓮（ⅠM56：2）

3. 陶双耳罐（ⅠM58：1）

4. 陶釜（ⅠM58：2）

5. 陶豆（ⅠM59：6）

6. 陶釜（ⅠM59：7）

ⅠM56、ⅠM58、ⅠM59随葬器物

图版五〇

1. 陶壶（ⅠM59∶2）

2. 陶杯（ⅠM59∶8）

3. 陶匜（ⅠM59∶5）

4. 陶鼎（ⅠM59∶3）

5. 陶敦（ⅠM59∶4）

ⅠM59随葬器物

图版五一

1. 陶双耳罐（ⅠM60∶1）

2. 陶釜（ⅠM60∶2）

3. 陶双耳罐（ⅠM61∶1）

4. 陶双耳罐（ⅠM61∶2）

5. 陶钵（ⅠM61∶3）

6. 陶瓮（ⅠM62∶6）

ⅠM60、ⅠM61、ⅠM62随葬器物

图版五二

1. 陶壶（ⅠM62∶4）

2. 陶勺（ⅠM62∶1）

3. 陶豆（ⅠM62∶5）

4. 陶双耳罐（ⅠM63∶2）

5. 陶釜（ⅠM63∶1）

ⅠM62、ⅠM63随葬器物

图版五三

1. 陶釜（ⅠM65∶1）

2. 陶钵（ⅠM65∶3）

3. 陶双耳罐（ⅠM65∶2）

4. 陶双耳罐（ⅠM66∶1）

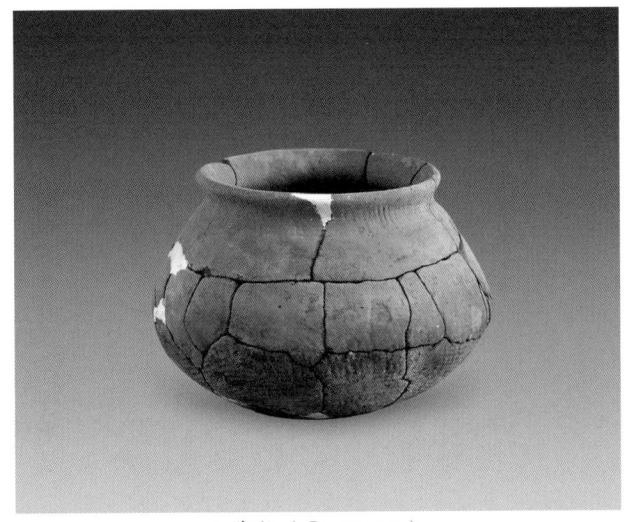

5. 陶釜（ⅠM66∶2）

6. 陶瓮（ⅡM1∶7）

ⅠM65、ⅠM66、ⅡM1随葬器物

图版五四

1. 陶鼎（ⅡM1:3）

2. 陶鼎（ⅡM1:8）

3. 陶小壶（ⅡM1:2）

4. 陶盒（ⅡM1:5）

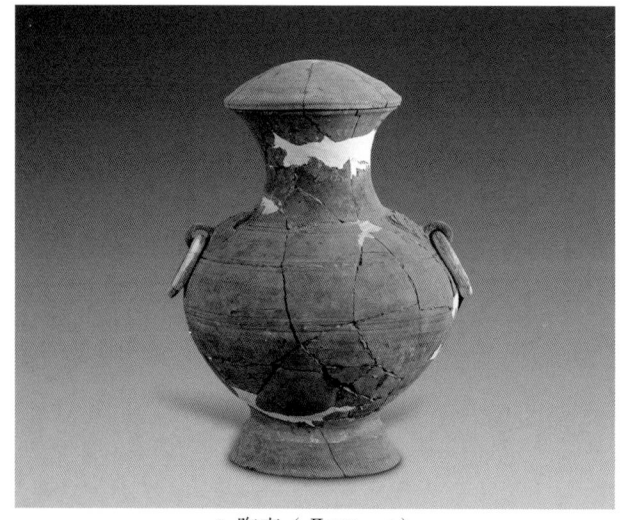

5. 陶壶（ⅡM1:4）

6. 陶壶（ⅡM7:1）

ⅡM1、ⅡM7随葬器物

图版五五

1. 陶鼎（ⅡM2∶6）

2. 陶瓮（ⅡM2∶2）

3. 陶小壶（ⅡM2∶8）

4. 陶双耳罐（ⅡM5∶1）

5. 陶鍪（ⅡM5∶2）

6. 陶双耳罐（ⅡM5∶3）

ⅡM2、ⅡM5随葬器物

图版五六

1. 陶双耳罐（ⅡM7:2）

2. 陶甗（ⅡM7:5）

3. 陶鍪（ⅡM7:3）

4. 陶甑（ⅡM8:4）

5. 陶瓮（ⅡM8:1）

6. 陶双耳罐（ⅡM8:2）

ⅡM7、ⅡM8随葬器物

图版五七

1. 陶鍪（ⅡM8∶6）

2. 陶双耳罐（ⅡM8∶3）

3. 陶奁（ⅡM8∶7）

4. 陶奁（ⅡM8∶8）

5. 陶鍪（ⅡM9∶4）

6. 陶瓮（ⅡM9∶1）

ⅡM8、ⅡM9随葬器物

图版五八

1. 陶壶（ⅡM9：2）

2. 陶瓿（ⅡM9：3）

3. 陶鼎（ⅡM9：6）

4. 陶盒（ⅡM9：5）

5. 陶小壶（ⅡM9：7）

6. 陶小壶（ⅡM10：6）

ⅡM9、ⅡM10随葬器物

图版五九

1. 陶鼎（ⅡM10∶5）

2. 陶鼎（ⅡM10∶10）

3. 陶瓮（ⅡM10∶1）

4. 陶鍪（ⅡM10∶7）

5. 陶双耳罐（ⅡM12∶1）

6. 陶鍪（ⅡM12∶2）

ⅡM10、ⅡM12随葬器物

图版六〇

1. 陶壶（ⅡM13∶1）

2. 陶瓿（ⅡM13∶2）

3. 陶瓮（ⅡM13∶4）

4. 陶盒（ⅡM13∶3）

5. 陶瓿（ⅡM14∶5）

6. 陶双耳罐（ⅡM14∶6）

ⅡM13、ⅡM14随葬器物

图版六一

1. 陶鼎（ⅡM14：3）

2. 陶鼎（ⅡM14：4）

3. 陶壶（ⅡM14：1）

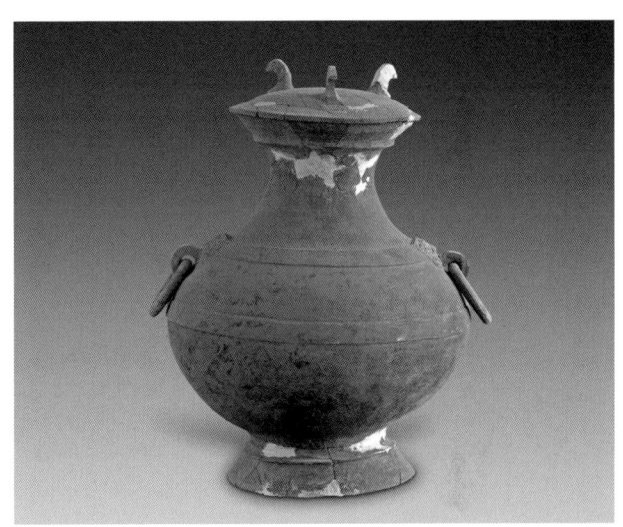

4. 陶壶（ⅡM14：2）

5. 陶盒（ⅡM14：7）

6. 陶盒（ⅡM14：8）

ⅡM14随葬器物

图版六二

1. 陶鼎（ⅡM15：3）

2. 陶盒（ⅡM15：2）

3. 陶壶（ⅡM15：1）

4. 陶双耳罐（ⅡM15：5）

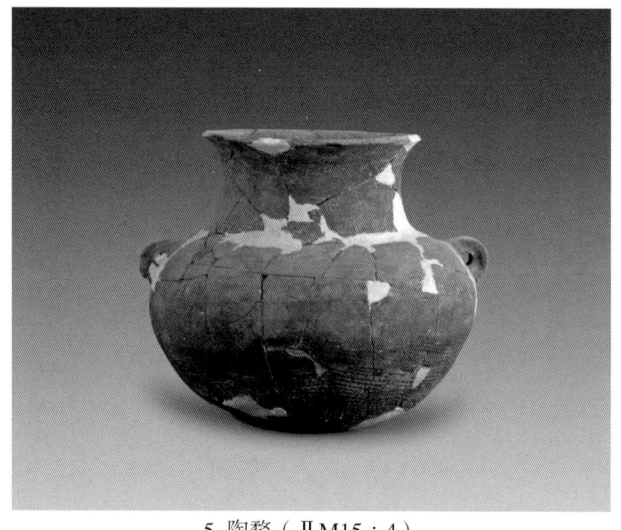

5. 陶鍪（ⅡM15：4）

6. 陶甑（ⅡM17：1）

ⅡM15、ⅡM17随葬器物

图版六三

1. 陶鼎（ⅡM17：4）
2. 陶盒（ⅡM17：6） 
3. 陶壶（ⅡM17：5） 
4. 陶瓮（ⅡM17：8） 
5. 陶釜（ⅡM18：1） 
6. 陶鍪（ⅡM19：3） 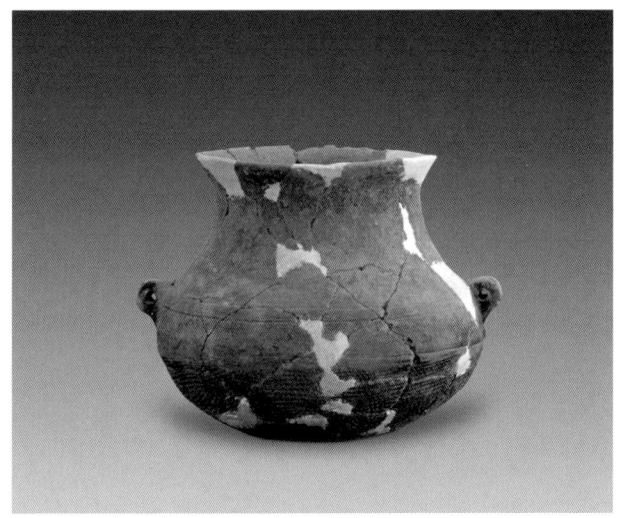

ⅡM17、ⅡM18、ⅡM19随葬器物

图版六四

1. 陶鼎（ⅡM19：2）
2. 陶盒（ⅡM19：6） 
3. 陶壶（ⅢM19：5） 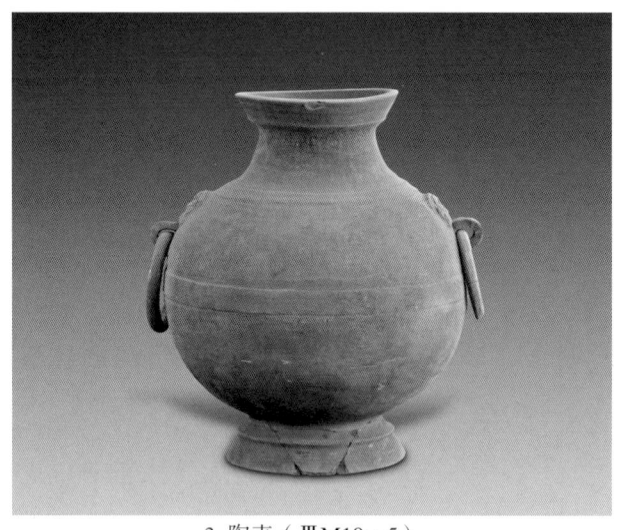
4. 陶壶（ⅡM19：3） 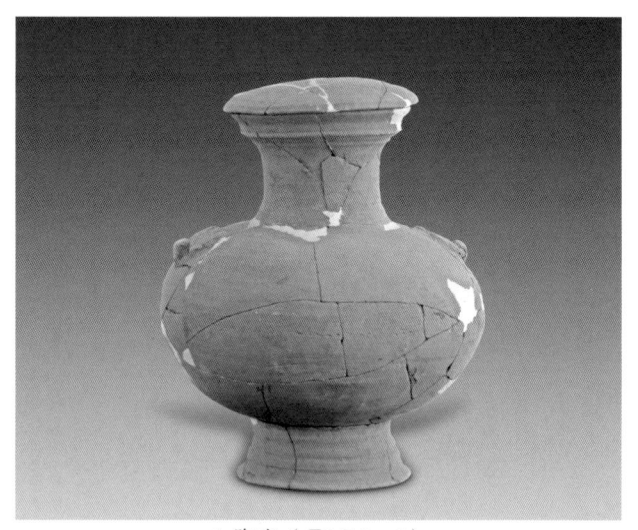
5. 陶瓮（ⅡM19：7） 
6. 陶双耳罐（ⅡM19：5） 

ⅡM19、ⅢM19随葬器物

图版六五

1. 陶甑（ⅡM19：4-1）
2. 陶瓿（ⅡM19：4-2） 
3. 陶瓮（ⅡM22：1） 
4. 陶釜（ⅡM22：9） 
5. 陶壶（ⅡM22：2） 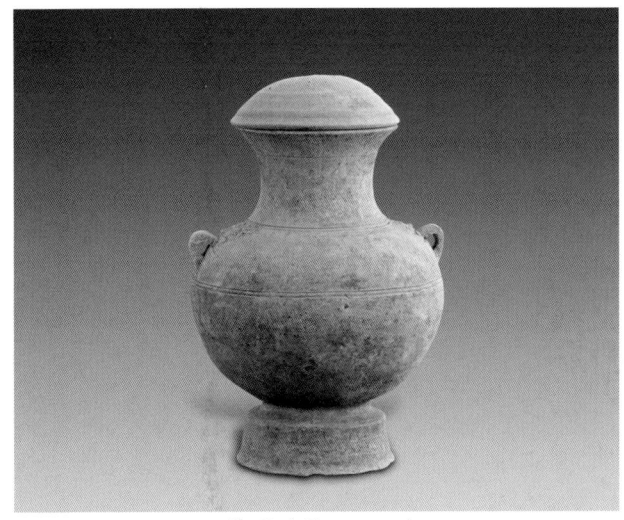
6. 陶壶（ⅡM22：3） 

ⅡM19、ⅡM22随葬器物

图版六六

1. 陶鼎（ⅡM22∶7）

2. 陶鼎（ⅡM22∶8）

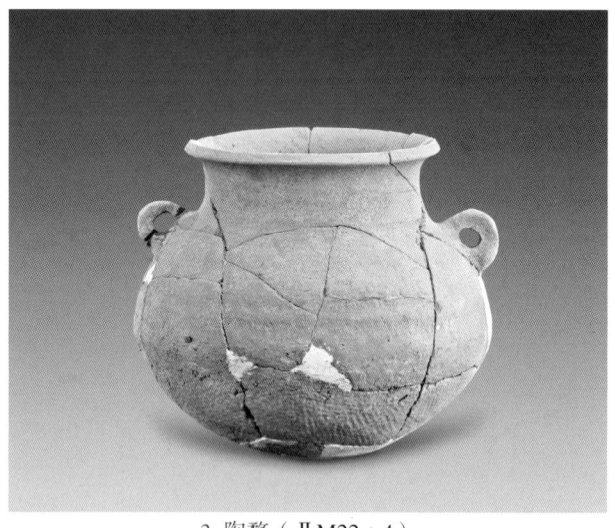

3. 陶鍪（ⅡM22∶4）

4. 陶盒（ⅡM22∶5）

5. 陶甑（ⅡM22∶10）

6. 陶盆（ⅡM22∶13）

ⅡM22随葬器物

图版六七

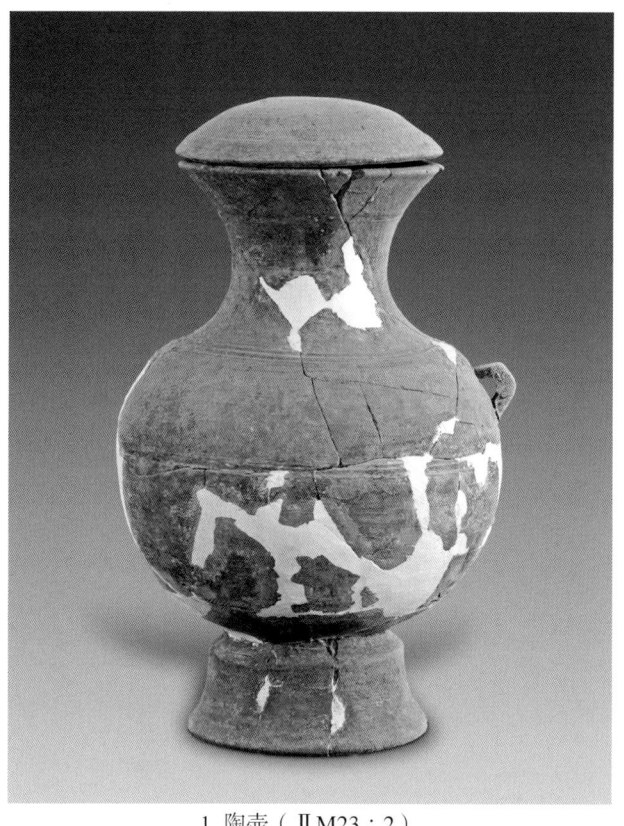

1. 陶壶（ⅡM23:2）

2. 陶釜（ⅡM23:5）

3. 陶鼎（ⅡM23:6）

4. 陶盒（ⅡM23:4）

5. 陶盒（ⅡM23:8）

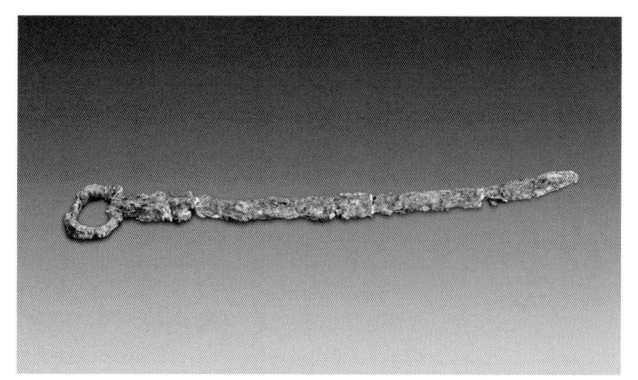

6. 铁削刀（ⅡM28:8）

7. 铜带钩（ⅡM28:6）

ⅡM23、ⅡM28随葬器物

图版六八

1. 陶双耳罐（ⅡM24∶1）

2. 陶双耳罐（ⅡM24∶2）

3. 陶双耳罐（ⅡM24∶4）

4. 陶双耳罐（ⅡM25∶1）

5. 陶双耳罐（ⅡM25∶2）

6. 陶双耳罐（ⅡM25∶4）

ⅡM24、ⅡM25随葬器物

图版六九

1. 陶鍪（ⅡM25:3）

2. 陶盒（ⅡM27:2）

3. 陶双耳罐（ⅡM26:1）

4. 陶瓮（ⅡM28:4）

5. 陶甗（ⅡM28:3）

6. 陶鍪（ⅡM28:2）

ⅡM25、ⅡM26、ⅡM27、ⅡM28随葬器物

图版七〇

1. 陶瓮（ⅡM29∶2）
2. 陶甗（ⅡM29∶4） 
3. 陶鍪（ⅡM29∶1） 
4. 陶鍪（ⅡM30∶4） 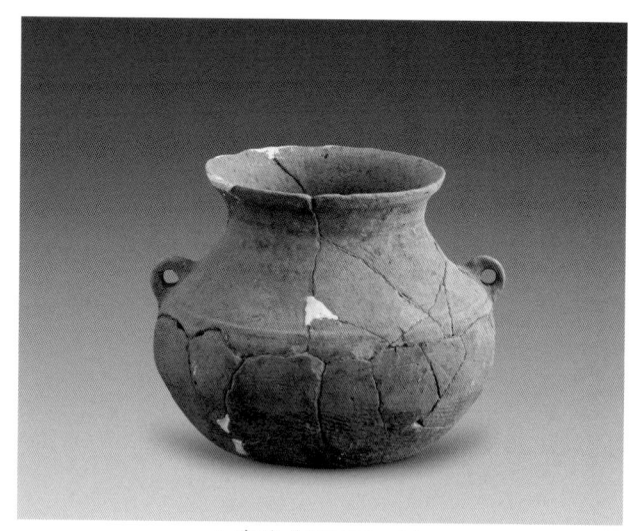
5. 陶瓮（ⅡM30∶1） 
6. 陶釜（ⅡM30∶5） 

ⅡM29、ⅡM30随葬器物

图版七一

1. 陶双耳罐（ⅡM30∶2）

2. 陶双耳罐（ⅡM31∶4）

3. 陶盒（ⅡM30∶3）

4. 陶鍪（ⅡM31∶3）

5. 陶双耳罐（ⅡM31∶1）

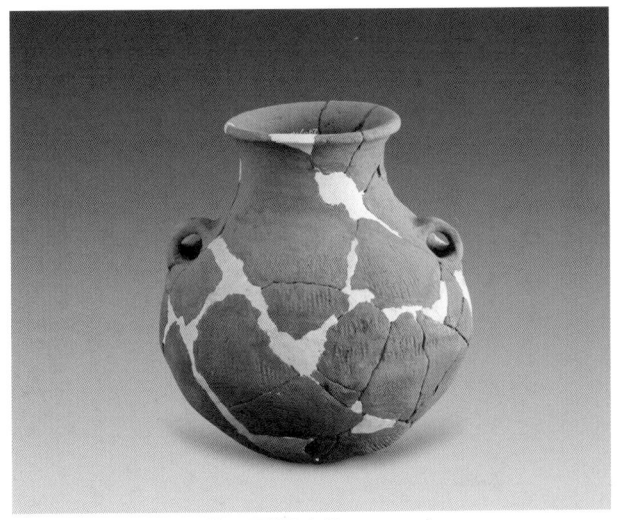

6. 陶双耳罐（ⅡM31∶2）

ⅡM30、ⅡM31随葬器物

图版七二

1. 陶双耳罐（ⅡM32：2）

2. 陶双耳罐（ⅡM32：3）

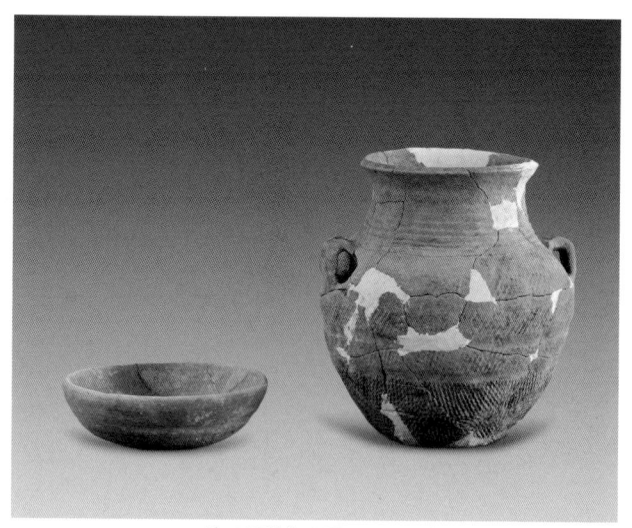

3. 陶鍪（ⅡM32：4）

4. 陶双耳罐（ⅡM35：1）

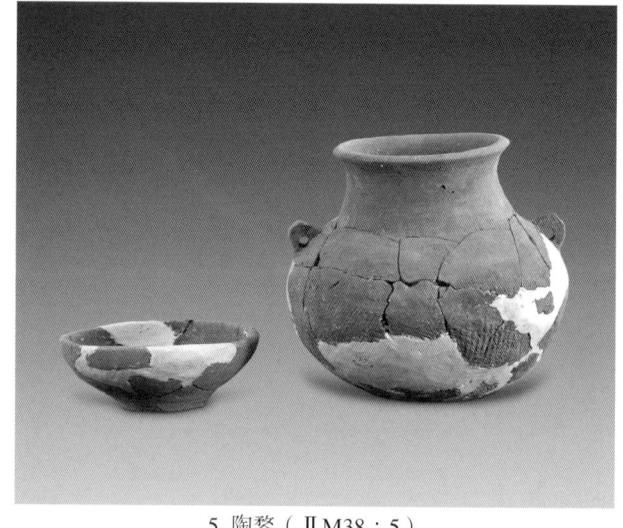

5. 陶鍪（ⅡM38：5）

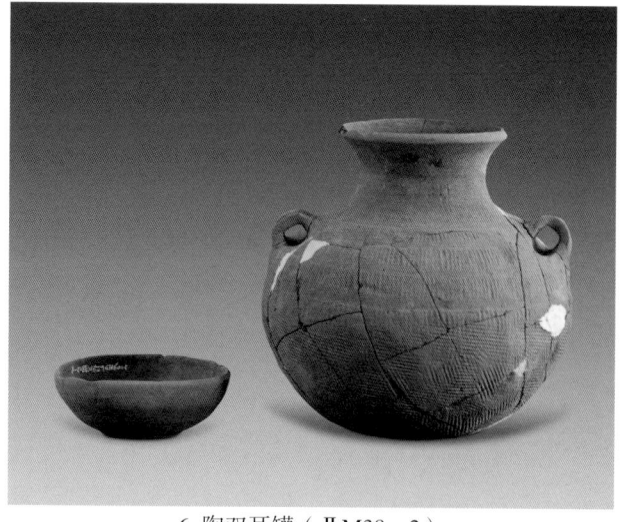

6. 陶双耳罐（ⅡM38：2）

ⅡM32、ⅡM35、ⅡM38随葬器物

图版七三

1. 陶鼎（ⅡM38：4）

2. 陶双耳罐（ⅡM38：3）

3. 陶双耳罐（ⅡM39：5）

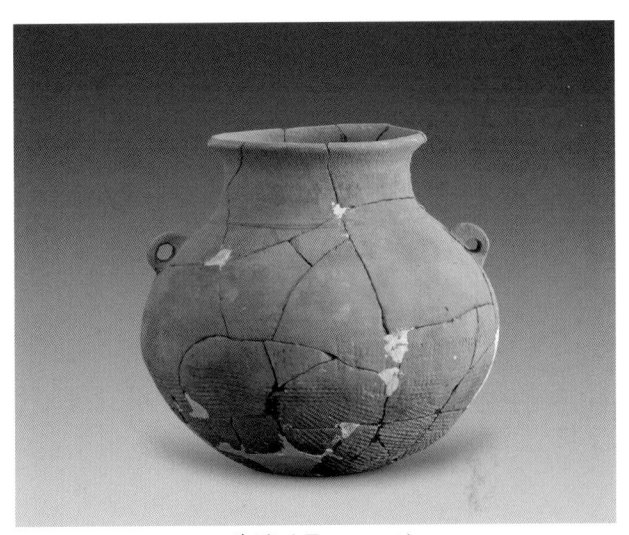

4. 陶鍪（ⅡM39：6）

5. 陶鼎（ⅡM39：1）

6. 陶釜（ⅡM40：6）

ⅡM38、ⅡM39、ⅡM40随葬器物

图版七四

1. 陶壶（ⅡM39∶4）

2. 陶瓿（ⅡM39∶3）

3. 陶壶（ⅡM41∶5）

4. 陶壶（ⅡM43∶1）

ⅡM39、ⅡM41、ⅡM43随葬器物

图版七五

1. 陶鍪（ⅡM40∶5） 　　　　2. 陶鍪（ⅡM40∶3）

3. 陶鼎（ⅡM40∶2） 　　　　4. 陶鼎（ⅡM41∶2）

5. 陶鍪（ⅡM41∶3） 　　　　6. 陶双耳罐（ⅡM41∶6）

ⅡM40、ⅡM41随葬器物

图版七六

1. 陶小壶（ⅡM41∶1）

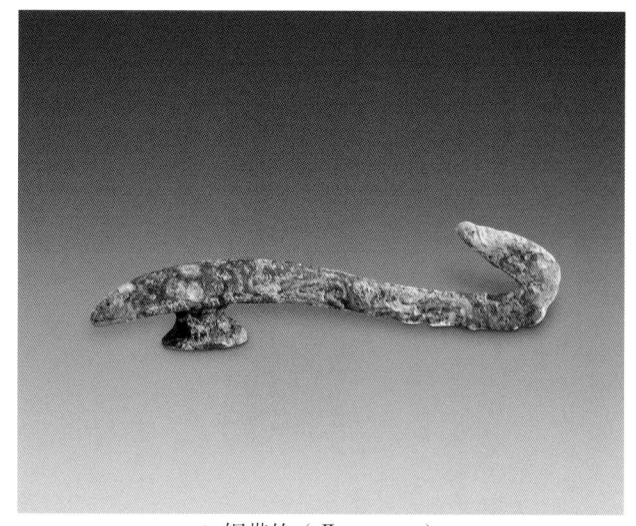

2. 铜带钩（ⅡM43∶7）

3. 陶釜（ⅡM43∶2）

4. 陶甑（ⅡM43∶3）

5. 陶盒（ⅡM43∶4）

6. 陶双耳罐（ⅡM43∶5）

ⅡM41、ⅡM43随葬器物

图版七七

1. 陶鼎（ⅡM45：7）
2. 陶盒（ⅡM45：2） 
3. 陶双耳罐（ⅡM45：3） 
4. 陶小壶（ⅡM45：8） 
5. 陶瓮（ⅡM45：5） 
6. 陶鍪（ⅡM47：3） 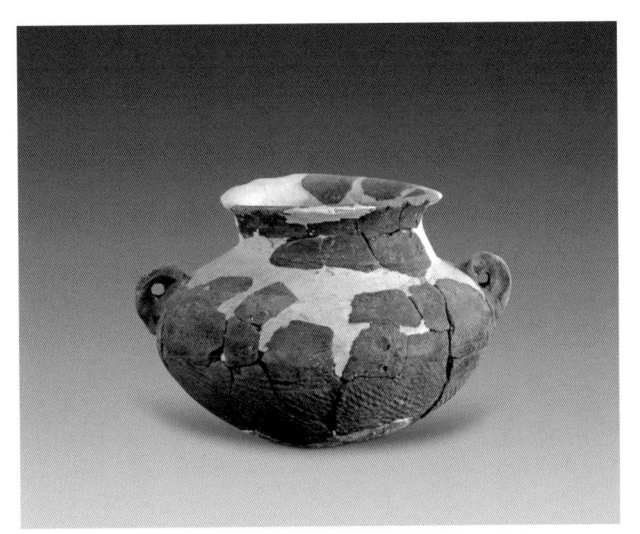

ⅡM45、ⅡM47随葬器物

图版七八

1. 陶双耳罐（ⅡM47∶1）
2. 陶双耳罐（ⅡM47∶2） 
3. 陶鍪（ⅡM50∶1） 
4. 陶双耳罐（ⅡM50∶2） 
5. 陶瓮（ⅡM49∶2） 
6. 陶盒（ⅡM52∶5） 

ⅡM47、ⅡM49、ⅡM50、ⅡM52随葬器物

图版七九

1. 陶鼎（ⅡM49：7）

2. 陶杯（ⅡM49：3）

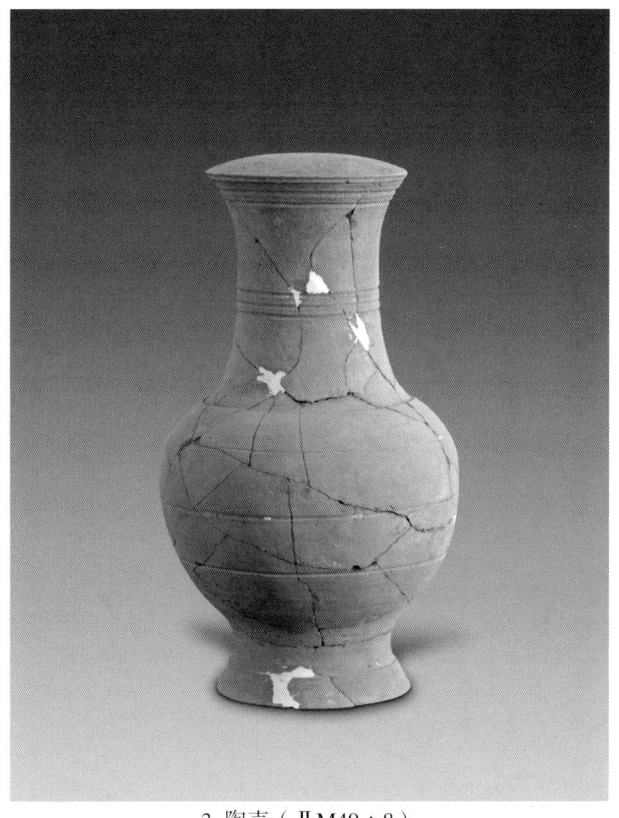

3. 陶壶（ⅡM49：8）

4. 陶敦（ⅡM49：6）

5. 陶匜（ⅡM49：5）

6. 陶豆（ⅡM49：4）

ⅡM49随葬器物

图版八〇

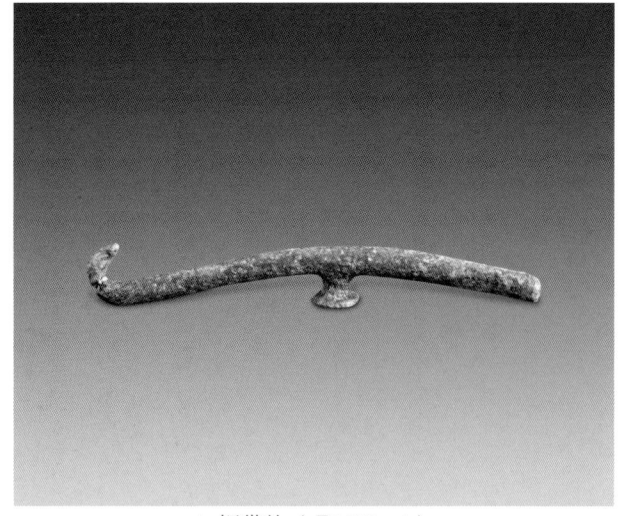

1. 铜带钩（ⅡM49:1）

2. 陶杯（ⅡM52:2）

3. 陶豆（ⅡM52:3）

4. 陶勺（ⅡM52:7）

5. 陶双耳罐（ⅡM52:9）

6. 陶鍪（ⅡM52:8）

ⅡM49、ⅡM52随葬器物

图版八一

1. 陶壶（ⅡM42：1）

2. 陶壶（ⅡM54：4）

3. 陶双耳罐（ⅡM54：3）

4. 陶双耳罐（ⅡM54：5）

5. 陶盒（ⅡM54：1）

6. 陶鍪（ⅡM54：2）

ⅡM42、ⅡM54随葬器物

图版八二

1. 陶双耳罐（ⅡM55：3）

2. 陶双耳罐（ⅡM55：4）

3. 陶鍪（ⅡM55：5）

4. 陶釜（ⅡM55：1）

5. 陶盆（ⅡM55：2）

6. 陶盒（ⅢM3：1）

ⅡM55、ⅢM3随葬器物

图版八三

1. 陶双耳罐（ⅢM2：3）

2. 陶壶（ⅢM2：6）

3. 陶鼎（ⅢM2：2）

4. 陶盒（ⅢM2：1）

5. 陶瓮（ⅢM2：5）

6. 陶小壶（ⅢM2：8）

ⅢM2随葬器物

图版八四

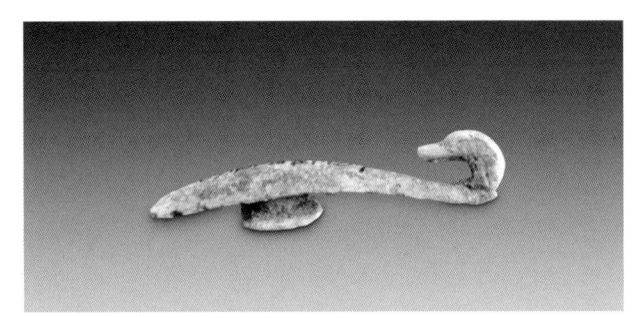

1. 铜带钩（ⅢM2:7）
2. 陶鼎（ⅢM3:7） 
3. 陶壶（ⅢM3:2） 
4. 陶瓮（ⅢM4:1） 
5. 陶双耳罐（ⅢM4:3） 
6. 陶鍪（ⅢM4:2） 
7. 陶鍪（ⅢM5:2） 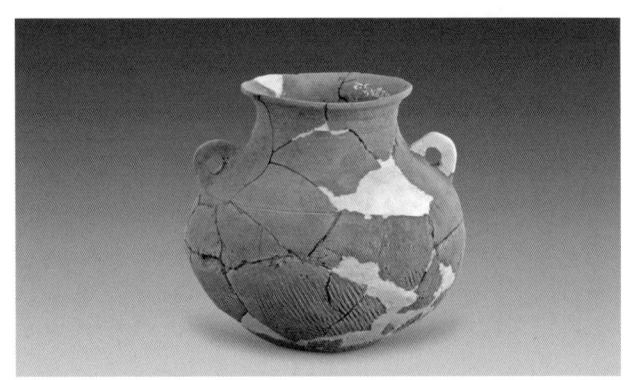

ⅢM2、ⅢM3、ⅢM4、ⅢM5随葬器物

图版八五

1. 陶瓮（ⅢM5∶1）

2. 陶釜（ⅢM5∶3）

3. 陶壶（ⅢM6∶1）

4. 陶壶（ⅢM6∶6）

5. 陶鼎（ⅢM6∶2）

6. 陶鼎（ⅢM6∶4）

ⅢM5、ⅢM6随葬器物

图版八六

1. 陶盒（ⅢM6：7）
2. 陶盒（ⅢM6：8） 
3. 陶瓿（ⅢM6：5） 
4. 陶瓮（ⅢM7：1） 
5. 陶壶（ⅢM7：10） 
6. 陶壶（ⅢM7：9） 

ⅢM6、ⅢM7随葬器物

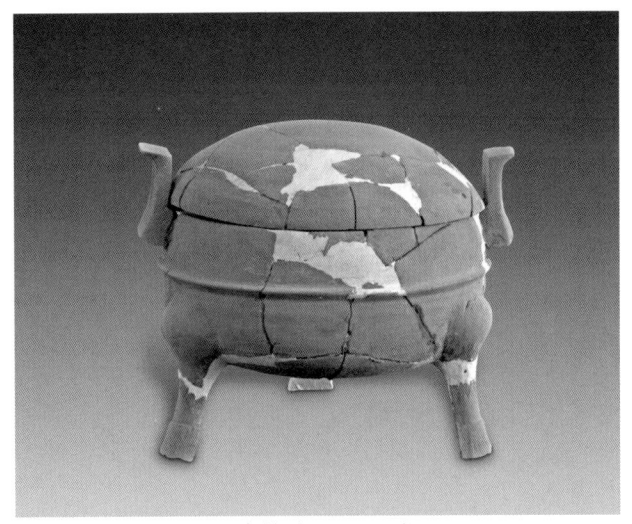

图版八七

1. 陶鼎（ⅢM7:6）
2. 陶鼎（ⅢM7:7） 
3. 陶盒（ⅢM7:2） 
4. 陶盒（ⅢM7:3） 
5. 陶甗（ⅢM7:4） 
6. 陶甗（ⅢM7:5） 

ⅢM7随葬器物

图版八八

1. 陶瓮（ⅢM8:3）
2. 陶罐（ⅢM8:9） 
3. 陶盒（ⅢM8:6） 
4. 陶盒（ⅢM8:7） 
5. 陶壶（ⅢM8:1） 
6. 陶壶（ⅢM8:2） 

ⅢM8随葬器物

图版八九

1. 陶鍪（ⅢM8∶8）

2. 陶鍪（ⅢM9∶6）

3. 陶壶（ⅢM9∶7）

4. 陶壶（ⅢM9∶8）

5. 陶鼎（ⅢM9∶4）

6. 陶瓮（ⅢM9∶9）

ⅢM8、ⅢM9随葬器物

图版九〇

1. 陶盒（ⅢM9∶1）

2. 陶盒（ⅢM9∶2）

3. 陶甗（ⅢM9∶5）

4. 陶甗（ⅢM12∶2）

5. 陶釜（ⅢM10∶7）

6. 陶瓮（ⅢM10∶2）

ⅢM9、ⅢM10、ⅢM12随葬器物

图版九一

1. 陶壶（ⅢM10∶1）

2. 陶壶（ⅢM10∶4）

3. 陶鼎（ⅢM10∶11）

4. 陶鼎（ⅢM10∶12）

5. 陶盒（ⅢM10∶9）

6. 陶盒（ⅢM10∶10）

ⅢM10随葬器物

图版九二

1. 陶甑（ⅢM10∶8）
2. 陶盆（ⅢM10∶13） 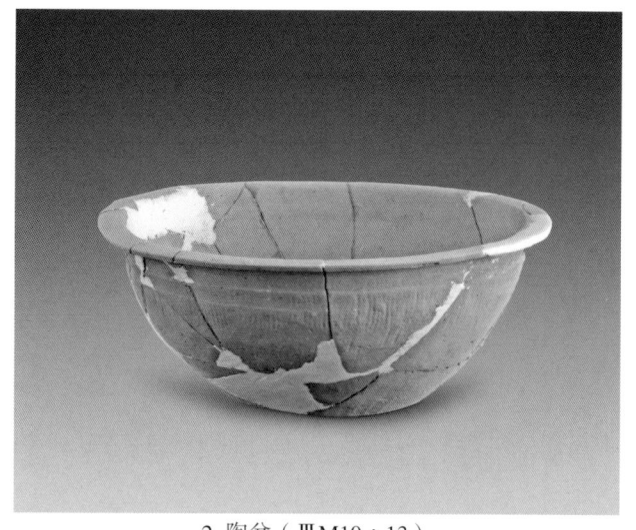
3. 陶鍪（ⅢM11∶1） 
4. 陶双耳罐（ⅢM11∶5） 
5. 陶鼎（ⅢM11∶3） 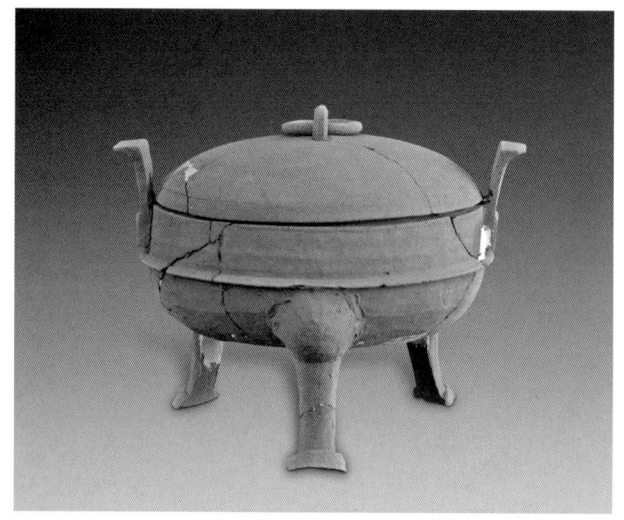
6. 陶盒（ⅢM11∶2） 

ⅢM10、ⅢM11随葬器物

图版九三

1. 陶壶（ⅢM11:4）
2. 陶壶（ⅢM12:6） 
3. 陶盒（ⅢM12:1） 
4. 陶盒（ⅢM12:3） 
5. 陶鼎（ⅢM12:4） 
6. 陶鼎（ⅢM12:5） 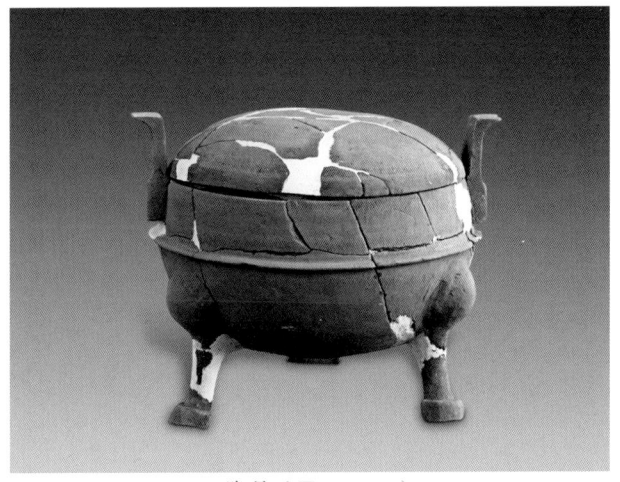

ⅢM11、ⅢM12随葬器物

图版九四

1. 陶盒（ⅢM13：1）

2. 陶双耳罐（ⅢM14：1）

3. 陶鍪（ⅢM15：2）

4. 陶小壶（ⅢM15：3）

5. 陶鼎（ⅢM16：1）

6. 陶鼎（ⅢM16：2）

ⅢM13、ⅢM14、ⅢM15、ⅢM16随葬器物

图版九五

1. 陶壶（ⅢM16：3）
2. 陶壶（ⅢM16：4） 
3. 陶盒（ⅢM16：5） 
4. 陶甑（ⅢM18：8） 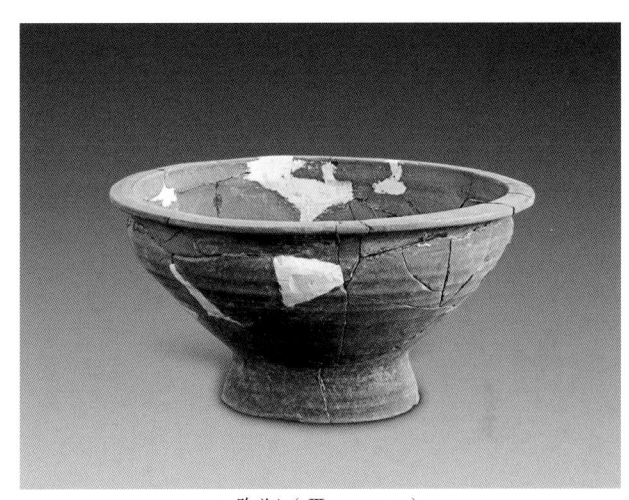
5. 陶双耳罐（ⅢM17：3） 
6. 陶双耳罐（ⅢM17：4） 

ⅢM16、ⅢM17、ⅢM18随葬器物

图版九六

1. 陶壶（ⅢM18：1）

2. 陶壶（ⅢM18：2）

3. 陶鼎（ⅢM18：5）

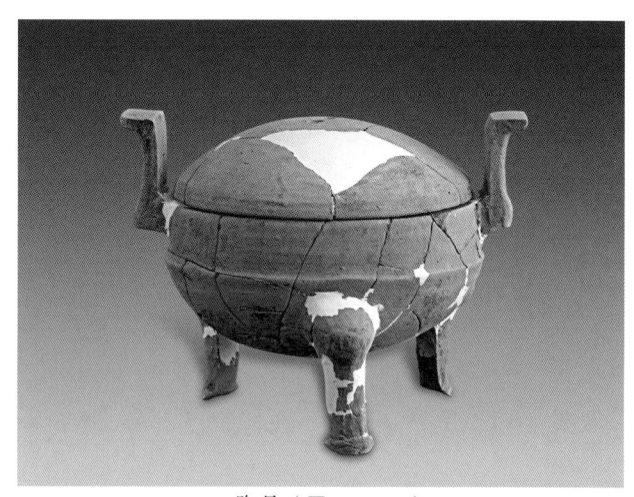

4. 陶鼎（ⅢM18：7）

5. 陶盒（ⅢM18：3）

6. 陶盒（ⅢM18：4）

ⅢM18随葬器物

图版九七

1. 陶鼎（ⅢM19:3）

2. 陶鼎（ⅢM19:4）

3. 陶甗（ⅢM19:1）

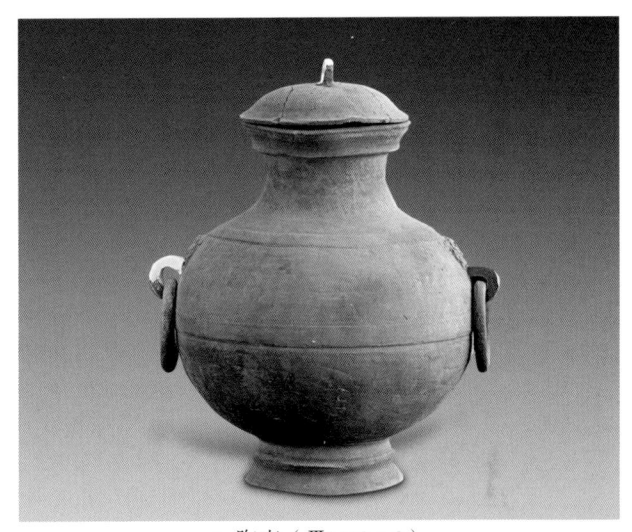

4. 陶壶（ⅢM19:2）

5. 陶盆（ⅢM20:7）

6. 陶小壶（ⅢM20:9-1）

ⅢM19、ⅢM20随葬器物

图版九八

1. 陶鼎（ⅢM20：5）
2. 陶鼎（ⅢM20：6） 
3. 陶盒（ⅢM20：3） 
4. 陶盒（ⅢM20：4） 
5. 陶壶（ⅢM20：1） 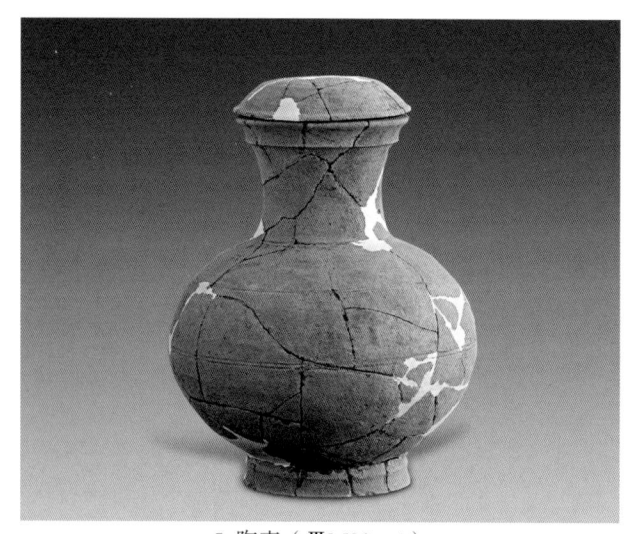
6. 陶仓（ⅢM21：5） 

ⅢM20、ⅢM21随葬器物

图版九九

1. 陶小壶（ⅢM20：9-3）

2. 陶鍪（ⅢM21：9）

3. 陶灶（ⅢM20：8）

4. 陶盒（ⅢM21：6）

5. 陶壶（ⅢM21：1）

6. 陶壶（ⅢM21：2）

ⅢM20、ⅢM21随葬器物

图版一〇〇

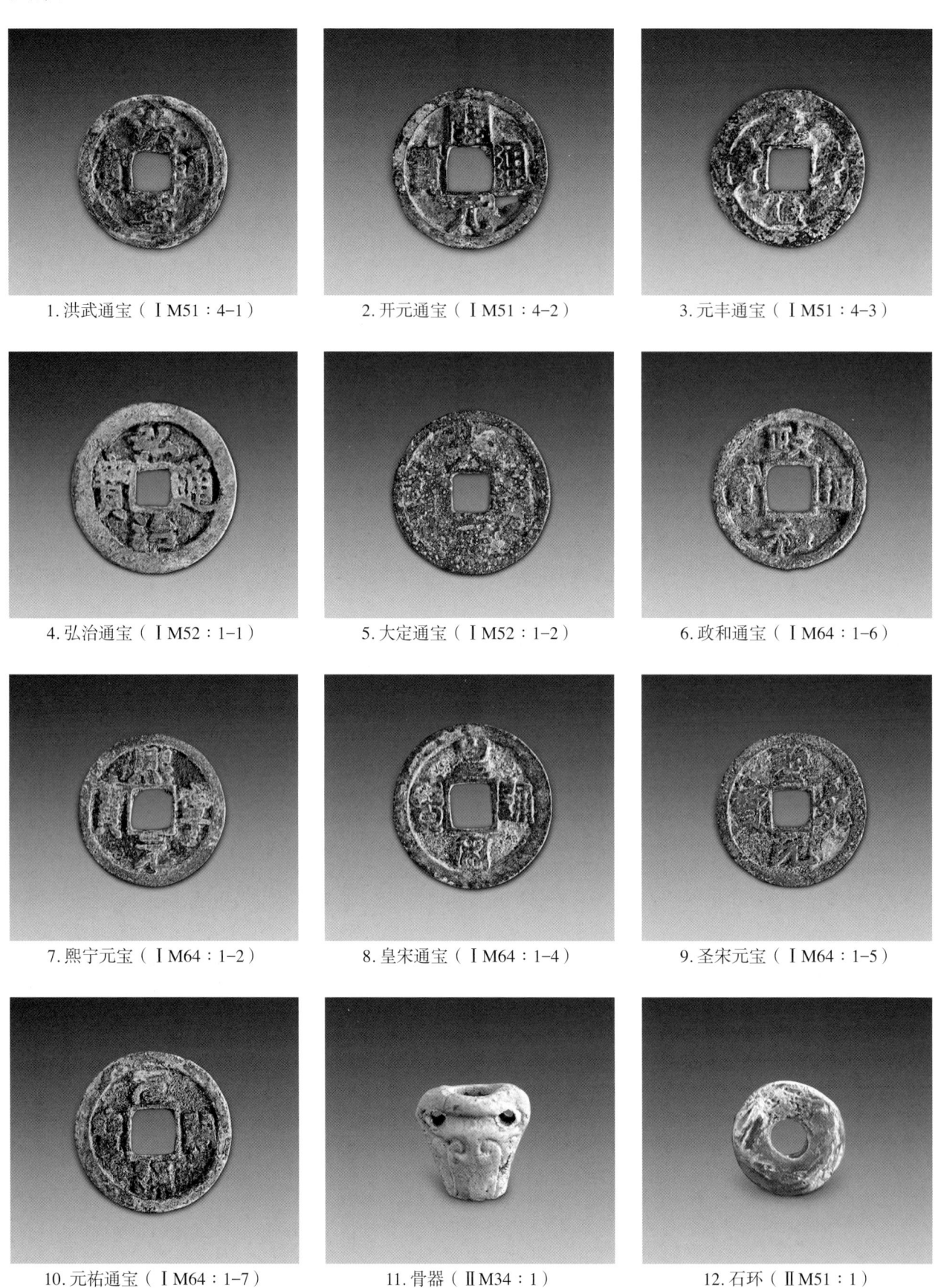

1. 洪武通宝（ⅠM51：4-1）	2. 开元通宝（ⅠM51：4-2）	3. 元丰通宝（ⅠM51：4-3）
4. 弘治通宝（ⅠM52：1-1）	5. 大定通宝（ⅠM52：1-2）	6. 政和通宝（ⅠM64：1-6）
7. 熙宁元宝（ⅠM64：1-2）	8. 皇宋通宝（ⅠM64：1-4）	9. 圣宋元宝（ⅠM64：1-5）
10. 元祐通宝（ⅠM64：1-7）	11. 骨器（ⅡM34：1）	12. 石环（ⅡM51：1）

明清墓葬出土铜钱、骨器、石器